POST GRADUATE (PG)

स्नातकोत्तर

प्रवेश परीक्षा

भौतिक विज्ञान

विभिन्न केन्द्रीय तथा राज्य विश्वविद्यालयों में आयोजित स्नातकोत्तर प्रवेश परीक्षाओं के लिए अति उपयोगी

अभिषेक सुमन

arihant

अरिहन्त पब्लिकेशन्स (इण्डिया) लिमिटेड

अरिहन्त पब्लिकेशन्स (इण्डिया) लिमिटेड

रजि. कार्यालय

'रामछाया' 4577/15, अग्रवाल रोड, दरिया गंज, नई दिल्ली- 110002
फोन: 011-47630600, 43518550; **फैक्स:** 011-23280316

मुख्य कार्यालय

कालिन्दी, टी०पी० नगर, मेरठ (यूपी)– 250002
फोन: 0121-2401479, 2512970, 4004199; **फैक्स:** 0121-2401648

शाखा कार्यालय

आगरा, अहमदाबाद, बरेली, बंगलुरु, चेन्नई, दिल्ली, गुवाहाटी, हैदराबाद, जयपुर, झाँसी, कोलकाता, लखनऊ, नागपुर, मेरठ तथा पुणे

ISBN 978-93-13190-14-1

मूल्य ₹ 190.00

PUBLISHED BY ARIHANT PUBLICATIONS (INDIA) LTD.

'अरिहन्त' की पुस्तकों के बारे में अधिक जानकारी के लिए हमारी वेबसाइट **www.arihantbooks.com** पर लॉग इन करें या **info@arihantbooks.com** पर सम्पर्क करें।

/arihantpub /@arihantpub  Arihant Publications 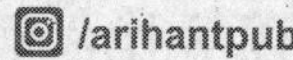 /arihantpub

प्रस्तावना

वर्तमान युग में कॉलेजों व विश्वविद्यालयों की संख्या कम तथा उनमें प्रवेश की इच्छा रखने वाले अभ्यर्थियों की संख्या अधिक होने के कारण अभ्यर्थियों को उच्च शिक्षा देने वाले शिक्षण संस्थानों में प्रवेश पाने के लिए कठिन प्रतियोगिताओं का सामना करना पड़ता है। पिछले कुछ वर्षों से ज्यादातर विश्वविद्यालय एवं उच्च स्तरीय शिक्षण संस्थान विज्ञान स्नातकोत्तर (M.Sc.) की विभिन्न शाखाओं में प्रवेश प्राप्त करने के लिए प्रवेश परीक्षाओं का आयोजन करने लगे हैं।

स्नातकोत्तर प्रवेश परीक्षाओं की आवश्यकताओं को ध्यान में रखते हुए तथा विद्यार्थियों को उनकी अपेक्षा अनुरूप तैयारी कराने के लिए अरिहन्त प्रकाशन ने विभिन्न विषयों की स्नातकोत्तर प्रवेश परीक्षाओं के लिए पुस्तकों की श्रृंखला को तैयार किया है। इस श्रृंखला की प्रत्येक पुस्तक आपको स्नातकोत्तर प्रवेश परीक्षाओं में उच्च अंक प्राप्त कराने तथा आपके जीवन के लक्ष्य की ओर बढ़ने में आपकी सहायता करेगी।

सामान्यतः स्नातकोत्तर प्रवेश परीक्षाओं में बहुविकल्पीय प्रश्नों द्वारा विद्यार्थी के विषय ज्ञान की जाँच की जाती है। अतएव, इस पुस्तक में स्नातकीय स्तर के विभिन्न टॉपिकों/अध्यायों पर आधारित 1000 से अधिक बहुविकल्पीय प्रश्नों का समायोजन किया गया है, जोकि इस पुस्तक की उपयोगिता को दर्शाते हैं।

इस पुस्तक की मुख्य विशेषताएँ निम्नलिखित हैं

- सम्पूर्ण पाठ्यक्रम को अध्यायों में बाँटा गया है तथा प्रत्येक अध्याय की शुरूआत में उससे सम्बन्धित महत्त्वपूर्ण तथ्यों की जानकारी दी गई है।
- अध्याय की पाठ्य सामग्री के बाद अभ्यास प्रश्नावली दी गई है, जिसमें अभ्यास के लिए बहुविकल्पीय प्रश्न दिए गए हैं।
- अभ्यर्थियों की शंकाओं को दूर करने के लिए सभी प्रश्नों के उत्तर दिए गए हैं।
- परीक्षा के सम्पूर्ण अभ्यास के लिए पुस्तक के अन्त में 5 प्रैक्टिस सैट्स भी दिए गए हैं।

इस पुस्तक को त्रुटिमुक्त बनाने के लिए अत्यधिक प्रयास किए गए हैं। भविष्य में किसी भी प्रकार के सुधार के लिए हम आपके सुझावों को सहर्ष स्वीकार करेंगे।

लेखक

विषय-सूची

1

मापन तथा विमीय विश्लेषण
Measurement and Dimensional Analysis

मापन (Measurement)

प्रत्येक भौतिक राशि का उसके मात्रक से तुलनात्मक अध्ययन ही मापन कहलाता है। प्रत्येक राशि के मापन के लिए दो कारकों की आवश्यकता होती है:

(i) शुद्ध संख्या (ii) मात्रक

प्रत्येक भौतिक राशि को मापने के लिए, स्वेच्छा से चुने गये किसी निश्चित परिमाण को मात्रक कहते हैं। किसी भौतिक राशि का संख्यात्मक मान, भौतिक राशि के परिमाण को प्रदर्शित करता है। यह दर्शाता है कि भौतिक राशि के परिणाम में उसका मानक मात्रक कितनी बार सम्मिलित है।

किसी भौतिक राशि का आंकिक मान (N) उसके मात्रक (u) के व्युत्क्रमानुपाती होता है अर्थात् $Nu =$ नियतांक।

मात्रकों की पद्धतियाँ (Systems of Units)

FPS पद्धति (FPS System)

इस पद्धति में लम्बाई का मात्रक फुट, द्रव्यमान का मात्रक पाउण्ड तथा समय का मात्रक सेकण्ड होता है।

CGS पद्धति (CGS System)

इस पद्धति में लम्बाई का मात्रक सेमी, द्रव्यमान का मात्रक ग्राम तथा समय का मात्रक सेकण्ड होता है।

MKS पद्धति (MKS System)

इस पद्धति में लम्बाई का मात्रक मीटर, द्रव्यमान का मात्रक किग्रा तथा समय का मात्रक सेकण्ड होता है।

SI पद्धति (SI System)

इस पद्धति में सात मूल राशियाँ तथा इनके सात मूल मात्रकों के अतिरिक्त दो पूरक राशियाँ तथा इनके दो पूरक मात्रक भी हैं, जो निम्न प्रकार हैं:

मूल राशियाँ (Fundamental or Base Quantities)

लम्बाई (मीटर), द्रव्यमान (किग्रा), समय (सेकण्ड), तापमान (केल्विन), ज्योति तीव्रता (कैण्डेला), वैद्युत धारा (ऐम्पियर), पदार्थ की मात्रा (मोल)।

मूल मात्रकों की व्याख्या निम्न प्रकार है:

मीटर (Metre) यह लम्बाई का मात्रक है। निर्वात् या वायु में प्रकाश द्वारा $\frac{1}{299792458}$ सेकण्ड में तय की गयी दूरी 1 मीटर कहलाती है।

- **किलोग्राम** (Kilogram) यह द्रव्यमान का मात्रक है। इंटरनेशनल ब्यूरो ऑफ वेट एण्ड मीजर में रखे प्लेटिनम-इरेडियम अयस्क के बेलन का द्रव्यमान 1 किलोग्राम नियत किया गया।
- **सेकण्ड** (Second) यह समय का मात्रक है। सीजियम-133 द्वारा उत्सर्जित विकिरण (emitted radiation) के 9, 192, 631, 770 आवर्तकाल में लगे समय को 1 सेकण्ड नियत किया गया।
- **ऐम्पियर** (Ampere) यह विद्युत धारा का मात्रक है। निर्वात् या वायु में रखे गए नगण्य अनुप्रस्थ-काट तथा एकांक लम्बाई वाले दो समान्तर तारों (चालकों) जिनमें समान विद्युत धारा प्रवाहित हो रही हो, के बीच लगने वाला आकर्षण बल यदि 2×10^{-7} न्यूटन हो, तो तारों मे प्रवाहित विद्युत धारा का मान 1 ऐम्पियर होता है।
- **केल्विन** (Kelvin) यह ऊष्मीय ताप का मात्रक है। जल के त्रिक बिंदु (triple point) के ताप $\frac{1}{273.16}$ गुणक, 1 केल्विन कहलाता है।
- **मोल** (Mole) पदार्थ की मात्रा का मात्रक मोल है। कार्बन-12 समस्थानिक के 0.012 किलोग्राम में उपस्थित परमाणुओं की संख्या को 1 मोल नियत किया गया।
- **कैण्डेला** (Candela) यह ज्योति तीव्रता का मात्रक है। दाब के 101325 न्यूटन/मीटर^2 मान तथा प्लेटिनम हिमांक बिन्दु पर किसी कृष्ण पिण्ड के $\frac{1}{600000}$ मीटर^2 पृष्ठ क्षेत्रफल से सतह के लम्बवत् पड़ने वाले ज्योति तीव्रता के मान को 1 कैण्डेला नियत किया गया।

पूरक राशियाँ (Complementary Quantities)

दो भौतिक राशियाँ, जो न ही मूल हैं और न ही व्युत्पन्न, पूरक राशियाँ कहलाती हैं। ये राशियाँ हैं: कोण (रेडियन) तथा घन कोण (स्टेरेडियन)

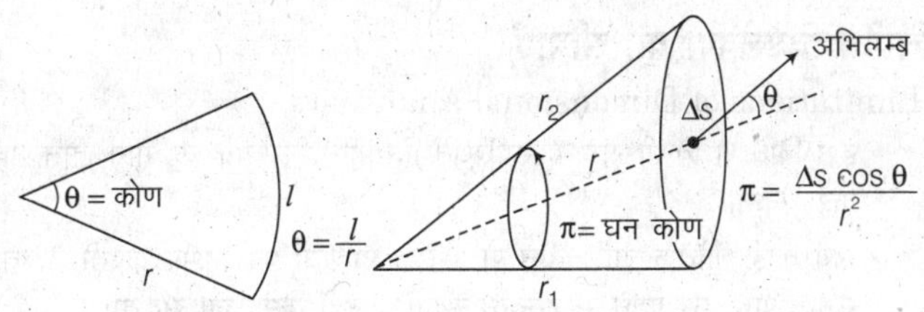

पूरक मात्रकों की व्याख्या निम्न प्रकार है:

- **रेडियन** (Radian) 1 रेडियन वह कोण है जो वृत्त की त्रिज्या के बराबर का चाप, वृत्त के केन्द्र पर आन्तरित करता है
- **स्टेरेडियन** (Steradian) 1 स्टेरेडियन वह घनकोण है, जो गोले के पृष्ठ का एक भाग (जिसका क्षेत्रफल गोले की त्रिज्या के वर्ग के बराबर होता है) गोले के केन्द्र पर आन्तरित करता है

व्युत्पन्न राशियाँ (Derived Quantities)

वे सभी राशियाँ जो मूल मात्रकों की सहायता से प्राप्त की जाती हैं, व्युत्पन्न राशियाँ कहलाती हैं; जैसे–वेग, क्षेत्रफल, आदि।

वे सभी मात्रक जो मूल मात्रकों की सहायता से प्राप्त किये जाते हैं, व्युत्पन्न मात्रक कहलाते हैं; जैसे–मी/से, मीटर^2 जूल, आदि।

विमाएँ (Dimensions)

किसी भौतिक राशि के मात्रक को मूल मात्रकों के पदों में व्यक्त करने के लिए जो घातें मूल मात्रकों पर चढ़ाते हैं, वे उस राशि की विमाएँ कहलाती हैं तथा इस प्रकार प्राप्त सम्बन्ध **विमीय सूत्र** (dimensional formula) कहलाता है।

उदाहरणार्थ, बल, $F = [MLT^{-2}]$ निर्दिष्ट करता है कि बल की विमा द्रव्यमान के सापेक्ष 1 लम्बाई के सापेक्ष 1 तथा समय के सापेक्ष 2 है।

कुछ राशियों के विमीय सूत्र नीचे दिये गए हैं:

बल	–	$[MLT^{-2}]$
कार्य	–	$[ML^2T^{-2}]$
बल-आघूर्ण	–	$[ML^2T^{-2}]$
दाब	–	$[ML^{-1}T^{-2}]$
गुरुत्वाकर्षण नियतांक	–	$[M^{-1}L^3T^{-2}]$
कोणीय संवेग	–	$[ML^2T^{-1}]$
जड़त्व-आघूर्ण	–	$[ML^2]$
श्यानता गुणांक	–	$[ML^{-1}T^{-1}]$
ऊष्मा चालकता गुणांक	–	$[MLT^{-3}\theta^{-1}]$, इत्यादि।

विमीय विश्लेषण के महत्व (Importance of Dimensional Analysis)

- एक भौतिक राशि को एक मात्रक पद्धति से दूसरी मात्रक पद्धति में विमीय सूत्र की सहायता से परिवर्तित किया जा सकता है।
- जब दो भौतिक राशियों की विमाएँ समान होती हैं, तब ही इन्हें आपस में जोड़ा अथवा घटाया जा सकता है अर्थात् विमीय सूत्र, भौतिक समीकरणों की सांगिकता (homogeneity) की जाँच करती है। एक असांगिक समीकरण सर्वथा असत्य ही होगा, जबकि सांगिकता समीकरण की सत्यता का द्योतक नहीं होती।
- विमाओं की सहायता से हम विभिन्न भौतिक राशियों में सम्बन्ध स्थापित कर सकते हैं।

विमीय विश्लेषण की सीमाएँ (Limitations of Dimensional Analysis)

- इस विधि से किसी सूत्र में उपस्थित विमाहीन नियतांक का मान ज्ञात नहीं कर सकते।
- जब कोई भौतिक राशि तीन से अधिक राशियों पर निर्भर करती है, तब उनके बीच इस विधि से सम्बन्ध स्थापित नहीं किया जा सकता।
- इस विधि द्वारा त्रिकोणमितीय $(\sin\theta, \cos\theta, \ldots)$, चरघातांकीय (exponential) तथा $\log x$ आदि पद वाले समीकरणों का विचार नहीं किया जा सकता।
- इस विधि द्वारा यह ज्ञात नहीं होता है कि राशि सदिश है या अदिश।

मापांक का क्रम (Order of Magnitude)

भौतिक राशियों के अत्यधिक मापांक तथा अति निम्न मापांक की स्थिति में, मापांक को $a \times 10^b$ के रूप में व्यक्त किया जाता है, $1 \le a < 10$ तथा b एक पूर्ण संख्या (ऋणात्मक या धनात्मक) है।

उदाहरणार्थ, यदि हाइड्रोजन परमाणु का व्यास 1.06×10^{-10} m हो, तो निर्दिष्ट होता है कि व्यास 10^{-10} के क्रम का (of order of) है तथा व्यास के मापांक का क्रम (order of magnitude) -10 है।

अल्पतमांक (Least Count)

किसी मापक यन्त्र द्वारा किसी भौतिक राशि की मापी जा सकने वाली न्यूनतम या अल्पतम माप, यन्त्र की अल्पतमांक कहलाती है ।

क्र.सं.	मापक यन्त्र	अल्पतमांक
1.	मीटर पैमाना	0.1 सेमी
2.	वर्नियर कैलीपर्स	0.01 सेमी
3.	पेंचमापी	0.001 सेमी
4.	विरामघड़ी	1 सेकण्ड

त्रुटि (Error)

किसी पाठ्यांक की अनिश्चितता को त्रुटि कहते हैं जो सदैव प्रतिशत में व्यक्त की जाती है।

यदि किसी भौतिक राशि के मापन में राशि का वास्तविक मान x_a तथा मापक यन्त्रों द्वारा प्रेक्षित मान x_0 है, तब उस राशि के मापन में निरपेक्ष त्रुटि (absolute error) $\Delta x = x_a \sim x_0$ है।

भिन्नात्मक त्रुटि (fractional error) $= \dfrac{\Delta x}{x_a} = \dfrac{x_a \sim x_0}{x_a}$

प्रतिशत त्रुटि (percentage error) $= \dfrac{\Delta x}{x_a} \times 100 = \dfrac{(x_a \sim x_0)}{x_a} \times 100$

प्रायोगिक त्रुटियों का संयोजन (Combination of Practical Errors)

प्रत्येक प्रयोग में किसी भी भौतिक राशि के परिणाम में अधिकतम प्रतिशत त्रुटि ज्ञात करने के लिए उस भौतिक राशि में उपस्थित अन्य राशियों के मापन में होने वाली त्रुटियों का सदैव योगफल ज्ञात किया जाता है।

उदाहरणार्थ, एक वर्गाकार धातु की चादर की भुजा की लम्बाई तथा चादर पर रखे भार के मापन में क्रमशः 2% तथा 4% की त्रुटियाँ हैं तब चादर पर आरोपित दाब के मान में अधिकतम त्रुटि

$\because$ चादर पर आरोपित दाब, $p = \dfrac{F}{A} = \dfrac{F}{l^2}$

$$\left|\frac{\Delta p}{p} \times 100\right|_{\text{अधिकतम}} = \frac{\Delta F}{F} \times 100 + \frac{2\Delta l}{l} \times 100$$

$$= 4 + 2 \times 2$$

$$= 8\% \text{ होगी}$$

त्रुटियों का संयोजन (Propagation of Errors)

क्र.सं.	संयोजन	भौतिक राशि	अधिकतम निरपेक्ष त्रुटि	अधिकतम भिन्नात्मक त्रुटि	अधिकतम प्रतिशत त्रुटि
1.	योगफल में	$y = a + b$	$\Delta y = \Delta a + \Delta b$	$\frac{\Delta y}{y} = \frac{(\Delta a + \Delta b)}{(a+b)}$	$\frac{\Delta y}{y} \times 100 = \frac{(\Delta a + \Delta b)}{(a+b)} \times 100$
2.	अन्तर में	$y = a - b$	$\Delta y = \Delta a + \Delta b$	$\frac{\Delta y}{y} = \frac{(\Delta a + \Delta b)}{(a-b)}$	$\frac{\Delta y}{y} \times 100 = \frac{(\Delta a + \Delta b)}{(a-b)} \times 100$
3.	गुणनफल में	$y = a \times b$	$\Delta y = b\Delta a + a\Delta b$	$\frac{\Delta y}{y} = \frac{\Delta a}{a} + \frac{\Delta b}{b}$	$\frac{\Delta y}{y} \times 100 = \left(\frac{\Delta a}{a} + \frac{\Delta b}{b}\right) \times 100$
4.	भागफल में	$y = \frac{a}{b}$	$\Delta y = \Delta a + \Delta b$	$\frac{\Delta y}{y} = \frac{\Delta a}{a} + \frac{\Delta b}{b}$	$\frac{\Delta y}{y} \times 100 = \left(\frac{\Delta a}{a} + \frac{\Delta b}{b}\right) \times 100$
5.	घातीय रूप में	$y = a^n$	$\Delta y = n\Delta a$	$\frac{\Delta y}{y} = n\frac{\Delta a}{a}$	$\frac{\Delta y}{y} = n \times \frac{\Delta a}{a} \times 100$
6.	विशेष	$y = \frac{a^p b^q}{c^r}$	$\Delta y = p\Delta a + q\Delta b + r\Delta c$	$\frac{\Delta y}{y} = \frac{p\Delta a}{a} + \frac{q\Delta b}{b} + \frac{r\Delta c}{c}$	$\frac{\Delta y}{y} \times 100 = \frac{p\Delta a}{a} \times 100 + \frac{q\Delta b}{b} \times 100 + r\frac{\Delta c}{c} \times 100$

सार्थक अंक (Significant Figures)

किसी भौतिक राशि की माप सार्थक अंको की संख्या से निर्धारित की जाती है अथवा अंकों की वह संख्या जिसके द्वारा किसी राशि को निश्चितं रूप से व्यक्त करते हैं, सार्थक अंक कहलाते हैं।

किसी माप में सार्थक अंकों को ज्ञात करने के लिए निम्नलिखित नियम हैं:

- मात्रक बदलने से सार्थक अंको की संख्या अपरिवर्तित रहती है।
- दशमलव की स्थिति का सार्थक अंकों की संख्या पर कोई प्रभाव नहीं पड़ता है।
- किसी माप में लिखी गई 10 की घातें (powers) सार्थक अंक नहीं हैं।
- किसी माप में दो अशून्य अंको के बीच सभी शून्य सार्थक अंक होते हैं।
- संख्या का मान एक से कम होने पर दशमलव के बाईं ओर तथा दशमलव के दाईं ओर प्रथम अशून्य अंक से पहले के सभी शून्य सार्थक अंक नहीं होते हैं; जैसे–0.00431 में सार्थक अंक तीन है।
- किसी माप में यदि दशमलव बिन्दु हैं, तो दशमलव वाली संख्या में दशमलव के बाद के सभी शून्य सार्थक होते हैं; जैसे–25.020 में 5 सार्थक अंक है।
- किसी माप में दशमलव बिन्दु (decimal point) के पहले अशून्य अंक के बीच के शून्य अंक सार्थक अंक नही होते हैं।

मापक यन्त्रों की परिशुद्धता (Precision of Measuring Instruments)

किसी मापक यन्त्र की परिशुद्धता यह प्रदर्शित करती है कि उसके द्वारा मापन किस विभेदन सीमा तक किया गया है।

मापक यन्त्र की परिशुद्धता, उसकी अल्पतमांक के व्युत्क्रमानुपाती होती है अर्थात् मापक यन्त्र की अल्पतमांक जितनी कम होती है उसके द्वारा मापन उतना ही अधिक परिशुद्ध होता है।

मापक यन्त्रों की यथार्थता (Accuracy of Measuring Instruments)

किसी मापक यन्त्र की यथार्थता यह प्रदर्शित करती है कि उसके द्वारा किसी भौतिक राशि का मापन, उस राशि की शुद्ध माप के कितना निकटतम है।

मापक यन्त्र की यथार्थता, यन्त्र द्वारा मापन में होने वाली अनुमेय (permissible) प्रतिशत त्रुटि के व्युत्क्रमानुपाती होती है अर्थात् मापन में त्रुटि जितनी कम होती है, माप उतनी ही अधिक यथार्थ होती है।

अभ्यास प्रश्नावली

1. एक विमाहीन राशि है

(a) जिसका सदैव एक मात्रक होता है (b) जिसका कोई मात्रक नहीं होता है
(c) जिसका कोई मात्रक हो सकता है (d) उपरोक्त में से कोई नहीं

2. एक मात्रकविहीन राशि है

(a) जिसकी विमाएँ कभी अशून्य नहीं हो सकतीं
(b) जिसकी विमाएँ अशून्य हो सकती हैं
(c) जिसकी विमाएँ सदैव अशून्य होती हैं
(d) उपरोक्त में से कोई नहीं

3. सरल आवर्त गति करने वाले किसी पिण्ड का आवर्तकाल $T = p^a D^b S^c$ द्वारा दिया जाता है, जहाँ p दाब, D घनत्व तथा S पृष्ठ तनाव है। तब a, b व c के मान हैं

(a) $-\frac{3}{2}, \frac{1}{2}, 1$ (b) $-1, -2, -3$
(c) $\frac{1}{2}, -\frac{3}{2}, -\frac{1}{2}$ (d) $1, 2, \frac{1}{3}$

4. किसी वास्तविक गैस की समीकरण $\left(p + \frac{a}{V^2}\right)(V - b) = RT$ में p दाब, V आयतन, T परमताप तथा a, b, R नियतांक हैं। a का विमीय सूत्र है

(a) $[ML^5T^{-2}]$ (b) $[ML^{-1}T^{-2}]$
(c) $[L^3]$ (d) $[L^4]$

5. $[ML^3T^{-1}Q^{-2}]$ विमीय सूत्र है

(a) प्रतिरोध का (b) प्रतिरोधकता का
(c) धारिता का (d) चालकता का

6. $\int \frac{dy}{\sqrt{2ay - y^2}} = a^m \cos^{-1}\left(\frac{y}{a} - 1\right)$, यहाँ m का मान है

(a) 1 (b) –1
(c) 0 (d) इनमें से कोई नहीं

7. दिया है, $X = \left(\frac{Gh}{c^3}\right)^{1/2}$, जहाँ G, h तथा c क्रमशः गुरुत्वीय नियतांक, प्लांक नियतांक तथा प्रकाश का वेग है। यहाँ X की विमायें समान हैं

(a) द्रव्यमान के (b) समय के
(c) लम्बाई के (d) त्वरण के

8. यदि $x = a - b$, तब x के मापन में महत्तम प्रतिशत त्रुटि होगी

(a) $\left(\frac{\Delta a + \Delta b}{a - b}\right) \times 100\%$ (b) $\left(\frac{\Delta a}{a} - \frac{\Delta b}{b}\right) \times 100\%$
(c) $\left(\frac{\Delta a}{a - a} + \frac{\Delta b}{a - b}\right) \times 100\%$ (d) $\left(\frac{\Delta a}{a - a} - \frac{\Delta b}{a - b}\right) \times 100\%$

9. दिए गए सम्बन्ध $U = \frac{ky}{y^2 + a^2}$, जहाँ U स्थितिज ऊर्जा है, y विस्थापन तथा a आयाम है, में k का मात्रक है

(a) मी/से (b) मी-से
(c) जूल-मी (d) जूल से$^{-1}$

10. m द्रव्यमान का एक कण X-अक्ष पर मूल बिन्दु के सापेक्ष दोलन कर रहा है। इसकी स्थितिज ऊर्जा $U(x) = k|x|^3$ द्वारा दी जाती है, जहाँ k एक धनात्मक नियतांक है। यदि दोलन का आयाम a है, तब इसका आवर्तकाल T है

(a) $\frac{1}{\sqrt{a}}$ के अनुक्रमानुपाती (b) a से स्वतन्त्र
(c) $\sqrt{a}$ के अनुक्रमानुपाती (d) $a^{3/2}$ के अनुक्रमानुपाती

11. σb^4 का विमीय सूत्र है (यहाँ, $\sigma =$ स्टीफन नियतांक तथा $b =$ वीन नियतांक है)

(a) $[M^0L^0T^0]$ (b) $[ML^4T^{-3}]$
(c) $[ML^{-2}T]$ (d) $[ML^6T^{-3}]$

12. एक राशि X, सूत्र $\varepsilon_0 L \frac{\Delta V}{\Delta t}$ द्वारा दी जाती है, जहाँ, ε_0 निर्वात् की विद्युतशीलता, L लम्बाई, ΔV विभवान्तर तथा Δt समयान्तराल है। X का विमीय सूत्र समान होगा

(a) विद्युत प्रतिरोध के (b) विद्युत आवेश के
(c) विद्युत विभव के (d) विद्युत धारा के

13. एक खोखले बेलन का आंतरिक तथा बाह्य व्यास वर्नियर कैलिपर्स की सहायता से मापे जाते हैं। इनके मान क्रमशः 4.23 ± 0.01 तथा 3.87 ± 0.01 प्राप्त होते हैं। बेलन की दीवार की मोटाई है

(a) 0.36 ± 0.02 सेमी
(b) 0.18 ± 0.02 सेमी
(c) 0.36 ± 0.01 सेमी
(d) 0.18 ± 0.01 सेमी

14. एक स्क्रूगेज द्वारा किसी तार का व्यास 0.236 सेमी मापा जाता है। यदि स्क्रूगेज की अल्पतमांक 0.001 सेमी है, तो इस माप की संभावित प्रतिशत त्रुटि होगी

(a) 0.001 (b) 0.42
(c) 0.236 (d) 0.237

15. समीकरण $p = \frac{a - t^2}{bx}$ में p दाब, x दूरी तथा t समय है, तब $\frac{a}{b}$ का विमीय सूत्र होगा

(a) $[MT^{-2}]$ (b) $[M^2LT^{-3}]$
(c) $[ML^3T^{-1}]$ (d) $[LT^{-3}]$

16. कोई राशि $x = \frac{a^3b^3}{c\sqrt{d}}$ है। x में प्रतिशत त्रुटि कितनी होगी, यदि a, b, c तथा d में प्रतिशत त्रुटियाँ क्रमशः 2%, 1%, 2% व 4% हैं?

(a) ± 13% (b) ± 9%
(c) ± 5% (d) ± 8%

17. $\frac{e^2}{4\pi\varepsilon_0 hc}$, जहाँ e, ε_0, h व c क्रमशः इलेक्ट्रॉन का आवेश, विद्युतशीलता, प्लांक नियतांक व प्रकाश का निर्वात् में वेग है। इसकी विमाएँ होंगी

(a) $[M^0L^0T^0]$ (b) $[ML^0T^0]$
(c) $[M^0LT^0]$ (d) $[M^0L^0T]$

18. $\frac{1}{\mu_0\varepsilon_0}$ (जहाँ प्रतीक अपने सामान्य अर्थों में हैं) की विमाएँ हैं

(a) $[L^{-1}T]$ (b) $[L^2T^2]$
(c) $[L^2T^{-2}]$ (d) $[LT^{-1}]$

19. एक बेलन की लम्बाई 0.1 सेमी अल्पतमांक वाली मीटर छड़ से नापी जाती है, व इसका व्यास 0.01 सेमी अल्पतमांक वाले वर्नियर कैलीपर्स से नापा जाता है। यदि लम्बाई 5.0 सेमी व त्रिज्या 2.0 सेमी है, तो आयतन के मान में प्रतिशत त्रुटि होगी

(a) 1.5% (b) 2.5%
(c) 3.5% (d) 4%

20. सरल लोलक के प्रयोग के सूत्र, $g = \frac{4\pi^2 l}{T^2}$ से g का मान ज्ञात करने के लिए विद्यार्थी लोलक की लम्बाई l के मापन में 1% तथा दोलनकाल T के मापन में 3% त्रुटि करता है, इन मापों से गुरुत्वीय त्वरण g के परिकलित अधिकतम त्रुटि होगी

(a) 2% (b) 4%
(c) 7% (d) 10%

21. E, m, L एवं G क्रमशः ऊर्जा, द्रव्यमान, कोणीय संवेग एवं गुरुत्वीय नियतांक को व्यक्त करते हैं, तब $\frac{EL^2}{m^5G^2}$ का विमीय सूत्र किसके समान है?

(a) कोण (b) लम्बाई
(c) द्रव्यमान (d) समय

22. कोई भौतिक राशि, $A = \frac{P^2}{Q^3}$ है। यदि P तथा Q के मापन में क्रमशः x तथा y प्रतिशत त्रुटि हो, तो A के मापन में अधिकतम कितनी % त्रुटि होगी?

(a) $2x - 3y$ (b) $3x - 2y$
(c) $3x + 2y$ (d) $2x + 3y$

23. एक घनाभ का आयतन $V = l \times 2l \times 3l$ है, जहाँ l इसकी एक भुजा की लम्बाई है। यदि l के मापन में सापेक्षिक प्रतिशत त्रुटि 1% है, तो V के मान में सापेक्षिक प्रतिशत त्रुटि होगी

(a) 18% (b) 6%
(c) 3% (d) 1%

24. यदि प्रकाश का वेग (c), गुरुत्वीय त्वरण (g) तथा दाब (p) को मूल राशि माना जाए, तो गुरुत्वाकर्षण नियतांक की विमायें होंगी

(a) $[c^2g^0p^{-2}]$
(b) $[c^0g^2p^{-1}]$
(c) $[cg^3p^{-2}]$
(d) $[c^{-1}g^0p^{-1}]$

25. समय t पर, किसी कण की स्थिति को निम्न सम्बन्ध से प्रदर्शित करते हैं $x = \frac{v_0}{a}(1 - e^{-at})$, जहाँ v_0 एक नियतांक तथा $a > 0$ है। v_0 तथा a की विमायें क्रमशः हैं

(a) $[M^0LT^{-1}]$, $[T^{-1}]$ (b) $[M^0LT^0]$, $[T^{-2}]$
(c) $[M^0LT^{-1}]$, $[LT^{-2}]$ (d) $[M^0LT^{-1}]$, $[T]$

26. दिया गया है कि v चाल, r त्रिज्या व g गुरुत्वीय त्वरण है। निम्न में से कौन विमाहीन है?

(a) $\frac{v^2r}{g}$ (b) $\frac{v^2}{rg}$
(c) $\frac{v^2g}{r}$ (d) v^2rg

27. यदि C और L क्रमशः धारिता और प्रेरकत्व को प्रदर्शित करते हैं, तो LC की विमायें होंगी

(a) $[M^0L^0T^0]$ (b) $[M^0L^0T^2]$
(c) $[M^2L^0T^2]$ (d) $[MLT^2]$

28. निम्न में से किस युग्म की विमायें समान नहीं हैं?

(a) बल आघूर्ण व कार्य
(b) रेखीय संवेग व प्लांक नियतांक
(c) प्रतिबल व यंग प्रत्यास्थता गुणांक
(d) चाल व $(\mu_0\varepsilon_0)^{-1/2}$

29. एक तरंग समीकरण $y = a\sin(At - Bx + C)$ है, जहाँ A, B व C नियतांक हैं, A, B व C की विमायें क्रमशः हैं

(a) $[T]$, $[L]$, $[M^0L^0T^0]$
(b) $[T]$, $[L]$, $[M]$
(c) $[T^{-1}]$, $[L^{-1}]$, $[M^{-1}]$
(d) $[T^{-1}]$, $[L^{-1}]$, $[M^0L^0T^0]$

30. चुम्बकीय फ्लक्स तथा चुम्बकीय क्षेत्र की तीव्रता के अनुपात का विमीय सूत्र है

(a) $[M^0L^2T^0A^0]$ (b) $[ML^0T^{-4}A^{-3}]$
(c) $[M^0L^{-2}T^{-2}A^{-3}]$ (d) $[M^{-1}L^2T^0A^0]$

➔ उत्तरमाला

1. (c)	**2.** (a)	**3.** (a)	**4.** (a)	**5.** (b)	**6.** (c)	**7.** (c)	**8.** (a)	**9.** (c)	**10.** (a)
11. (b)	**12.** (d)	**13.** (a)	**14.** (b)	**15.** (a)	**16.** (a)	**17.** (a)	**18.** (c)	**19.** (b)	**20.** (c)
21. (a)	**22.** (d)	**23.** (c)	**24.** (b)	**25.** (a)	**26.** (b)	**27.** (b)	**28.** (b)	**29.** (d)	**30.** (a)

2

सदिश विश्लेषण
Vector Analysis

अदिश व सदिश राशियाँ
(Scalar and Vector Quantities)

जिन भौतिक राशियों को व्यक्त करने के लिए केवल परिमाण की आवश्यकता होती है दिशा की नहीं उन्हें **अदिश राशियाँ** कहते हैं; जैसे–द्रव्यमान, चाल, आयतन आदि।

जिन भौतिक राशियों को व्यक्त करने के लिए दिशा तथा परिमाण दोनों की आवश्यकता होती है उन्हें **सदिश राशियाँ** कहते हैं; जैसे–विस्थापन, वेग, त्वरण आदि। ये राशियाँ सदिश जोड़ के त्रिभुज नियम का पालन करती हैं। इन्हें परिमाण पर तीर (arrow) $\vec{A}$ या (**A**) लगाकर दर्शाते हैं; जैसे–वेग, संवेग, विद्युत क्षेत्र की तीव्रता आदि।

दो सदिशों का योग (Addition of Two Vectors)

सदिशों को जोड़ने में सरल आंकिक विधियों का प्रयोग न होकर विशेष प्रकार के नियम प्रयुक्त होते हैं, जो निम्नवत् हैं:

- **सदिश जोड़ का त्रिभुज नियम** इसमें चित्रानुसार एक सदिश का शीर्ष दूसरे सदिश की पूँछ से जुड़ा होता है।
  अब पहले सदिश की पूँछ से दूसरे सदिश के शीर्ष को मिलाने वाला रेखीय सदिश दिए गए दो सदिशों, $\vec{A}$ तथा $\vec{B}$ का परिणामी सदिश कहलाएगा।

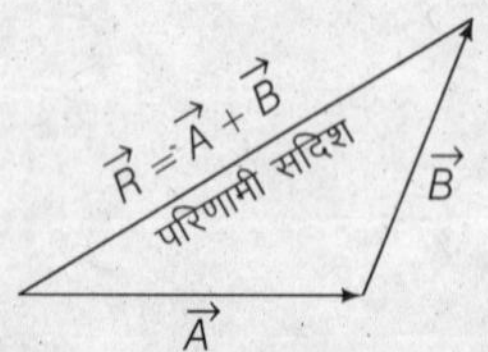

- **सदिश जोड़ का समान्तर चतुर्भुज नियम** यदि दो सदिशों को किसी समान्तर चतुर्भुज की दो आसन्न भुजाओं द्वारा व्यक्त किया जाए तो परिणामी सदिश, परिमाण व दिशा में समान्तर चतुर्भुज के विकर्ण द्वारा व्यक्त किया जाता है।

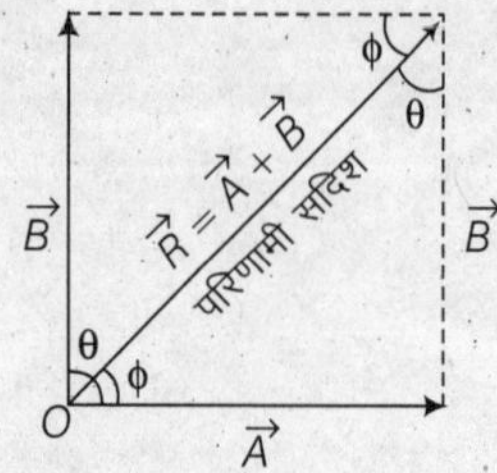

परिणामी सदिश का मापांक

$$|\vec{R}| = \sqrt{A^2 + B^2 + 2AB\cos\theta}$$

तथा दिशा $$\tan\phi = \frac{B\sin\theta}{A + B\cos\theta}$$

सदिशों के योग के मुख्य गुण
(Main Properties of Addition of Vectors)

(i) यह क्रमविनिमेय नियम (commutative law) का पालन करता है।

अर्थात् $\vec{A} + \vec{B} = \vec{B} + \vec{A}$

(ii) यह साहचर्य नियम (associative law) का पालन करता है।

अर्थात् $\vec{A} + (\vec{B} + \vec{C}) = \vec{B} + (\vec{A} + \vec{C})$ इत्यादि।

दो सदिशों का घटाव
(Subtraction of Two Vectors)

सदिशों को घटाने के लिए एक सदिश को विपरीत कर देते हैं तथा तब ये सदिश के योग के त्रिभुज व समान्तर चतुर्भुज के नियमों का पालन करते हैं। यदि $\vec{A}$ से $\vec{B}$ को घटाना हो, तब

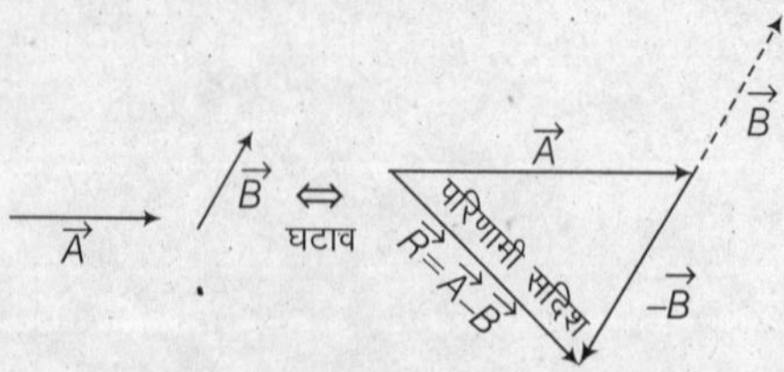

एक तलीय सदिश का वियोजन
(Resolution of Vector in a Plane)

यदि XY- तल में एक सदिश $\vec{R}$ हो तो इसे दो सदिशों X- अक्ष के अनुदिश तथा Y-अक्ष के अनुदिश वियोजित कर लेते हैं।

अर्थात् $\vec{R}_x = \vec{R}\cos\theta\,\hat{i}$

तथा $\vec{R}_y = \vec{R}\sin\theta\,\hat{j}$

त्रिविमीय सदिश (Three-dimensional Vector)

- यदि कोई सदिश $\vec{a}$ त्रिविमीय क्षेत्र में स्थित हो, जहाँ, $\hat{i}$, $\hat{j}$ तथा $\hat{k}$ क्रमशः X, Y तथा Z- अक्ष के अनुदिश एकांक सदिश हैं, तब सदिश $\vec{a}$ को निम्न प्रकार दर्शाते हैं

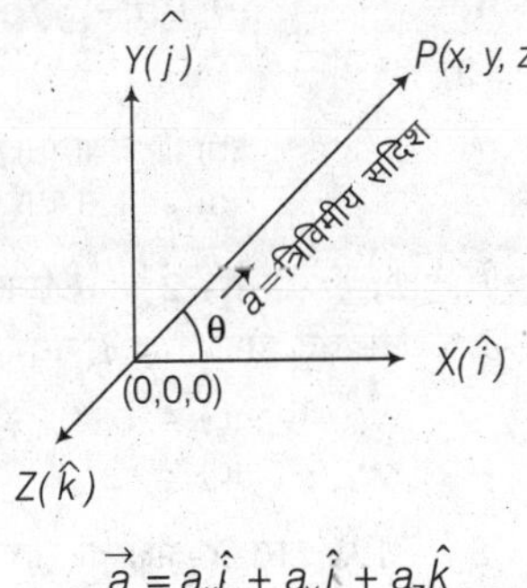

$$\vec{a} = a_x\hat{i} + a_y\hat{j} + a_z\hat{k}$$

- सदिश $\vec{a}$ की दिक्कोज्याएँ निम्न हैं

$$l = \cos\alpha = \frac{a_x}{|\vec{a}|}, \quad m = \cos\beta = \frac{a_y}{|\vec{a}|}, \quad n = \cos\gamma = \frac{a_z}{|\vec{a}|}$$

जहाँ, $l^2 + m^2 + n^2 = 1$

दो सदिशों का गुणन (Multiplication of Two Vectors)

सदिशों के गुणन के लिए विशेष नियम निम्न हैं:

1. अदिश या डॉट गुणन (Scalar or Dot Product)

सदिशों $\vec{a}$ तथा $\vec{b}$ का अदिश गुणन

$\vec{a}\cdot\vec{b} = |\vec{a}||\vec{b}|\cos\theta$, जहाँ, θ $\vec{a}$ व $\vec{b}$ के बीच का कोण है।

$$\vec{a}\cdot\vec{b} = (a_x\hat{i} + a_y\hat{j} + a_z\hat{k})\cdot(b_x\hat{i} + b_y\hat{j} + b_z\hat{k})$$

$$= a_xb_x + a_yb_y + a_zb_z$$

2. सदिश या क्रॉस गुणन (Vector or Cross Product)

सदिशों $\vec{a}$ तथा $\vec{b}$ का सदिश गुणन

$$\vec{a}\times\vec{b} = \begin{vmatrix} \hat{i} & \hat{j} & \hat{k} \\ a_x & a_y & a_z \\ b_x & b_y & b_z \end{vmatrix} = |\vec{a}||\vec{b}|\sin\theta\cdot\hat{n}$$

जहाँ, $\hat{n}$ एकांक सदिश है जो $\vec{a}$ तथा $\vec{b}$ दोनों के लम्बवत् होता है।

3. सदिशों का त्रिक गुणन (Triple Product of Vectors)

$$\text{अदिश त्रिक गुणन} = \vec{a}\cdot(\vec{b}\times\vec{c}) = \begin{vmatrix} a_x & a_y & a_z \\ b_x & b_y & b_z \\ c_x & c_y & c_z \end{vmatrix}$$

$$= \vec{a}\cdot(\vec{b}\times\vec{c}) = \vec{b}\cdot(\vec{a}\times\vec{c}) = \vec{c}\cdot(\vec{a}\times\vec{b}) = [\vec{a}\,\vec{b}\,\vec{c}]$$

= समान्तर षट्फलक का आयतन

सदिश त्रिक गुणन $\vec{a}\times(\vec{b}\times\vec{c}) = (\vec{a}\cdot\vec{c})\,\vec{b} - (\vec{a}\cdot\vec{b})\,\vec{c}$

सदिश अवकलन (Vector Differentiation)

- $\frac{d\vec{r}}{dt} = \frac{d\vec{r}}{ds}\cdot\frac{ds}{dt}$, जहाँ s, t का अदिश फलन है।
- $\frac{d}{dt}(\vec{r_1}\cdot\vec{r_2}) = \frac{d\vec{r_1}}{dt}\cdot\vec{r_2} + \frac{d\vec{r_2}}{dt}\cdot\vec{r_1}$
- $\frac{d}{dt}(\vec{r_1}\times\vec{r_2}) = \frac{d\vec{r_1}}{dt}\times\vec{r_2} + \vec{r_1}\times\frac{d\vec{r_2}}{dt}$
- जहाँ, $\vec{r} = x\hat{i} + y\hat{j} + z\hat{k}$

अदिश क्षेत्र का प्रवणता (Gradient of Scalar Field)

- अदिश फलन $\phi(x, y, z)$ का प्रवणता

$$\text{grad}\,\phi = \frac{\partial\phi}{\partial x}\hat{i} + \frac{\partial\phi}{\partial y}\hat{j} + \frac{\partial\phi}{\partial z}\hat{k}$$

नोट जो बल आरोपित करें सदिश क्षेत्र कहलाता है तथा जो वस्तु या कण पर किसी भी प्रकार का बल आरोपित न करे अदिश क्षेत्र कहलाता है।

सदिश फलन का डाइवर्जेन्स (Divergence of a Vector Function)

सदिश $\vec{A}$ का डाइवर्जेन्स $\text{div}(\vec{A}) = \nabla\cdot\vec{A} = \frac{\partial}{\partial x}A_x + \frac{\partial}{\partial y}A_y + \frac{\partial}{\partial z}A_z$

सदिश फलन का कर्ल (Curl of a Vector Function)

सदिश $\vec{A}$ का कर्ल $\text{curl}\,\vec{A} = \nabla\times\vec{A} = \begin{vmatrix} \hat{i} & \hat{j} & \hat{k} \\ \partial/\partial x & \partial/\partial y & \partial/\partial z \\ A_x & A_y & A_z \end{vmatrix}$

कुछ अन्य महत्त्वपूर्ण सम्बन्ध (Some Other Important Relations)

(i) $\nabla\cdot(\phi\vec{A}) = \phi\nabla\cdot\vec{A} + \vec{A}\cdot\nabla\phi$

(ii) $\nabla\cdot(\vec{A} + \vec{B}) = \nabla\cdot\vec{A} + \nabla\cdot\vec{B}$

(iii) $\text{grad}(\vec{A}\cdot\vec{B}) = \vec{A}\times(\nabla\times\vec{B}) + (\vec{A}\cdot\nabla)\vec{B} + \vec{B}\times(\nabla\times\vec{A}) + (\vec{B}\cdot\nabla)\vec{A}$

(iv) curl (grad ϕ) – 0, ϕ = एक अदिश फलन है

(v) **गॉस की डाइवर्जेन्स प्रमेय** (Gauss's divergence theorem)

$$\iiint_V \text{div}\,\vec{A}\,dV = \iint_S \vec{A}\cdot d\vec{S}$$

(आयतन समाकलन) (पृष्ठ समाकलन)

(vi) **स्टोक्स की प्रमेय** (Stoke's theorem) $\iint_S \text{curl}\,\vec{A}\cdot d\vec{S} = \oint_c \vec{A}\cdot d\vec{l}$

(vii) **ग्रीन की प्रमेय** (Green's theorem) इसके अनुसार यदि एक सदिश क्षेत्र $\vec{A}$ किसी अदिश फलन ϕ_1 तथा अदिश फलन ϕ_2 के ग्रेडिएण्ट के गुणनफल के बराबर होता है, तब

$$\iiint_V (\phi_2\nabla^2\phi_1 + \nabla\phi_2\cdot\nabla\phi_1)dN = \iint_S (\phi_2\nabla\phi_1)\cdot d\vec{a}$$

तथा $\iiint_V (\phi_1\nabla^2\phi_2 - \phi_2\nabla^2\phi_1)dN = \iint_S (\phi_1\nabla\phi_2 - \phi_2\nabla\phi_1)\cdot d\vec{a}$

अभ्यास प्रश्नावली

1. $\vec{a} \times \vec{b} = \vec{c}$ के सत्य होने के लिए नियतांक p का मान है, जहाँ $\vec{a} = \hat{i} + 2\hat{k}$, $\vec{b} = \hat{i} + p\hat{j} - \hat{k}$, $\vec{c} = -2\hat{i} + 3\hat{j} + \hat{k}$

(a) 1 (b) −2
(c) 2 (d) −1

2. एक सदिश क्षेत्र $\vec{A}$ के curl को प्रदर्शित कर सकते हैं

(a) curl A से (b) $\nabla \times \vec{A}$ से
(c) $\nabla \cdot \vec{A}$ से (d) $\nabla \vec{A}$ से

3. यदि $\vec{A} = \hat{i}\,x$ तथा $\vec{B} = \hat{i}\,y$ तब $\nabla(\vec{A} \cdot \vec{B})$ है

(a) $\hat{i}y + \hat{j}x$ (b) शून्य
(c) $\frac{1}{2}yx^2\,\hat{i} + \frac{1}{2}xy^2\,\hat{j}$ (d) 2

4. गॉस डाइवर्जेन्स प्रमेय है

(a) $\iint_S \vec{A} \cdot d\vec{S} = \iiint_V (\text{div}\,\vec{A})\,dV$

(b) $\iint_S \vec{A} \cdot d\vec{S} = \iiint_V (\text{grad}\,\vec{A})\,dV$

(c) $\iint_S \vec{A} \cdot d\vec{S} = \oint_c \vec{A} \cdot d\vec{r}$

(d) $\int \vec{A} \cdot d\vec{r} = \iint_S (\text{curl}\,\vec{A}) \cdot d\vec{S}$

5. दो सदिश $\vec{P}$ तथा $\vec{Q}$ इस प्रकार हैं कि $\vec{P} + \vec{Q} = \vec{R}$ व $|\vec{P}|^2 + |\vec{Q}|^2 = |\vec{R}|^2$ तो निम्न में सही विकल्प चुनें

(a) $\vec{P}, \vec{Q}$ के समान्तर है (b) $\vec{P}, \vec{Q}$ के विपरीत समान्तर है
(c) $\vec{P}, \vec{Q}$ के लम्बवत् है (d) $\vec{P}$ तथा $\vec{Q}$ परिमाण में समान है

6. यदि F प्रत्येक बिन्दु पर, पृष्ठ S के लम्बवत् है, तब $\int_V \text{curl}\,F\,dV$ है

(a) F (b) FS (c) शून्य (d) इनमें से कोई नहीं

7. यदि एक त्रिभुज का आधार $\vec{a} = \hat{i} + \hat{j} + \hat{k}$ तथा एक अन्य भुजा $\vec{b} = 2\hat{j} + 3\hat{k}$ है, तब इसकी तीसरी भुजा है

(a) $\hat{i} - 3\hat{j} + 2\hat{k}$ (b) $\hat{i} + 3\hat{j} - 2\hat{k}$
(c) $-\hat{i} + \hat{j} - 2\hat{k}$ (d) $-\hat{i} + \hat{j} + 2\hat{k}$

8. एक त्रिभुज का आधार तथा लम्बवत् भुजा क्रमशः $\vec{a} = 5\hat{i} - 3\hat{j} + 4\hat{k}$ तथा $\vec{b} = -3\hat{j} - \hat{k}$ है, तब इस त्रिभुज का क्षेत्रफल होगा

(a) $\frac{\sqrt{51}}{2}$ (b) $\frac{\sqrt{50}}{2}$
(c) $\frac{5\sqrt{19}}{2}$ (d) $\frac{\sqrt{61}}{2}$

9. यदि $\vec{A} = 2\hat{i} - 3\hat{j} + \hat{k}$ तथा $\vec{A} \cdot \vec{B} = 0 = \vec{A} \times \vec{B}$ है, तब $\vec{B}$ होगा

(a) $\vec{A}$ के लम्बवत् (b) $\vec{A}$ के समान्तर
(c) शून्य (d) $4\hat{i} + 3\hat{j} + \hat{k}$

10. सदिशों $\vec{A}$ तथा $\vec{B}$ की किस स्थिति में $\vec{A} + \vec{B} = \vec{C}$ तथा $a^2 + b^2 = c^2$ सत्य होगी?

(a) $\vec{A} \parallel \vec{B}$ (b) $\vec{B} = 0$ (c) $\vec{A} \perp \vec{B}$ (d) $\vec{A} = 0$

11. निम्नलिखित में से कौन-से सदिश एक-दूसरे के लम्बवत् होंगे?

(i) $2\hat{i} - 2\hat{j} + 4\hat{k}$ (ii) $10\hat{i} + 8\hat{j} + 12\hat{k}$
(iii) $3\hat{i} + 11\hat{j} + 4\hat{k}$

(a) (i) तथा (ii) (b) (ii) तथा (iii)
(c) (i) तथा (iii) (d) इनमें से कोई नहीं

12. यदि $\vec{a} = 2\hat{i} + 2\hat{j} + 3\hat{k}$, $\vec{b} = -\hat{i} + 2\hat{j} + \hat{k}$ तथा $\vec{c} = 3\hat{i} + \hat{j}$ हैं, तब $\vec{a} + t\vec{b}$, सदिश $\vec{c}$ के लम्बवत् होगा। यदि t बराबर है

(a) 8 (b) 4
(c) 6 (d) 2

13. सदिश $\vec{A} = 4\hat{i} + 3\hat{j} + 12\hat{k}$ द्वारा X-अक्ष के साथ बनाया गया कोण है

(a) $\sin^{-1}\left(\frac{3}{13}\right)$ (b) $\sin^{-1}\left(\frac{4}{13}\right)$
(c) $\cos^{-1}\left(\frac{4}{13}\right)$ (d) $\cos^{-1}\left(\frac{3}{13}\right)$

14. द्विविमीय गति में एक कण बिन्दु A जिसका स्थिति सदिश $\vec{r_1}$ है, से चलकर बिन्दु B जिसका स्थिति सदिश $\vec{r_2}$ है, तक जाता है। यदि इन सदिशों के परिमाण क्रमशः $r_1 = 3$ तथा $r_2 = 4$ हैं एवं ये X-अक्ष के साथ क्रमशः $\theta_1 = 75°$ तथा $\theta_2 = 15°$ के कोण बनाते हैं, तब विस्थापन सदिश का परिमाण होगा

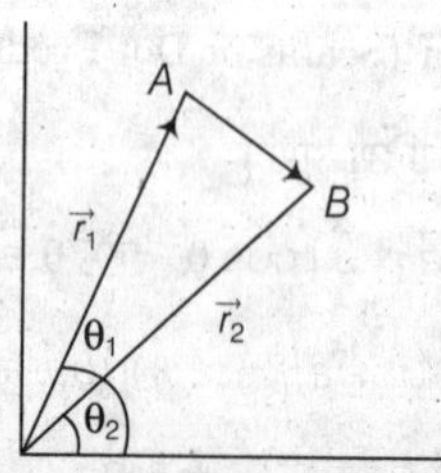

(a) 15 (b) $\sqrt{13}$
(c) 17 (d) $\sqrt{15}$

15. $\vec{A}$ तथा $\vec{B}$ के बीच कोण θ है। $\vec{A} \cdot (\vec{B} \times \vec{A})$ का मान होगा

(a) $A^2B\cos\theta$ (b) $A^2B\sin\theta\cos\theta$
(c) $A^2B\sin\theta$ (d) शून्य

16. यदि $\vec{A}$ तथा $\vec{B}$ एक समान्तर चतुर्भुज की दो भुजाओं को दर्शाते हैं तथा इसका क्षेत्रफल $\frac{1}{2}AB$ (A तथा B क्रमशः $\vec{A}$ तथा $\vec{B}$ के परिमाण हैं) है, तब $\vec{A}$ तथा $\vec{B}$ के बीच कोण है

(a) 30° (b) 60°
(c) 45° (d) 120°

17. दो सदिश $\vec{A}$ तथा $\vec{B}$ कोण θ पर झुके हैं। अब इन सदिशों को आपस में परिवर्तित कर दिया जाता है तब परिणामी α कोण घूम जाता है। निम्नलिखित में से कौन-सा सम्बन्ध सत्य है?

(a) $\tan\frac{\alpha}{2} = \left(\frac{A-B}{A+B}\right)^2 \tan\frac{\theta}{2}$ (b) $\tan\frac{\alpha}{2} = \left(\frac{A-B}{A+B}\right) \tan\frac{\theta}{2}$

(c) $\tan\frac{\alpha}{2} = \left(\frac{A-B}{A+B}\right) \cot\frac{\theta}{2}$ (d) $\tan\frac{\alpha}{2} = \left(\frac{A-B}{A+B}\right) \cot\frac{\theta}{2}$

18. वक्रों $x = t,\ y = t^2,\ z = t^3$ के लिए बिन्दु (1, 1, – 1) पर स्पर्श रेखीय (tangential) एकांक सदिश है

(a) $\frac{1}{\sqrt{14}}(\hat{i} + 2\hat{j} + 3\hat{k})$ (b) $\frac{1}{\sqrt{14}}(\hat{i} - 2\hat{j} + 3\hat{k})$

(c) $\frac{1}{\sqrt{3}}(\hat{i} + \hat{j} + \hat{k})$ (d) $\frac{1}{\sqrt{3}}(\hat{i} - \hat{j} + \hat{k})$

19. पृष्ठीय समाकलन $\iint_S \vec{F}\cdot\hat{n}\, dS$ का मान है, जहाँ S, गोले $x^2 + y^2 + z^2 = 4$ का पृष्ठ है, $\hat{n}$ बाहर की ओर एकांक सदिश तथा $\vec{F} = x\hat{i} + y\hat{j} + z\hat{k}$ है।

(a) 32π (b) 16π (c) 8π (d) 6π

20. $\nabla(\vec{A}\times\vec{r})$ बराबर होगा

(a) सदिश > 0 (b) सदिश < 0

(c) 0 (d) अदिश > 0

21. स्टोक्स प्रमेय है

(a) $\iint_S \vec{A}\cdot d\vec{S} = \oint_c \vec{A}\cdot d\vec{r}$

(b) $\oint_c \vec{A}\cdot d\vec{r} = \iint_S (\text{curl } \vec{A})\cdot d\vec{S}$

(c) $\iint_S \vec{A}\cdot d\vec{S} = \iiint_S (\text{div } \vec{A})\, dV$

(d) $\iint_S \vec{A}\cdot d\vec{S} = \iiint_S (\text{grad } \vec{A})\, dV$

22. यदि $\vec{A}\times\vec{A} = AB\hat{n}$ हो, तो A व B के मध्य कोण होगा

(a) 90° (b) 45° (c) 180° (d) 0°

23. $2\hat{i} + 3\hat{j} + 4\hat{k}$ के अनुदिश इकाई सदिश होगा

(a) $2\hat{i} + 3\hat{j} + 4\hat{k}$ (b) $\frac{2\hat{i} + 3\hat{j} + 4\hat{k}}{29}$

(c) $\frac{2\hat{i} + 3\hat{j} + 4\hat{k}}{\sqrt{29}}$ (d) $\sqrt{2\hat{i} + 3\hat{j} + 4\hat{k}}$

24. $\vec{A}$ व $\vec{B}$ दो सदिश हैं तो उनके बीच कोण की स्पर्शज्या होगी

(a) $\frac{\vec{A}\times\vec{B}}{\vec{A}\cdot\vec{B}}$ (b) $\frac{\vec{A}\cdot\vec{B}}{\vec{A}\times\vec{B}}$ (c) $\left|\frac{\vec{A}\times\vec{B}}{\vec{A}\,\vec{B}}\right|$ (d) $\left|\frac{\vec{A}\cdot\vec{B}}{\vec{A}\times\vec{B}}\right|$

25. दो सदिश $\vec{A}$ व $\vec{B}$ के अदिश गुणनफल में यदि $\vec{A}$ व $\vec{B}$ का क्रम बदल दिया जाए तो परिणामी सदिश का

(a) परिमाण बदल जाता है

(b) परिमाण व दिशा दोनों बदल जाते हैं

(c) परिमाण नियत व दिशा बदल जाती है

(d) परिमाण अपरिवर्तित रहता है

26. यदि $\vec{A} = \vec{B} + \vec{C}$ तथा $\vec{A}, \vec{B}$ व $\vec{C}$ का परिमाण 5, 4, 3 इकाई हो तो $\vec{A}$, व $\vec{C}$ के मध्य कोण होगा

(a) $\cos^{-1}\frac{3}{5}$ (b) $\cos^{-1}\frac{4}{5}$

(c) $\frac{\pi}{2}$ (d) $\sin^{-1}\frac{3}{5}$

27. दक्षिणावर्ती घूर्णन में सत्य है

(a) $\hat{j}\times\hat{k} = \hat{i}$ (b) $\hat{k}\times\hat{i} = 1$

(c) $\hat{i}\cdot\hat{i} = 0$ (d) $\hat{j}\times\hat{j} = 1$

28. एक समान्तर षट्फलक (parallelopiped) की भुजाएँ $\hat{i} + 2\hat{j}$, $4\hat{j}$ तथा $\hat{j} + 3\hat{k}$ से निरूपित की जाती हैं, तब इसका आयतन होगा

(a) 10 (b) 12

(c) 14 (d) 20

29. किसी अदिश क्षेत्र की प्रवणता (gradient) होती है

(a) सदिश राशि (b) अदिश राशि

(c) आंकिक मान (d) इनमें से कोई नहीं

30. grad $(\phi\psi)$ का मान होगा

(a) grad ϕ + grad ψ (b) ϕ grad ψ + ψ grad ϕ

(c) ϕ grad ϕ + ψ grad ψ (d) grad ψ + grad ψ

31. यदि ω एक अचर सदिश है तथा $\vec{v} = \omega\times\vec{r}$ तब div $\vec{v}$ का मान होगा

(a) $\omega\times\vec{r}$ (b) $\omega\cdot\vec{r}$

(c) शून्य (d) इनमें से कोई नहीं

32. यदि $\vec{A}$ स्थिति सदिश हो, तब curl $(A^n\,\vec{A})$ बराबर होगा

(a) nA^n (b) $2nA^n$

(c) $(n + 3)\,A^n$ (d) $(n - 3)\,A^n$

33. $\nabla\left(\frac{1}{r}\right)$ का मान होगा यदि $\vec{r}$ स्थिति सदिश है।

(a) $-\frac{\vec{r}}{r^3}$ (b) $\frac{1}{r}$ (c) $-\frac{1}{r^2}$ (d) शून्य

34. curl (grad $\vec{r}$) का मान है

(a) $\nabla^2 r$ (b) div

(c) शून्य (d) r

35. $\nabla\cdot(\nabla\times\vec{a})$ का मान होगा

(a) शून्य (b) a

(c) $\vec{a}$ (d) इनमें से कोई नहीं

➜ उत्तरमाला

1. (a)	**2.** (a)	**3.** (b)	**4.** (a)	**5.** (a)	**6.** (c)	**7.** (d)	**8.** (c)	**9.** (c)	**10.** (c)
11. (c)	**12.** (a)	**13.** (c)	**14.** (b)	**15.** (d)	**16.** (a)	**17.** (b)	**18.** (c)	**19.** (c)	**20.** (d)
21. (b)	**22.** (d)	**23.** (c)	**24.** (a)	**25.** (d)	**26.** (a)	**27.** (a)	**28.** (b)	**29.** (a)	**30.** (b)
31. (a)	**32.** (a)	**33.** (a)	**34.** (c)	**35.** (a)					

संकेत एवं हल

1. दिया है $\vec{a} \times \vec{b} = \vec{c}$

$$\begin{vmatrix} \hat{i} & \hat{j} & \hat{k} \\ 1 & 0 & 2 \\ 1 & p & -1 \end{vmatrix} = -2\hat{i} + 3\hat{j} + p\hat{k}$$

$\Rightarrow \quad -2p\hat{i} + 3\hat{j} + p\hat{k} = -2\hat{i} + 3\hat{j} + \hat{k}$

$\Rightarrow \quad p = 1$

7. तीसरी भुजा $(\vec{b}) - (\vec{a})$

$$= (2\hat{j} + 3\hat{k}) - (\hat{i} + \hat{j} + \hat{k})$$
$$= 2\hat{j} + 3\hat{k} - \hat{i} - \hat{j} - \hat{k}$$
$$= -\hat{i} + \hat{j} + 2\hat{k}$$

8. सदिश गुणनफल $\vec{a} \times \vec{b} = \begin{vmatrix} \hat{i} & \hat{j} & \hat{k} \\ 5 & -3 & 4 \\ 0 & -3 & -1 \end{vmatrix} = 15\hat{i} + 5\hat{j} - 15\hat{k}$

$$|\vec{a} \times \vec{b}| = \sqrt{225 + 25 + 225} = \sqrt{475}$$

त्रिभुज का क्षेत्रफल $= \frac{1}{2}|\vec{a} \times \vec{b}| = \frac{\sqrt{475}}{2} = \frac{5\sqrt{19}}{2}$

14. स्थिति सदिशों $\vec{r_1}$ तथा $\vec{r_2}$ के बीच का कोण, $(\theta) = 75° - 15° = 60°$

चित्रानुसार, विस्थापन $AB^2 = r_1^2 + r_2^2 - 2r_1r_2\cos\theta$

$$= 3^2 + 4^2 - 2 \times 3 \times 4 \times \cos 60°$$

$\Rightarrow \quad AB = \sqrt{13}$

15. त्रिक अदिश गुणन के अनुसार $\vec{A} \cdot (\vec{B} \times \vec{A}) = 0$

16. समान्तर चतुर्भुज का क्षेत्रफल $= |\vec{A} \times \vec{B}|$

प्रश्नानुसार, $AB\sin\theta = \frac{1}{2}AB \qquad (\because \vec{A} \times \vec{B} = AB\sin\theta)$

$\Rightarrow \quad \sin\theta = \frac{1}{2} = \sin 30°$

$\Rightarrow \quad \theta = 30°$

17. चूँकि $A = A\hat{A} = B\hat{B}$

माना A तथा B के बीच का कोण θ है।

अतः प्रश्नानुसार, $\cos\alpha = \frac{(A\hat{A} + B\hat{B}) \cdot (A\hat{B} + B\hat{A})}{|A\hat{A} + B\hat{B}||A\hat{B} + B\hat{A}|}$

या $\quad \cos\alpha = \frac{2AB + (A^2 + B^2)\cos\theta}{\sqrt{(A^2 + B^2 + 2AB\cos\theta)^2}}$

या $\quad \frac{1AB}{(A^2 + B^2)} = \frac{\cos\alpha - \cos\theta}{1 - \cos\alpha\cos\theta}$

या $\quad \frac{2AB + (A^2 + B^2)}{(A^2 + B^2) - 2AB} = \frac{(\cos\alpha - \cos\theta) + (1 - \cos\alpha\cos\theta)}{(1 - \cos\alpha\cos\theta) + (\cos\alpha - \cos\theta)}$

$$\left(\frac{A + B}{A - B}\right)^2 = \frac{\tan^2\theta/2}{\tan^2\alpha/2}$$

$\Rightarrow \quad \tan\alpha/2 = \left(\frac{A - B}{A + B}\right)\tan\theta/2$

28. समान्तर षट्फलक का आयतन $= [\vec{a}\,\vec{b}\,\vec{c}] = \begin{vmatrix} 1 & 2 & 0 \\ 0 & 4 & 0 \\ 0 & 1 & 3 \end{vmatrix} = 12$

3

गति के नियम
Laws of Motion

निर्देश तन्त्र (Frame of Reference)

वह तन्त्र जिसके सापेक्ष किसी पिण्ड की गति का वर्णन किया जा सकता है, **निर्देश तन्त्र** कहलाता है।

जड़त्वीय तन्त्र (inertial frame) अत्वरित तथा अघूर्णीय होता है जबकि अजड़त्वीय तन्त्र (non-inertial frame) त्वरित तथा घूर्णीय होता है।

वे निर्देश तन्त्र जिनमें स्वतन्त्र कण अचर चाल से रेखीय पथ पर गति करते हैं, **जड़त्वीय निर्देश तन्त्र** कहलाते हैं।

विराम तथा गति (Rest and Motion)

गति और विराम पिण्ड की दोनों अवस्थाएँ आपेक्षिक (relative) होती हैं। एक पिण्ड दूसरे पिण्ड के सापेक्ष विरामावस्था में होता है जबकि उसकी स्थिति दूसरे के सापेक्ष न बदले और यदि कोई पिण्ड अपनी स्थिति दूसरे के सापेक्ष बदलता है तो वह आपेक्षिक गति की अवस्था में कहलाता है।

निर्देश तन्त्र के आधार पर गति के तीन प्रकार हैं:

(i) **एक विमीय गति** (One-dimensional motion) वस्तु की गति एक विमीय (1D) कहलाती है यदि समय के सापेक्ष बदलते आकाश (space) में वस्तु की गति केवल एक निर्देशांक से व्यक्त हो। एक कण की सरल रेखा में गति, वेग अथवा त्वरण केवल एक घटक से व्यक्त होती है।

(ii) **द्विविमीय गति** (Two-dimensional motion) वस्तु की गति द्विविमीय (2 D) कहलाती है यदि समय के सापेक्ष बदलते आकाश में वस्तु की गति दो निर्देशांकों से व्यक्त हो। ऊर्ध्वाधर तल में क्षैतिज से किसी कोण पर फेंकी गई वस्तु की गति द्विविमीय गति का उदाहरण है।

(iii) **त्रिविमीय गति** (Three-dimensional motion) वस्तु की गति त्रिविमीय (3 D) कहलाती है यदि समय के सापेक्ष बदलते आकाश में वस्तु की गति तीनों निर्देशांकों से व्यक्त हो।

महत्त्वपूर्ण बिन्दु (Important Points)

- किसी कण के दूरी परिवर्तन की दर को चाल तथा कण के विस्थापन परिवर्तन की दर को वेग कहते हैं।
- कुल दूरी या विस्थापन तथा कुल समय के अनुपात को क्रमशः औसत चाल या औसत वेग कहते हैं।
- किसी विशेष क्षण में की गई चाल या वेग को क्रमशः तात्क्षणिक चाल या तात्क्षणिक्र वेग कहते हैं।
- कण के वेग वृद्धि की दर को त्वरण कहते हैं।
- किसी विशेष क्षण में त्वरण तात्क्षणिक त्वरण (instantaneous acceleration) कहलाता है।
- यदि समय के साथ किसी गतिशील कण की चाल, वेग या त्वरण अपरिवर्तित रहें तो वस्तु की गति क्रमशः एकसमान चाल, एकसमान वेग या एकसमान त्वरण कहलाएगी।

समरूप त्वरित रेखीय गति के समीकरण (Equations for Uniformly Accelerated Motion Along a Straight Line)

रेखीय गति के समीकरण निम्नलिखित हैं:

(i) $v = u + at$

(ii) $s = ut + \frac{1}{2}at^2$

(iii) $v^2 = u^2 + 2as$

जहाँ, u = प्रारम्भिक वेग
v = अन्तिम वेग
s = विस्थापन
a = रेखीय त्वरण

नोट गुरुत्वीय त्वरण के अन्तर्गत गति के लिए $a = g$

गुरुत्वाधीन गति के समीकरण (Equations of Motion Under Gravity)

गुरुत्वाधीन गिरती वस्तुओं के लिए त्वरण g होता है। ऐसी गति के लिए तीन मुख्य समीकरण हैं:

(i) $v = u \pm gt$

(ii) $v^2 = u^2 \pm 2gh$

(iii) $s = ut \pm \frac{1}{2}gt^2$

धनात्मक तथा ऋणात्मक चिन्ह क्रमशः नीचे गिरती तथा ऊपर उड़ती हुई वस्तुओं के लिए जाते हैं।

असमान त्वरित गति
(Non-uniformly Accelerated Motion)

जब कण की गति असमान है अर्थात् कण का त्वरण नियत नहीं है, तब एक विमीय गति के लिए निम्न सम्बन्ध मान्य होते हैं:

(i) $v = \frac{ds}{dt}$

(ii) $a = \frac{dv}{dt} = v\frac{dv}{ds}$

(iii) $ds = v\,dt$

(iv) $dv = adt$ या $vdv = ads$

इस प्रकार के समीकरणों को अवकलन या समाकलन द्वारा कुछ परिसीमा शर्तें लगाकर हल किया जा सकता है

प्रक्षेप्य गति (Projectile Motion)

जब किसी पिण्ड को एक प्रारम्भिक वेग से ऊर्ध्वाधर दिशा से कोई कोण बनाते हुए फेंका जाता है तो वह गुरुत्वीय त्वरण के अन्तर्गत ऊर्ध्वाधर तल में एक वक्र पथ पर गति करता है, इस गति को प्रक्षेप्य गति कहते हैं।

- प्रक्षेप्य पथ की समीकरण $(y) = x\tan\theta - \frac{gx^2}{2u^2\cos^2\theta}$
- प्रक्षेप्य गति में $(H) = \frac{u^2\sin^2\theta}{2g}$, $R = \frac{u^2\sin 2\theta}{g}$ व $T = \frac{2u\sin\theta}{g}$

वृत्तीय गति (Circular Motion)

जब कोई कण किसी निश्चित बिन्दु को केन्द्र मानकर वृत्त की परिधि के अनुदिश गति करता है तो उसकी गति वृत्तीय गति कहलाती है।

यदि वृत्तीय पथ पर कण की चाल समान हो तो गति एकसमान वृत्तीय गति होती है तथा यदि वृत्तीय पथ पर कण की चाल असमान हो तो गति असमान वृतीय गति कहलाती है।

अभिकेन्द्रीय त्वरण (Centripetal acceleration) एकसमान वृत्तीय गति में त्वरण केन्द्र की ओर दिष्ट, होता है तथा यह **अभिकेन्द्रीय त्वरण** कहलाता है।

$$(a) = \frac{v^2}{r}$$

एक कण की वृत्तीय गति के लिए

(i) कोणीय वेग $(\omega) = \frac{d\theta}{dt}$

कोणीय त्वरण $(\alpha) = \frac{d\omega}{dt} = \frac{d^2\theta}{dt^2} = \omega\frac{d\omega}{d\theta}$

(ii) वृत्तीय पथ का झुकाव कोण $(\theta) = \tan^{-1}\left(\frac{v^2}{rg}\right)$

(iii) एक कण को l लम्बाई की डोरी से बाँधकर ऊर्ध्वाधर वृत्त में घुमाने के लिए आवश्यक न्यूनतम वेग $\sqrt{gl}$ है।

किसी पिण्ड को खींचने या धकेलने की क्रिया को उस पिण्ड पर बल लगाना कहते हैं।

अपकेन्द्रीय बल (Centrifugal Force)

किसी घूर्णित निर्देशांक्ष के सापेक्ष गति के अध्ययन या अवलोकन करने के लिए वस्तु पर काल्पनिक बल कार्यरत् होता है जो त्रिज्या के अनुदिश वृत्ताकार पथ से बाहर की दिशा (radially outward) में प्रक्षेपित होता है, अपकेन्द्रीय बल कहलाता है।

$$(f) = m\omega^2 r$$

जहाँ, m = वस्तु का द्रव्यमान , ω = कोणीय वेग

r = वृत्ताकार पथ की त्रिज्या

न्यूटन के गति विषयक नियम
(Newton's Laws of Motion)

न्यूटन के गति विषयक तीन नियम निम्नलिखित हैं:

प्रथम नियम (First Law)

बाह्य बल की अनुपस्थिति में यदि कोई वस्तु विरामावस्था में है तो वह विरामावस्था में ही रहेगी और यदि एकसमान रेखीय गति कर रही है तो वह एकसमान रेखीय गति ही करती रहेगी जब तक कि उस पर कोई बाह्य बल आरोपित न हों यह न्यूटन का **गति विषयक प्रथम नियम** है।

रेखीय संवेग (Linear momentum) किसी कण का रेखीय संवेग *(p)* उनमें उपस्थित द्रव्यमान *(m)* तथा वेग *(v)* के गुणनफल के बराबर होता है।

द्वितीय नियम (Second Law)

किसी वस्तु के संवेग परिवर्तन की दर उस पर आरोपित बाह्य बल के अनुक्रमानुपाती होती है तथा यह संवेग परिवर्तन के दौरान लगाए गए बल की दिशा में होता है, यह न्यूटन का **गति विषयक द्वितीय नियम** है।

$$(F) = ma = m\frac{dv}{dt} = mv\frac{dv}{dx} = m\frac{d^2x}{dt^2}$$

जहाँ, v वस्तु का वेग है।

कल्पित बल (Pseudo force) एक अजड़त्वीय निर्देश तन्त्र के सापेक्ष किसी वस्तु पर इसके त्वरण की विपरीत दिशा में एक बल कार्य करता है जिसे **कल्पित बल** कहते हैं।

तृतीय नियम (Third Law)

प्रत्येक क्रिया बल के समान तथा विपरीत दिशा में प्रतिक्रिया बल होता है। यह न्यूटन का **गति विषयक तृतीय नियम** है।

कार्य (Work)

किसी वस्तु पर लगने वाले एकसमान बल तथा बल के कारण प्रदर्शित विस्थापन के अदिश गुणनफल को कार्य कहा जाता है।

यह बल $(\vec{F})$ तथा विस्थापन $(\Delta\vec{x})$ के बीच के भिन्न-भिन्न कोणों θ के लिए भिन्न होता है।

$$\text{कार्य} \quad (W) = \vec{F}\cdot\Delta\vec{x} = F\Delta x\cos\theta$$

किसी विचरणशील बल के द्वारा किया गया कार्य समाकलन विधि (integration method) द्वारा किया जाता है अर्थात् $(W) = \int \vec{F}\cdot\Delta\vec{x}$

संरक्षी बल (Conservative Force)

वह बल जिसके द्वारा किसी पिण्ड को एक बिन्दु से दूसरे बिन्दु तक ले जाने में किया गया कार्य पिण्ड के पथ पर निर्भर नहीं करता है **संरक्षी बल** कहलाता है। जैसे-गुरुत्वाकर्षण बल, स्थिर वैद्युत बल अर्थात् केन्द्रीय बल (central force), आदि

असंरक्षी बल (Non-conservative Force)

वह बल जिसके द्वारा किसी पिण्ड को एक बिन्दु से दूसरे बिन्दु तक ले जाने में किया गया कार्य पिण्ड द्वारा तय किए गए पथ पर निर्भर करता है, **असंरक्षी बल** कहलाता है। जैसे-घर्षण बल, श्यान बल, आदि।

संरक्षी बलों के लिए स्थितिज ऊर्जा में परिवर्तन

$$(\Delta U) = U_f - U_i = -W = -\int_i^f \vec{F} \cdot d\vec{r}$$

ऊर्जा (Energy)

किसी वस्तु द्वारा कार्य करने की क्षमता ऊर्जा कहलाती है । यह दो प्रकार की होती है जैसे-स्थितिज ऊर्जा तथा गतिज ऊर्जा ।

यांत्रिक ऊर्जा संरक्षण (Conservation of Mechanical Energy)

जब केवल संरक्षी आन्तरिक बल विद्यमान है तथा निकाय पर बाह्य बल द्वारा किया गया कार्य शून्य है, तब निकाय की कुल यांत्रिक ऊर्जा संरक्षित रहती है अर्थात् $U_f + K_f = U_i + K_i$ इसे **यांत्रिक ऊर्जा संरक्षण** कहते हैं।

त्रिविमीय गति के लिए $(U\vec{r}) = -\int_{r_0}^{r} \vec{F} \cdot d\vec{r}$

जहाँ, $\vec{F}$ संरक्षी बल है।

हम संरक्षी बल को निम्न प्रकार भी लिख सकते हैं

$$\vec{F} = -\nabla U = -\text{grad}\, U$$

जहाँ,
$$\nabla = \frac{\partial}{\partial x}\hat{i} + \frac{\partial}{\partial y}\hat{j} + \frac{\partial}{\partial z}\hat{k}$$

संरक्षी बल का कर्ल (Curl of a conservative force)

$$\text{curl}\,\vec{F} = \nabla \times \vec{F} = 0$$

कार्य-ऊर्जा प्रमेय (Work-Energy Theorem)

किसी निकाय पर कार्यरत् सभी बलों (संरक्षी, असंरक्षी तथा बाह्य) द्वारा किया गया कुल कार्य निकाय की गतिज ऊर्जा में किए गए परिवर्तन के बराबर होता है।

$$W_c + W_{hc} + W_{ext} = \Delta K = K_f - K_i$$

इसे **कार्य-ऊर्जा प्रमेय** कहते हैं।

शक्ति (Power)

किसी वस्तु या व्यक्ति द्वारा कार्य करने की दर को शक्ति कहते हैं।

$$\text{शक्ति} = \frac{\text{कार्य}}{\text{समय}}$$

या $\quad \text{शक्ति} = \vec{F} \cdot \vec{v} = Fv\cos\theta$

जहाँ, F = बल , v = वेग

θ = बल तथा वेग के बीच का कोण

द्रव्यमान केन्द्र (Centre of Mass)

एक निकाय के द्रव्यमान केन्द्र का स्थिति सदिश $\vec{r}_{CM}$ निम्न प्रकार से परिभाषित है

$$\vec{r}_{CM} = \frac{m_1\vec{r}_1 + m_2\vec{r}_2 + \ldots + m_n\vec{r}_n}{m_1 + m_2 + \ldots + m_n}$$

$$= \frac{1}{M}\sum_{i=1}^{n} m_i \vec{r}_i$$

दृढ़ पिण्ड के लिए $(\vec{r}_{CM}) = \frac{1}{M}\int \vec{r}\, dm$

एक निकाय के लिए $(\vec{F}_{ext}) = M\vec{a}_{CM}$

किसी निकाय का संवेग $(\vec{p}) = M\vec{v}_{CM}$

रेखीय संवेग संरक्षण का नियम (Linear Conservation Momentum Law)

एक निकाय के लिए $(\vec{F}_{ext}) = \frac{d\vec{p}}{dt}$

यदि $\vec{F}_{ext} = 0$ अर्थात् यदि निकाय पर बाह्य बल शून्य है, तब $\frac{dp}{dt} = 0$

जहाँ $\vec{p}$ नियतांक है इसे ही **रेखीय संवेग संरक्षण** का नियम कहते हैं।

आवेग (Impulse)

किसी बल का आवेग निम्न प्रकार है :

आवेग $= \int \vec{F}\, dt = d\vec{p}$ = संवेग परिवर्तन

संघट्ट (Collision)

वह प्रक्रिया जिसमें दो पिण्डों के पास आने पर या अन्योन्य क्रिया करने पर इनके वेग परिवर्तित हो जाते हैं, उन दो पिण्डों की टक्कर (संघट्ट) कहलाती है। जब संघट्ट के दौरान गतिज ऊर्जा संरक्षित होती है, तब **संघट्ट प्रत्यास्थ** (elastic collision) तथा जब संघट्ट के दौरान गतिज ऊर्जा संरक्षित नहीं रहती है, तब संघट्ट **अप्रत्यास्थ संघट्ट** (inelastic collision) कहलाता है। दोनों ही प्रकार के संघट्टों में संवेग संरक्षित रहता है।

तिर्यक संघट्ट में संवेग संरक्षण के लिए x-अक्ष तथा y-अक्ष के अनुदिश घटक लेते हैं।

प्रत्यानयन गुणांक (Coefficient of Restitution)

टक्कर के बाद सापेक्ष वेग तथा टक्कर से पहले सापेक्ष वेग के अनुपात को प्रत्यानयन गुणांक कहते हैं । इसे e से प्रदर्शित करते हैं। अत :

$$e = -\frac{\text{टक्कर के बाद सापेक्ष वेग}}{\text{टक्कर से पहले सापेक्ष वेग}}$$

$$= -\frac{\text{अपगमन वेग}}{\text{उपगमन वेग}}$$

(i) पूर्णतः प्रत्यास्थ संघट्ट के लिए $(e) = 1$

(ii) पूर्णतः अप्रत्यास्थ संघट्ट के लिए $(e) = 0$

(iii) अप्रत्यास्थ टक्कर के लिए $0 < e < 1$

सम्मुख प्रत्यास्थ संघट्ट (Head-on Elastic Collision)

यदि टकराने वाले पिण्डों के वेग की दिशाएँ टक्कर के समय, आवेगों की क्रिया रेखा के अनुदिश हो तो टक्कर सम्मुख प्रत्यास्थ कहलाती है।

माना m_1 तथा m_2 द्रव्यमान के दो पिण्ड समान दिशा में प्रारम्भिक वेगों u_1 तथा u_2 से गतिमान हैं। माना संघट्ट के पश्चात् उनके वेग क्रमशः v_1 तथा v_2 हैं, तब

$$v_1 = \left(\frac{m_1 - m_2}{m_1 + m_2}\right)u_1 + \left(\frac{2m_2}{m_1 + m_2}\right)u_2$$

$$v_2 = \left(\frac{2m_1}{m_1 + m_2}\right)u_1 + \left(\frac{m_2 - m_1}{m_1 + m_2}\right)u_2$$

अप्रत्यास्थ संघट्ट (Inelastic Collision)

माना m_1 तथा m_2 द्रव्यमान के दो पिण्डों के संघट्ट के पश्चात् उनके वेग v_1 तथा v_2 हैं, तो

$$v_1 = \left[\frac{m_1 - em_2}{m_1 + m_2}\right]u_1 + \left[\frac{(1+e)m_2}{m_1 + m_2}\right]u_2$$

$$v_2 = \left[\frac{(1+e)m_1}{m_1 + m_2}\right]u_1 + \left[\frac{m_2 - em_1}{m_1 + m_2}\right]u_2$$

अभ्यास प्रश्नावली

1. यथार्थतः पृथ्वी है

(a) एक जड़त्वीय तन्त्र
(b) एक अजड़त्वीय तन्त्र
(c) दिन में जड़त्वीय तथा रात में अजड़त्वीय
(d) रात में जड़त्वीय तथा दिन में अजड़त्वीय

2. जड़त्वीय तन्त्र है

(a) त्वरित
(b) अत्वरित
(c) एकसमान वेग से गतिमान या स्थिर
(d) त्वरित, अत्वरित तथा नियत वेग से गतिमान हो सकता है

3. एक पिण्ड r त्रिज्या के वृत्त में एक नियत वेग v से गतिमान है, इसका कोणीय त्वरण है

(a) vr (b) $\frac{v}{r}$ (c) शून्य (d) $\frac{v}{r^2}$

4. दो कारें जिनके द्रव्यमान क्रमशः m_1 व m_2 हैं, क्रमशः r_1 व r_2 त्रिज्या के वृत्तों में घूम रही हैं। यदि ये वृत्तीय पथ पर एक चक्कर समान समय में पूरा करती हैं, तब इनकी कोणीय चालों का अनुपात है

(a) $\frac{m_1}{m_2}$ (b) $\frac{r_1}{r_2}$ (c) $\frac{m_1 r_1}{m_2 r_2}$ (d) 1

5. एक तोप से एक गोला v वेग से क्षैतिज दिशा से θ कोण पर दागा जाता है। अपने मार्ग के उच्चतम बिन्दु पर यह बराबर द्रव्यमान के दो टुकड़ों में विस्फोटित हो जाता है। इनमें से एक टुकड़ा तोप की ओर अपने उसी मार्ग पर वापस लौटता है। विस्फोट के तुरन्त बाद दूसरे टुकड़े की चाल है

(a) $3v\cos\theta$ (b) $2v\cos\theta$ (c) $\frac{3}{2}v\cos\theta$ (d) $v\cos\theta$

6. एक कार एक सीधी सड़क पर 10 किमी/घण्टा के वेग से गतिमान है। जब कार सड़क पर खड़े एक व्यक्ति के पास से गुजरती है तब कार का चालक $10\sqrt{2}$ किमी/घण्टा के वेग से एक पार्सल व्यक्ति की ओर फेंकता है। यदि पार्सल व्यक्ति के पास तक पहुँच जाता है, तब बताइए कि यह कार की दिशा से किस कोण पर फेंका जाता है

(a) 135° (b) 45°
(c) $\tan^{-1}(\sqrt{2})$ (d) $\tan^{-1}\left(\frac{1}{\sqrt{2}}\right)$

7. एक कार विराम से चलना प्रारम्भ करती है तथा s दूरी तय करती है। सड़क तथा टायरों के बीच घर्षण गुणांक μ है। वह न्यूनतम समय t जिसमें कार इस दूरी को तय करती है, अनुक्रमानुपाती है

(a) μ (b) $\sqrt{\mu}$
(c) $\frac{1}{\mu}$ (d) $\frac{1}{\sqrt{\mu}}$

8. एक m द्रव्यमान की गोली (bullet) एक बड़े लकड़ी के तख्ते जिसका द्रव्यमान M है से टकराती है तथा उसमें घुस जाती है, इस निकाय का अन्तिम वेग है

(a) $\frac{mv}{M+m}$ (b) $\sqrt{\frac{m}{M+m}}$
(c) $\frac{M}{M+m}$ (d) $\frac{v}{2}$

9. छत से लम्बवत् नीचे की ओर m द्रव्यमान व L लम्बाई की जंजीर लटकी है जिसे एक लड़का खींचता है। उसके द्वारा किया गया कार्य है

(a) $\frac{1}{2}mgL$ (b) mgL
(c) $\frac{1}{2}mgL^2$ (d) mgL^2

10. दो स्प्रिंगों के बल नियतांक k_1 तथा k_2 हैं। इन्हें समान दूरी x तक खींचा जाता है, यदि इनकी प्रत्यास्थ ऊर्जाएँ E_1 तथा E_2 हैं, तब $E_1 : E_2$ बराबर है

(a) $k_1 : k_2$ (b) $k_2 : k_1$
(c) $\sqrt{k_2} : \sqrt{k_1}$ (d) $k_1^2 : k_2^2$

11. m_a व m_b द्रव्यमान के दो पिण्ड दो भिन्न-भिन्न ऊँचाइयों a व b से गिराए जाते हैं। इन्हें धरातल तक आने में लगे समयों का अनुपात है

(a) $a : b$ (b) $\frac{m_a}{m_b} : \frac{b}{a}$
(c) $\sqrt{a} : \sqrt{b}$ (d) $a^2 : b^2$

12. S एक जड़त्वीय फ्रेम है। दूसरा फ्रेम S', S के सापेक्ष नियत वेग से गतिमान है। फ्रेम S' है

(a) जड़त्वीय (b) अजड़त्वीय
(c) त्वरित फ्रेम (d) इनमें से कोई नहीं

13. m द्रव्यमान के एक पिण्ड पर t समय तक कार्य किया जाता है, जिससे यह त्वरित होकर t_1 समय में विरामावस्था से चलकर v चाल प्राप्त कर लेता है। कार्य की राशि समय t के पदों में है

(a) $\frac{1}{2}\frac{mv}{t_1}t^2$ (b) $\frac{mv}{t_1}t^2$
(c) $\frac{1}{2}\left(\frac{mv}{t_1}\right)^2 t^2$ (d) $\frac{1}{2}\frac{mv^2}{t_1^2}t^2$

14. चिरसम्मत् यान्त्रिकी का मूल नियम है

(a) न्यूटन का प्रथम नियम (b) न्यूटन का द्वितीय नियम
(c) न्यूटन का तृतीय नियम (d) तीनों नियम

15. न्यूटन के नियम लागू होते हैं

(a) आपेक्षकीय वेग से गतिमान कण पर
(b) जड़त्वीय फ्रेम में
(c) अजड़त्वीय फ्रेम में
(d) उपरोक्त में से कोई नहीं

16. कणों की प्रत्यास्थ टक्कर में

(a) स्थितिज ऊर्जा संरक्षित रहती है
(b) गतिज ऊर्जा संरक्षित रहती है
(c) केवल कुल ऊर्जा संरक्षित रहती है
(d) रेखिक संवेग का कुल मान शून्य होता है

17. वेग v से पूर्व की ओर चलते हुए m द्रव्यमान का एक कण समान द्रव्यमान तथा समान वेग v से उत्तर की ओर चलते हुए एक-दूसरे कण से टकरा जाता है तथा दोनों कण संलयित हो जाते हैं। यह $2m$ द्रव्यमान का नया कण उत्तर-पूर्व की ओर किस वेग से चलेगा?

(a) v (b) $\frac{v}{2}$
(c) $\frac{v}{\sqrt{2}}$ (d) इनमें से कोई नहीं

18. यदि पूर्णतः अप्रत्यास्थ संघट्ट में पिण्डों की संघट्ट के पूर्व तथा पश्चात् की गतिज ऊर्जाएँ क्रमशः K_1 तथा K_2 हैं, तब

(a) $K_1 < K_2$ (b) $K_1 > K_2$
(c) $K_1 = K_2$ (d) $K_2 = 0$

19. बाह्य बलों की अनुपस्थिति में n कणों के निकाय का द्रव्यमान केन्द्र

(a) सदैव स्थिर रहता है (b) त्वरित गति करता है
(c) अत्वरित गति करता है (d) इनमें से कोई नहीं

20. n कणों से मिलकर बने निकाय में कणों के मध्य अन्योन्य क्रियाओं के फलस्वरूप नेट आन्तरिक बल होता है

(a) शून्य (b) परिमित
(c) अनन्त (d) बाह्य बल के बराबर व विपरीत

21. अनेक कणों से बने किसी निकाय का कुल रेखिक संवेग सदैव नियत रहता है यदि

(a) निकाय पर संरक्षी बल कार्यरत् हो
(b) निकाय पर असंरक्षी बल कार्यरत् हो
(c) निकाय पर कोई बाह्य परिणामी बल कार्य न करे तथा आन्तरिक बल संरक्षी हो
(d) निकाय पर परिवर्ती बल कार्यरत्, हो

22. n कणों के निकाय का द्रव्यमान केन्द्र के सापेक्ष कुल रेखिक संवेग होता है

(a) नियत (b) शून्य
(c) अनन्त (d) कुछ नहीं कहा जा सकता है

23. एक जड़त्वीय फ्रेम S' एक अन्य जड़त्वीय फ्रेम S के सापेक्षतया v वेग से एकसमान रूप से गतिशील है। S' से किसी कण का वेग u (v की दिशा में) देखा जाता है। बताइए S से उस कण का वेग कितना प्रतीत होगा?

(a) $u + v$ (b) $u - v$
(c) $\frac{v-u}{1+\frac{uv}{c^2}}$ (d) $\frac{u+v}{1+\frac{uv}{c^2}}$

24. निम्न में से गलत कथन बताइए

(a) शून्य विराम द्रव्यमान का कण प्रकाश के वेग से चल सकता है
(b) शून्य विराम द्रव्यमान के कण की गतिज ऊर्जा इसकी कुल ऊर्जा के बराबर होती है
(c) वह कण जोकि प्रकाश के वेग से चलता है, का विराम द्रव्यमान शून्य होना चाहिए
(d) फोटॉनों का वेग प्रकाश के वेग से भिन्न हो सकता है

25. किसी फ्रेम S में वृत्त $x^2 + y^2 = a^2$ किसी दूसरे फ्रेम S' से जोकि S के सापेक्षतया v वेग से गतिशील है, प्रतीत होता है

(a) दीर्घवृत्त (b) वृत्त (c) सरल रेखा (d) परवलय

26. एक संरक्षी बल F को स्थितिज ऊर्जा-फलन V में इस प्रकार व्यक्त किया जा सकता है

(a) $F = \text{div } V$ (b) $F = \text{grad } V$
(c) $F = -\text{div } V$ (d) $F = -\text{grad } V$

27. संरक्षी बल F के लिए,

(a) $\text{div } F = 0$ (b) $\text{grad } F = 0$
(c) $\text{curl } F = 0$ (d) इनमें से कोई नहीं

28. एक संरक्षी बल क्षेत्र में

(a) यान्त्रिक ऊर्जा संरक्षित रहती है
(b) रेखीय संवेग संरक्षित रहता है
(c) ऊर्जा घटती है
(d) कोणीय संवेग आवर्त रूप में बदलता है

29. संरक्षी बल क्षेत्र F के लिए सही सम्बन्ध है

(a) $\nabla \cdot \vec{F} = 0$ (b) $\nabla \times \vec{F} = 0$
(c) $\nabla \vec{F} = 0$ (d) $\nabla^2 \vec{F} = 0$

30. संरक्षी बल, $F = -kx$ के कारण स्थितिज ऊर्जा का मान होता है

(a) kx^2 (b) $\frac{1}{2}k^2x$
(c) $\frac{1}{2}kx^2$ (d) $\frac{1}{2}k^2x^2$

31. एक बल क्षेत्र तभी संरक्षी कहलाता है, जब बल क्षेत्र द्वारा कण पर किया गया कार्य शून्य हो यदि कण को

(a) एक पूर्ण वृत्त पर ले जाया जाता है
(b) एक पूर्ण दीर्घवृत्त पर ले जाया जाता है
(c) एक तल में किसी बन्द वक्र पर ले जाया जाता है
(d) किसी बन्द वक्र पर ले जाया जाता है

32. घर्षणरहित क्षैतिज सतह पर रखी L लम्बाई की एकसमान रस्सी को एक सिरे से बल F द्वारा खींचा जाता है। इस सिरे से l दूरी पर रस्सी में तनाव होगा

(a) F (b) $\frac{l}{L}F$
(c) $\frac{L}{l}F$ (d) $\left(1-\frac{l}{L}\right)F$

33. एक m द्रव्यमान का पिण्ड v वेग से गतिमान है तथा समान द्रव्यमान के पिण्ड जो विराम अवस्था में है, से टकराता है। संघट्ट के बाद पहले पिण्ड का वेग होगा

(a) v (b) $-v$
(c) $+v$ (d) 0

34. यदि U स्थितिज ऊर्जा है, तब संरक्षीय बल को निम्न प्रकार दर्शाते हैं

(a) $\vec{F} = -\nabla U$
(b) $\vec{F} = -\nabla \cdot U$
(c) $\vec{F} = -\nabla \times U$
(d) उपरोक्त में से कोई नहीं

35. एक कण का प्रारम्भिक वेग u ($t = 0$ पर) है तथा त्वरण a द्वारा दर्शाया जाता है। यदि कण का अंतिम वेग v हो तो निम्नलिखित में से कौन-सा सम्बन्ध मान्य है?

(a) $v = u + at^2$ (b) $v = u + \frac{at^2}{2}$
(c) $v = u + at$ (d) $v = u$

36. चित्र में दर्शायी गयी m द्रव्यमान की एक वस्तु एक ऐसे बल के अन्तर्गत पहाड़ी पर चढ़ रही है जो प्रत्येक बिन्दु पर पथ के स्पर्शरेखीय है। आरोपित बल द्वारा किया गया कार्य

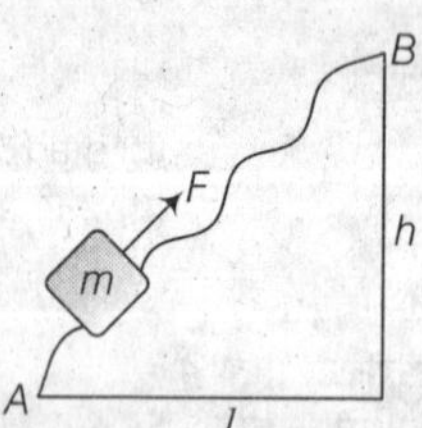

(a) वस्तु द्वारा तय किए गए पथ पर निर्भर नहीं करता
(b) पथ पर निर्भर करता है
(c) A व B की स्थितियों पर निर्भर नहीं करता
(d) (a) व (c) दोनों सही हैं

37. एक मोटर किसी वस्तु को नियत बल से एक सरल रेखा में गति कराती है मोटर द्वारा उत्पन्न की गई शक्ति P का समय t के साथ सम्बन्ध है

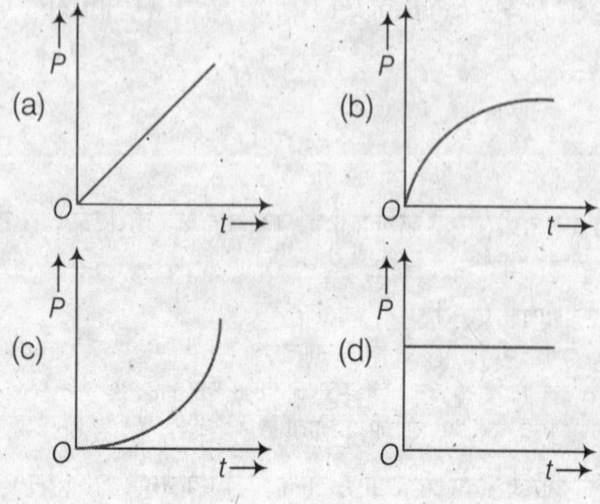

38. किसी कण पर नियत परिमाण का कोई बल इस प्रकार कार्यरत् है कि वह सदैव ही कण के वेग के लम्बवत् कार्य करता है तथा कण की गति किसी समतल में हो रही है। इसका तात्पर्य यह है कि

(a) कण का वेग नियत रहता है
(b) कण सरल रेखा में गति करता है
(c) कण की गतिज ऊर्जा नियत है
(d) कण का त्वरण नियत रहता है

39. m द्रव्यमान की गोली v वेग से विराम में स्थित M द्रव्यमान की वस्तु से टकराती है तथा इसमें ही धँस जाती है। संयुक्त गुटके की गतिज ऊर्जा होगी

(a) $\frac{1}{2}mv^2 \times \frac{m}{(m+M)}$
(b) $\frac{1}{2}mv^2 \times \frac{M}{(m+M)}$
(c) $\frac{1}{2}mv^2 \times \frac{(M+m)}{M}$
(d) $\frac{1}{2}Mv^2 \times \frac{m}{(m+M)}$

40. एक यात्री के पास 20 किग्रा की एक अटैची है। यदि वह अटैची लेकर क्षैतिज सड़क पर 15 मी चलता है तो व्यक्ति द्वारा किया गया कार्य होगा

(a) 294 जूल (b) 500 जूल
(c) शून्य (d) 600 जूल

41. दो डोरियाँ, जो परस्पर 120° के कोण पर झुकी हैं, की तली पर एक पिण्ड रखा हुआ है। प्रत्येक डोरी 20 न्यूटन का तनाव सहन कर सकती है, पिण्ड का वह भार जो डोरी बिना टूटे सहन कर सकती है

(a) 10 न्यूटन (b) 20 न्यूटन
(c) $20\sqrt{2}$ न्यूटन (d) 40 न्यूटन

42. एक दोषपूर्ण तुला के एक पलड़े में 8 ग्राम का तथा दूसरे पलड़े में 18 ग्राम का भार रखा है। यदि पलड़ो पर भार न होने की दशा में उसकी बीम क्षैतिज रहे, तो सही भार होगा

(a) 13 ग्राम (b) 12 ग्राम
(c) 15.5 ग्राम (d) 15 ग्राम

43. एक लिफ्ट में लगी स्प्रिंग तुला पर 60 किग्रा का व्यक्ति खड़ा होता है। किसी क्षण वह देखता है कि स्प्रिंग तुला का पाठ्यांक 60 किग्रा से बदलकर 50 किग्रा हो जाता है और फिर पुराने पाठ्यांक पर आ जाता है। इससे निष्कर्ष निकलता है कि

(a) लिफ्ट ऊपर की ओर अचर गति में थी
(b) लिफ्ट नीचे की ओर अचर गति में थी
(c) लिफ्ट जब अचर गति से ऊपर की ओर जा रही थी तब वह यकायक रुक गई
(d) लिफ्ट जब अचर गति से नीचे की ओर जा रही थी तब वह यकायक रुक गई

44. एक कण 25 सेमी त्रिज्या के वृत्त में 2 चक्र प्रति सेकण्ड की दर से घूम रहा हैं। कण का त्वरण है

(a) $2\pi^2$ मी से$^{-2}$ (b) $4\pi^2$ मी से$^{-2}$
(c) $8\pi^2$ मी से$^{-2}$ (d) π^2 मी से$^{-2}$

उत्तरमाला

1. (b)	**2.** (c)	**3.** (c)	**4.** (b)	**5.** (a)	**6.** (b)	**7.** (d)	**8.** (a)	**9.** (a)	**10.** (a)
11. (c)	**12.** (a)	**13.** (d)	**14.** (d)	**15.** (b)	**16.** (b)	**17.** (c)	**18.** (b)	**19.** (c)	**20.** (a)
21. (c)	**22.** (b)	**23.** (d)	**24.** (d)	**25.** (a)	**26.** (d)	**27.** (c)	**28.** (a)	**29.** (b)	**30.** (c)
31. (d)	**32.** (d)	**33.** (d)	**34.** (a)	**35.** (b)	**36.** (a)	**37.** (a)	**38.** (c)	**39.** (a)	**40.** (c)
41. (b)	**42.** (b)	**43.** (d)	**44.** (b)						

संकेत एवं हल

5. उच्चतम बिन्दु के प्रक्षेप्य गति की स्थिति में

$$v_{\text{ऊर्ध्वाधर}} = 0 \Rightarrow v_{\text{क्षैतिज}} = v\cos\theta$$

मार्ग के उच्चतम बिन्दु पर बराबर भागों में विस्फोटित होने पर, एक भाग पहले पथ पर वापिस लौटेगा अर्थात् $v_1 = -v\cos\theta$ संरक्षित रहेगा।

दिया है, $M_1 = M_2 = \frac{M}{2}$ तथा क्षैतिज तल के अनुदिश निकाय का संवेग

अर्थात्
$$p_1 + p_2 = Mv\cos\theta$$
$$M_1v_1 + M_2v_2 = Mv\cos\theta$$
$$\frac{M}{2}(-v\cos\theta) + \frac{M}{2}v_2 = Mv\cos\theta$$
$$\frac{-v\cos\theta}{2} + \frac{v_2}{2} = v\cos\theta$$
$$v_2 = 3v\cos\theta$$

6. माना कार का चालक पार्सल को क्षैतिज से θ कोण पर फेंकता है। अतः

$$\cos\theta = \frac{\text{कार का वेग}}{\text{पार्सल का वेग}}$$
$$= \frac{10}{10\sqrt{2}} = \frac{1}{\sqrt{2}}$$
$$\theta = 45°$$

7. कार पर लगा घर्षण बल,

$$f = \mu R \qquad [\because f = ma, R = mg]$$

न्यूटन के, गति सिद्धान्त से, $ma = \mu mg$, $\therefore a = \mu g$

गति के दूसरे समी से, $s = ut + \frac{1}{2}at^2$

$$\Rightarrow \quad s = 0 + \frac{1}{2}\mu g t^2$$
$$t = \sqrt{\frac{2s}{\mu g}} \quad \text{या} \quad t \propto \frac{1}{\sqrt{\mu}}$$

10. स्प्रिंग में संचित ऊर्जा $(E) = \frac{1}{2}kx^2$

$$\Rightarrow \quad E \propto k$$
$$\therefore \quad \frac{E_1}{E_2} = \frac{k_1}{k_2}$$

22. द्रव्यमान केन्द्र का त्वरण,

$$\vec{a}_{CM} = \frac{\vec{F}_{ext}}{m}$$

यदि $\vec{F}_{ext} = 0$

तो $\vec{a}_{CM} = 0$

4

दृढ़ पिण्ड यांत्रिकी–I

Rigid Bodies Mechanics-I

दृढ़ पिण्ड (Rigid Body)

एक दृढ़ पिण्ड वह ठोस पिण्ड है जिसमें विरूपण सम्भव नहीं है अर्थात् दृढ़ पिण्ड में किन्हीं दो अणुओं के बीच की दूरी नियत रहती है।

स्थानान्तरीय गति (Translational Motion)

जब कोई पिण्ड इस प्रकार गति करता है कि पिण्ड के सभी कण परस्पर समान्तर पथों पर चलते हुए समान विस्थापन तय करते हैं तो पिण्ड की इस प्रकार की गति को स्थानान्तरीय गति कहा जाता है। अतः जब किसी पिण्ड को बिना लुढ़काए खींचकर एक स्थान से दूसरे स्थान पर ले जाया जाता है तो पिण्ड की गति स्थानान्तरीय गति होती है।

कोणीय गति (Angular Motion)

यदि गति करते हुए किसी वस्तु या कण की निर्देशांक्ष के सापेक्ष कोणीय स्थिति परिवर्तित हो जाती है तो वस्तु की गति कोणीय गति कहलाती है।

घूर्णन गति (Rotational Motion)

जब कोई पिण्ड किसी स्थिर अक्ष के परितः इस प्रकार गति करता है कि पिण्ड के सभी कण वृत्तीय पथों पर चलते हैं तथा उनके द्वारा अनुरेखित वृत्तों के केन्द्र उस स्थिर अक्ष पर रहते हैं तो पिण्ड की गति को घूर्णन गति तथा इस स्थिर अक्ष को घूर्णन अक्ष कहा जाता है।

घूर्णन गति के समीकरण (Equations for Rotational Motion)

किसी दृढ़ पिण्ड की घूर्णन गति के लिए समीकरण निम्न हैं:

(a) $\omega = \omega_0 + \alpha t$

(b) $\theta = \omega t + \frac{1}{2}\alpha t^2$

(c) $\omega^2 = \omega_0^2 + 2\alpha\theta$

(d) $\tau = I\alpha = \frac{d\omega}{dt} = I\frac{d^2\theta}{dt^2} = \frac{d\tau}{dt}$

(e) $\Delta L = J = I\omega = I\frac{d\theta}{dt}$

(f) $\omega = \tau\theta$

(g) शक्ति, $P = \tau\omega$

(h) $E_{rot} = \frac{1}{2}I\omega^2$

यहाँ, ω_0 तथा ω प्रारम्भिक तथा अन्तिम कोणीय वेग हैं तथा α कोणीय त्वरण, τ बल आघूर्ण हैं।

$$\tau = I\,\alpha = I\frac{d^2\theta}{dt^2}$$

यह एक पिण्ड की घूर्णन गति की समीकरण को दर्शाता है।

$\theta, \omega, \alpha, J$ तथा τ घूर्णन अक्ष के समान्तर हैं।

बल आघूर्ण (Torque)

किसी बाह्य बल द्वारा किसी वस्तु को किसी अक्ष के चारों ओर घुमाने के प्रभाव को उस अक्ष के परितः बल आघूर्ण कहते हैं।

इसका परिमाण बल के परिमाण तथा घूर्णन अक्ष से बल की क्रिया-रेखा की लम्बवत् दूरी के गुणनफल के बराबर होता है।

$$\text{बल आघूर्ण } (\vec{\tau}) = \vec{r} \times \vec{F}$$

बल आघूर्ण एक अक्षीय सदिश है जिसकी दिशा सदैव $\vec{r}$ तथा $\vec{F}$ के लम्बवत् होती है तथा इसे दाएँ हाथ के पेंच के नियम से ज्ञात किया जा सकता है।

यदि किसी पिण्ड का जड़त्व आघूर्ण I है तथा उस पर बल आघूर्ण τ लगाने पर उसका कोणीय त्वरण α हो जाता है, तब $\tau = I\alpha$

जड़त्व आघूर्ण (Moment of Inertia)

प्रत्येक कण जो किसी अक्ष के चारों ओर घूर्णन करने के लिए स्वतन्त्र है, अपनी वर्तमान विरामावस्था अथवा घूर्णी अवस्था में ही रहने की प्रवृत्ति रखता है।

कणों के निकाय का जड़त्व आघूर्ण निम्न प्रकार परिभाषित किया जाता है

$$I = \sum_{i=1}^{n} m_i r_i^2$$

यहाँ, m_i तथा r_i निकाय में कणों के द्रव्यमान तथा घूर्णन अक्ष से दूरी हैं।

घूर्णन त्रिज्या (Radius of Gyration)

किसी घूर्णन अक्ष के परितः किसी कण की घूर्णन त्रिज्या, घूर्णन अक्ष से एक ऐसे बिन्दु की लम्बवत् दूरी है जिस पर कण का समस्त द्रव्यमान केंद्रित होता है।

घूर्णन त्रिज्या $(K) = \sqrt{I/M}$, द्विकोण तन्त्र में समानीत द्रव्यमान

$$\mu = \frac{m_1 m_2}{m_1 + m_2}$$

समान्तर अक्षों की प्रमेय (Theorem of Parallel Axes)

किसी पिण्ड का किसी अक्ष के परितः जड़त्व आघूर्ण (I) उस पिण्ड के द्रव्यमान केन्द्र (centre of mass) से होकर जाने वाली एक अन्य समान्तर अक्ष के परितः जड़त्व आघूर्ण (I_{CM}) तथा पिण्ड के द्रव्यमान व दोनों अक्षों के बीच की लम्ब दूरी के वर्ग के गुणनफल के योग के बराबर होता है। इस प्रकार,

$$I = I_{CM} + Mr^2$$

जहाँ, M पिण्ड का द्रव्यमान तथा r दोनों अक्षों के बीच की लम्ब दूरी हैं। इसे **समान्तर अक्षों की प्रमेय** कहते हैं।

लम्बवत् अक्षों की प्रमेय
(Theorem of Perpendicular Axes)

किसी समतल पटल का उसके तल में ली गई दो परस्पर लम्बरूप अक्षों के परितः जड़त्व आघूर्णों का योग इन अक्षों के प्रतिच्छेद बिन्दु से होकर जाने वाली तथा पटल के तल के लम्बवत् अक्ष के परितः जड़त्व आघूर्ण के बराबर होता है। इसे **लम्बवत् अक्षों की प्रमेय** कहते हैं।

माना पिण्ड के तल में x तथा y-अक्ष चित्रानुसार हैं तथा z-अक्ष तल के लम्बवत् है। तीनों अक्ष परस्पर लम्बवत् हैं, तब प्रमेय के अनुसार

$$I_z = I_x + I_y$$

कोणीय संवेग (Angular Momentum)

घूर्णन करती किसी वस्तु के समस्त कणों के रेखीय संवेगों के घूर्णन अक्ष के परितः आघूर्णों का योग उस वस्तु का घूर्णन अक्ष परितः कोणीय संवेग कहलाता है

$$(\vec{L}) = \hat{r} \times \vec{p}$$

जहाँ, $\hat{r}$ कण का स्थिति सदिश तथा $\vec{p}$ रेखीय संवेग है।

यदि कण का घूर्णन अक्षः के परितः जड़त्व आघूर्ण I तथा उसका कोणीय वेग ω हो, तब $\tau = I\omega$

कोणीय संवेग संरक्षण का नियम
(Law of Conservation of Angular Momentum)

कोणीय संवेग परिवर्तन की दर निकाय पर लगाए गए बाह्य बल आघूर्ण के बराबर होती है।

$$\tau_{ext} = \frac{d\vec{L}}{dt}$$

यदि $\qquad \tau_{ext} = 0$

$\Rightarrow \qquad \vec{L} =$ नियतांक

यह कोणीय संवेग संरक्षण का नियम है।

एक निकाय के लिए कोणीय संवेग को निम्न प्रकार से परिभाषित करते हैं

$$(\vec{L}) = \vec{L}_{CM} + \hat{r}_{CM} \times \vec{p}$$

जहाँ, $\hat{r}_{CM} \times \vec{p}$ मूल बिन्दु के सापेक्ष द्रव्यमान केन्द्र है।

घूर्णन गतिज ऊर्जा
(Rotational Kinetic Energy)

घूर्णन गति करती वस्तु के समस्त कणों की रेखीय गतिज ऊर्जाओं का योग वस्तु की घूर्णन गतिज ऊर्जा कहलाती है।

घूर्णन गतिज ऊर्जा $(K) = \frac{1}{2} I\omega^2$

लोटनिक गति (Rolling Motion)

यदि किसी वस्तु द्वारा रेखीय तथा घूर्णी गतियाँ साथ-साथ प्रदर्शित हों तो वस्तु की गति लोटनिक गति कहलाएगी। लोटन करते हुए वस्तु की कुल गतिज ऊर्जा

$$(E_{roll}) = \frac{1}{2} mv^2 + \frac{1}{2} I\omega^2$$

आनत तल पर लोटनिक गति करती वस्तु
(Rolling Motion of a Body on an Inclined Plane)

माना m द्रव्यमान की वस्तु आनत तल AC पर लोटन कर रही है, जैसा कि नीचे चित्र में दिया गया है।

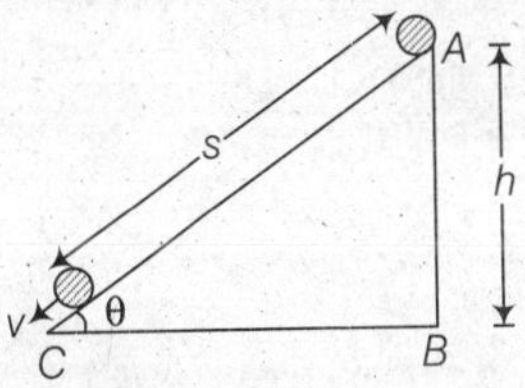

वस्तु की लोटनिक गति के लिए

(i) बिन्दु A से C तक दूरी, $s = \frac{1}{2} t^2 \frac{g \sin\theta}{\left(1 + \frac{K^2}{R^2}\right)}$

(ii) वेग $(v) = \left(\frac{2gs}{1 + \frac{K^2}{R^2}}\right)$

(iii) त्वरण $(a) = \frac{g \sin\theta}{1 + \frac{K^2}{R^2}}$

(iv) समय $(t) = \frac{1}{\sin\theta}\sqrt{2h\left(1 + \frac{K^2}{R^2}\right)}$

नत समतल पर गति के लिए (For motion on an inclined plane)

वस्तु	वेग, जब चिकने तल पर नीचे की ओर फिसलते हैं	त्वरण	$\frac{K^2}{r^2}$
वलय	$\sqrt{gs \sin\theta}$	$\frac{1}{2} g \sin\theta$	1
खोखला बेलन	$\sqrt{gs \sin\theta}$	$\frac{1}{2} g \sin\theta$	1
डिस्क	$\sqrt{\frac{4}{3} gs \sin\theta}$	$\frac{2}{3} g \sin\theta$	0.5
ठोस बेलन	$\sqrt{\frac{6}{5} gs \sin\theta}$	$\frac{3}{5} g \sin\theta$	2/3
ठोस गोला	$\sqrt{\frac{gs \sin\theta}{0.7}}$	$\frac{g \sin\theta}{1.4}$	0.4

गति पालक चक्र (Flywheel)

गति पालक चक्र एक बहुत बड़ा बेलनाकार पहिया होता है जिसे बियरिंग (bearing) की सहायता से घुमाया जा सकता है।

गति पालक चक्र का जड़त्व आघूर्ण $(I) = \frac{m\left(\frac{2gh}{\omega^2} - r^2\right)}{\left(1 + \frac{n_1}{n_2}\right)}$

सरल आवर्त गति के समीकरण
(Equations for Simple Harmonic Motion)

सरल आवर्त गति में कण किसी निश्चित बिन्दु के इधर-उधर सरल रेखा में इस प्रकार गति करता है कि कण के त्वरण की दिशा सदैव उस निश्चित बिन्दु की ओर दिष्ट होती है तथा त्वरण का परिमाण उस निश्चित बिन्दु से कण के विस्थापन के समानुपाती होता है।

(i) अवकलन समीकरण $\frac{d^2y}{dt^2} + \omega^2 y = 0$

(ii) विस्थापन $(y) = a \sin(\omega t + \phi)$

(iii) वेग $(v) = a\omega\cos(\omega t + \phi) = \omega\sqrt{a^2 - y^2}$

(iv) त्वरण $(a) = -\omega^2 a \sin(\omega t + \phi) = -\omega^2 y$

(v) बल $(F) = -m\omega^2 a \sin(\omega t + \phi) = -m\omega^2 y$

(vi) कला $(\alpha) = \omega t + \phi = \sin^{-1}\left(\frac{y}{a}\right)$

(vii) दोलनकाल $(T) = \frac{2\pi}{\omega} = 2\pi\sqrt{\frac{m}{k}}$

$$\therefore \quad (T) = 2\pi\sqrt{\frac{\text{दोलनित द्रव्यमान}}{\text{प्रति एकांक विस्थापन का प्रत्यानयन बल}}}$$

(viii) गतिज ऊर्जा $(E_k) = \frac{1}{2} m\omega^2 (a^2 - y^2)$

माध्य गतिज ऊर्जा $= \frac{1}{4} ka^2$

(ix) स्थितिज ऊर्जा $(E_p) = \frac{1}{2} m\omega^2 y^2$

माध्य स्थितिज ऊर्जा $= \frac{1}{4} ka^2$

(x) कुल ऊर्जा $(E) = \frac{1}{2} ka^2 = \frac{1}{2} ma^2\omega^2$

घूर्णन या कोणीय सरल आवर्त गति के समीकरण
(Equations for Rotational or Angular Simple Harmonic Motion)

नियत त्वरण वाली रेखीय गति के समीकरणों की भाँति नियत कोणीय त्वरण वाली घूर्णन गति में भी घूर्णन चरों के बीच सम्बन्ध स्थापित करने वाले समीकरण होते हैं जो घूर्णन गति के समीकरण कहलाते हैं।

(i) अवकलन समीकरण

$$\frac{d^2\theta}{dt^2} + \omega^2\theta = 0$$

(ii) कोणीय विस्थापन, $(\theta) = \theta_0 \sin(\omega t + \phi)$

(iii) दोलनकाल, $(T) = \frac{2\pi}{\omega}$

$$= 2\pi\sqrt{\frac{\text{जड़त्व आघूर्ण}}{\text{प्रति एकांक कोणीय विस्थापन का प्रत्यानयन बल}}}$$

नोट बल तथा विस्थापन में सम्बन्ध

$$F = -ky = -m\omega^2 y$$

संयुक्त लोलक (Compound Pendulum)

- संयुक्त लोलक के लिए $(T) = 2\pi\sqrt{\frac{\left(\frac{k^2}{l} + l\right)}{g}} = 2\pi\sqrt{\frac{L}{g}}$

जहाँ, l = दोलन केन्द्र तथा गुरुत्व केन्द्र के बीच की दूरी तथा

L = संयुक्त लोलक की प्रभावी (परिणामी) लम्बाई

न्यूनतम आवर्तकाल के लिए,

$\frac{k^2}{l}$ = द्रव्यमान केन्द्र से दोलन केन्द्र की दूरी

$$l = k$$

$$\therefore \quad T_{\min} = 2\pi\sqrt{\frac{2k}{g}}$$

- परिक्रमण वेग $(\phi) = \frac{mgr}{J} = \frac{mgr}{I\omega}$
- परिक्रमण के लिए आवश्यक बल आघूर्ण

$$\tau = mgr\sin\theta = I\omega\phi\sin\theta$$

- परिक्रमण केन्द्र : गुरुत्व केन्द्र से दूरी $h' = \frac{k^2}{h}$

मरोड़ी लोलक (Torsional Pendulum)

मरोड़ी लोलक में किसी वस्तु जैसे वृत्ताकार चकती को तार से लटका दिया जाता है। यदि इस तार को कुछ मरोड़ (twist) कर दिया जाए तो प्रत्यास्थता के कारण यह एक प्रत्यानयन बल आघूर्ण $\tau = C\theta$ उत्पन्न करता है।

मरोड़ी लोलक का आवर्तकाल $(T) = 2\pi\sqrt{\frac{I}{C}}$

यहाँ, I = चकती का जड़त्व आघूर्ण, C = तार का मरोड़ी गुणांक $= \frac{\pi\eta r^4}{2l}$

जहाँ, η = तार के पदार्थ का दृढ़ता गुणांक

r = तार की त्रिज्या, l = तार की लम्बाई

अवमन्दित सरल आवर्त गति की समीकरण
(Equations for Damped Simple Harmonic Motion)

(i) अवकलन समीकरण $m\frac{d^2y}{dt^2} + b\frac{dy}{dt} + ky = 0$

या $\frac{d^2y}{dt^2} + 2l\frac{dy}{dt} + \omega_0^2 y = 0$

जहाँ, $b\frac{dy}{dt}$ श्यान बल (अवमन्दन बल) है तथा ky प्रत्यानयन बल है।

$$2l = \frac{b}{m}, \ \omega_0^2 = \frac{k}{m}$$

जब, $l < \omega_0$ तब यह दोलायमान है

अर्थात् $\frac{b}{2m} < \sqrt{\frac{k}{m}}$

तब $y = a_0 \exp(-lt)\sin(\omega t + \phi)$

जहाँ, a_0 तथा ω स्वेच्छ अचर हैं तथा

$$\omega = \sqrt{\omega_0^2 - l^2}$$

(ii) आयाम, $(a) = a_0 \exp(-lt)$

(iii) लघुगुणकीय क्षय $(\lambda) = \frac{lT}{2} = \frac{\pi l}{\omega} = \frac{\pi l}{\sqrt{\omega_0^2 - l^2}}$

यदि, $\frac{\lambda}{2} < l$ तब $\theta_0 = \theta_1 l^{\lambda/2} = a_1\left(1 + \frac{\lambda}{2}\right)$

यहाँ a_1 = प्रथम आयाम है।

(iv) ऊर्जा $(E) = \frac{1}{2} m\omega^2 a_0^2 \exp\left(-\frac{2}{t}\right)$

(v) अपव्यय शक्ति $(P) = \frac{dE}{dt} = -2lE$

(vi) Q-गुणक $= \frac{2\pi \text{ (कण की ऊर्जा)}}{\text{एक दोलन में ऊर्जा क्षय}}$

$$= \frac{\omega}{2l} = \frac{\pi}{2\lambda}$$

प्रणोदित आवर्ती दोलित्र
(Forced Periodic Oscillator)

(i) अवकलन समीकरण

$$\frac{md^2y}{dt^2} + b\frac{dy}{dt} + kx = F \sin \omega t$$

अर्थात् $\frac{d^2y}{dt^2} + 2l\frac{dy}{dt} + \omega_0^2 x = f \sin \omega t$

यहाँ, $2l = \frac{b}{m}, \omega_0^2 = \frac{k}{m}$ तथा $f = \frac{F}{m}$

(ii) परिवर्ती पद, $x = a_0 \exp(-lt) \sin(\omega t + \phi)$

यहाँ, $\omega = \sqrt{\omega_0^2 - l^2}$

(iii) अपरिवर्ती अवस्था के पदों में

$$x = A \sin(\omega t - \alpha)$$

यहाँ $A = \frac{f}{\sqrt{(\omega_0^2 - \omega^2)^2 + 4l^2\omega^2}}$

$$= \frac{f}{2}$$

$$\tan \alpha = \frac{2l\omega}{(\omega_0^2 - \omega^2)}$$

(iv) अपव्यय औसत शक्ति

$$(P_{av}) = \frac{m\omega^2 f^2 l}{(\omega_0^2 - \omega^2)^2 + 4l^2\omega^2}$$

(v) **अनुनाद** (Resonance) जब किसी दोलन करने वाले पिण्ड पर अवमन्दन प्रभाव नगण्य हो जाता है, तो बाह्य बल की आवृत्ति, पिण्ड की स्वाभाविक आवृत्ति के बराबर हो जाती है जिसके कारण पिण्ड के दोलनों का आयाम काफी बढ़ जाता है, तब ये दोलन अनुनादी दोलन कहलाते हैं।

(vi) Q-फलन $= \frac{2\pi \text{ (संचित ऊर्जा)}}{\text{प्रति एकांक दोलन में ऊर्जा हानि}} = \frac{\omega}{2l}$

अनुनाद बैण्ड चौड़ाई $\boxed{\Delta\omega = 2l}$

अनुपात $\frac{\omega_0}{\Delta\omega} = \frac{\omega_0}{2l} = Q$-गुणक

$$Q\text{-गुणक} = \frac{\omega_0}{2l} = \frac{\omega_0}{\Delta\omega}$$

सरल लोलक का आवर्तकाल $T = 2\pi\sqrt{\left(\frac{l}{g}\right)}$

l = लोलक की लम्बाई

दो सरल आवर्त गतियों का परिणामी
(Resultant of two SHMs)

$$X_1 = A_1 \sin \omega_1 t, \quad X_2 = A_2 \sin(\omega_2 t + a)$$

(i) **समान्तर** (Parallel) यदि $\omega_1 = \omega_2 = \omega$

(a) $X = A \sin(\omega t + \theta)$

$A = (A_1^2 + A_2^2 + 2A_1A_2 \cos\theta)^{1/2}$

$\tan\theta = \frac{A_2 \sin\alpha}{A_1 + A_2 \cos\alpha}$

(b) यदि आयाम बराबर हैं $A_1 = A_2 = A$ तथा आवृत्ति में निम्न अन्तर है, तब

$$X = 2A \sin \omega t \cos \frac{\Delta\omega}{2} t$$

जहाँ, $\omega = \frac{\omega_1 + \omega_2}{2}$ तथा $\Delta\omega = \omega_1 \sim \omega_2$

(ii) **लम्बवत्** (Perpendicular) आवृत्ति बराबर तथा कलान्तर ϕ है।

$$\frac{X^2}{A_1^2} + \frac{Y^2}{A_2^2} + \frac{2XY}{A_1A_2}\cos\phi = \sin^2\phi$$

यह एक दीर्घवृत्त है। जब, $\phi = \frac{\pi}{2}$,

$\frac{X^2}{A_1^2} + \frac{Y^2}{A_2^2} = 1$ एक दीर्घवृत्त

जोड़ने पर जब,

$A_1 = A_2 = A$, $X^2 + Y^2 = A^2$ एक वृत्त

जब $\phi = 0$, $y = \frac{A_2}{A_1} X = mX$, एक सरल रेखा

जब $\phi = \pi$, $y = \frac{A_2}{A_1} X$, एक सरल रेखा

जब $\phi = \frac{\pi}{4}$, $\frac{x^2}{A_1^2} + \frac{y^2}{A_2^2} - \frac{\sqrt{2}xy}{A_1A_2} = \frac{1}{2}$ (तिर्यक दीर्घवृत्त)

जब $\phi = \frac{3\pi}{4}$, $\frac{x^2}{A_1^2} + \frac{y^2}{A_2^2} + \frac{\sqrt{2}xy}{A_1A_2}$ (तिर्यक दीर्घवृत्त)

अभ्यास प्रश्नावली

1. जड़त्व आघूर्ण तथा कोणीय त्वरण का गुणनफल है

(a) बल (b) बल आघूर्ण
(c) कार्य (d) कोणीय संवेग

2. सही सम्बन्ध है

(a) $\vec{L} = \frac{d\tau}{dt}$ (b) $\tau = \frac{d\vec{L}}{dt}$
(c) $\vec{L} = m\vec{v}$ (d) $\vec{L} = \vec{v} \times \vec{p}$

3. m द्रव्यमान के एक पिण्ड का जड़त्व आघूर्ण I है। यह एक चिकने क्षैतिज समतल पर वेग v तथा कोणीय वेग ω से घूर्णन कर रहा है, तब पिण्ड की कुल गतिज ऊर्जा है

(a) $\frac{1}{2}I\omega^2$ (b) $\frac{1}{2}mv^2$
(c) $\frac{1}{2}I\omega^2 + \frac{1}{2}mv^2$ (d) $\frac{1}{2}mv^2R^2$

4. एक वलय, बेलन तथा गोले के व्यास व द्रव्यमान समान हैं व घूर्णन अक्ष इनके गुरुत्व केन्द्रों के लम्बवत् है। महत्तम जड़त्व आघूर्ण होगा

(a) वलय (b) गोला
(c) बेलन (d) सभी का समान

5. एक वलय (द्रव्यमान M व त्रिज्या R) का जड़त्व आघूर्ण उसके केन्द्र से होकर जाने वाली तथा उसके तल के लम्बवत् अक्ष के परित: है

(a) $\frac{1}{2}MR^2$ (b) MR^2 (c) $\frac{3}{2}MR^2$ (d) $2MR^2$

6. एक पिण्ड, जोकि नत तल पर घूर्णित है, का त्वरण है

(a) $\frac{g\sin\theta}{1+\frac{R^2}{K^2}}$ (b) $\frac{g\sin\theta}{\frac{R^2}{K^2}}$
(c) $\frac{g\sin\theta}{1+K^2/R^2}$ (d) इनमें से कोई नहीं

7. एक द्विपरमाणुक अणु में r दूरी पर दो द्रव्यमान m_1 और m_2 विलग हैं। इस निकाय का, उस अक्ष के परित:, जोकि निकाय के द्रव्यमान केन्द्र से होकर गुजरती है और द्रव्यमानों को जोड़ने वाली रेखा के लम्बवत् है, जड़त्व आघूर्ण kr^2 होता है, यहाँ k है

(a) $\frac{m_1+m_2}{m_1m_2}$ (b) $\frac{m_1m_2}{m_1+m_2}$
(c) $\frac{m_1}{m_1+m_2}$ (d) $\frac{m_2}{m_1+m_2}$

8. वह अक्ष, जो किसी ठोस बेलन की ज्यामितीय अक्ष के लम्बवत् है और इसके केन्द्र से होकर गुजरती है, के परित: ठोस बेलन का जड़त्व आघूर्ण होता है

(a) $M\left(\frac{l^2}{12}+\frac{R^2}{4}\right)$ (b) $M\left(\frac{l^2}{4}+\frac{R^2}{12}\right)$
(c) $M\left(\frac{l^2R^2}{12}\right)$ (d) $M\left(\frac{l^2R^2}{4}\right)$

9. ठोस गोले के किसी व्यास के परित: उसका जड़त्व आघूर्ण होता है

(a) $\frac{1}{5}MR^2$ (b) $\frac{2}{5}MR^2$
(c) $\frac{3}{5}MR^2$ (d) $\frac{4}{5}MR^2$

10. पतले गोलीय कोश का किसी व्यास के परित: जड़त्व-आघूर्ण होता है

(a) $\frac{2}{5}MR^2$ (b) $\frac{2}{3}MR^2$
(c) $\frac{3}{5}MR^2$ (d) $\frac{4}{3}MR^2$

11. समीकरण $\frac{d^2y}{dt^2} + Cy = 0$, जहाँ C एक नियतांक है। यह निम्न में से किसकी गति का समीकरण है?

(a) एक कण, जोकि सरल आवर्त गति कर रहा है
(b) एक कण, जोकि एकसमान रूप से त्वरित है
(c) एक कण, जोकि गुरुत्व के अन्तर्गत प्रतित है
(d) एक कण, जोकि विश्राम की अवस्था में है

12. समान आयाम A, आवृत्ति n और कला θ की दो सरल आवर्ती गतियाँ किसी कण पर समान सीधी रेखा पर अध्यारोपित हैं। कण सरल आवर्ती गति प्रदर्शित करेगा जिसकी

(a) आवृत्ति n और आयाम A है (b) आवृत्ति $2n$ और आयाम A है
(c) आवृत्ति n और आयाम $2A$ है (d) आवृत्ति $2n$ और आयाम $2A$ है

13. किसी कण की गति का समीकरण, $a = -bx$ द्वारा दिया जाता है जहाँ, a त्वरण है, x साम्य स्थिति से विस्थापन है तथा b एक नियतांक है। कण का दोलनकाल होगा

(a) $2\pi\sqrt{b}$ (b) $\frac{2\pi}{\sqrt{b}}$
(c) $\frac{2\pi}{b}$ (d) $2\sqrt{\frac{\pi}{b}}$

14. एक सरल आवर्त गति करते हुए कण की गति का अवकल समीकरण $\frac{d^2x}{dt^2} + \omega^2x = 0$ है। इसका हल नहीं होगा

(a) $x = a\tan\omega t$ (b) $x = a\sin\omega t$
(c) $x = a\cos\omega t$ (d) $x = a\sin(\omega t + \phi)$

15. सरल आवर्त गति करने वाले एक कण की स्थितिज ऊर्जा U का समीकरण है

(a) $U = \left(\frac{k}{2}\right)(x-a)^2$ (b) $U = k_1x + k_2x^2 + k_3x^3$
(c) $U = Ae^{-bx}$ (d) $U =$ नियतांक

16. दो सरल आवर्त गतियाँ निम्न प्रकार दी जाती हैं

$$y_1 = 5\sin\left(\omega t + \frac{\pi}{4}\right)$$

$$y_2 = 5\sin\omega t + 5\cos\omega t$$

इनके आयामों का अनुपात है

(a) 2 : 1 (b) 1 : 2
(c) $1 : \sqrt{2}$ (d) 1 : 1

17. एक धातु के बने खोखले गोले के नीचे एक छोटा-सा छिद्र है। इस गोले में जल भरकर इसे लम्बे धागे से लटकाकर दोलन कराया जाता है। बताइये किस प्रकार आवर्तकाल प्रभावित होगा?

(a) आवर्तकाल गोले के रिक्त होने तक घटता रहेगा
(b) आवर्तकाल गोले के रिक्त होने तक बढ़ता रहेगा
(c) पूरे समय तक आवर्तकाल अपरिवर्तित रहेगा
(d) आवर्तकाल पहले बढ़ेगा फिर यह गोले के रिक्त होने तक घटेगा और अंत में यह जल से पूर्ण भरे वाले आवर्तकाल के बराबर हो जायेगा

18. यदि पृथ्वी के व्यास से होकर आर-पार एक सुरंग खोद दी जाये तो इसमें गिराये गये पदार्थ के लिये निम्न में से कौन-सा कथन सत्य होगा?

(a) पदार्थ सुरंग के दूसरे सिरे से बाहर निकल जायेगा
(b) पदार्थ पृथ्वी के केन्द्र तक पहुँचेगा फिर वहीं स्थिर हो जायेगा
(c) यह सरल आवर्ती गति प्रदर्शित करेगा
(d) यह एकसमान त्वरण के साथ गिरेगा

19. पृथ्वी के आर-पार खोदी गयी सुरंग, जोकि पृथ्वी के व्यास से होकर गुजरती है, में गिराये गये कण का आवर्तकाल कितना होगा?

(a) 12 घण्टे (b) 84.2 मिनट
(c) 60 घण्टे (d) 12 मिनट

20. सरल आवर्त गति करते हुए एक कण के सम्बन्ध में असत्य कथन है?

(a) कण की सम्पूर्ण ऊर्जा सदैव अचर रहती है
(b) प्रत्यानयन बल सदैव एक स्थिर बिन्दु की ओर दिष्ट रहता है
(c) प्रत्यानयन बल का मान चरम स्थितियों पर अधिकतम होता है
(d) कण के त्वरण का मान साम्य स्थिति पर अधिकतम होता है।

21. समीकरण, $F = -\omega^2 x$, किसी पिण्ड की सरल आवर्त गति प्रदर्शित करता है। सही कथन है

(a) इसकी गति के किनारे पर त्वरण अधिकतम है
(b) $x = 0$ पर स्थितिज ऊर्जा अधिकतम है
(c) $x = 0$ पर त्वरण अधिकतम होगा
(d) उपरोक्त में से कोई नहीं

22. चित्र में एक द्रव्यमान M को दो स्प्रिंगों, A तथा B से लटकाया गया है। स्प्रिंगों के बल नियतांक क्रमशः k_1 तथा k_2 हैं, दोनों स्प्रिंगों के खिंचावों का योग होगा

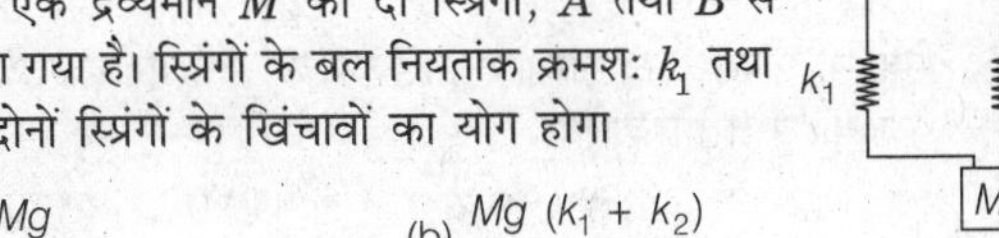

(a) $\dfrac{Mg}{k_1 + k_2}$ (b) $\dfrac{Mg\ (k_1 + k_2)}{k_1 k_2}$
(c) $\dfrac{Mg\ k_1 k_2}{k_1 + k_2}$ (d) $\dfrac{k_1 + k_2}{k_1 k_2 Mg}$

23. एक ठोस (द्रव्यमान m) k स्प्रिंग नियतांक की एक स्प्रिंग से जुड़ा है तथा f आवृत्ति के सरल आवर्ती कम्पन करता है यदि स्प्रिंग की लम्बाई इसकी मूल लम्बाई की आधी कर दी जाये तो कम्पन आवृत्ति हो जायेगी,

(a) $\sqrt{2}\ f$ (b) $2f$
(c) $f/2$ (d) $f/4$

24. एक स्प्रिंग से लटका हुआ m द्रव्यमान f आवृत्ति से सरल आवर्ती कम्पन करता है। यदि द्रव्यमान चार गुना कर दिया जाये, तो आवृत्ति हो जायेगी,

(a) $2f$ (b) $f/2$
(c) $4f$ (d) $f/4$

25. दो समान द्रव्यमान वाले पिण्ड A तथा B दो अलग-अलग भारहीन स्प्रिंगों द्वारा जिनके बल नियतांक क्रमशः k_1 तथा k_2 हैं, लटकाये गये हैं। यदि ये दोनों पिण्ड ऊर्ध्वाधर दिशा में इस प्रकार दोलन करते हैं कि दोनों के अधिकतम वेग बराबर हों, तो उनके आयामों का अनुपात होगा

(a) $\dfrac{k_1}{k_2}$ (b) $\dfrac{k_2}{k_1}$ (c) $\sqrt{\dfrac{k_1}{k_2}}$ (d) $\sqrt{\dfrac{k_2}{k_1}}$

26. M द्रव्यमान, R त्रिज्या तथा L लम्बाई की बेलनाकार छड़ का इसके जनित्र (अर्थात् ज्यामितीय अक्ष) के परितः जड़त्व आघूर्ण होता है

(a) $M\left(\dfrac{L^2}{12} + \dfrac{R^2}{4}\right)$ (b) $M\left(\dfrac{L^2}{3} + \dfrac{R^2}{4}\right)$
(c) $\dfrac{1}{2}MR^2$ (d) $\dfrac{3}{2}MR^2$

27. ठोस गेंद नत समतल पर बिना फिसले लुढ़क रही है। इसकी घूर्णी गतिज ऊर्जा तथा कुल ऊर्जा का अनुपात होगा

(a) $\dfrac{2}{5}$ (b) $\dfrac{2}{7}$ (c) $\dfrac{3}{5}$ (d) $\dfrac{3}{7}$

28. R त्रिज्या की एक डिस्क से r त्रिज्या का समकेन्द्रीय वृत्तीय भाग निकाल देने पर एक वलयाकार डिस्क बच जाती है जिसका द्रव्यमान M है। बची हुई वलयाकार डिस्क का उसके तल के लम्बवत् तथा गुरुत्व केन्द्र से गुजरती अक्ष के परितः जड़त्व-आघूर्ण होगा

(a) $\dfrac{M}{2}(R^2 + r^2)$ (b) $\dfrac{M}{2}(R^2 - r^2)$
(c) $\dfrac{M}{2}(R^4 + r^4)$ (d) $\dfrac{M}{2}(R^4 - r^4)$

29. एक b भुजा वाले वर्ग के चारों कोनों पर चार ठोस गोलें जिनमें प्रत्येक का व्यास $2a$ तथा द्रव्यमान m हैं, स्थित हैं। वर्ग की किसी एक भुजा के परितः जड़त्व-आघूर्ण है

(a) $\dfrac{8}{5}ma^2 + 2\ mb^2$ (b) $\dfrac{8}{5}ma^2 + mb^2$
(c) $\dfrac{8}{5}ma^2 + 4mb^2$ (d) $\dfrac{8}{5}ma^2 + \dfrac{1}{2}mb^2$

30. किसी अक्ष के परितः एकांक कोणीय वेग से घूमते हुए एकांक द्रव्यमान के पिण्ड की कुल गतिज ऊर्जा E_1 है। यदि एक समान्तर अक्ष गुरुत्व केन्द्र से होकर जाती तो इस अक्ष के परितः गतिज ऊर्जा का मान यदि E_2 होता, तो गुरुत्व केन्द्र से पहली अक्ष की दूरी होती

(a) $\sqrt{2\ (E_1 - E_2)}$ (b) $E_1 - E_2$
(c) $\sqrt{(E_1 - E_2)}$ (d) कुछ कहा नहीं जा सकता है

31. सरल आवर्त गति करते कण का वेग, $v = \omega\cos\left(\omega t + \dfrac{z}{4}\right)$ सेमी/से द्वारा निरूपित है। यदि उसका मूल बिन्दु से 1 सेकण्ड में विस्थापन $1/\sqrt{2}$ सेमी है तो $t = 1.5$ सेकण्ड में उसका विस्थापन होगा

(a) $\dfrac{1}{2\sqrt{2}}$ सेमी (b) शून्य
(c) $\dfrac{1}{2}$ सेमी (d) $\dfrac{1}{\sqrt{2}}$ सेमी

32. द्रव्यमान m का एक कण एकदिशीय विभव क्षेत्र में स्थित है जिसमें उसकी स्थितिज ऊर्जा निम्न समीकरण से दी जाती है

$$V(x) = V_0\ (1 - \cos\alpha x)$$

यहाँ, V_0 तथा α स्थिरांक हैं। साम्यावस्था के निकट अल्प दोलनों के लिए कण का आवर्तकाल होगा

(a) $2\lambda\dfrac{\sqrt{m}}{\alpha^2 V_0}$ (b) $2\lambda\sqrt{\dfrac{\alpha^2 V_0}{m}}$
(c) $2\lambda\sqrt{\dfrac{m\alpha^2}{V_0}}$ (d) $2\lambda\sqrt{m\alpha^2 V_0}$

33. सरल आवर्त गति में कण के अधिकतम त्वरण तथा अधिकतम वेग का अनुपात होता है

(a) a (b) $\dfrac{\tau}{2\pi}$ (c) $a\omega$ (d) $\dfrac{2\lambda}{T}$

34. सरल आवर्त गतिमान कण पर कार्यरत् बल एवं उसकी स्थितिज ऊर्जा में सम्बन्ध होता है?

(a) $F = \dfrac{dv}{dx}$ (b) $F = \dfrac{d^2v}{dx}$ (c) $F = \dfrac{dv}{dx}$ (d) $F = -\dfrac{d^2v}{dx^2}$

35. पिण्ड लोलक के आलम्बन तथा दोलन बिन्दुओं के बीच की दूरी होती है

(a) $\frac{K^2 + l^2}{l}$ (b) $K + \frac{l^2}{K}$ (c) $\frac{K^2 + l^2}{2}$ (d) $\frac{K^2 - l^2}{2}$

36. एक व्यक्ति किसी गतिशील ट्रेन में इंजन की दिशा में मुँह किए बैठा है। वह एक सिक्का ऊपर उछालता है जो कि व्यक्ति के पीछे जाकर गिरता है, तब सत्य कथन होगा

(a) ट्रेन आगे की ओर त्वरित गति कर रही है
(b) ट्रेन आगे की ओर अवमंदित गति कर रही है
(c) ट्रेन आगे की ओर नियत चाल से गति कर रही है
(d) ट्रेन पीछे की ओर नियत चाल से गति कर रही है

37. एक लड़का रेलगाड़ी के डिब्बे की ऊपरी बर्थ पर बैठा है और रेलगाड़ी स्टेशन पर रुकने वाली है । इसी समय ऊपरी बर्थ पर बैठा लड़का नीचे बैठे एक व्यक्ति के पास ऊर्ध्वाधर दिशा में ठीक नीचे एक सेब गिराता है जो 2 मी की दूरी तय करता है। सेब गिरेगा

(a) नीचे बैठे व्यक्ति के हाथ में सीधी रेखा में
(b) रेलगाड़ी की चलने की दिशा में हाथ से कुछ हटकर
(c) रेलगाड़ी के चलने की दिशा की विपरीत हाथ से कुछ हटकर
(d) उपरोक्त में से किसी भी दिशा में नहीं

38. 10.0 सेमी त्रिज्या की दो गेंदें एक-दूसरे को स्पर्श करते हुए रखी गयी हैं, तब इस निकाय का द्रव्यमान केन्द्र गेंदों के स्पर्श बिन्दु से कितनी दूरी पर है?

(a) 5 सेमी (b) 10 सेमी (c) शून्य (d) 15 सेमी

39. अनुनाद की स्थिति में, प्रणोदित आवर्ती दोलित का *Q*-गुणांक होता है

(a) $Q = \frac{\omega}{\tau}$ (b) $Q = \omega\tau$

(c) $Q = \frac{\tau}{\omega}$ (d) $Q = \frac{1}{\omega\tau}$

40. दो चकतियाँ, जिनकी मोटाई समान हैं परन्तु त्रिज्यायें अलग–अलग हैं, दो विभिन्न पदार्थों से इस प्रकार बनी हुई हैं कि इनका द्रव्यमान समान है। पदार्थों के घनत्व 1:3 के अनुपात में हैं इनके केन्द्रों से गुजरने वाले एवं तलों के लम्बवत् अक्षों के परित: चकतियों के जड़त्व आघूर्ण का अनुपात है

(a) 1 : 3 (b) 3 : 1 (c) 1 : 9 (d) 9 : 1

41. 1.4 मी लम्बी एवं नगण्य द्रव्यमान की एक छड़ के सिरों पर 0.3 किग्रा व 0.7 किग्रा के द्रव्यमान स्थित हैं। छड़ की लम्बाई के लम्बवत् अक्ष पर इसे नियत कोणीय चाल से घूर्णन कराया जाता है। छड़ पर वह बिन्दु, जिससे अक्ष को गुजरना चाहिए ताकि छड़ को घूमने के लिए आवश्यक कार्य न्यूनतम हो, होगा

(a) 0.3 किग्रा द्रव्यमान से 0.4 मी दूरी पर
(b) 0.3 किग्रा द्रव्यमान से 0.98 मी दूरी पर
(c) 0.7 किग्रा द्रव्यमान से 0.70 मी दूरी पर
(d) 0.7 किग्रा द्रव्यमान से 0.98 मी दूरी पर

42. किसी ग्रह का द्रव्यमान एवं व्यास पृथ्वी का दोगुना है। इस ग्रह पर सेकण्ड़ लोलक का दोलनकाल होगा (यदि लोलक पृथ्वी पर सेकण्ड़ लोलक है)

(a) $\frac{1}{\sqrt{2}}$ से (b) $2\sqrt{2}$ से (c) 2 से (d) $\frac{1}{2}$ से

43. एक सरल लोलक ट्रेन की छत से लटक रहा है। यदि ट्रेन 49 सेमी से$^{-2}$ के त्वरण से चल रही हैं, तो सरल लोलक की डोरी ऊर्ध्वाधर से कितना कोण बनायेगी?

(a) 20° (b) 30° (c) शून्य (d) 3°

44. सेकण्ड लोलक की लम्बाई 1% कम कर देने पर एक दिन में यह कितना तेज या सुस्त हो जायेगा ?

(a) 440 से (b) 4.40 से (c) 44 से (d) 0.44 से

➜ उत्तरमाला

1. (b) **2.** (b) **3.** (c) **4.** (a) **5.** (b) **6.** (c) **7.** (b) **8.** (a) **9.** (b) **10.** (b)
11. (a) **12.** (c) **13.** (b) **14.** (a) **15.** (a) **16.** (c) **17.** (d) **18.** (c) **19.** (b) **20.** (d)
21. (a) **22.** (b) **23.** (a) **24.** (b) **25.** (d) **26.** (c) **27.** (b) **28.** (a) **29.** (a) **30.** (a)
31. (b) **32.** (a) **33.** (d) **34.** (a) **35.** (a) **36.** (a) **37.** (b) **38.** (c) **39.** (b) **40.** (b)
41. (b) **42.** (b) **43.** (d) **44.** (a)

संकेत एवं हल

1. बल आघूर्ण

3. पिण्ड की कुल गतिज ऊर्जा $= \frac{1}{2}mv^2 + \frac{1}{2}I\omega^2$

जहाँ, I = पिण्ड का जड़त्व आघूर्ण

6. ऊर्जा संरक्षण के सिद्धान्त से,

$$mgh = \frac{1}{2}mv^2 + \frac{1}{2}I\omega^2$$

जहाँ, $I = mk^2$

अब गति के नियम का प्रयोग करें ।

8. लम्बवत् अक्षों का प्रमेय से,

$$I_x + I_y = I_z$$

14. हम जानते हैं कि $\tan\theta = \frac{\sin\theta}{\cos\theta}$

15. सरल आवर्त गति करते हुए कण की स्थितिज ऊर्जा

$$U = \frac{1}{2}Kx^2$$

जहाँ, x = मूल बिन्दु से विस्थापन

16. परिणामी सरल आवर्त गति का आयाम

$$A_R = \sqrt{A_1^2 + A_2^2 + 2A_1A_2\cos\theta}$$

y_2 के लिए, $\theta = 90°$

32. त्रिकोणमितीय सूत्र, $1 - \cos\theta = 2\sin^2\frac{\theta}{2}$

5

दृढ़ पिण्ड यांत्रिकी II

Rigid Bodies Mechanics II

सार्वत्रिक गुरुत्वाकर्षण का नियम
(Universal Law of Gravitation)

ब्रह्माण्ड में प्रत्येक कण (पिण्ड), किसी भी अन्य कण को अपनी ओर आकर्षित करते हुए उस पर आकर्षण बल लगाता है, जिसे गुरुत्वाकर्षण बल कहते हैं तथा पृथ्वी किसी पिण्ड को जिस बल से आकर्षित करती है, वह गुरुत्वीय बल कहलाता है। इस बल का परिमाण दोनों कणों के द्रव्यमानों के गुणनफल के अनुक्रमानुपाती तथा उनके बीच की दूरी के व्युत्क्रमानुपाती होता है।

न्यूटन का सार्वत्रिक गुरुत्वाकर्षण का नियम (universal law of gravitation) निम्न प्रकार दिया जाता है

$$F = G\frac{m_1 m_2}{r^2}$$

यहाँ, G एक स्थिरांक है, जिसे सार्वत्रिक गुरुत्वाकर्षण स्थिरांक कहते हैं। इसका मान ताप दाब तथा वस्तु की प्रवृत्ति पर निर्भर नहीं करता है।

$G = 6.67 \times 10^{-11}$ न्यूटन-मी^{2} किग्रा$^{-2}$, द्रव्यमान m_1 व m_2 तथा इनके बीच की दूरी r है, यह बल सदैव आकर्षण का होता है।

गुरुत्वीय त्वरण (Gravitational Acceleration)

यह किसी वस्तु में, गुरुत्व बल के कारण उत्पन्न त्वरण गुरुत्वीय त्वरण है। इसे g से प्रदर्शित किया जाता है। पृथ्वी की सतह के निकट g का मान 9.8 मी/से^{2} या 32 फीट/से^{2} है।

गुरुत्वीय त्वरण, $(g) = \frac{GM}{R^2} = G.\frac{4}{3}\frac{\pi R^3 \rho}{R^2} = \frac{4}{3}G\pi R\rho$

(जहाँ, ρ = पृथ्वी का माध्य घनत्व)

तथा पृथ्वी का घनत्व, $\rho = \frac{3g}{4\pi GR}$

उन्तांश तथा गहराई h के साथ g के मान में परिवर्तन
(Variation in the value of g with Altitude and Depth)

पृथ्वी के गुरुत्वीय त्वरण (g) को निम्न प्रकार लिखते हैं:

(i) पृष्ठ पर, $g = \frac{Gm}{R^2}$

(ii) धरातल से h ऊँचाई पर, $g_h = g\frac{R}{(R+h)^2}$

जब $h << R$ $\quad g_h = \frac{g}{\left(1+\frac{2h}{R}\right)} \approx g\left(1-\frac{2h}{R}\right)$

(iii) धरातल से h गहराई पर $g' = g\left(1-\frac{h}{R}\right)$

(iv) **अक्षांश के साथ g के मान में परिवर्तन**

पृथ्वी की सतह पर विभिन्न स्थानों पर g का मान भिन्न होता है। इसका मान ध्रुवों पर अधिकतम तथा भूमध्य रेखा पर घटता जाता है। यह प्रभाव दो प्रकार का होता है

(a) **पृथ्वी के घूर्णन का g पर प्रभाव** पृथ्वी के घूर्णन की चाल बढ़ने पर g का मान कम हो जाता है। λ अक्षांश पर गुरुत्वीय त्वरण $g_\lambda = g - R\omega^2 \cos^2 \lambda$

(b) **चढ़ाव के कारण भूमध्य रेखा पर प्रभाव** पृथ्वी पूर्ण रूप से गोलाकार (spherical) नहीं है। यह दोनों ध्रुवों पर कुछ दबी हुई अर्थात् चपटी (flat) है। भूमध्य रेखा पर इसकी त्रिज्या ध्रुवों पर इसकी त्रिज्या से लगभग 21 किमी अधिक है। गुरुत्वीय त्वरण $g \propto 1/R^2$, अतः g का मान पृथ्वी सतह से भूमध्य रेखा पर न्यूनतम तथा ध्रुवों पर अधिकतम होता है।

लिफ्ट में व्यक्ति का भार (Weight of a Person in a Lift)

लिफ्ट में उत्पन्न त्वरण का विभिन्न स्थितियों में व्यक्ति द्वारा आभासी (apparent) भार भिन्न-भिन्न होता है

- जब लिफ्ट समरूप त्वरण a से ऊपर जा रही हो या मंदन a से नीचे आ रही हो, तब व्यक्ति का आभासी भार, $w' = M(g+a)$ जबकि, वास्तविक भार $w = mg$। अतः $w' > w$
- जब लिफ्ट समरूप त्वरण a से नीचे आ रही हो या समरूप मंदन a से ऊपर जा रही हो तब $w' = m(g-a)$

  जबकि, वास्तविक भार, $w = mg$ अतः $w' > w$
- जब लिफ्ट g त्वरण से नीचे जा रही हो तब $w' = 0$

गुरुत्वीय क्षेत्र तथा विभव
(Gravitational Field and Potential)

गुरुत्वीय क्षेत्र में, किसी बिन्दु पर स्थित एकांक द्रव्यमान वाली वस्तु को पृथ्वी जिस बल से स्वयं की ओर आकर्षित करती है वह उस पर गुरुत्वीय क्षेत्र कहलाता है तथा एकांक द्रव्यमान वाले वस्तु को अनन्त से गुरुत्वीय क्षेत्र के किसी बिन्दु (particular point) तक लाने में किए गए कार्य को उस क्षेत्र के निर्दिष्ट बिन्दु का विभव कहते हैं।

गुरुत्वीय स्थितिज ऊर्जा (Gravitational Potential Energy)

किसी m द्रव्यमान वाली वस्तु को गुरुत्वीय क्षेत्र के निर्दिष्ट बिन्दु तक लाने में किया गया कुल कार्य, पृथ्वी तथा m द्रव्यमान वाली वस्तु की व्यवस्था (system) की स्थितिज ऊर्जा कहलाती है।

गुरुत्वीय विभव तथा ऊर्जा का व्यंजक (Expressions of Gravitational Potential and Energy)

गुरुत्वीय विभव $V = -\dfrac{GM}{R}$ (एक बिन्दु द्रव्यमान के लिए)

जहाँ, M = पृथ्वी का द्रव्यमान, R = पृथ्वी की त्रिज्या

m द्रव्यमान के पिण्ड की गुरुत्वीय स्थितिज ऊर्जा, $E_p = -\dfrac{GMm}{R}$

ठोस गोले की स्व-स्थितिज ऊर्जा, $(E_p) = -\dfrac{3}{5}\dfrac{GM^2}{R}$

ग्रह तथा उपग्रह (Planet and Satellite)

सूर्य के चारों ओर दीर्घवृत्तीय पथ में चक्कर लगाने वाले आकाशीय पिण्ड ग्रह कहलाते हैं तथा किसी ग्रह के चारों ओर घूर्णित होने वाले आकाशीय पिण्ड उपग्रह कहलाते हैं। ग्रह तथा उपग्रह जिस नियत पथ के अनुदिश चक्कर लगाते हैं या गतिशील रहते हैं, **कक्षा** कहलाती हैं।

भूस्थिर या तुल्यकाली उपग्रह (Geostationary Satellite)

पृथ्वी के सापेक्ष स्थिर उपग्रह भूस्थिर उपग्रह कहलाते हैं। इनका परिक्रमण काल 24 घण्टे होता है। इस प्रकार के उपग्रह दूरदर्शन कार्यक्रमों, रेडियो संकेतों आदि को ग्रहण करके दूर-दूर तक संचारित करते हैं।

आवर्तकाल (Time Period)

कोई उपग्रह किसी ग्रह के चारों ओर एक चक्कर लगाने में जितना समय लेता है, उसे उपग्रह का आवर्तकाल कहते हैं अर्थात्

उपग्रह का आवर्तकाल, $T = \dfrac{2\pi}{\omega} = \dfrac{2\pi r}{v} = 2\pi r\sqrt{\dfrac{r}{GM}}$

$$= \frac{2\pi (R+h)^{3/2}}{\sqrt{Gm}} \qquad (\because r = R+h)$$

$$= \frac{2\pi(R+h)^{3/2}}{R\sqrt{g}}$$

यदि, $h << R$, तब $R + h \simeq R$,

$$\therefore \qquad T \approx 2\pi\sqrt{\frac{R}{g}} = \sqrt{\frac{3\pi}{G_e}}$$

किसी सेकण्ड लोलक का आवर्तकाल, $(T) = 2\pi\sqrt{\dfrac{l}{g}} = 2$ सेकण्ड

उपग्रह की ऊर्जा (Energy of Satellite)

जब कोई उपग्रह, ग्रह के चारों ओर परिक्रमण करता है तो उसमें ग्रह के गुरुत्वाकर्षण बल के विरुद्ध उसकी स्थिति के कारण स्थितिज ऊर्जा होती है तथा उसकी कक्षीय गति के कारण उसमें गतिज ऊर्जा होती है।

उपग्रह की कुल ऊर्जा, $E = U + K$

$$= -\frac{GMm}{r} + \frac{GMm}{2r} = -\frac{GMm}{2r} = -\frac{L^2}{2mr^2}$$

जब उपग्रह ग्रह के निकट होगा तो उसकी गतिज ऊर्जा अधिकतम एवं स्थितिज ऊर्जा न्यूनतम होगी और जब उपग्रह ग्रह से दूर होगा तो उसकी गतिज ऊर्जा न्यूनतम व स्थितिज ऊर्जा अधिकतम होगी।

उपग्रह की बन्धन ऊर्जा (Binding Energy of a Satellite)

किसी उपग्रह को उसकी कक्षा से पलायन कराने के लिए आवश्यक ऊर्जा की मात्रा को उपग्रह की बन्धन ऊर्जा कहते हैं।

अतः उपग्रह की बन्धन ऊर्जा $= \dfrac{GMm}{2r}$

पलायन वेग (Escape Velocity)

पलायन वेग वह न्यूनतम वेग है जिससे किसी पिण्ड को पृथ्वी तल से ऊपर फेंकने पर वह पृथ्वी के गुरुत्वीय क्षेत्र को पार कर जाता है और पृथ्वी पर कभी वापस नहीं लौटता है।

पृथ्वी सतह के लिए पलायन वेग

$$v_e = \sqrt{\frac{2Gm}{R}} = \sqrt{2gR}$$

धरातल से पलायन वेग 11.21 किमी/से होता है।

कक्षीय वेग (Orbital Velocity)

कोई उपग्रह जिस वेग से अपनी कक्षा में गति करता है, उसे उसका कक्षीय वेग कहते हैं।

पृथ्वी के चारों ओर घूमते उपग्रह का वेग (कक्षीय वेग)

$$v_o = \sqrt{\frac{Gm}{r}}$$

$$= \sqrt{\frac{gR^2}{R+h}}$$

यहाँ, r = उपग्रह के कक्षा की त्रिज्या

तथा v_o = उपग्रह का कक्षीय वेग

(यदि कक्षा पृथ्वी के बहुत निकट है, तब $r \approx R$)

नोट पलायन वेग तथा कक्षीय वेग का अनुपात,

$$\frac{v_r}{v_o} = \sqrt{\frac{2r}{R}} = \sqrt{2}$$

कैप्लर का ग्रहीय गति सम्बन्धी नियम (Kepler's Law of Planetary Motion)

ग्रहीय तथा उपग्रहीय गति सम्बन्धी, कैप्लर के तीन नियम निम्न प्रकार हैं:

(i) ग्रह सूर्य के चारों ओर दीर्घवृत्ताकार पथ में घूमते हैं और सूर्य इस पथ के नाभिक (focus) पर स्थित होता है।

(ii) सूर्य से ग्रह को मिलाने वाली त्रिज्या रेखा (radial line) बराबर समय में बराबर क्षेत्रफल से विक्षेपित होती है।

(iii) ग्रह द्वारा सूर्य के चारों ओर एक चक्कर लगाने में लगा समय अर्थात् ग्रह का आवर्तकाल अर्द्धदीर्घ अक्ष (semimajor axis) के घन के समानुपाती होता है।

मशीन (Machine)

वह उपकरण जो कार्य करने के लिए आवश्यक बल में परिवर्तन करता है।

किसी मशीन की दक्षता उपयोगी कार्य तथा मशीन द्वारा किये गये कुल कार्य के अनुपात के बराबर होती है।

$$\text{मशीन की दक्षता} = \frac{\text{निर्गत कार्य}}{\text{निवेशी कार्य}} \times 100$$

भार तथा आयास (Weight and Fulcrum)

किसी मशीन पर कार्य करने के लिए लगाया गया बल आयास कहलाता है, जबकि उसका प्रतिरोधी बल, (जिसके लिये कार्य किया जाता है) भार कहलाता है।

$$\text{यांत्रिक लाभ} = \frac{\text{भार } (w)}{\text{आयास } (P)}$$

$$\text{वेग अनुपात} = \frac{\text{आयास का वेग}}{\text{भार का वेग}}$$

$$\text{वेग अनुपात} = \frac{\text{दिये समय में आयास द्वारा तय की गई दूरी}}{\text{दिये समय में भार द्वारा तय की गई दूरी}}$$

$$\text{दक्षता } (\eta) = \frac{\text{निर्गत कार्य}}{\text{निवेशी कार्य}} = \frac{MA}{VR}$$

आदर्श मशीन की दक्षता 1(या 100%) होती है। आदर्श मशीन के लिए यांत्रिक लाभ आंकिक रूप से वेग अनुपात के बराबर होता है। आदर्श मशीन व्यवहारतः (practically) सम्भव नहीं है।

उत्तोलक (Lever)

यह एक सीधी या कुछ वक्राकार रूपी छड़ होती है। उत्तोलक, जिस बिन्दु पर घूमता है, उसे आलम्ब कहते हैं।

$$\text{उत्तोलक का यांत्रिक लाभ} = \frac{\text{आयास भुजा}}{\text{भार भुजा}}$$

उत्तोलक के प्रकार (Kinds of Lever)

उत्तोलक तीन प्रकार का होता है:

(i) **प्रथम उत्तोलक** (First lever) प्रथम प्रकार के उत्तोलक में एक सिरे पर भार (w) तथा दूसरे सिरे पर आयास (P) लगाते हैं जबकि आलम्ब मध्य में होता है जैसे-कैंची, तुला आदि । इनका यांत्रिक लाभ 1 से अधिक होता है।

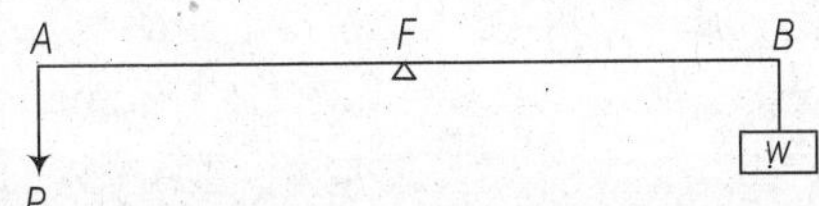

(ii) **द्वितीय उत्तोलक** (Second lever) द्वितीय प्रकार के उत्तोलक में आलम्ब तथा आयास के बीच में भार होता है। जैसे- भट्टे पर ईंट ढ़ोने की गाड़ी।

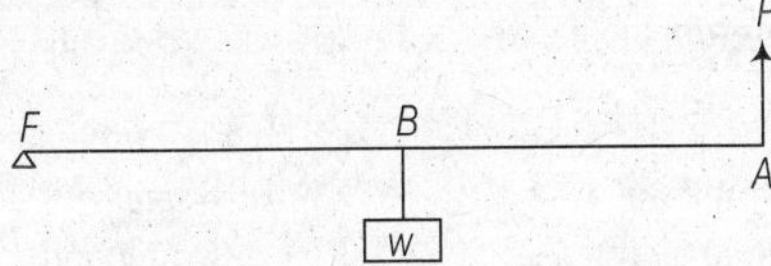

(iii) **तृतीय उत्तोलक** (Third lever) तृतीय प्रकार के उत्तोलक में आयास, आलम्ब तथा भार के बीच में होता है। इनका यांत्रिक लाभ हमेशा 1 से कम होता है। जैसे- चिमटा आदि।

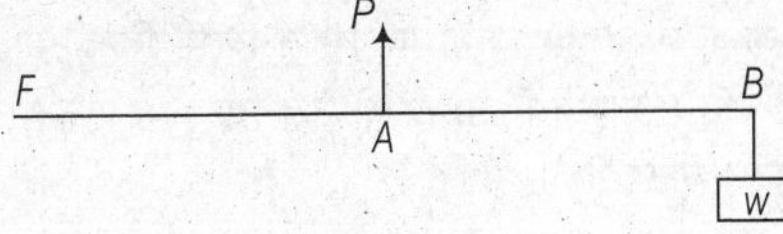

दोषयुक्त तुला (Abnormal Lever)

दोषयुक्त तुला में दोनों पलड़ों के द्रव्यमान समान नहीं होते हैं।

दोषयुक्त तुला दो बार भार तोलने पर,

स्थिति (i) जब भुजा बराबर व पलड़ों के भार बराबर नहीं हैं, तब

$$\text{वास्तविक भार } w = \frac{w_1 + w_2}{2}$$

स्थिति (ii) जब पलड़ों के भार बराबर परन्तु भुजा भिन्न हैं, तब

$$\text{वास्तविक भार } w = \sqrt{w_1 w_2}$$

स्थिति (iii) जब तुला के पलड़ें अलग- अलग व भार भिन्न-भिन्न हैं, तब

$$w = \frac{w_1 l_1 + w_2 l_2}{l_1 + l_2}$$

घिरनी (Pulley)

घिरनी धुरी पर आधारित वह चक्र है जिसे संवेग को बनाये रखने के लिए तैयार किया जाता है।

(i) **स्थिर घिरनी** (Fixed pulley) स्थिर घिरनी छोटे भारों को उठाने में प्रयुक्त होती है।

$$\text{वेग अनुपात} = 1$$

$$\text{यांत्रिक लाभ} = \frac{\text{भार } (w)}{\text{आयास } (P)} = \frac{T}{T} = 1$$

$$\text{दक्षता} = \frac{MA}{VR} = 1$$

T
w
P

स्थिर घिरनी केवल लगाये गये बल की दिशा परिवर्तित करती है।

(ii) **चलायमान घिरनी** (Movable pulley) ये घिरनियाँ स्वयं की अक्ष के परितः घूर्णित होती हैं अर्थात् ये गतिशील होती हैं

चित्र से, $w = T + T = 2T$

तथा आयास $P = T$

$$\text{यांत्रिक लाभ} = \frac{\text{भार } (w)}{\text{आयास } (P)} = \frac{2T}{T} = 2$$

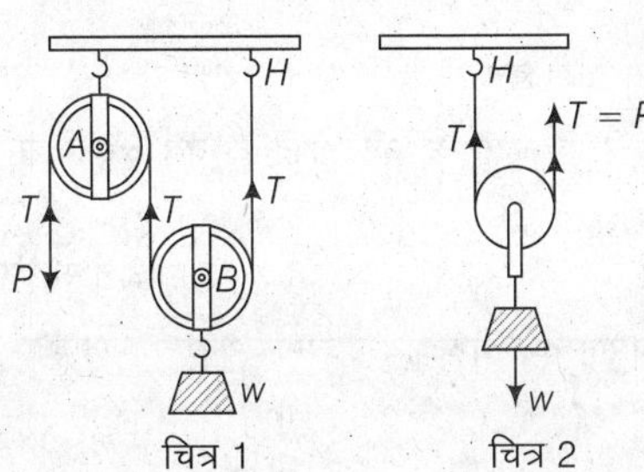

चित्र 1 चित्र 2

$$VR = 2$$

$$\text{तथा} \quad \text{दक्षता} = \frac{MA}{VR} = \frac{2}{2} = 1$$

घिरनियों का संयुग्मन (Connection of Pulleys)

दो या दो से अधिक घिरनियों के संयोजक फलस्वरूप,

$$\text{यांत्रिक लाभ} = \frac{\text{भार } (w)}{\text{आयास } (P)} = \frac{nT}{T} = n$$

$$\text{वेग अनुपात} = n$$

$$\text{दक्षता} = \frac{MA}{VR} = \frac{n}{n} = 1$$

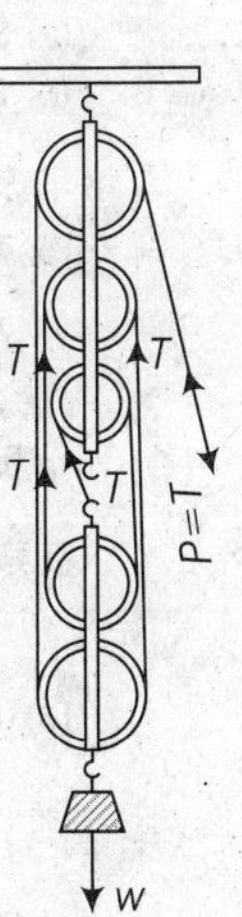

अभ्यास प्रश्नावली

1. एक मशीन द्वारा एक 100 किग्रा का द्रव्यमान 8 मी प्रति 4 सेकण्ड की दर से चलाया जाता है। यदि यह मशीन 500 किग्रा भार उठाती है तो मशीन में निवेशी शक्ति है
($g = 10$ मी/से^{2})

(a) 1000 वाट (b) 8000 वाट
(c) 2000 वाट (d) 4000 वाट

2. एक तुला की भुजाओं की लम्बाइयाँ 30 सेमी तथा 32 सेमी हैं। एक पिण्ड का भार दायें व बायें पलड़े पर तौलने पर क्रमश: 2.4 किग्रा तथा 2.2 किग्रा आता है। पिण्ड का वास्तविक भार है

(a) 2.4 किग्रा (b) 2.2 किग्रा
(c) 2.3 किग्रा (d) 2.29 किग्रा

3. एक घिरनी निकाय का वेग अनुपात 3 तथा दक्षता 80% है। निकाय का यांत्रिक लाभ है

(a) 3 (b) 2.4
(c) 7.2 (d) 1.2

4. यदि पृथ्वी की त्रिज्या 1% कम हो जाये परन्तु द्रव्यमान अपरिवर्तित रहे, तो पृथ्वी तल पर गुरुत्वीय त्वरण

(a) 1% घट जायेगा (b) 2% घट जायेगा
(c) 2% बढ़ जायेगा (d) 1% बढ़ जायेगा

5. किसी पिण्ड का पृथ्वी के केन्द्र पर भार होता है

(a) शून्य (b) अनन्त
(c) ध्रुवों से थोड़ा कम (d) अक्षों से थोड़ा कम

6. जब हम ध्रुवों से अक्षों की ओर जाते हैं, तब g का मान

(a) समान रहता है (b) घटता है
(c) बढ़ता है (d) 45° अक्षांश से ऊपर घटता है

7. रेखीय द्रव्यमान तथा गुरुत्वीय द्रव्यमान का अनुपात है

(a) 0.5 (b) 1
(c) 2 (d) 4

8. एक अन्तरिक्ष यान को पृथ्वी की सतह के निकट एक वृत्ताकार कक्षा में छोड़ा जाता है। इस कक्षा से पलायन करने के लिए अन्तरिक्ष यान को कितना अतिरिक्त वेग देना होगा?

(a) 3.28 मी/से (b) 3.28×10^3 मी/से
(c) 3.28×10^7 मी/से (d) 3.28×10^{-3} मी/से

9. यदि पृथ्वी के तल के अन्दर कार्यकारी बल r^x के समान परिवर्तित होता है, तो x का मान क्या होगा? (यहाँ पर r वस्तु की पृथ्वी के केन्द्र से दूरी है)

(a) $x = -1$ (b) $x = -2$
(c) $x = 1$ (d) $x = 2$

10. एक पिण्ड पृथ्वी के केन्द्र से $r\,(> R)$ दूरी से मुक्त रूप से पृथ्वी की ओर गिर रहा है। पृथ्वी पर पहुँचने पर उसका वेग u होगा, (जहाँ, M तथा R क्रमश: पृथ्वी का द्रव्यमान व त्रिज्या हैं)

(a) $u^2 = 2GM\left(\frac{1}{R} + \frac{1}{r}\right)$ (b) $u^2 = 2gM\left(\frac{1}{R} + \frac{1}{r}\right)$
(c) $u^2 = 2gM(R + r)$ (d) $u^2 = 2GM\left(\frac{1}{R} - \frac{1}{r}\right)$

11. तीन समान द्रव्यमान m के कण l भुजा के समबाहु त्रिभुज के शीर्षों पर रखे हैं। उनको एक-दूसरे के गुरुत्वाकर्षण में किस चाल से घुमाया जाना चाहिए कि प्रत्येक कण वृत्ताकार मार्ग पर गति करें और l अपरिवर्तित रहे

(a) $\sqrt{\frac{GM}{2l}}$ (b) $\sqrt{\frac{GM}{l}}$
(c) $\sqrt{\frac{2GM}{l}}$ (d) $\frac{GM}{3l}$

12. एक भारी ग्रह के परित: एक हल्का ग्रह R त्रिज्या की वृत्तीय कक्षा में T परिक्रमण काल से घूम रहा है। यदि ग्रह व तारे के मध्य गुरुत्वाकर्षण बल $R^{-5/2}$ के अनुक्रमानुपाती हो, तो T^2 अनुक्रमानुपाती होगा

(a) R^3 के (b) $R^{7/2}$ के
(c) $R^{3/2}$ के (d) $R^{9/2}$ के

13. यदि एक पिण्ड पृथ्वी के गुरुत्वाकर्षण के कारण गिर रहा हो तो उसका नियत रहता है

(a) वेग (b) त्वरण
(c) संवेग (d) गतिज ऊर्जा

14. एक लिफ्ट में 80 किग्रा भार का व्यक्ति खड़ा है। यदि लिफ्ट ऊपर की ओर $\frac{g}{2}$ त्वरण से गतिमान हो तो व्यक्ति का भार होगा (किग्रा-भार में)

(a) 40 (b) 80
(c) 120 (d) 160

15. दो ग्रहों की त्रिज्याएँ r_1 तथा r_2 और उनके माध्य घनत्व क्रमश: d_1 तथा d_2 हैं। इन ग्रहों के गुरुत्वीय त्वरणों का अनुपात होगा

(a) $r_1d_1 : r_2d_2$ (b) $r_1d_2 : r_2d_1$
(c) $\frac{d_1}{r_1^2} : \frac{d_2}{r_2^2}$ (d) $\frac{d_1}{r_2^2} : \frac{d_2}{r_1^2}$

16. यदि एक 4 किग्रा का द्रव्यमान किसी गुरुत्वाकर्षण क्षेत्र में 40 न्यूटन का बल अनुभव करता हो, तो उस क्षेत्र की तीव्रता का मान होगा

(a) 10 न्यूटन/किग्रा (b) 20 न्यूटन/किग्रा
(c) 4 न्यूटन/किग्रा (d) 40 न्यूटन/किग्रा

17. गुरुत्वाकर्षण नियतांक G की इकाई होती है

(a) न्यूटन-मी/किग्रा (b) न्यूटन-किग्रा/मी^{2}
(c) न्यूटन-किग्रा^{2}/मी^{2} (d) न्यूटन-मी^{2}/किग्रा^{2}

18. ध्रुव तथा भूमध्य रेखा पर गुरुत्व जनित त्वरण में अन्तर होता है

(a) शून्य (b) W^2R_e (c) $\frac{g}{3}$ (d) $2g$

19. पृथ्वी के केन्द्र से 8000 किमी पर स्थित किसी बिन्दु पर गुरुत्वीय क्षेत्र की तीव्रता का मान 6 न्यूटन/किग्रा हो तो उस बिन्दु पर गुरुत्वीय विभव का मान होगा (न्यूटन मीटर/किग्रा में)

(a) 6 (b) 6×10^7
(c) 8×10^5 (d) 4.8×10^7

20. समान भार में द्रव्य की मात्रा सबसे कम होगी

(a) उत्तरी ध्रुव पर (b) पहाड़ पर
(c) विषुवत् रेखा पर (d) चन्द्रमा पर

21. कृत्रिम उपग्रह की चाल निर्भर नहीं करती है

(a) पृथ्वी के द्रव्यमान पर
(b) उपग्रह के द्रव्यमान पर
(c) पृथ्वी से दूरी पर
(d) पृथ्वी के गुरुत्वीय त्वरण पर

22. न्यूटन/किलोग्राम मात्रक होता है

(a) गुरुत्वीय त्वरण का
(b) गुरुत्वीय नियतांक का
(c) गुरुत्वीय स्थितिज ऊर्जा का
(d) गुरुत्वीय विभव का

23. यदि किसी ग्रह का द्रव्यमान M हो तथा उसकी त्रिज्या R हो, तो उस ग्रह के पृष्ठ से वस्तुओं का पलायन वेग v_e होगा

(a) $\sqrt{2gR}$ (b) $-\sqrt{2gR}$
(c) $\sqrt{\frac{3}{4}gR}$ (d) इनमें से कोई नहीं

24. पृथ्वी की सतह पर गुरुत्वीय त्वरण (g) का मान 9.8 मी/से^{2} है। यदि पृथ्वी की त्रिज्या 6380 किग्रा है, तो पृथ्वी का द्रव्यमान होगा

(a) 6×10^{24} किग्रा (b) 6×10^{20} किग्रा
(c) 6×10^{17} किग्रा (d) 6×10^{27} किग्रा

25. पृथ्वी के उपग्रह की न्यूनतम चाल कितनी होनी चाहिए ताकि वह स्थायी रूप से पृथ्वी के कक्ष में घूमता रहे? (पृथ्वी की त्रिज्या 6.4×10^6 मी तथा $g = 9.8$ मी / से^{2})

(a) 79.2×10^2 मी/से (b) 79.2×10^3 मी/से
(c) 79.2×10^4 मी/से (d) 79.2×10^5 मी/से

26. एक व्यक्ति हाथ पर 20 किलोग्राम का भार रखकर एक ऊँची मीनार से नीचे की ओर छलांग लगा देता है। जब वह नीचे की ओर गिर रहा है तो उसके हाथ पर भार लग रहा है

(a) दोगुना (b) आधा
(c) शून्य (d) तिगुना

27. पृथ्वी के दोगुने द्रव्यमान और तीन गुनी त्रिज्या वाले ग्रह की सतह पर गुरुत्वीय त्वरण (g) का मान होगा

(a) $2g$ मी/से^{2} (b) $\frac{2g}{9}$ मी/से^{2}
(c) $\frac{3g}{2}$ मी/से^{2} (d) $\frac{9g}{2}$ मी/से^{2}

28. एक वस्तु पृथ्वी की सतह पर 20 किग्रा भार रखती है। अब इसे पृथ्वी तल से 6000 किमी की ऊँचाई पर ले जाते हैं। पृथ्वी की त्रिज्या को 6000 किमी मानते हुए उक्त ऊँचाई पर वस्तु का भार होगा

(a) 80 किग्रा (b) 20 किग्रा (c) 10 किग्रा (d) 5 किग्रा

29. यदि चन्द्रमा का द्रव्यमान पृथ्वी के द्रव्यमान का 1/20 भाग तथा उसकी त्रिज्या पृथ्वी की त्रिज्या की 1/4 हो तो चन्द्रमा की सतह पर गुरुत्वीय त्वरण का मान होगा (पृथ्वी की सतह पर गुरुत्वीय त्वरण g है)

(a) $\frac{g}{5}$ (b) $\frac{g}{20}$ (c) $20g$ (d) $5g$

30. दी गई व्यवस्था में, n समान द्रव्यमानों की संख्या को नगण्य द्रव्यमान वाली डोरी से जोड़ा जाता है, n द्रव्यमान को जोड़ने पर डोरी में त्वरण है

(a) $\frac{Mg}{nm+M}$ (b) $\frac{mMg}{nmM}$
(c) mg (d) mng

31. चित्र में गेंद A विरामावस्था से गतिमान होती है, जब स्प्रिंग अपनी प्राकृतिक लम्बाई में है। M द्रव्यमान के ब्लॉक B के समान चरण में धरती से सम्पर्क छोड़ा जाता है। A का न्यूनतम द्रव्यमान होना चाहिए

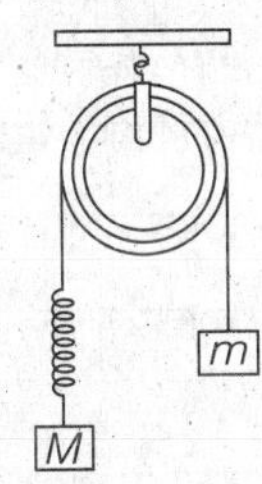

(a) $2M$
(b) M
(c) $M/2$
(d) स्प्रिंग का बल नियतांक और M का फलन

32. चित्र में दिखाए गए निकाय के लिए द्रव्यमानों का त्वरण है

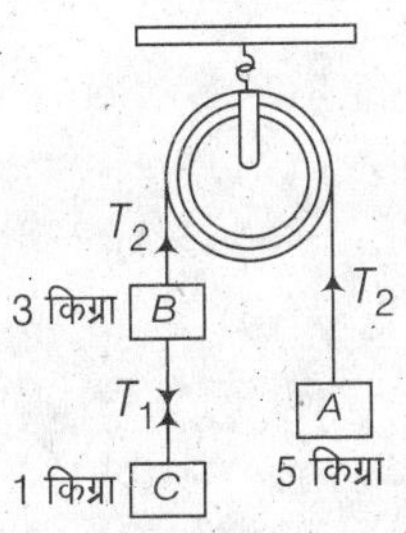

(a) $\frac{g}{3}$ (b) $\frac{g}{6}$ (c) $\frac{g}{9}$ (d) $\frac{g}{12}$

33. 4 किग्रा और 6 किग्रा द्रव्यमान वाली दो वस्तुएँ एक घिरनी के ऊपर से जाने वाली डोरी से जोड़ी जाती है। 4 किग्रा वाले द्रव्यमान को एक अन्य डोरी द्वारा मेज से जोड़ा जाता है। इस डोरी में तनाव T है

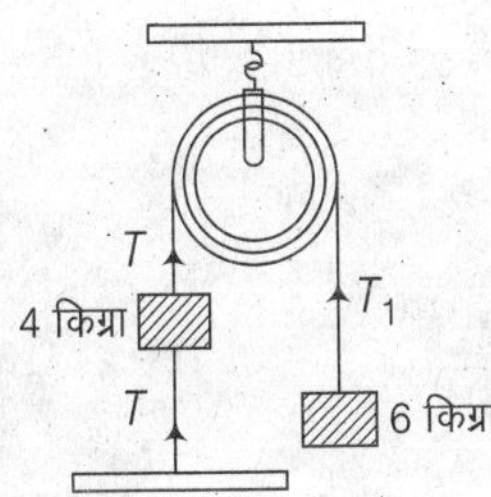

(a) 19.6 न्यूटन (b) 25 न्यूटन (c) 10.6 न्यूटन (d) 10 न्यूटन

34. पृथ्वी की सूर्य से अधिकतम एवं न्यूनतम दूरियाँ क्रमशः r_1 तथा r_2 हैं। जब यह (पृथ्वी) कक्षा के दीर्घाक्ष पर सूर्य से खींचे गए अभिलम्ब पर हो, तब इसकी सूर्य से दूरी क्या होगी?

(a) $\frac{r_1+r_2}{4}$ (b) $\frac{r_1r_2}{r_1+r_2}$ (c) $\frac{2r_1r_2}{r_1+r_2}$ (d) $\frac{r_1+r_2}{3}$

35. पृथ्वी सूर्य के चारों ओर 9.3×10^7 मी त्रिज्या वाली एक अण्डाकार कक्षा में घूमती हुई एक वर्ष में एक चक्कर पूरा करती है। माना कि वहाँ कोई बाह्य प्रभाव नहीं है, तब

(a) पृथ्वी की गतिज ऊर्जा स्थित रहती है
(b) पृथ्वी का कोणीय संवेग अचर रहता है
(c) पृथ्वी की स्थितिज ऊर्जा अचर रहती है
(d) उपरोक्त सभी

36. निम्नलिखित में से सही प्राक्कथन चुनिए।

(a) उपग्रह का कक्षीय वेग कक्ष की त्रिज्या के बढ़ने से बढ़ता है

(b) पृथ्वी के धरातल से एक वस्तु का पलायन वेग वस्तु की उस गति पर निर्भर करता है जिससे उसे दागा जाता है

(c) एक उपग्रह का दोलनकाल कक्ष की त्रिज्या पर निर्भर करता है

(d) कक्षीय वेग कक्ष की त्रिज्या के वर्गमूल के व्युत्क्रमानुपाती होता है

37. त्रिज्या R व एकसमान घनत्व वाला एक ठोस गोला, अपने केन्द्र से $2R$ दूरी पर रखे हुए कण पर गुरुत्वाकर्षण बल F_1 लगाता है, $\frac{F_2}{F_1}$ का मान है

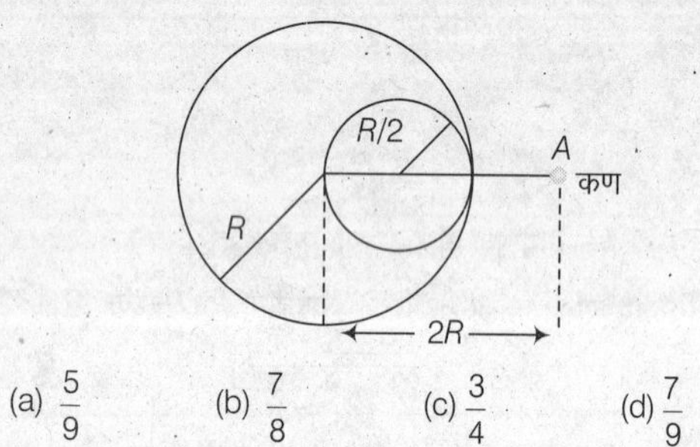

(a) $\frac{5}{9}$ (b) $\frac{7}{8}$ (c) $\frac{3}{4}$ (d) $\frac{7}{9}$

38. पृथ्वी का घनत्व नियत मानते हुए निम्न में से कौन-सा ग्राफ पृथ्वी के केन्द्र से पृथ्वी से दूर स्थित बिन्दुओं पर गुरुत्वीय त्वरण में परिवर्तन दर्शाता है?

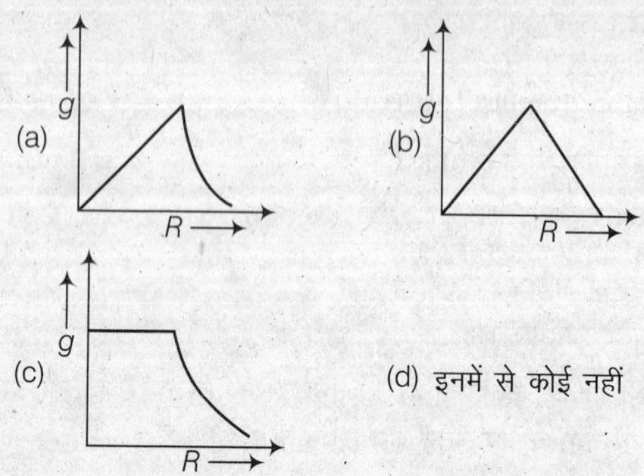

(d) इनमें से कोई नहीं

39. पृथ्वी की त्रिज्या R, घूर्णन वेग ω तथा ध्रुवों पर गुरुत्वीय त्वरण का मान g_p है। अक्षांश $\lambda = 60^\circ$ पर g का प्रभावी मान होगा

(a) $g_p - \frac{R\omega^2}{4}$ (b) $g_p - \frac{3}{4}R\omega^2$

(c) $g_p - R\omega^2$ (d) $g_p + \frac{1}{4}R\omega^2$

उत्तरमाला

1. (c)	**2.** (d)	**3.** (b)	**4.** (b)	**5.** (a)	**6.** (c)	**7.** (b)	**8.** (b)	**9.** (c)	**10.** (d)
11. (b)	**12.** (b)	**13.** (b)	**14.** (c)	**15.** (a)	**16.** (a)	**17.** (d)	**18.** (b)	**19.** (d)	**20.** (a)
21. (b)	**22.** (a)	**23.** (a)	**24.** (a)	**25.** (a)	**26.** (c)	**27.** (b)	**28.** (d)	**29.** (a)	**30.** (a)
31. (c)	**32.** (c)	**33.** (a)	**34.** (b)	**35.** (a)	**36.** (d)	**37.** (d)	**38.** (a)	**39.** (b)	

संकेत एवं हल

1. शक्ति, $P = \frac{mgh}{t} = 2000$ वाट

2. भार, $w = \sqrt{w_1 w_2} = 2.29$ किग्रा

14. $w = m\left(g + \frac{g}{2}\right) = 120$

16. गुरुत्वीय विभव,

$$V = \frac{F}{m} = 10 \text{ न्यूटन/किग्रा}$$

19. $V = I \times R = 4.8 \times 10^7$ न्यूटन-मी/किग्रा

24. $g = \frac{GM_e}{R_e}$ से, $M_e = 6 \times 10^{24}$ किग्रा

29. $\frac{g'}{g} = \frac{GM_e/20}{R_e/4} \times \frac{R_e}{GM_e}$ किग्रा

$\Rightarrow \quad g' = \frac{g}{5}$

30. निकाय निम्न प्रकार से प्रदर्शित किया जा सकता है

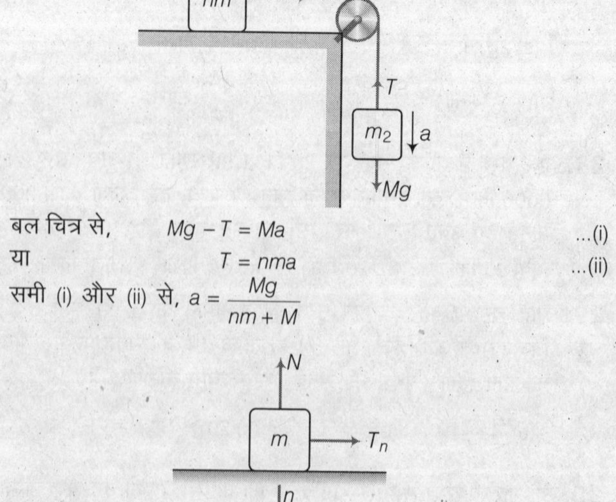

बल चित्र से, $Mg - T = Ma$ ...(i)

या $T = nma$ ...(ii)

समी (i) और (ii) से, $a = \frac{Mg}{nm + M}$

31. m के न्यूनतम द्रव्यमान के लिए जब स्प्रिंग की लम्बाई महत्तम बढ़ती है तो द्रव्यमान M का सम्पर्क टूट जाता है। टूटने के समय ब्लॉक A निम्नतम स्थिति में और शून्य चाल में है। किसी क्षण t_1 पर

$$mg - kx = ma$$

$$v\frac{dv}{dx} = \frac{mg - kx}{m}$$

$T = kx$

$mg - kx = mg$

mg

$$\int_0^0 v\,dv = \int_0^x \left(g - \frac{k}{m}x\,dx\right)$$

जहाँ, x_0 स्प्रिंग में बढ़ती हुई महत्तम लम्बाई है।

$$0 = g\,x_0 - \frac{k\,x_0^2}{2m}$$

$$x = \frac{2mg}{k}$$

ब्लॉक B के टूटने के समय

$$Mg = kx_0$$

$$\Rightarrow \quad Mg = 2mg$$

$$\Rightarrow \quad m = \frac{M}{2}$$

32. $5g - T_2 = 5a$ ...(i)

$$T_2 - T_1 - 3g = 3a \quad \text{...(ii)}$$

$$T_1 - g = a \quad \text{...(iii)}$$

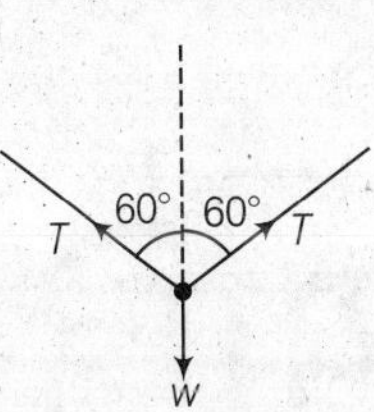

समी (i) और (iii) को जोड़ने पर,

$$-T_2 + T_1 + 4g = 6a$$

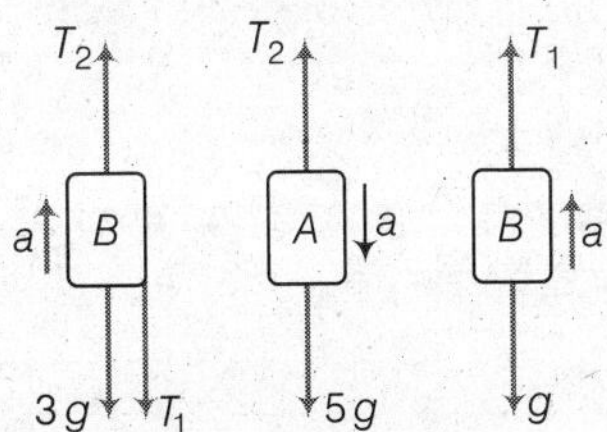

इसमें सभी (iii) को जोड़ने पर,

$$g = 9a \quad \text{या} \quad a = \frac{g}{9}$$

33. 6 किग्रा द्रव्यमान के लिए $T = 6g = 6 \times 9.8 = 58.8$ न्यूटन

4 किग्रा द्रव्यमान के लिए $T_2 = 4g = 4 \times 9.8 = 39.2$ न्यूटन

$$T = 58.8 - 39.2 = 19.6 \text{ न्यूटन}$$

6

तरल यांत्रिकी
Fluid Mechanics

वे वस्तुएँ जिनमें द्रव्यमान हो तथा जगह घेरते हैं, **पदार्थ** (matter) कहलाते हैं। ये तीन प्रकार के होते हैं, ठोस, द्रव तथा गैस।

द्रव (Liquid)

द्रव, तरल तथा गैसों का एक मिश्रण है जो बह सकता है।

वे पदार्थ जो बहते हैं तरल कहलाते हैं। द्रव व गैसें तरल हैं। तरल स्वयं किसी आकार के नहीं होते हैं, परन्तु यह जिस पात्र में रखे जाते हैं उसी का ही आकार ग्रहण कर लेते हैं। भौतिकी की वह शाखा जिसमें तरल विराम में होते हैं द्रवस्थैतिकी (fluid statics) कहलाती है तथा वह शाखा जिसमें गतिशील तरलों का अध्ययन किया जाता है द्रवगतिकी (fluid dynamics) कहलाती है।

द्रव का किसी बिन्दु पर दाब निम्न प्रकार होता है।

$$p = \lim_{\Delta S \to 0} \frac{F}{\Delta S} \text{ न्यूटन/मी}^2$$

जहाँ, F पृष्ठ क्षेत्रफल ΔS पर लगने वाला बल है।

द्रव में h गहराई पर दाब $(p) = h\rho g$

जहाँ, ρ द्रव का घनत्व है।

द्रव में समान गहराई अर्थात् एक-दूसरे के समान्तर बिन्दुओं पर दाब समान होता है।

द्रव का घनत्व (Density of Liquid)

किसी द्रव का घनत्व (ρ), उसके प्रति एकांक आयतन का द्रव्यमान होता है अर्थात्

$$\text{घनत्व} = \frac{\text{द्रव्यमान}}{\text{आयतन}}$$

या $$(\rho) = \frac{m}{V}$$

इसका SI मात्रक किग्रा-मी$^{-3}$ तथा CGS मात्रक ग्राम-सेमी$^{-3}$ हैं।

- यदि m_1 द्रव्यमान व ρ_1 घनत्व का द्रव m_2 द्रव्यमान व ρ_2 घनत्व के द्रव में मिलाया जाये तो मिश्रण का घनत्व $(\rho) = \dfrac{m_1 + m_2}{\dfrac{m_1}{\rho_1} + \dfrac{m_2}{\rho_2}}$
- यदि ρ_1 घनत्व वाले द्रव के आयतन V_1 को ρ_2 घनत्व वाले द्रव के आयतन V_2 में मिलाया जाये, तब मिश्रण का घनत्व

$$(\rho) = \frac{\rho_1 V_1 + \rho_2 V_2}{V_1 + V_2}$$

- ताप वृद्धि के कारण वस्तु के आयतन में वृद्धि होती है जबकि द्रव्यमान अपरिवर्तित रहता हैं तथा घनत्व घटता है, तब घनत्व

$$\rho = \rho_0(1 - \gamma\Delta\theta)$$

जहाँ, γ = आयतन प्रसार का ऊष्मीय गुणांक

- दाब बढ़ाने पर, किसी वस्तु का आयतन घटता है तथा घनत्व बढ़ेगा, तब घनत्व

$$\rho = \rho_0\left(1 + \frac{\Delta p}{B}\right)$$

जहाँ, B आयतन प्रत्यास्थता गुणांक है।

आपेक्षिक घनत्व (Relative Density)

आपेक्षिक घनत्व या विशिष्ट गुरुत्व (specific gravity) पदार्थ के घनत्व तथा 4°C पर जल के घनत्व का अनुपात है। अतः,

$$\text{आपेक्षिक घनत्व (RD)} = \frac{\text{पदार्थ का घनत्व}}{4^\circ\text{C पर जल का घनत्व}}$$

यह एक शुद्ध अनुपात है, अतः इसका कोई मात्रक नहीं होता है।

पास्कल का नियम (Pascal's Law)

इस नियम के अनुसार 'किसी बद्ध द्रव के किसी भाग के दाब में होने वाली वृद्धि, द्रव के अन्य भागों में बिना क्षय हुए एकसमान रूप से संचरित हो जाती है'।

वायुमण्डलीय दाब 1.01×10^5 न्यूटन/मी^{2} (Pa) होता है।

आर्किमिडीज का सिद्धान्त (Archimedes' Principle)

जब किसी वस्तु को किसी द्रव में पूर्ण या आंशिक रूप से डुबोया जाता है, तो द्रव द्वारा वस्तु पर ऊपर की ओर एक बल लगता है, जिसे उत्प्लावन बल (buoyant force) कहते हैं। यह वस्तु द्वारा हटाये गये द्रव के भार के बराबर होता है।

प्लवन के नियम (Laws of Floatation)

जब एक वस्तु जिसका घनत्व ρ_g तथा आयतन V है। ρ_l घनत्व के द्रव में तैर रही है, तब वस्तु पर निम्न बल आरोपित होते हैं

(i) वस्तु का भार $w = mg = V\rho_g g$ वस्तु के गुरुत्वीय केन्द्र पर लम्बवत् नीचे की ओर लगता है।

(ii) उत्प्लावन बल $F = V\rho_l g$ विस्थापित द्रव के गुरुत्वीय केन्द्र पर लम्बवत् ऊपर की ओर लगता है।

गेज दाब (Gauge Pressure)

द्रव में किसी बिन्दु पर गेज दाब निम्न प्रकार है

$$p = p_0 + \rho g$$

जहाँ, p_0 वायुमण्डलीय दाब है।

सांतत्यता समीकरण (Equation of Continuity)

तरलों के प्रवाह के संदर्भ में,

$$Q = \text{द्रव प्रवाह की दर} = Av = \text{नियतांक}$$

बरनौली प्रमेय (Bernoulli's Theorem)

बहते हुए द्रव में तीन प्रकार की ऊर्जा होती है जो निम्न प्रकार है:

(i) दाब ऊर्जा *(ii)* गतिज ऊर्जा

(iii) गुरुत्वीय स्थितिज ऊर्जा

अश्यान तरल गतिकी में तरल के घनत्व की कुल ऊर्जा संरक्षित रहती है।

अर्थात्, $$p + \rho gh + \frac{1}{2}\rho v^2 = \text{नियतांक}$$

बरनौली प्रमेय ऊर्जा संरक्षण पर आधारित है।

श्यानता (Viscosity)

श्यानता, तरल में आन्तरिक घर्षण को कहते हैं। जब किसी तरल (द्रव) की एक परत उसी तरल की दूसरी परत पर फिसलती है, तो उनके बीच घर्षण बल कार्य करता है जो परतों की सापेक्ष गति का विरोध करता है। यह घर्षण बल ही श्यान बल (viscous force) कहलाता है।

अर्थात् श्यान बल $(F) = \eta A \frac{dv}{dx}$

जहाँ, A = सम्पर्क तलों का क्षेत्रफल

η = श्यानता गुणांक

तथा $\frac{dv}{dx}$ = वेग-प्रवणता

यहाँ, η अनुक्रमानुपाती नियतांक है जिसे द्रव (तरल) का श्यानता गुणांक कहते हैं।

η का SI मात्रक न्यूटन-से/मी^{2} है। यह डेका प्वॉइज या पास्कल-सेकण्ड भी कहलाता है।

1 डेका प्वॉइज = 1 न्यूटन-से/मी^{2}

= 1 पास्कल-सेकण्ड = 10 प्वॉइज

रेनॉल्ड संख्या (Reynold's Number)

किसी बहते हुये तरल के लिये रेनॉल्ड संख्या प्रति एकांक क्षेत्रफल जड़त्वीय बल व प्रति एकांक क्षेत्रफल श्यान बल के अनुपात के तुल्य होती है।

$$N_R = \frac{\text{प्रति एकांक क्षेत्रफल जड़त्वीय बल}}{\text{प्रति एकांक क्षेत्रफल श्यान बल}}$$

क्रांतिक वेग (Critical Speed)

तरलों के प्रवाह के सम्बन्ध में, क्रांतिक वेग $(v_C) = k\frac{\eta}{\rho r}$

जहाँ, k = रेनॉल्ड संख्या

ρ = द्रव (तरल) का घनत्व, r = नली की त्रिज्या

η = श्यानता गुणांक

किसी नली से तरलों के प्रवाह मुख्यतः दो प्रकार के होते हैं जो निम्न प्रकार है

(i) **धारारेखीय प्रवाह** (Streamline flow) इसके लिए रेनॉल्ड संख्या 1000 से कम होती है।

(ii) **विक्षुब्ध प्रवाह** (Turbulent flow) इसके लिए रेनॉल्ड संख्या 2000 से अधिक होती है, यदि रेनॉल्ड संख्या 1000 तथा 2000 के बीच हो, तो प्रवाह की कोई निश्चित प्रकृति नहीं होती है।

पॉउजली सूत्र (Poiseuille's Formula)

किसी श्यान (viscous) तरल प्रवाह के लिए, $(v) = \frac{p}{4\eta l}(r^2 - x^2)$

जहाँ, v = बेलनाकार परत का वेग तथा प्रति सेकण्ड तरल प्रवाह की दर

$$\frac{dv}{dt} = \frac{\pi p r^4}{8\eta l}$$

यहाँ, p = दाब शीर्ष

r = केशनली की त्रिज्या

तथा l = नली की लम्बाई

स्टोक का नियम और सीमान्त वेग (Stoke's Law and Terminal Velocity)

स्टोक के अनुसार, यदि r त्रिज्या का गोला η श्यानता के द्रव में v वेग से गिरता है, तब गति का विरोध करने वाला श्यान बल

$$F = 6\pi\eta r v$$

जबकि दूसरी ओर, यदि एक गोला किसी श्यान तरल में गिरता है तो पहले तो वह त्वरित होता है परन्तु कुछ समय पश्चात् त्वरण शून्य हो जाता है इसके बाद गोला नियत वेग से गिरने लगता है, जिसे सीमान्त वेग कहते हैं।

अर्थात् सीमान्त वेग $(v_t) = \frac{2}{9}\frac{r^2(\rho - \sigma_0)g}{\eta}$

जहाँ, r = गिरते हुए पिण्ड की त्रिज्या

ρ = पिण्ड का घनत्व

ρ_0 = द्रव का घनत्व

पृष्ठ तनाव (Surface Tension)

प्रत्येक द्रव के मुक्त पृष्ठ में सिकुड़कर न्यूनतम क्षेत्रफल धारण करने की प्रवृत्ति होती है, मानों यह तनाव की अवस्था में हो। पृष्ठ के इस तनाव को द्रव का पृष्ठ तनाव कहते हैं।

माना कि किसी द्रव के पृष्ठ में एक काल्पनिक रेखा AB किसी भी दिशा में खींची गयी है (चित्र)। इस रेखा के एक ओर का पृष्ठ दूसरी ओर वाले पृष्ठ पर कर्षण बल (pulling force) F लगाता है। यह बल रेखा AB के लम्ब रूप तथा पृष्ठ के तल में स्थित होता है। रेखा AB की एकांक लम्बाई पर कार्य करने वाले बल का परिमाण ही द्रव के पृष्ठ तनाव की माप है। यदि AB की लम्बाई l हो तथा इसके किसी भी ओर कार्य करने वाला सम्पूर्ण बल F हो, तो पृष्ठ तनाव

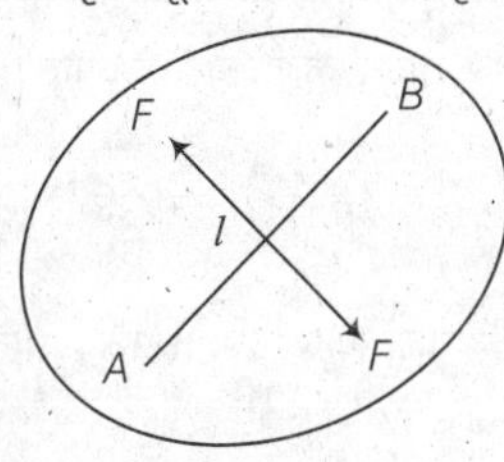

$$T = \frac{F}{l}$$

इसका मात्रक न्यूटन/मी होता है।

इसका विमीय सूत्र [MT^{-2}] है जो बल नियतांक के समान है।

ससंजक तथा आसंजक बल
(Cohesive and Adhesive Forces)

एक ही पदार्थ के अणुओं के बीच कार्यरत् आकर्षण बल को ससंजक बल तथा भिन्न-भिन्न पदार्थों के अणुओं के बीच कार्यरत् आकर्षण बल को आसंजक बल कहते हैं।

पृष्ठ तनाव पर ताप का प्रभाव
(Effect of Temperature on Surface Tension)

किसी द्रव का पृष्ठ तनाव तापमान बढ़ने पर घटता है। अत्यधिक घुलनशील पदार्थ जैसे जल में सोडियम क्लोराइड के घोलने से जल का पृष्ठ तनाव बढ़ जाता है तथा अल्प घुलनशील पदार्थ जैसे फीनॉल को जल में घोलने पर जल का पृष्ठ तनाव घट जाता है।

गंदगी, ग्रीस का तेल आदि को जल में डालने पर भी जल का पृष्ठ तनाव घट जाता है।

पृष्ठ ऊर्जा (Surface Energy)

द्रव पृष्ठ के प्रति एकांक क्षेत्रफल की ऊर्जा को पृष्ठ ऊर्जा कहते हैं।

द्रव के स्वतन्त्र पृष्ठ क्षेत्रफल का विस्तार करने के लिए किया गया कार्य

$$\Delta W = T\,\Delta A \quad \Rightarrow \quad T = \frac{\Delta W}{\Delta A}$$

अतः द्रव का पृष्ठ तनाव किसी द्रव पृष्ठ क्षेत्रफल का एकांक विस्तार करने के लिए आवश्यक कार्य के बराबर होता है जबकि द्रव का ताप नियत है।

स्पर्श कोण (Angle of Contact)

द्रव व ठोस के किसी स्पर्श बिन्दु से द्रव के पृष्ठ पर खींची गई स्पर्श रेखा तथा ठोस के पृष्ठ पर द्रव के भीतर की ओर खींची गई स्पर्श रेखा के बीच बने कोण को उस ठोस तथा द्रव के लिये स्पर्श कोण कहते हैं।

केशिकात्व (Capillarity)

किसी द्रव में स्थित पतली काँच की नली में द्रव के चढ़ाव की घटना केशिकात्व कहलाता है तथा प्रयुक्त काँच की नली केशनली कहलाती हैं।

केशिकात्व की घटना क्रम में,

अवतल तल की ओर दाब, उत्तल तल की ओर दाब से अधिक होता है। अतः दाबान्तर

$$\Delta p = \frac{2T}{r}$$

अतिरिक्त दाब (Excess Pressure)

साबुन के बुलबुले के भीतर अतिरिक्त दाब $= \frac{4T}{r}$

द्रव बूँद के भीतर अतिरिक्त दाब $= \frac{2T}{r}$

बेलनाकार तल के लिए अतिरिक्त दाब $= \frac{T}{r}$

एक द्रव के समतल पृष्ठ तथा अवतल पृष्ठ के वाष्प दाब में अन्तर

$$p = \frac{2T}{r}\left(\frac{\sigma}{\rho - \sigma}\right) \approx \frac{2T\sigma}{r\rho}$$

जहाँ, ρ = द्रव का घनत्व, σ = वाष्प घनत्व

केशनली में द्रव की ऊँचाई
(Height Raised by Liquid in Capillary Tube)

नली में चढ़े द्रव स्तम्भ की ऊँचाई,

$$h = \frac{2T\cos\theta}{r\rho g} \qquad (\text{जबकि, } h >> r)$$

अथवा

$$\left(h + \frac{r}{3}\right) = \frac{2T\cos\theta}{r\rho g}$$

यहाँ, ρ = द्रव का घनत्व

θ = स्पर्श कोण

तथा r = केशनली की त्रिज्या है।

θ के न्यूनतम मान के लिए,

$$h = \frac{2T}{r\rho g}$$

यदि क्षैतिज काँच की प्लेट में पारा रखा जाता है, तब पारे की महत्तम उँचाई

$$H = \sqrt{\frac{2Tg}{\rho g}(1 - \cos\theta)}$$

तथा बूँद के उभरे भाग की चौड़ाई $h = \sqrt{2T/rg}$

अब जैगर विधि से पृष्ठ तनाव $T = \frac{rg}{2}(H\rho - h\rho)$

जहाँ, ρ = द्रव का घनत्व

T = पृष्ठ तनाव

H = मैनोमीटर में दो द्रव पृष्ठों के बीच की दूरी

h = केशनलिका की द्रव पृष्ठ के नीचे गहराई

तथा ρ = मैनोमीटर में द्रव का घनत्व

U-ट्यूब हो तो भुजाओं में द्रव स्तम्भ की ऊँचाईयों में अन्तर

$$\Delta h = h_1 - h_2 = \frac{T\cos\theta}{\rho g}\left[\frac{1}{r_1} - \frac{1}{r_2}\right]$$

जहाँ, r_1 तथा r_2 U-ट्यूब की दोनों भुजाओं की त्रिज्याएँ हैं।

द्रव पृष्ठ पर द्रव के कोरों का न्यूनतम वेग

$$v = \sqrt{2}\left(\frac{Tg}{\rho}\right)^{1/2}$$

जहाँ ρ द्रव का घनत्व तथा तरंगों की तरंगदैर्ध्य

$$\lambda = 2\pi\sqrt{\frac{T}{\rho g}} \text{ हैं।}$$

अभ्यास प्रश्नावली

1. वह अधिकतम वेग जहाँ तक द्रव का प्रवाह धारारेखी रहता है, वह कहलाता है
(a) विक्षुब्ध वेग (b) धारारेखीय बिन्दु
(c) क्रांतिक वेग (d) इनमें से कोई नहीं

2. द्रव का वह गुण जिसके कारण यह अपने परतों के बीच सापेक्ष गति का विरोध करता है, कहलाता है
(a) पृष्ठ तनाव (b) श्यानता (c) परासरण (d) विसरण

3. स्टोक सूत्र के लिये
(a) वस्तु का वेग क्रांतिक वेग से अधिक होना चाहिए
(b) वस्तु और द्रव के बीच फिसलन होनी चाहिए
(c) गति करने वाली वस्तु पूर्णतः चिकनी और दृढ़ होनी चाहिए
(d) गति करने वाली वस्तु का आकार माध्यम के कणों के बीच की दूरी से कम होना चाहिए

4. एक छोटी और बड़ी बूँद वायु से होकर जमीन पर गिर रही है, तब
(a) बड़ी बूँद का वेग अधिक होगा
(b) दोनों समान वेग से गिरेंगी
(c) छोटी बूँद अधिक वेग से गिरेगी
(d) उपरोक्त में से कोई नहीं

5. किसी नली से बहते हुए द्रव के वेग और अनुप्रस्थ-काट के क्षेत्रफल का गुणनफल निम्नलिखित में से किसका द्योतक है
(a) बहाव की दर (b) द्रव का आयतन
(c) द्रव दाब (d) इनमें से कोई नहीं

6. वैंचुरीमापी कार्य करता है
(a) आर्किमिडीज के सिद्धान्त पर (b) स्टोक के नियम पर
(c) बरनौली की प्रमेय पर (d) अविरतता समीकरण पर

7. ऊपर से गिरती हुई वर्षा की बूँदें शीघ्र ही सीमान्त वेग ग्रहण कर लेती हैं। इसका कारण है
(a) हवा का उत्प्लावन बल (b) हवा का श्यान बल
(c) पृष्ठ तनाव बल (d) इनमें से कोई नहीं

8. बादल वायुमण्डल में तैरते हैं, क्योंकि
(a) उनका ताप कम होता है (b) उनकी श्यानता कम होती है
(c) उनका घनत्व कम होता है (d) वहाँ निम्न दाब उत्पन्न हो जाता है

9. एक टंकी की तली के पास एक छिद्र है। छिद्र से प्रवाहित जल की दर निर्भर नहीं करती है
(a) छिद्र के क्षेत्रफल पर
(b) छिद्र से ऊपर द्रव के तल की ऊँचाई पर
(c) द्रव के घनत्व पर
(d) गुरुत्वीय त्वरण पर

10. हमारे पास दो पतली केशनलियाँ T_1 व T_2 हैं। उनकी लम्बाइयाँ l_1 व l_2 तथा त्रिज्याएँ क्रमशः r_1 तथा r_2 हैं नली T_1 से दाबान्तर p पर द्रव प्रवाह की दर 8 सेमी^{3}/से है। यदि $l_1 = 2l_2$ तथा $r_1 = r_2$ हो, तो दोनों नलियों को श्रेणीक्रम में जोड़ने पर द्रव प्रवाह की दर क्या होगी? जबकि उनके सिरों पर दाबान्तर पूर्ववत् रहे
(a) 4 सेमी^{3}/से (b) $\left(\frac{16}{3}\right)$ सेमी^{3}/से
(c) $\left(\frac{8}{17}\right)$ सेमी^{3}/से (d) इनमें से कोई नहीं

11. बरनौली की प्रमेय आधारित है
(a) संवेग संरक्षण पर (b) ऊर्जा संरक्षण पर
(c) द्रव्यमान संरक्षण पर (d) दाब संरक्षण पर

12. एक टैंक में बने निश्चित आकार के छिद्र से द्रव से रिसने की दर क्या होती है?
(a) अधिक, यदि छिद्र पेंदी के निकट हो
(b) अधिक, यदि छिद्र ऊपरी सिरे के निकट हो
(c) अधिक, यदि छिद्र ठीक मध्य में हो
(d) पेंदी से छिद्र की ऊँचाई पर निर्भर नहीं करती है

13. वायु से होकर गिरती वर्षा की बूँद का सीमान्त वेग होता है
(a) बूँद की त्रिज्या के अनुक्रमानुपाती
(b) बूँद की त्रिज्या के वर्गमूल के अनुक्रमानुपाती
(c) बूँद की त्रिज्या के व्युत्क्रमानुपाती
(d) बूँद की त्रिज्या के वर्ग के अनुक्रमानुपाती

14. स्टोक के नियम के अनुसार, श्यान बल होता है
(a) $\frac{6\pi\eta r}{v}$ (b) $\frac{6\pi rv}{\eta}$
(c) $\frac{6\pi\eta v}{r}$ (d) $6\pi\eta rv$

15. वर्षा की बूँदे पृथ्वी की ओर गिरती हैं
(a) सीमान्त त्वरण से (b) सीमान्त वेग से
(c) सीमान्त मन्दन से (d) परिवर्ती वेग से

16. यदि F श्यान बल, A क्षेत्रफल तथा v वेग हैं तो निम्न में से सही सम्बन्ध है
(a) $F = \frac{\eta A}{dv/dx}$ (b) $\eta A\frac{dv}{dx}$
(c) $F = \frac{\eta v dA}{dx}$ (d) $\eta = FA\frac{dv}{dx}$

17. किसी क्षैतिज नली में t समय पर Q ग्राम पानी बाहर आ रहा है। नली की त्रिज्या, लम्बाई, सिरों के मध्य दाबान्तर क्रमशः r, l, p हो तो पानी का श्यानता गुणांक है
(a) $\frac{\pi pr^4}{8lQ}$ (b) $\frac{\pi pr^4 t}{8lQ}$
(c) $\frac{\pi pr^4 Q}{8lt}$ (d) $\frac{8lQ}{\pi pr^4}$

18. निम्न में से कौन-सा सबसे अधिक श्यान है?
(a) पानी (b) मिट्टी का तेल
(c) ग्लिसरीन (d) शहद

19. H गहराई की टंकी H ऊँचाई के स्टूल पर रखी है। जल के स्वतन्त्र तल से $H/2$ गहराई पर बने छिद्र से निकला जल फर्श पर जिस दूरी पर गिरेगा वह है
(a) $\frac{H}{2}$ (b) H (c) $\sqrt{3}H$ (d) $2H$

20. बर्फ का घनत्व ρ तथा पानी का घनत्व σ है। जब बर्फ का द्रव्यमान M पिघल जाता है, तब बर्फ के आयतन में कमी होगी
(a) $\frac{M}{\sigma - \rho}$ (b) $\frac{\sigma - \rho}{M}$
(c) $M\left(\frac{1}{\rho} - \frac{1}{\sigma}\right)$ (d) $\frac{1}{M}\left(\frac{1}{\rho} - \frac{1}{\sigma}\right)$

21. किसी r त्रिज्या व l लम्बाई की केशनली के सिरों पर दाबान्तर p है व इससे प्रति सेकण्ड प्रवाहित द्रव का आयतन V है। यह नली समान लम्बाई व आधी त्रिज्या की अन्य नली के साथ श्रेणीक्रम में जोड़ी जाती है, तब प्रति सेकण्ड प्रवाहित द्रव का आयतन होगा (यदि पूरे श्रेणीक्रम के सिरों पर दाबान्तर p है)

(a) $\frac{V}{16}$ (b) $\frac{V}{17}$ (c) $\frac{16V}{17}$ (d) $\frac{17V}{16}$

22. एक स्टील की गोलीय गेंद सघन माध्यम में सीमान्त वेग v से गिरायी जाती है। यदि गेंद की त्रिज्या दोगुनी कर दी जाये तो इसका सीमान्त वेग होगा

(a) $\frac{v}{2}$ (b) $\frac{v}{\sqrt{2}}$ (c) v (d) $4v$

23. समुन्द्र में y गहराई पर घनत्व ρ तथा B सतह के घनत्व ρ_0 से निम्न प्रकार सम्बन्धित है

(a) $\rho = \rho_0\left(1 - \frac{\rho_0 gy}{B}\right)$ (b) $\rho = \left(\rho_0 + \frac{\rho_0 gy}{B}\right)$

(c) $\rho = \rho_0\left(1 + \frac{B}{\rho_0 hgy}\right)$ (d) $\rho = \rho_0\left(1 - \frac{B}{\rho_0 gy}\right)$

24. किसी टैंक में भरे हुये द्रव में गिरती हुई r त्रिज्या की एक धात्विक गेंद का उस क्षण वेग क्या होगा, जब इसका त्वरण मुक्त रूप से गिरती हुई वस्तु के त्वरण का आधा है? (धातु तथा द्रव के घनत्व क्रमशः ρ तथा σ हैं तथा द्रव की श्यानता η है)

(a) $\frac{r^2 g}{a\eta}(\rho - 2\sigma)$ (b) $\frac{r^2 g}{a\eta}(2\rho - \sigma)$

(c) $\frac{r^2 g}{a\eta}(\rho - \sigma)$ (d) $\frac{2r^2 g}{a\eta}(\rho - \sigma)$

25. P तथा Q दो नलियाँ जिनके व्यास क्रमशः 2×10^{-2} मी तथा 4×10^{-2} मी हैं, श्रेणीक्रम में मुख्य स्त्रोत से जोड़ी जाती हैं, तब P नली में बहने वाले द्रव का वेग होगा

(a) Q का 4 गुना (b) Q का 2 गुना

(c) Q का $\frac{1}{2}$ गुना (d) Q का $\frac{1}{4}$ गुना

26. असमान परिच्छेद के पाइप में जल स्थिर गति से प्रवाहित है। यदि जिस बिन्दु पर प्रवाह की गति v है वहाँ, दाब p है, तब जिस बिन्दु पर गति $2v$ है वहाँ दाब होगा (जल का घनत्व $= \rho$)

(a) $p - \frac{3\rho v^2}{2}$ (b) $p - \frac{\rho v^2}{2}$

(c) $p - \frac{3\rho v^2}{4}$ (d) $p - \rho v^2$

27. यदि पानी में नमक मिलाया जाये, तब इसका पृष्ठ तनाव

(a) बढ़ जाएगा

(b) कम हो जाएगा

(c) बढ़ भी सकता है तथा घट भी सकता हैं

(d) उपरोक्त में से कोई नहीं

28. किस ताप पर जल का पृष्ठ तनाव न्यूनतम होगा?

(a) 4°C (b) 25°C (c) 50°C (d) 75°C

29. त्रिज्या a तथा त्रिज्या b के गोलीय साबुन के बुलबुलें निर्वात् में मिलाए जाते हैं, तब इस प्रकार बने बुलबुले की त्रिज्या होगी,

(a) $\frac{(a+b)}{2}$ (b) $\frac{ab}{a+b}$

(c) $\sqrt{a^2 + b^2}$ (d) $a + b$

30. साबुन के दो बुलबुलों की त्रिज्याएँ r_1 व r_2 $(> r_1)$ हैं, सम्पर्क में आने पर उभयनिष्ठ तल की त्रिज्या होगी

(a) $(r_2 - r_1)$ (b) $(r_2 + r_1)$ (c) $\frac{r_2 - r_1}{r_1 r_2}$ (d) $\frac{r_2 r_1}{r_2 - r_1}$

31. धात्विक तार का बना एक फ्रेम जो सतह क्षेत्रफल A रखता है साबुन की फिल्म द्वारा ढका जाता है। यदि इसका क्षेत्रफल 50% घटा दिया जाए, तब साबुन की फिल्म की ऊर्जा में परिवर्तन होगा

(a) 100% (b) 75% (c) 50% (d) 25%

32. ताप बढ़ाने पर स्पर्श कोण

(a) कम हो जाता है

(b) बढ़ जाता है

(c) नियत रहता है

(d) कुछ बढ़ जाता है तथा कुछ घट जाता है

33. केशिकात्व नली में जल h ऊँचाई तक उठता है यह h ऊँचाई के ऊपर तक उठ जायेगा, यदि

(a) यह सूर्य की सतह पर होता

(b) नीचे की ओर त्वरित लिफ्ट में होता

(c) द्रवों पर होता

(d) ऊपर की ओर खाली लिफ्ट में होता

34. कमरे के ताप पर 3 मिमी त्रिज्या की पारे की बूँदों के अन्दर दाब क्या होगा, जबकि (20°C) ताप पर पारे का पृष्ठ तनाव 4.65×10^{-1} न्यूटन/मी है तथा वायुमण्डलीय दाब 1.01×10^5 पास्कल है? तब पारे की बूँद के अन्दर अतिरिक्त होगा

(a) 1.01×10^5 पास्कल, 320 पास्कल

(b) 1.01×10^5 पास्कल, 310 पास्कल

(c) 310 पास्कल, 1.01×10^5 पास्कल

(d) 320 पास्कल, 1.01×10^5 पास्कल

35. एक काँच की केशिका की लम्बाई 0.11 मी तथा आन्तरिक व्यास 2×10^{-5} मी है। इसके ऊपरी सिरे को सील कर दिया गया है। केशिका को ऊर्ध्वाधर रखते हुए एक द्रव में, जिसका पृष्ठ तनाव 5.06×10^{-2} न्यूटन मी$^{-1}$ है, डुबोया जाता है। केशिका को कितनी लम्बाई तक डुबोया जाए कि केशिका के बाहर व भीतर द्रव का तल समान रहे?

(a) 1.5 सेमी (b) 1 सेमी (c) 0.5 सेमी (d) 2 सेमी

36. एक समांग ठोस बेलन जिसकी लम्बाई L तथा अनुप्रस्थ-काट क्षेत्रफल $A/5$ है एक बर्तन में भरे दो द्रवों में इस प्रकार डूबा है कि उसकी अक्ष ऊर्ध्वाधर रहती है तथा दो द्रवों को मिलाने वाली रेखा के नीचे बेलन की लम्बाई $L/4$ रहती है। बेलन की $L/4$ लम्बाई जिस द्रव में डूबी है वह ऊपरी द्रव की अपेक्षा सघन है। बर्तन के ऊपरी भाग में भरे द्रव पर कार्यरत् वायुमण्डलीय दाब p_0 है तब बेलन के पदार्थ का घनत्व D है

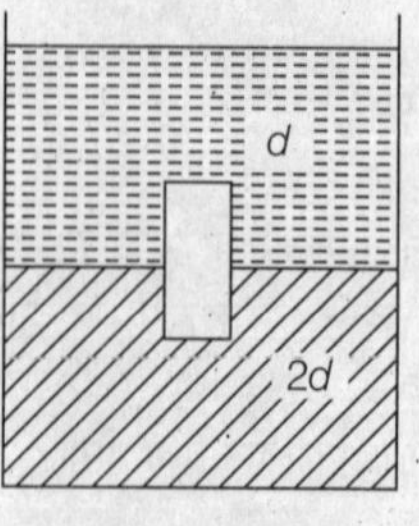

(a) $\frac{5}{4}d$ (b) $\frac{4}{5}d$

(c) $4d$ (d) $d/5$

37. एक बड़ी खुली टंकी की दीवार में दो छिद्र हैं। पहला ऊपर से y गहराई पर L भुजा का वर्गाकार छिद्र है तथा दूसरा ऊपर से $4y$ गहराई पर R त्रिज्या का वृत्ताकार छिद्र है। जब टंकी पूर्णतया पानी से भरी होती है, तब दोनों छिद्रों से प्रति सेकण्ड निकलने वाले पानी की मात्रा बराबर है। R का मान होगा

(a) $\frac{L}{\sqrt{2\pi}}$ (b) $2\pi L$ (c) L (d) $\frac{L}{2\pi}$

38. V आयतन की एक ठोस गोलीय गेंद ρ_1 घनत्व के पदार्थ से बनी है। यह $\rho_2 (\rho_2 < \rho_1)$ घनत्व के द्रव में गिर रही है। यदि द्रव गेंद पर एक श्यान बल लगाता है जो कि गेंद के वेग के अनुक्रमानुपाती है अर्थात् $F_{\text{श्यान}} = -k^2, (k > 0)$ । गेंद की सीमान्त चाल है

(a) $\sqrt{\frac{Vg(\rho_2 - \rho_1)}{k}}$ (b) $\frac{Vg\rho_1}{k}$

(c) $\sqrt{\frac{Vg\rho_1}{k}}$ (d) $\frac{Vg(\rho_1 - \rho_2)}{k}$

39. एक बेलनाकार टैंक की तली में A क्षेत्रफल का एक छिद्र है। अनुप्रस्थ-काट की एकसमान क्षेत्रफल वाली A नली में जल v चाल से निकलता है, तब निम्नलिखित में से कौन-सा कथन सत्य है?

(a) टैंक में कोई जल नहीं रूकेगा

(b) जल में तल चढ़ता जाएगा

(c) जल में तल $\frac{v^2}{2g}$ ऊँचाई तक चढ़ेगा व रूक जायेगा

(d) जल का तल औसत ऊँचाई $\frac{v^2}{g}$ से कम्पन करेगा

40. काँच की नली के सिरे पर फूँक मारकर साबुन का बुलबुला धीरे-धीरे फुलाया जाता है। बुलबुले के भीतर आधिक्य दाब एवं बुलबुले की त्रिज्या के बीच सही वक्र है

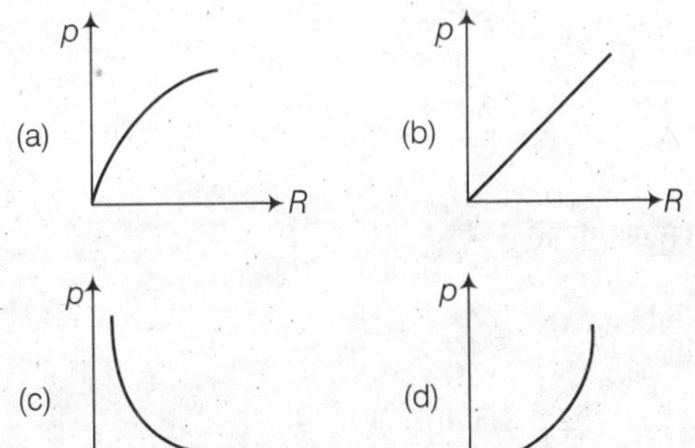

41. r त्रिज्या की एक पतली धात्विक चकती पानी की सतह पर तैरती है एवं यह पानी की सतह को परिधि के अनुदिश ऊर्ध्वाधर कोर से θ कोण पर दबाती है। यदि चकती द्वारा हटाये गये पानी का भार w एवं पृष्ठ तनाव T हो, तो चकती का भार होगा

(a) $2\pi rT + w$

(b) $2\pi rT\cos\theta - w$

(c) $2\pi rT\cos\theta + w$

(d) $w - 2\pi rT\cos\theta$

42. एक साबुन के बुलबुले को फुलाकर उसका व्यास d से D तक बढ़ाने में किया गया कार्य है (T = घोल का पृष्ठ तनाव)

(a) $4\pi(D^2 - d^2)T$

(b) $8\pi(D^2 - d^2)T$

(c) $\pi(D^2 - d^2)T$

(d) $2\pi(D^2 - d^2)T$

43. पानी की असंख्य छोटी बूँदे जिनमें से प्रत्येक की त्रिज्या r है, मिलकर एक R त्रिज्या की बड़ी बूँद बनाती हैं, तो ऐसा होने में ताप की वृद्धि होगी (पानी का पृष्ठ तनाव T है तथा ऊष्मा यांत्रिकी का तुल्यांक J से प्रदर्शित है)

(a) $\frac{2T}{rJ}$

(b) $\frac{3T}{RJ}$

(c) $\frac{3T}{J}\left(\frac{1}{r} - \frac{1}{R}\right)$

(d) $\frac{2T}{J}\left(\frac{1}{r} - \frac{1}{R}\right)$

44. चित्र में दिखायी गयी हाइड्रॉलिक प्रेस M द्रव्यमान को 5 मिमी ऊपर उठाने में प्रयुक्त की जाती है (छोटे पिस्टन पर 500 जूल कार्य करके)। बड़े पिस्टन का व्यास 10 सेमी है, जबकि छोटे पिस्टन का व्यास 2 सेमी है। M का मान है

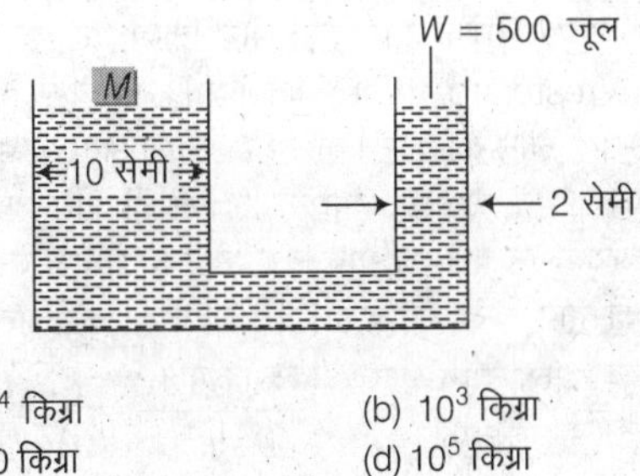

(a) 10^4 किग्रा (b) 10^3 किग्रा

(c) 100 किग्रा (d) 10^5 किग्रा

उत्तरमाला

1. (c)	2. (b)	3. (d)	4. (a)	5. (b)	6. (c)	7. (b)	8. (c)	9. (c)	10. (b)
11. (b)	12. (a)	13. (b)	14. (d)	15. (b)	16. (b)	17. (b)	18. (c)	19. (b)	20. (c)
21. (b)	22. (d)	23. (b)	24. (a)	25. (a)	26. (a)	27. (a)	28. (b)	29. (c)	30. (d)
31. (c)	32. (b)	33. (b)	34. (c)	35. (b)	36. (a)	37. (a)	38. (a)	39. (a)	40. (c)
41. (c)	42. (d)	43. (b)	44. (a)						

7

ठोसों के यांत्रिक गुण

Mechanical Properties of Solids

विरूपक बल (Deforming Force)

किसी वस्तु पर आरोपित वह बल जिसके कारण वस्तु या पदार्थ का आकार परिवर्तित हो जाए, विरूपक बल कहलाता है।

प्रत्यास्थता (Elasticity)

किसी पदार्थ का वह गुण जिसके कारण वह विरूपक बल के द्वारा आकार परिवर्तन का विरोध करती है तथा विरूपक बल के हटते ही अपना वास्तविक आकार ग्रहण कर लेती है, प्रत्यास्थता कहलाती है।

प्रतिबल (Stress)

जब किसी पिण्ड पर बाह्य बल लगाया जाता है, तो पिण्ड की प्रत्येक अनुप्रस्थ-काट पर आन्तरिक प्रतिक्रिया बल क्रियाशील हो जाता है, जिसे प्रत्यानयन बल (restoring force) कहते हैं। यह बल पिण्ड को उसकी प्रारम्भिक अवस्था में लाने का प्रयत्न करता है। साम्य अवस्था में पिण्ड के एकांक पृष्ठ क्षेत्रफल पर लगने वाले प्रत्यानयन बल को ही प्रतिबल कहते हैं। साम्य स्थिति में इस प्रत्यानयन बल का मान विरूपक (बाह्य) बल के बराबर होता है। अतः प्रतिबल की माप विरूपक (बाह्य) बल द्वारा ही की जाती है।

अतः $\text{प्रतिबल} = \dfrac{\text{प्रत्यानयन बल}}{\text{क्षेत्रफल}} = \dfrac{\text{विरूपक बल}}{\text{क्षेत्रफल}} = \dfrac{F}{A}$

SI पद्धति में इसका मात्रक न्यूटन मी$^{-2}$ है।

भंजक प्रतिबल (Breaking Stress)

किसी तार पर आरोपित वह अधिकतम प्रतिबल जिसे तार टूटने से पहले सहन कर सकता है, भंजक प्रतिबल (तार का) कहलाता है। इससे सम्बन्धित तथ्यों को निम्न प्रकार दिया जाता है

(i) $\text{भंजक प्रतिबल} = \dfrac{F}{A} = \dfrac{mg}{A} = \dfrac{L \times A \times \rho \times g}{A} = L\rho g$

जहाँ, L = तार की लम्बाई (वास्तविक)
ρ = तार के पदार्थ का रेखीय घनत्व
g = गुरुत्वीय त्वरण

(ii) भंजक प्रतिबल तार के पदार्थ पर निर्भर करता है।

(iii) सुरक्षा गुणांक (Factor of safety)

$$= \frac{\text{भंजक प्रतिबल}}{\text{कार्यकारी (या आरोपित) प्रतिबल}}$$

विकृति (Strain)

जब किसी वस्तु पर कोई विरूपक बल लगाया जाता है, तो वस्तु के आकार अथवा आकृति में कुछ परिवर्तन हो जाता है अथवा वस्तु विकृत (strained) हो जाती है। वस्तु के आकार में होने वाले भिन्नात्मक परिवर्तन को विकृति कहते हैं। इसे प्रायः ε से प्रदर्शित करते हैं। अतः

$$\varepsilon = \frac{\Delta x}{x}$$

यहाँ, Δx वस्तु की विमा (dimension) में परिवर्तन है तथा x प्रारम्भिक विमा है।

वस्तु पर लगाए, गए विरूपक बल के अनुसार विकृति तीन प्रकार की होती है

(i) $\text{अनुदैर्ध्य विकृति} = \dfrac{\text{लम्बाई में परिवर्तन}}{\text{वास्तविक लम्बाई}} = \dfrac{\Delta L}{L}$

(ii) $\text{अपरूपण विकृति} = \dfrac{\text{स्पर्श रेखीय विस्थापन}}{\text{सामान्य लम्बाई}} = \dfrac{\Delta x}{x}$

(iii) $\text{आयतन विकृति} = \dfrac{\text{आयतन में परिवर्तन}}{\text{प्रारम्भिक आयतन}} = \dfrac{\Delta V}{V}$

हुक का नियम (Hooke's Law)

इस नियम के अनुसार ''लघु विकृतियों की सीमा के अन्दर किसी वस्तु पर कार्य करने वाला प्रतिबल उसमें उत्पन्न विकृति के समानुपाती होता है।'' अर्थात्

प्रतिबल $\propto$ विकृति, प्रतिबल $= E$ (विकृति)

जहाँ, E एक नियतांक है जिसे प्रत्यास्थता गुणांक (modulus of elasticity) कहते हैं।

यंग प्रत्यास्थता गुणांक (Young's Modulus of Elasticity)

लघु विकृति के लिए, किसी वस्तु में उत्पन्न अनुदैर्ध्य प्रतिबल तथा अनुदैर्ध्य विकृति के अनुपात को उस वस्तु के पदार्थ का यंग प्रत्यास्थता गुणांक (Y) कहते हैं।

$$Y = \frac{\text{अनुदैर्ध्य प्रतिबल}}{\text{अनुदैर्ध्य विकृति}}$$

माना किसी तार की लम्बाई l तथा त्रिज्या r है तथा इसके एक सिरे को किसी दृढ़ आधार से लटका कर, दूसरे सिरे पर एक बल F लगाने पर, लघु विकृति के लिए, उसकी लम्बाई में Δl की वृद्धि हो जाती है, तब

$$Y = \frac{F/A}{\frac{\Delta l}{l}} = \frac{F\,l}{\pi r^2\,\Delta l} \quad (\because A = \pi r^2)$$

यदि तार के सिरे से लटकाया गया द्रव्यमान M हो, तो

$$F = Mg$$

$$\therefore \quad Y = \frac{Mg\,l}{\pi r^2 \Delta l}$$

आयतनात्मक प्रत्यास्थता गुणांक (Bulk Modulus of Elasticity)

लघु विकृति के लिए, किसी वस्तु में उत्पन्न आयतन अथवा अभिलम्ब प्रतिबल तथा आयतन विकृति के अनुपात को उस वस्तु के पदार्थ का आयतनात्मक प्रत्यास्थता गुणांक (B) कहते हैं।

$$B = \frac{\text{अभिलम्ब प्रतिबल}}{\text{आयतन विकृति}}$$

माना किसी वस्तु का प्रारम्भिक आयतन V तथा इस पर लगे दाब p में दाबान्तर Δp की वृद्धि करने पर इसके आयतन में हुई कमी ΔV है। वस्तु पर दाब बढ़ने पर इसका आयतन घटता है तथा दाब घटने पर आयतन बढ़ता है, अर्थात् Δp तथा ΔV विपरीत चिह्न के होते हैं, तब

$$B = \frac{\Delta p}{-\frac{\Delta V}{V}} = -\frac{V\Delta p}{\Delta V}$$

किसी पदार्थ के आयतनात्मक प्रत्यास्थता गुणांक (B) के व्युत्क्रम को उस पदार्थ की संपीड्यता कहते हैं।

दृढ़ता गुणांक (Modulus of Rigidity)

लघु विकृतियों के लिए किसी वस्तु में उत्पन्न अपरूपक प्रतिबल तथा अपरूपण विकृति के अनुपात को उस वस्तु के पदार्थ का दृढ़ता गुणांक (η) कहते हैं।

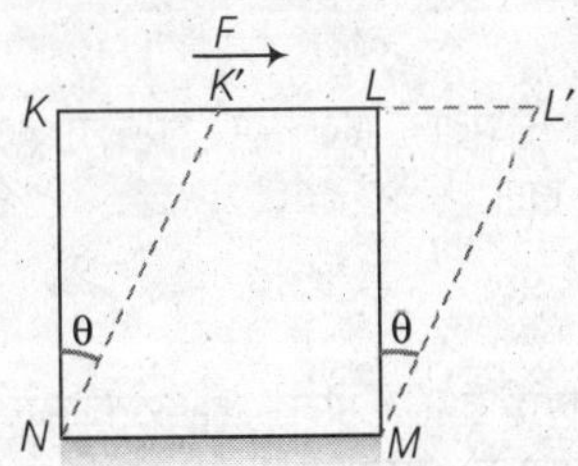

$$\therefore \quad \eta = \frac{\text{अपरूपक अथवा स्पर्श रेखीय प्रतिबल}}{\text{अपरूपण विकृति}}$$

चित्र से, $\eta = \dfrac{F/A}{KK'/KN}$

यहाँ, $\dfrac{KK'}{KN} = \tan\theta \approx \theta$

$$\therefore \quad \eta = \frac{F/A}{\theta}$$

या $\eta = \dfrac{F}{A\theta}$

दृढ़ता केवल ठोसों में ही होती है, क्योंकि केवल ठोस ही अपने आकार में हुए परिवर्तन का विरोध करते हैं, द्रव तथा गैस नहीं।

पॉयसन अनुपात (Poisson's Ratio)

जब किसी तार पर अनुदैर्ध्य (longitudinal) बल आरोपित किया जाता है, तो इसकी लम्बाई बढ़ जाती है, परन्तु त्रिज्या घट जाती है।

अतः एक अकेले बल से दो विकृतियाँ उत्पन्न होती हैं

(i) अनुदैर्ध्य विकृति (longitudinal strain) $= \dfrac{\Delta l}{l}$

(ii) पार्श्वीय विकृति (lateral strain) $= \dfrac{\Delta R}{R}$

इन दोनों विकृतियों के अनुपात को पॉयसन अनुपात कहते हैं। इसे σ से प्रदर्शित करते हैं।

$$\therefore \quad \sigma = \frac{\text{पार्श्वीय विकृति}}{\text{अनुदैर्ध्य विकृति}} = \frac{-\Delta R/R}{\Delta l/l}$$

दो विकृतियों का अनुपात होने के कारण σ का कोई मात्रक नहीं होता है तथा यह एक विमाहीन राशि है। σ प्रत्यास्थता नियतांक है, प्रत्यास्थता गुणांक नहीं (क्योंकि गुणांक, प्रतिबल तथा विकृति का अनुपात होता है) किसी पदार्थ के लिए σ का सैद्धान्तिक मान (theoretical value) -1 तथा $\dfrac{1}{2}$ के बीच होता है,

अर्थात् $-1 < \sigma < \dfrac{1}{2}$.

परन्तु इसका प्रायोगिक मान (experimental value) सदैव धनात्मक 0 से 1/2 के मध्य होता है, अर्थात् $0 < \sigma < \dfrac{1}{2}$। σ का मान पदार्थ पर निर्भर करता है।

विभिन्न प्रत्यास्थता नियतांकों के बीच सम्बन्ध (Relation among Different Elastic Constants)

प्रत्यास्थता गुणांक केवल तीन हैं–Y, B तथा η एवं प्रत्यास्थता नियतांक चार हैं–Y, B, η तथा σ। ये चारों प्रत्यास्थता नियतांक निम्न सम्बन्धों द्वारा एक-दूसरे से सम्बन्धित हैं

$$Y = 3B(1-2\sigma) \text{ तथा } Y = 2\eta(1+\sigma)$$

$$Y = \frac{9B\eta}{3B+\eta} \quad \text{तथा} \quad \sigma = \frac{3B-2\eta}{6B+2\eta}$$

यदि बेलन में ऐंठन है, तब बलाघूर्ण $\tau = \dfrac{1}{2}\dfrac{\pi\eta r^4}{l}\theta$

θ कोण ऐंठन में किया गया कार्य, $W = \dfrac{1}{2}\tau\,\theta - \dfrac{1}{2}K\theta^2$

प्रत्यास्थ स्थितिज ऊर्जा (Elastic Potential Energy)

यह निम्न प्रकार से दिया जा सकता है

(i) $E = \dfrac{1}{2} \times$ प्रतिबल $\times$ विकृति $\times$ आयतन

$= \dfrac{1}{2} \times \dfrac{F}{A} \times \dfrac{\Delta L}{L} \times AL = \dfrac{1}{2} \times F \times \Delta L$ (अनुदैर्ध्य प्रतिबल के लिए)

(ii) $E = \dfrac{1}{2} \times$ प्रतिबल $\times$ विकृति $\times$ आयतन $= \dfrac{1}{2}F\Delta x = \dfrac{1}{2}\eta\dfrac{(\Delta x)^2}{Y}$

(स्पर्श रेखीय प्रतिबल के लिए)

(iii) $E = \dfrac{1}{2} \times$ प्रतिबल $\times$ विकृति $\times$ आयतन

$= \dfrac{1}{2}\Delta p\Delta V = \dfrac{1}{2}\dfrac{K}{V}(\Delta V)^2$ (अभिलम्ब के लिए)

बंकन आघूर्ण (Bending Moment)

बाह्य बल या भार के कारण किसी वस्तु के बंकन के लिए उत्तरदायी (responsible) आघूर्ण, बंकन आघूर्ण कहलाता है। इसे M से प्रदर्शित करते हैं।

$M = \frac{Y}{R} I_g$ जहाँ, I_g = दण्ड के अनुप्रस्थ-काट का ज्यामितीय जड़त्व-आघूर्ण

R = बंकित दण्ड की वक्रता त्रिज्या तथा

Y = दण्ड के पदार्थ का यंग प्रत्यास्थता गुणांक।

आयताकार अनुप्रस्थ-काट वाली छड़ जिसकी चौड़ाई b तथा मोटाई d है, के लिए,

$$I_g = \frac{bd^3}{12}$$

वृत्ताकार अनुप्रस्थ-काट वाली छड़ जिसकी त्रिज्या r है, के लिए

$$I_g = \frac{\pi r^4}{4}$$

मरोड़ी लोलक का आवर्तकाल, $T = 2\pi\sqrt{\frac{I}{K}}$

जहाँ, I = पिण्ड का जड़त्व-आघूर्ण

तथा $K = \frac{1}{2}\cdot\frac{\pi\eta r^4}{l}$ (प्रयोग किए तार के लिए)

हल्का केन्टीलीवर (Light Cantilever)

यह भारहीन होता है इसे जिस बिन्दु पर कसा जाता है। वह क्षैतिज होता है तथा इसका झुकाव (बंकन) कम होता है।

ढाल $\left(\frac{dy}{dx}\right) = \theta = \frac{W}{YI_g}\left(l\,x - \frac{x^2}{2}\right)$

नमन $(Y) = \frac{W}{YI_g}\left(\frac{l\,x^2}{2} - \frac{x^2}{6}\right)$

बंकन आघूर्ण $(M) = \frac{YI_g}{R} = W(l - x)$

जहाँ, l उस बिन्दु की दूरी है जहाँ भार रखा जाता है,

x वह बिन्दु है जिस पर θ, Y तथा m ज्ञात किए जाते हैं।

केन्टीलीवर के स्वतन्त्र सिरे पर उत्पन्न नमन

$$y_{\max} = \delta = \frac{wl^3}{3YI_g}$$

आयताकार अनुप्रस्थ-काट वाले दण्ड के लिए,

$$\therefore \quad \delta = \frac{4wl^3}{4bd^3} \qquad \left[\because I_g = \frac{bd^3}{l_2}\right]$$

वृत्ताकार अनुप्रस्थ-काट वाली छड़ के लिए,

$$\delta = \frac{4wl^3}{3\pi r^4 Y} \qquad \left[\because I_g = \frac{\pi r^4}{4}\right]$$

दोनों पर आलम्बित तथा मध्य में भारित दण्ड में उत्पन्न नमन

$$\delta = \frac{wl^2}{484\,I_g}$$

आयताकार अनुप्रस्थ-काट के लिए,

$$\delta = \frac{wl^3}{4Ybd^3} \qquad \left(\because I_g = \frac{bd^3}{l_2}\right)$$

वृत्ताकार अनुप्रस्थ-काट के लिए,

$$\delta = \frac{wl^3}{12\pi r^4 Y} \qquad \left[\because I_g = \frac{\pi r^4}{4}\right]$$

अभ्यास प्रश्नावली

1. स्टील तथा ताँबे के समान लम्बाई तथा समान व्यास के तारों को एक के बाद एकसमान भार से खींचा जाता है। स्टील तथा ताँबे के यंग प्रत्यास्थता गुणांक क्रमश: 2.0×10^{11} और 1.2×10^{11} न्यूटन/मी^{2} हैं। स्टील तथा ताँबे के तारों की लम्बाइयों में वृद्धि का अनुपात होगा

(a) 2/5 (b) 3/5 (c) 5/4 (d) 5/2

2. यदि किसी पदार्थ का यंग मापांक Y, पॉयसन अनुपात σ तथा आयतन प्रत्यास्थता गुणांक K है, तो

(a) $Y = K\sigma$ (b) $Y = 3K(1-2\sigma)$

(c) $Y = 3(1-2\sigma)$ (d) $Y = \frac{3K}{\sigma}$

3. किसी खिंचे तार में प्रति एकांक आयतन आन्तरिक ऊर्जा होती है

(a) 1/2 × प्रतिबल × विकृति (b) 1/2 × बल × विकृति

(c) प्रतिबल × विकृति (d) बल × विकृति

4. प्रति एकांक ऐंठन के लिए आवश्यक बल आघूर्ण है

(a) $\frac{\pi\eta r^4}{4l}$ (b) $\frac{\pi^2\eta r^4}{4l}$

(c) $\frac{\pi\eta r^4}{4l}$ (d) $\frac{\pi\eta r^4}{2l}$

5. एक एकांक घन के प्रत्येक फलक पर लम्बवत् बल F आरोपित करने से लम्बाई में वृद्धि होगी

(a) $\frac{F(1+2\sigma)}{Y}$ (b) $\frac{F(1-2\sigma)}{Y}$ (c) $\frac{F(1-\sigma)}{Y}$ (d) $\frac{F(1+\sigma)}{Y}$

6. l लम्बाई, b चौड़ाई तथा t मोटाई की आयताकार परिच्छेद के सिरों पर आधारित तथा मध्य में भारित दण्ड के मध्य बिन्दु का अवनमन होगा

(a) $\delta = \frac{Wl^3}{4Ybt^3}$ (b) $\delta = \frac{Wb^3}{4Y\,lt^3}$

(c) $\delta = \frac{Wl^3}{4Y^3bt^3}$ (d) $\delta = \frac{Wl^3}{4Y^2b^2t^3}$

7. l लम्बाई, b चौड़ाई तथा t मोटाई के भारित केन्टीलीवर के मुक्त सिरे पर अवनमन होगा

(a) $\delta = \frac{Wl^3}{Y\,bt^3}$ (b) $\delta = \frac{2Wl^3}{Y\,bt^3}$ (c) $\delta = \frac{4Wl^3}{3Ybt^3}$ (d) $\delta = \frac{4Wl^3}{Y\,bt^3}$

8. बंकन बल-युग्म के आघूर्ण को कहते हैं

(a) जड़त्व-आघूर्ण (b) बंकन आघूर्ण

(c) मरोड़ी बल-युग्म (d) इनमें से कोई नहीं

9. पदार्थ का यंग प्रत्यास्थता गुणांक Y, आयतन प्रत्यास्थता गुणांक K तथा दृढ़ता गुणांक η के बीच सम्बन्ध है

(a) $Y = \frac{l}{3\eta} + \frac{1}{K}$ (b) $Y\left(\frac{1}{\eta} + \frac{1}{3K}\right) = 3$

(c) $Y\left(\frac{3}{\eta} + \frac{1}{K}\right) = 3$ (d) $Y\left(\frac{1}{\eta} + \frac{1}{K}\right) = 3$

10. सूत्र, $Y = \frac{9K\eta}{AK + \eta}$ में A का मान है

(a) 3 (b) 2
(c) 6 (d) 1

11. F बल से खींचे गये किसी तार में प्रत्यास्थ स्थितिज ऊर्जा U होती है। यदि इसी तार को दोगुने बल से खींचा जाए तो इसमें प्रत्यास्थ ऊर्जा होगी

(a) $\frac{U}{2}$ (b) $2U$
(c) $4U$ (d) U^2

12. यदि किसी पदार्थ का यंग प्रत्यास्थता गुणांक Y तथा आयतन प्रत्यास्थता गुणांक K है, तो

(a) $Y = 3K$ (b) $K = 3Y$
(c) $Y > 3K$ (d) $Y < 3K$

13. एक धातु का तार जिसकी लम्बाई L तथा त्रिज्या r है, एक सिरे पर दृढ़ता से बँधा है। तार के दूसरे सिरे को बल F से खींचने में तार की लम्बाई में l वृद्धि हो जाती है। इसी पदार्थ के एक दूसरे तार जिसकी लम्बाई $2L$ तथा त्रिज्या $2r$ हो, पर बल $2F$ लगाने पर लम्बाई में वृद्धि होगी

(a) l (b) $2l$
(c) $\frac{l}{2}$ (d) $3l$

14. r त्रिज्या के एक ठोस बेलनाकार केन्टीलीवर के मुक्त सिरे पर अवनमन x है। समान भार के लिए क्रमशः r_1 व r_2 आन्तरिक व बाह्य त्रिज्याओं वाले समान लम्बाई के खोखले बेलनाकार केन्टीलीवर के लिए अवनमन कोण होगा

(a) x (b) $\frac{xr^4}{(r_2^4 - r_1^4)}$

(c) $\frac{x(r_2^4 - r_1^4)}{r^4}$ (d) कुछ नहीं कहा जा सकता

15. एक डोरी जिसका अनुप्रस्थ-परिच्छेद क्षेत्रफल 10^{-6} मी^{2} है। इसकी लम्बाई में 0.1% की वृद्धि करने पर इसमें 100 न्यूटन का दबाव उत्पन्न होता है। पदार्थ का यंग प्रत्यास्थता गुणांक होगा

(a) 10^{12} न्यूटन/मी^{2}
(b) 10^2 न्यूटन/मी^{2}
(c) 10^{10} न्यूटन/मी^{2}
(d) 10^{11} न्यूटन/मी^{2}

16. निम्न में कौन-सा सही सम्बन्ध है?

(a) $Y > \eta$ (b) $\sigma < -1$
(c) $\sigma = \frac{Y}{2\eta}$ (d) $\sigma = \frac{3K}{Y}$

17. धातु के एक तार का यंग प्रत्यास्थता गुणांक Y है। यदि इसमें s विकृति उत्पन्न की जाती है तो इसके प्रति इकाई आयतन में संग्रहित ऊर्जा होगी

(a) $\frac{1}{2}Y^2s^2$ (b) $\frac{1}{2}Y^2s$
(c) $\frac{1}{2}Ys^2$ (d) $2Ys^2$

18. l लम्बाई का एक स्टील का तार अपने भार के कारण लम्बाई δl बढ़ता है। इसके आयतन में होने वाला भिन्नात्मक परिवर्तन होगा

(a) $(1+\sigma)\frac{\delta l}{l}$ (b) $(1-\sigma)\frac{\delta l}{l}$
(c) $(1+2\sigma)\frac{\delta l}{l}$ (d) $(1-2\sigma)\frac{\delta l}{l}$

19. समान पदार्थ के दो तारों की लम्बाइयाँ व त्रिज्याएँ क्रमशः L, $2L$ और $2R$, R हैं। इन दोनों पर समान भार लटकाए जाते हैं। यदि इनमें वृद्धि l_1 व l_2 हो तो, इनका अनुपात होगा

(a) 2 : 1 (b) 4 : 1
(c) 8 : 1 (d) 1 : 8

20. एक घन के चारों ओर t°C पर आरोपित दाब p है। घन के ताप में कितनी वृद्धि की जानी चाहिए कि आयतन पूर्ववत् रहे? घन का आयतन प्रत्यास्थता गुणांक β तथा आयतन प्रसार गुणांक α है।

(a) $\frac{p}{\alpha\beta}$ (b) $\frac{p\alpha}{\beta}$ (c) $\frac{p\beta}{\alpha}$ (d) $\frac{\alpha\beta}{p}$

21. r त्रिज्या व A अनुप्रस्थ-काट के क्षेत्रफल वाली एक स्टील की वलय को R त्रिज्या की लकड़ी की एक डिस्क $(R > r)$ में फिट किया गया है। यदि यंग प्रत्यास्थता गुणांक E है, तो वह बल जिससे इस स्टील की वलय में प्रसार होगा,

(a) $\frac{AER}{r}$ (b) $\frac{AE(R-r)}{r}$
(c) $\frac{E}{A}\left(\frac{R-r}{r}\right)$ (d) $\frac{Er}{Ar}$

22. किसी पदार्थ का पॉयसन अनुपात σ होता है,

(a) अनुप्रस्थ और अनुदैर्घ्य विकृतियों का अनुपात
(b) अनुदैर्घ्य और अनुप्रस्थ विकृतियों का अनुपात
(c) प्रतिबल और विकृति का अनुपात
(d) विकृति और प्रतिबल का अनुपात

23. किसी तार को θ कोण तक मरोड़ने में किया गया कार्य निम्न में से किस पर निर्भर नहीं करता है?

(a) त्रिज्या (b) द्रव्यमान (c) लम्बाई (d) दृढ़ता

24. एक धातु के तार पर जब तनाव T_1 लगाया जाता है तब उसकी लम्बाई l_1 होती है तथा तनाव T_2 लगाने पर उसकी लम्बाई l_2 हो जाती है, तो तार की वास्तविक लम्बाई है

(a) $l_1 + l_2$ (b) $\sqrt{l_1 l_2}$
(c) $\frac{l_1T_2 - l_2T_1}{T_2 - T_1}$ (d) $\frac{l_1T_2 - l_2T_1}{T_2 + T_1}$

25. पुलों में प्रयुक्त होने वाले गर्डर होने चाहिए

(a) लम्बाई में कम और चौड़ाई में अधिक
(b) लम्बाई में अधिक और चौड़ाई में अधिक
(c) लम्बाई में अधिक और चौड़ाई में कम
(d) लम्बाई में छोटे और चौड़ाई में कम

26. 1 मी लम्बे व 10^{-6} मी^{2} अनुप्रस्थ-परिच्छेद वाला भारहीन तार एक चिकनी क्षैतिज मेज पर रखा है। इसका एक सिरा स्थिर है। एक 1 किग्रा द्रव्यमान की गेंद इसके दूसरे सिरे से लटकी है। तार तथा गेंद, कोणीय वेग 20 रेडियन/से से घूम रही हैं। यदि तार की लम्बाई 10^{-3} मी बढ़ जाती है, तब यंग प्रत्यास्थता गुणांक है

(a) 4×10^{11} न्यूटन/मी^{2} (b) 6×10^{11} न्यूटन/मी^{2}
(c) 8×10^{11} न्यूटन/मी^{2} (d) 10×10^{11} न्यूटन/मी^{2}

27. एक ही पदार्थ के दो तारों (यंग प्रत्यास्थता गुणांक, Y) की लम्बाई L समान है, परन्तु उनकी त्रिज्याएँ क्रमश: R तथा $2R$ हैं। इन्हें चित्रानुसार जोड़ा गया है तथा इनसे एक भार w लटकाया गया है। निकाय की प्रत्यास्थ स्थितिज ऊर्जा है

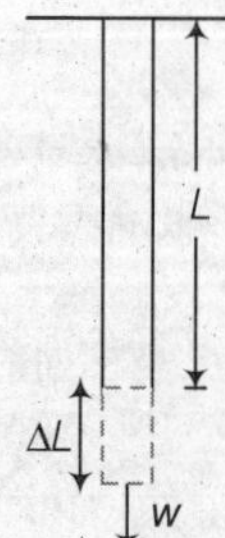

(a) $\frac{3w^2L}{4\pi R^2Y}$ (b) $\frac{3w^2L}{8\pi R^2Y}$
(c) $\frac{5w^2L}{8\pi R^2Y}$ (d) $\frac{w^2L}{\pi R^2Y}$

28. यदि एक पदार्थ का यंग प्रत्यास्थता गुणांक उसके दृढ़ता गुणांक का तीन गुना है, तो इसकी आयतन प्रत्यास्थता होगी

(a) शून्य (b) अनन्त
(c) 2×10^{10} न्यूटन/मी^{2} (d) 3×10^{10} न्यूटन/मी^{2}

29. जब एक 4 किग्रा भार के पिण्ड को एक हल्की स्प्रिंग से ऊर्ध्वाधर स्थिति में लटकाया जाता है, तो स्प्रिंग 2 सेमी तनकर बढ़ जाती है। स्प्रिंग हुक के नियम को मानती है। एक बाह्य कारक द्वारा इस स्प्रिंग को 5 सेमी तानकर बढ़ाने में किया गया कार्य होगा ($g = 9.8$ मी/से^{2})

(a) 4.9 जूल (b) 2.45 जूल
(c) 0.495 जूल (d) 0.245 जूल

30. एक गेंद 200 मी गहरी झील में फेंकी जाती है। झील की तली में जाने पर उसका आयतन 0.1% कम हो जाता है। गेंद के पदार्थ का आयतन प्रत्यास्थता गुणांक है ($g = 10$ मी/से^{2})

(a) 10^9 न्यूटन/मी^{2} (b) 2×10^9 न्यूटन/मी^{2}
(c) 3×10^9 न्यूटन/मी^{2} (d) 4×10^9 न्यूटन/मी^{2}

31. एक घन का आयतन एकसमान रूप से संपीडित होता है। यदि घन की भुजा 1% घटती है, तो आयतन विकृति है

(a) 0.01 (b) 0.02
(c) 0.03 (d) 0.04

32. एक तार अपने एक सिरे पर लटके भार के कारण खिंचा हुआ है। अनुदैर्ध्य विकृति σ तथा प्रत्यास्थता गुणांक Y के पदों में इसकी प्रति एकांक आयतन की ऊर्जा है

(a) $\frac{Y\sigma^2}{2}$ (b) $\frac{Y\sigma}{2}$ (c) $\frac{2Y\sigma^2}{2}$ (d) $\frac{Y^2\sigma}{2}$

33. L लम्बाई तथा w_1 भार वाली तार के एक सिरे को छत से दृढ़तापूर्वक बाँधा गया है तथा निचले सिरे पर भार w लटकाया गया है। यदि तार के अनुप्रस्थ-काट का क्षेत्रफल S हो तो तार के निचले सिरे से $\frac{3L}{4}$ ऊँचाई पर प्रतिबल होगा

(a) $\frac{w_1}{S}$ (b) $\frac{w_1+\frac{w}{4}}{S}$
(c) $\frac{w_1+\frac{3w}{4}}{S}$ (d) $\frac{w_1+w}{S}$

34. समान अनुप्रस्थ-काट क्षेत्रफल व समान भार के लिए, वर्गाकार कटान क्षेत्र व वृत्ताकार काट क्षेत्रफल की छड़ों में झुकाव का अनुपात होगा

(a) $3:\pi$ (b) $\pi:3$ (c) $1:\pi$ (d) $\pi:1$

35. एक मीटर लम्बे तार को तोड़ने के लिए न्यूनतम 40 किग्रा-भार की आवश्यकता है तो उसी पदार्थ के दोगुनी मोटाई तथा 6 मी लम्बे तार को तोड़ने के लिए आवश्यक न्यूनतम भार होगा

(a) 80 किग्रा (b) 240 किग्रा
(c) 200 किग्रा (d) 80/3 किग्रा

36. हुक के नियम का पालन करने वाली एक डोर का वर्धन x है। इस वीर्धन डोरी में ध्वनि का वेग v है। यदि वर्धन बढ़ाकर $1.5\,x$ कर दिया जाए, तो डोर में ध्वनि का वेग होगा

(a) 1.22 v (b) 0.61 v
(c) 0.15 v (d) 0.75 v

37. निम्नलिखित में से किसमें अनुदैर्ध्य विकृति को उत्पन्न किया जा सकता है?

(a) शहद (b) जल
(c) काँच (d) ऑक्सीजन गैस

38. एक गोलाकार गेंद पर जब 1000 वायुमण्डलीय दाब लम्बरूप लगाया जाता है तो उसका आयतन 0.01% सिकुड़ जाता है। गेंद के पदार्थ का आयतन प्रत्यास्थता गुणांक (डाइन सेमी$^{-2}$में) होगा

(a) 10×10^{12} (b) 100×10^{12}
(c) 1×10^{12} (d) 20×10^{12}

39. 200 मी गहरी झील में गिर रही गेंद के आयतन में तली पर 0.1% कमी होती है, गेंद के पदार्थ का आयतन गुणांक (न्यूटन मी$^{-2}$ में) है

(a) 19.6×10^{8} (b) 19.6×10^{-10}
(c) 19.6×10^{-7} (d) 19.6×10^{-8}

40. एकसमान प्रत्यास्थ तख्तों के किसी एक पृष्ठ पर F बल लगाने से यह गति करने लगता हैं। यदि पृष्ठ का क्षेत्रफल S, तथा पदार्थ का यंग प्रत्यास्थता गुणांक E है तो बल की दिशा में उत्पन्न औसत विकृति है

(a) F/SE (b) $F/2SE$ (c) $\frac{F}{4SE}$ (d) शून्य

उत्तरमाला

1. (b)	**2.** (b)	**3.** (a)	**4.** (d)	**5.** (b)	**6.** (a)	**7.** (d)	**8.** (b)	**9.** (b)	**10.** (a)
11. (c)	**12.** (d)	**13.** (a)	**14.** (b)	**15.** (c)	**16.** (a)	**17.** (c)	**18.** (d)	**19.** (d)	**20.** (a)
21. (b)	**22.** (a)	**23.** (b)	**24.** (c)	**25.** (a)	**26.** (a)	**27.** (c)	**28.** (b)	**29.** (b)	**30.** (b)
31. (c)	**32.** (a)	**33.** (c)	**34.** (a)	**35.** (d)	**36.** (a)	**37.** (c)	**38.** (c)	**39.** (a)	**40.** (b)

संकेत एवं हल

26. चूँकि , $Y = \frac{Fl}{A\Delta l} = \frac{(ml\omega^2)l}{A\Delta l}$

या $Y = \frac{ml^2\omega^2}{A\Delta l}$

या $Y = \frac{1 \times 1 \times 1 \times 20 \times 20}{10^{-6} \times 10^{-3}}$

$= 4 \times 10^{11}$ न्यूटन/मी^{2}

27. चूँकि , $K_1 = \frac{Y\pi(2R)^2}{L}$ और $K_2 = \frac{Y\pi(R)^2}{L}$

तुल्य $\frac{1}{K_1} + \frac{1}{K_2} = \frac{L}{4Y\pi R^2} + \frac{L}{Y\pi R^2} = \frac{5L}{4Y\pi R^2}$ ...(i)

चूँकि, $K_1x_1 = K_2x_2 = w$

निकाय की प्रत्यास्थ स्थितिज ऊर्जा

$$U = \frac{1}{2}K_1x_1^2 + \frac{1}{2}K_2x_2^2$$

$$= \frac{1}{2}K_1\left(\frac{w}{k_1}\right)^2 + \frac{1}{2}K_2\left(\frac{w}{k_2}\right)^2$$

$$= \frac{1}{2}w^2\left\{\frac{1}{K_1} + \frac{1}{K_2}\right\}$$

समी (i) से,

$\therefore$ $U = \frac{1}{2}w^2\left(\frac{5L}{4Y\pi R^2}\right) = \frac{5w^2L}{8\pi YR^2}$

28. जैसा कि हम जानते हैं, $\frac{3}{\eta} + \frac{1}{K} = \frac{9}{Y}$

अर्थात् $\frac{1}{K} = \frac{9}{Y} - \frac{3}{\eta}$

या $\frac{1}{K} = \frac{9}{3\eta} - \frac{3}{\eta} = 0$

$\Rightarrow$ $K - \infty$

29. चूँकि , $mg = Kx$

$\therefore$ $K = \frac{4 \times 9.8}{2 \times 10^{-2}}$

या $K = 19.6 \times 10^2$ न्यूटन/मी^{2}

कृत कार्य $= \frac{1}{2} \times 19.6 \times 10^2 \times (5 \times 10^{-2})^2$ जूल $= 2.45$ जूल

30. चूँकि, $\Delta p = h\rho g = 200 \times 10^3 \times 10$ न्यूटन /मी^{2} $= 2 \times 10^6$ न्यूटन /मी^{2}

$\therefore$ $K = \frac{\Delta p}{\frac{\Delta V}{V}} = \frac{2 \times 10^6}{\frac{0.1}{100}}$

$= \frac{2 \times 10^8}{0.1}$ न्यूटन/मी^{2} $= 2 \times 10^9$ न्यूटन/मी^{2}

31. माना घन की प्रत्येक भुजा की लम्बाई L है। प्रारम्भिक आयतन $= L^3$, जब प्रत्येक भुजा 1% घटती है, तब लम्बाई $L' = L - \frac{1}{100} = \frac{99L}{100}$

नया आयतन $= L'^3 = \left(\frac{99L}{100}\right)^3$

आयतन में परिवर्तन $(\Delta V) = L^3 - \left(\frac{99L}{100}\right)^3$

$$= L^3\left[1 - \left(1 - \frac{3}{100} + \ldots\right)\right] = L^3\left[\frac{3}{100}\right] = \frac{3L^3}{100}$$

$\therefore$ आयतन विकृति $= \frac{\Delta V}{V} = \frac{3L^3/100}{L^3} = 0.03$

32. ऊर्जा घनत्व $= \frac{1}{2} \times$ प्रतिबल $\times$ विकृति

तथा $Y = \frac{\text{प्रतिबल}}{\sigma}$

या प्रतिबल $= Y\sigma$

$\therefore$ ऊर्जा घनत्व $= \frac{1}{2} Y\sigma \times \sigma = \frac{1}{2} Y\sigma^2$

8

गैसों का अणुगति सिद्धान्त

Kinetic Theory of Gases

आदर्श गैस (Ideal Gas)

आदर्श गैस वह गैस है जो पूर्णतया गैस के नियमों जैसे-बॉयल का नियम, चार्ल्स का नियम, गैलुसेक का नियम आदि का पालन करती है।

$pV =$ नियतांक (बॉयल का नियम)

$\frac{V}{T} =$ नियतांक (चार्ल्स तथा गैलुसेक का नियम)

उपरोक्त नियमों को संयुक्त करने पर आदर्श गैस समीकरण है

$$pV = nRT$$

आदर्श गैसों के मुख्य गुण (Main Properties of Ideal Gases)

(i) इसके अणु (सूक्ष्म) के बीच लगने वाला अंतर आण्विक बल शून्य होता है। अतः इन्हे द्रवित नहीं किया जा सकता है।

(ii) इसके आयतन प्रसार गुणांक तथा दाब प्रसार गुणांक बराबर होते हैं तथा प्रत्येक मान $\frac{1}{273}$ प्रति°C होता है।

(iii) आदर्श गैस की आन्तरिक ऊर्जा केवल ताप पर निर्भर करती है तथा समतापी प्रक्रम के लिए आन्तरिक ऊर्जा में परिवर्तन शून्य होता है।

(iv) इनकी विशिष्ट ऊष्माएँ (C_p तथा C_V) ताप से स्वतन्त्र होती हैं।

गैस के अणुओं का औसत वेग (Average Velocity of Gas Molecules)

यह प्रत्येक अणु से प्राप्त माध्य वेग (c) है।

$$c = \frac{c_1 + c_2 + c_3 + \ldots + c_n}{n}$$

जहाँ, n गैस के अणुओं की संख्या है।

वर्ग-माध्य-मूल वेग (Root Mean Square Velocity)

यह प्रत्येक अणु से प्राप्त वर्ग-माध्य-मूल वेग (c_{rms}) है।

$$\bar{c} = \sqrt{c^2} = \sqrt{\frac{c_1^2 + c_2^2 + c_3^2 + \ldots + c_n^2}{n}}$$

वर्ग-माध्य-मूल वेग $(\bar{c}^2) = \frac{c_1^2 + c_2^2 + c_3^2 + \ldots + c_n^2}{n}$

$$c_{rms} = \bar{c}^2 = \sqrt{\frac{3p}{\rho}} = \sqrt{\frac{2E}{m}} = \sqrt{\frac{3RT}{m}} = \sqrt{\frac{3kT}{m}}$$

गैस के एक बद्ध द्रव्यमान का दाब (Pressure of Integrated Mass of the Gas)

दाब $(p) = \frac{1}{3}\rho c^2 = \frac{1}{3} \cdot \frac{M}{V} \cdot \bar{c}^2 = \frac{1}{3} \cdot \frac{Nm}{V} \bar{c}^2 = \frac{RT}{V}$

जहाँ, $M =$ गैस के मोल का द्रव्यमान

$\rho =$ घनत्व

$V =$ आयतन

$\bar{c} =$ अणुओं का वर्ग-माध्य-मूल वेग

$N =$ प्रतिमोल गैस में अणुओं की संख्या अर्थात् आवोगाद्रो संख्या

$m =$ एक मोल का द्रव्यमान

तथा $T =$ केल्विन (K) में गैसीय तापमान

प्रतिमोल गतिज ऊर्जा (Kinetic Energy Per Mole)

गैस के एक मोल की स्थानान्तरीय गतिज ऊर्जा

$$E = \frac{1}{2} m\bar{c}^2 = \frac{1}{2} pV = \frac{1}{2} RT$$

$$= \frac{1}{2} NkT = \frac{1}{2} Nm\bar{c}^2 = \frac{3}{2} kT = \frac{3}{2} \cdot \frac{RT}{N}$$

जहाँ, $k =$ बोल्ट्जमान नियतांक, $R =$ सार्वत्रिक गैस नियतांक

अधिकतम सम्भव चाल (Most Probable Speed)

यह गैस के अधिकतम अणुओं की चाल है

$$v_p = \sqrt{\frac{2kT}{m}} = \sqrt{\frac{2}{3}}\, v_{rms}$$

अणुओं का औसत वेग, $v_{av} = \sqrt{\frac{8kT}{\pi m}} = \sqrt{\frac{8RT}{\pi m}}$

गैस के अणुओं का माध्य मुक्त पथ (Mean Free Path of Gas Molecules)

यह गैस के दो अणुओं के क्रमागत संघट्टों के बीच की औसत दूरी है।

$$\lambda = \frac{1}{\sqrt{2}\pi n \sigma^2}$$

जहाँ, σ अणुओं का व्यास तथा n प्रति एकांक आयतन में अणुओं की संख्या है,

$$n = \frac{N}{V} = \frac{Np}{RT} = \frac{p}{kT}$$

- गैस का श्यानता गुणांक $(\eta) = \frac{1}{3} mnv_{av}\lambda = \frac{1}{3}\rho v_{av}\lambda$
- विसरण गुणांक $(D) = v_{av}\lambda/3$
- गैस की ऊष्मा चालकता $(K) = \frac{1}{3} mn\, v_{av}\lambda$

गैसों की मोलर विशिष्ट ऊष्माएँ (Molar Specific Heats of Gases)

गैसों की मोलर विशिष्ट ऊष्माएँ दो प्रकार की होती हैं:

(i) **नियत दाब मोलर विशिष्ट ऊष्मा** यह स्थिर दाब पर किसी गैस के 1 मोल का ताप 1°C से बढ़ाने के लिए आवश्यक ऊष्मा की मात्रा है। इसे C_p से प्रदर्शित किया जाता है।

(ii) **नियत आयतन मोलर विशिष्ट ऊष्मा** यह नियत आयतन पर किसी गैस के 1 मोल का ताप 1°C से बढ़ाने के लिए आवश्यक ऊष्मा की मात्रा है। इसे C_V से प्रदर्शित किया जाता है।

मेयर के सूत्रानुसार $C_p - C_V = R$

गैसों की दो प्रकार की विशिष्ट ऊष्माओं का अनुपात

$$\frac{C_p}{C_V} = \gamma$$

जहाँ, एकपरमाण्विक गैसों के लिए $(\gamma) = 1 \cdot 67$

द्विपरमाण्विक गैसों के लिए $(\gamma) = 1 \cdot 41$

तथा त्रिपरमाण्विक गैसों के लिए $(\gamma) = 1 \cdot 28$

पुनः $$C_V = \frac{f}{2}R, C_p = \left(\frac{f}{2}+1\right)R$$

तथा, $$\gamma = \frac{C_p}{C_V} = \frac{f+2}{f} = 1 + \frac{2}{f}$$

स्वतन्त्रता की कोटि (Degree of Freedom)

गैसीय अणुओं की स्वतन्त्रता की कोटि की संख्या प्रदर्शित करती है कि अणु कितनी स्वतन्त्र विधियों द्वारा ऊर्जा को विनिमय कर सकती हैं।

यदि निकाय में उपस्थित अणुओं में परमाणुओं की संख्या A है तथा परमाण्विक प्रतिबन्धों की संख्या R है तब स्वतन्त्रता कोटि की संख्या $(F) = 3A - R$

सामान्य ताप पर एकपरमाण्विक गैसों के लिए $(F) = 3$, $A = 1$ तथा $R = 0$

द्विपरमाण्विक गैसों के लिए $(F) = 5$, $A = 2$ तथा $R = 1$

(a) अरेखीय संरचना के लिए $(F) = 6$, $A = 3$ तथा $R = 3$

(b) रेखीय संरचना के लिए $(F) = 7$, $A = 3$ तथा $R = 2$

ऊर्जा समविभाजन का नियम (Law of Equipartition of Energy)

गैस की प्रति अणु कुल आन्तरिक ऊर्जा गैस के अणुओं की कुल ऊर्जा है

$$U = \frac{1}{2} fkT = \frac{1}{2}\frac{f\,RT}{N}$$

जहाँ, f = अणु के लिए स्वातन्त्र्य कोटि की संख्या

प्रति मोल कुल आंतरिक ऊर्जा $= \frac{1}{2} fRT$

यह ऊर्जा समविभाजन के नियम के रूप में जाना जाता है जो बताती है कि ऊष्मागतिक निकाय की संपूर्ण आंतरिक ऊर्जा निकाय की सभी स्वातन्त्र्य कोटियों में समान रूप से वितरित होती है तथा प्रत्येक कोटियों से संबद्ध माध्य आंतरिक ऊर्जा $\frac{1}{2}KT$ होती है जहाँ, $K = \frac{R}{N}$

मैक्सवेल का वेग वितरण नियम (Maxwell's Speed Distribution Law)

अणुओं की विभिन्न चालों के वितरण की समीकरण मैक्सवेल ने निम्न प्रकार से दी

$$dn = 4\pi n\left(\frac{m}{2\,nkT}\right)^{3/2} \exp\left(-\frac{mc^2}{2\,kT}\right)c^2 dc$$

$$= 4\pi n a^3 \exp(-bc^2)c^2 dc$$

जहाँ, m = अणु का द्रव्यमान, n = अणुओं की संख्या प्रति सेमी^{3}

वाण्डर वाल्स गैस अवस्था समीकरण (van der Waals' Gaseous State Equation)

आदर्श गैस समीकरण के लिए संशोधित वाण्डर वाल्स समीकरण

$$\left(p + \frac{a}{V^2}\right)(V - b) = RT$$

जहाँ, p व V प्राप्त दाब व आयतन हैं तथा a व b गैस के एक मोल के लिए नियतांक हैं।

जहाँ, $$b = 4N\frac{4\pi}{3}(\sigma/2)^3 = 4N$$

तथा अणु का आयतन $= \frac{2}{3}N\pi\sigma^3$

यहाँ, N = आवोगाद्रो संख्या

क्रांतिक नियतांक (Critical Constant)

क्रांतिक दाब (Critical pressure) क्रांतिक दाब किसी गैस का वह आवश्यक दाब है जो गैस को इसके क्रांतिक ताप पर द्रवित कर दे।

$$p_c = \frac{a}{27b^2}$$

क्रांतिक ताप (Critical temperature) क्रांतिक ताप किसी गैस का वह ताप है जिसके ऊपर किसी पदार्थ को वाष्प से द्रव में परिवर्तित नहीं किया जा सकता।

$$T_c = \frac{8a}{27bR}$$

क्रांतिक आयतन (Critical volume) क्रांतिक ताप व दाब पर किसी गैस के 1 मोल का आयतन क्रांतिक आयतन कहलाता है।

$$V_c = 3b, \frac{p_c V_c}{T_c} = \frac{R}{8}, b = \frac{V_c}{3} = \frac{RT_c}{8p_c}$$

$$a = 3p_c V_c^2 = \frac{27R^2}{64}\frac{T_c^2}{p_c}$$

व्युत्क्रम ताप (Inverse temperature) वह क्रांतिक ताप है जिससे नीचे एक आदर्शहीन गैस प्रसार, एक नियत ऐन्थैल्पी (ऊष्मा) पर कम ताप का अनुभव करता है तथा इससे ऊपर अधिक ताप का अनुभव करता है।

$$T_i = \frac{2a}{bR} = \frac{27}{4}T_c$$

बॉयल ताप, $$T_B = \frac{a}{bR} = \frac{27}{8}T_c$$

रुद्धोष्म सम्पीडन में तापमान में कमी $(T_1 - T_2) = \left(\frac{p_1 - p_2}{C_p}\right)\left(\frac{2a}{RT_1} - b\right)$

आवोगाद्रो संख्या (Avogadro's Number)

किसी तत्व के एक ग्राम परमाणु में उपस्थित परमाणुओं की संख्या अथवा किसी पदार्थ के एक ग्राम अणु (अथवा एक मोल) में उपस्थित अणुओं की संख्या को आवोगाद्रो संख्या कहते हैं, इसे N से व्यक्त करते हैं। इसका मान 6.02×10^{23} अणु प्रति ग्राम मोल अथवा 6.02×10^{26} अणु प्रति किग्रा मोल होता है।

अभ्यास प्रश्नावली

1. एकपरमाणुक गैस होगी

(a) शुद्ध घूर्णीय (b) शुद्ध स्थानान्तरीय
(c) घूर्णी व स्थानान्तरीय (d) इनमें से कोई नहीं

2. एकपरमाणुक गैस के अणुओं की ताप T पर औसत ऊर्जा होगी

(a) $\frac{1}{2}kT$ (b) kT
(c) $\frac{3}{2}kT$ (d) $\frac{5}{2}kT$

3. यदि k बोल्ट्ज़मान नियतांक, m अणु का द्रव्यमान तथा T ताप है, तो वर्ग-माध्य-मूल वेग है

(a) $\sqrt{3RT/m}$ (b) $\sqrt{3kT/m}$
(c) $\sqrt{3kT/M}$ (d) $\sqrt{3RM/T}$

4. यदि f गैस की कुल स्वातन्त्रय कोटि हो, तो गैस की विशिष्ट ऊष्माओं का अनुपात है

(a) $1+\frac{f}{2}$ (b) $1+\frac{f}{3}$
(c) $1+\frac{2}{f}$ (d) $1+\frac{3}{f}$

5. द्विपरमाण्विक गैस की स्थानान्तरीय गति के कारण स्वतन्त्रता कोटि है

(a) 2 (b) 3
(c) 5 (d) शून्य

6. अणु सिद्धान्त की शर्तों के अनुसार किसी आदर्श गैस की आन्तरिक ऊर्जा U तथा परमताप T आपस में निम्न प्रकार सम्बन्धित हैं

(a) $U \propto \sqrt{T}$ (b) $U \propto T$
(c) $U \propto T^2$ (d) U, T पर निर्भर नहीं है

7. गैसों के अणुगति सिद्धान्त के अनुसार निम्न में से कौन-सा कथन गलत है?

(a) अणुओं की पात्र की दीवारों से टक्कर में गतिज ऊर्जा में हानि होती है
(b) अणुओं के बीच स्थितिज ऊर्जा शून्य होती है
(c) अणु यादृच्छिक गति करते हैं
(d) गैस के अणु ठोस गोलीय द्रव्यमान कण माने जाते हैं

8. आदर्श गैस के लिए दाब p व एकांक आयतन की गतिज ऊर्जा में सम्बन्ध है

(a) $p=\frac{2}{3}E$ (b) $p=\frac{3}{2}E$
(c) $p=\frac{3}{5}E$ (d) $p=E$

9. साम्यावस्था में गैस के

(a) सभी अणुओं की ऊर्जा समान होती है
(b) विभिन्न अणुओं की ऊर्जा भिन्न-भिन्न लेकिन नियत होती है
(c) अणुओं की माध्य ऊर्जा नियत होती है
(d) उपरोक्त सभी कथन असत्य हैं

10. गैसों के अणुगति सिद्धान्त के आधार पर परम शून्य ताप वह ताप है, जिस पर अणुओं की माध्य गतिज ऊर्जा

(a) न्यूनतम होती है
(b) अधिकतम होती है
(c) शून्य होती है
(d) अनन्त होती है

11. क्रांतिक दाब के लिए निम्न में से कौन-सा सम्बन्ध सही है?

(a) $p_c=\frac{a}{27b^2}$ (b) $p_c=\frac{8}{2Rb}$
(c) $p_c=\frac{8a}{27Rb}$ (d) $p_c=\frac{4b^2}{a}$

12. किसी ताप पर M_1 व M_2 अणुभार वाली दो विभिन्न गैसों की वर्ग-माध्य-मूल चालों का अनुपात होगा

(a) $\sqrt{\frac{M_2}{M_1}}$ (b) $\sqrt{\frac{M_1}{M_2}}$
(c) $\frac{M_1}{M_2}$ (d) $\frac{M_2}{M_1}$

13. यदि गैस का ताप TK है, तो उसके अणुओं की वर्ग-माध्य-मूल चाल अनुक्रमानुपाती होगी

(a) $\sqrt{T}$ K (b) $\frac{1}{\sqrt{T}}$ K
(c) T K (d) T^2 K

14. रुद्धोष्म परिवर्तन के लिए

(a) $p^{\gamma}V$ = नियतांक (b) $T^{\gamma}V$ = नियतांक
(c) $TV^{\gamma-1}$ = नियतांक (d) TV^{γ} = नियतांक

15. एक द्विपरमाणुक गैस के अणु की स्वातन्त्रय कोटियाँ होती हैं

(a) 3 (b) 5 (c) 7 (d) 6

16. $-273°C$ ताप पर गैस के अणुओं की चाल होती है

(a) अधिकतम (b) न्यूनतम
(c) शून्य (d) अनन्त

17. गैस के एक अणु का मैक्सवेल द्वारा प्रतिपादित औसत मुक्त पथ λ, अणु की त्रिज्या a से निम्न रूप से सम्बन्धित है

(a) $\lambda=\frac{1}{\sqrt{2.4\pi a^2 n}}$ (b) $\lambda=\frac{1}{\sqrt{2\pi a^2 n}}$
(c) $\lambda=\frac{1}{\sqrt{2.2\pi^2 a^2 n}}$ (d) $\lambda=\frac{1}{\sqrt{2.2\pi a^2 n}}$

18. किसी गैस के श्यानता गुणांक का व्यंजक है

(a) $\eta=\frac{1}{3}\rho\frac{\lambda}{v}$ (b) $\eta=\frac{3\sqrt{2}\pi\sigma^2}{m\bar{v}}$
(c) $\eta=\frac{2\sqrt{mkT}}{3\pi^{3/2}\sigma^2}$ (d) $\eta=\frac{1}{3}\rho\bar{v}\lambda C_V$

19. किसी गैस के अणुओं के माध्य मुक्त पथ का व्यंजक है

(a) $\lambda=\frac{1}{\pi\rho\sigma^2}$ (b) $\lambda=\frac{1}{\sqrt{2}\pi n\sigma^2}$
(c) $\lambda=\sqrt{2}\pi n\sigma^2$ (d) $\lambda=\pi n\sigma^2$

20. यदि किसी गैस के अणुओं की वर्ग-माध्य-मूल चाल v_{rms} सर्वाधिक प्रसम्भाव्य चाल v_m तथा माध्य चाल v_{av} है, तो

(a) $v_{rms}=v_{av}=v_m$
(b) $v_{rms}>v_{av}>v_m$
(c) $v_{rms}<v_{av}<v_m$
(d) $v_m>v_{rms}>v_{av}$

21. मैक्सवेल के चाल वितरण नियमानुसार गैस के अणुओं की माध्य चाल होती है

(a) $3kT/m$ (b) $\sqrt{8kT/m\pi}$
(c) $\sqrt{3kT/m}$ (d) $\sqrt{2kT/m}$

22. यदि हाइड्रोजन गैस के अणुओं की संख्या, ऑक्सीजन गैस के अणुओं की संख्या से दोगुनी हो, तो हाइड्रोजन की कुल गतिज ऊर्जा व ऑक्सीजन की कुल गतिज ऊर्जा का 300 K ताप पर अनुपात होगा

(a) 1 : 1 (b) 1 : 2
(c) 2 : 1 (d) 1 : 16

23. क्रांतिक नियतांक परस्पर निम्न में से कौन-सा सम्बन्ध प्रदर्शित करते हैं?

(a) $\frac{RT_c}{p_cV_c}=\frac{8}{5}$ (b) $\frac{p_cV_c}{RT_c}=\frac{8}{3}$
(c) $\frac{RT_c}{p_cV_c}=\frac{5}{8}$ (d) $\frac{RT_c}{p_cV_c}=\frac{8}{3}$

24. मैक्सवेल के चाल वितरण नियम के अनुसार किसी गैस के अणुओं की औसत चाल $<v>=\bar{v}$ होती है

(a) $\frac{3kT}{m}$ (b) $\sqrt{\frac{8kT}{\pi m}}$
(c) $\sqrt{\frac{3kT}{m}}$ (d) $\sqrt{\frac{2kT}{m}}$

25. परमताप T पर आदर्श गैस के एक अणु की माध्य गतिज ऊर्जा होती है

(a) $\frac{1}{2}kT$ (b) $\frac{5}{2}kT$
(c) $\frac{3}{2}kT$ (d) kT

26. मैक्सवेल वेग वितरण नियम के अनुसार किसी गैस में लगभग आधे अणुओं का ऊष्मीय साम्यावस्था में वेग अधिक होता है

(a) औसत वेग से
(b) महत्तम यादृच्छ वेग से
(c) वर्ग-माध्य-मूल वेग से
(d) इन सभी से

27. महत्तम यादृच्छ वेग (most probable speed) और वर्ग-माध्य-मूल वेग (root mean square velocity) निम्न में से किस सूत्र द्वारा सम्बन्धित किये जाते हैं?

(a) महत्तम यादृच्छ वेग $=\sqrt{1/2}$ वर्ग-माध्य-मूल वेग
(b) महत्तम यादृच्छ वेग $=\sqrt{2/3}$ वर्ग-माध्य-मूल वेग
(c) महत्तम यादृच्छ वेग $=\sqrt{3/2}$ वर्ग-माध्य-मूल वेग
(d) महत्तम यादृच्छ वेग $=\sqrt{1/3}$ वर्ग-माध्य-मूल वेग

28. मैक्सवेलियन गैस में यदि v_{rms} वर्ग-माध्य-मूल वेग हो तो अणुओं का सर्वाधिक प्रसम्भाव्य वेग v_p है

(a) $\sqrt{\frac{1}{3}}v_{rms}$ (b) $\sqrt{\frac{2}{3}}v_{rms}$
(c) $\sqrt{\frac{3}{2}}v_{rms}$ (d) इनमें से कोई नहीं

29. गैस के अणुओं की वर्ग-माध्य-मूल चाल का व्यंजक है

(a) $\sqrt{p/\rho}$
(b) $\sqrt{p/3\rho}$
(c) $\sqrt{3D/\rho}$
(d) $\sqrt{3D\rho}$

30. 27°C ताप पर एक आदर्श गैस की गतिज ऊर्जा E है। यदि ताप बढ़ाकर 327°C कर दिया जाये, तो गतिज ऊर्जा हो जायेगी

(a) $2E$ (b) $\frac{1}{2}E$
(c) $\sqrt{2}E$ (d) $\frac{1}{\sqrt{2}}E$

31. इनमें से किसके द्वारा क्रांतिक ताप को प्रकट करते हैं?

(a) $T_c=\frac{a}{27Rb}$ (b) $T_c=\frac{8a}{27Rb}$
(c) $T_c=\frac{a}{8Rb}$ (d) $T_c=\frac{a}{Rb}$

32. क्रांतिक आयतन के लिए निम्न में से कौन-सा सम्बन्ध सही है?

(a) $V_c=3b$ (b) $V_c=b$
(c) $V_c=2b$ (d) $V_c=\frac{5}{2}b$

33. किसी गैस में अणुगति सिद्धान्त के अनुसार, निम्न में से कौन-सा वेग किसी अणु की रेखीय गतिज ऊर्जा से सम्बन्धित है?

(a) महत्तम यादृच्छ वेग (b) औसत वेग
(c) वर्ग-माध्य-मूल वेग (d) ये सभी

34. n मोल वास्तविक गैस के लिए वाण्डर वाल्स अवस्था समीकरण है

(a) $pV=RT$ (b) $\left(p+\frac{na}{V^2}\right)(V-b)=RT$
(c) $\left(p+\frac{na}{V^2}\right)=nRT$ (d) $p=\frac{nRT}{V-nb}-\frac{n^2a}{V^2}$

35. आदर्श गैस के 1 मोल के लिए pV/T का मान कितना होगा?

(a) 2 जूल/मोल केल्विन (b) 8.3 जूल/मोल केल्विन
(c) 4.2 जूल/मोल केल्विन (d) 2 कैलोरी/मोल केल्विन

36. समान आयतन में दो पात्रों में दो समान गैस, दाब p_1 तथा p_2 पर हैं तथा इनके ताप क्रमशः T_1 तथा T_2 हैं। पात्रों को जोड़ने पर गैस का उभयनिष्ठ दाब p तथा उभयनिष्ठ ताप T हो जाता है। अनुपात p/T समतुल्य है

(a) $\frac{p_1}{T_1}+\frac{p_2}{T_2}$ (b) $\frac{p_1T_1+p_2T_2}{(T_1+T_2)^2}$
(c) $\frac{p_1T_2+p_2T_1}{(T_1+T_2)^2}$ (d) $\frac{p_1}{2T_1}+\frac{p_2}{2T_2}$

37. निम्न में से कौन-सा सम्बन्ध सत्य नहीं है?

(a) $C_V=\frac{R}{\gamma-1}$ (b) $C_P=\frac{\gamma R}{\gamma-1}$
(c) $\frac{C_p}{C_V}=\gamma$ (d) $C_P-C_V=2R$

38. एक द्विपरमाण्विक गैस को समतापीय प्रक्रिया से गर्म किया जाता है। गैस को दी गई ऊष्मीय ऊर्जा का भिन्नात्मक भाग गैस की आन्तरिक ऊर्जा में वृद्धि करता है

(a) शून्य (b) 30% (c) 60% (d) 100%

39. यदि एक गैस के अणुओं की स्वतन्त्रता कोटि n है, तो इसकी दोनों विशिष्ट ऊष्माओं का अनुपात होगा

(a) $1+\frac{2}{n}$ (b) $1-\frac{2}{n}$
(c) $1+\frac{1}{n}$ (d) $1-\frac{1}{n}$

40. किसी आदर्श गैस के लिए दाब सूत्र सही नहीं है

(a) $p=\frac{1}{3}\frac{mn}{V}v^2_{rms}$ (b) $p=\frac{2}{3}E$

(c) $p=\frac{1}{2}\rho v^2_{rms}$ (d) $p=\frac{3}{2}E$

41. O_2 (अणु द्रव्यमान 32) अणुओं की औसत स्थानान्तरण गतिज ऊर्जा किसी विशेष ताप पर 0.048 eV है। N_2 (अणु द्रव्यमान 28) अणुओं की स्थानान्तरण गतिज ऊर्जा (eV में) समान ताप पर है

(a) 0.0015 (b) 0.003
(c) 0.048 (d) 0.768

42. 300 K ताप पर नाइट्रोजन गैस में ध्वनि की चाल तथा हीलियम गैस में ध्वनि की चाल का अनुपात है

(a) $\sqrt{\frac{2}{7}}$ (b) $\sqrt{\frac{1}{7}}$
(c) $\frac{\sqrt{3}}{5}$ (d) $\frac{\sqrt{6}}{5}$

43. एक गैसीय मिश्रण में ताप T पर 2 मोल ऑक्सीजन के तथा 4 मोल ऑर्गन के हैं। सभी काल्पनिक गतियों को नगण्य मानते हुए निकाय की कुल आंतरिक ऊर्जा होगी

(a) $4RT$ (b) $15RT$ (c) $9RT$ (d) $11RT$

उत्तरमाला

1. (b)	**2.** (c)	**3.** (b)	**4.** (c)	**5.** (b)	**6.** (b)	**7.** (a)	**8.** (a)	**9.** (c)	**10.** (c)
11. (a)	**12.** (a)	**13.** (a)	**14.** (c)	**15.** (b)	**16.** (c)	**17.** (a)	**18.** (c)	**19.** (b)	**20.** (b)
21. (c)	**22.** (c)	**23.** (d)	**24.** (b)	**25.** (c)	**26.** (b)	**27.** (b)	**28.** (b)	**29.** (c)	**30.** (a)
31. (b)	**32.** (a)	**33.** (c)	**34.** (d)	**35.** (d)	**36.** (d)	**37.** (d)	**38.** (a)	**39.** (a)	**40.** (d)
41. (c)	**42.** (c)	**43.** (d)							

संकेत एवं हल

5. द्विपरमाण्विक गैस अणु दो परमाणुओं के एक-दूसरे से दृढ़ बन्ध से बंधने पर बनता है। अतः द्विपरमाण्विक गैस के अणुओं की स्वतन्त्रता कोटि 5 (3 स्थानान्तरीय व 2 घूर्णीय) होती है।

7. अणुओं की पात्र की दीवारों के साथ टक्कर पूर्ण प्रत्यास्थ होती है।

30. चूँकि गैस की गतिज ऊर्जा $E \propto T$

अर्थात्,
$$\frac{E_1}{E_2}=\frac{T_1}{T_2}=\frac{(273+27)\text{K}}{(273+327)\text{K}}=\frac{300}{600}$$
$$\frac{E_1}{E_2}=\frac{1}{2}=E_2=2E$$

34. गैस के 1 मोल के लिए वाण्डर वाल्स समीकरण
$$\left(p+\frac{a}{V^2}\right)(V-b)=RT$$

इसी प्रकार n मोल गैस के लिए वाण्डर वाल्स समीकरण
$$\left(p+\frac{an^2}{V^2}\right)(V-nb)=nRT$$

या
$$p=\frac{nRT}{V-nb}-\frac{n^2a}{V^2}$$

9

ऊष्मा तथा कैलोरीमिति

Heat and Calorimetry

ताप (Temperature)

ताप किसी वस्तु का वह गुण है जो यह बताता है कि दी गई वस्तु किसी अन्य वस्तु के सापेक्ष तापीय साम्य में है या नहीं, किसी वस्तु की गर्माहट या ठण्डेपन को उस वस्तु का तापमान कहते हैं। यदि किसी पदार्थ का तापमापक गुण X हो तथा हिमांक (0°C), भाप बिन्दु (100°C) व अज्ञात ताप (t°C) पर इसके मान क्रमशः X_0, X_{100} तथा X_t हों तब,

$$\frac{X_t - X_0}{X_{100} - X_0} = \frac{t-0}{100-0} \quad \text{या} \quad t = \left(\frac{X_t - X_0}{X_{100} - X_0} \times 100\right)°C$$

विभिन्न तापमापी पैमाने (Different temperature scales)

पैमाने का नाम	प्रत्येक डिग्री के संकेत	न्यूनतम नियत बिन्दु (LFP)	उच्चतम नियत बिन्दु (UFP)	पैमाने पर कुल भागों की संख्या
सेल्सियस	°C	0°C	100°C	100
फॉरेनहाइट	°F	32°F	212°F	180
रियूमर	°R	0°R	80°R	80
रेन्किन	Ra	460 Ra	672 Ra	212
केल्विन	K	273.15 K	373.15 K	100

उपरोक्त सभी तापक्रम निम्न सम्बन्ध द्वारा दर्शाए जा सकते हैं।

$$\frac{C-0}{100} = \frac{F-32}{212-32} = \frac{K-273.15}{373.15-273.15} = \frac{R-0}{80-0} = \frac{Ra-460}{672-460}$$

या

$$\frac{C}{5} = \frac{F-32}{9} = \frac{K-273}{5} = \frac{R}{4} = \frac{Ra-460}{10.6}$$

विभिन्न प्रकार की तापमापी (Different types of thermometers)

तापमापी के प्रकार	तापमापक गुण	प्रसार		टिप्पणी
		निम्न	उच्च	
एल्कोहॉल तापमापी	एल्कोहॉल का प्रसार	0°C	80°C	
द्विधात्विक पट्टी तापमापी	भिन्न-भिन्न धातुओं का प्रसार भिन्न-भिन्न है।	–50°C	550°C	स्वचालित प्रैस, ताप को स्थायी रखने में इनका उपयोग किया जाता है।
पारा तापमापी	पारे का प्रसार	–30°C	360°C	
प्रतिरोध तापमापी	ताप के साथ प्रतिरोध का बढ़ना, $R_t = R_0(1+\alpha t)$	–200°C	1500°C	
ताप विद्युत तापमापी	ताप वि० वा० बल $(e) = at + bt^2$	–200°C	3000°C	
विकिरण उत्तापमापी	एक पिण्ड से विकिरण उत्सर्जित किया जाता है, $E \propto T^4$	?	3200°C	
वाष्प दाब तापमापी	संतृप्त वाष्प का दाब	बहुत निम्न तापमान	?	
गैस तापमापी	तापमान के साथ गैस के दाब या आयतन में वृद्धि	200°C	1600°C	
तापयुग्म तापमापी	कॉपर कॉन्सटैन्टन युग्म	200°C	400°C	

ऊष्मा (Heat)

विभिन्न वस्तुओं के बीच उनके ताप में अन्तर के कारण, आदान-प्रदान होने वाली ऊर्जा का रूप ऊष्मा कहलाता है।

किसी वस्तु के ताप में $\Delta\theta$ वृद्धि के लिए आवश्यक ऊष्मा $Q = mc\Delta\theta$ इसका SI मात्रक जूल है।

1 ग्राम जल का तापमान 1°C परिवर्तित करने के लिए आवश्यक ऊष्मा की मात्रा को 1 **कैलोरी** कहते हैं।

नोट 1 ग्राम पदार्थ का तापमान 1°C बढ़ाने के लिए आवश्यक ऊष्मा की मात्रा को विशिष्ट ऊष्माधारिता कहते हैं। इसका SI मात्रक जूल/किग्रा-K है। किसी वस्तु का ताप 1°C या 1K से बढ़ाने के लिए आवश्यक ऊष्मा की मात्रा पदार्थ की ऊष्माधारिता (heat capacity) कहलाती है।
ऊष्माधारिता, c = द्रव्यमान × विशिष्ट ऊष्मा = ms

कैलोरीमिति का सिद्धान्त (Principle of Calorimetry)

गर्म पदार्थ द्वारा दी गई ऊष्मा = ठण्डे पदार्थ द्वारा ली गई ऊष्मा

कैलोरीमिति का सिद्धान्त, ऊष्मीय ऊर्जा के संरक्षण पर आधारित है

ऊष्मा तथा कार्य में सम्बन्ध $(W) = JH, J = 4.2$ जूल/कैलोरी

जल तुल्यांक (Water Equivalent)

यह जल की वह मात्रा है जिसकी ऊष्माधारिता बर्तन की ऊष्माधारिता के बराबर होती है। इसे W से दर्शाते हैं।

$$W = ms = \text{बर्तन की ऊष्माधारिता}$$

गुप्त ऊष्मा (Latent Heat)

नियत ताप पर किसी पदार्थ की अवस्था परिवर्तन के लिए आवश्यक ऊष्मा को उस पदार्थ की गुप्त ऊष्मा कहते हैं। इसे कैलोरी/ग्राम या किलोकैलोरी/किग्रा के पदों में मापते हैं। यदि पदार्थ का द्रव्यमान m है तब $Q = mL$, जहाँ L गुप्त ऊष्मा है।

बर्फ के लिए गलन की गुप्त ऊष्मा 80 कैलोरी/ग्राम है।

जल के लिए वाष्पन की गुप्त ऊष्मा 540 कैलोरी/ग्राम है।

ऊष्मीय प्रसार (Thermal Expansion)

ताप परिवर्तन के कारण पदार्थ की विमाओं में प्रसार पदार्थ का ऊष्मीय प्रसार कहलाता है।

ठोसों में प्रसार (Expansion in Solids)

रेखीय प्रसार गुणांक $(\alpha) = \dfrac{\Delta l}{l_0 \cdot \Delta t}$

क्षेत्रीय प्रसार गुणांक $(\beta) = \dfrac{\Delta A}{A_0 \cdot \Delta t}$

आयतन प्रसार गुणांक $(\gamma) = \dfrac{\Delta V}{V_0 \Delta t}$

α, β व γ निम्न प्रकार सम्बन्धित हैं

$$\gamma = 3\alpha, \ \beta = 2\alpha$$

द्रवों में प्रसार (Expansion in Liquids)

द्रवों का ऊष्मीय प्रसार ठोसों में आयतन प्रसार के समरूप है तथा यह समरूप सम्बन्ध द्वारा दर्शाया जाता है जो निम्न प्रकार से है,

$$V_t = V_0(1 + \gamma\Delta t)$$

द्रव सदैव किसी पात्र (vessel) में गर्म किया जाता है। अतः निकाय (द्रव तथा पात्र) को गर्म करने पर द्रव तथा पात्र दोनों में प्रसार होता है अतः द्रवों में दो आयतन प्रसार गुणांक होते हैं

(i) वास्तविक प्रसार गुणांक (coefficient of real expansion) पात्र के प्रसार पर निर्भर नहीं करता है।

$$\gamma_r = \frac{\text{आयतन में वास्तविक वृद्धि}}{\text{प्रारम्भिक आयतन} \times \Delta\theta}$$

(ii) आभासी प्रसार गुणांक (coefficient of apparent expansion) पात्र के सापेक्ष द्रव के प्रसार पर निर्भर करते हैं।

$$\gamma_a = \frac{\text{आयतन में आभासी प्रसार}}{\text{प्रारम्भिक आयतन} \times \Delta\theta} = \frac{(\Delta V)_a}{V \times \Delta\theta}$$

$$\therefore \quad \gamma_r = \gamma_a + \gamma_V$$

जहाँ, γ_V बर्तन का प्रसार है।

गैसों में प्रसार (Expansion in Gases)

(i) $V_t = V_0(1 + \alpha t)$, जहाँ, $\alpha = \dfrac{1}{273}$ आयतन प्रसार गुणांक

(ii) $p_t = p_0(1 + \beta t), \beta = \dfrac{1}{273}$ गैस का दाब प्रसार गुणांक

(iii) **चार्ल्स नियम** यदि p नियत है, $V \propto T$ तथा यदि V नियत है, $p \propto T$

(iv) **बॉयल का नियम** pV = नियतांक

आदर्श गैस के लिए $pV = nRT = \dfrac{M}{m} RT_1$

जहाँ, m गैस का द्रव्यमान तथा M गैस के अणु का भार है।

गलनांक तथा क्वथनांक पर दाब का प्रभाव (Effect of Pressure on Melting and Boiling Point)

सभी द्रवों का क्वथनांक दाब बढ़ने के साथ बढ़ता जाता है क्योंकि सभी द्रवों का वाष्पन होने पर प्रसार होता जाता है। मोम जैसे ठोसों का गलनांक जो गलने पर फैलते हैं, दाब बढ़ने पर अधिक हो जाता है। बर्फ जैसे ठोसों का गलनांक जो गलने पर सिकुड़ते हैं, दाब बढ़ने पर कम हो जाते हैं।

आपेक्षिक तथा निरपेक्ष आर्द्रता (Absolute and Relative Humidity)

वातावरण की वायु में सदैव कुछ जल वाष्प रहती है। एकांक आयतन में उपस्थित जल वाष्प की मात्रा को **निरपेक्ष आर्द्रता** कहते हैं।

वायु के किसी दिये गये आयतन में जल वाष्प की वास्तविक मात्रा (m) और जल वाष्प की वह मात्रा (M) जो समान आयतन को समान तापक्रम पर संतृप्त करने के लिये आवश्यक हो, का अनुपात **आपेक्षिक आर्द्रता** कहलाता है। सामान्यतः इसे प्रतिशत में व्यक्त करते हैं।

अर्थात्, $\text{RH}\,\% = m/M \times 100\,\%$

ओसांक (Dew Point)

वह निश्चित ताप जिस पर वायु के निश्चित आयतन में उपस्थित जल वाष्प की मात्रा उसे संतृप्त करने के लिए आवश्यक जल वाष्प के बराबर होती है, द्रव का ओसांक कहलाता है।

अभ्यास प्रश्नावली

1. जब हम एक गैस को उसका आयतन स्थिर रखकर गर्म करते हैं तब उसके दाब में परिवर्तन होगा

(a) 273 (b) $\frac{1}{273}$ (c) 1/2 (d) शून्य

2. पायरोमीटर द्वारा मापा जाता है

(a) पृष्ठ तनाव (b) दाब
(c) गर्म वस्तु का ताप (d) इनमें से कोई नहीं

3. निम्नलिखित में से कौन-सा यन्त्र 400°C तापमान मापने के लिए सबसे उपयुक्त है?

(a) पारा तापमापी (b) एल्कोहॉल तापमापी
(c) ताप युग्म तापमापी (d) विकिरण तापमापी

4. बर्फ के 540 ग्राम द्रव्यमान का ताप 0°C है तथा जल के 540 ग्राम द्रव्यमान का ताप 80°C है। दोनों को एक साथ मिलाने पर मिश्रण का परिणामी ताप कितना होगा?

(a) 0°C (b) 53°C
(c) 80°C (d) 0°C से कम

5. एक पदार्थ का 0°C पर घनत्व 10 g/cc तथा 100°C पर 0.7 g/cc है। पदार्थ का रेखीय प्रसार गुणांक है

(a) $10^{-4}\,°C^{-1}$ (b) $10^{-2}\,°C^{-1}$
(c) $10^{-3}\,°C^{-1}$ (d) $10^{2}\,°C^{-1}$

6. किसी पदार्थ की ऊष्मीय क्षमता अनन्त है। अर्थात्

(a) पदार्थ द्वारा ऊष्मा बाहर निकाली जाती है
(b) पदार्थ द्वारा ऊष्मा ली जाती है
(c) ताप में कोई परिवर्तन नहीं होता है क्योंकि पदार्थ द्वारा ऊष्मा न तो दी जाती है और न ही ली जाती है
(d) उपरोक्त सभी

7. 27°C की 22 ग्राम CO_2 को 37°C की 16 ग्राम O_2 के साथ मिलाया जाता है। मिश्रण का ताप (लगभग) है

(a) 37°C (b) 32°C (c) 30°C (d) 27°C

8. विशिष्ट ऊष्माओं में अन्तर, $C_p - C_V$ है

(a) शून्य के बराबर (b) शून्य से अधिक
(c) शून्य से कम (d) इनमें से कोई नहीं

9. एक गैस की नियत आयतन पर विशिष्ट ऊष्मा C_V तथा नियत दाब पर ऊष्मा C_p सम्बन्धित है

(a) $\frac{C_p}{C_V} = 1 - \frac{R}{J}$ (b) $C_p - C_V = \frac{R}{J}$
(c) $C_p - C_V = \frac{J}{R}$ (d) $C_p + C_V = \frac{R}{J}$

10. जब एक गर्म द्रव को ठण्डे द्रव में मिलाया जाता है तब मिश्रण का ताप

(a) पहले घटता है फिर नियत होता है
(b) लगातार बढ़ता है
(c) पहले बढ़ता है फिर नियत होता है
(d) कुछ समय तक कहा नहीं जा सकता तथा फिर लगभग नियत हो जाता है

11. फॉरेनहाइट तथा सेल्सियस ताप किस तापमान पर बराबर होते हैं?

(a) 320° (b) – 40° (c) 180° (d) 45°

12. l_1 तथा l_2 लम्बाईयों की दो छड़ें, α_1 व α_2 रेखीय प्रसार गुणांक वाले पदार्थों से बनी हैं। यदि दोनों की लम्बाईयों के बीच अन्तर ताप पर निर्भर नहीं करता, तब

(a) $l_1 / l_2 = \alpha_2 / \alpha_1$ (b) $l_1 / l_2 = \alpha_1 / \alpha_2$
(c) $\alpha_2^2 l_1 = l_1^2 \alpha_2$ (d) $\alpha_1^2 / l_1 = \alpha_2^2 / l_2$

13. संतृप्त वाष्प दाब p तथा परमताप T के बीच सम्बन्ध है

(a) $\log p = a + bT - C$
(b) $\log p = a + \frac{T}{b} - C$
(c) $\log p = a + bT - \frac{C}{T}$
(d) $\log p = a + \frac{T}{b} - CT$

14. एक द्रव जिसका आयतन प्रसार गुणांक γ है, यह एक α रेखीय प्रसार गुणांक वाले पदार्थ के बने पात्र में भरा है। यदि गर्म करने पर द्रव बाहर निकल जाता है, तब

(a) $\gamma > 2\alpha$ (b) $\gamma > 3\alpha^3$
(c) $\gamma = 3\alpha$ (d) $\gamma < 3\alpha$

15. बराबर आयतनों के दो द्रवों को पूर्ण रूप से एकसाथ मिलाया जाता है। यदि इनकी विशिष्ट ऊष्माएँ S_1 व S_2 तापमान θ_1 व θ_2 तथा घनत्व ρ_1 व ρ_2 हैं तब मिश्रण का अन्तिम तापमान है

(a) $\frac{\rho_1 S_1 \theta_1 + \rho_2 S_2 \theta_2}{\rho_1 \theta_1 + \rho_2 \theta_2}$ (b) $\frac{\rho_1 \theta_1 + \rho_2 \theta_2}{S_1 \theta_1 + S_2 \theta_2}$
(c) $\frac{S_1 \theta_1 + S_2 \theta_2}{\rho_1 S_1 + \rho_2 S_2}$ (d) $\frac{\rho_1 S_1 \theta_1 + \rho_2 S_2 \theta_2}{\rho_1 S_1 + \rho_2 S_2}$

16. एक तार का प्रतिरोध ताप गुणांक 0.00125/°C है। 300K पर इसका प्रतिरोध 1 Ω है, तार का प्रतिरोध 2Ω किस तापमान पर होगा?

(a) 1100 K (b) 1127 K
(c) 1154 K (d) 1400 K

17. गरम मापक्रमों (पैमानों) A व B पर जल का त्रिक बिन्दु 200 A तथा 350 B है। T_A तथा T_B के बीच सम्बन्ध है

(a) $\frac{T_A}{T_B} = \frac{4}{7}$ (b) $\frac{T_A}{T_B} = \frac{3}{7}$
(c) $\frac{T_A}{T_B} = \frac{3}{7}$ (d) $\frac{T_A}{T_B} = \frac{7}{4}$

18. किसी पदार्थ का घनत्व 0°C पर 10 ग्राम प्रति घन सेमी तथा 100°C पर 9.7 ग्राम/घन सेमी है। पदार्थ का रेखीय प्रसार गुणांक कितना होगा?

(a) $1.03 \times 10^{-4}\,°C^{-1}$ (b) $3 \times 10^{-4}\,°C^{-1}$
(c) $19.7 \times 10^{-3}\,°C^{-1}$ (d) $10^{-3}\,°C^{-1}$

19. स्टील के तार का एकसमान क्षेत्रफल 2 मिमी^{2} है। इसे 50°C तक गर्म किया जाता है तथा इसके दोनों सिरों को खींचकर दृढ़ आधारों से बाँध दिया जाता है। यदि तार का ताप 50°C से गिरकर 30°C हो जाता है तो तार के तनाव में होने वाला परिवर्तन कितना होगा?

($Y = 2 \times 10^{11}$ न्यूटन/मी^{2}, $\alpha = 1.1 \times 10^{-5}\,°C^{-1}$)

(a) 1.5×10^{10} न्यूटन (b) 5 न्यूटन
(c) 88 न्यूटन (d) 2.5×10^{10} न्यूटन

20. लोहे के लोलक वाली एक घड़ी 15°C पर सही समय देती है। यदि कमरे का ताप 20°C हो तो प्रतिदिन कितने सेकण्ड की त्रुटि होगी? (लोहे का रेखीय प्रसार गुणांक = $0.000012°C^{-1}$)

(a) 2.6 सेकण्ड (b) 6.2 सेकण्ड
(c) 1.3 सेकण्ड (d) 3.1 meskeâC[

21. धातु की एकसमान छड़ अपने केन्द्र के लम्बवत् अक्ष के परितः नियत कोणीय वेग से घूम रही है। यदि इसके ताप को बढ़ाने के लिए छड़ को एकसमान रूप से गर्म किया जाता है, तो

(a) इसका घूर्णन वेग बढ़ जाता है
(b) इसका घूर्णन वेग घट जाता है
(c) इसका घूर्णन वेग समान रहता है
(d) इसका जड़त्व-आघूर्ण बढ़ जाने के कारण घूर्णन वेग भी बढ़ जाता है

22. धातु की एकसमान छड़ को बार लोलक के रूप में प्रयोग किया जाता है। यदि धातु का रेखीय प्रसार गुणांक $2\times10^{6}°C^{-1}$ हो तो कमरे के ताप में 10°C की वृद्धि करने पर लोलक के आवर्तकाल में कितनी वृद्धि या कमी होगी?

(a) 1×10^{-3}% (b) -1×10^{-3}%
(c) 2×10^{-3}% (d) -2×10^{-3}%

23. 50 सेमी लम्बाई का एक द्रव स्तम्भ जिसका ताप 50°C है, 60 सेमी लम्बाई वाले एक अन्य द्रव स्तम्भ जिसका ताप 100°C है, को सन्तुलन में बनाये रखता है। द्रव का प्रसार गुणांक कितना होगा?

(a) 0.005/°C (b) 0.0005/°C
(c) 0.002/°C (d) 0.0002/°C

24. 20°C पर लोहे की एक छड़ की लम्बाई 10 सेमी है। 19°C पर छड़ $(\alpha = 11\times10^{-6}°C)$

(a) 11×10^{-6} सेमी लम्बी हो जाएगी
(b) 11×10^{-6} सेमी छोटी हो जाएगी
(c) 11×10^{-5} सेमी छोटी हो जाएगी
(d) 11×10^{-5} सेमी लम्बी हो जाएगी

25. धातु के एक गोले की T ताप पर त्रिज्या R है तथा धातु का रेखीय प्रसार गुणांक α है। गोले के ताप में ΔT की वृद्धि करने पर गोले का नया ताप $T+\Delta T$ हो जाता है। धातु के गोले के आयतन में लगभग कितनी वृद्धि होगी?

(a) $2\pi R\alpha\,\Delta T$ (b) $\pi R^2\alpha\Delta T$
(c) $4\pi R^3\alpha\Delta T/3$ (d) $4\pi R^3\alpha\Delta T$

26. धातु के गोले के ताप में 40°C की वृद्धि करने पर आयतन में 0.24% की वृद्धि हो जाती है। धातु का रेखीय प्रसार गुणांक कितना होगा?

(a) 2×10^{-5}/°C
(b) 6×10^{-5}/°C
(c) 2.1×10^{-5}/°C
(d) 1.2×10^{-5}/°C

27. पानी के 20 ग्राम द्रव्यमान का ताप 0°C तथा अन्य 40 ग्राम द्रव्यमान का ताप 10°C है। दोनों को एकसाथ मिलाने पर मिश्रण का ताप कितना होगा?

(a) 5°C (b) 0°C
(c) 20°C (d) 6.66°C

28. एक दोषयुक्त तापमापी के स्थिर बिन्दु 5 तथा 95 पर अंकित हैं। तब इस तापमापी का पाठ्यांक 68 आता है, तो सेल्सियस पैमाने पर ताप क्या होगा?

(a) 68°C (b) 70°C
(c) 66°C (d) 72°C

29. r त्रिज्या वाले धातु के एक गोले जिसकी विशिष्ट ऊष्मा C है, को उसके केन्द्र से गुजरने वाले अक्ष के परितः n चक्कर प्रति सेकण्ड की दर से घुमाया जाता है। इसे अचानक से रोक दिया जाता है तथा इस प्रकार इसकी ऊर्जा का 50% इसका ताप बढ़ाने में काम आता है। गोले के ताप में वृद्धि होगी

(a) $\frac{2}{5}\frac{\pi^2n^2r^2}{c}$ (b) $\frac{1}{10}\frac{\pi^2n^2}{r^2c}$
(c) $\frac{7}{8}\pi r^2n^2c$ (d) $5\left(\frac{\pi rn}{14c}\right)^2$

30. एक जल प्रपात 500 मी की ऊँचाई से धरती पर गिरता है। जल के ताप में हुई वृद्धि का परिकलन कीजिए। यदि सम्पूर्ण उत्पन्न ऊष्मा जल में ही निहित रहती है।

(a) 0.96°C (b) 1.02°C
(c) 1.16°C (d) 0.23°C

31. मरकरी 367°C पर उबलती है, फिर भी मरकरी तापमापी इस प्रकार बनाये जाते हैं कि वे 500°C तक का ताप माप सकें। ऐसा करने के लिए

(a) तापमापी में मरकरी, स्तम्भ के ऊपर निर्वात् में रखा जाता है
(b) तापमापी में मरकरी, स्तम्भ के ऊपर नाइट्रोजन गैस उच्च दाब पर भरी जाती है
(c) तापमापी में मरकरी, स्तम्भ के ऊपर ऑक्सीजन गैस उच्च दाब पर भरी जाती है
(d) तापमापी में मरकरी, स्तम्भ के ऊपर नाइट्रोजन गैस कम दाब पर भरी जाती है

32. एक ही पदार्थ के बने दो गोलों के व्यास 1 : 2 में हैं। उनकी ऊष्माधारिताओं का अनुपात है

(a) 1 : 2 (b) 1 : 8
(c) 1 : 4 (d) 2 : 1

33. 100 ग्राम द्रव्यमान का एक गुटका एक खुरदरे क्षैतिज सतह पर फिसल रहा है। यदि गुटके की चाल 10 मी/से से 5 मी/से तक घट जाए तो इस प्रक्रम में उत्पन्न ऊष्मीय ऊर्जा होगी

(a) 3.75 जूल
(b) 37.5 जूल
(c) 0.375 जूल
(d) 0.75 जूल

34. एक ग्राम कोयले को जलाने से प्राप्त उपयोगी ऊर्जा 2 किलो कैलोरी होती है। 1 किलोवाट घण्टा के लिए आवश्यक कोयले की मात्रा होगी

(a) 9 किग्रा (b) $\frac{4}{5}$ किग्रा
(c) $\frac{3}{7}$ किग्रा (d) $\frac{3}{14}$ किग्रा

35. स्टील की एक गेंद, जिसका द्रव्यमान 0.1 किग्रा है, 10 मी की ऊँचाई से स्वतन्त्रतापूर्वक गिरती है एवं जमीन से टकराकर 5.4 मी की ऊँचाई तक उछलती है। यदि इस प्रक्रिया में क्षय हुई ऊष्मा गेंद द्वारा अवशोषित कर ली जाती है तो इसके ताप में वृद्धि है

(स्टील की विशिष्ट ऊष्मा = 460 जूल किग्रा$^{-1}$ °C, $g = 10$ मी से$^{-2}$)

(a) 0.01°C
(b) 0.1°C
(c) 1°C
(d) 1.1°C

36. 0°C ताप पर एक ओला 1 किमी की ऊँचाई से कुचालक धरातल पर गिरता है और इसकी समस्त गतिज ऊर्जा ऊष्मा में परिवर्तित हो जाती है। इसका कितना भाग पिघलेगा? ($g = 10$ मी से$^{-2}$)

(a) $\frac{1}{33}$ (b) $\frac{1}{8}$
(c) $\frac{1}{33} \times 10^{-4}$ (d) पूरा पिघल जायेगा

37. सीसे की एक गोली लक्ष्य से टकराकर विराम अवस्था में आ जाती है। 25% ऊष्मा का शोषण लक्ष्य द्वारा किया जाता है। यदि गोली का प्रारम्भिक ताप 27°C है, तो लक्ष्य से टकराते समय गोली का वेग होगा

(सीसे का गलनांक = 327°C, सीसे की विभवान्तर ऊष्मा = 0.03 कैलोरी ग्राम °C एवं गलन की गुप्त ऊष्मा = 6 कैलोरी ग्राम$^{-1}$ तथा $J = 4.2$ जूल कैलोरी$^{-1}$)

(a) 410 मी से$^{-1}$ (b) 1230 मी से$^{-1}$
(c) 307.5 मी से$^{-1}$ (d) इनमें से कोई नहीं

38. ऊष्मीय प्रसार α_1 व α_2 तथा यंग प्रत्यास्थता गुणांक Y_1 व Y_2 वाली दो छड़ों को दृढ़ दीवारों के बीच कसा गया है। दोनों छड़ों को इस प्रकार गर्म किया जाता है कि दोनों के ताप में समान वृद्धि होती है। (छड़ों में कोई झुकाव नहीं है।) यदि $\alpha_1/\alpha_2 = 2/3$ व दोनों छड़ों में उत्पन्न प्रतिबल बराबर है, तो $\frac{Y_1}{Y_2}$ का मान है

(a) $\frac{3}{2}$ (b) 1 (c) $\frac{2}{3}$ (d) $\frac{1}{2}$

39. किसी वस्तु की ऊष्माधारिता 80 कैलोरी है। इसका जल तुल्यांक होगा

(a) 80 कैलोरी ग्राम$^{-1}$ (b) 80 ग्राम
(c) 8 ग्राम (d) 80 किग्रा

40. 15 ग्राम बर्फ पिघलकर 0°C जल बनाती है। एन्ट्रॉपी में परिवर्तन होगा

(a) 18.5 (b) 15
(c) शून्य (d) इनमें से कोई नहीं

उत्तरमाला

1. (b)	**2.** (c)	**3.** (c)	**4.** (a)	**5.** (a)	**6.** (c)	**7.** (b)	**8.** (b)	**9.** (b)	**10.** (d)
11. (b)	**12.** (a)	**13.** (c)	**14.** (a)	**15.** (d)	**16.** (b)	**17.** (a)	**18.** (a)	**19.** (c)	**20.** (a)
21. (b)	**22.** (a)	**23.** (a)	**24.** (c)	**25.** (d)	**26.** (a)	**27.** (d)	**28.** (b)	**29.** (a)	**30.** (c)
31. (c)	**32.** (b)	**33.** (a)	**34.** (c)	**35.** (b)	**36.** (a)	**37.** (a)	**38.** (a)	**39.** (b)	**40.** (a)

संकेत एवं हल

4. मिश्रण का ताप $(\theta_m) = \dfrac{\theta_w - \dfrac{L}{c_w}}{2}$

$= \dfrac{80 - \dfrac{80}{1}}{2}$

$= 0°C$

11. सेल्सियस तथा फॉरेनहाइट ताप सम्बन्ध, $\frac{C}{5} = \frac{F - 32}{9}$

16. गैस कि, $R_t = R_0(1 + \alpha \Delta t)$

22. हम जानते हैं कि, $L_t = L_0(H \propto \Delta t)$ न्यूटन/किग्रा तथा सरल लोलक का आवर्तकाल, $T = 2\pi\sqrt{\frac{l}{a}}$ (जहाँ, $l = L_t$)

10

ऊष्मागतिकी
Thermodynamics

ऊष्मागतिकी विज्ञान की वह शाखा है, जिसमें ऊर्जा के अन्य रूपों जैसे यान्त्रिकी, विद्युत, रासायनिक, चुम्बकीय, आदि में ऊष्मीय ऊर्जा के रूपान्तरण का अध्ययन किया जाता है।

ऊष्मागतिकी का शून्यवाँ नियम तथा ताप की संकल्पना (Zeroth Law of Thermodynamics and Concept of Temperature)

इस नियम के अनुसार, यदि दो निकाय A तथा B अलग-अलग किसी तीसरे निकाय C के साथ ऊष्मीय साम्यावस्था (thermal equilibrium) में हों, तब A व B भी एक-दूसरे के साथ ऊष्मीय साम्यावस्था में होंगे। अतः यहाँ एक निश्चित अदिश (scalar) भौतिक राशि होनी चाहिए, जोकि ऊष्मीय साम्यावस्था में सभी निकायों के लिए समरूप (identical) हो। यह अदिश राशि ताप (temperature) है।

ऊष्मागतिकी का प्रथम नियम (First Law of Thermodynamics)

इस नियम के अनुसार, किसी निकाय को दी गई ऊष्मा (dQ) उस निकाय द्वारा किया गया कार्य (dW) तथा उसकी आन्तरिक ऊर्जा में वृद्धि (dU) के योग के बराबर होती है अर्थात्

$$dQ = dU + dW$$

जहाँ, $dW =$ निकाय द्वारा किया गया कार्य $= \int p\,dV$

$dU =$ आंतरिक ऊर्जा में परिवर्तन $= nC_V\,dT$

$$\Rightarrow \quad \left(\frac{\partial Q}{\partial T}\right)_p = \left(\frac{\partial U}{\partial T}\right)_V + p\left(\frac{\partial V}{\partial T}\right)_p$$

$$C_V = \left(\frac{\partial U}{\partial T}\right)_V,$$

तथा $$C_p = \left(\frac{\partial Q}{\partial T}\right)_p$$

समतापीय प्रक्रम के लिए, $dT = 0$

$\Rightarrow \quad pV =$ नियतांक

मेयर का गैस समीकरण, $C_p - C_V = R$

एन्ट्रॉपी (Entropy)

एन्ट्रॉपी एक ऊष्मागतिक चर है जो निकाय की आण्विक अव्यवस्था की माप को व्यक्त करता है।

एक निकाय, जिसका ताप T है, की एन्ट्रॉपी में परिवर्तन

$$\Delta S = \frac{\Delta Q}{T} = (2.303)\left(nR\log\frac{V_2}{V_1} + \log\frac{T_2}{T_1}\right)$$

$$= \frac{mL}{T} \qquad \text{(अवस्था परिवर्तन के समय)}$$

$$= ms\log_e\frac{T_2}{T_1} \qquad \text{(ठोसों या द्रवों के लिए)}$$

समतापीय प्रक्रम (Isothermal Process)

किसी समतापीय प्रक्रम में, निकाय का तापान्तर शून्य होता है।

समतापीय प्रक्रम में निकाय द्वारा किया गया कार्य,

$$W = (2.303)nRT\log_e\frac{V_2}{V_1}$$

रुद्धोष्म प्रक्रम (Adiabatic Process)

रुद्धोष्म प्रक्रिया में ऊष्माविनिमय शून्य होता है अर्थात्

$$dQ = 0$$

(i) $pV^\gamma =$ नियतांक (ii) $TV^{\gamma-1} =$ नियतांक

(iii) $T^\gamma p^{1-\gamma} =$ नियतांक

रुद्धोष्म प्रक्रम में किया गया कार्य

$$W = \frac{nR}{(\gamma-1)}(T_1 - T_2)$$

रुद्धोष्म प्रक्रम के लिए एन्ट्रॉपी नियत रहती है।

समआयतनिक प्रक्रम (Isochoric Process)

किसी समआयतनिक प्रक्रिया में निकाय कम आयतन पर स्थिर होता है अर्थात्

$$dV = 0$$

$\Rightarrow \quad V =$ नियतांक

$$dQ = dV + dW = dU \qquad (\because dW = 0)$$

समदाबीय प्रक्रम (Isobaric Process)

किसी समदाबीय प्रक्रिया में निकाय का दाब स्थिर रहता है अर्थात्

$$dp = 0$$

p = नियतांक

इस प्रक्रिया में, किया गया कार्य,

$$W = p(V_2 - V_1)$$

ऊष्मागतिकी का द्वितीय नियम (Second Law of Thermodynamics)

इस नियम को मुख्यतः निम्न कथनों द्वारा व्यक्त किया जाता है:

1. **केल्विन-प्लांक कथन** (Kelvin-Planck's Statement)
   ऊष्मा का सम्पूर्ण रूप से कार्य में परिवर्तन असम्भव है। इस कथन पर ऊष्मा इन्जन (heat engine) आधारित है।

2. **क्लॉसियस कथन** (Clausius Statement)
   बाह्य ऊर्जा का उपयोग किये बिना ऊष्मा का शीतल वस्तु (सिंक) से तप्त वस्तु (स्रोत) को हस्तान्तरण सम्भव नहीं है। इस कथन पर प्रशीतक (refrigerator) आधारित है।

कार्नो इंजन (Carnot Engine)

ऊष्मा तथा यांत्रिक कार्य के परस्पर रूपान्तरण के लिये प्रयुक्त यंत्र (machine) ऊष्मीय इंजन कहलाते हैं।

अत्यधिक दक्षता वाले ऊष्मीय इंजन (कार्नो इंजन) का चक्र कार्नो चक्र कहलाता है। यह एक आदर्श इंजन है। कार्नो इंजन के लिए

(i) सिंक द्वारा दी गई ऊष्मा $(Q_2) = RT_2 \log_e \frac{V_2}{V_1}$

(ii) स्रोत द्वारा ली गई ऊष्मा $(Q_1) = RT_1 \log_e \frac{V_2}{V_1}$

(iii) दक्षता $(\eta) = \left(\frac{Q_1 - Q_2}{Q_1}\right) \times 100 = \left(1 - \frac{T_2}{T_1}\right) \times 100$

नोट कार्नो इंजन की दक्षता महत्तम होती है।

प्रशीतक (Refrigerator)

यह ऊष्मा इंजन के सिद्धान्त के व्युत्क्रम कार्य करता है। प्रशीतक के लिए

(i) सिंक द्वारा दी गई ऊष्मा $(Q_2) = RT_2 \log_e \frac{V_2}{V_1}$

(ii) स्रोत द्वारा ली गई ऊष्मा $(Q_1) = RT_1 \log_e \frac{V_2}{V_1}$

(iii) कार्यशीलता गुणांक $(\beta) = \frac{Q_2}{W} = \frac{Q_2}{Q_1 - Q_2} = \frac{T_2}{T_1 - T_2}$

उत्क्रमणीय तथा अनुत्क्रमणीय प्रक्रिया (Reversible and Irreversible Processes)

ऐसा ऊष्मीय प्रक्रम जिसमें निकाय का प्राथमिक तथा अन्तिम ऊष्मागतिक गुण (thermodynamic property) एकसमान हो, उत्क्रमणीय प्रक्रिया है, वरन् प्रक्रम अनुत्क्रमणीय होगा।

ऊष्मागतिकी का तृतीय नियम (Third Law of Thermodynamics)

सभी उत्क्रमणीय समआयतनिक प्रक्रम में, सभी निकाय की संतुलन एन्ट्रॉपी तथा एन्ट्रॉपी में परिवर्तन, ताप को परम शून्य तक पहुँचने में शून्य होता है। परग शून्य ताप पर एन्ट्रॉपी समाप्त हो जाती है। गणितीय रूप में,

$$\lim_{T \to 0} \Delta S \to 0$$

ऊष्मागतिकी के तृतीय नियम के आधार पर

(i) नियत आयतन पर ऊष्मा धारिता, $C_V = T\left(\frac{\partial S}{\partial T}\right)_V$

(ii) प्रसार गुणांक तथा आयतन प्रसार गुणांक,

$$(\alpha) = \frac{-1}{V}\left(\frac{\partial S}{\partial p}\right)_T (\alpha) = \frac{1}{V}\left(\frac{\partial V}{\partial p}\right)_T$$

मैक्सवेल का ऊष्मागतिकी नियम (Maxwell's Law of Thermodynamics)

समांगी निकाय की अवस्था पूर्णतया प्राप्त की जा सकती है। यदि ऊष्मागतिक चर p, V, T तथा dS हैं, तब

(i) $\frac{\partial T}{\partial y}\frac{\partial S}{\partial x} - \frac{\partial p}{\partial y}\frac{\partial V}{\partial x} = \frac{\partial T}{\partial x}\frac{\partial S}{\partial y} - \frac{\partial p}{\partial x}\frac{\partial V}{\partial y}$

(ii) $\left(\frac{\partial T}{\partial V}\right)_S = -\left(\frac{\partial p}{\partial S}\right)_V \left(\frac{\partial S}{\partial V}\right)_T = -\left(\frac{\partial p}{\partial T}\right)_V$

(iii) $\left(\frac{\partial T}{\partial p}\right)_S = -\left(\frac{\partial V}{\partial S}\right)_p \left(\frac{\partial S}{\partial p}\right)_T = \left(\frac{\partial V}{\partial T}\right)_p$

जूल थॉमसन प्रभाव (Joule Thomson Effect)

जब कोई गैस स्थिर दाब के अन्तर्गत किसी ऊष्मारोधी संरन्ध्र डाट में से गुजर कर निम्नतर स्थिर दाब के क्षेत्र में जाती है, तो इसके ताप में परिवर्तन होता है। इस प्रभाव को जूल थॉमसन प्रभाव कहते हैं।

जूल थॉमसन गुणांक $(\mu) = \left(\frac{\partial T}{\partial p}\right)_H = \frac{1}{J C_p}\left[T\left(\frac{\partial V}{\partial T}\right)_p - V\right]$

ऊष्मागतिक फलन (Thermodynamic Function)

- हैल्महॉल्ट्ज फलन $(F) = U - TS$
- ऐन्थैल्पी अथवा कुल ऊष्मा फलन $(H) = U + pV$
- गिब्स फलन $(G) = H - TS$

अभ्यास प्रश्नावली

1. रुद्धोष्म प्रक्रम में p-V वक्र के ढाल तथा समतापी प्रक्रम में p-V वक्र के ढाल का अनुपात है

(a) $\frac{\gamma-1}{\gamma}$ (b) $\gamma - 1$ (c) $\frac{\gamma}{1-\gamma}$ (d) γ

2. तापीय साम्य में दो निकायों का कौन-सा गुण समान होता है?

(a) तापमान (b) ऊष्मा
(c) विशिष्ट ऊष्मा (d) ऊर्जा

3. दो ताप T_1 व T_2 पर रुद्धोष्म वक्र चित्रानुसार दिया गया है, V_b/V_c का मान होगा

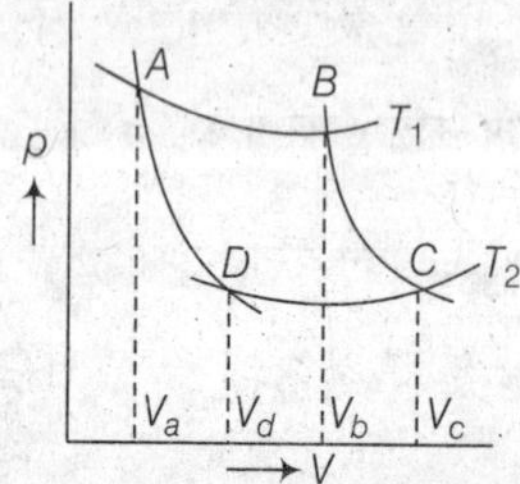

(a) $= V_a/V_d$ (b) $< V_a/V_d$
(c) $> V_a/V_d$ (d) कहा नहीं जा सकता

4. एक आदर्श गैस को स्थिर दाब पर गर्म किये जाने के फलस्वरूप Q ऊष्मा अवशोषित होती है। यदि रुद्धोष्म प्रवणता γ है, तब इस कार्य को करने में आन्तरिक ऊर्जा से ली गई ऊष्मा का अंश होगा

(a) $1-\frac{1}{\gamma}$ (b) $1+\frac{1}{\gamma}$
(c) $1-\frac{2}{\gamma}$ (d) $1+\frac{2}{\gamma}$

5. एन्ट्रॉपी वृद्धि के नियमानुसार प्राकृतिक प्रक्रम में

(a) उपयोगी ऊर्जा बढ़ती है
(b) अनुपयोगी ऊर्जा घटती है
(c) निकाय के अणुओं की क्रमबद्धता बढ़ती है
(d) निकाय के अणुओं की अक्रमबद्धता बढ़ती है

6. समतापी और रुद्धोष्म वक्र की ढालें निम्न में से किस प्रकार सम्बन्धित होती हैं?

(a) समतापी वक्र का ढाल = रुद्धोष्म वक्र
(b) रुद्धोष्म वक्र का ढाल = $\gamma \times$ समतापी वक्र का ढाल
(c) समतापी वक्र का ढाल = $\gamma/2 \times$ रुद्धोष्म वक्र का ढाल
(d) रुद्धोष्म वक्र का ढाल = $\gamma \times$ समतापी वक्र का ढाल

7. एक कार्नो इंजन, स्रोत 600 K तथा 300 K के मध्य कार्य कर रहा है। कार्य के प्रत्येक चक्र में इंजन, स्रोत से 1000 जूल ऊर्जा स्थानान्तरित करता है, इंजन की दक्षता क्या है?

(a) 50% (b) 70% (c) 20% (d) 80%

8. गैस की दोनों विशिष्ट ऊष्माओं का अन्तर सार्वत्रिक गैस नियतांक के बराबर होता है,

(a) जब गैस का एक ग्राम द्रव्यमान गर्म किया जाता है
(b) जब गैस का एक अणु गर्म किया जाता है
(c) जब गैस का एक ग्राम अणु गर्म किया जाता है
(d) जब गैस की किसी भी मात्रा को गर्म किया जाता है

9. 1 मोल गैस के समान ताप में वृद्धि हेतु स्थिर आयतन पर बहुपरमाणुक अरेखीय गैस हेतु आवश्यक ऊष्मा, एकपरमाणुक गैस हेतु आवश्यक ऊष्मा का K गुना है, तब K का मान होगा

(a) 1 (b) 0.5
(c) 2 (d) 2.5

10. एक गैस का आयतन V_0 से $2V_0$ तक तीन विभिन्न प्रक्रमों द्वारा विस्तारित होता है, (चित्रानुसार) प्रक्रम 1 समदाबी है, प्रक्रम 2 समतापी है तथा प्रक्रम 3 रुद्धोष्म है। माना ΔU_1, ΔU_2 तथा ΔU_3 क्रमश: विभिन्न प्रक्रमों की आन्तरिक ऊर्जाएँ हैं, तब

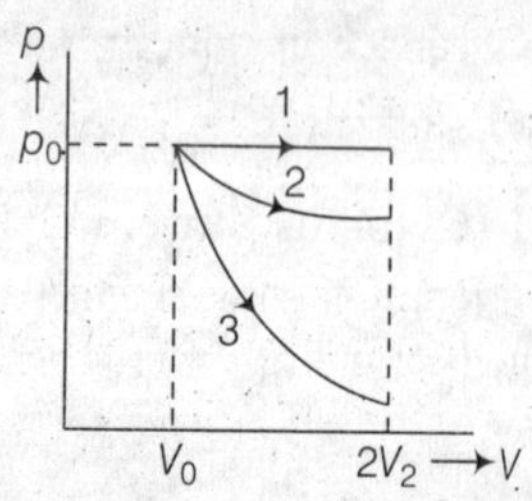

(a) $\Delta U_1 > \Delta U_2 > \Delta U_3$
(b) $\Delta U_1 < \Delta U_2 < \Delta U_3$
(c) $\Delta U_2 < \Delta U_1 > \Delta U_3$
(d) $\Delta U_2 < \Delta U_3 < \Delta U_1$

11. चित्र में दो सूचक वक्र दर्शाये गये हैं। यदि दोनों अवस्थाओं में कृत कार्य क्रमश: W_1, तथा W_2 हैं, तब

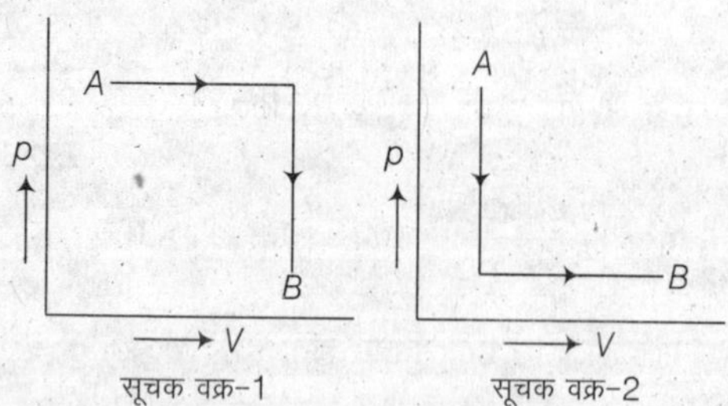

(a) $W_1 = W_2$ (b) $W_1 > W_2$
(c) $W_1 < W_2$ (d) इनमें से कोई नहीं

12. एक आदर्श गैस चित्रानुसार प्रक्रम $A \to B \to C \to A$ के अनुदिश ली गयी है, यदि गैस को दी गयी नेट ऊष्मा 5 जूल है, तब गैस द्वारा इस प्रक्रम में कृत कार्य होगा

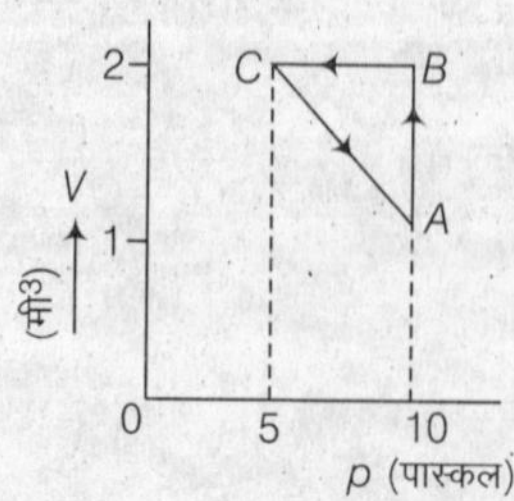

(a) −5 जूल (b) −10 जूल
(c) 15 जूल (d) −20 जूल

13. एक निकाय को चित्रानुसार चक्रीय प्रक्रम द्वारा प्रदर्शित किया गया है। निकाय द्वारा ग्रहित ऊष्मा होगी

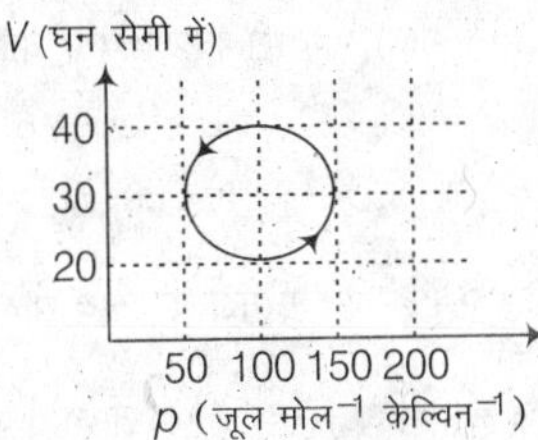

(a) $\pi \times 10^3$ जूल
(b) $\frac{\pi}{2}$ जूल
(c) $4\pi \times 10^2$ जूल
(d) π जूल

14. एक कार्नो इंजन की दक्षता (i) 100 K तथा 500 K (ii) TK तथा 900 K के मध्य समान है, तब T का मान है

(a) 180 K (b) 90 K (c) 270 K (d) 360 K

15. एकपरमाणुक गैस के लिए रुद्धोष्म प्रक्रम के अन्तर्गत p-V सम्बन्ध है

(a) pV = नियतांक
(b) $pV^{1/2}$ = नियतांक
(c) $pV^{3/2}$ = नियतांक
(d) $pV^{5/2}$ = नियतांक

16. चित्र में गैस के नमूने के लिए दो प्रक्रम a व b दिये गए हैं। यदि ΔQ_1 व ΔQ_2 निकाय द्वारा दो अवस्थाओं में अवशोषित की गयी ऊष्मा है तथा ΔU_1 व ΔU_2 क्रमशः उनकी आन्तरिक ऊर्जाएँ हैं, तब

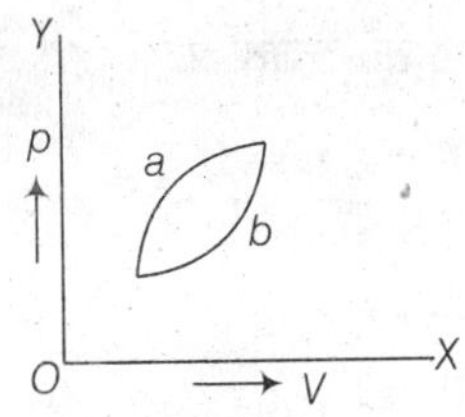

(a) $\Delta Q_1 = \Delta Q_2, \Delta U_1 = \Delta U_2$
(b) $\Delta Q_1 > \Delta Q_2, \Delta U_1 > \Delta U_2$
(c) $\Delta Q_1 < \Delta Q_2, \Delta U_1 < \Delta U_2$
(d) $\Delta Q_1 > \Delta Q_2, \Delta U_1 = \Delta U_2$

17. एक ऊष्माभौतिकीय प्रक्रम में दाब नियत है, वह है

(a) रुद्धोष्म प्रक्रम
(b) समतापीय प्रक्रम
(c) समदाबीय प्रक्रम
(d) समआयतनिक प्रक्रम

18. एक उत्क्रमणीय इंजन ग्रहण की गई ऊष्मा का 1/6 भाग कार्य में बदलता है, जब स्रोत का ताप 600 K है, तब सिंक का ताप होगा

(a) 500 K
(b) 100 K
(c) 0 K
(d) 600 K

19. एक ऊष्मागतिकी प्रक्रम $PQRSP$ चक्र में दर्शाया गया है, तब नेट कार्य होगा

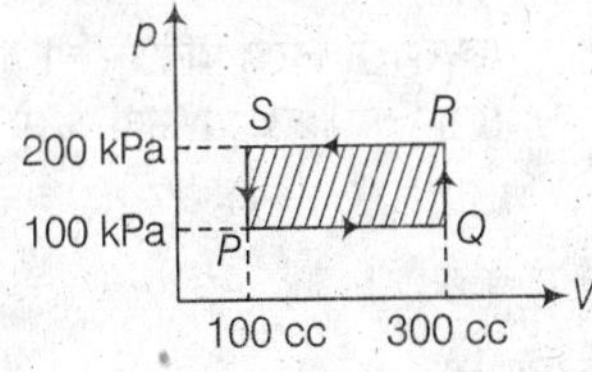

(a) 20 जूल
(b) −20 जूल
(c) 400 जूल
(d) −374 जूल

20. मैक्सवेल के ऊष्मागतिक सम्बन्ध में $\left(\frac{\partial S}{\partial p}\right)_T$ बराबर होता है

(a) $(\partial V/\partial T)_p$
(b) $-(\partial V/\partial T)_p$
(c) $(\partial T/\partial V)_S$
(d) $(\partial p/\partial T)_V$

21. 1 स्थिर दाब पर 1 मोल एकपरमाणुक गैस का ताप 0 K से 100 K तक बढ़ाया जाता है। यदि गैस नियतांक $R = 8.32$ जूल मोल$^{-1}$केल्विन$^{-1}$ है, तब आन्तरिक ऊर्जा में परिवर्तन होगा

(a) 2.3 जूल
(b) 46 जूल
(c) 8.67×10^3 जूल
(d) 1.25×10^3 जूल

22. एक कार्नो इंजन के निम्न ताप 27°C पर सिंक की दक्षता 37.5% है। सिंक का ताप है

(a) 480°C
(b) 327°C
(c) 307°C
(d) 207°C

23. जब एक अल्प ऊष्मा ΔQ एक गैस को दी जाती है, तब इसकी आन्तरिक ऊर्जा के लिए समीकरण होगा

(a) $mC_V\Delta T = \Delta Q + p\Delta V$
(b) $\Delta Q = mC_V\Delta T + p\Delta V$
(c) $mC_V = \Delta Q + p\Delta V$
(d) $\Delta Q = mC_p\Delta T + p\Delta V$

24. यदि AB समतापीय प्रसार है, BC समआयतनीय सम्पीडन है तथा AC रुद्धोष्म प्रसार है, तब उपरोक्त प्रक्रमों का सही चित्रण होगा

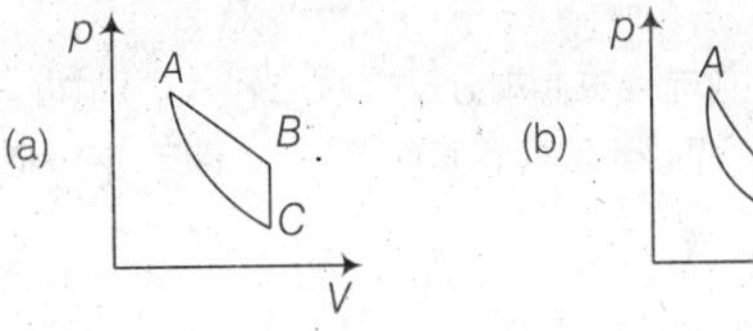

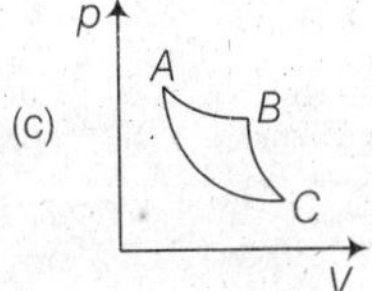

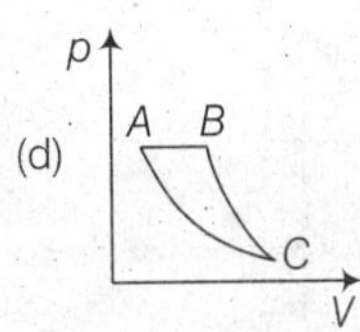

25. दो गैस हेतु रुद्धोष्म प्रक्रम p-V वक्र चित्रानुसार दिया गया है, वक्र 1 व 2 किसके संगत हैं?

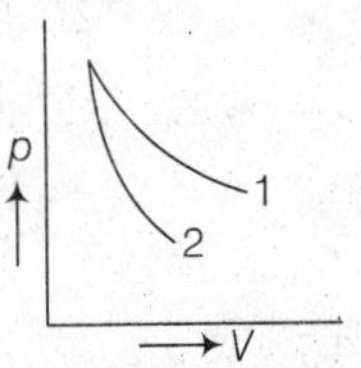

(a) He तथा O_2
(b) O_2 तथा He
(c) He तथा Ar
(d) O_2 तथा N_2

26. रुद्धोष्म प्रक्रम द्वारा गैस की अवस्था परिवर्तन में (अवस्था A से अवस्था B में) निकाय पर कृत कार्य 22.3 जूल है। यदि निकाय को अवस्था A से अवस्था B में ऐसे प्रक्रम द्वारा लाया जाता है, कि निकाय द्वारा अवशोषित नेट ऊष्मा 9.35 कैलोरी है, तब निकाय द्वारा कृत कार्य होगा

(a) 5.9 जूल
(b) 16.78 जूल
(c) 9.3 जूल
(d) 4.6 जूल

27. निम्न में से कौन-सा प्रक्रम अधिकतम आन्तरिक ऊर्जा रखता है?

(a) 2 मोल He, 300 K ताप पर 1 मी^{2} आयतन धारण करती है
(b) 300 K ताप पर 56 ग्राम N_2 का दाब 107 न्यूटन/मी^{2} है
(c) 8 वायुमण्डलीय दाब, 300 K ताप पर O_2 का भार 8 ग्राम है
(d) ऑर्गन के 6×10^{25} अणु 900 K ताप पर 40 मी^{3} आयतन ग्रहण करते हैं

28. निम्न ऊष्मागतिक प्रक्रमों में आन्तरिक ऊर्जा परिवर्तन की प्रकृति क्या है?

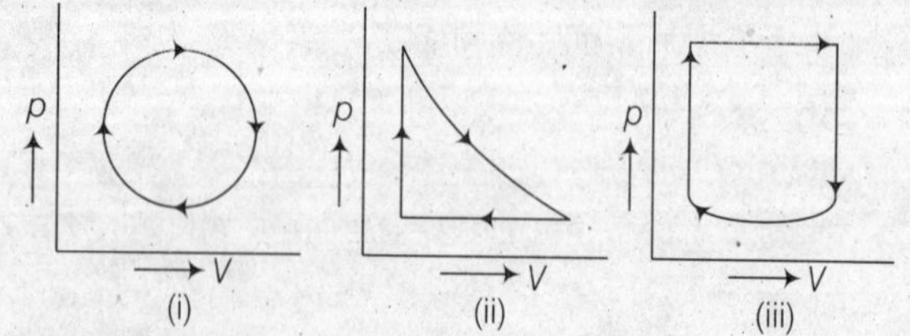

(a) सभी अवस्थाओं में ΔU धनात्मक है
(b) सभी अवस्थाओं में ΔU ऋणात्मक है
(c) ΔU प्रथम हेतु धनात्मक, द्वितीय हेतु ऋणात्मक एवं तृतीय हेतु शून्य
(d) $\Delta U = 0$ सभी अवस्थाओं में

29. एक बन्द कक्ष में एक आदर्श गैस की एक नियत मात्रा रखी गई है, कक्ष नियत वेग v से गतिमान है, जब कक्ष अचानक रुक जाता है, तब गैस के ताप में वृद्धि होगी

(a) $\frac{Mv^2(\gamma - 1)}{2R}$ (b) $\frac{Mv^2(\gamma + 1)}{2R}$
(c) $\frac{Mv^2}{2R_\gamma}$ (d) $\frac{Mv^2}{2R(\gamma + 1)}$

30. एक आदर्श गैस को बिन्दु A से बिन्दु B तक दिये गये p-V आरेख के अनुसार ले जाया जाता है। (ताप नियत रखते हुए) प्रक्रम में किया गया कार्य है

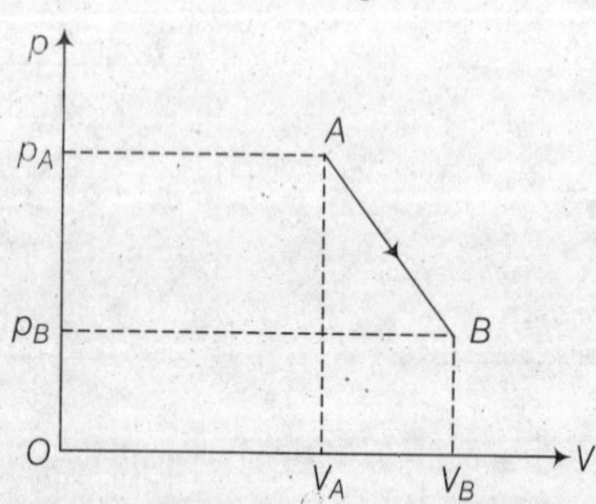

(a) $(p_A - p_B)(V_B - V_A)$
(b) $\frac{1}{2}(p_B - p_A)(V_B + V_A)$
(c) $\frac{1}{2}(p_B - p_A)(V_B - V_A)$
(d) $\frac{1}{2}(p_B + p_A)(V_B - V_A)$

31. एक इन्जन दो स्रोतों जिनके ताप 727°C व 227°C हैं, के बीच कार्य कर रहा है, इस प्रकार के इन्जन की अधिकतम सम्भावित दक्षता होगी

(a) 1/2 (b) 1/4
(c) 3/4 (d) 1

32. एक कार्नो इन्जन जिसका निम्न ताप का स्रोत 7°C पर है, की दक्षता 50% है। यदि इन्जन की दक्षता 70% तक बढ़ानी है, तो उच्च ताप वाले स्रोत के ताप में कितनी वृद्धि करनी पड़ेगी?

(a) 840 K (b) 289 K (c) 560 K (d) 383 K

33. किसी गैस का एक मोल ताप T के साथ इस प्रकार प्रसारित होता है कि इसका आयतन $V = kT^2$ जहाँ, k नियतांक है। यदि गैस के ताप में 60°C का परिवर्तन हो जाए, तो गैस द्वारा किया गया कार्य होगा

(a) $120\,R$ (b) $R \log_e 60$
(c) $kR \log_e 60$ (d) $60\,kR$

34. किसी प्रक्रम में गुजरती हुई आदर्श गैस के लिये मोलर ऊष्मा धारिता $C = \frac{a}{T}$ है, जहाँ a नियतांक है। यदि, $\gamma = \frac{C_p}{C_V}$ हो तो ताप T_0 से ηT_0 तक बढ़ने में गैस के 1 मोल द्वारा किया गया कार्य होगा

(a) $a \log_e \eta$ (b) $\frac{1}{a \log_e \eta}$
(c) $a \log \eta - \left(\frac{\eta - 1}{\gamma - 1}\right) RT_0$ (d) $a \log_e \eta - (\gamma - 1) RT_0$

35. दो एकसमान पात्रों A तथा B में घर्षणरहित पिस्टन लगे हुए हैं। इनमें समान आदर्श गैस समान ताप तथा आयतन V पर है। A में गैस का द्रव्यमान m_A तथा B में m_B है। प्रत्येक पात्र में गैस को समतापीय विधि से समान आयतन $2V$ तक प्रसारित किया जाता है। A तथा B में दाब परिवर्तन Δp तथा $15\,\Delta p$ हो, तब

(a) $4m_A = 9m_B$ (b) $2m_A = 3m_B$
(c) $3m_A = 2m_B$ (d) $9m_A = 4m_B$

36. p-V वक्र में दिखाये गये चक्रीय प्रक्रम के लिए सत्य है

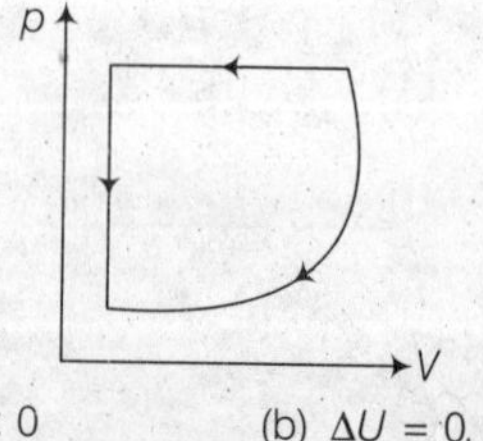

(a) $\Delta U = 0, Q < 0$ (b) $\Delta U = 0, Q > 0$
(c) $\Delta U > 0, Q < 0$ (d) $\Delta U < 0, Q > 0$

37. निम्नलिखित में से किस प्रक्रम में किया गया कार्य, आन्तरिक ऊर्जा के बराबर होता है?

(a) रुद्धोष्म प्रक्रम (b) समतापीय प्रक्रम
(c) समआयतनिक प्रक्रम (d) इनमें से कोई नहीं

38. दाब को नियत रखते हुए परमाण्विय गैस को Q ऊष्मा बहुत धीमे-धीमे दी जाती है। गैस द्वारा किया गया कार्य होगा

(a) $\frac{2}{3}Q$ (b) $\frac{3}{5}Q$
(c) $\frac{2}{5}Q$ (d) $\frac{1}{5}Q$

39. द्विपरमाणुक गैसों के प्रकरण में नियत दाब पर दी गई ऊष्मा ऊर्जा का वह अंश है, जो आयतन प्रसार की क्रिया में कार्य के में परिणित होता है

(a) 2/5 (b) 3/7 (c) 2/7 (d) 5/7

40. $dU + dW = 0$ मान्य है

(a) रुद्धोष्म प्रक्रम के लिए
(b) समतापीय प्रक्रम के लिए
(c) समदाबीय प्रक्रम के लिए
(d) समआयतनिक प्रक्रम के लिए

उत्तरमाला

1. (d)	**2.** (a)	**3.** (a)	**4.** (a)	**5.** (d)	**6.** (b)	**7.** (a)	**8.** (c)	**9.** (d)	**10.** (a)
11. (b)	**12.** (a)	**13.** (b)	**14.** (a)	**15.** (a)	**16.** (d)	**17.** (c)	**18.** (a)	**19.** (b)	**20.** (b)
21. (d)	**22.** (d)	**23.** (b)	**24.** (b)	**25.** (b)	**26.** (b)	**27.** (d)	**28.** (d)	**29.** (a)	**30.** (d)
31. (a)	**32.** (a)	**33.** (a)	**34.** (c)	**35.** (c)	**36.** (a)	**37.** (a)	**38.** (c)	**39.** (c)	**40.** (a)

संकेत एवं हल

3. AB तथा CD समतापी वक्र हैं। अतः $T_a = T_b$ तथा $T_c = T_d$, किन्तु चारों ताप समान नहीं हैं।

4. स्थिर दाब पर निकाय द्वारा अवशोषित ऊष्मा

$$Q = nC_p\Delta T$$

आन्तरिक ऊर्जा में परिवर्तन, $\Delta U = nC_V\Delta T$

अतः $W = Q - \Delta U$ (ऊष्मागतिकी का प्रथम नियम)

$$\therefore \quad \frac{W}{Q} = \frac{Q-\Delta U}{Q} = \frac{Q}{Q} - \frac{\Delta U}{Q} = 1 - \frac{\Delta U}{Q}$$

$$\Rightarrow \quad \frac{W}{Q} = 1 - \frac{nC_V\Delta T}{nC_p\Delta T} = 1 - \frac{C_V}{C_p} = 1 - \frac{1}{\left(\frac{C_p}{C_V}\right)}$$

$$\frac{W}{Q} = 1 - \frac{1}{\gamma} \qquad \left(\because \frac{C_p}{C_V} = \gamma\right)$$

7. दिया है, $T_1 = 600\,K, T_2 = 300\,K$

$$\text{इंजन की दक्षता } (\eta) = \left(1 - \frac{T_2}{T_1}\right) \times 100\% = \left(1 - \frac{300}{600}\right) \times 100\%$$

$$= \left(1 - \frac{1}{2}\right) \times 100\% = 50\%$$

10. प्रक्रम 1 समदाबी है, अतः गैस का ताप बढ़ेगा

$\therefore$ ΔU_1 = ऋणात्मक

अतः प्रक्रम 2 समतापी है।

$\therefore$ $\Delta U_2 = 0$

प्रक्रम 3 रुद्धोष्म प्रसार है। अतः गैस का ताप गिरेगा

अर्थात् ΔU_3 = नियतांक

$$\therefore \quad \Delta U_1 > \Delta U_2 > \Delta U_3$$

11. चूँकि किया गया कार्य = p-V वक्र का क्षेत्रफल

$$\therefore \quad W_1 > W_2$$

12. दी गई आकृति में A से B तक किया गया कार्य

$$\Delta W_{AB} = p\Delta V = 10(2-1)$$

$$= 10 \times 1 = 10 \text{ जूल}$$

B से C तक किया गया कार्य

$$\Delta W_{BC} = 0 \qquad (\text{क्योंकि, } V \text{ नियत है})$$

अतः ऊष्मागतिकी के प्रथम नियम से $\Delta Q = \Delta U + \Delta W$

$ABCD$ एकचक्रीय प्रक्रम में, $\Delta U = 0$

$$\therefore \quad \Delta Q = \Delta W_{AB} + \Delta W_{BC} + \Delta W_{CA} = \Delta W_{AB} + \Delta W_{CA}$$

$$\Delta W_{CA} = \Delta Q - \Delta W_{AB} = 5 - 10 = -5 \text{ जूल}$$

13. चक्रीय प्रक्रम में (ΔQ) = कृत कार्य = बन्द वक्र में क्षेत्रफल दीर्घवृत्त के समान है।

$$\text{अर्थात्} \quad \Delta Q = \frac{\pi}{4}(p_2 - p_1)(V_2 - V_1)$$

$$= \frac{\pi}{4}[(150-50) \times 10^3 \times (40-20) \times 10^{-6}] = \frac{\pi}{2} \text{ जूल}$$

16. दोनों प्रक्रमों में प्रारम्भिक तथा अन्तिम अवस्थाएँ समान हैं। अतः $\Delta U_1 = \Delta U_2$, चूँकि a वक्र में क्षेत्रफल > b वक्र में क्षेत्रफल

अतः $\Delta W_1 > \Delta W_2$

ऊष्मागतिकी के प्रथम नियम से,

$$\Delta Q = \Delta U + \Delta W \Rightarrow \Delta Q_1 > \Delta Q_2$$

18. इंजन की दक्षता $(\eta) = 1 - \dfrac{T_2}{T_1}$

19. निकाय द्वारा कृत कार्य = p-V चित्र में छायांकित भाग का क्षेत्रफल

$$= (300-100)10^6 \times (100-200)10^3 = -20 \text{ जूल}$$

21. चूँकि आंतरिक ऊर्जा में परिवर्तन,

$$dU = C_V dT = \left(\frac{3}{2}R\right)dT = \frac{3}{2} \times 8.32 \times 100 = 1.25 \times 10^3 \text{ जूल}$$

22. दिया है, $T_2 = 27 + 273 = 300\,K, \eta = 37.5\%$

$$\text{चूँकि,} \quad \eta = \left(1 - \frac{T_2}{T_1}\right) \times 100$$

$$\frac{37.5}{100} = 1 - \frac{300}{T_1}$$

$$\Rightarrow \quad T_1 = 480K = 480 - 273 = 207°C$$

26. ऊष्मागतिकी के प्रथम नियम से,

$$\Delta U = \Delta W = 22.3 \text{ जूल } (\because \text{ रुद्धोष्म प्रक्रम में, } \Delta Q = 0)$$

$\because$ निकाय पर कार्य हुआ इसलिए द्वितीय प्रक्रम में आन्तरिक ऊर्जा बढ़ती है।

$$\Delta Q = \Delta U + \Delta W$$

$$\Rightarrow \quad 9.35 \times 4.18 = 22.3 + \Delta W \Rightarrow \Delta W = 16.78 \text{ जूल}$$

11

ऊष्मा का संचरण

Transmission of Heat

ऊष्मा का एक स्थान से दूसरे स्थान को स्थानान्तरण तीन सम्भव विधियों से किया जा सकता है, चालन (conduction), संवहन (convection) तथा विकिरण (radiation)। पहली दो विधियों में ऊष्मा स्थानान्तरण के लिए माध्यम की आवश्यकता होती है जबकि विकिरण विधि के लिए किसी माध्यम की आवश्यकता का कोई प्रतिबन्ध नहीं है।

चालन (Conduction)

वस्तु के विभिन्न भागों में तापान्तर के कारण, वस्तु के ऊँचे ताप वाले कण अपेक्षाकृत कम ताप वाले कणों को परस्पर सम्पर्क से ऊष्मा देते हैं। अतः ऊष्मा के संचरण की इस प्रक्रिया को, जिसमें वस्तु के कण अपने स्थान से नहीं हटते, चालन कहते हैं। ऊष्मा चालन में ऊर्जा किसी माध्यम के एक भाग से दूसरे भाग में उन भागों के बीच तापान्तर होने के कारण स्थानान्तरित होती है।

ऊष्मा चालकता (Thermal Conductivity)

समतापी पृष्ठों के अभिलम्बवत् t समय में प्रवाहित होने वाली ऊष्मा की मात्रा Q, पृष्ठों के बीच ताप-प्रवणता $\Delta\theta/\Delta x$, पृष्ठ के क्षेत्रफल A तथा समय t के अनुक्रमानुपाती होती है।

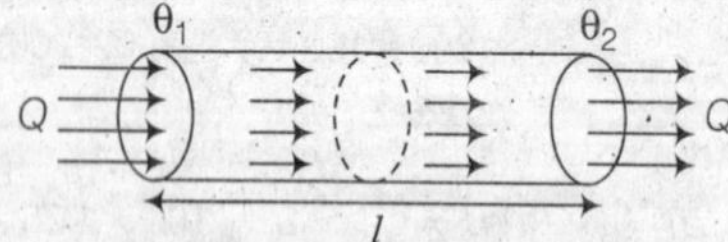

अर्थात् $Q \propto -A\dfrac{\Delta\theta}{\Delta x}t$ या $Q = \dfrac{-KA(\Delta\theta)t}{\Delta x}$

जहाँ, K पदार्थ का ऊष्मा चालकता गुणांक (coefficient of thermal conductivity) है

या $Q = \dfrac{KA(\theta_1 - \theta_2)t}{l}$

K का विमीय सूत्र $[MLT^{-3}\theta^{-1}]$ है।

K का मात्रक जूल मी$^{-1}$से$^{-1}$ $^\circ C^{-1}$ होता है।

तापमापीय चालकता (Thermometric Conductivity)

तापमापीय चालकता या विसरणशीलता (diffusivity) उस पदार्थ की ऊष्मा चालकता तथा प्रति एकांक क्षेत्रफल की ऊष्माधारिता के अनुपात के बराबर होती है अर्थात् $D = K/\rho C$

जहाँ, K = ऊष्मा चालकता गुणांक, C = विशिष्ट ऊष्मा

संयोग की तुल्य चालकता (Equivalent Conductivity of Combination)

यह $1^\circ C/m$ की ताप-प्रवणता के संयोग से ऊष्मा प्रवाह की दर को दर्शाता है

(i) समान्तर क्रम में, $K = \dfrac{K_1A_1 + K_2A_2 + K_3A_3 + \ldots}{A_1 + A_2 + A_3 + \ldots}$

(ii) श्रेणीक्रम में, $K = \dfrac{l_1 + l_2 + l_3 + \ldots}{\dfrac{l_1}{K_1} + \dfrac{l_2}{K_2} + \dfrac{l_3}{K_3} + \ldots}$

नोट वह पृष्ठ जिसके प्रत्येक बिन्दु का तापमान समान रहता है, **समतापी पृष्ठ** कहलाता है।

ऊष्मीय प्रतिरोध (Thermal Resistance)

तापान्तर तथा प्रति सेकण्ड ऊष्मा प्रवाह की दर का अनुपात ऊष्मीय प्रतिरोध कहलाता है।

$$R = \frac{\theta_1 - \theta_2}{H} = \frac{l}{KA}$$

ऊष्मीय धारा (Thermal Current)

ऊष्मीय चालक से प्रवाहित ऊष्मीय धारा

$$H = \frac{dQ}{dt} = \frac{\Delta T}{R} \quad \left(\text{जहाँ, } R = \frac{l}{KA}\right)$$

प्रतिरोध से प्रवाहित धारा $(i) = \dfrac{dq}{dt} = \dfrac{\Delta V}{R}$ $\left(\text{जहाँ, } R = \dfrac{l}{\sigma A}\right)$

ताप-प्रवणता (Temperature Gradient)

स्थायी अवस्था में, किन्हीं दो समतापीय पृष्ठों के मध्य दूरी के सापेक्ष ताप परिवर्तन की दर को ताप-प्रवणता कहते हैं।

यदि स्थायी अवस्था में Δx दूरी पर स्थित दो समतापी पृष्ठों के ताप क्रमशः θ तथा $(\theta - \Delta\theta)$ हों तो उनके बीच ताप-प्रवणता $= \dfrac{-\Delta\theta}{\Delta x}$

इंगन-हॉज का प्रयोग (Ingen-Hauz Experiment)

यदि विभिन्न धातुओं की एकसमान छड़ों पर बराबर लम्बाई तक मोम की परत चढ़ा दें तथा इनके एक सिरे उबलते जल के टैंक में लगा दें तथा यदि l_1, l_2 एवं l_3 छड़ों पर लगे मोम की पिघली लम्बाइयाँ हों तो उनकी ऊष्मीय चालकताओं का अनुपात, $K_1 : K_2 : K_3 = l_1^2 : l_2^2 : l_3^2$

अर्थात् ऊष्मीय चालकता $\propto$ (पिघले मोम की लम्बाई)

चालन से सम्बन्धित महत्त्वपूर्ण सूत्र
(Important Formulae Related to Conduction)

ऊष्मा के एक-विमीय प्रवाह के लिए,

फोरियर अवकल समीकरण $\frac{dQ}{dt} = \frac{K}{\rho C}\left(\frac{d^2\theta}{dt^2}\right) - \frac{EP}{A\rho C}\theta$

बेलनाकार कोश में से ऊष्मा का त्रिज्या उष्मा प्रवाह की दर

$$\frac{dQ}{dt} = 2\pi Kl \frac{(\theta_1 - \theta_2)}{\rho_{ge}\left(\frac{r_2}{r_1}\right)}$$

गोलीकोश में त्रिज्या ऊष्मा प्रवाह की दर $\left(\frac{dQ}{dt}\right) = \frac{4\pi K r_1 r_2 (\theta_1 - \theta_2)}{r_2 - r_1}$

संवहन
(Convection)

ऊष्मा संचालन की वह विधि जिसमें ऊष्मा द्रव्य कणों की गति द्वारा स्थानान्तरित होती है, संवहन कहलाती है। संवहन केवल गैसों तथा द्रवों में होता है।

विकिरण (Radiation)

इस विधि में ऊष्मा, गर्म वस्तु से ठण्डी वस्तु की ओर बिना किसी माध्यम की सहायता के तथा बिना माध्यम को गर्म किगे प्रकाश की चाल से सीधी रेखा में संचरित होती है। ऊष्मा, सूर्य से पृथ्वी पर विकिरण द्वारा ही आती है। ऊष्मा संचरण की यह सबसे तीव्र विधि है।

अभ्यास प्रश्नावली

1. प्रवाह की दिशा सदैव रहती है
(a) उच्च दाब से निम्न दाब की ओर
(b) उच्च ताप से निम्न ताप की ओर
(c) उच्च घनत्व से निम्न घनत्व तक
(d) उपरोक्त में से कोई नहीं

2. इंगन-हॉज के नियमानुसार, धातु छड़ की चालकता K तथा छड़ पर पिघले मोम की लम्बाई में सम्बन्ध है
(a) $\frac{K}{l}$ = नियतांक
(b) $\frac{K^2}{l}$ = नियतांक
(c) $\frac{K}{l^2}$ = नियतांक
(d) Kl = नियतांक

3. धातु का ऊष्मा चालकता गुणांक निर्भर करता है
(a) दोनों सिरों के तापान्तर पर
(b) धातु प्लेट की मोटाई पर
(c) धातु प्लेट के क्षेत्रफल पर
(d) उपरोक्त में से कोई नहीं

4. यदि एक छड़ की लम्बाई L, क्षेत्रफल A तथा ऊष्मा चालकता गुणांक K है तब छड़ का ऊष्मीय प्रतिरोध है
(a) $\frac{A}{KL}$ (b) $\frac{L}{KA}$
(c) $\frac{KL}{A}$ (d) $\frac{KA}{L}$

5. Ag, Cu, Al में से किसकी ऊष्मा चालकता महत्तम होती है?
(a) Ag (b) Cu
(c) Al (d) सभी की समान

6. एक कॉपर की छड़ की ऊष्मा चालकता 9.2×10^{-2} किलो-कैलोरी/सेमी °C, इसकी लम्बाई 25 सेमी तथा अनुप्रस्थ-परिच्छेद का क्षेत्रफल 1 सेमी^{2} है। इसे दो स्रोतों, जिनके ताप क्रमश: 125°C तथा 0°C हैं, के बीच रखा जाता है। ऊष्मा स्थानान्तरण की दर (कैलोरी/से में) है
(a) 2.3 (b) 4.6
(c) 1.4 (d) 6.8

7. दो प्लेटें जिनकी ऊष्मा चालकताएँ क्रमश: K_1 तथा K_2 हैं, के दोनों पृष्ठ मिलाकर रखने पर एक उभयनिष्ठ प्लेट बन जाती है। इस प्लेट की तुल्य ऊष्मा चालकता होगी
(a) $\frac{K_1 K_2}{K_1 + K_2}$ (b) $\frac{2 K_1 K_2}{K_1 + K_2}$
(c) $\frac{(K_1^2 + K_2^2)^{3/2}}{K_1 K_2}$ (d) $\frac{(K_1^2 + K_2^2)^3}{2K_1 K_2}$

8. धातुओं की ऊष्मा चालकता बहुत अधिक होती है क्योंकि,
(a) धातुओं में परमाणु बहुत समीप होते हैं
(b) धातुओं में परमाणु अत्यधिक संख्या में होते हैं
(c) धातुओं में परमाणु तेजी से चलते हैं
(d) धातुओं में बड़ी संख्या में मुक्त इलेक्ट्रॉन होते हैं

9. तापीय विकिरण किस क्षेत्र से निकलने वाली विद्युत चुम्बकीय तरंगें हैं?
(a) पराबैंगनी क्षेत्र से
(b) दृश्य क्षेत्र से
(c) गामा क्षेत्र से
(d) अवरक्त (अदृश्य) क्षेत्र से

10. जल की एक बूँद लाल गर्म लोहे के तवे पर छिटक जाती है तो बूँद गोलाकार हो जाती है परन्तु वाष्पित नहीं होती, क्योंकि
(a) जल का क्वथनांक बढ़ जाता है
(b) इस स्थान पर तवे का ताप गिर जाता है
(c) तवे तथा बूँद के बीच एक जल वाष्प की तह बन जाती है, जो ऊष्मा चालन को रोकती है
(d) लाल गर्म तवा ऊष्मा का कुचालक है

11. ऊष्मा संचरण की कौन-सी विधि गुरुत्व पर आधारित है?
(a) संवहन (b) चालन
(c) विकिरण (d) द्रव को हिलाना

12. यदि कमरे के अन्दर का ताप 10°C तथा बाहर का ताप −10°C है तो खिड़की से प्रति सेकण्ड 1000 जूल ऊष्मा बाहर प्रवाहित होती है। यदि समान ऊष्मा की मात्रा कमरे के अन्दर प्रवाहित हो तो कमरे के अन्दर का ताप क्या होगा, जबकि कमरे के बाहर का ताप −23°C है?
(a) 23°C (b) 230 K
(c) 543 K (d) 296 K

13. चित्र में दिखायी गई दो अचालक शीटों के तापीय प्रतिरोध R_1 व R_2 हैं तब θ का मान क्या होगा?

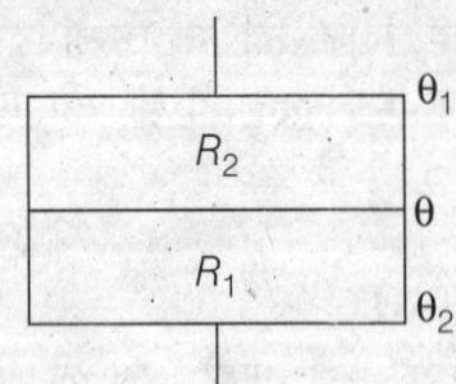

(a) $\dfrac{\theta_1 R_2 + \theta_2 R_1}{R_1 + R_2}$

(b) $\dfrac{(\theta_1 + \theta_2) R_1 R_2}{R_1^2 + R_2^2}$

(c) $\dfrac{\theta_1 R_1 + \theta_2 R_2}{R_1 + R_2}$

(d) $\dfrac{\theta_1 \theta_2 R_1 R_2}{(\theta_1 + \theta_2)(R_1 + R_2)}$

14. दो छड़ों की ऊष्मीय चालकताओं का अनुपात 5 : 4 तथा उनके अनुप्रस्थ-काटों के क्षेत्रफलों का अनुपात 1 : 1 है। यदि दोनों छड़ों के तापीय प्रतिरोध समान हैं, तो दोनों छड़ों की लम्बाइयों का अनुपात होगा

(a) 4 : 5 (b) 9 : 1
(c) 1 : 9 (d) 5 : 4

15. किसी तालाब के पानी का ताप 0°C होने पर बर्फ जमने लगती है, जबकि वायुमण्डलीय (परिवेश का) ताप –10°C है। यदि तालाब की सतह पर 1 सेमी मोटी बर्फ 7 घण्टे में जमती है तो बर्फ की मोटाई 1 सेमी से 2 सेमी होने में कितना समय लगेगा?

(a) 7 घण्टे
(b) 7 घंण्टे से कम
(c) 7 घण्टे से ज्यादा परन्तु 14 घण्टे से कम
(d) 14 घण्टे से ज्यादा

16. जब दो धातु से निर्मित एक पत्ती को गर्म किया जाता है, तो

(a) पत्ती झुकती नहीं है
(b) पत्ती, सर्पीलाकार रूप में मुड़ जाती है
(c) झुक जाती है, जिसके बाहरी सतह पर अधिक विस्तार वाली धातु है
(d) झुक जाती है जिसके आन्तरिक सतह पर अधिक विस्तार वाली धातु है

17. अलग-अलग त्रिज्याओं (r) तथा लम्बाइयों (l) वाली चार छड़ों को अलग-अलग तापों पर रखे दो ऊष्मागतिक निकायों को जोड़ने में प्रयोग किया जाता है। किस छड़ में ऊष्मा प्रवाह की दर सबसे तेज होगी?

(a) $r = 2$ सेमी, $l = 0.5$ मी
(b) $r = 1$ सेमी, $l = 0.5$ मी
(c) $r = 2$ सेमी, $l = 2$ मी
(d) $r = 1$ सेमी, $l = 1$ मी

18. ताँबे का ऊष्मीय चालकता गुणांक, स्टील का नौ गुना है। चित्र में दिखायी गई दोनों के मिश्रण से बनी बेलनाकार छड़ में ताँबे तथा स्टील के सन्धि क्षेत्र का ताप कितना होगा?

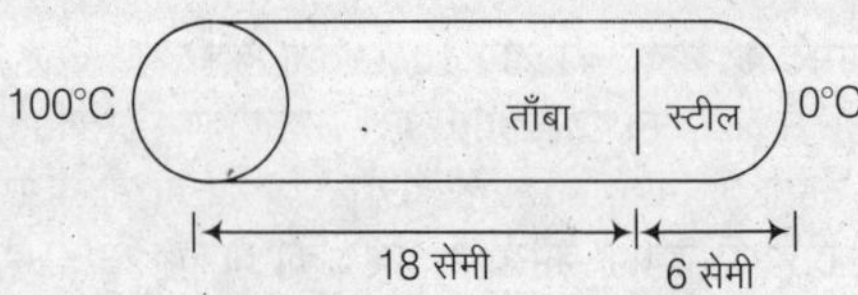

(a) 75°C (b) 67°C (c) 33°C (d) 25°C

19. एक बेलनाकार छड़ का एक सिरा भाप कक्ष में तथा दूसरा सिरा बर्फ में है जिसके कारण प्रति सेकण्ड 0.1 ग्राम बर्फ पिघलती है। धातु की इस छड़ को एक ऐसी छड़ से प्रतिस्थापित किया जाता है जिसकी लम्बाई, मूल लम्बाई की आधी तथा त्रिज्या की दोगुनी है। यदि दूसरी छड़ की धातु की ऊष्मीय चालकता, मूल छड़ की चालकता की 1/4 है तो प्रति सेकण्ड कितने ग्राम बर्फ पिघलती है?

(a) 3.2 (b) 1.6
(c) 0.2 (d) 0.1

20. धातु की दो एकसमान छड़ों को चित्र (i) के अनुसार सिरों से जोड़ने में 20 कैलोरी ऊष्मा 4 मिनट में प्रवाहित होती है। यदि छड़ों को चित्र (ii) के अनुसार जोड़ दिया जाए तो ऊष्मा की समान मात्रा को प्रवाहित होने में कितना समय लगेगा?

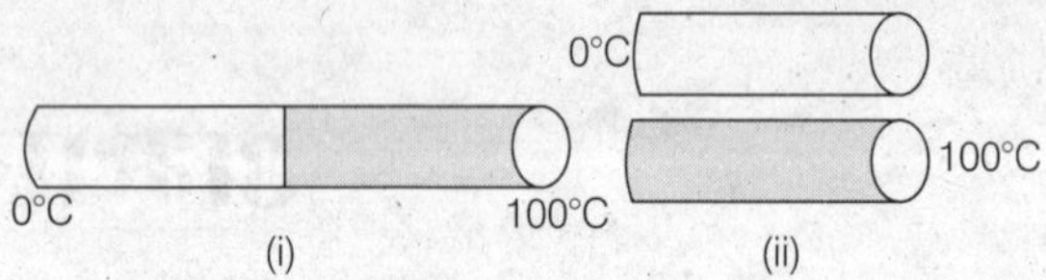

(a) 1 मिनट (b) 2 मिनट
(c) 4 मिनट (d) 16 मिनट

21. यदि किसी द्रव को भारहीन अवस्था में गर्म किया जाता है तो द्रव में ऊष्मा किस विधि द्वारा संचरित होती है?

(a) संवहन
(b) चालन
(c) विकिरण
(d) किसी भी विधि द्वारा संचरण नहीं होगा, क्योंकि द्रव को भारहीन अवस्था में गर्म नहीं किया जा सकता है

22. समान लम्बाई तथा समान धातुओं से निर्मित दो छड़ों को एक-दूसरे के सिरों से जोड़ने पर ऊष्मा के एक निश्चित मान को एक सिरे से दूसरे सिरे तक संचरित होने में 12 सेकण्ड का समय लगता है। यदि दोनों छड़ों को समान्तर क्रम में जोड़ा जाए तो समान परिस्थितियों में ऊष्मा की समान राशि को संचरित होने में कितना समय लगेगा?

(a) 24 सेकण्ड (b) 3 सेकण्ड
(c) 48 सेकण्ड (d) 1.5 सेकण्ड

23. दो छड़ों P तथा Q की लम्बाइयाँ समान हैं। इन छड़ों की ऊष्मीय चालकता K_1 व K_2 तथा परिच्छेद क्षेत्रफल A_1 व A_2 हैं। यदि धातु की दोनों छड़ों के सिरों के ताप क्रमशः T_1 व T_2 हैं तथा P और Q से प्रवाहित ऊष्मा की दर समान है तो निम्न विकल्पों में से सही विकल्प चुनिए।

(a) $\dfrac{A_1}{A_2} = \dfrac{K_2}{K_1}$ (b) $\dfrac{A_1}{A_2} = \dfrac{K_2}{K_1} \times \dfrac{T_2}{T_1}$

(c) $\dfrac{A_1}{A_2} = \sqrt{\dfrac{K_1}{K_2}}$ (d) $\dfrac{A_1}{A_2} = \left(\dfrac{K_2}{K_1}\right)^2$

24. समान लम्बाई तथा समान अनुप्रस्थ-काट वाली दो छड़ों को एक-दूसरे के समान्तर 20°C तथा 80°C ताप पर जोड़ा जाता है। दोनों छड़ों की प्रभावी ऊष्मीय चालकता का पहली छड़ की ऊष्मीय चालकता से अनुपात ज्ञात कीजिए। $\left(\text{जबकि } \dfrac{K_1}{K_2} = \dfrac{3}{4}\right)$

(a) 7 : 4 (b) 7 : 6
(c) 4 : 7 (d) 7 : 8

25. समान मोटाई की दो प्लेटों, जिनके ऊष्मीय चालकता गुणांक K_1 तथा K_2 तथा अनुप्रस्थ-काटों के क्षेत्रफल A_1 तथा A_2 हैं, को चित्रानुसार जोड़ा गया है। संयोजन का तुल्य ऊष्मा चालकता गुणांक K होगी

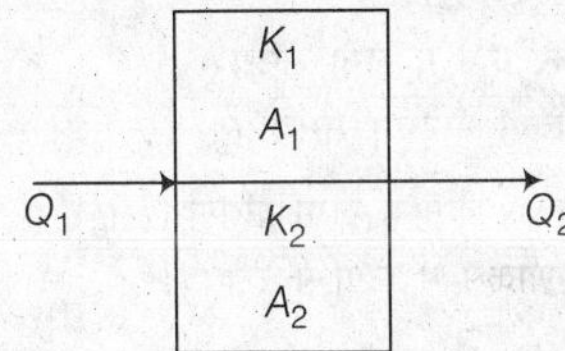

(a) $K_1A_1 + K_2A_2$
(b) $\frac{K_1A_1}{K_2A_2}$
(c) $\frac{K_1A_1 + K_2A_2}{A_1 + A_2}$
(d) $\frac{K_1A_2 + K_2A_1}{K_1 + K_2}$

26. समान आकार वाली चाँदी, ताँबा, पीतल एवं लकड़ी की छड़ों पर कागज लपेटकर उन्हें ज्वाला में गर्म किया जाता है। सबसे पहले कागज जलने लगेगा
(a) चाँदी पर
(b) ताँबे पर
(c) पीतल पर
(d) लकड़ी पर

27. ताँबा, पारा और काँच के ऊष्मा चालकता गुणांक क्रमशः K_c, K_m और K_g हैं तथा $K_c > K_m > K_g$ हैं। यदि प्रत्येक में प्रति सेकण्ड समान क्षेत्रफल की ऊष्मा की मात्रा प्रवाहित होती है तथा संगत ताप-प्रवणता X_c, X_m और X_g हैं तो
(a) $X_c = X_m = X_g$
(b) $X_c > X_m > X_g$
(c) $X_c < X_m < X_g$
(d) $X_m < X_c < X_g$

28. 1 मी लम्बी एवं 10^{-3} मी^{2} अनुप्रस्थ-काट की किसी ताँबे की छड़ का एक सिरा उबलते पानी में एवं दूसरा सिरा बर्फ में रखा जाता है। यदि ताँबे का ऊष्मीय चालकता गुणांक 92 कैलोरी मी$^{-1}$ °C^{-1} व बर्फ की गुप्त ऊष्मा 8×10^4 कैलोरी किग्रा$^{-1}$ हो, तो 1 मिनट में पिघलने वाली बर्फ की मात्रा है
(a) 9.2×10^{-3} किग्रा
(b) 8×10^{-3} किग्रा
(c) 6.9×10^{-3} किग्रा
(d) 5.4×10^{-3} किग्रा

29. एक दीवार दो परतों A और B की बनी है। इन परतों की मोटाई समान है परन्तु पदार्थ अलग-अलग हैं। A के पदार्थ की ऊष्मा चालकता B से दोगुनी है। तापीय साम्य अवस्था में दीवार के सिरों का तापान्तर 36°C है, तो परत A के सिरों का तापान्तर होगा
(a) 6°C (b) 12°C (c) 18°C (d) 24°C

30. समान आकार की पाँच छड़ों को चित्रानुसार व्यवस्थित किया गया है। इनकी ऊष्मीय चालकताएँ K_1, K_2, K_3, K_4 एवं K_5 हैं। जब A और B बिन्दुओं को विभिन्न तापों पर रखा जाता है, तो बीच वाली छड़ से कोई ऊष्मा प्रवाहित नहीं होती है, यदि

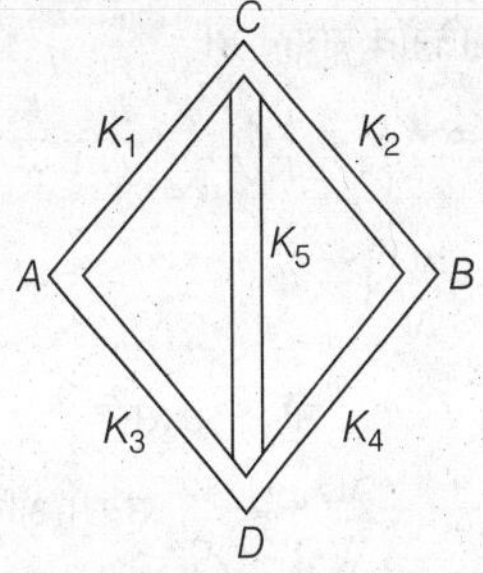

(a) $K_1 = K_4$ एवं $K_2 = K_3$
(b) $K_1K_4 = K_2K_3$
(c) $K_1K_2 = K_3K_4$
(d) $\frac{K_1}{K_4} = \frac{K_2}{K_3}$

31. समान क्षेत्रफल की दो प्लेटें परस्पर सटाकर रखी जाती हैं। प्लेटों की मोटाईयाँ क्रमशः 1.0 सेमी तथा 1.5 सेमी हैं। पहली प्लेट का बाहरी तल 25°C तथा दूसरी प्लेट का बाहरी तल + 25°C पर है, तब
(a) यदि प्लेटें एक ही पदार्थ की हैं तो सन्धि का ताप – 5°C है
(b) यदि प्लेटें एक ही पदार्थ की हैं तो सन्धि का ताप + 5°C है
(c) यदि प्लेटों की ऊष्मा चालकता 2 : 3 है तो सन्धि का ताप 10°C है
(d) यदि प्लेटों की ऊष्मा चालकता 2 : 3 है तो सन्धि का ताप 10°C है

32. एक बर्तन में भरा गर्म जल 75°C से 70°C तक t_1 मिनटों में, 70°C से 65°C तक t_2 मिनटों में तथा 65°C से 60°C तक t_3 मिनटों में ठण्डा होता है तब
(a) $t_1 = t_2$ (b) $t_1 < t_2$ (c) $t_1 > t_3$ (d) $t_2 > t_3$

उत्तरमाला

1. (b)	**2.** (c)	**3.** (d)	**4.** (b)	**5.** (a)	**6.** (b)	**7.** (b)	**8.** (d)	**9.** (d)	**10.** (c)
11. (a)	**12.** (c)	**13.** (a)	**14.** (d)	**15.** (d)	**16.** (c)	**17.** (a)	**18.** (a)	**19.** (c)	**20.** (a)
21. (a)	**22.** (b)	**23.** (a)	**24.** (b)	**25.** (c)	**26.** (d)	**27.** (c)	**28.** (c)	**29.** (b)	**30.** (b)
31. (a)	**32.** (b)								

संकेत एवं हल

12. समान ऊष्मा प्रवाहित होने के लिए तापान्तर समान होना चाहिए।

अतः प्रारम्भिक तापान्तर $= 10-(-10) = 20°C = 20+273 = 293$ K

बाहर का ताप $= -23°C = -23+273 = 250$ K

इसलिए, अन्दर का ताप $= 293+250 = 543$ K

14. दिया है, $A_1 = A_2$ तथा $\frac{K_1}{K_2} = \frac{5}{4}$

चूँकि दोनों छड़ों के प्रतिरोध समान हैं।

अतः $R_1 = R_2 \Rightarrow \frac{l_1}{K_1 A} = \frac{l_2}{K_2 A} \Rightarrow \frac{l_1}{l_2} = \frac{K_1}{K_2} = \frac{5}{4}$

17. $\because$ ऊष्मा प्रवाह की दर $\left(\frac{\Delta Q}{\Delta t}\right) \propto \frac{r^2}{l}$

अतः $r = 2$ सेमी तथा $l = 0.5$ मी $= 50$ सेमी

$$\left(\frac{\Delta Q}{\Delta t}\right) \propto \frac{4}{50}, \text{ सबसे अधिक होगी ।}$$

19. चूँकि ऊष्मीय धारा, $\frac{dQ}{dt} = KA\frac{dT}{dx}$

जब, $dt = \frac{1}{2}$, $A = (2)^2 = 4$ तथा $K = \frac{1}{4}$ है।

तब $\frac{dQ}{dt}$ के दोगुना होने पर द्रव्यमान m दोगुना हो जायेगा।

$\therefore$ पिघली हुई बर्फ का आयतन $= 2 \times 0.1$ ग्राम $= 0.2$ ग्राम/से

20. हम जानते हैं

$$\frac{\theta}{t} = \frac{KA\Delta\theta}{l} = \frac{\Delta\theta}{(l/KA)} = \frac{\Delta\theta}{R}$$

अर्थात् $t \propto R$ (R = तापीय प्रतिरोध)

अतः $\frac{\text{समान्तर क्रम में लगा समय } (t_p)}{\text{श्रेणीक्रम में लगा समय } (t_s)}$

$$= \frac{\text{समान्तर क्रम में लगा प्रतिरोध } (R_p)}{\text{श्रेणीक्रम में लगा प्रतिरोध } (R_s)}$$

$$= \frac{R/2}{2R} = \frac{1}{4}$$ ($\because$ प्रतिरोध समान होने पर)

$$\left(R_p = \frac{R_1 R_2}{R_1 + R_2} = \frac{R}{2}, \; R_s = R_1 + R_2 = 2R\right)$$

अतः $t_p = \frac{t_s}{4} = \frac{4}{4} = 1$ मिनट (दिया है, $t_s = 4$ मिनट)

24. यदि समान्तर क्रम में जुड़े चालकों की लम्बाईयाँ समान होने के साथ-साथ अनुप्रस्थ-क्षेत्रफल भी समान हों, तब तुल्य ऊष्मीय चालकता,

$$K = \frac{K_1 + K_2}{2}$$

दिया है, $\frac{K_1}{K_2} = \frac{3}{4}$

$\Rightarrow$ $K_2 = \frac{4K_1}{3}$

$\Rightarrow$ $K = \frac{K_1 + 4K_1/3}{2}$

$\Rightarrow$ $K = \frac{3K_1 + 4K_1}{6} = \frac{7K_1}{6}$

$\therefore$ $\frac{K}{K_1} = \frac{7}{6} = 7:6$

12

विकिरण

Radiation

ऊष्मा संचरण की वह विधि जिसमें ऊष्मा का संचरण विद्युत चुम्बकीय तरंगों के रूप में माध्यम के ताप को परिवर्तित किए बिना होता है विकिरण कहलाती है। ऊष्मा संचरण की यह सबसे तीव्र विधि है।

विकिरण द्वारा ऊष्मा का स्थानान्तरण (Heat Transfer through Radiation)

वास्तव में विकिरण में विद्युत चुम्बकीय ऊर्जा, विद्युत चुम्बकीय तरंगों के रूप में किसी माध्यम से संचरित होती है। यह प्रक्रिया निर्वात् में भी सम्भव है। ऊष्मीय विकिरणों की तरंगदैर्ध्य 7.8×10^{-7} मी से 4×10^{-4} मी परास की होती है। ये विद्युत चुम्बकीय वर्णक्रम के अवरक्त क्षेत्र में होता है। अतः इसे अवरक्त विकिरण (infrared radiation) भी कहा जाता है।

विकिरण की तीव्रता, स्रोत से दूरी के वर्ग के व्युत्क्रमानुपाती होती है

अर्थात् $I \propto \frac{1}{r^2}$

पदार्थ पर आपतित विकिरण की क्रियाएँ (Interaction of Radiation with Matter)

जब किसी वस्तु पर ऊष्मीय विकिरण (Q) आपतित होता है, तब आंशिक रूप से परावर्तन, अवशोषण एवं विकिरणों का निर्गमन होता है।

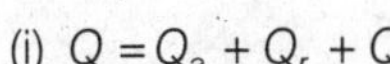

(i) $Q = Q_a + Q_r + Q_t$

(ii) $\frac{Q_a}{Q} + \frac{Q_r}{Q} + \frac{Q_t}{Q} = a + r + t = 1$

r, a एवं t शुद्ध अनुपातिक राशियाँ हैं, जोकि मात्रकहीन व विमाहीन हैं।

(iii) $a = \frac{Q_a}{Q}$ = अवशोषकता या अवशोषण शक्ति

$r = \frac{Q_r}{Q}$ = परावर्तकता या परावर्तन शक्ति

तथा $t = \frac{Q_t}{Q}$ = पारगम्यता या परागम्य शक्ति

जहाँ, Q_a अवशोषित ऊर्जा की मात्रा, Q_r परावर्तित ऊर्जा की मात्रा तथा Q_t संचरित ऊर्जा की मात्रा है।

(iv) विभिन्न वस्तुएँ

(a) यदि $a = t = 0$ एवं $r = 1 \rightarrow$ पूर्ण परावर्तक वस्तु

(b) यदि $r = t = 0$ एवं $a = 1 \rightarrow$ पूर्ण अवशोषक वस्तु (पूर्ण कृष्णिका)

(c) यदि $a = r = 0$ एवं $t = 1 \rightarrow$ पूर्ण पारगम्य वस्तु

(d) यदि $t = 0 \Rightarrow r + a = 1$ या $a = 1 - r$

अर्थात् अच्छे परावर्तक बुरे अवशोषक होते हैं एवं विलोमतः।

(v) उत्सर्जन क्षमता $(E_\lambda) = Q_\lambda / At$

उत्सर्जकता $(e_\lambda) = E_\lambda / E_{b\lambda}$, जहाँ, $Q_\lambda = \lambda$ तरंगदैर्ध्य पर विकिरण द्वारा उत्सर्जित ऊष्मा की मात्रा है। t = समय, A = क्षेत्रफल, $E_{b\lambda} = \lambda$ तरंगदैर्ध्य पर पूर्ण कृष्ण पिण्ड की उत्सर्जन क्षमता है।

पूर्ण कृष्ण पिण्ड (Perfectly Black Body)

कोई पिण्ड यदि सभी तरंगदैर्ध्य के आपतित विकिरणों को अवशोषित कर लेता है तो वह पूर्ण कृष्ण पिण्ड कहलाएगा। चूँकि पूर्ण कृष्ण आपतित प्रकाश को न तो परावर्तित करता है और न ही पारगमित करता है, अतः इसकी अवशोषकता इकाई (unity) होती है।

अर्थात् $t - 0$ और $r = 0 \Rightarrow$ अतः $a = 1$

हम जानते हैं कि किसी अपारदर्शी पिण्ड का रंग, वह रंग (तरंगदैर्ध्य) होता है जिसे पिण्ड परावर्तित कर देता है। चूँकि कृष्ण पिण्ड किसी भी तरंगदैर्ध्य को परावर्तित नहीं करता, अतः काला दिखायी देता है। जब कृष्ण पिण्ड को उच्च ताप पर गर्म करते हैं तो वह सभी सम्भव तरंगदैर्ध्यों को उत्सर्जित करता है। जैसे– सूर्य का ताप अति उच्च (लगभग 6000 केल्विन) है। अतः वह सभी सम्भव विकिरणों को उत्सर्जित करता है। जोकि कृष्ण पिण्ड का एक उदाहरण है।

किरचॉफ का नियम (Kirchhoff's Laws)

इस नियम के अनुसार किसी निश्चित ताप पर सभी पृष्ठों के लिए उत्सर्जन क्षमता तथा अवशोषण क्षमता का अनुपात समान होता है।

अर्थात् $\frac{e_1}{a_1} = \frac{e_2}{a_2} = \frac{e}{a}$ (कृष्ण पिण्ड के लिए)

अतः स्पष्ट रूप से, किसी विशेष तरंगदैर्ध्य के लिए अच्छे अवशोषक और अच्छे उत्सर्जक भी होंगें।

स्टीफन-बोल्ट्ज़मान नियम (Stefan-Boltzmann Law)

इसके अनुसार, किसी वस्तु के एकांक पृष्ठ क्षेत्रफल द्वारा प्रति सेकण्ड विकरित ऊर्जा का मान $E = \sigma (T_1^4 - T_0^4)$ होता है। जहाँ, T विकिरण उत्सर्जन करने वाले पृष्ठ का परमताप है तथा σ स्टीफन नियतांक है।

न्यूटन का शीतलन नियम (Newton's Law of Cooling)

इसके अनुसार, जब कोई गर्म वस्तु वायु में ठण्डी की जाती है तो वस्तु की ऊष्मा हानि की दर वस्तु तथा चारों ओर के माध्यम के तापान्तर के अनुक्रमानुपाती होती है। ऊष्मा हानि क़ी दर $\propto \Delta T$

वीन का नियम (Wien's Law)

सर्वप्रथम सन् 1893 में वीन ने ऊष्मागतिकी के आधार पर यह सिद्ध किया कि कृष्णिका द्वारा ताप T पर उत्सर्जित विकिरण में तरंगदैर्ध्यों λ व $(\lambda + d\lambda)$ के बीच स्पेक्ट्रमी ऊर्जा-घनत्व u_λ निम्न सूत्रानुसार होगा

$$u_\lambda d\lambda = \frac{A}{\lambda^5} f(\lambda T) d\lambda$$

जहाँ, A नियतांक है तथा $f(\lambda T)$ एक अज्ञात फलन है। यह सूत्र इस प्रायोगिक परिणामों के अनुरूप है कि वितरण-वक्र $(E_\lambda - \lambda)$ के शिखर पर λT का मान सभी तापों के लिए एक ही है। फलन $f(\lambda T)$ का स्वरूप ज्ञात करने के लिए, वीन ने यह माना कि कृष्णिका, उसी ताप की गैस के अणुओं के समान व्यवहार करती है जिनके द्वारा उत्सर्जित विकिरण की तरंगदैर्ध्य उनके वेगो पर निर्भर करती है। वीन ने अणुओं के लिए मैक्सवेल के वेग-वितरण का नियम लगाकर ऊर्जा-वितरण का निम्न सूत्र प्राप्त किया

$$u_\lambda d\lambda = \frac{A}{\lambda^5} e^{-B/\lambda T} d\lambda$$

जहाँ, A व B नियतांक हैं। वीन का सूत्र प्रायोगिक परिणामों से केवल छोटी तरंगदैर्ध्यों पर मेल खाता है और बड़ी तरंगदैर्ध्यों पर विचलित हो जाता है। इस सूत्र के अनुसार,

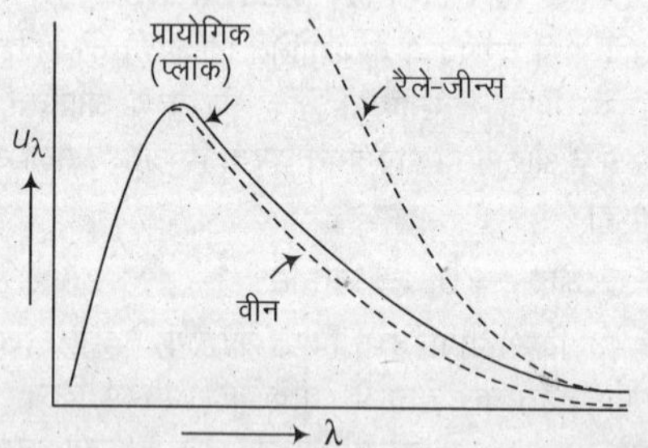

जहाँ, $\lambda = 0$ पर तथा $\lambda = \infty$ पर ऊर्जा-घनत्व u_λ का मान शून्य होगा, जैसा कि होना भी चाहिए, परन्तु इसके अनुसार ताप $T = \infty$ पर भी u_λ का मान परिमित (finite) रहेगा जोकि असम्भव है।

रैले-जीन्स का सूत्र (Rayleigh Jeans Formula)

रैले-जीन्स ने यह माना कि कृष्णिका की गुहिका (cavity) के भीतर विकिरण 0 से ∞ तक सभी सम्भव तरंगदैर्ध्यों की वैद्युत चुम्बकीय तरंगों के रूप में है। ये तरंगें कृष्णिका की दीवारों से बार-बार परावर्तित होकर अप्रगामी तरंगें (stationary waves) बनाती रहती हैं। उन्होंने तरंगदैर्ध्यों λ तथा $(\lambda + d\lambda)$ के बीच बनने वाली तरंगों की संख्या की गणना की तथा ऊर्जा-समविभाजन (energy equipartition) के नियम द्वारा ऊर्जा वितरण का निम्न सूत्र स्थापित किया

$$u_\lambda d\lambda = \frac{8\pi kT}{\lambda^4} d\lambda$$

जहाँ, k बोल्ट्ज़मान का नियतांक (Boltzmann constant) है। यह सूत्र प्रायोगिक परिणामों से केवल बड़ी तरंगदैर्ध्यों पर मेल खाता है।

रैले-जीन्स के सूत्र को स्वीकार करने में एक अन्य आपत्ति भी है। इसके अनुसार, हम जैसे-जैसे छोटी तरंगदैर्ध्य की ओर (अर्थात् पराबैंगनी क्षेत्र की ओर) जायेंगे, उत्सर्जित ऊर्जा अत्यधिक तेजी से बढ़ेगी। प्रयोग इस बात की पुष्टि नहीं करता।

प्लांक का नियम (Planck's Law)

सन् 1990 में प्लांक ने एक नया क्रान्तिकारी विचार यह रखा कि विकिरण का उत्सर्जन सतत् (continuous) न होकर ऊर्जा के छोटे-छोटे बन्डलों अथवा पैकिटों के रूप में होता है जिन्हें 'क्वाण्टा' (quanta) कहते हैं। प्रत्येक क्वाण्टा से सम्बद्ध ऊर्जा की मात्रा $h\nu$ होती है, जहाँ ν विकिरण की आवृत्ति तथा h प्लांक नियतांक हैं। इससे स्पष्ट है कि उत्सर्जित ऊर्जा $h\nu$ का पूर्ण गुणक (integral multiple) अर्थात् $h\nu$, $2h\nu$, $3h\nu$... हो सकती हैं इनके बीच में नहीं हो सकती। क्वाण्टम सिद्धान्त के आधार पर प्लांक ने निम्न सूत्र स्थापित किया जो सम्पूर्ण तरंगदैर्ध्य परिसर (range) कि लिए सत्य सिद्ध हुआ।

$$u_\lambda d\lambda = \frac{8\pi hc}{\lambda^5 (e^{hc/\lambda kT} - 1)} d\lambda$$

जहाँ, c प्रकाश का वेग है तथा k बोल्ट्ज़मान नियतांक है।

सौर नियतांक (Solar Constant)

वायुमण्डल की अनुपस्थिति में, सूर्य से पृथ्वी की औसत दूरी पर स्थित एक पृष्ठ पर प्रति सेमी^{2} प्रति मिनट लम्बरूप पड़ने वाली सूर्य की किरणों की ऊर्जा को सौर ऊष्मांक कहते हैं।

इसका औसत मान 1.937 कैलोरी सेमी$^{-2}$ मिनट$^{-1}$ है।

$$\text{सौर नियतांक } (S) = \frac{4\pi r^2 \times \sigma T^4}{4\pi R^2}$$

$$T^4 = \frac{S}{\sigma}\left(\frac{R}{r}\right)^2$$

अभ्यास प्रश्नावली

1. एक कृष्णिका द्वारा ताप 400 K पर एकांक पृष्ठ क्षेत्रफल द्वारा प्रति सेकण्ड उत्सर्जित विकिरण ऊर्जा E की गणना कीजिए। दिया है,
स्टीफन नियतांक $\sigma = 5.67 \times 10^{-8}$ जूल/(मी^{2}-सेकण्ड-K^4)

(a) 1.45×10^3 वाट/मी^{2}
(b) 2.65×10^3 वाट/मी^{2}
(c) 8.65×10^3 वाट/मी^{2}
(d) 8.45×10^3 वाट/मी^{2}

2. एक कृष्णिका का ताप 2000 K तथा पृष्ठ क्षेत्रफल 5×10^{-5} मी^{2} है। प्रति मिनट उत्सर्जित ऊर्जा की गणना कीजिए।
स्टीफन नियतांक $\sigma = 5.67 \times 10^{-8}$ जूल/(मी^{2}-सेकण्ड-K^4)

(a) 6.27×10^3 जूल
(b) 2.72×10^3 जूल
(c) 8×10^3 जूल
(d) उपरोक्त में से कोई नहीं

3. ओरायन तारा-मंडल में राइजेल-तारे की ज्योति तीव्रता सूर्य की 17,000 गुनी है। यदि सूर्य की सतह का ताप 6000 K हो तो इस तारे का ताप ज्ञात कीजिए।
(a) 8520 K (b) 9672 K (c) 68520 K (d) 80520 K

4. एक बल्ब जिसके तन्तु का ताप 3600 K है, बल्ब की ऊर्जा किस दर से उत्सर्जित होगी, यदि 1800 K ताप पर ऊर्जा उत्सर्जन की दर 16 वाट हो?
(a) 512 वाट (b) 527 वाट (c) 216 वाट (d) 256 वाट

5. एक कृष्णिका 300°C पर प्रति एकांक क्षेत्रफल 10^5 वाट की दर से ऊष्मा उत्सर्जित करती है। यदि सूर्य से प्रति एकांक क्षेत्रफल 10^9 वाट की दर से ऊष्मा उत्सर्जित होती है, तो सूर्य के ताप की गणना कीजिये।
(a) 5730 K (b) 6730 K (c) 8725 K (d) 8995 K

6. एक कृष्णिका एक निर्वातित बर्तन में, जिसकी दीवारें काली की गई हैं तथा जो 300 K नियत ताप पर है, रखी गई है। कृष्णिका द्वारा नेट ऊष्मा के लाभ अथवा हानि की तुलना कीजिए, जबकि इसका ताप
(*i*) 600 K (*ii*) 100 K है।
(a) 20 (b) 15 (c) 25 (d) 30

7. एक तारे द्वारा उत्सर्जित अधिकतम तीव्रता वाले विकिरण की तरंगदैर्ध्य 289 नैनोमीटर है। तारे द्वारा उत्सर्जित विकिरण की तीव्रता कितनी होगी? (स्टीफन नियतांक $= 5.67 \times 10^{-8}$ $Wm^{-2}K^{-4}$, वीन नियतांक = 2878 μK)
(a) 5.67×10^8 वाट/मी^{2} (b) 5.67×10^{-12} वाट/मी^{2}
(c) 10.67×10^7 वाट/मी^{2} (d) 10.67×10^{14} वाट/मी^{2}

8. पॉलिश हुई धातु की एक प्लेट, जिस पर एक काला धब्बा है, को 1400 K के ताप तक गर्म करने के बाद तुरन्त अन्धेरे कमरे में ले जाया जाता है। तब यह धब्बा
(a) प्लेट से गहरा दिखाई देगा
(b) प्लेट से ज्यादा चमकीला दिखाई देगा
(c) प्लेट के समान ही चमकेगा
(d) प्लेट के समान ही गहरा दिखाई देगा

9. एक कृष्णिका की 0°C पर विकिरण की दर *E* वाट है। 273°C पर कृष्णिका की विकिरण दर कितनी होगी?
(a) 16 *E* (b) 8 *E* (c) 4 *E* (d) *E*

10. यदि किसी कृष्णिका का ताप 50% बढ़ा दिया जाता है तो इससे उत्सर्जित विकिरण में कितने प्रतिशत की वृद्धि होगी?
(a) 100% (b) 25% (c) 400% (d) 500%

11. एक पिण्ड का ताप 5 मिनट में 80°C से 50°C हो जाता है। यदि परिवेश का ताप 20°C हो तो पिण्ड के ताप को 60°C से 30°C होने में कितना समय लगेगा?
(a) 9 मिनट (b) 7 मिनट (c) 8 मिनट (d) 10 मिनट

12. दो पिण्डों *A* तथा *B* को 27°C ताप वाले एक खाली बर्तन में रखा गया है। यदि *A* का ताप 327°C तथा *B* का ताप 227°C है तो *A* तथा *B* द्वारा उत्सर्जित ऊर्जाओं का अनुपात कितना होगा?
(a) 2 : 1 (b) 4 : 1 (c) 1 : 2 (d) 1 : 4

13. एक आदर्श कृष्णिका की परावर्तकता तथा उत्सर्जकता क्रमश: कितनी होगी?
(a) 0, 1 (b) 1, 0 (c) 0.5, 0.5 (d) 0, 0

14. एक काले पिण्ड की 27°C पर ऊर्जा उत्सर्जन की दर E_1 है। यदि पिण्ड का ताप बढ़ाकर 327°C कर दिया जाता है तो ऊर्जा उत्सर्जन की दर E_2 हो जाती है। E_1 तथा E_2 के बीच सम्बन्ध बताइए।
(a) $E_2 = 24E_1$ (b) $E_2 = 16E_1$ (c) $E_2 = 8E_1$ (d) $E_2 = 4E_1$

15. एक मरीज की छाती की त्वचा के दो हिस्सों (patches of skin) से उत्सर्जित ऊर्जा की दरों में 2% का अन्तर है, जबकि प्रत्येक हिस्से का क्षेत्रफल *A* समान है। यदि दोनों हिस्सों की उत्सर्जकता 1 है तथा निम्न ताप वाले हिस्से का ताप 300 केल्विन है, तो त्वचा के दूसरे हिस्से का ताप कितना होगा?
(a) 306 केल्विन (b) 312 केल्विन
(c) 308.5 केल्विन (d) 301.5 केल्विन

16. सूर्य की किरणों को 5 सेमी व्यास वाले एक लेन्स के द्वारा बर्फ के एक टुकड़े पर केन्द्रित किया जाता है। इसके कारण 10 मिनट में 10 ग्राम बर्फ पिघल जाती है। सूर्य द्वारा प्रति मिनट तथा प्रति क्षेत्रफल प्राप्त होने वाली ऊर्जा कितनी है?
(a) 4 कैलोरी सेमी$^{-2}$ मिनट$^{-1}$ (b) 40 कैलोरी सेमी$^{-2}$ मिनट$^{-1}$
(c) 4 जूल मी$^{-2}$ मिनट (d) 400 कैलोरी सेमी$^{-2}$ मिनट$^{-1}$

17. सूर्य द्वारा उत्सर्जित सौर विकिरण की मात्रा, 6000 K केल्विन पर एक काले पिण्ड द्वारा उत्सर्जित विकिरण की मात्रा के समान है। 4800 Å तरंगदैर्ध्य पर उत्सर्जित ऊर्जा का मान अधिकतम होता है। यदि सूर्य का ताप 6000 K से घटकर 3000 K केल्विन हो जाए तो तरंगदैर्ध्य के किस मान के लिए उत्सर्जित ऊर्जा अधिकतम होगी?
(a) 4800 Å (b) 9600 Å
(c) 2400 Å (d) 19200 Å

18. जब किसी काले पिण्ड के ताप में वृद्धि की जाती है तो 0.26 माइक्रोमीटर तरंगदैर्ध्य पर उत्सर्जित होने वाली अधिकतम ऊर्जा, 0.13 माइक्रोमीटर तरंगदैर्ध्य पर ही प्राप्त हो जाती है। उत्सर्जकताओं के अनुपात E_2/E_1 का मान कितना होगा?
(a)16/1 (b) 4/1
(c)1/4 (d) 1/16

19. एक काले पिण्ड द्वारा 27°C पर उत्सर्जित ऊर्जा का मान 10 जूल/से है। यदि पिण्ड का ताप बढ़ाकर 327°C कर दिया जाता है तो प्रति सेकण्ड कितनी ऊर्जा उत्सर्जित होगी?
(a) 20 जूल (b) 40 जूल (c) 80 जूल (d) 160 जूल

20. एक काले पिण्ड का ताप 327°C है तथा उत्सर्जित ऊर्जा का मान 4 कैलारी सेमी$^{-2}$ से$^{-1}$ है। यदि पिण्ड का ताप 927°C हो जाए तो पिण्ड द्वारा प्रति सेकण्ड प्रति वर्ग सेमी क्षेत्रफल से कितनी ऊर्जा उत्सर्जित होगी?
(a) 16 (b) 32 (c) 64 (d) 128

21. गर्म पानी से भरे एक बीकर को कमरे में रखा गया है। इसे 80°C से 75°C तक ठण्डा होने में t_1 मिनट लगते हैं। 75°C से 70°C तक ठण्डा होने में t_2 मिनट लगते हैं और 70°C से 65°C तक ठण्डा होने में t_3 मिनट लगते हैं, तब
(a) $t_1 < t_2 > t_3$ (b) $t_1 > t_2 > t_3$
(c) $t_1 < t_2 < t_3$ (d) $t_1 > t_2 < t_3$

22. खगोलीय तारे *A* की त्रिज्या *r* तथा उसकी सतह का तापमान *T* है। तारे *B* की त्रिज्या 4*r* तथा तापमान *T*/2 है। इनसे उत्सर्जित विकिरण शक्ति का अनुपात $P_A : P_B$ क्या होगा
(a) 1 : 4 (b) 16 : 1 (c) 1 : 16 (d) 1 : 1

23. एक पॉलिश की हुई धातु की प्लेट पर एक खुरदरा काला धब्बा है। यदि प्लेट को 1400°C तक गर्म करके अँधेरे कमरे में ले जाए तो
(a) प्लेट के शेष भाग के सापेक्ष धब्बा अधिक चमकीला दिखाई देगा
(b) धब्बा व प्लेट का शेष भाग समान रूप से चमकीले होंगे
(c) धब्बा व शेष भाग कोई भी नहीं चमकेगा
(d) धब्बा शेष भाग के सापेक्ष कम चमकीला दिखाई देगा

24. ताँबे का ठोस गोला (घनत्व ρ, विशिष्ट ऊष्मा C व त्रिज्या r) जिसका प्रारम्भिक ताप 200 K है, एक ऐसे कोष्ठ में लटका जिसकी दीवारें लगभग 0 K ताप पर हैं। गोले के ताप को 100 K तक गिरने में लगने वाला समय होगा (स्टीफन नियतांक σ है)

(a) $\frac{72\ r\rho c}{7\ \sigma} \times 10^{-6}$ सेकण्ड (b) $\frac{7\ r\rho c}{72\ \sigma} \times 10^{-6}$ सेकण्ड

(c) $\frac{7\ \sigma}{72\ rc} \times 10^{-6}$ सेकण्ड (d) $\frac{72\ \sigma}{7\ rc} \times 10^{-6}$ सेकण्ड

25. ऊर्जा E का कोई विकिरण किसी परिपूर्ण परावर्ती पृष्ठ पर अभिलम्बवत् पड़ता है। पृष्ठ का स्थानान्तरित संवेग है

(a) $\frac{E}{C}$ (b) $\frac{E}{C^2}$ (c) EC (d) $\frac{2E}{C}$

26. सूर्य की उत्सर्जित विकिरण की तीव्रता का अधिकतम मान 510 नैनोमीटर तरंगदैर्ध्य पर है तथा उत्तर तारे से उत्सर्जित विकिरण की तीव्रता का अधिकतम मान 350 नैनोमीटर तरंगदैर्ध्य पर है यदि ये तारे कृष्ण पिण्ड की तरह व्यवहार करते हों, तो सूर्य तथा उत्तर की सतह के ताप का अनुपात होगा

(a) 1.46 (b) 0.69
(c) 1.21 (d) 0.83

27. एक काली धातु की पन्नी एक बिन्दु स्रोत से जिसका ताप T है तथा पन्नी से दूरी d, विकिरण द्वारा गर्म की जाती है। यह पाया गया कि पन्नी द्वारा प्राप्त शक्ति P है। यदि ताप तथा दूरी दोनों को दोगुना कर दें तो पन्नी द्वारा प्राप्त शक्ति होगी

(a) P (b) $2P$
(c) $4P$ (d) $16P$

उत्तरमाला

1. (a)	**2.** (b)	**3.** (c)	**4.** (d)	**5.** (a)	**6.** (b)	**7.** (a)	**8.** (b)	**9.** (a)	**10.** (c)
11. (b)	**12.** (a)	**13.** (a)	**14.** (b)	**15.** (d)	**16.** (a)	**17.** (b)	**18.** (d)	**19.** (d)	**20.** (c)
21. (c)	**22.** (d)	**23.** (a).	**24.** (d)	**25.** (d)	**26.** (b)	**27.** (c)			

संकेत एवं हल

1. स्टीफन के नियम से,

$$E = \sigma T^4$$

$$\Rightarrow \quad E = 5.67 \times 10^{-8} \frac{\text{जूल}}{\text{मी}^2\text{-सेकण्ड-K}^4} \times (400\ \text{K})^4$$

$$= 1.45 \times 10^3\ \text{जूल/मी}^2\text{-सेकण्ड} = 1.45 \times 10^3\ \text{Jeeš/ceer}^2$$

2. स्टीफन के नियमानुसार, कृष्णिका के प्रति एकांक क्षेत्रफल से प्रति सेकण्ड उत्सर्जित ऊर्जा

$$E = \sigma(T^4 - T_0^4)$$

जहाँ, T कृष्णिका तथा T_0 बाह्य परिवेश (surroundings) के परमताप हैं। यदि $T >> T_0$, तब $E = \sigma T^4$

यदि कृष्णिका का पृष्ठ क्षेत्रफल A हो, तब कृष्णिका से प्रति मिनट (60 सेकण्ड) उत्सर्जित ऊर्जा

$= \sigma T^4 \times A \times 60$ सेकण्ड

$$= \left(5.67 \times 10^{-8} \frac{\text{जूल}}{\text{मी}^2\text{-सेकण्ड-K}^4}\right)(2000\ \text{K})^4 \times (5 \times 10^{-5}\ \text{मी}^2) \times 60\ \text{से}$$

$= 2.72 \times 10^3$ जूल

3. स्टीफन-बोल्ट्जमान नियम के अनुसार, परमताप T की कृष्णिका के प्रति एकांक क्षेत्रफल से प्रति सेकण्ड विकिरत ऊर्जा

$$E = \sigma(T^4 - T_0^4)$$

जहाँ, T_0 बाह्य वातावरण का परमताप तथा σ स्टीफन नियतांक हैं।

यदि $T >> T_0$, तब $E = \sigma T^4$

माना कि तारे तथा सूर्य की ज्योति तीव्रताएँ क्रमशः E_1 व E_2 तथा उनके परमताप क्रमशः T_1 व T_2 हैं, तब उन्हें कृष्णिकाओं की तरह मानने पर

$$\frac{E_1}{E_2} = \frac{T_1^4}{T_2^4}$$

यहाँ, $E_1 / E_2 = 17000$ तथा $T_2 = 6000$ K

$$\therefore \quad 17000 = \frac{T_1^4}{(6000\ \text{K})^4}$$

$$\Rightarrow \quad T_1^4 = (6000\ \text{K})^4 \times 17000$$

अथवा $T_1 = 6000\ \text{K} \times (17000)^{1/4} = 6000 \times 11.42 = 68520$ K

4. स्टीफन के नियम से, एक कृष्णिका द्वारा परमताप T पर ऊर्जा उत्सर्जन की दर, $E \propto T^4$ ...(i)

तन्तु को कृष्णिका मानने पर, तन्तु से ऊर्जा उत्सर्जन की दर

$$E' \propto T'^4 \quad \text{...(ii)}$$

जहाँ T' तन्तु का परमताप है।

उपरोक्त समी (i) व (ii) $\frac{E'}{E} = \frac{T'^4}{T^4}$ अथवा $E' = E \times \frac{T'^4}{T^4}$

दिए गए मानों को रखने पर,

$$E' = 16 \times \frac{(3600)^4}{(1800)^4} = 256\ \text{वाट}$$

5. स्टीफन के नियमानुसार, कृष्णिका से केल्विन ताप T पर प्रति एकांक क्षेत्रफल प्रति सेकण्ड उत्सर्जित ऊर्जा $E \propto T^4$

अर्थात् $$\frac{E_1}{E_2} = \frac{T_1^4}{T_2^4}$$

जहाँ, $E_1 = 10^5$ वाट, $T_1 = 300 + 273 = 573$ K, $E_2 = 10^9$ वाट

$$\therefore \quad T_2^4 = T_1^4 \times \frac{E_2}{E_1}$$

$$= (573)^4 \times \frac{10^9}{10^5} = (5730\ \text{K})^4$$

अथवा $T_2 = 5730$ K

13

यांत्रिक तरंगें

Mechanical Waves

यांत्रिक अथवा प्रत्यास्थ तरंगें (Mechanical or Elastic Waves)

यांत्रिक अथवा प्रत्यास्थ तरंगें वे तरंगें हैं, जिनके संचरण के लिए भौतिक माध्यम (physical medium) की उपस्थिति आवश्यक है तथा जो बिना अपनी आकृति बदले एक निश्चित चाल से माध्यम में आगे बढ़ती हैं। इस माध्यम में दो गुण प्रत्यास्थता तथा जड़त्व का होना आवश्यक हैं। इन तरंगों की चाल माध्यम के इन दोनों गुणों पर ही निर्भर करती है।

जैसे- ध्वनि तरंगें, किसी रस्सी में उत्पन्न तरंगें, भूकम्प तरंगें (seismic waves), जल (द्रव) में उत्पन्न तरंगें, स्प्रिंग की तरंगें, आदि।
माध्यम की अनुपस्थिति में इन तरंगों का संचरण सम्भव नहीं है।

यांत्रिक तरंगों के प्रकार (Types of Mechanical Waves)

यांत्रिक तरंगें दो प्रकार की होती हैं:

(i) वे तरंगें जिनमें माध्यम के कणों का विस्थापन तरंग की गति की दिशा के लम्बवत् होता है, अनुप्रस्थ तरंगें कहलाती हैं।

(ii) वे तरंगें जिनमें माध्यम के कणों का विस्थापन तरंग की गति की दिशा में होता है, अनुदैर्ध्य तरंगें कहलाती हैं।

एक-विमीय तरंग के लिए सामान्य समीकरण, $\frac{d^2y}{dt^2} = v^2\frac{d^2y}{dx^2}$

जहाँ,
$$y = f\left(t = \frac{x}{v}\right) = A\sin\left[\frac{(t - x/v)}{T}\right]$$
$$= Ae^{-\left[\frac{(t-x/v)}{T}\right]} = A\sin\omega\left[\frac{x}{v} - t\right] = A\sin(kx - \omega t)$$

यहाँ y, फलन $f(x \pm vt)$ के रूप में होता है।

उपरोक्त समीकरण को हल करने पर, $y = a\sin(\omega t \pm kx + \phi)$

ऋणात्मक चिह्न तब लेते हैं जब तरंग $+x$-अक्ष की दिशा में चलती है तथा धनात्मक चिह्न तब लेते हैं जब तरंग $-x$-अक्ष की दिशा में गतिमान होती है।

उपरोक्त तरंगों के लिए, कण का वेग $(v) = \frac{dy}{dt}$, कण का त्वरण $(a) = \frac{d^2y}{dt^2}$

नोट यदि माध्यम ठोस हो, तब कण का वेग, $v = \sqrt{\eta/\rho}$, जहाँ, $\eta =$ दृढ़ता गुणांक (माध्यम का) तथा $\rho =$ घनत्व (ठोस माध्यम का)

यदि माध्यम गैस हो, तब $v = \sqrt{\frac{\gamma p}{\rho}} = \sqrt{\frac{\gamma RT}{\text{अणु भार } (M)}}$

यदि माध्यम द्रव हो, तब $v = \sqrt{B/\rho}$,

जहाँ, B द्रव का आयतन प्रत्यास्थता गुणांक तथा ρ घनत्व है।

दाब तरंगें (Pressure Waves)

किसी माध्यम में दाब परिवर्तन समीकरण जिसमें दाब प्रयुक्त होता है से दर्शाते हैं। दाब तरंग रूप में घटता तथा बढ़ता है। इस समीकरण को निम्न प्रकार लिख सकते हैं

$$p = p_m\cos(\omega t \mp kx + \phi)$$

औसत गतिज ऊर्जा घनत्व (Average kinetic energy density) समतल प्रगामी तरंग के लिए गतिज ऊर्जा घनत्व माध्यम के प्रति एकांक क्षेत्रफल व प्रति एकांक लम्बाई की गतिज ऊर्जा को दर्शाता है तथा निम्न समीकरण से दिया जाता है

$$KE_{av} = \frac{1}{4}\rho\,\omega^2a^2$$

जहाँ, ρ माध्यम का द्रव्यमान घनत्व है।

औसत स्थितिज ऊर्जा घनत्व (Average potential energy density) यह प्रति एकांक क्षेत्रफल व प्रति एकांक लम्बाई की स्थितिज ऊर्जा को दर्शाता है।

$$U_{av} = \frac{1}{4}\rho\omega^2a^2$$

कुल ऊर्जा घनत्व (Total energy density) यह गतिज ऊर्जा घनत्व व स्थितिज ऊर्जा घनत्व का योगफल होता है, अर्थात्

$$E = KE_{av} + U_{av}$$
$$= \frac{1}{4}\rho\omega^2a^2 + \frac{1}{4}\rho\omega^2a^2 = \frac{1}{2}\rho\omega^2a^2$$

या $E = 2\pi^2n^2a^2\rho$

जहाँ, n आवृत्ति है।

तीव्रता (Intensity) तरंग संचरण की दिशा के लम्बवत् प्रति सेकण्ड प्रति इकाई क्षेत्रफल से ऊर्जा प्रवाह को तीव्रता कहते हैं।

$$\text{तीव्रता, } (I) = 2\pi^2n^2a^2\rho v$$

$$\text{दाब तरंग के लिए तीव्रता} = \frac{p_{max}^2}{2\rho v}$$

प्रगामी तरंगें (Progressive Waves)

वे तरंगें जो बिना आयाम परिवर्तित किए सतत् रूप से अर्थात् निरन्तर एक ही दिशा में चलती हैं, प्रगामी तरंगें कहलाती हैं। ये अनुदैर्ध्य या अनुप्रस्थ हो सकती हैं।

अभ्यास प्रश्नावली

1. एक तरंग का आयाम $A = \dfrac{c}{(a+b-c)}$ दिया गया है, अनुनाद होगा, यदि

(a) $b = -\dfrac{c}{2}$ (b) $b = -\dfrac{a}{2}$
(c) $b = 0, a = c$ (d) इनमें से कोई नहीं

2. मेल्डी के प्रयोग में डोरी चार भागों में कम्पन करती है, जबकि 50 ग्राम-भार का पिण्ड, 15 ग्राम-भार की कढ़ाई में रखा जाता है। डोरी 6 भागों में कम्पन करने लगे, इसके लिए कितना द्रव्यमान कढ़ाई से हटाया जाए?

(a) 7 ग्राम (b) 36 ग्राम (c) 21 ग्राम (d) 29 ग्राम

3. L लम्बाई व M द्रव्यमान की एकसमान रस्सी दोनों सिरों पर खिंची है। रस्सी में तनाव T है। यह जिस आवृत्ति n से कम्पन करती है, उसे निम्न में से किस सूत्र से दर्शाया गया है?

(a) $n = \dfrac{1}{2}\sqrt{\dfrac{T}{ML}}$ (b) $n = \dfrac{1}{2}\sqrt{\dfrac{T}{M}}$
(c) $n = \dfrac{1}{2}\sqrt{\dfrac{TL}{M}}$ (d) $n = \dfrac{1}{2}\sqrt{\dfrac{M}{LT}}$

4. एक प्रयोग में एक डोरी n खण्डों में कम्पन कर रही है, जबकि M द्रव्यमान का पिण्ड एक कढ़ाई में रखा है। कढ़ाई में कितना द्रव्यमान रखा जाए ताकि वह $2n$ खण्डों में समान आवृत्ति से कम्पन करे? (कढ़ाई का द्रव्यमान नगण्य है)

(a) $M/4$ (b) $4M$ (c) $2M$ (d) $M/2$

5. एक अनुप्रस्थ तरंग समीकरण, $y = y_0 \sin 2\pi\left[ft - \dfrac{x}{\lambda}\right]$ से दी जाती है। इसका महत्तम कण वेग, तरंग वेग का चार गुना होगा, यदि

(a) $\lambda = \pi y_0/4$ (b) $\lambda = 2\pi y_0$
(c) $\lambda = \pi/y_0$ (d) $\lambda = \pi y_0/2$

6. दो तरंगों, $y_1 = a_1 \sin\left(\omega t - \dfrac{2\pi x}{\lambda}\right)$ तथा

$y_2 = a_2 \cos\left(\omega t - \dfrac{2\pi x}{\lambda} + \phi\right)$ के बीच पथान्तर है

(a) $\dfrac{\lambda}{2\pi}(\phi)$ (b) $\dfrac{\lambda}{2\pi}\left(\phi + \dfrac{\pi}{2}\right)$
(c) $\dfrac{2\pi}{\lambda}\left(\phi - \dfrac{\pi}{2}\right)$ (d) $\dfrac{2\pi}{\lambda}(\phi)$

7. सरल आवर्त गति करने वाले कण का विस्थापन x (मीटर में), समय t (सेकण्ड में) के पदों में समीकरण, $x = 0.05\cos\left(4\pi t + \dfrac{\pi}{4}\right)$ से दिया गया है। गति की आवृत्ति होगी

(a) 0.5 हर्ट्ज (b) 1.0 हर्ट्ज (c) 1.5 हर्ट्ज (d) 2.0 हर्ट्ज

8. निम्नलिखित में से कौन-सी समीकरण तरंग को प्रदर्शित करती है?

(a) $y = A\sin\omega t$ (b) $y = A\cos kx$
(c) $y = A\sin(at - bx + c)$ (d) $y = A(\omega t - kx)$

9. एक रस्सी दोनों स्थिर सिरों पर खिंची है। यदि इसमें n निस्पन्द बनते हैं, तब रस्सी की लम्बाई है

(a) $\dfrac{n\lambda}{2}$ (b) $(n+1)\dfrac{\lambda}{2}$
(c) $(n-1)\dfrac{\lambda}{2}$ (d) $\left(n + \dfrac{1}{2}\right)\dfrac{\lambda}{2}$

10. निम्नलिखित में से कौन-सी समीकरणें अनुप्रस्थ प्रगामी तरंग की समीकरण हैं, जिनके अध्यारोपण के फलस्वरूप अप्रगामी तरंग प्राप्त होगी ?

$Z_1 = A\cos(\omega t - kX), Z_2 = A\cos(\omega t + kX)$

$Z_3 = A\cos(\omega t - kY), Z_4 = A\cos(2\omega t - 2kY)$

(a) Z_1 तथा Z_2
(b) Z_1 तथा Z_4
(c) Z_2 तथा Z_3
(d) Z_3 तथा Z_4

11. एक ध्वनि तरंग का वायु में वेग 330 मी/से है। वायु में एक विशेष ध्वनि के लिए पथान्तर 40 सेमी है, जो कलान्तर 1.6π के बराबर है। इस तरंग की आवृत्ति है

(a) 165 हर्ट्ज (b) 150 हर्ट्ज
(c) 660 हर्ट्ज (d) 330 हर्ट्ज

12. एक तरंग समीकरण, $y = 0.5\sin(10t + x)$ मीटर से प्रदर्शित की जाती है। यह तरंग धन x-अक्ष की दिशा में जिस वेग से चलती है, वह है

(a) 40 मी/से (b) 20 मी/से
(c) 5 मी/से (d) इनमें से कोई नहीं

13. तरंग गति की समीकरण निम्न प्रकार दी गई है

$y = 10^{-4}\sin\left(100t - \dfrac{x}{10}\right)$ मीटर तरंग का वेग होगा

(a) 100 मी/से (b) 4 मी/से
(c) 1000 मी/से (d) शून्य

14. L लम्बाई के एक खिंचे तार के सिरे $x = 0$ तथा $x = L$ पर स्थिर हैं। पहले प्रयोग में, तार का विस्थापन, $y_1 = A\sin\left(\dfrac{\pi x}{l}\right)\sin\omega t$ तथा ऊर्जा E_1 है। दूसरे प्रयोग में, इसका विस्थापन $y_2 = A\sin(2\pi x/L)\sin 2\omega t$ तथा ऊर्जा E_2 है। तब

(a) $E_2 = E_1$ (b) $E_2 = 2E_1$
(c) $E_2 = 4E_1$ (d) $E_2 = 16E_1$

15. एक सरल आवर्त प्रगामी तरंग की समीकरण निम्न प्रकार दी गई है $y = 8\sin 2\pi(0.1x - 2t)$, जहाँ x तथा y सेमी में तथा t सेकण्ड में है। किसी समय x-अक्ष पर एक-दूसरे से 2.0 सेमी दूर स्थित कणों के बीच कलान्तर है

(a) 18° (b) 54°
(c) 36° (d) 72°

16. तरंग गति के सम्बन्ध में निम्नलिखित में से कौन-सा कथन सत्य है?

(a) यांत्रिक अनुप्रस्थ तरंगें सभी माध्यमों में गमन कर सकती हैं
(b) अनुदैर्ध्य तरंगें केवल ठोसों में गमन कर सकती हैं
(c) यांत्रिक अनुप्रस्थ तरंगें केवल ठोसों में गमन कर सकती हैं
(d) अनुदैर्ध्य तरंगें निर्वात् में गमन कर सकती हैं

17. दो एकसमान डोरियाँ A तथा B स्टील की बनी हैं तथा समान तनाव के अन्तर्गत कम्पन कर रही हैं। यदि A का पहला अधिस्वरक B के द्वितीय अधिस्वरक के बराबर है तथा A की त्रिज्या B की त्रिज्या की दोगुनी हो तो, डोरियों की लम्बाइयों का अनुपात है

(a) 2 : 1 (b) 3 : 4
(c) 3 : 2 (d) 1 : 3

18. ठोसों में अनुप्रस्थ तरंग संचरण को निम्न प्रकार दर्शाया गया है, $\frac{d^2y}{dt^2} = \frac{m}{T} \cdot \frac{d^2y}{dx^2}$, तरंग का वेग है

(a) T/m (b) mT
(c) $\sqrt{T/m}$ (d) $\sqrt{m/T}$

19. एक रस्सी तनाव के अन्तर्गत है, इसकी लम्बाई में वृद्धि वास्तविक लम्बाई की $\frac{1}{n}$ गुना होती है। अनुदैर्ध्य तरंग की मूल आवृत्ति तथा अनुप्रस्थ तरंग की मूल आवृत्ति में अनुपात है

(a) $1 : n$ (b) $n^2 : 1$ (c) $\sqrt{n} : 1$ (d) $n : 1$

20. एक भारी एकसमान रस्सी एक छत से लम्बवत् लटकी है, इसका निचला सिरा स्वतंत्र है। रस्सी में एक हलचल निचले सिरे से ऊपर की ओर v वेग से चल रही है यदि यह हलचल निचले सिरे से x ऊँचाई पर है, तब

(a) $v \propto x$ (b) $v \propto \sqrt{x}$
(c) $v \propto \frac{1}{x}$ (d) $v \propto \frac{1}{\sqrt{x}}$

21. ज्या (sine) तरंग में समय $t = 0$ पर अलग-अलग कणों की स्थिति चित्र में दिखाई गई है। धन x-अक्ष पर चल रही इस तरंग की समीकरण हो सकती है

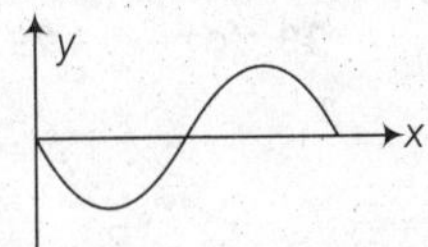

(a) $y = A\sin(\omega t - kx)$ (b) $y = A\cos(kx - \omega t)$
(c) $y = A\cos(\omega t - kx)$ (d) $y = A\sin(kx - \omega t)$

22. दो रस्सियाँ, जिनके प्रति एकांक लम्बाई के द्रव्यमान 25 ग्राम/सेमी तथा 9 ग्राम/सेमी हैं, एक-दूसरे से श्रेणीक्रम में जुड़ी हैं। कम्पनिक तरंग के लिए परावर्तन गुणांक है

(a) $\frac{9}{25}$ (b) $\frac{3}{5}$ (c) $\frac{1}{16}$ (d) $\frac{9}{16}$

23. एक समतल प्रगामी तरंग का समीकरण, $y = 0.6 \sin 2\pi\left(t - \frac{x}{2}\right)$ है। एक सघन माध्यम से परावर्तन होने पर इसका आयाम आपतित तरंग के आयाम का 2/3 हो जाता है। परावर्तित तरंग का समीकरण है

(a) $y = 0.6\sin 2\pi\left(t + \frac{x}{2}\right)$
(b) $y = -0.4\sin 2\pi\left(t + \frac{x}{2}\right)$
(c) $y = 0.4\sin 2\pi\left(t + \frac{x}{2}\right)$
(d) $y = -0.4\sin 2\pi\left(t - \frac{x}{2}\right)$

24. यदि O स्थिर बिन्दु है, तब इस प्रश्न में $t = 3$ सेकण्ड समय पर तरंग रूप है

(a) 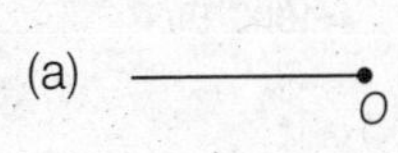

(b) 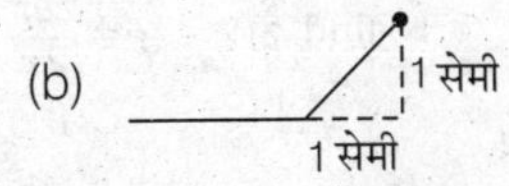

(c) 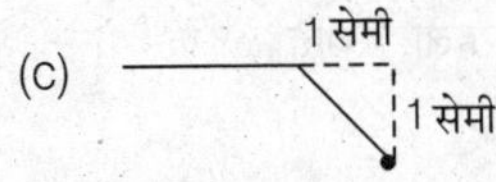

(d) 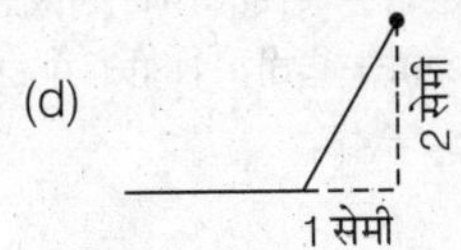

25. एक भारहीन छड़ दो बराबर लम्बाई की समान रस्सियों AB व CD द्वारा लटकी है। एक द्रव्यमान m बिन्दु O से इस प्रकार लटका है कि $BO = x$ है। प्रेक्षण द्वारा ज्ञात होता है, कि AB में पहले संनादी (मूल स्वर की आवृत्ति) की आवृत्ति, CD में दूसरे संनादी की आवृत्ति के बराबर है, तब BO की लम्बाई है

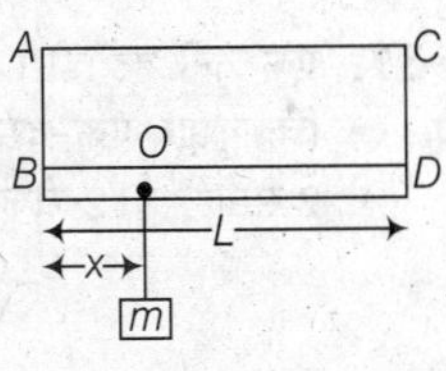

(a) $\frac{L}{5}$ (b) $\frac{4L}{5}$ (c) $\frac{3L}{4}$ (d) $\frac{L}{4}$

26. अप्रगामी तरंग में निस्पन्द ऐसे बिन्दु होते हैं, जहाँ होता है

(a) अधिकतम विस्थापन एवं अधिकतम दाब परिवर्तन
(b) अधिकतम विस्थापन एवं न्यूनतम दाब परिवर्तन
(c) न्यूनतम विस्थापन एवं अधिकतम दाब परिवर्तन
(d) अधिकतम विस्थापन एवं न्यूनतम दाब परिवर्तन

27. किसी खिंचे हुए तार के अनुदिश एक तरंग 3000 मी से$^{-1}$ की चाल से गुजरती है। यदि तार में तनाव चार गुना हो जाए तो तरंग का वेग होगा

(a) 1500 मी से$^{-1}$ (b) 3000 मी से$^{-1}$
(c) 6000 मी से$^{-1}$ (d) 9000 मी से$^{-1}$

28. समान लम्बाई, समान त्रिज्या व समान पदार्थ के दो तार A व B स्वर मेल में हैं। यदि A में तनाव 4% बढ़ा दिया जाए तो 4 विस्पन्द उत्पन्न होते है, तो जिस समय तार स्वर मेल में है उस समय उत्पन्न की आवृत्ति होगी

(a) 50 हर्ट्ज (b) 100 हर्ट्ज
(c) 150 हर्ट्ज (d) 200 हर्ट्ज

29. n आवृत्ति से कम्पन करने वाले स्रोत द्वारा उत्पन्न डोरी में तरंगें किसी क्षण दायीं ओर संचरित हो रही हैं।

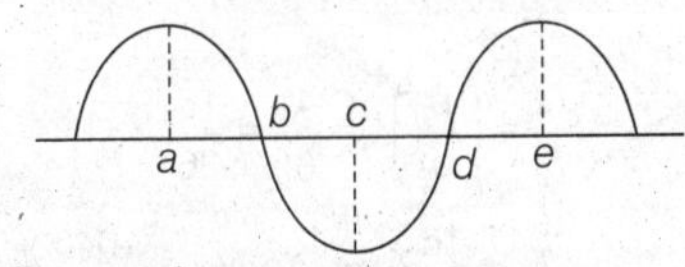

निम्न कथनों पर विचार करें

I. तरंग की चाल $4n \times ab$ है।

II. बिन्दु a व d पर माध्यम $\frac{4}{3n}$ से बाद समान काल में होंगे।

III. बिन्दु b तथा e के बीच कलान्तर $\frac{3\pi}{2}$ है। इनमें सत्य कथन हैं

(a) I, II तथा III (b) II केवल (c) I तथा III (d) III केवल

30. निम्न में से कौन-सा ध्वनि की प्रबलता व तीव्रता के माध्यम सही ग्राफ है

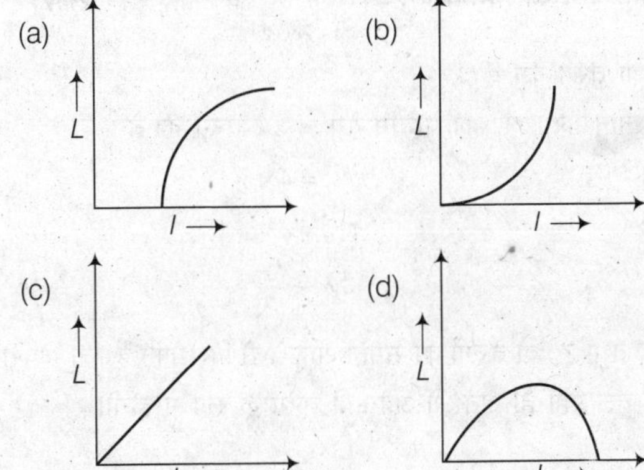

31. एक तनी हुई डोरी में दो स्पन्द, जिनके मध्य प्रारम्भिक दूरी 8 सेमी है, चित्रानुसार एक-दूसरे की ओर गति कर रहे हैं। प्रत्येक स्पन्द की चाल 2 सेमी$^{-1}$ है। 2 सेकण्ड पश्चात स्पन्दों की कुल ऊर्जा होगी

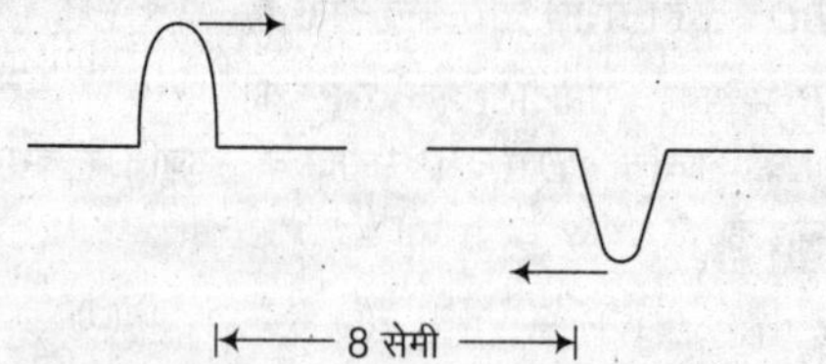

(a) शून्य
(b) पूर्णतः गतिज
(c) पूर्णतः स्थितिज
(d) आंशिक गतिज तथा आंशिक स्थितिज

32. रूद्धोष्म गुणांक γ का मान ऑक्सीजन व नाइट्रोजन के लिए समान है। यदि ध्वनि की ऑक्सीजन में चाल 470 मी से$^{-1}$ (STP पर) है, तो सामान्य ताप व दाब पर नाइट्रोजन में ध्वनि की चाल होगी

(a) 340 मी से$^{-1}$ (b) 580 मी से$^{-1}$
(c) 502 मी से$^{-1}$ (d) इनमें से कोई नहीं

33. बिजली चमकने की आवाज इसके देखे जाने के 3 सेकण्ड पश्चात् सुनायी देती है। यदि बिजली चमकने की दूरी 1020 मी है, तो ध्वनि की तय की गई दूरी है

(a) 1400 मी से$^{-1}$ (b) 332 मी से$^{-1}$
(c) 340 मी से$^{-1}$ (d) इनमें से कोई नहीं

34. नाइट्रोजन गैस और हीलियम गैस में 300K ताप पर ध्वनि की गति का अनुपात होगा

(a) $\sqrt{2/7}$ (b) $\sqrt{1/7}$ (c) $\sqrt{3}/5$ (d) $\sqrt{6}/5$

उत्तरमाला

1. (c)	**2.** (b)	**3.** (a)	**4.** (a)	**5.** (d)	**6.** (b)	**7.** (d)	**8.** (c)	**9.** (c)	**10.** (a)
11. (c)	**12.** (d)	**13.** (c)	**14.** (c)	**15.** (d)	**16.** (c)	**17.** (d)	**18.** (d)	**19.** (c)	**20.** (b)
21. (d)	**22.** (c)	**23.** (b)	**24.** (a)	**25.** (a)	**26.** (c)	**27.** (c)	**28.** (d)	**29.** (c)	**30.** (a)
31. (b)	**32.** (c)	**33.** (c)	**34.** (c)						

संकेत एवं हल

2. $p\sqrt{T}$ = नियत

$$\therefore \quad \frac{T_2}{T_1} = \left(\frac{p_1}{p_2}\right)^2 = \frac{4^2}{6^2} = \frac{16}{36}$$

$$T_2 = \frac{16}{36}T_1 = \frac{16}{36} \times 65 = \frac{1040}{36} = 29$$

अतः कम हुआ भार = 65 − 29 = 36 ग्राम-भार।

5. दिया है, $y = y_0 \sin 2\pi\left(ft - \frac{x}{\lambda}\right)$

t के सापेक्ष अवकलन करने पर,

$$\frac{dy}{dt} = y_0 \cos 2\pi\left(ft - \frac{x}{\lambda}\right) \times 2\pi f$$

अतः कण का महत्तम वेग $= \left(\frac{dy}{dt}\right)_{\text{अधिकतम}} = 2\pi f y_0 \times 1 = 2\pi f y_0$

तथा तरंग वेग $= f\lambda$

प्रश्नानुसार, कण का महत्तम वेग = 4 × तरंग का वेग

$$\Rightarrow \quad 2\pi f y_0 = 4 \times f\lambda$$

$$\Rightarrow \quad \pi y_0 = 2\lambda$$

$$\therefore \quad \lambda = \frac{\pi y_0}{2}$$

10. Z_1 तथा Z_2 दो तरंगों का समान आवृत्ति से विस्थापन हैं, जो विपरीत दिशा में चल रही हैं। अतः ये अप्रगामी तरंग के रूप में होंगी।

11. दिया है, ध्वनि तरंग का वायु में वेग = 330 मी/से

पथान्तर = 40 सेमी तथा कलान्तर = 1.6π

हम जानते हैं, कलान्तर $= \frac{2\pi}{\lambda} \times$ पथान्तर

$$\Rightarrow \quad 1.6\pi = \frac{2\pi}{\lambda} \times 40$$

$$\therefore \quad \lambda = \frac{80}{1.6} = \frac{800}{16} = 50 \text{ सेमी} = 0.5 \text{ मी}$$

आवृत्ति, $n = \frac{v}{\lambda} = 330/0.5 = 660$ हर्ट्ज

13. दिया है, $y = 10^{-4} \sin\left(100t - \frac{x}{10}\right)$ ...(i)

समी (i) की तुलना $y = a\sin\left(\frac{2\pi t}{T} - \frac{2\pi x}{\lambda}\right)$ से करने पर,

$$a = 10^{-4} \text{ मी}$$

$$T = \frac{2\pi}{100} \text{ से} \quad \text{तथा } \lambda = 20\pi \text{ मी}$$

हम जानते हैं $v = \frac{\lambda}{T} = \frac{20\pi}{\frac{2\pi}{100}} = \frac{20\pi \times 100}{2\pi} = 1000$ मी/से

14. ऊर्जा $E \propto$ (आयाम)^2 (आवृत्ति)^2 दोनों स्थितियों में आयाम समान है परन्तु आवृत्ति द्वितीय स्थिति में (2ω), पहली स्थिति (ω) की दोगुनी है। अतः $E_2 = 4E_1$

17. A के पहले अधिस्वरक की आवृत्ति,

$$n_1 = \frac{2}{2l_1}\sqrt{\frac{T}{M}} = \frac{2}{l_1 D_1}\sqrt{\frac{T}{\pi\rho}}$$

इसी प्रकार, B के दूसरे अधिस्वरक की आवृत्ति,

$$n_2 = \frac{3}{2l_1}\sqrt{\frac{T}{m}} = \frac{2}{l_2 D_2}\sqrt{\frac{T}{\pi\rho}}$$

दिया है, तनाव (आवृत्ति) समान है अर्थात् ,

$$n_1 = n_2$$

$$\frac{l_1 D_1}{l_2 D_2} = \frac{2}{3}$$

$$\frac{l_1}{l_2} = \frac{2D_2}{3D_1} = \frac{2D_2}{3\times 2D_2} \qquad (\because D_1 = 2D_2, \text{ दिया है})$$

$$\frac{l_1}{l_2} = 1:3$$

19. अनुदैर्ध्य तरंग का वेग, $v_1 = \sqrt{\frac{y}{\rho}}$ तथा अनुप्रस्थ तरंग का वेग, $v_2 = \sqrt{\frac{T}{m}}$

यदि रस्सी का क्षेत्रफल a है, तब

$$m = \frac{\text{द्रव्यमान}}{\text{आयतन}} \times \text{ क्षेत्रफल}$$

$$= \text{घनत्व} \times \text{क्षेत्रफल} = \rho a$$

$\therefore$ अनुप्रस्थ तरंग का वेग, $v_2 = \sqrt{\frac{T}{\rho a}}$

$$\frac{v_1}{v_2} = \sqrt{\left(\frac{ya}{T}\right)},$$

हम जानते हैं $\quad y = \frac{T}{a\left(\frac{\Delta l}{l}\right)}$

अतः $\quad \frac{v_1}{v_2} = \left(\frac{\Delta l}{l}\right)^{-1/2}$

दिया है, $\quad \frac{\Delta l}{l} = \frac{1}{n}, \frac{v_1}{v_2} = \frac{1}{(n)^{-1/2}} = n^{1/2} = \sqrt{n}$

$\therefore \quad \frac{v_1}{v_2} = \sqrt{n} : 1$

22. माना I_i व I_r अपरिवर्तित तथा परावर्तित तरंगो की तीव्रताएँ हैं।

अतः परावर्तन गुणांक $= \frac{I_r}{I_i} = \left(\frac{\mu - 1}{\mu + 1}\right)^2$

जहाँ, $\mu = \frac{v_1}{v_2} = \sqrt{\frac{T/m_1}{T/m_2}} = \sqrt{\frac{m_2}{m_1}} = \sqrt{\frac{25}{9}} = \frac{5}{3}$

($\because$ दिया है, $m_1 = 9$ ग्राम/सेमी, $m_2 = 25$ ग्राम/सेमी)

$\therefore$ परावर्तन गुणांक $= \left(\frac{5/3 - 1}{5/3 + 1}\right)^2 = \left(\frac{2/3}{8/3}\right)^2 = \left(\frac{2}{8}\right)^2 = \left(\frac{1}{4}\right)^2 = \frac{1}{16}$

25. प्रश्नानुसार, $\frac{1}{2l}\sqrt{\frac{T_1}{\mu}} = \frac{1}{l}\sqrt{\frac{T_2}{\mu}}$

अर्थात् $\quad T_2 = T_1/4$

साम्यावस्था में, $T_1 x = T_2(L - x) \Rightarrow T_1 x = \frac{T_1}{4}(L - x)$

$$x = \frac{1}{4}(L - x) \Rightarrow 4x = L - x \Rightarrow 5x = L$$

$\therefore \quad x = L/5$

14

तरंगों का अध्यारोपण

Superposition of Waves

किसी क्षण माध्यम में किसी कण पर परिणामी तरंग फलन (resultant wave function) y, उस क्षण कण पर उपस्थित उन सभी तरंगों के तरंग फलनों $y_1, y_2, y_3, \ldots$ आदि का सदिश योग (vector sum) होता है।

अर्थात् $\vec{y} = \vec{y_1} + \vec{y_2} + \vec{y_3} + \ldots$

इस सिद्धान्त को तरंगों के **अध्यारोपण का सिद्धान्त** कहते हैं। यह सिद्धान्त छोटे आयामों की तरंगों के लिए सत्य है जबकि बड़े आयाम की तरंगों जैसे-लेसर के लिए सत्य नहीं है। दो तरंगों के अध्यारोपण से व्यतिकरण (interefcercencce), विस्पन्द (beats) तथा अप्रगामी तरंगें (stationary or standing waves) आदि प्रभाव उत्पन्न होते हैं।

व्यतिकरण (Interference)

जब समान आवृत्ति की दो तरंगें किसी माध्यम में समान दिशा में एक साथ संचरित होती हैं, तब उनके अध्यारोपण के कारण कुछ बिन्दुओं पर तीव्रता अधिकतम व कुछ बिन्दुओं पर तीव्रता न्यूनतम प्राप्त होती है। किसी बिन्दु पर प्राप्त परिणामी तरंग, दोनों तरंगों की तीव्रताओं के योग से भिन्न होती है। यह परिघटना व्यतिकरण कहलाती है। जिन बिन्दुओं पर तीव्रता अधिकतम है उन स्थानों पर हुए व्यतिकरण को संपोषी व्यतिकरण (constructive interference) तथा जिन बिन्दुओं पर तीव्रता न्यूनतम होती है, उन स्थानों पर हुए व्यतिकरण को विनाशी व्यतिकरण (destructive interference) कहते हैं।

अधिकतम तीव्रता के लिए तरंगों के बीच पथान्तर $(\Delta\lambda) = n\lambda$

न्यूनतम तीव्रता के लिए तरंगों के बीच पथान्तर $(\Delta\lambda) = (2n-1)\frac{\lambda}{2}$

यदि व्यतिकारी तरंगों की तीव्रताएँ I_1 व I_2 तथा कलान्तर ϕ है, तब

परिणामा तीव्रता $(I) = a_1^2 + a_2^2 + 2a_1 a_2 \cos\phi$

$= I_1 + I_2 + 2\sqrt{I_1 I_2}\cos\phi$

जहाँ, a_1 तथा a_2 तरंगों के आयाम हैं।

महत्तम तीव्रता $(I_{\text{अधिकतम}}) = k\,(a_1 + a_2)^2 = (\sqrt{I_1} + \sqrt{I_2})^2$

यहाँ, $\phi = 2\pi n$

न्यूनतम तीव्रता $(I_{\text{न्यूनतम}}) = k\,(a_1 - a_2)^2 = (\sqrt{I_1} - \sqrt{I_2})^2$

जहाँ, k एक नियतांक है।

यहाँ, $\phi = (2n+1)\pi$

नौट यंग के द्विक रेखा छिद्र के प्रयोग में, व्यतिकरण फ्रिन्ज की रेखीय चौड़ाई,

$$W = \frac{D\lambda}{d}$$

व्यतिकरण फ्रिन्ज की कोणीय चौड़ाई $(\theta) = \frac{W}{D} = \frac{\lambda}{d}$

जहाँ, D स्रोत की पर्दे से दूरी, d रेखा छिद्रों के बीच की दूरी एवं λ एकवर्णी प्रकाश की तरंगदैर्ध्य है।

दो तरंगों का संयोग (Composition of Two Waves)

यदि एक ही माध्यम के कणों पर दो तरंगों की उपस्थिति (एक ही समय में) के कारण विक्षोभित हो तो परिणामी तरंग का आयाम प्रारम्भिक दो तरंगों के आयाम से भिन्न होता है किन्तु उन पर आधारित होता है। परिणामी तरंगों से सम्बन्धित दो स्थितियाँ हो सकती हैं।

(i) जब दो तरंगें एक ही रेखा के अनुदिश विचरणशील हों, तब परिणामी तरंग $y = R\sin(\omega t + \phi)$

जहाँ, $R = \sqrt{A_1^2 + A_2^2 + 2A_1A_2\cos\phi}$

तथा A_1, A_2 तरंगों के आयाम तथा ϕ तरंगों का कलांतर है।

इस स्थिति में, $\tan\theta = \frac{A_2\sin\phi}{A_1 + A_2\cos\phi}$

(ii) जब दो तरंगें परस्पर लम्बवत् दिशा में विचरणशील हों, तब भिन्न आयाम तथा भिन्न आवृत्तियों की तरंगें जो एक कलान्तर भी रखती हों, के अध्यारोपण से लिसाजु अनुरूप प्राप्त किया जाता है।

माना दो तरंगों के समीकरण

$$x = a\sin(2\omega t + \phi)$$

तथा $y = b\sin\omega t$ हैं।

तब परिणामी समीकरण

$$\frac{x^2}{a^2} + \frac{y^2}{b^2} - \frac{2xy}{ab}\cos\phi = \sin^2\phi$$

यदि $\phi = 0$, तब सरल रेखा होगी

यदि $\phi = \frac{\pi}{4}$, तब तिर्यक दीर्घवृत्त होगा

यदि $\phi = \frac{\pi}{2}$, तब दीर्घवृत्त तथा जब $a = b =$ वृत्त होगा

अप्रगामी तरंगें (Stationary Waves)

जब दो एक जैसी अनुप्रस्थ अथवा अनुदैर्ध्य प्रगामी तरंगें किसी बद्ध माध्यम में एक ही चाल से परन्तु विपरीत दिशाओं में चलती हैं, तो उनके अध्यारोपण से एक नई प्रकार की तरंग उत्पन्न हो जाती है जोकि माध्यम में स्थिर प्रतीत होती है। इस तरंग को अप्रगामी तरंग कहते हैं।

माना दो तरंगें निम्न हैं

$$y_1 = A\sin(\omega t - kx)$$

तथा $$y_2 = A\sin(\omega t + kx)$$

अध्यारोपण के सिद्धान्त से, $y = y_1 + y_2$

या $$y = A[\sin(\omega t - kx) + \sin(\omega t + kx)]$$

$$= 2A\cos kx \sin \omega t$$

$$= A_x \sin \omega t \qquad (\text{जहाँ, } A_x = 2A\cos kx)$$

इस समीकरण का रूप $f(x \pm vt)$ अथवा $f(ax \pm bt)$ जैसा नहीं है। अतः यह गतिमान तरंग को प्रदर्शित नहीं करती। अतः यह समीकरण अप्रगामी तरंग को प्रदर्शित करती है।

अप्रगामी तरंगों की समीकरणें निम्न चार प्रकार से दर्शायी जा सकती हैं

$$y = \pm A\sin kx \cos \omega t$$

$$y = \pm A\sin \omega t \cos kx$$

$$y = \pm A\sin kx \sin \omega t$$

$$y = \pm A\cos kx \cos \omega t$$

वे बिन्दु जिनके लिए आयाम न्यूनतम है, निस्पन्द (nodes) कहलाते हैं व इनके लिए

$$\cos kx = 0$$

या $$kx = \frac{\pi}{2}, \frac{3\pi}{2}, \frac{5\pi}{2}, \ldots$$

या $$x = \frac{\lambda}{4}, \frac{3\lambda}{4}, \frac{5\lambda}{4}, \ldots$$

इससे स्पष्ट है कि प्रगामी तरंग में दो क्रमागत निस्पन्दों के बीच की दूरी $\lambda/2$ होती तथा ये निश्चित दूरी पर होती हैं।

वे बिन्दु जिनके लिए आयाम अधिकतम है, प्रस्पन्द (antinodes) कहलाते हैं तथा इनके लिए

$$\cos kx = \pm 1$$

या $$kx = 0, \pi, 2\pi, 3\pi, \ldots$$

या $$x = 0, \frac{\lambda}{2}, \frac{2\lambda}{2}, \frac{3\lambda}{2}, \ldots$$

इससे स्पष्ट है कि दो क्रमागत प्रस्पन्दों के बीच की दूरी $\lambda/2$ है तथा ये सभी समान निश्चित दूरी पर हैं।

अप्रगामी तरंग व्यतिकरण का ही एक उदाहरण है। निस्पन्द से तात्पर्य विनाशी व्यतिकरण से तथा प्रस्पन्द का तात्पर्य संपोषी व्यतिकरण से है। दृष्टि निर्बन्धता (persistence of vision) के कारण ये तरंगें लूपों में प्रतीत होती हैं। एक लूप में सभी कण समान कला में होते हैं परन्तु क्रमागत लूपों में कण कला में π कोण से पृथक होते हैं। अप्रगामी तरंगें अनुप्रस्थ या अनुदैर्ध्य हो सकती हैं। चूँकि अप्रगामी तरंगों में निस्पन्द स्थायी रूप से विराम में होते हैं, अतः इनके द्वारा ऊर्जा का प्रवाह नहीं होता है।

विपरीत दिशाओं में गतिमान दो समरूप तरंगें भी अप्रगामी तरंगें उत्पन्न करेंगी यद्यपि उनके आयाम असमान हों।

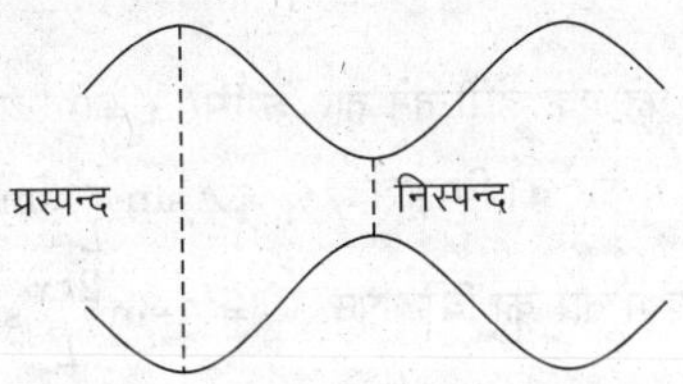

अप्रगामी तरंग अनुपात, (SWR)

$$\frac{A_{\text{अधिकतम}}}{A_{\text{न्यूनतम}}} = \frac{A_i + A_r}{A_i - A_r}$$

100% परावर्तन के लिए, SWR = ∞ तथा अपवर्तन के लिए SWR = 1 होता है।

अप्रगामी तरंगों में ऊर्जा संचरण की दर शून्य होती है।

रस्सी में तरंग (Waves in String)

माना एक रस्सी दो कसे हुए सिरों के बीच खिंची हुई है। जब रस्सी में कम्पन्न उत्पन्न किए जाते हैं, तब यह एक या एक से अधिक लूपों में कम्पन्न करती है।

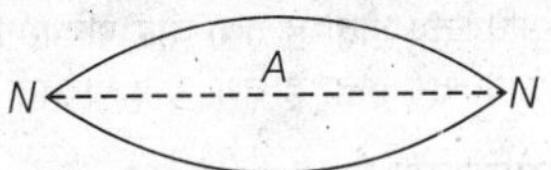

एकसमान रूप से खिची रस्सी में अप्रगामी तरंगें

जब रस्सी में एक तरंग उत्पन्न की जाती है तो रस्सी के कण तरंग संचरण की लम्बवत् दिशा में गति करने लगते हैं। रस्सी में उत्पन्न यह तरंग अनुप्रस्थ प्रकृति की होगी।

रस्सी में अप्रगामी तरंगों का वेग, $(v) = \sqrt{\frac{T}{m}}$, जहाँ T = रस्सी में उत्पन्न तनाव

तथा m = प्रति एकांक लम्बाई रस्सी का द्रव्यमान।

एक सिरे पर स्थिर रस्सी में कम्पन्न

$$\text{आवृत्ति } (\nu_n) = \frac{2n+1}{4l}\sqrt{\left(\frac{T}{m}\right)}$$

जहाँ, $n = 0, 1, 2, 3, \ldots$

केवल विषम संनादी (odd harmonics) प्राप्त होते हैं।

दोनों सिरों पर स्थिर रस्सी में कम्पन्न

$$\text{आवृत्ति} \quad (\nu_n) = \frac{n}{2l}\sqrt{\frac{T}{m}}$$

जहाँ, $n = 1, 2, 3 \ldots$

इस प्रकार के कथन में सभी प्रकार (सम तथा विषम) के संनादी प्राप्त होते हैं।

कला वेग (Phase velocity) निर्वात् में किसी तरंग के कला द्वारा विस्थापन परिवर्तन की दर को कला वेग कहते हैं।

$$v_p = \frac{\omega}{k}$$

समूह वेग (Group velocity) वह वेग जिससे तरंगों का समूह गति करता है, समूह वेग कहलाता है।

$$v_g = v - \lambda\frac{dv}{dt}$$

अभ्यास प्रश्नावली

1. L लम्बाई की एक डोरी तने तार के सिरे $x = 0$ तथा $x = L$ पर स्थिर है। एक प्रयोग में तार का विस्थापन, $y_1 = A\sin\frac{\pi x}{L}\sin\omega t$ तथा ऊर्जा E_1 है। दूसरे प्रयोग में तार का विस्थापन, $y_2 = A\sin\frac{2\pi x}{L}\sin 2\omega t$ तथा ऊर्जा E_2 है, तो

(a) $E_2 = E_1$ (b) $E_2 = 2E_1$
(c) $E_2 = 4E_1$ (d) $E_2 = 10E_1$

2. अप्रगामी तरंगों के लिए होती है

(a) निस्पन्दों पर अधिकतम गतिज ऊर्जा
(b) निस्पन्दों पर अल्पतम घनत्व परिवर्तन
(c) प्रस्पन्दों पर कम्पन आयाम अधिकतम
(d) उपरोक्त सभी

3. अप्रगामी तरंग में प्रस्पन्द वे बिन्दु हैं, जहाँ

(a) विस्थापन न्यूनतम होता है तथा दाब परिवर्तन न्यूनतम होता है
(b) विस्थापन न्यूनतम होता है तथा दाब परिवर्तन अधिकतम होता है
(c) विस्थापन अधिकतम होता है तथा दाब परिवर्तन अधिकतम होता है
(d) विस्थापन अधिकतम होता है तथा दाब परिवर्तन न्यूनतम होता है

4. अप्रगामी तरंग समीकरण है

(a) $y = 2a\sin\frac{2\pi t}{T}\cos\frac{2\pi x}{\lambda}$ (b) $y = 2a\sin\frac{2\pi t}{T}$
(c) $y = a\sin\omega t$ (d) इनमें से कोई नहीं

5. एक डोरी में उत्पन्न अप्रगामी तरंग, समीकरण $y = 5\cos(\pi x/3)\sin 40\pi t$ द्वारा व्यक्त की जाती है, जहाँ x तथा y सेमी और t सेकण्ड में हैं। उत्तरोत्तर निस्पन्दों की दूरी होगी

(a) 5 सेमी (b) π सेमी
(c) 3 सेमी (d) 40 सेमी

6. एक तरंग $y = a\sin(kx + \omega t)$ को दूसरी तरंग पर अध्यारोपित करके अप्रगामी तरंग प्राप्त होती है जिसका निस्पन्द $x = 0$ पर है, दूसरी तरंग का समीकरण होगा

(a) $a\sin(kx + \omega t)$ (b) $-a\sin(kx + \omega t)$
(c) $-a\cos(kx + \omega t)$ (d) $-a\sin(kx - \omega t)$

7. निम्नलिखित समीकरणें अनुप्रस्थ प्रगामी तरंगें प्रदर्शित करती हैं
$z_1 = A\cos(\omega t - kx)$, $z_2 = A\cos(\omega t + kx)$, $z_3 = A\cos(\omega t + ky)$ तथा $z_4 = A\cos(2\omega t - 2ky)$
एक अप्रगामी तरंग बनाने के लिए अध्यारोपण करना होगा

(a) z_1 और z_2 (b) z_1 और z_4
(c) z_2 और z_3 (d) z_3 और z_4

8. एक अप्रगामी तरंग में दो क्रमागत निस्पन्दों के बीच की दूरी होती है

(a) $\lambda/4$ (b) $\lambda/2$ (c) $\lambda/3$ (d) λ

9. एक अप्रगामी तरंग में

(a) प्रत्येक आवर्तकाल में सभी कण एक ही साथ दो बार विरामावस्था में रहते हैं
(b) प्रत्येक आवर्तकाल में सभी कण एक ही साथ केवल एक बार विरामावस्था में रहते हैं
(c) सभी कण एक ही साथ विरामावस्था में कभी नहीं रहते हैं
(d) सभी कण कभी भी विरामावस्था में नहीं रहते हैं

10. L लम्बाई की एक डोरी दोनों सिरों पर दृढ़ आधार से बँधी है। इसमें विभिन्न कम्पनों की आवृत्तियों का अनुपात होता है

(a) 1 : 3 : 5 : ... (b) 1 : 2 : 4 : ...
(c) 1 : 2 : 3 : 5 : ... (d) कुछ नहीं कहा जा सकता है

11. एक एकसमान डोरी दोनों सिरों में बँधी है, जिसकी लम्बाई l तथा द्रव्यमान m तथा डोरी में तनाव T है, डोरी में मूल कम्पन की आवृत्ति का सूत्र है

(a) $n = \frac{1}{2l}\sqrt{\frac{T}{m}}$ (b) $n = \frac{1}{2}\sqrt{\frac{T}{ml}}$
(c) $n = \frac{1}{2}\sqrt{\frac{T}{m}}$ (d) $n = 2l\sqrt{\frac{T}{m}}$

12. एक खिंचे तार पर तरंगों का वेग निर्भर करता है,

(a) तार के तनाव पर
(b) तरंगों के आयाम पर
(c) तरंगों की तरंगदैर्ध्य पर
(d) गुरुत्वीय त्वरण पर

13. एक तनी हुई डोरी पर चलती हुई अनुप्रस्थ तरंग का वेग 10 मी/से तथा आवृत्ति 100 हर्ट्ज है। डोरी पर 2.5 सेमी के अन्तराल पर स्थित कणों के बीच कलान्तर होगा

(a) $\pi/8$ (b) $\pi/4$ (c) $3\pi/8$ (d) $\pi/2$

14. किसी तार का तनाव चार गुना कर देने से इसमें अनुप्रस्थ कम्पन की आवृत्ति हो जायेगी

(a) एक-चौथाई (b) दोगुनी
(c) आधी (d) उतनी ही रहेगी

15. किसी अप्रगामी तरंग में निस्पन्द तथा निकटतम प्रस्पन्द के बीच की दूरी होती है

(a) $\frac{\lambda}{4}$ (b) $\frac{\lambda}{2}$ (c) λ (d) $\frac{3\lambda}{2}$

16. किसी अप्रगामी तरंग में

(i) सभी कण सरल आवर्त गति करते हैं
(ii) दो समीपवर्ती निस्पन्दों के बीच दोलन करने वाले समीकरण समान कला में कम्पन करते हैं
(iii) किसी प्रस्पन्द पर कण के कम्पन्न का आयाम अवयवी तरंगों में से किसी आयाम के बराबर होता है
(iv) किसी निस्पन्द के विपरीत और कण π के कलान्तर से कम्पन करते हैं

(a) केवल (iv) सही है (b) (i) व (iii) सही हैं
(c) (ii) व (iv) सही हैं (d) (i), (ii), (iii), (iv) सही हैं

17. ऊर्जा नहीं ले जायी जाती है

(a) अनुप्रस्थ प्रगामी तरंगों द्वारा
(b) अनुदैर्ध्य प्रगामी तरंगों द्वारा
(c) अप्रगामी तरंगों द्वारा
(d) विद्युत चुम्बकीय तरंगों द्वारा

18. कण अप्रगामी तरंग में सभी कण हैं

(a) प्रत्येक आवर्तकाल में दो बार साथ-साथ विराम में
(b) प्रत्येक आवर्तकाल में एक बार साथ-साथ विराम में
(c) एक साथ कभी भी विराम में नहीं
(d) किसी भी दशा में विराम में नहीं

19. यदि तेल, जिसका घनत्व पानी से अधिक है, पानी के स्थान पर अनुनाद नली में प्रयोग किया जाता है तो वायु स्तम्भ की आवृत्ति

(a) बढ़ेगी
(b) घटेगी
(c) वही रहेगी
(d) नली के पदार्थ के घनत्व पर निर्भर करेगी

20. जैसे ही एक खाली बर्तन जल से भरा जाता है तो उसकी आवृत्ति

(a) बढ़ती है (b) कम होती है
(c) वही रहती है (d) इनमें से कोई नहीं

21. यदि एक डोरी में कम्पन्न आवृत्ति दोगुनी हो जाये तब डोरी में तनाव होगा

(a) आधा (b) दोगुना
(c) चार गुना (d) एक-चौथाई

22. एक डोरी जिसकी लम्बाई l है, दोनों किनारों से सीधी बँधी है तथा तनी है। इसमें अप्रगामी तरंग की तरंगदैर्ध्य है

(a) $\lambda = \frac{n^2}{2l}$ (b) $\lambda = \frac{l^2}{2n}$
(c) $\lambda = \frac{2l}{n}$ (d) $\lambda = 2ln$

23. एक तनी हुई डोरी को कम्पित कराने पर उसकी आवृत्ति बढ़ जाती है, यदि

(a) डोरी की लम्बाई बढ़ती है
(b) डोरी का तनाव बढ़ता है
(c) डोरी का तनाव घटता है
(d) डोरी की एकांक लम्बाई का द्रव्यमान बढ़ता है

24. l लम्बाई की एक डोरी दोनों सिरों पर तनी है, इस पर n लूप होने पर अप्रगामी तरंग की तरंगदैर्ध्य होगी

(a) l/n (b) $l/2n$ (c) $2l/n$ (d) $2ln$

25. दो प्रकाश पुँजों की तीव्रताएँ I व $4I$ हैं तथा, ये व्यतिकरण करके पर्दे पर फ्रिन्ज संयोजन बनाते हैं। बिन्दु A पर पुँजों के बीच कलान्तर $\pi/2$ तथा बिन्दु B पर π है, तब बिन्दु A व बिन्दु B पर परिणामी तीव्रताओं में अन्तर है

(a) $2I$ (b) $4I$ (c) $5I$ (d) $7I$

26. जब दो कला सम्बद्ध एक दिशात्मक प्रकाश पुँज, जिनकी तीव्रताएँ I तथा $4I$ हैं, व्यतिकरण करते हैं, तो परिणामी प्रकाश पुंज की महत्तम व न्यूनतम तीव्रताएँ क्या होंगी?

(a) $5I$ व I (b) $5I$ व $3I$
(c) $9I$ व I (d) $9I$ व $3I$

27. दो कला सम्बद्ध तरंगें, $y_1 = a_1 \cos \omega t$ व $y_2 = a_2 \sin \omega t$ हैं। ये दोनों एक-दूसरे पर अध्यारोपित हैं। परिणामी तीव्रता अनुक्रमानुपाती है

(a) $(a_1 + a_2)$ के (b) $(a_1 - a_2)$ के
(c) $(a_1^2 + a_2^2)$ के (d) $(a_1^2 - a_2^2)$ के

28. n कला असम्बद्ध स्रोत, जिनमें प्रत्येक की तीव्रता I_0 है, एक बिन्दु पर अध्यारोपित होते हैं, उस बिन्दु पर तीव्रता है

(a) nI_0 (b) $\frac{I_0}{n}$
(c) n^2I_0 (d) इनमें से कोई नहीं

29. एक प्रगामी तरंग की समीकरण, $y = a\sin(628t - 31.4x)$ है, जहाँ दूरी को सेमी में तथा समय को सेकण्ड में नापा गया है, तो तरंग का वेग होगा

(a) 314 सेमी से$^{-1}$ (b) 628 सेमी से$^{-1}$
(c) 20 सेमी से$^{-1}$ (d) 400 सेमी से$^{-1}$

30. यदि प्रगामी तरंग, $y = a\sin(kx - \omega t)$, x-अक्ष के अनुदिश गति कर रही है, तो निम्न में से कौन-सा ग्राफ स्पन्द की आकृति को प्रदर्शित करता है?

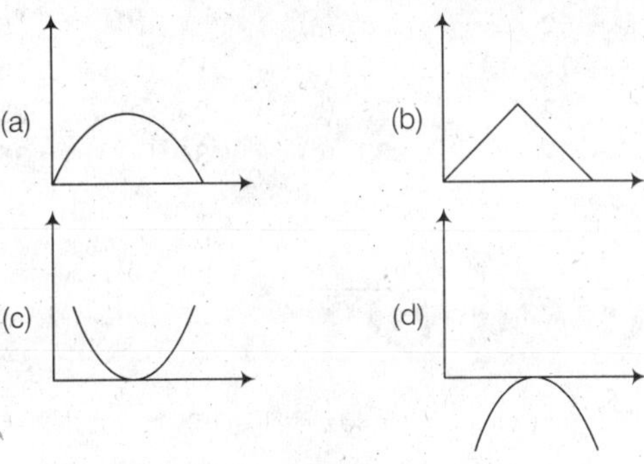

31. विस्पन्द उत्पन्न होने के लिये अनिवार्य रूप से होना चाहिए

(a) भिन्न आवृत्तियाँ तथा समान आयाम
(b) भिन्न आवृत्तियाँ
(c) भिन्न आवृत्तियाँ, समान आयाम तथा समान कला
(d) भिन्न आवृत्तियाँ तथा समान कला

32. स्कूटर पर जा रहे एक प्रेक्षक को दो विपरीत दिशाओं से एक ही आवृत्ति के दो सायरनों की ध्वनियाँ सुनाई देती हैं। यदि वह एक सायरन की दिशा में जा रहा हो, तो उसे

(a) अनुनाद सुनाई देगा
(b) विस्पन्द सुनाई देगा
(c) विनाशी व्यतिकरण के कारण ध्वनि सुनाई नहीं देगी
(d) संपोषी व्यतिकरण के कारण ध्वनि तीव्र सुनाई देगी

33. समीकरण, $Y = a\cos(Kx - \omega t)$ द्वारा प्रदर्शित तरंग एक अन्य तरंग के साथ अध्यारोपित होती है, जिससे कि बनने वाली अप्रगामी तरंग $x = 0$ पर विस्पन्द बने। दूसरी तरंग की समीकरण है

(a) $a\sin(kx + \omega t)$
(b) $-a\cos(kx - \omega t)$
(c) $-a\cos(kx + \omega t)$
(d) $-a\sin(kx - \omega t)$

34. एक सरल आवर्त गति तरंग की समीकरण, $y_1 = 0.40\sin(314 - 1.57x)$ मीटर है तथा इसी प्रकार की एक अन्य तरंग की समीकरण, $y_2 = 0.02\sin(314t - 1.57x + 1.57)$ है। इन दोनों तरंगों के बीच कलान्तर तथा इनकी तीव्रताओं का अनुपात होगा

(a) 90° तथा 4 (b) 45° तथा 2
(c) 30° तथा 2 (d) 30° तथा 4

35. समीकरण, $y = a\sin(\omega t - kx)$ द्वारा प्रदर्शित एक तरंग, एक अप्रगामी तरंग बनाने के लिए एक अन्य तरंग के साथ अध्यारोपित होती है, जिससे कि $x = 0$ पर विस्पन्द बने। दूसरी तरंग की समीकरण है

(a) $Y = a\sin(\omega t + kx)$
(b) $Y = -a\sin(\omega t + kx)$
(c) $Y = a\sin(\omega t - kx)$
(d) $Y = -a\sin(\omega t - kx)$

36. समान दिशा में गतिमान तरंगों की समीकरणें, $y_1 = A\sin(\omega t - kx)$, $y_2 = A\sin(\omega t - kx - \theta)$ हैं। माध्यम के कणों का आयाम होगा

(a) $2A\cos\frac{\theta}{2}$ (b) $2A\cos\theta$
(c) $\sqrt{2}A\cos\frac{\theta}{2}$ (d) $\sqrt{2}A\cos\theta$

उत्तरमाला

1. (c)	**2.** (d)	**3.** (a)	**4.** (d)	**5.** (c)	**6.** (c)	**7.** (b)	**8.** (a)	**9.** (a)	**10.** (c)
11. (b)	**12.** (a)	**13.** (d)	**14.** (b)	**15.** (a)	**16.** (c)	**17.** (c)	**18.** (a)	**19.** (c)	**20.** (a)
21. (c)	**22.** (c)	**23.** (b)	**24.** (c)	**25.** (b)	**26.** (c)	**27.** (c)	**28.** (a)	**29** (c)	**30.** (a)
31. (b)	**32.** (b)	**33.** (c)	**34.** (b)	**35.** (b)	**36.** (a)				

संकेत एवं हल

5. समीकरण $y = 5\cos\left(\frac{\pi x}{3}\right)\sin 40\pi t$ की तुलना

$y = 2a\cos\frac{2\pi x}{\lambda}\sin\frac{2nt}{T}$ से करने पर

$\frac{2\pi x}{\lambda} = \frac{\pi x}{3} \Rightarrow \frac{\lambda}{2} = 3$ सेमी

13. तरंग की चाल, $v = 10$ मी/से, $f = 100$ हर्ट्ज, $\Delta x = 2.5$ सेमी

तब, $\lambda = \frac{v}{f} = \frac{10}{100} = \frac{1}{10}$ मी

तथा $\Delta\phi = \frac{2\pi}{\lambda}\Delta x = \frac{2\pi}{1/10} \times \frac{2.5}{100} = \frac{\pi}{2}$

25. यहाँ, $I_1 = I, I_2 = 4I, \theta_1 = \pi/2, \theta_2 = \pi$

परिणामी तीव्रता $(I_A) = I_1 + I_2 + 2\sqrt{I_1 I_2}\cos\theta_1$

$= I + 4I + 2\sqrt{I \times 4I}\cos\pi/2 = 5I$

परिणामी तीव्रता $(I_B) = I_1 + I_2 + 2\sqrt{I_1 I_2}\cos\theta_2$

$= I + 4I + 2\sqrt{I \times 4I}\cos\pi = 5I - 4I = I$

$\therefore \quad I_A - I_B = 5I - I = 4I$

26. परिणामी तीव्रताएँ (महत्तम) $(I_{\text{अधिकतम}}) = I_1 + I_2 + 2\sqrt{I_1 I_2}$

$= 4I + I + 2\sqrt{4I \times I} = 9I$

तथा परिणामी तीव्रता (न्यूनतम) $(I_{\text{न्यूनतम}}) = I_1 + I_2 - 2\sqrt{I_1 I_2}$

$I_{\text{न्यूनतम}} = I$ $\quad (I_1 = 4I$ तथा $I_2 = I)$

27. जैसा कि, $y_1 = a\cos\omega t = a_1\sin(\omega t + 90°)$

तथा $y_2 = a_2\sin\omega t$

$\therefore$ कलान्तर $= \phi = 90°$

$R = \sqrt{a_1^2 + a_2^2 + 2a_1 a_2\cos\phi}$

$= \sqrt{a_1^2 + a_2^2}$

$\therefore$ परिणामी तीव्रता $I \propto R^2 = (a_1^2 + a_2^2)$

28. कला असम्बद्ध स्रोत के लिए,

$I = I_1 + I_2 + I_3 + ...$

$\Rightarrow \quad I = nI_0$

15

ध्वनि तरंगें
Sound Waves

ध्वनिकी (Acoustics)

ध्वनिकी भौतिकी की वह शाखा है जिसके अन्तर्गत ध्वनि तरंगों, अपश्रव्य तरंगों एवं पराश्रव्य तरंगों सहित ठोस, द्रव एवं गैसों में संचरित होने वाली सभी प्रकार की यांत्रिक तरंगों का अध्ययन किया जाता है।

ध्वनि (Sound)

ध्वनि तरंगें पदार्थ माध्यम में कम्पित स्रोत द्वारा उत्पन्न की जाती हैं। यह माध्यम कणों के सम्पीडन तथा विरलन द्वारा संचालित होते हैं।

ध्वनि तरंगें (Sound Waves)

ध्वनि तरंगें, अनुदैर्ध्य तरंगें हैं। ये तरंगें वायु में 0°C ताप पर 332 मी से$^{-1}$ (लगभग) की चाल से चलती हैं।

इन्हें निम्नलिखित वर्गों में बाँटा जाता है

(i) **अपश्रव्य तरंगें** (Infrasonic waves) 20 हर्ट्ज से कम आवृत्ति की अनुदैर्ध्य तरंगें अपश्रव्य तरंगें कहलाती हैं। ये तरंगें मनुष्य द्वारा नहीं सुनी जा सकती हैं। ये तरंगें केवल साँपों द्वारा सुनी जा सकती हैं।

(ii) **श्रव्य तरंगें** (Audible waves) 20 हर्ट्ज से 20000 हर्ट्ज तक आवृत्ति की अनुदैर्ध्य तरंगें, श्रव्य तरंगें कहलाती हैं। ये तरंगें मानव कानों द्वारा सुनी जा सकती हैं।

(iii) **पराश्रव्य तरंगें** (Ultrasonic waves) 20000 हर्ट्ज से अधिक आवृत्ति की तरंगें पराश्रव्य तरंगें कहलाती हैं। ये तरंगें अतिश्रव्य तरंगें (supersonic waves) भी कहलाती हैं। ये तरंगें मनुष्य द्वारा नहीं सुनी जा सकती हैं।

तरंगों की चाल (Speed of Waves)

तरंगों की चाल माध्यम जैसे जड़ता तथा प्रत्यास्थता, आदि गुणों पर निर्भर करती है। कुछ तरंगों की चाल निम्न प्रकार हैं

अनुप्रस्थ तरंगों की चाल (Speed of Transverse Waves)

किसी ठोस में अनुप्रस्थ तरंगों की चाल सैद्धान्तिक रूप से प्राप्त की जा सकती है तथा प्रायोगिक रूप से प्रमाणित की जा सकती है-:

(i) यदि, माध्यम ठोस है, तब चाल $v = \sqrt{\eta / \rho}$

जहाँ, η ठोस पदार्थ का दृढ़ता गुणांक तथा ρ घनत्व है।

(ii) खिंची डोरी में चाल $v = \sqrt{T/m}$

जहाँ, T डोरी में उत्पन्न तनाव तथा m डोरी का रेखीय द्रव्यमान घनत्व है।

अनुदैर्ध्य तरंगों (ध्वनि तरंगों) की चाल (Speed of Longitudinal Waves)

विभिन्न प्रकार के माध्यमों में अनुदैर्ध्य तरंगों की चाल के लिए व्यंजक निम्न प्रकार है

(i) यदि माध्यम ठोस है, चाल $v = \sqrt{\dfrac{B + \frac{4}{3}\eta}{\rho}}$

जहाँ, B, η तथा ρ क्रमशः ठोस का आयतनात्मक प्रत्यास्थता गुणांक, दृढ़ता गुणांक तथा घनत्व हैं।

यदि ठोस लम्बी छड़ के रूप में है, तब $v = \sqrt{\dfrac{Y}{\rho}}$

जहाँ, Y ठोस पदार्थ का यंग प्रत्यास्थता गुणांक है।

(ii) द्रव में, चाल $v = \sqrt{\dfrac{B}{\rho}}$

जहाँ, B द्रव का आयतन प्रत्यास्थता गुणांक तथा ρ द्रव का घनत्व है।

(iii) न्यूटन के अनुसार, गैस में ध्वनि का संचरण एक समतापीय प्रक्रम है, अतः एक गैस में ध्वनि की चाल को प्राप्त करने के लिए B को गैस के प्रारम्भिक दाब से प्रतिस्थापित कर देते हैं,

अर्थात् $B = p$

$\therefore \quad v = \sqrt{\dfrac{p}{\rho}}$

ध्वनि तरंग की तीव्रता (Intensity of Sound Waves)

ध्वनि तरंग की तीव्रता निम्न प्रकार से दी जाती है

$$I = \frac{p_0^2}{2\rho v}$$

जहाँ, p_0 = दाब आयाम (pressure amplitude)

$$= \frac{B\omega - s_0}{v}$$

यहाँ, B = माध्यम की आयतन प्रत्यास्थता,

v = तरंग वेग

s_0 = माध्यम कण का विस्थापन आयाम

लाप्लास का संशोधन (Laplace's Correction)

लाप्लास के अनुसार, गैसों में ध्वनि का संचरण एक रुद्धोष्म प्रक्रम है, अतः गैस में ध्वनि की चाल का सूत्र निम्न होना चाहिए

$$v = \sqrt{\frac{\gamma p}{\rho}} = \sqrt{\frac{\gamma RT}{M}}$$

जहाँ, $\gamma =$ प्वॉयसन अनुपात $= \frac{C_p}{C_V}$

इस सम्बन्ध में उचित मान प्रतिस्थापित करने पर, NTP पर वायु में ध्वनि की चाल का सैद्धान्तिक मान प्राप्त होता है, जोकि 332.5 मी से$^{-1}$ है।

ध्वनि तरंग का परावर्तन (Reflection of Sound Waves)

जब ध्वनि तरंगें माध्यमों की असंतता पाती हो, तब यह दो माध्यमों के बीच की सतह से दृढ़ सतह द्वारा परावर्तित हो जाती है। इन सतहों पर सब कम्पन महत्तम होता है।

विस्पन्द (Beats)

जब लगभग समान आवृत्ति की दो ध्वनि तरंगें एक साथ उत्पन्न की जाती हैं, तो परिणामी ध्वनि तरंग की तीव्रता समय के साथ बढ़ती तथा घटती है। ध्वनि की तीव्रता में परिवर्तन की यह परिघटना विस्पन्द कहलाती है।

दो क्रमागत विस्पन्दों के बीच समयान्तराल विस्पन्द काल (beat period) कहलाता है तथा प्रति सेकण्ड विस्पन्दों की संख्या विस्पन्द आवृत्ति (beat frequency) कहलाती है।

यदि ν_1 व ν_2 $(\nu_1 > \nu_2)$ दो तरंगों की आवृत्तियाँ हैं, तब विस्पन्द आवृत्ति

$$\nu = |\nu_1 - \nu_2|$$

नोट 1. आवृत्तियों का अन्तर लगभग 6 या 7 हर्ट्ज से बड़ा होने पर हमें कोई विस्पन्द सुनाई नहीं पड़ता। जैसे यदि हम एक सीटी की आवाज सुनें जो 2000 हर्ट्ज व 2100 हर्ट्ज पर ध्वनि उत्पन्न करती है, तो हम केवल ये ध्वनि ही नहीं सुनते बल्कि 100 हर्ट्ज आवृत्ति की ध्वनि भी सुनते हैं।

2. यदि स्वरित्र द्विभुज की आवृत्ति f है तथा यह f_0 आवृत्ति के प्रमाणिक द्विभुज के साथ प्रति सेकण्ड Δf विस्पन्द उत्पन्न करता है तब

$$f = f_0 \pm \Delta f$$

यदि अज्ञात आवृत्ति के द्विभुज की भुजाओं को छीलने पर विस्पन्द आवृत्ति घटती है, तब $f = f_0 - \Delta f$

इसका कारण है कि द्विभुज की भुजाओं को छीलने पर आवृत्ति बढ़ जाती है। इसी प्रकार यदि अज्ञात स्वरित्र पर मोम लगाने पर विस्पन्द आवृत्ति बढ़ती है, तो अज्ञात स्वरित्र की आवृत्ति, $f = f_0 + \Delta f$

इसका कारण है कि मोम लगाने पर स्वरित्र की आवृत्ति घटती है।

ऑर्गन पाइप में वायु-स्तम्भों के कम्पन (Vibrations of Air Columns in Organ Pipes)

बन्द ऑर्गन पाइप (Closed Organ Pipe)

जब बन्द पाइप के खुले सिरे पर धीरे से फूँक मारते हैं, तो पाइप के अन्दर वायु में अनुदैर्ध्य तरंगें खुले सिरे से बन्द सिरे की ओर चलती हैं तथा बन्द सिरे से परावर्तित होती हैं।

अतः वायु-स्तम्भ में विपरीत दिशाओं में दो अनुदैर्ध्य तरंगें उत्पन्न होती हैं, जो अध्यारोपित होती हैं तथा अप्रगामी तरंग उत्पन्न करती हैं।

पाइप के खुले सिरे पर सदैव प्रस्पन्द A तथा बन्द सिरे पर सदैव निस्पन्द N बनता है।

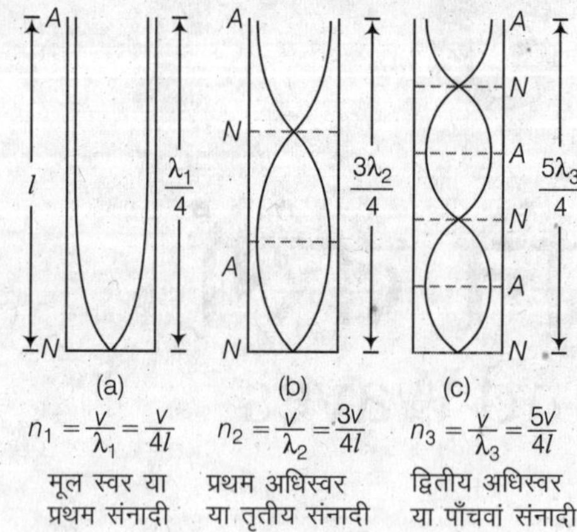

(a) $n_1 = \frac{v}{\lambda_1} = \frac{v}{4l}$ मूल स्वर या प्रथम संनादी

(b) $n_2 = \frac{v}{\lambda_2} = \frac{3v}{4l}$ प्रथम अधिस्वर या तृतीय संनादी

(c) $n_3 = \frac{v}{\lambda_3} = \frac{5v}{4l}$ द्वितीय अधिस्वर या पाँचवां संनादी

इससे स्पष्ट है कि मूल स्वर तथा अधिस्वर की आवृत्तियों का क्रम निम्न होता है $n_1 : n_2 : n_3 \ldots = 1 : 3 : 5 \ldots$

चूँकि केवल विषम संनादी उपस्थित हैं, अतः ध्वनि संगीतमय नहीं है।

खुला ऑर्गन पाइप (Open Organ Pipe)

खुले ऑर्गन पाइप के दोनों सिरों में से एक सिरे पर जब हम धीरे से फूँक मारते हैं तो वायु-स्तम्भ में अनुदैर्ध्य तरंगें, सम्पीडन तथा विरलन की तरंगों के रूप में इस सिरे से पाइप के दूसरे सिरे की ओर चलती हैं। दूसरा सिरा खुला होने के कारण एक मुक्त परिसीमा की भाँति व्यवहार करके इस तरंग को परावर्तित करके पहले सिरे की ओर भेज देता है।

पहला सिरा भी खुला होने के कारण, एक मुक्त परिसीमा की भाँति व्यवहार करके इसे परावर्तित कर पुनः दूसरे सिरे की ओर भेज देता है। इस प्रकार वायु-स्तम्भ में दो समरूप अनुदैर्ध्य तरंगें विपरीत दिशाओं में चलने लगती हैं, जिनके अध्यारोपण से वायु-स्तम्भ में अनुदैर्ध्य अप्रगामी तरंगें उत्पन्न हो जाती हैं क्योंकि पाइप दोनों सिरों पर खुला है, अतः दोनों सिरों पर सदैव प्रस्पन्द बनते हैं।

खुले पाइप में विभिन्न स्वर चित्रानुसार प्रदर्शित हैं।

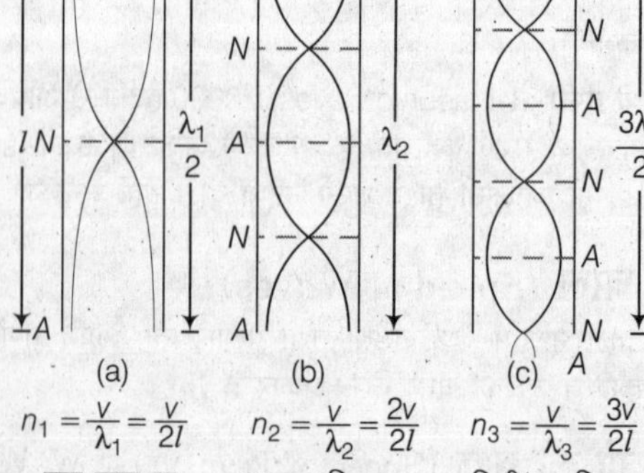

(a) $n_1 = \frac{v}{\lambda_1} = \frac{v}{2l}$ मूल स्वर या प्रथम संनादी

(b) $n_2 = \frac{v}{\lambda_2} = \frac{2v}{2l}$ प्रथम अधिस्वर या तृतीय संनादी

(c) $n_3 = \frac{v}{\lambda_3} = \frac{3v}{2l}$ द्वितीय अधिस्वर या पाँचवां संनादी

खुले पाइप में उत्पन्न मूल स्वरक तथा अधिस्वरकों की आवृत्तियों के बीच निम्नलिखित अनुपात होता है

$$n_1 : n_2 : n_3 \ldots = 1 : 2 : 3 \ldots$$

अर्थात् खुले पाइप में विषम तथा सम सभी संनादी उत्पन्न होते हैं। इसी कारण खुले पाइप से उत्पन्न ध्वनि, बन्द पाइप से उत्पन्न ध्वनि की अपेक्षा मधुर प्रतीत होती है।

संगीतिक ध्वनि एवं शोर

(Musical Sound and Noise)

संगीतिक ध्वनि में नियमित, निश्चित न्यून आवर्तकाल अथवा अधिक आवृत्ति के श्रेणीबद्ध सम्पीडन तथा विरलन होते हैं।

इसमें आकस्मिक आयाम परिवर्तन नहीं होता है। जबकि, शोर वस्तुओं के अनियमित कम्पनों द्वारा उत्पन्न होता है। इनकी कोई निश्चित आवृत्ति नहीं होती है। इनमें विस्थापन आकस्मिक भी हो सकता है।

संगीतिक ध्वनि के अभिलक्षण

(Characteristics of Musical Sound)

संगीतिक ध्वनि निम्नलिखित तीन अभिलक्षणों के कारण एक-दूसरे से अलग होती है

(i) **तारत्व** (Pitch) ध्वनि का वह अभिलक्षण जिसके द्वारा हम मोटी (grave) तथा तीक्ष्ण (shrill) ध्वनियों के बीच अन्तर कर सकते हैं, तारत्व कहलाता है। तारत्व मुख्यतः ध्वनि की आवृत्ति पर निर्भर करता है।

यदि आवृत्ति कम है तो तारत्व कम तथा ध्वनि मोटी होगी। यदि आवृत्ति अधिक है तो तारत्व भी अधिक होगा अर्थात् ध्वनि तीक्ष्ण होगी। शेर की दहाड़ की आवृत्ति कम होती है, अतः तारत्व कम होता है लेकिन मच्छर की भिन-भिनाहट की आवृत्ति अधिक होती है, अतः तारत्व अधिक होता है।

(ii) **प्रबलता** (Loudness) प्रबलता ध्वनि का वह अभिलक्षण है जिसके कारण ध्वनि कान को धीमी अथवा तेज सुनाई पड़ती है।

जब कोई ध्वनि हमें धीमी सुनाई पड़ती है तो उसकी प्रबलता कम होती है, जबकि तेज सुनाई पड़ने वाली ध्वनि की प्रबलता अधिक होती है।

ध्वनि की प्रबलता उसकी तीव्रता के अतिरिक्त मनुष्य के कान की सुग्राहिता पर भी निर्भर करती है यह ध्वनि की तीव्रता (I) पर निर्भर करती है।

$$L = 10 \log_{10} (I/I_0)$$

यहाँ, I_0 न्यूनतम श्रव्य ध्वनि की तीव्रता है तथा इसका मान 10^{-12} वाट मी$^{-2}$ है। एक ही तीव्रता की ध्वनि एक सामान्य व्यक्ति के लिए काफी प्रबल होगी, किन्तु एक बहरे व्यक्ति के लिए उसकी प्रबलता शून्य ही होगी।

(iii) **गुणता** (Quality) ध्वनि का वह अभिलक्षण जो हमें समान प्रबलता तथा समान आवृत्ति की ध्वनियों में भेद कराता है, गुणता कहलाता है। यदि विभिन्न वाद्य यन्त्रों जैसे सितार तथा वीणा पर समान प्रबलता तथा आवृत्ति के समान स्वर बजाए जाए, तो वे उनकी विभिन्न गुणता के कारण हमारे कानों पर विभिन्न संवेदिता उत्पन्न करते हैं।

डॉप्लर प्रभाव (Doppler's Effect)

स्रोत तथा श्रोता की सापेक्ष गति के कारण, स्रोत की आवृत्ति में होने वाले आभासी परिवर्तन को डॉप्लर प्रभाव कहते हैं।

आभासी आवृत्ति का सूत्र $\nu_a = \left(\dfrac{v \pm v_m \pm v_0}{v \pm v_m \mp v_s}\right)\nu_0$

जहाँ, ν_a = आभासी आवृत्ति, ν_0 = वास्तविक आवृत्ति

v_m = माध्यम की चाल, v_s = स्रोत की चाल, v_0 = श्रोता की चाल

जब स्रोत व श्रोता के बीच की दूरी कम होती है, तब $\nu_a > \nu_0$

जब स्रोत व श्रोता के बीच की दूरी बढ़ती है, तब $\nu_a < \nu_0$

जब माध्यम, ध्वनि तरंग की दिशा में गति करता है तब $(v + v_m)$ लेते हैं तथा जब माध्यम, ध्वनि तरंग की दिशा के विपरीत दिशा में गति करता है तब $(v - v_m)$ लेते हैं। प्रकाश में वैद्युत प्रभाव के लिए डॉप्लर विस्थापन, $\Delta\lambda = \dfrac{v}{c}\lambda$

अभ्यास प्रश्नावली

1. यदि λ_1, λ_2 व λ_3 बन्द ऑर्गन नली की तरंगों के मूल, प्रथम तथा द्वितीय अधिस्वरक की अनुनाद तरंगदैर्ध्य हैं तब अनुपात $\lambda_1 : \lambda_2 : \lambda_3$ होगा

(a) 1 : 3 : 5 (b) 1 : 2 : 3

(c) 5 : 3 : 1 (d) $1 : \frac{1}{3} : \frac{1}{5}$

2. दो ध्वनि स्रोत प्रत्येक के ध्वनि की तरंगदैर्ध्य λ है, निश्चित दूरी पर अलग-अलग स्थिर हैं, एक श्रोता u वेग से दोनों स्रोतों को जोड़ने वाली सरल रेखा पर चल रहा है। उसके द्वारा प्रति सेकण्ड सुने गए विस्पन्दों की संख्या है

(a) $\frac{2u}{\lambda}$ (b) $\frac{u}{\lambda}$

(c) $\frac{u}{3\lambda}$ (d) $\left(\frac{2\lambda}{u}\right)$

3. एक ध्वनि तरंग किसी वायु-स्तम्भ में संपीडनों और विरलनों के रूप में गुजर रही है। क्रमिक संपीडनों और विरलनों में

(a) घनत्व अचर रहता है

(b) बॉयल के नियम का पालन होता है

(c) वायु का आयतन प्रत्यास्थता गुणांक दोलन करता है

(d) ऊष्मा का स्थानान्तरण नहीं होता

4. यदि n_1, n_2 व n_3 एक डोरी के तीन भागों की मूल आवृत्तियाँ हैं, तब डोरी की वास्तविक मूल आवृत्ति है

(a) $\frac{1}{n} = \frac{1}{n_1} + \frac{1}{n_2} + \frac{1}{n_3}$

(b) $\frac{1}{\sqrt{n}} = \frac{1}{\sqrt{n_1}} + \frac{1}{\sqrt{n_2}} + \frac{1}{\sqrt{n_3}}$

(c) $\sqrt{n} = \sqrt{n_1} + \sqrt{n_2} + \sqrt{n_3}$

(d) $n = n_1 + n_2 + n_3$

5. एक ध्वनि स्रोत जिसकी आवृत्ति 256 हर्ट्ज है, यह 5 मी/से के वेग से एक दीवार की ओर आ रहा है, स्रोत तथा दीवार के बीच खड़े श्रोता को कितने विस्पन्द प्रति सेकण्ड सुनाई देंगे?

(a) $\frac{256 \times 330}{325}$ (b) $256 - \frac{256 \times 330}{325}$

(c) $\frac{256 \times 330}{325} - \frac{256 \times 330}{335}$ (d) $\frac{256 \times 330}{325} - 256$

6. विस्पन्द परिणामी है

(a) विनाशी व्यतिकरण का

(b) ध्वनि के विवर्तन का

(c) संपोषी तथा विनाशी व्यतिकरण का

(d) अप्रगामी तरंगें तथा संपोषी व्यतिकरण का

7. चार कम्पित वायु स्तम्भ चित्र में दिखाये गए हैं, आवृत्ति का अनुपात $n_p : n_q : n_r : n_s$ है

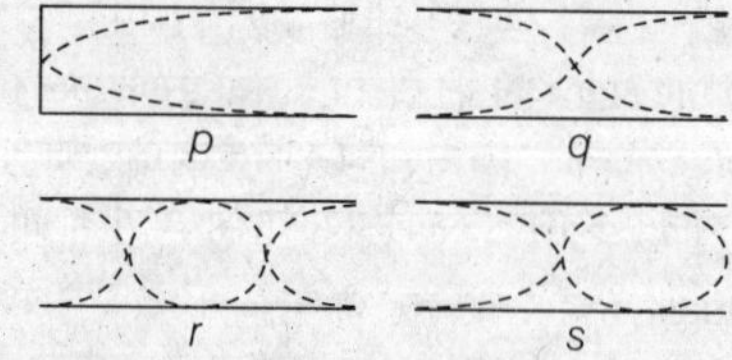

(a) 12 : 6 : 3 : 5 (b) 1 : 2 : 4 : 3
(c) 4 : 2 : 3 : 1 (d) 6 : 2 : 3 : 4

8. एक बस 5 मी/से की चाल से एक विशाल दीवार की ओर चल रही है। चालक हॉर्न बजाता है, हॉर्न की आवृत्ति 165 हर्ट्ज है। यदि वायु में ध्वनि की चाल 335 मी/से तब बस में बैठे यात्री प्रति सेकण्ड कितने विस्पन्द सुनेंगे?

(a) 3 (b) 4
(c) 5 (d) 6

9. एक रॉकेट $0.2\,c$ के वेग से पृथ्वी से दूर जा रहा है। रॉकेट 4×10^7 हर्ट्ज की आवृत्ति उत्सर्जित करता है। पृथ्वी पर स्थित श्रोता को आभासी आवृत्ति सुनाई देगी

(a) 3×10^6 हर्ट्ज
(b) 4×10^6 हर्ट्ज
(c) 2.4×10^7 हर्ट्ज
(d) 5×10^7 हर्ट्ज

10. सही कथन है,

(a) संगीतिक ध्वनि विभिन्न होती है
(b) संगीतिक ध्वनि में अचानक ही तीव्रता में बदलाव आता है
(c) संगीतिक ध्वनि में निरन्तर तथा अनावर्ती कम्पन होते हैं
(d) संगीतिक ध्वनि नियमित, अविरल तथा आवर्त कम्पनों से उत्पन्न होती है

11. एक बन्द ऑर्गन नली का पहला अधिस्वर, दूसरी खुली ऑर्गन नली के तीसरे संनादी के साथ अनुनाद कर रहा है। दोनों नलियों की लम्बाइयों में अनुपात है

(a) 3 : 8 (b) 8 : 3
(c) 1 : 2 (d) 4 : 1

12. एक खुले ऑर्गन पाइप की मूल आवृत्ति 100 हर्ट्ज है। यदि इसके एक सिरे को बंद कर दिया जाए तब इससे उत्पन्न आवृत्तियाँ हैं

(a) 100, 200, 300... (b) 50, 150, 250...
(c) 50, 100, 200, 300... (d) 50, 100, 160, 200...

13. एक पाइप एक सिरे पर बंद तथा दूसरे सिरे पर खुला है। यह 135 हर्ट्ज आवृत्ति की ध्वनि तरंग के साथ और दूसरी 165 हर्ट्ज आवृत्ति की ध्वनि तरंग के साथ अनुनादित है, परन्तु कोई तरंग जिसकी आवृत्ति इनके बीच है, के साथ अनुनादित नहीं होती है, तब मूल स्वर की आवृत्ति है

(a) 30 हर्ट्ज (b) 15 हर्ट्ज
(c) 60 हर्ट्ज (d) 7.5 हर्ट्ज

14. एक ध्वनि तंरग वायु से जल में जाती है। निम्न में से उसका कौन-सा गुण परिवर्तित नहीं होगा?

(a) तरंगदैर्ध्य (b) तीव्रता
(c) आवृत्ति (d) वेग

15. एक अनुनाद नली में, एक वायु स्तम्भ जिसकी आवृत्ति 325 हर्ट्ज है, दो बिन्दु 25.4 सेमी तथा 77.4 सेमी पर अनुनाद करता है। वायु में ध्वनि की चाल है

(a) 338 मी/से (b) 328 मी/से
(c) 330 मी/से (d) 320 मी/से

16. एक खुली नली अचानक एक सिरे पर बन्द हो जाती है परिणामत: बन्द नली के तीसरे अधिस्वरक की आवृत्ति 100 हर्ट्ज से बढ़ जाती है। तब खुली नली की मूल आवृत्ति है

(a) 480 हर्ट्ज (b) 300 हर्ट्ज
(c) 240 हर्ट्ज (d) 200 हर्ट्ज

17. एक अनुनाद स्तम्भ में पहले तथा दूसरे अनुनाद 22.7 सेमी तथा 70.2 सेमी पर प्राप्त होते हैं। तीसरा अनुनाद किस दूरी पर प्राप्त होता है?

(a) 117.7 सेमी (b) 92.9 सेमी
(c) 115.5 सेमी (d) 113.5 सेमी

18. नियत आवृत्ति की सीटी बजाती हुई एक रेलगाड़ी अचर वेग से स्टेशन की ओर जा रही है। रेलगाड़ी स्टेशन पर एक स्थिर प्रेक्षक के पास से गुजरती है। प्रेक्षक द्वारा सुनी गई ध्वनि की आवृत्ति n का समय t के फलन के रूप में ग्राफ बनाया गया है, अपेक्षित वक्र को पहचानिए।

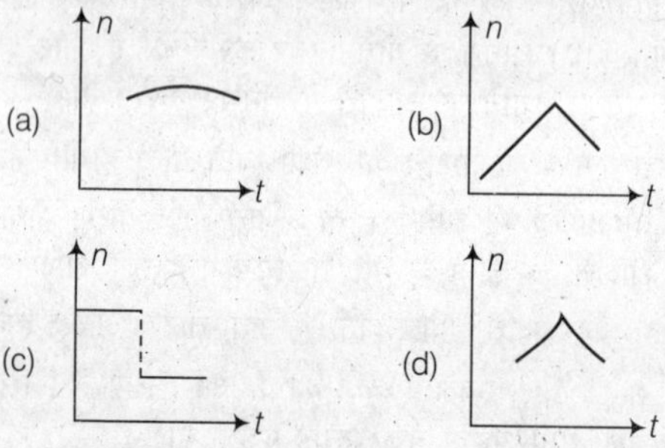

19. विस्पन्द प्रारूप है

(a) प्रकाश तरंगों का चारित्रिक गुण
(b) जल तरंगों का चारित्रिक गुण
(c) ध्वनि तरंगों का चारित्रिक गुण
(d) व्यतिकरण प्रारूप का एक भाग

20. दो द्विभुज (द्विभुज 1 तथा द्विभुज 2) को बनाने पर प्रति सेकण्ड 4 विस्पन्द सुनाई देते हैं। अब द्विभुज 2 के सिरे को टेप से जोड़ दिया जाता है। तब दोबारा बजाने पर प्रति सेकण्ड 6 विस्पन्द सुनाई देते हैं। यदि द्विभुज 1 की आवृत्ति 200 Hz है तो द्विभुज 2 की आवृत्ति थी

(a) 196 हर्ट्ज (b) 200 हर्ट्ज
(c) 202 हर्ट्ज (d) 204 हर्ट्ज

21. दो समान आवृत्ति वाले स्वरित्रों में से एक की भुजा पर थोड़ा-सा मोम लगा दिया जाता है। जब दोनों स्वरित्रों को साथ-साथ बजाया जाता है तो 5 विस्पन्द सुनाई देते हैं। यदि एक स्वरित्र की आवृत्ति 100 हर्ट्ज है तो मोम लगे स्वरित्र की आवृत्ति होगी

(a) 95 हर्ट्ज (b) 105 हर्ट्ज
(c) 90 हर्ट्ज (d) 110 हर्ट्ज

22. एक 50 सेमी लम्बा वायु स्तम्भ एक 40 सेमी लम्बी खिंची हुई डोरी के साथ अनुनाद करता है। इसी के समान वायु स्तम्भ की लम्बाई कितनी होगी कि ये 60 सेमी लम्बी डोरी के साथ समान तनाव से अनुनाद करे?

(a) 100 सेमी (b) 75 सेमी
(c) 50 सेमी (d) 25 सेमी

23. मेल्डी के प्रयोग में भारहीन कढ़ाही में 8 ग्राम का भार रखने पर तीन लूप बनते हैं, दो लूप बनाने के लिए आवश्यक भार है

(a) 18 ग्राम
(b) 8 ग्राम
(c) 36 ग्राम
(d) 24 ग्राम

24. एक बेलनाकार नली दोनों सिरों पर खुली है तथा इसकी वायु में मूल आवृत्ति f है। नली को ऊर्ध्वाधरत: जल में डुबाया जाता है जिससे यह आधे पानी में डूब जाती है। अब वायु-स्तम्भ की मूल आवृत्ति है

(a) $f/2$ (b) $3f/4$
(c) f (d) $2f$

25. दो एकसमान तार अपने मूल स्वर में एक साथ कम्पन कर रहे हैं। दोनों तारों के तनाव, लम्बाई, व्यास तथा घनत्व में अनुपात क्रमश: 8 : 1, 36 : 35, 4 : 1 तथा 2 : 1 हैं। यदि उच्च तारत्व के स्वर की आवृत्ति 360 हर्ट्ज है तब प्रति सेकण्ड उत्पन्न विस्पन्दों की संख्या है

(a) 5 (b) 15
(c) 10 (d) 20

26. समान लम्बाई के खुले ऑर्गन पाइप तथा बंद ऑर्गन पाइप की मूल आवृत्तियों में अनुपात है

(a) 2 : 1 (b) 1 : 2
(c) 1 : 1 (d) 4 : 1

27. जब एक स्रोत को दूसरे स्रोत जिसकी आवृत्ति 100 हर्ट्ज है, जो 5 विस्पन्द से उत्पन्न होते हैं। स्रोत का द्वितीय संनादी, 205 हर्ट्ज आवृत्ति के स्रोत के साथ 5 विस्पन्द से उत्पन्न करता है, स्रोत की आवृत्ति है

(a) 105 हर्ट्ज (b) 205 हर्ट्ज
(c) 95 हर्ट्ज (d) 100 हर्ट्ज

28. एक अनुनाद नली में एक स्वरित्र द्विभुज के साथ अनुनाद 16 सेमी तथा 49 सेमी पर प्राप्त होते हैं। यदि ध्वनि का वेग 330 मी/से है, तो स्वरित्र द्विभुज की आवृत्ति है

(a) 500 हर्ट्ज (b) 300 हर्ट्ज
(c) 330 हर्ट्ज (d) 165 हर्ट्ज

29. एक ध्वनि स्रोत दिए गए चित्र के अनुसार एक वृत्ताकार पथ पर चल रहा है व श्रोता O पर है। जब स्रोत A, B व C पर है तथा श्रोता द्वारा सुनी गई आवृत्तियाँ क्रमश: ν_1, ν_2 व ν_3 हैं, तब

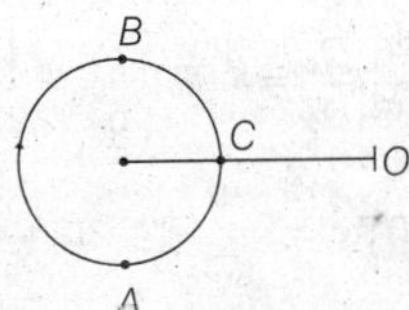

(a) 2210 हर्ट्ज (b) 1920 हर्ट्ज
(c) 2068 हर्ट्ज (d) 2086 हर्ट्ज

30. दो रेलगाड़ियाँ, भूमि के सापेक्ष क्रमश: 20 मी से$^{-1}$ व 15 मी से$^{-1}$ की चाल से एक दूसरे की ओर आ रही हैं। पहली रेलगाड़ी 600 हर्ट्ज आवृत्ति की सीटी बजाती है। रेलगाड़ियों के मिलने से पहले, दूसरी रेलगाड़ी में बैठे यात्री को सीटी की आवृत्ति सुनाई देगी (वायु में ध्वनि का वेग 340 मी से$^{-1}$ है)

(a) 600 हर्ट्ज (b) 585 हर्ट्ज
(c) 645 हर्ट्ज (d) 666 हर्ट्ज

31. एक वस्तु जिसका आपेक्षिक घनत्व ρ है, एक पतले इस्पात के तार से लटकाई गई है। तार में उत्पन्न अनुप्रस्थ तरंगों की मूल आवृत्ति 300 हर्ट्ज है। इस वस्तु को इस प्रकार पानी में डुबोया जाता है कि उसका आधा आयतन जलमग्न रहे, तब मूल आवृत्ति (हर्ट्ज में) होगी

(a) $300\left(\frac{2\rho-1}{2\rho}\right)^{1/2}$ (b) $300\left(\frac{2\rho}{2\rho-1}\right)^{1/2}$
(c) $300\left(\frac{2\rho}{2\rho-1}\right)$ (d) $300\left(\frac{2\rho-1}{2\rho}\right)$

32. एक नलिका जो एक सिरे पर बन्द है तथा जिसमें हवा भरी है, उत्तेजित अवस्था में 512 हर्ट्ज आवृत्ति का एक मूल स्वरक उत्पन्न करती है। यदि नलिका दोनों ओर से खुली हो तो वह मूल आवृत्ति जो उत्तेजित होने पर उत्पन्न होगी

(a) 1024 हर्ट्ज (b) 512 हर्ट्ज
(c) 256 हर्ट्ज (d) 128 हर्ट्ज

33. रेलवे प्लेटफॉर्म पर रखा सायरन 5 किलो आवृत्ति की ध्वनि उत्पन्न करता है। सायरन की ओर आती एक ट्रेन A में बैठा यात्री सायरन की आवृत्ति को 5.5 किलो हर्ट्स अभिलेखित करता है। अब सायरन की ओर आती दूसरी ट्रेन B में बैठा यात्री उसी सायरन की आवृत्ति को 6.0 किलो हर्ट्ज अभिलेखित करता है। ट्रेनों B तथा A की चालों का अनुपात है

(a) $\frac{242}{252}$ (b) 2
(c) $\frac{5}{6}$ (d) $\frac{11}{6}$

34. एक सोनोमीटर तार जिस पर 9 किग्रा द्रव्यमान लटकाया गया है, एक दिए गए स्वरित्र द्विभुज के साथ अनुनादित होता है तथा यह पाया जाता है कि दोनों ब्रिजों के बीच बनी अप्रगामी तरंगों में 5 प्रस्पन्द बनते हैं। जब 9 किग्रा के स्थान पर द्रव्यमान M लटकाया जाता है तब 3 प्रस्पन्द बनते हैं। द्रव्यमान M का मान है

(a) 25 किग्रा (b) 5 किग्रा
(c) 12.5 किग्रा (d) $\frac{1}{25}$ किग्रा

35. जब दो बन्द ऑर्गन पाइप एक साथ बजाए जाते हैं तो प्रति सेकण्ड 4 विस्पन्द उत्पन्न होते हैं। यदि लम्बे पाइप की लम्बाई 1 मी हो, तो छोटे पाइप की लम्बाई होगी (ध्वनि का वेग 3000 मी/से)

(a) 185.5 सेमी (b) 94.9 सेमी
(c) 90 सेमी (d) 80 सेमी

36. दो खुली ऑर्गन नलिकाओं की लम्बाइयाँ क्रमश: l तथा $(l+\Delta l)$ हैं। अव्य संशोधन की उपेक्षा कर, उनके बीच उत्पन्न विस्पन्दों की आवृत्ति होगी लगभग

(a) $\frac{\nu}{2l}$ (b) $\frac{\nu}{4l}$
(c) $\frac{\nu\Delta l}{2l^2}$ (d) $\frac{\nu\Delta l}{l}$

37. एक बन्द ऑर्गन पाइप की मूल आवृत्ति, खुले आर्गन पाइप के द्वितीय अधिस्वरक की आवृत्ति के बराबर है। यदि बन्द ऑर्गन पाइप की लम्बाई 15 सेमी है तो खुले आर्गन पाइप की लम्बाई होगी

(a) 90 सेमी (b) 30 सेमी
(c) 15 सेमी (d) 20 सेमी

38. 120 सेमी ऊँचाई की एक नली के ठीक ऊपर 340 हर्ट्ज आवृत्ति के स्वरित्र को कम्पित किया जाता है तथा नली में धीरे-धीरे पानी डाला जा रहा है। अनुनाद के लिए पानी की न्यूनतम ऊँचाई होगी

(वायु में ध्वनि की चाल =340 मी से$^{-1}$)

(a) 15 सेमी (b) 25 सेमी
(c) 30 सेमी (d) 45 सेमी

39. एक दोनों सिरों पर खुले हवा से भरी हुई सिलेण्डर के आकार के ट्यूब की मूल आवृत्ति f है। ट्यूब के आधे भाग को ऊर्ध्वाधर स्थिति में पानी में डुबाया जाता है। ट्यूब के हवा में भरे हुए भाग की मूल आवृत्ति है

(a) $\frac{f}{2}$ (b) f (c) $\frac{3f}{2}$ (d) $2f$

उत्तरमाला

1. (d)	**2.** (a)	**3.** (d)	**4.** (a)	**5.** (a)	**6.** (c)	**7.** (b)	**8.** (c)	**9.** (c)	**10.** (d)
11. (c)	**12.** (b)	**13.** (b)	**14.** (c)	**15.** (a)	**16.** (d)	**17.** (a)	**18.** (c)	**19.** (d)	**20.** (a)
21. (a)	**22.** (b)	**23.** (a)	**24.** (a)	**25.** (c)	**26.** (a)	**27.** (a)	**28.** (a)	**29.** (b)	**30.** (d)
31. (a)	**32.** (a)	**33.** (b)	**34.** (a)	**35.** (b)	**36.** (b)	**37.** (a)	**38.** (d)	**39.** (b)	

संकेत एवं हल

1.

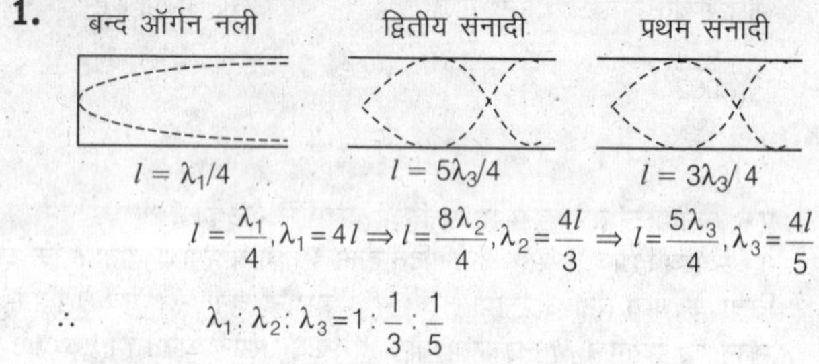

$$l = \frac{\lambda_1}{4}, \lambda_1 = 4l \Rightarrow l = \frac{8\lambda_2}{4}, \lambda_2 = \frac{4l}{3} \Rightarrow l = \frac{5\lambda_3}{4}, \lambda_3 = \frac{4l}{5}$$

$\therefore \quad \lambda_1 : \lambda_2 : \lambda_3 = 1 : \frac{1}{3} : \frac{1}{5}$

2. प्रति सेकण्ड उत्पन्न अतिरिक्त विस्पन्दों की संख्या

$$= \pm u/\lambda$$

$$= \frac{u}{\lambda} - (-u/\lambda) = \frac{2u}{\lambda}$$

5. कोई विस्पन्द सुनाई नहीं देगा क्योंकि श्रोता द्वारा सीधे स्रोत से ग्रहण ध्वनि की आवृत्ति तथा दीवार से परावर्तित ध्वनि की आवृत्ति दोनों बराबर हैं

$$= \frac{256 \times 330}{330 - 5} \text{ हर्ट्ज}$$

7. प्रश्न के चित्र से स्पष्ट है

$$l = \frac{\lambda_p}{4}, \ \lambda_p = 4l, \ n_p = \frac{v}{\lambda_p} = \frac{v}{4l}$$

$$l = \frac{\lambda_q}{2}, \ \lambda_q = 2l, \ n_q = \frac{v}{\lambda_p} = \frac{v}{2l}$$

$$l = \lambda_r, \lambda_r = l, n_r = \frac{v}{\lambda_r} = \frac{v}{2l}$$

$$l = \frac{3\lambda_s}{4}, \ \lambda_s = \frac{4l}{3}, \ n_s = \frac{v}{\lambda_s} = \frac{3v}{4l}$$

$$\therefore \quad n_p : n_q : n_r : n_s = \frac{v}{4l} : \frac{v}{2l} : \frac{v}{l} : \frac{3v}{4l} = 1 : 2 : 4 : 3$$

9. रॉकेट का वेग, $v = \frac{1}{2}\frac{\Delta\nu}{\nu}c \quad \therefore \quad 0.2c = \frac{1}{2}\frac{\Delta\nu}{(4 \times 10^7)}c$

$$\Delta\nu = 1.6 \times 10^7 \text{ हर्ट्ज}$$

रॉकेट दूर जा रहा है,

$$\therefore \quad \nu' = \nu - \Delta\nu = 4 \times 10^7 - 1.6 \times 10^7 = 2.4 \times 10^7 \text{ हर्ट्ज}$$

11. बन्द ऑर्गन पाइप के लिए पहले अधिस्वरक की आवृत्ति, $n_1 = \frac{3v}{4l_1}$

खुले ऑर्गन पाइप की तीसरे संनादी की आवृत्ति के लिए, $n_2 = \frac{3v}{2l_2}$

अतः $\quad n_1 = n_2$

$$\therefore \quad \frac{3v}{4l_1} = \frac{3v}{2l_2} \text{ या } \frac{l_1}{l_2} = \frac{2}{4} = \frac{1}{2}$$

13. बंद पाइप में अनुनाद आवृत्ति, $n = (2r-1)v/4l = 135$ तथा 165, 135 तथा 165 का महत्तम समापवर्तक न्यूनतम आवृत्ति है। यह 15 हर्ट्ज है।

17. अनुनाद स्तम्भ के लिए, $l_1 + x = \frac{\lambda}{4} = 22.7$

तथा $\quad l_2 + x = \frac{3\lambda}{4} = 70.2, l_3 + x = \frac{5\lambda}{4}$

$$\Rightarrow \quad x = \frac{l_2 - 3l_1}{2} = \frac{70.2 - 68.1}{2}$$

$$= \frac{2.1}{2} = 1.05 \text{ सेमी}$$

अब $\quad \frac{l_3 + x}{l_1 + x} = 5$

$$l_3 = 5l_1 + 4x = 5 \times 22.7 + 4 \times 1.05 = 117.7 \text{ सेमी}$$

23. यहाँ, $p_1 = 3, T_1 = 8, p_2 = 2, T_2 = ?$

अतः $\quad \frac{T_2}{T_1} = \frac{p_1^2}{p_2^2}$

$$\therefore \quad T_2 = \frac{p_1^2}{p_2^2} \times T_1 = \frac{9}{4} \times 8 = 18 \text{ ग्राम-भार}$$

25. यहाँ, $\frac{T_1}{T_2} = \frac{8}{1}, \frac{l_1}{l_2} = \frac{36}{35}, \frac{D_1}{D_2} = \frac{4}{1}$ तथा $\frac{\rho_1}{\rho_2} = \frac{1}{2}$

$n_1 = 360$ हर्ट्ज, $n_2 = ?$ अब $\frac{n_2}{n_1} = \frac{l_1 D_1}{l_2 D_2}\sqrt{\frac{T_2 \rho_1}{\rho_2 T_1}}$

$$\frac{n_2}{n_1} = \frac{36}{35} \times \frac{4}{1}\sqrt{\frac{1}{8} \times \frac{1}{2}} = \frac{36}{35}$$

स्पष्टतः $n_2 > n_1$, जब, $n_2 = 360$ हर्ट्ज, $n_1 = 350$ हर्ट्ज

प्रति सेकण्ड उत्पन्न विस्पन्दों की संख्या $= n_2 - n_1 = 360 - 350 = 10$

27. स्रोत की दो सम्भव आवृत्तियाँ = 100 ± 5 = 105 या 95

दूसरे संनादी की आवृत्ति = 210 या 190

205 हर्ट्ज आवृत्ति के स्रोत के साथ 5 विस्पन्द सम्भव हैं, केवल जब दूसरे संनादी की आवृत्ति = 210

∴ स्रोत की आवृत्ति = 105 हर्ट्ज

28. बंद पाइप (अनुनाद नली) के लिए, $l_1 = \frac{v}{4n}, l_2 = \frac{3v}{4n}$

$$v = 2n(l_2 - l_1)$$

$$\Rightarrow \quad n = \frac{v}{2(l_2 - l_1)}$$

$$= \frac{330}{2 \times (0.49 - 0.16)} = 500 \text{ हर्ट्ज}$$

16

तरंगों का परावर्तन तथा फोरियर प्रमेय

Reflection of Waves and Fourier's Theorem

तरंगों का परावर्तन (Reflection of Waves)

जब ध्वनि तरंगें दो माध्यमों को अलग करने वाली सीमा पर आपतित होती हैं, तो इसका एक अंश प्रारम्भिक माध्यम में वापस लौट जाता है, जबकि शेष आंशिक रूप से अवशोषित हो जाता है। इस घटना में तरंग का आंशिक रूप से प्रारम्भिक माध्यम में वापस लौटने को परावर्तन कहते हैं।

अभिलाक्षणिक गुण (Characteristic Properties)

- ध्वनि के परावर्तन में, तरंग की आवृत्ति अपरिवर्तित रहती है अर्थात् $\omega_i = \omega_r = \omega_t = \omega$
- आपतित किरण, परावर्तित किरण, अभिलम्ब तथा अपरिवर्तित किरण सभी समान तल में होते हैं।
- ध्वनि के परावर्तन में, आपतन कोण = परावर्तन कोण
- ध्वनि के अपवर्तन में, $\dfrac{\sin i}{\sin t} = \dfrac{v_i}{v_t}$
- किसी सघन माध्यम अथवा दृढ़ आधार अथवा कसे सिरे से परावर्तन में, परावर्तित विस्थापन-तरंग का व्युत्क्रमण (inversion) हो जाता है अर्थात् यदि आपतित तरंग, $y = A_i \sin(\omega t - kx)$ है, तब परावर्तित तरंग, $y = -Ar\sin(\omega t + kx) = A_r \sin(\omega t + kx + \pi)$ होगी अर्थात् सघन माध्यम से परावर्तन होने पर विस्थापन तरंग कला में π से परिवर्तित हो जाती है, जबकि विरल माध्यम से परावर्तन में तरंग की कला में कोई व्युत्क्रमण नहीं होता है।
- परावर्तन में, तरंग का आयाम तथा तीव्रता घट सकते हैं।
- जब एक अनुप्रस्थ तरंग सघन माध्यम से परावर्तित होती है, तो गर्त, शृंग में तथा शृंग, गर्त में परिवर्तित हो जाते हैं।
- जब एक अनुप्रस्थ तरंग विरल माध्यम से परावर्तित होती है, तो परावर्तन के पश्चात् शृंग व गर्त व्युत्क्रमित नहीं होते।
- जब एक अनुदैर्ध्य तरंग सघन माध्यम से परावर्तित होती है, तो संपीडन तथा विरलन प्रभावित नहीं होते।
- जब एक अनुदैर्ध्य तरंग विरल माध्यम से परावर्तित होती है, तो संपीडन विरलन में तथा विरलन संपीडन में बदल जाते हैं।

अभिलाक्षणिक प्रतिबाधा (Characteristic Impedance)

एक डोरी की अभिलाक्षणिक प्रतिबाधा, डोरी के किसी कण पर अनुप्रस्थ बल तथा अनुप्रस्थ वेग के अनुपात को कहते हैं।

$Z_0 = mv$ जहाँ, m प्रति एकांक लम्बाई का द्रव्यमान है तथा v = तरंग वेग है।

परावर्तन गुणांक (Γ)

(Amplitude Reflection Coefficient)

परावर्तित आयाम तथा आपतित आयाम के अनुपात को परावर्तन गुणांक कहते हैं।

$$\Gamma = \frac{\text{परावर्तित आयाम}}{\text{आपतित आयाम}} = \frac{a_r}{a_i} = \frac{Z_1 - Z_2}{Z_1 + Z_2}$$

जहाँ, Z_1 तथा Z_2 रस्सी के दो भागों की प्रतिबाधा है।

संचरण गुणांक (τ)

(Amplitude Transmission Coefficient)

संचरण आयाम तथा आपतित आयाम की निष्पत्ति (ratio) संचरण गुणांक कहलाती है।

$$\tau = \frac{\text{संचरण आयाम}}{\text{आपतित आयाम}} = \frac{a_t}{a_i} = \frac{2Z_1}{Z_1 + Z_2}$$

(i) यदि, $Z_1 = Z_2 \Rightarrow \Gamma = 0$ तथा $\tau = 1$, यह शून्य परावर्तन की स्थिति में है।

(ii) यदि, $Z_2 > Z_1 \Rightarrow \Gamma$ ऋणात्मक तथा τ धनात्मक है, अतः परावर्तित तरंग की कला में π का परिवर्तन हो जाता है; जबकि परावर्तन सघन माध्यम से होता है तथा सचंरण के लिए कोई कला-परिवर्तन नहीं होता है।

परावर्तन ऊर्जा गुणांक (Energy Coefficient of Reflection)

परावर्तित ऊर्जा व आपतित ऊर्जा की निष्पत्ति को परावर्तन ऊर्जा गुणांक कहते हैं अर्थात्

$$\text{परावर्तन ऊर्जा गुणांक} = \frac{\text{परावर्तित ऊर्जा}}{\text{आपतित ऊर्जा}} = \left(\frac{Z_1 - Z_2}{Z_1 + Z_2}\right)^2$$

$$\text{संचरण ऊर्जा गुणांक} = \frac{\text{संचरित ऊर्जा}}{\text{आपतित ऊर्जा}} = \frac{4Z_1Z_2}{(Z_1 + Z_2)^2}$$

यदि $Z_1 = Z_2$, कोई ऊर्जा परावर्तित नहीं होती तथा प्रतिबाधा समान कहलाती है।

परावर्तन तीव्रता गुणांक $= \frac{I_r}{I_i} = \left(\frac{Z_1 - Z_2}{Z_1 + Z_2}\right)^2$

संचरण तीव्रता गुणांक $= \frac{I_t}{I_i} = \left(\frac{4Z_1Z_2}{Z_1 + Z_2}\right)^2$

फोरियर प्रमेय (Fourier's Theorem)

फोरियर या फर्मे प्रमेय द्वारा किसी संयुग्मी आवर्ती गति को आवर्ती अवयवों (ज्या व कोज्या फलनों) में विभाजित किया जा सकता है। किसी फलन $f(x)$ को निम्न प्रकार लिख सकते हैं

$$f(x) = \frac{a_0}{2} + \sum_1^n a_n \cot nxt \sum_1^n b_n \sin nx$$

जहाँ, $a_n = \frac{1}{\pi}\int_0^{2\pi} f(x)\cos nx dx,\ b_n = \frac{1}{\pi}\int_0^{2\pi} f(x)\sin nx dx$

फोरियर प्रमेय के अन्तर्गत फलन की गणना या विवेचना आवर्ती गति के एक पूर्ण आवर्त के लिए की जाती है।

फोरियर ज्या संचरण
(Fourier's sine Transmission)

फोरियर ज्या संचरण को निम्न प्रकार परिभाषित करते हैं

$$f_s(s) = \int_{-\infty}^{\infty} F(x)\sin x dx$$

फोरियर कोज्या संचरण
(Fourier's cosine Transmission)

फोरियर कोज्या संचरण को निम्न प्रकार परिभाषित करते हैं

$$f_c(\delta) = \int_0^{\infty} F(x)\cos \delta x dx$$

फोरियर प्रमेय के अनुसार

फलन, $F(x) = F(-x)$

क्योंकि किसी भी फलन को सम तथा विषम फलनों के योग के रूप में व्यक्त किया जा सकता है। द्विविम, त्रिविम तथा n-विमा के लिए भी फोरियर प्रमेय परिभाषित है।

अभ्यास प्रश्नावली

1. भली-भाँति व्यवहारित आवर्ती फलन $F(x)$ जिसका आवर्तकाल 2π है, आवर्ती पदों की एक श्रेणी में व्यक्त किये जा सकते हैं

$$F(z) = A_0 + \sum_{n=1}^{\infty} (A_n \sin nz + B_n \cos nz)$$

उपर्युक्त कथन कहलाता है

(a) फोरियर प्रमेय (b) आवर्ती प्रमेय
(c) श्रेणी प्रमेय (d) हाइगेन्स प्रमेय

2. किसी फोरियर श्रेणी में

$$F(z) = A_0 + \sum_{n=1}^{\infty} (A_n \sin nz + B_n \cos nz)$$

यहाँ, पद A_0, A_n और B_n कहलाते हैं

(a) वास्तविक गुणांक (b) फोरियर गुणांक
(c) नियत गुणांक (d) आवर्ती गुणांक

3. ऊर्जा स्थानान्तरित होती है

(a) केवल अप्रगामी तरंगों द्वारा
(b) केवल प्रगामी तरंगों द्वारा
(c) प्रगामी तथा अप्रगामी दोनों तरंगों द्वारा
(d) उपरोक्त में से कोई नहीं

4. v वेग से धन X-दिशा में चल रही तरंग की समीकरण है

(a) $y = f\left(t - \frac{x}{v}\right)$ (b) $y = f\left(t + \frac{x}{v}\right)$
(c) $y = f\left(\frac{t}{v} - x\right)$ (d) $y = f\left(x + \frac{t}{v}\right)$

5. कलान्तर ϕ तथा पथान्तर x में सम्बन्ध है

(a) $\phi = \frac{2\pi x}{\lambda}$ (b) $\phi = \frac{x}{2\pi\lambda}$
(c) $\phi = \frac{\lambda}{2\pi x}$ (d) $\phi = 2\pi\lambda x$

6. एक तरंग जिसकी आवृत्ति 500 हर्ट्ज है, 360 मी/से की चाल से चल रही है। यदि, दो निकटवर्ती कणों के बीच कलान्तर 60° है तो उनके बीच पथान्तर होगा

(a) 12 सेमी (b) 120 सेमी
(c) 0.72 मी (d) 0.72 सेमी

7. निम्न में से किस तरंग का आयाम 5 सेमी तथा आवर्तकाल 2 सेकण्ड है?

(a) $y = 5\sin\frac{2\pi t}{2}$ (b) $y = 5\sin\frac{3\pi t}{2}$
(c) $y = 5\sin\frac{2\pi t}{\omega}$ (d) $y = \sin 2\pi t$

8. $y_1 = a\cos(\omega t - kx)$ तथा $y_2 = a\sin(\omega t - kx)$ में कलान्तर है

(a) $\frac{\pi}{2}$ (b) शून्य
(c) π (d) 2π

9. सम्मिश्र रूप में फोरियर श्रेणी इस प्रकार लिखी जा सकती है

(a) $f(x) = \sum_{n=\infty}^{-\infty} C_n e^{inx}$ (b) $f(x) = \sum_{n=\infty}^{-\infty} \cos(inx)$
(c) $f(x) = \sum_{n=\infty}^{-\infty} \sin(inx)$ (d) $f(x) = \sum_{n=\infty}^{-\infty} \cos(inx) + \sin(inx)$

10. यदि, $f(x), x$ का एक सम फलन है अर्थात् $f(-x) = f(x)$, तो फोरियर श्रेणी से प्राप्त श्रेणी कहलाएगी

(a) ज्या श्रेणी (b) कोज्या श्रेणी
(c) रेखीय श्रेणी (d) अतिपरवलयिक श्रेणी

11. यदि, $f(x), x$ का एक विषम फलन है अर्थात् $f(-x) = -f(x)$ तो फोरियर श्रेणी से प्राप्त श्रेणी कहलायेगी

(a) ज्या श्रेणी (b) कोज्या श्रेणी
(c) वक्ररेखीय श्रेणी (d) परवलयिक श्रेणी

12. l लम्बाई तथा m द्रव्यमान की तनी डोरी (तनाव = T) में अनुप्रस्थ तरंग का वेग होता है

(a) $\sqrt{\frac{T}{m}}$ (b) $\sqrt{\frac{Tl}{m}}$ (c) $\sqrt{\frac{T}{ml}}$ (d) $\frac{1}{l}\sqrt{\frac{T}{m}}$

13. तनी हुई डोरी के दृढ़ सिरे की तरफ तरंगें जाकर टकराती हैं तथा परावर्तित होती हैं। इनमें होगी

(a) आपतित तरंग के समान कला परन्तु विपरीत वेग
(b) 180° का कला परिवर्तन परन्तु समान वेग
(c) आपतित तरंग के समान कला परन्तु समान वेग
(d) 180° का कला परिवर्तन परन्तु विपरीत वेग

14. ठोस में अनुदैर्ध्य तरंग की चाल

(a) यंग प्रत्यास्थता गुणांक के वर्गमूल के व्युत्क्रमानुपाती होती है
(b) पदार्थ के घनत्व के वर्गमूल के व्युत्क्रमानुपाती होती है
(c) पदार्थ के घनत्व के वर्गमूल के अनुक्रमानुपाती होती है
(d) यंग प्रत्यास्थता के वर्ग के अनुक्रमानुपाती होती है

15. वायु में समतल प्रगामी तरंगों के लिए किसी बिन्दु पर दाब की अधिकता तथा कण-वेग का अनुपात होता है

(a) $\sqrt{\rho E}$ (b) $\sqrt{\frac{E}{\rho}}$
(c) $\sqrt{\frac{\rho}{E}}$ (d) इनमें से कोई नहीं

16. वायु में अनुदैर्ध्य तरंग की चाल तथा वायु में अणुओं की वर्ग-माध्य-मूल चाल में निष्पत्ति होती है

(a) $\sqrt{\frac{\gamma}{3}}$ (b) $\sqrt{3\gamma}$
(c) $\sqrt{\frac{3}{\gamma}}$ (d) लगभग 1.5

17. प्रगामी तरंग की तीव्रता होती है

(a) $2\pi^2a^2$ (b) $2\pi^2a^2n^2\rho v$
(c) $2\pi an$ (d) $2\pi^2a^2n^2\rho$

18. एक तरंग मुक्त सिरे से परावर्तित होती है, तब इसके पथ में परिवर्तन होगा

(a) 0 (b) $\pi/4$
(c) $\pi/2$ (d) π

19. $f(x) = \delta(x)$ का k वाँ फोरियर अवयव है

(a) 1 (b) 0
(c) $(2\pi)^{-\frac{1}{2}}$ (d) $(2\pi)^{-\frac{3}{2}}$

20. निम्नलिखित में से कौन-सा एक फोरियर ज्या संचरण है?

(a) $\sqrt{\frac{2}{\pi}}\int_0^\infty g_c(\alpha)\cos\alpha x dx$ (b) $\sqrt{\frac{2}{\pi}}\int_0^\infty g_s(\alpha)\sin\alpha x dx$
(c) $\sqrt{\frac{2}{\pi}}\int_0^\infty g_c(\alpha)\cos\alpha x dx$ (d) इनमें से कोई नहीं

21. $x(t) = e^{-4|t|}$ का फोरियर रूपान्तरण है

(a) $\frac{8}{16+\omega^2}$ (b) $\frac{-8}{16+\omega^2}$
(c) $\frac{4}{16+\omega^2}$ (d) $\frac{-4}{16+\omega^2}$

22. एक ध्वनि तरंग के माध्यम का विस्थापन निम्न समीकरण द्वारा व्यक्त किया जाता है

$$Y = A\cos(ax + bt)$$

जहाँ, A, a व b धनात्मक नियतांक हैं।

यह तरंग एक अवरोध द्वारा जो $x=0$ पर स्थित है, परावर्तित होती है। परावर्तित तरंग की तीव्रता, आपतित तरंग की तीव्रता की 0.64 गुनी है। आपतित किरण की आवृत्ति है

(a) b (b) $\frac{a}{2\pi}$ (c) $\frac{b}{2\pi}$ (d) $\frac{ab}{\pi}$

23. दिया है, $V(z,t) = 180e^{-2.5\times10^{-3}z}\cos(10^8 t - 2Z)$
जहाँ, Z लोड से दूरी है। लोड प्रतिबाधा, $Z_L = 300\Omega$ तब अभिलाक्षणिक प्रतिबाधा Z_0 है

(a) 400 Ω (b) 200 Ω
(c) 100 Ω (d) 70 Ω

24. एक ध्वनि तरंग में माध्यम का विस्थापन निम्न समीकरण द्वारा व्यक्त किया जाता है

$$Y = A\cos(ax + bt)$$

जहाँ, A, a व b धनात्मक नियतांक है।
यह तरंग एक अवरोध द्वारा जो $x=0$ पर स्थित है, परावर्तित होती है। परावर्तित तरंग की तीव्रता, आपतित तरंग की तीव्रता की 0.64 गुनी है। परावर्तित तरंग की समीकरण है

(a) $Y = -0.8\,A\cos(ax + bt)$ (b) $Y = -0.8\,A\cos(ax - bt)$
(c) $Y = 0.8\,A\cos(ax + bt)$ (d) उपरोक्त में से कोई नहीं

25. किसी प्रगामी तरंग की तीव्रता होती है, संचरित ऊर्जा प्रति

(a) एकांक क्षेत्रफल प्रति सेकण्ड (b) एकांक क्षेत्रफल
(c) सेकण्ड (d) एकांक आयतन प्रति सेकण्ड

उत्तरमाला

1. (a)	**2.** (b)	**3.** (b)	**4.** (a)	**5.** (a)	**6.** (a)	**7.** (a)	**8.** (a)	**9.** (a)	**10.** (b)
11. (a)	**12.** (a)	**13.** (b)	**14.** (a)	**15.** (b)	**16.** (a)	**17.** (a)	**18.** (a)	**19.** (c)	**20.** (b)
21. (a)	**22.** (c)	**23.** (c)	**24.** (b)	**25.** (a)					

17

विद्युत क्षेत्र तथा विभव
Electric Field and Potential

स्थिर वैद्युतिकी (Electrostatics)

भौतिकी की वह शाखा जिसमें हम स्थिर या अत्वरित मन्द गति से गतिमान आवेश गुणों का अध्ययन करते हैं, स्थिर वैद्युतिकी कहते हैं। आवेश दो वस्तुओं को आपस में रगड़ने से उत्पन्न होता है।

विद्युत आवेश (Electric Charge)

विद्युत आवेश पदार्थ का वह मौलिक गुण है जिसके कारण वस्तुओं के बीच विद्युत बल कार्य करता है।

आवेश दो प्रकार के होते हैं

(i) **धन आवेश** (Positive charge) धन आवेश का तात्पर्य किसी वस्तु पर उसकी सामान्य अवस्था से इलेक्ट्रॉनों की कमी है।

(ii) **ऋण आवेश** (Negative charge) ऋण आवेश का तात्पर्य किसी वस्तु पर उसकी सामान्य अवस्था से इलेक्ट्रॉनों की अधिकता है।

विभिन्न प्रयोगों से प्राप्त निष्कर्षों के आधार पर सजातीय आवेश (like charges) एक-दूसरे को प्रतिकर्षित तथा विजातीय आवेश (unlike charges) एक-दूसरे को आकर्षित करते हैं।

आवेश का संरक्षण (Conservation of Charge)

दो वस्तुएँ जब परस्पर रगड़ी जाती हैं, तो दोनों वस्तुओं पर एकसाथ समान परिमाण एवं विपरीत प्रकृति के आवेश उत्पन्न होते हैं।

दोनों वस्तुओं पर इस प्रकार उत्पन्न आवेश की कुल मात्रा शून्य होती है। वस्तुओं को परस्पर रगड़ने से पहले भी उन पर कुल आवेश शून्य ही था। इससे यह स्पष्ट है कि आवेश न तो उत्पन्न किया जा सकता है और न ही नष्ट किया जा सकता है। आवेश का केवल पुनर्वितरण (स्थानान्तरण) किया जाता है। यह आवेश-संरक्षण का नियम कहलाता है।

मूल आवेश एवं आवेश का क्वाण्टीकरण (Fundamental Charge and Quantisation of Charge)

प्रकृति में आवेश सदैव एक निश्चित न्यूनतम मान के पूर्ण गुणज के रूप में उत्पन्न होता है। इसे आवेश का क्वाण्टीकरण अथवा परमाणुकता (quantisation or atomicity of charge) कहते हैं। इस न्यूनतम आवेश को मूल आवेश (fundamental charge) e कहते हैं।

अतः $q = \pm ne$

जहाँ, $n = 1, 2, 3, 4 \ldots$ तथा $e = 1.6 \times 10^{-19}$ कूलॉम

अतः एक आवेशित वस्तु चाहे छोटी हो या बड़ी उस पर आवेश सदैव e का पूर्ण गुणज होगा जैसे $\pm e, \pm 2e, \pm 3e, \pm 4e, \ldots$, आदि। किसी वस्तु पर आवेश का भिन्नात्मक मान (जैसे $0.7e$ या $2.5e$) कभी नहीं होगा।

कूलॉम का नियम (Coulomb's Law)

इस नियम के अनुसार, दो स्थिर बिन्दु-आवेशों के बीच लगने वाला आकर्षण अथवा प्रतिकर्षण बल दोनों आवेशों की मात्राओं के गुणनफल के अनुक्रमानुपाती तथा उनके बीच की दूरी के वर्ग के व्युत्क्रमानुपाती होता है।

$$F_e = \frac{1}{4\pi\varepsilon_0} \frac{|q_1 q_2|}{r^2} \text{ न्यूटन}$$

सदिश रूप में, $$\vec{F} = \frac{1}{4\pi\varepsilon_0} \frac{q_1 q_2}{r^2} \hat{r}$$

यहाँ, $\frac{1}{4\pi\varepsilon_0} = (9.0 \times 10^9)$ न्यूटन-मी^{2} कूलॉम$^{-2}$ तथा नियतांक ε_0 को निर्वात् की विद्युतशीलता (permittivity of free space) कहते हैं। इसका मान है, $\varepsilon_0 = 8.854 \times 10^{-12}$ कूलॉम^2 न्यूटन$^{-1}$-मी$^{-2}$

यदि वायु में स्थित दो आवेशित कणों के बीच विद्युत बल F है, तब इन आवेशित कणों के बीच कोई कुचालक पदार्थ (dielectric substance) जैसे मोम, कागज, तेल रखने पर कणों के बीच लगने वाला विद्युत बल $(F') = F/K$ जहाँ, K परावैद्युतांक (dielectric constant) है।

$$K > 1 \Rightarrow F' < F$$

अध्यारोपण का सिद्धान्त (Principle of Superposition)

यदि आवेश $q_1, q_2, q_3 \ldots$ आवेश q पर क्रमशः $\vec{F}_1, \vec{F}_2, \vec{F}_3 \ldots$ बल अरोपित करते हैं, तब $\vec{F} = \vec{F}_1 + \vec{F}_2 + \vec{F}_3 \ldots$

आवेश घनत्व (Charge Density)

आवेश घनत्व, आवेश प्रति इकाई लम्बाई या आवेश प्रति इकाई क्षेत्रफल है।

रेखीय आवेश घनत्व (Linear Charge Density)

यह चालक की प्रति एकांक लम्बाई का आवेश है।

$$\lambda = \frac{q}{L} \quad \text{या} \quad \lambda = \frac{dq}{dL}$$

इसका मात्रक कूलॉम-मीटर$^{-1}$ है।

पृष्ठ आवेश घनत्व (Area Charge Density)

यह प्रति एकांक क्षेत्रफल का आवेश है।

$$\sigma = \frac{q}{A} \quad \text{या} \quad \sigma = \frac{dq}{dt}$$

इसका मात्रक कूलॉम मीटर$^{-2}$ है।

आयतन आवेश घनत्व (Volume Charge Density)

यह किसी गोलीय चालक के प्रति एकांक आयतन का आवेश है।

$$\rho = \frac{q}{V} \quad \text{या} \quad \rho = \frac{dq}{dV}$$

इसका मात्रक कूलॉम मीटर$^{-3}$ है।

विद्युत क्षेत्र (Electric Field)

किसी आवेश के चारों ओर का वह स्थान अथवा क्षेत्र (region) जिसमें एक अन्य आवेश विद्युत प्रभाव का अनुभव करता है, विद्युत क्षेत्र कहलाता है। इसे E से प्रदर्शित करते हैं।

विद्युत बल रेखाएँ (Electric Field Lines)

विद्युत क्षेत्र में खींची गई वे रेखाएँ जिसके अनुदिश आवेश का प्रवाह माना जा सकता है, बल रेखाएँ कहलाती हैं। किसी भी विद्युत क्षेत्र को विद्युत बल रेखाओं द्वारा प्रदर्शित कर सकते हैं। विद्युत क्षेत्र के एकांक क्षेत्रफल से गुजरने वाली रेखाएँ **विद्युत फ्लक्स** (electric flux) कहलाता है।

विद्युत क्षेत्र की तीव्रता (Electric Field Intensity)

विद्युत क्षेत्र में किसी बिन्दु पर रखे परीक्षण आवेश पर लगने वाले बल तथा परीक्षण आवेश के मान की निष्पत्ति को उस बिन्दु पर विद्युत क्षेत्र की तीव्रता $\vec{E}$ कहते हैं। अतः यदि विद्युत क्षेत्र में किसी बिन्दु पर रखे परीक्षण-आवेश q_0 पर लगने वाला बल $\vec{F}$ हो, तो उस बिन्दु पर विद्युत क्षेत्र की तीव्रता $(\vec{E}) = \vec{F}/q_0$

या $$\vec{E} = \frac{1}{4\pi\varepsilon_0}\frac{q}{r^2}\hat{r} \text{ न्यूटन/कूलॉम}$$

परिणामी विद्युत क्षेत्र (Resultant Electric Field)

यदि किसी बिन्दु पर एक ही समय में दो या दो से अधिक विद्युत क्षेत्र प्रभावी हों तब परिणामी विद्युत क्षेत्र (उसी बिन्दु पर) सभी क्षेत्रों के सदिश योग के बराबर होता है अर्थात् $E = E_1 + E_2 + E_3 + \dots$

वैद्युत विभव (Electric Potential)

एकांक आवेश को अनन्त से विद्युत क्षेत्र में स्थित किसी बिन्दु तक लाने में किये गये कार्य को उस बिन्दु पर विद्युत विभव कहते हैं। इसे V से सूचित करते हैं।

कुछ महत्त्वपूर्ण बिन्दु (Some Important Points)

(i) विभव V तथा विद्युत क्षेत्र की तीव्रता $\vec{E}$ में सम्बन्ध

$$\vec{E} = -\nabla V \quad \text{या} \quad E = -\frac{dV}{dr}$$

दो बिन्दुओं जिनके बीच की दूरी d है, के बीच विभवान्तर

$$V_2 - V_1 = V_{21} = Ed$$

(ii) बिन्दु आवेश के कारण विभव $(V) = \dfrac{q}{4\pi\varepsilon_0 r}$

(iii) विद्युत स्थितिज ऊर्जा (U) = आवेश × विभव $= qV$

$$\Rightarrow \quad U = \frac{q_1 q_2}{4\pi\varepsilon_0 r}$$

यदि आवेशों $q_1, q_2, q_3 \dots$ के कारण विद्युतीय स्थितिज ऊर्जाएँ क्रमशः $U_1, U_2, U_3 \dots$ हैं, तब व्यवस्था की कुल विद्युतीय स्थितिज ऊर्जा,

$U = U_1 + U_2 + U_3 + \dots$

विद्युत द्विध्रुव (Electric Dipole)

विद्युत द्विध्रुव वह निकाय (system) है जिसमें दो बराबर, परन्तु विपरीत प्रकार के बिन्दु-आवेश एक-दूसरे से अल्प दूरी पर स्थित होते हैं।

$-q$ $\vec{p}$ $+q$; $2l$

(i) किसी एक आवेश तथा दोनों आवेशों के बीच की अल्प दूरी के गुणनफल को विद्युत द्विध्रुव आघूर्ण (electric dipole moment) p कहते हैं।

$$\vec{p} = q \times 2l = 2ql$$

(ii) द्विध्रुव के कारण विभव

$$V = \frac{p\cos\theta}{4\pi\varepsilon_0 r^2} = \frac{\vec{p}\cdot\vec{r}}{4\pi\varepsilon_0 r^3} = \frac{\vec{p}\cdot\vec{r}}{4\pi\varepsilon_0 r^2} \quad \text{(ध्रुवीय निर्देशांकों पर)}$$

$$V_{\text{अक्ष}} = \frac{1}{4\pi\varepsilon_0}\cdot\frac{p}{r^2} \quad \text{(द्विध्रुव की अक्ष पर)}$$

$$V = 0 \quad \text{(निरक्षीय रेखा पर)}$$

θ, l तथा r के बीच का कोण है।

(iii) द्विध्रुव के कारण आघूर्ण $(\tau) = pE\sin\theta$

महत्तम आघूर्ण $(\tau_{max}) = pE$

(iv) द्विध्रुव के कारण विद्युत क्षेत्र की तीव्रता

$$E = \frac{1}{4\pi\varepsilon_0}\cdot\frac{2p}{r^3} \quad \text{(द्विध्रुव की अक्ष पर)}$$

$$E = \frac{1}{4\pi\varepsilon_0}\cdot\frac{p}{r^3} \quad \text{(निरक्षीय रेखा पर)}$$

(a) अनुप्रस्थ घटक $(E_\theta) = -\dfrac{1}{r}\dfrac{\partial V}{\partial \theta} = -\dfrac{1}{r}\dfrac{\partial}{\partial\theta}\left(\dfrac{p\cos\theta}{4\pi\varepsilon_0 r^2}\right)$

$$= \frac{p\sin\theta}{4\pi\varepsilon_0 r^3}\hat{\theta}$$

$\hat{\theta} \to \vec{r}$ की दिशा के लम्बवत् दिशा में एकांक सदिश है।

(b) रेखीय घटक $\vec{E}_r = -\dfrac{\partial V}{\partial r} = -\dfrac{\partial}{\partial r}\left(\dfrac{p\cos\theta}{4\pi\varepsilon_0 r^2}\right) = \dfrac{2p\cos\theta}{4\pi\varepsilon_0 r^3}\hat{r}$

$\hat{r} \to \vec{r}$ की दिशा में एकांक सदिश है।

$$\therefore E = \sqrt{E_r^2 + E_\theta^2} = \frac{p}{4\pi\varepsilon_0 r^3}\sqrt{1 + 3\cos^2\theta}$$

(ध्रुवीय निर्देशांकों पर)

तथा $$\phi = \tan^{-1}\left(\frac{1}{2}\tan\theta\right)$$

(v) द्विध्रुव को विद्युत क्षेत्र में θ कोण पर घुमाने में किया गया कार्य

$$W = pE(\cos\theta_1 - \cos\theta_2)$$

(vi) द्विध्रुव को क्षेत्र से θ कोण घुमाने में द्विध्रुव की स्थितिज ऊर्जा

$$U_0 = -pE\cos\theta$$

अभ्यास प्रश्नावली

1. किसी विद्युत धारा के द्विध्रुव आघूर्ण की गणना निम्न में से किस सूत्र द्वारा दी जाती है?

(a) nIA (b) nqA
(c) $\frac{n}{q}A$ (d) ये सभी

2. विद्युत क्षेत्र की तीव्रता का पृष्ठ समाकलन होता है

(a) विद्युत आवेश
(b) पृष्ठ से निर्गमित कुल फ्लक्स
(c) आयतन फ्लक्स का अवकलन
(d) उपरोक्त में से कोई नहीं

3. समविभव पृष्ठ क्या है?

(a) ऐसा पृष्ठ जिसका विभव शून्य हो
(b) ऐसा पृष्ठ जिसका विभव धनात्मक हो
(c) ऐसा पृष्ठ जिसका विभव ऋणात्मक हो
(d) ऐसा पृष्ठ जिसके प्रत्येक बिन्दु पर विभव बराबर हो

4. किसी घन के आठ कोनों पर q कूलॉम के समान बिन्दु आवेश रखे हुए हैं। यदि घन के प्रत्येक कोर की लम्बाई 10 सेमी हो तो बताइये कि घन के केन्द्र पर विद्युत क्षेत्र कितना होगा?

(a) $E = 0$ (b) $E = \frac{4q}{4\pi\varepsilon_0}\left(\frac{3}{2}\right)^{-3/2}$
(c) $E = \frac{2q}{4\pi\varepsilon_0}$ (d) $E = \frac{q}{4\pi\varepsilon_0}$

5. किसी अचालक वलय (ring) जिसकी त्रिज्या a है, पर q आवेश एकसमान रूप से वितरित है। वलय की अक्ष पर कितनी दूरी पर विद्युत क्षेत्र महत्तम होगा?

(a) इसके केन्द्र से $a/2$ दूरी पर
(b) इसके केन्द्र से a दूरी पर
(c) इसके केन्द्र से $2a$ दूरी पर
(d) इसके केन्द्र से $a/\sqrt{2}$ दूरी पर

6. 10 सेमी त्रिज्या के एकसमान गोलीय चालक के पृष्ठ पर 100 इकाई का कुल आवेश है। चालक के भीतर विद्युत क्षेत्र की तीव्रता कितनी होगी?

(a) शून्य (b) 1 ई० एस० यू०/सेमी^{2}
(c) 10 ई० एस० यू०/सेमी^{2} (d) 0.1 ई० एस० यू०/सेमी^{2}

7. अनन्त लम्बाई के किसी आवेशित तार जहाँ आवेश का रेखीय घनत्व λ है, से r दूरी पर स्थित किसी बिन्दु पर विद्युत तीव्रता होगी

(a) $\frac{\lambda}{4\pi\varepsilon_0 r}\hat{r}$ (b) $\frac{\lambda}{2\pi\varepsilon_0 r}\hat{r}$
(c) $\frac{\lambda}{\pi\varepsilon_0 r}\hat{r}$ (d) शून्य

8. दो बराबर और विपरीत आवेश, जोकि अल्प दूरी पर रखे हुए हैं यह संयोजन कहलाता है

(a) विद्युत द्विध्रुव (b) विद्युत चतुर्ध्रुव
(c) बहुध्रुव (d) इनमें से कोई नहीं

9. वह संयोजन जिसमें दो बराबर परन्तु विपरीत ध्रुवणता के समान्तर द्विध्रुव अल्प दूरी पर स्थित होते हैं, कहलाता है

(a) विद्युत द्विध्रुव (b) विद्युत चतुर्ध्रुव
(c) बहुध्रुव (d) इनमें से कोई नहीं

10. भुजा a वाले एक समबाहु त्रिभुज ABC के शीर्ष A और B पर समान आवेश q रखा है। बिन्दु C पर विद्युत क्षेत्र का परिमाण होगा

(a) $\frac{q}{4\pi\varepsilon_0 a^2}$ (b) $\frac{\sqrt{2}Q}{4\pi\varepsilon_0 a^2}$
(c) $\frac{\sqrt{3}q}{4\pi\varepsilon_0 a^2}$ (d) $\frac{2q}{4\pi\varepsilon_0 a^2}$

11. m द्रव्यमान एवं q आवेश का एक आवेशित कण स्थिर अवस्था से E परिमाण के विद्युत क्षेत्र में छोड़ा जाता है। t समय उपरान्त इसकी गतिज ऊर्जा होगी

(a) $\frac{2E^2t^2}{mg}$ (b) $\frac{E^2q^2t^2}{2m}$
(c) $\frac{Eq^2m}{2t^2}$ (d) $\frac{Eqm}{2t}$

12. एक विद्युत द्विध्रुव जिसका द्विध्रुव आघूर्ण p है, के कारण निरक्षीय स्थिति में r दूरी पर विद्युत क्षेत्र की तीव्रता होती है

(a) $\frac{1}{4\pi\varepsilon_0}\frac{p}{r^2}$ (b) $\frac{1}{4\pi\varepsilon_0}\frac{2p}{r^2}$
(c) $\frac{1}{4\pi\varepsilon_0}\frac{2p}{r^3}$ (d) $\frac{1}{4\pi\varepsilon_0}\frac{p}{r^3}$

13. विद्युत द्विध्रुव के आवेशों q तथा $-q$ के बीच की दूरी r है, अक्षीय स्थिति में द्विध्रुव के केन्द्र से d दूरी पर विद्युत क्षेत्र की तीव्रता होगी

(a) $\frac{1}{4\pi\varepsilon_0}\frac{q}{d^2}$ (b) $\frac{1}{4\pi\varepsilon_0}\frac{2qr}{d^3}$
(c) $\frac{1}{4\pi\varepsilon_0}\frac{qr}{d^3}$ (d) $\frac{1}{4\pi\varepsilon_0}\frac{2qr}{d^2}k$

14. दो समान आवेशों प्रत्येक Q को मिलाने वाली रेखा के मध्य बिन्दु पर q आवेश रखा गया है। तीनों आवेशों का निकाय सन्तुलन में होगा, यदि

(a) $q = -\frac{Q}{2}$ (b) $q = \frac{Q}{4}$
(c) $q = -\frac{Q}{4}$ (d) $q = \frac{Q}{2}$

15. यदि एक द्विध्रुव की अक्षीय रेखा पर स्थित किसी बिन्दु पर विद्युत क्षेत्र की तीव्रता E_1 है और उतनी ही दूरी पर अनुप्रस्थ स्थिति में स्थित बिन्दु पर विद्युत क्षेत्र की तीव्रता E_2 है, तो

(a) $E_1 = 2E_2$ (b) $E_2 = 2E_1$
(c) $E_1 = E_2$ (d) इनमें से कोई नहीं

16. किसी द्विध्रुव की अक्ष से r दूरी पर विद्युत क्षेत्र E,

(a) r^3 के अनुक्रमानुपाती होता है
(b) r^3 के व्युत्क्रमानुपाती होता है
(c) r^2 के अनुक्रमानुपाती होता है
(d) r^2 के व्युत्क्रमानुपाती होता है

17. एक विद्युत द्विध्रुव से r दूरी पर स्थित बिन्दु पर विद्युत क्षेत्र E का मान अनुक्रमानुपाती होता है

(a) $\frac{1}{r}$ के (b) $\frac{1}{r^2}$ के
(c) $\frac{1}{r^3}$ के (d) r^2 के

18. नमक (सोडियम क्लोराइड) को वायु में रखने पर 1 सेमी दूर सोडियम तथा क्लोरीन आयनों के बीच F कार्य करता है। वायु की विद्युतशीलता तथा पानी का परावैद्युतांक क्रमशः ε_0 तथा K हैं, जब

(a) $\propto \frac{1}{r}$ (b) $\propto \frac{1}{r^2}$
(c) $\propto \frac{1}{r^3}$ (d) $\propto \frac{1}{r^4}$

19. धातु के एक ऋणावेशित छोटे गोले को दो बराबर तथा विपरीत बिन्दु आवेशों के ठीक बीच में रखा जाता है। यदि गोले को धनावेश की दिशा में थोड़ा-सा विस्थापित कर छोड़ दें तो

(a) वह अपनी मूल स्थिति के परितः कम्पन गति करेगा
(b) वह धनात्मक आवेश की ओर चलता जायेगा
(c) उसकी विद्युत स्थितिज ऊर्जा घटेगी तथा गतिज ऊर्जा बढ़ेगी
(d) उसकी कुल ऊर्जा स्थिर होगी, परन्तु शून्य नहीं होगी

20. दो विद्युत आवेशों के बीच की दूरी को आधा करने पर उनके बीच लगने वाला बल हो जाएगा

(a) पूर्व बल का आधा (b) पूर्व बल का एक-चौथाई
(c) पूर्व बल का दोगुना (d) पूर्व बल का चार गुना

21. एक वस्तु पर 80 μC ऋण आवेश है। उस पर सामान्य अवस्था से इलेक्ट्रॉनों की अधिक संख्या होगी

(a) 8×10^5 (b) 80×10^{15}
(c) 5×10^{14} (d) 1.28×10^{17}

22. 1 कूलॉम आवेश में इलेक्ट्रॉनों की संख्या है

(a) 5.46×10^{29} (b) 6.25×10^{18}
(c) 1.6×10^{19} (d) 90×10^{11}

23. मुक्त आकाश के परावैद्युतांक ε_0 का मात्रक है

(a) कूलॉम/न्यूटन-मी (b) न्यूटन/मी^{2}/कूलॉम^2
(c) कूलॉम^2/न्यूटन-मी^{2} (d) कूलॉम^2/न्यूटन-मी^{2}

24. किसी माध्यम की निरपेक्ष विद्युतशीलता ε, आपेक्षिक विद्युतशीलता ε_0 तथा निर्वात् की विद्युतशीलता ε_r में सम्बन्ध है

(a) $\varepsilon_0 = \varepsilon_r \varepsilon$ (b) $\varepsilon = \varepsilon_0 \varepsilon_r$
(c) $\varepsilon_r = \varepsilon_0 \varepsilon$ (d) $\varepsilon_r = \varepsilon_0 + \varepsilon$

25. निर्वात् की विद्युतशीलता होती है

(a) $9 \times 10^9 NC^2 / m^2$ (b) $8.9 \times 10^{-12} N\text{-}m^2 / C^2$
(c) $8.9 \times 10^{-12} C^2 / N\text{-}m^2$ (d) $9 \times 10^9 C^2 / N\text{-}m^2$

26. वायु का परावैद्युतांक है

(a) $9.9 \times 10^{-12} C^2 / N\text{-}m^2$ (b) 1
(c) अनन्त (d) इनमें से कोई नहीं

27. +4 μC एवं −5 μC आवेशों पर कार्यरत् विद्युत बलों का अनुपात है

(a) 5 : 4 (b) 4 : 5
(c) 1 : 1 (d) 16 : 25

28. दो समान ऋण आवेश प्रत्येक q, Y-अक्ष पर बिन्दुओं $(0, a)$ तथा $(0, -a)$ पर स्थित हैं। एक धन आवेश Q, X-अक्ष पर बिन्दु $(2a, 0)$ पर विरामावस्था से मुक्त किया जाता है। आवेश Q

(a) मूल बिन्दु के परितः सरल आवर्त गति करेगा
(b) मूल बिन्दु तक जाकर ठहर जाएगा
(c) अनन्त तक चलेगा
(d) दोलनी गति करेगा परन्तु यह सरल आवर्त गति नहीं होगी

29. निम्न चित्र में बिन्दु A से कितनी दूरी पर विद्युत क्षेत्र शून्य है?

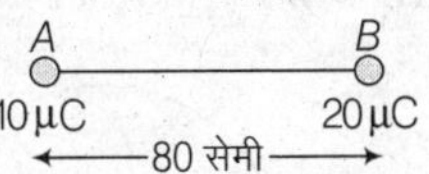

(a) 20 सेमी (b) 10 सेमी
(c) 33 सेमी (d) इनमें से कोई नहीं

30. दो छोटी गोलाकार गेंदें प्रत्येक पर $Q = 10\ \mu$C आवेश है, समान लम्बाई प्रत्येक 1 मी के दो कुचालक धागों द्वारा छत के किसी बिन्दु से लटकायी गईं हैं। यह पाया गया है कि साम्यावस्था में धागों के मध्य चित्रानुसार 60° का कोण है। धागों में तनाव है

(दिया है, $\frac{1}{4\pi\varepsilon_0} = 9 \times 10^9$ न्यूटन-मी^{2}कूलॉम$^{-2}$)

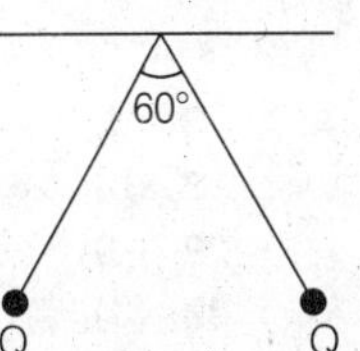

(a) 18 न्यूटन (b) 1.8 न्यूटन
(c) 0.18 न्यूटन (d) इनमें से कोई नहीं

31. दो धनात्मक बिन्दु आवेश 12 μC व 8 μC एक-दूसरे से 10 सेमी दूरी पर रखे हैं। इन्हें 4 सेमी तक पास लाने में किया गया कार्य होगा

(a) 5.8 जूल (b) 5.8 इलेक्ट्रॉन वोल्ट
(c) 13 जूल (d) 13 इलेक्ट्रॉन वोल्ट

32. X-अक्ष पर स्थित कुछ आवेशों के कारण एक बिन्दु x (μm में मापित) पर विभव दिया जाता है, $V(x) = 20 / (x^2 - 4)$ वोल्ट तब, $x = 4\ \mu$m पर विद्युत क्षेत्र है

(a) 5/3 वोल्ट/μm तथा ऋणात्मक x-दिशा में
(b) 5/3 वोल्ट/μm तथा धनात्मक x-दिशा में
(c) 10/9 वोल्ट/μm तथा ऋणात्मक x-दिशा में
(d) 10/9 वोल्ट/μm तथा धनात्मक x-दिशा में

33. XY-निर्देशांक निकाय के मूल बिन्दु (0, 0) पर एक विद्युत आवेश $10^{-3}\ \mu$C रखा है। दो बिन्दु A और B क्रमशः $(\sqrt{2}, \sqrt{2})$ और $(2, 0)$ पर रखे हैं। बिन्दुओं A और B के मध्य विभवान्तर होगा

(a) 9 वोल्ट (b) शून्य
(c) 2 वोल्ट (d) 4.5 वोल्ट

34. दो गोलीय चालकों A तथा B की त्रिज्याएँ क्रमानुसार 1 मिमी तथा 2 मिमी हैं। वे एकसमान रूप से आवेशित हैं और उन्हें 5 सेमी दूरी पर रखा गया है। दोनों गोलों को एक सुचालक तार से जोड़ देने पर सन्तुलित अवस्था में गोलों A तथा B की सतहों पर विद्युत-क्षेत्रों के परिमाणों की निष्पत्ति कितनी होगी

(a) 1 : 2 (b) 2 : 1
(c) 1 : 4 (d) 4 : 1

35. 1 ग्राम द्रव्यमान तथा 10^{-8} कूलॉम आवेश की एक गेंद को बिन्दु A जिस पर 600 वोल्ट विभव है, से बिन्दु B जिस पर विभव शून्य है तक ले जाया जाता है। बिन्दु B पर गेंद का वेग 20 सेमी से$^{-1}$ है। बिन्दु A पर गेंद का वेग होगा

(a) 22.8 सेमी से$^{-1}$ (b) 228 सेमी से$^{-1}$
(c) 16.8 मी से$^{-1}$ (d) 168 मी से$^{-1}$

36. दो आवेश $+q$ और $-q$ चित्र में क्रमानुसार A और B बिन्दुओं पर स्थित हैं। उनके बीच की दूरी $2L$ है। A और B के बीच C मध्य-बिन्दु है। एक अन्य आवेश $+Q$ को CRD अर्द्धवृत्त पर चलाने में किया गया कार्य होगा

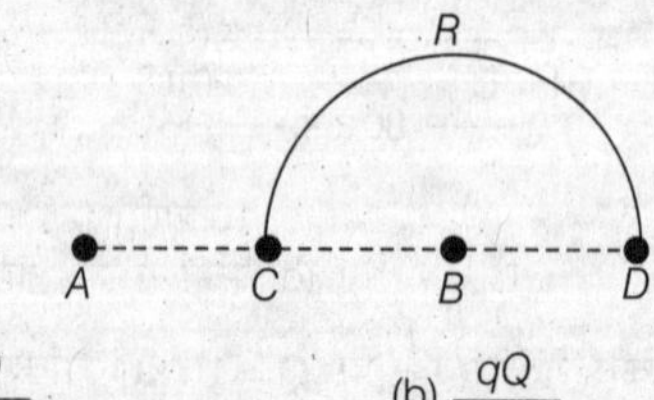

(a) $\frac{qQ}{4\pi\varepsilon_0 L}$ (b) $\frac{qQ}{2\pi\varepsilon_0 L}$
(c) $\frac{qQ}{6\pi\varepsilon_0 L}$ (d) $-\frac{qQ}{6\pi\varepsilon_0 L}$

37. जब एक धनात्मक परीक्षण आवेश q_0 को एकसमान विद्युत क्षेत्र $\vec{E} = \vec{E}_0 \hat{j}$ में Y-अक्ष के अनुदिश $y_i = a$ से $y_f = 2a$ तक विस्थापित किया जाता है, तो आवेश की विद्युत स्थितिज ऊर्जा में परिवर्तन होगा

(a) $-q_0E_0a$
(b) $-2q_0E_0a$
(c) $3q_0E_0a$
(d) उपरोक्त में से कोई नहीं

38. दो बिन्दु आवेशों का आवेश दोगुना तथा बीच की दूरी आधी कर दी जाती है। अन्योन्य क्रिया बल n-गुना हो जाता है, जहाँ n है

(a) 4 (b) 1
(c) 1/16 (d) 16

उत्तरमाला

1. (a)	**2.** (b)	**3.** (d)	**4.** (a)	**5.** (d)	**6.** (a)	**7.** (b)	**8.** (a)	**9.** (b)	**10.** (c)
11. (b)	**12.** (d)	**13.** (b)	**14.** (c)	**15.** (a)	**16.** (d)	**17.** (c)	**18.** (d)	**19.** (b)	**20.** (d)
21. (c)	**22.** (b)	**23.** (d)	**24.** (b)	**25.** (c)	**26.** (a)	**27.** (c)	**28.** (d)	**29.** (c)	**30.** (b)
31. (c)	**32.** (d)	**33.** (b)	**34.** (b)	**35.** (a)	**36.** (b)	**37.** (a)	**38.** (d)		

संकेत एवं हल

6. चालकीय गोले का कुल आवेश उसके पृष्ठ पर रहता है। जिसके कारण गोले के भीतर विद्युत क्षेत्र की तीव्रता शून्य होती है।

21. हम जानते हैं, $q = ne$

$$n = \frac{q}{e} = 5 \times 10^{14}$$

22. चूँकि, $n = \frac{q}{e} = \frac{1}{1.6 \times 10^{-19}}$

$$= 6.25 \times 10^{18}$$

29. माना आवेश $10\mu C$ से x दूरी पर कुल विद्युत क्षेत्र शून्य है। अतः इस बिन्दु पर

|$10\,\mu C$ के कारण विद्युत क्षेत्र| = |$20\,\mu C$ के कारण विद्युत क्षेत्र|

$$\frac{1}{4\pi\varepsilon_0} \times \frac{10 \times 10^{-5}}{x^2} = \frac{1}{4\pi\varepsilon_0} \cdot \frac{20 \times 10^{-6}}{(80-x)^2}$$

$$x = 33.12 \text{ सेमी}$$

18

गॉस प्रमेय
Gauss's Theorem

विद्युत फ्लक्स का गणितीय व्यंजक (Mathematical Expression for Electric Flux)

विद्युत क्षेत्र में किसी पृष्ठ से लम्बवत् गुजरने वाली फ्लक्स रेखाओं की संख्या को उस पृष्ठ से बद्ध विद्युत फ्लक्स कहते हैं। इसे चिह्न ϕ से प्रदर्शित करते हैं। इसका मान E व dS के अदिश (डॉट) गुणन के बराबर होता है। किसी पृष्ठ अवयव (surface element) dS से गुजरने वाला विद्युत फ्लक्स, $d\phi = \vec{E} \cdot d\vec{S}$ है।

$$\phi = \int_s d\phi = \int_s \vec{E} \cdot d\vec{S} = \int_s E \cdot dS \cos\theta$$

इसका SI मात्रक न्यूटन-मी^{2} कूलॉम$^{-1}$ है।

घन कोण (Solid Angle)

किसी गोलीय (spherical) पृष्ठ का क्षेत्रफल गोले के केन्द्र पर जो कोण अन्तरित करता है, उसे घन कोण कहते हैं तथा इसे प्रायः ω से प्रदर्शित करते हैं।

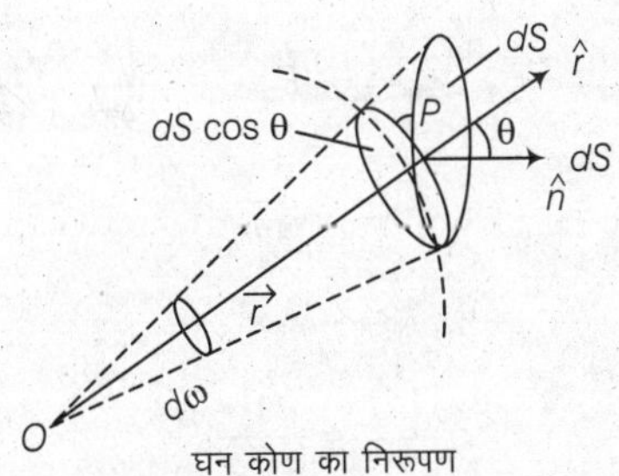

घन कोण का निरूपण

चित्र में प्रदर्शित किसी बिन्दु O के सापेक्ष स्थिति वेक्टर $\vec{r}$ पर स्थित अनन्त सूक्ष्म क्षेत्रफल वेक्टर dS द्वारा बिन्दु O पर निर्मित घन कोण,

$$d\omega = \frac{d\vec{S} \cdot \vec{r}}{r^2} = \frac{dS \ \hat{n} \cdot \hat{r}}{r^2}$$

$$d\omega = \frac{dS \cos\theta}{r^2} \qquad (\because \hat{n} \cdot \hat{r} = 1.1\cos\theta = \cos\theta)$$

गॉस प्रमेय (Gauss's Theorem)

किसी बन्द पृष्ठ से गुजरने वाला विद्युत फ्लक्स ϕ_E, उस पृष्ठ द्वारा परिबद्ध कुल (नेट) आवेश q का $1/\varepsilon_0$ गुना होता है।

$$\boxed{\phi_E = \oint \vec{E} \cdot dA = \frac{q}{\varepsilon_0}}$$

यदि, परिबद्ध क्षेत्र का कुल आवेश शून्य है।

अतः $\Sigma q = 0$ तब विद्युत फ्लक्स $= 0$

यदि विद्युत क्षेत्र में परिबद्ध क्षेत्र में कोई आवेश नहीं है, तब इससे बद्ध कुल फ्लक्स शून्य होगा।

जब आवेश गॉसियन पृष्ठ के बाहर रखा है

यदि बिन्दु आवेश $+q$, बन्द पृष्ठ A के बाहर बिन्दु O पर स्थित हो तो पृष्ठ A से गुजरने वाला कुल फ्लक्स शून्य होगा। O को शीर्ष मानकर खींचा गया शंकु पृष्ठ में प्रवेश करते हुए अल्प क्षेत्रफल dA_1 काटता है तथा पृष्ठ से बाहर निकलते हुए अल्प क्षेत्रफल dA_2 काटता है। dA_1 से गुजरने वाला फ्लक्स $\frac{q}{4\pi\varepsilon_0} d\omega$ भीतर की ओर दिष्ट है (ऋणात्मक) तथा dA_2 से गुजरने वाला उतना ही फ्लक्स $\frac{q}{4\pi\varepsilon_0} d\omega$ बाहर की ओर दिष्ट है (धनात्मक)। अतः इनका योग शून्य है। यह बात पृष्ठ A पर O से खींचे गये सभी शंकुओं के लिये सत्य है। अतः सम्पूर्ण पृष्ठ A के लिये कुल विद्युत फ्लक्स शून्य है।

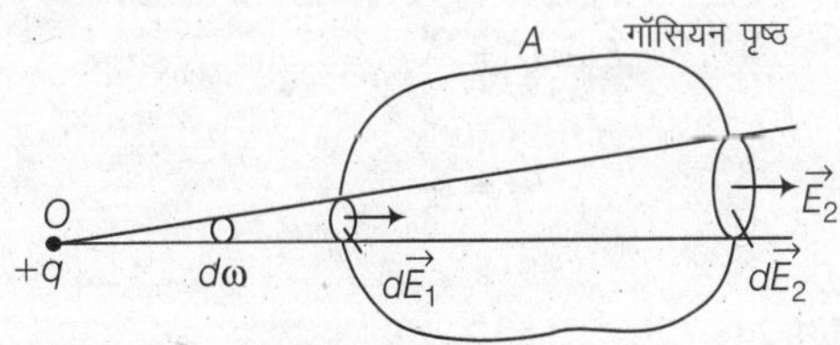

गॉसियन सतह (Gaussian Surface)

यह एक काल्पनिक सतह है जिसके किसी भी बिन्दु पर विभव का मान समान होता है तथा यह गॉस प्रमेय में उपयुक्त आवेश को अन्तरित (enclosed) रखता है।

गॉस प्रमेय की शर्तें (Conditions for Gauss's Theorem)

(i) पृष्ठ के प्रत्येक बिन्दु पर विद्युत क्षेत्र लम्बवत् या स्पर्शरेखीय हो।

(ii) प्रत्येक बिन्दु पर (क्षेत्र में) क्षेत्र का परिमाण जहाँ क्षेत्र तीव्रता की दिशा के लम्बवत् हो, एक नियत मान रखता हो।

गॉस प्रमेय के अनुप्रयोग (Applications of Gauss's Theorem)

गॉस की प्रमेय, आवेशों के किसी निकाय अथवा आवेशों के सममित सतत् वितरण के कारण विद्युत क्षेत्र ज्ञात करने में बहुत उपयोगी है।

(i) **बिन्दु आवेश के कारण विद्युत क्षेत्र**

$$ES = \frac{q_{in}}{\varepsilon_0}$$

यहाँ, S = गोले का क्षेत्रफल $= 4\pi r^2$

तथा q = गॉसियन सतह से बद्ध नेट आवेश

$$\therefore \quad E(4\pi r^2) = \frac{q_{in}}{\varepsilon_0}$$

या $$E = \frac{1}{4\pi\varepsilon_0} \cdot \frac{q_{in}}{r^2}$$

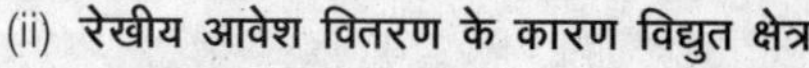

(ii) **रेखीय आवेश वितरण के कारण विद्युत क्षेत्र**

माना एक लम्बे रेखीय आवेश का रेखीय आवेश घनत्व λ है। इस रेखीय आवेश से r दूरी पर स्थित एक बिन्दु पर विद्युत क्षेत्र ज्ञात करने के लिए माना एक गॉसियन सतह एक बेलन है जिसकी लम्बाई l तथा त्रिज्या r है तथा इसकी अक्ष रेखीय आवेश की अक्ष पर सम्पाती है।

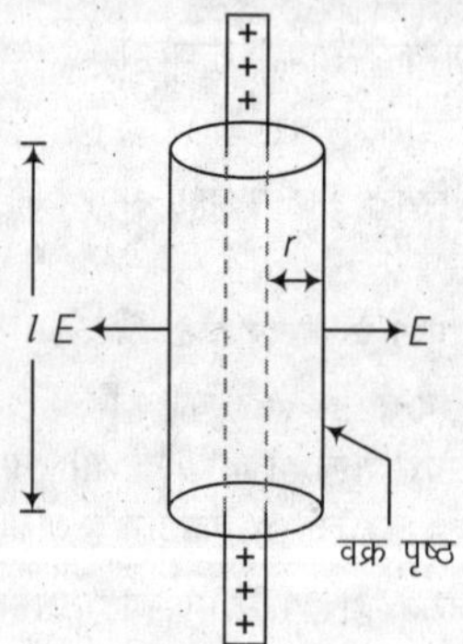

गॉस के नियम से,

$$ES = \frac{q_{in}}{\varepsilon_0}$$

यहाँ, S = वक्राकार सतह का क्षेत्रफल $= (2\pi rl)$

तथा q = बेलन को घेरने वाला कुल आवेश $= \lambda l$

$$\therefore \quad E(2\pi rl) = \frac{\lambda l}{\varepsilon_0}$$

$$\therefore \quad E = \frac{\lambda}{2\pi\varepsilon_0 r} \text{ kv}$$

अर्थात् $$E \propto \frac{1}{r}$$

अतः E-r ग्राफ एक समकोणीय अतिपरवलय है, जैसा कि चित्र में प्रदर्शित है। माना एक समतल आवेशित चादर पर पृष्ठ आवेश घनत्व σ है तथा इसके निकट हमें विद्युत क्षेत्र की तीव्रता ज्ञात करनी है। वैद्युत क्षेत्र की तीव्रता ज्ञात करने के लिए S_0 अनुप्रस्थ-काट के एक बेलनाकार गॉसियन पृष्ठ की कल्पना करते हैं, जो चित्रानुसार आवेशित चादर के आर-पार होकर गुजरता है।

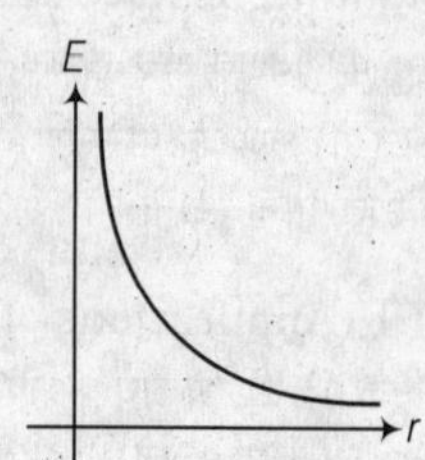

(iii) **आवेशित समतल चादर के कारण विद्युत क्षेत्र**

गॉस की प्रमेय से,

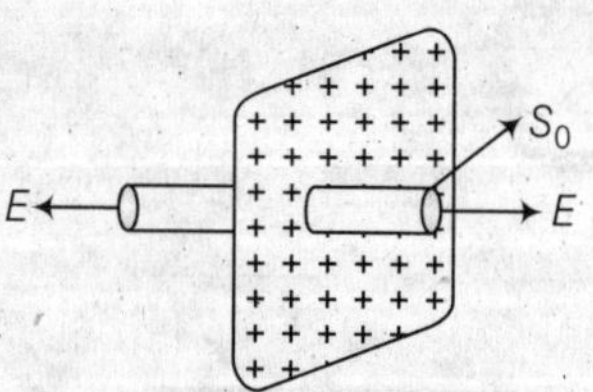

कुल फ्लक्स, $ES_0 = \dfrac{q_{in}}{\varepsilon_0}$

$$\therefore \quad (2ES_0) = \frac{(\sigma)(S_0)}{\varepsilon_0}, \quad \therefore \quad E = \frac{\sigma}{2\varepsilon_0}$$

(iv) **आवेशित चालकीय सतह के निकट विद्युत क्षेत्र**

गॉस प्रमेयानुसार,

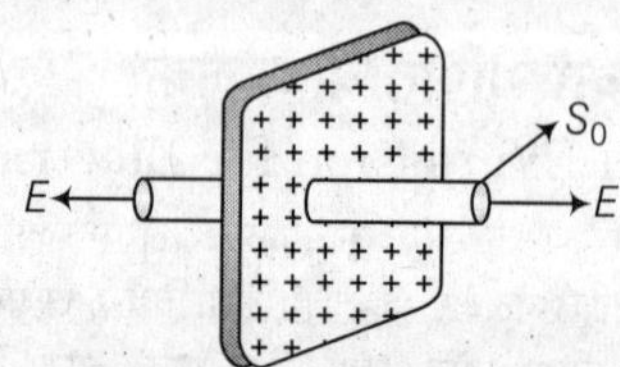

कुल फ्लक्स, $ES = \dfrac{q_{in}}{\varepsilon_0}$

यहाँ, $S = 2S_0$ तथा $q = (\sigma)(2S_0)$

$$\therefore \quad E(2S_0) = \frac{(\sigma)(2S_0)}{\varepsilon_0}.$$

$$\therefore \quad E = \frac{\sigma}{\varepsilon_0}$$

एक समान रूप से आवेशित गोलीय कोश के कारण वैद्युत क्षेत्र (E) तथा वैद्युत विभव (V)

(i) $$E_{\text{आन्तरिक}} = 0, \; E_{\text{पृष्ठीय}} = \frac{1}{4\pi\varepsilon_0} \cdot \frac{q}{R^2}$$

$$E_{\text{बाह्य}} = \frac{1}{4\pi\varepsilon_0} \cdot \frac{q}{r^2}$$

$$V_{\text{आन्तरिक}} = V_{\text{पृष्ठीय}} = \frac{1}{4\pi\varepsilon_0} \cdot \frac{q}{R}$$

$$V_{\text{बाह्य}} = \frac{1}{4\pi\varepsilon_0} \cdot \frac{q}{R}$$

(ii) $$E_{\text{आन्तरिक}} = \frac{1}{4\pi\varepsilon_0} \cdot \frac{qr}{R^3}$$

$$E_{\text{पृष्ठीय}} = \frac{1}{4\pi\varepsilon_0} \cdot \frac{q}{R^2}$$

$$E_{\text{बाह्य}} = \frac{1}{4\pi\varepsilon_0} \cdot \frac{q}{r^2}$$

$$V_{\text{बाह्य}} = \frac{1}{4\pi\varepsilon_0} \cdot \frac{q}{r}, \; V_{\text{पृष्ठीय}} = \frac{1}{4\pi\varepsilon_0} \cdot \frac{q}{R}$$

$$V_{\text{आन्तरिक}} = \frac{1}{4\pi\varepsilon_0} \frac{q}{R} \left[\frac{3}{2} - \frac{1}{2} \frac{r^2}{R^2}\right]$$

अभ्यास प्रश्नावली

1. यदि किसी बन्द पृष्ठ से प्रवेशित तथा निर्गत विद्युत फ्लक्स क्रमशः ϕ_1 व ϕ_2 हों, तो पृष्ठ के अन्दर विद्युत आवेश होगा

(a) $(\phi_1 + \phi_2)\varepsilon_0$ (b) $(\phi_2 - \phi_1)\varepsilon_0$
(c) $(\phi_1 + \phi_2)/\varepsilon_0$ (d) $(\phi_2 - \phi_1)\varepsilon_0$

2. a भुजा वाले एक घन के केन्द्र पर एक विद्युत आवेश q रखा गया है। इसके फलकों में से एक फलक पर वैद्युत अभिवाहक (electric flux) का मान होगा

(a) $\frac{q}{6\varepsilon_0}$ (b) $\frac{q}{\varepsilon_0 a^2}$ (c) $\frac{q}{4\pi\varepsilon_0 a^2}$ (d) $\frac{q}{\varepsilon_0}$

3. 10 मी^{2} क्षेत्रफल के आयताकार फ्रेम को 20 न्यूटन/कूलॉम के विद्युत क्षेत्र में इस प्रकार रखा गया है कि फ्रेम के पृष्ठ पर खींचा गया अभिलम्ब विद्युत क्षेत्र की दिशा से 60° का कोण बनाता है। फ्रेम से गुजरने वाले विद्युत फ्लक्स का मान होगा

(a) 100 वोल्ट-मी (b) 200 वोल्ट-मी
(c) $50\sqrt{3}$ वोल्ट-मी (d) $100\sqrt{3}$ वोल्ट-मी

4. एक R त्रिज्या तथा L लम्बाई का बेलन एकसमान विद्युत क्षेत्र E में रखा है, E बेलन के अक्ष के समान्तर है। बेलन के पृष्ठ के लिए कुल फ्लक्स होगा

(a) शून्य (b) $\pi R^2/E$
(c) $2\pi R^2 E$ (d) इनमें से कोई नहीं

5. नीचे दिए गए चित्रों में पृष्ठ से गुजरने वाला विद्युत फ्लक्स

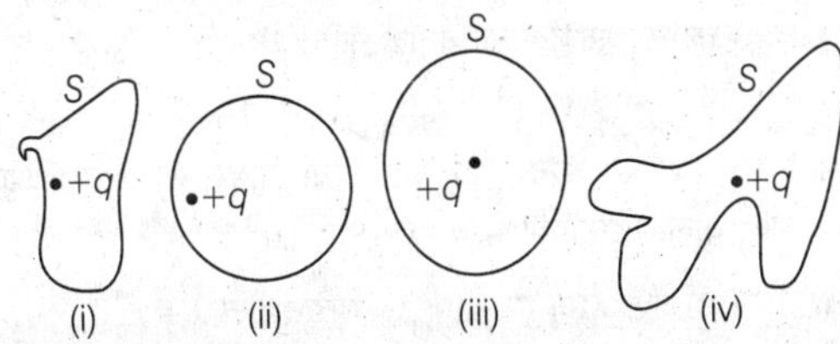

(a) चित्र (iv) में सर्वाधिक है
(b) चित्र (iii) में न्यूनतम है
(c) चित्र (ii) में चित्र (iii) के समान है परन्तु चित्र (iv) से कम है
(d) सभी चित्रों में समान है

6. q_1, q_2, q_3 तथा q_4 बिन्दु आवेश हैं, जो चित्र में दिखाए बिन्दुओं पर स्थित हैं तथा S, R त्रिज्या का गोलीय गॉसियन पृष्ठ है। गॉस नियम के अनुसार, निम्नलिखित में से कौन-सा सत्य है?

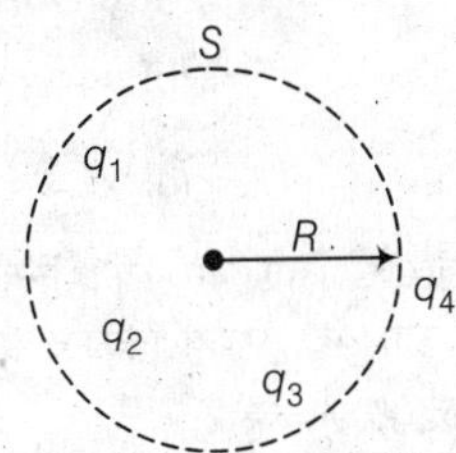

(a) $\oint(E_1 + E_2 + E_3)\cdot dA = (q_1 + q_2 + q_3)/\varepsilon_0$
(b) $\oint(E_1 + E_2 + E_3)\cdot dA = (q_1 + q_2 + q_3 + q_4)/\varepsilon_0$
(c) $\oint(E_1 + E_2 + E_3)\cdot dA = (q_1 + q_2 + q_3)2\varepsilon_0$
(d) उपरोक्त में से कोई नहीं

7. पाँच आवेश q_1, q_2, q_3, q_4 तथा q_5 चित्र में दर्शाए अनुसार अपनी स्थितियों पर स्थिर हैं। S कोई गॉसियन पृष्ठ है। गॉस के अनुसार, $\oint_s \vec{E}\cdot d\vec{S} = \frac{q}{\varepsilon_0}$

निम्नलिखित में कौन-सा प्रकथन सही है?

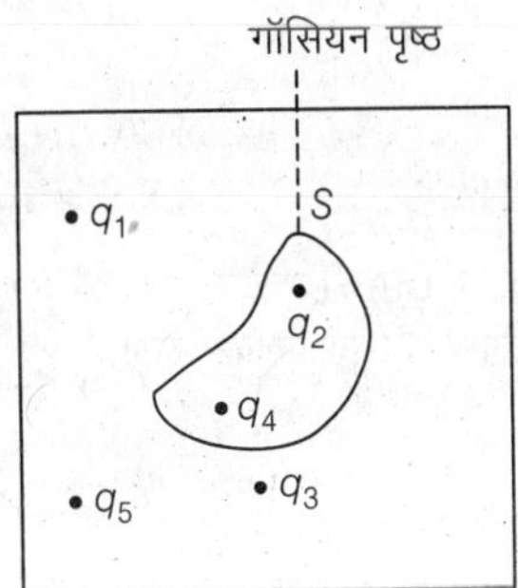

(a) उपरोक्त समीकरण के बायीं ओर $\vec{E}$ में q_1, q_5 तथा q_3 का योगदान होगा जबकि दायीं ओर q में केवल q_2 तथा q_4 का ही योगदान होगा
(b) उपरोक्त समीकरण के बायीं ओर $\vec{E}$ में सभी आवेशों का योगदान होगा जबकि दायीं ओर q में केवल q_2 तथा q_4 का ही योगदान होगा
(c) उपरोक्त समीकरण के बायीं ओर $\vec{E}$ में सभी आवेशों का योगदान होगा जबकि दायीं ओर q में केवल q_1, q_3 का ही योगदान होगा
(d) बायीं ओर के $\vec{E}$ तथा दायीं ओर q दोनों में ही केवल q_2 तथा q_4 का ही योगदान होगा

8. कागज के तल में l मीटर भुजा का एक वर्गाकार पृष्ठ है, एक कागज के तल में निचले आधे भाग में एकसमान वैद्युत क्षेत्र E वोल्ट/मी है, पृष्ठ से सम्बद्ध विद्युत फ्लक्स SI मात्रकों में है

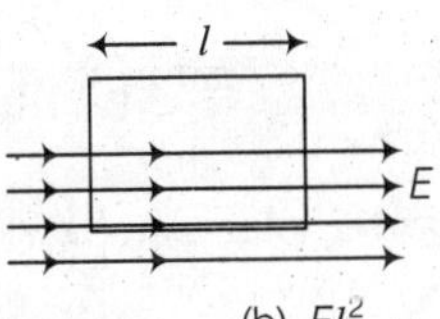

(a) शून्य (b) El^2
(c) $El^2/2$ (d) $El/2$

9. एक खोखले बेलन का आवेश q है। यदि वक्र पृष्ठ B से सम्बद्ध विद्युत फ्लक्स (वोल्ट-मी में) ϕ है। समतल पृष्ठ A से बद्ध विद्युत फ्लक्स (वोल्ट-मी में) है

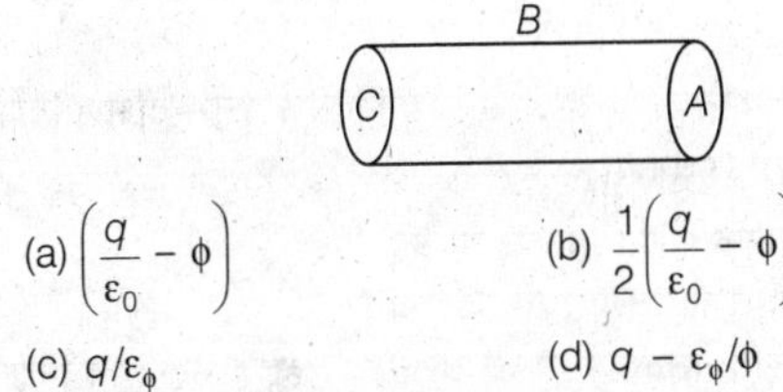

(a) $\left(\frac{q}{\varepsilon_0} - \phi\right)$ (b) $\frac{1}{2}\left(\frac{q}{\varepsilon_0} - \phi\right)$
(c) q/ε_ϕ (d) $q - \varepsilon_\phi/\phi$

10. वायु में स्थित इकाई धन आवेश से निकलने वाले सम्पूर्ण विद्युत फ्लक्स का मान है

(a) ε_0 (b) ε_0^{-1}
(c) $(4\pi\varepsilon_0)^{-1}$ (d) $4\pi\varepsilon_0$

11. निम्न चित्र में गॉसियन सतह A द्वारा घेरे गये आवेश के कारण इससे निर्गत फ्लक्स होगा
(दिया है, $q_1 = -14$ nC, $q_2 = 78.85$ nC, $q_3 = -56$ nC)

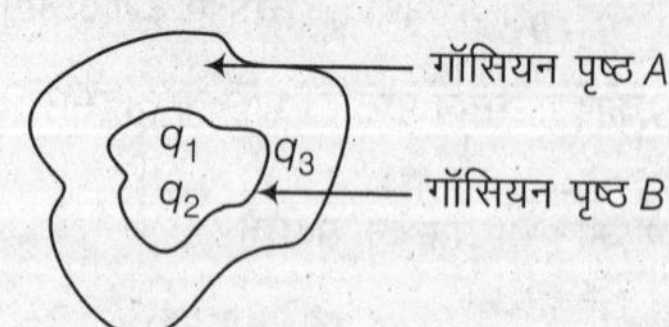

(a) 10^3 Nm^{2}C^{-1} (b) 10^3 CN^{-1}m^{-2}
(c) 6.32×10^3 N^{2}C^{-1} (d) 6.32×10^3 CN^{-1}m^{-2}

12. एक घन के केन्द्र पर जिसकी प्रत्येक भुजा की लम्बाई L है, एक आवेश q रखा है। घन से निर्गत विद्युत फ्लक्स होगा
(a) $\frac{q}{\varepsilon_0}$ (b) शून्य
(c) $\frac{6qL^2}{\varepsilon_0}$ (d) $\frac{q}{6L^2\varepsilon_0}$

13. एक आवेश q बेलनाकार पात्र के खुले मुँह के केन्द्र पर रखा है। इस पात्र की सतह से गुजरने वाला फ्लक्स होगा
(a) शून्य (b) $\frac{q}{\varepsilon_0}$
(c) $\frac{q}{2\varepsilon_0}$ (d) $\frac{2q}{\varepsilon_0}$

14. गॉस प्रमेय का उपयोग करके, विद्युत द्विध्रुव के कारण विद्युत क्षेत्र की तीव्रता ज्ञात करने के लिए गोलीय गॉसियन पृष्ठ लेना सुविधाजनक नहीं है क्योंकि
(a) इस स्थिति में गॉस नियम से तीव्रता ज्ञात नहीं की जा सकेगी
(b) इस प्रश्न में गोलीय सममितता नहीं है
(c) कूलॉम नियम, गॉस नियम से अधिक मूलभूत है
(d) गोलीय गॉसियन पृष्ठ द्विध्रुव आघूर्ण को बदल देगा

15. गॉस प्रमेय के अनुसार, अनन्त लम्बाई के सीधे तार के कारण विद्युत क्षेत्र अनुक्रमानुपाती होता है
(a) r के (b) $\frac{1}{r^2}$ के
(c) $\frac{1}{r^3}$ के (d) $\frac{1}{r}$ के

16. एक घन के अन्दर e परिमाण के आवेश वाले 8 द्विध्रुव रखे हैं। घन से निर्गत कुल विद्युत फ्लक्स का मान होगा
(a) $\frac{8e}{\varepsilon_0}$ (b) $\frac{16e}{\varepsilon_0}$ (c) $\frac{e}{\varepsilon_0}$ (d) शून्य

17. पानी से भरे एक गोले के अन्दर एक विद्युत द्विध्रुव उत्तर-दक्षिण दिशा में रखा जाता है। कौन-सा कथन सत्य है?
(a) गोले की तरफ विद्युत फ्लक्स आ रहा है
(b) गोले से बाहर विद्युत फ्लक्स जा रहा है
(c) जितना विद्युत फ्लक्स गोले की तरफ आ रहा है उतना ही विद्युत फ्लक्स गोले से बाहर जा रहा है
(d) पानी विद्युत फ्लक्स को गोले के अंदर नहीं आने देता

18. एक बिन्दु आवेश के कारण विद्युत फ्लक्स -1.0×10^3 Nm^{2}C^{-1} है जो 10 सेमी त्रिज्या के गोलीय गॉसियन तल से गुजरता है जिसके केन्द्र पर आवेश स्थित है। यदि, गॉसियन तल की त्रिज्या तीन गुनी कर दें, तब इस पृष्ठ से गुजरने वाला विद्युत फ्लक्स होगा
(a) 3.0×10^3 न्यूटन-मी^{2}/कूलॉम
(b) -1.0×10^3 न्यूटन-मी^{2}/कूलॉम
(c) -3.0×10^3 न्यूटन-मी^{2}/कूलॉम
(d) -2.0×10^3 न्यूटन-मी^{2}/कूलॉम

19. एक आवेश q को घन के केन्द्र पर रखा गया है। किसी भी फलक से गुजरने वाला फ्लक्स होगा
(a) $\frac{4\pi q}{6(4\pi\varepsilon_0)}$ (b) $\frac{\pi q}{6(4\pi\varepsilon_0)}$
(c) $\frac{q}{6(4\pi\varepsilon_0)}$ (d) $\frac{2\pi q}{6(4\pi\varepsilon_0)}$

20. दो अनन्त समतल और समान्तर चादरों के बीच की दूरी d है। उन पर बराबर एवं विपरीत आवेश का पृष्ठ घनत्व σ है। चादरों के बीच में किसी बिन्दु पर विद्युत क्षेत्र की तीव्रता होगी
(a) शून्य (b) $\frac{\sigma}{2\varepsilon_0}$
(c) $\frac{\sigma}{2\varepsilon_0}$ (d) बिन्दु की स्थिति पर निर्भर करेगी

21. गॉस का नियम लागू नहीं होता यदि
(a) चुम्बकीय एकल ध्रुव विद्यमान होते
(b) व्युत्क्रम वर्ग का नियम पूर्णतः सत्य नहीं होता
(c) प्रकाश का वेग सार्वत्रिक नियतांक नहीं होता
(d) उपरोक्त में से कोई नहीं

22. किसी बन्द पृष्ठ से अन्दर की ओर तथा बाहर की ओर विद्युत फ्लक्स न्यूटन-मी^{2}/कूलॉम इकाईयों में क्रमशः 8×10^3 व 4×10^3 हैं, तो पृष्ठ के अन्दर कुल आवेश होगा (जहाँ, ε_0 = विद्युतशीलता है)
(a) 4×10^3 कूलॉम
(b) -4×10^3 कूलॉम
(c) $\frac{(-4 \times 10^3)}{\varepsilon}$ कूलॉम
(d) $-4 \times 10^3 \varepsilon_0$ कूलॉम

23. त्रिज्या R के गोले के आयतन में विद्युत आवेश का समान वितरण है। इसके केन्द्र से x दूरी पर $x < R$ के लिए विद्युत क्षेत्र के अनुक्रमानुपाती होगा
(a) $\frac{1}{x^2}$ के (b) $\frac{1}{x}$ के
(c) x के (d) x^2 के

24. किसी दिए गए तल के लिए गॉस का नियम इस प्रकार लिखते हैं, $\oint E \cdot dS = 0$ इससे हम यह निष्कर्ष निकाल सकते हैं कि
(a) तल पर E अवश्य ही शून्य है
(b) तल के प्रत्येक बिन्दु पर E तल के लम्बवत् है
(c) तल से होकर सम्पूर्ण फ्लक्स शून्य है
(d) फ्लक्स तल से होकर केवल बाहर जा रहा है

25. R त्रिज्या तथा L लम्बाई के एक बेलन को एकसमान विद्युत क्षेत्र E के अनुदिश अक्ष में रखा गया है, तो बेलन के पृष्ठ से सम्पूर्ण फ्लक्स हेतु व्यंजक है

(a) $2\pi R^2 E$ (b) $\pi R^2/E$
(c) $(\pi R^2 - \pi R)/E$ (d) शून्य

26. विद्युत क्षेत्र केन्द्र बिन्दु या केन्द्रीय अक्ष से दूरी r_0 के साथ परिवर्तित होता है

(a) एक विद्युत द्विध्रुव के कारण
(b) एक बिन्दु आवेश के कारण
(c) आवेश एक अनन्त चादर के कारण
(d) अनन्त लम्बाई के रेखीय आवेश के कारण

27. स्थिर वैद्युतिकी में गॉस प्रमेय का अवकलन रूप है

(a) $\text{div}\,\vec{E} = \dfrac{\rho}{4\pi\varepsilon_0}$ (b) $\text{div}\,\vec{E} = \dfrac{\rho}{\varepsilon_0}$
(c) $\text{curl}\,\vec{E} = \dfrac{\rho}{\varepsilon_0}$ (d) $\text{curl}\,\vec{E} = \dfrac{\rho}{4\pi\varepsilon_0}$

28. दो विलगित धातु के ठोस गोले जिनकी त्रिज्याएँ R एवं $2R$ हैं, इस प्रकार आवेशित किंए जाते हैं कि दोनों का आवेश घनत्व σ समान हो। गोले एक दूसरे से काफी दूर स्थित हैं। गोलों को पतले तार द्वारा जोड़ा जाता है, तब जोड़ने के पश्चात् बड़े गोले पर पृष्ठ आवेश घनत्व होगा

(a) $\frac{2}{3}\sigma$ (b) $\frac{5}{6}\sigma$ (c) $\frac{1}{3}\sigma$ (d) $\frac{2}{5}\sigma$

उत्तरमाला

1. (b)	**2.** (a)	**3.** (a)	**4.** (a)	**5.** (d)	**6.** (a)	**7.** (c)	**8.** (b)	**9.** (b)	**10.** (b)
11. (a)	**12.** (a)	**13.** (c)	**14.** (b)	**15.** (d)	**16.** (d)	**17.** (c)	**18.** (b)	**19.** (a)	**20.** (b)
21. (b)	**22.** (d)	**23.** (c)	**24.** (c)	**25.** (d)	**26.** (c)	**27.** (b)	**28.** (b).		

19

विद्युत धारिता
Electric Capacitance

संधारित्र (Capacitor)

संधारित्र एक ऐसी युक्ति, प्रबन्ध अथवा समायोजन है, जिसके द्वारा किसी चालक के आकार में परिवर्तन किए बिना, चालक की धारिता बढ़ायी जा सकती है तथा चालक पर विद्युत आवेश एवं ऊर्जा की अधिक मात्राएँ संचित की जा सकती हैं।

संधारित्र की धारिता (Capacitance of Capacitor)

संधारित्र की धारिता का तात्पर्य, उस संधारित्र द्वारा विद्युत ऊर्जा (स्थितिज ऊर्जा के रूप में) एवं संधारित्र की प्रत्येक प्लेट पर आवेश संचय करने की क्षमता से है। संधारित्र के किसी एक चालक पर उपस्थित आवेश (q) के परिमाण तथा इसके दोनों चालकों के बीच विभवान्तर (V) के परिमाण के अनुपात को संधारित्र की धारिता (C) कहते हैं।

अर्थात् $C = q/V$

संधारित्र की धारिता निम्न कारकों पर निर्भर करती हैं

(i) कुल बाह्य सतह के क्षेत्रफल A पर

(ii) संधारित्र के चारों ओर के माध्यम अर्थात् माध्यम के परावैद्युतांक पर

(iii) इस माध्यम में उपस्थित किसी अन्य संधारित्र की उपस्थिति पर

आवेशित चालक की स्थितिज ऊर्जा
(Potential Energy of Charged Conductor)

किसी चालक को आवेशित करने में बाह्य स्रोत द्वारा किया गया कार्य ही चालक के समीपस्थ विद्युत क्षेत्र में स्थितिज ऊर्जा के रूप में संचित हो जाता है। सामान्यतः यदि धारिता C के एक संधारित्र को विद्युतीय आवेश q देकर विभव V तक आवेशित किया जाता है तो चालक (संधारित्र) की स्थितिज ऊर्जा,

$$U = \frac{1}{2}CV^2$$

$$= \frac{1}{2}\frac{q^2}{C} = \frac{1}{2}qV$$

आवेशों के पुनर्वितरण में सदैव ऊर्जा की हानि होती है। ऊर्जा ह्रास

$$\Delta U = \frac{C_1C_2}{2(C_1 + C_2)}(V_1 - V_2)^2$$

नोट यदि दोनों चालक समान विभव पर हों अर्थात् $V_1 = V_2$ तब $\Delta U = 0$ अर्थात् कोई ऊर्जा ह्रास नहीं होता है।

समान्तर प्लेट संधारित्र (Parallel Plate Capacitor)

ऐसा संधारित्र जिसमें समान आकार हो समान्तर प्लेट एक निश्चित दूरी से पृथक हो, समान्तर प्लेट संधारित्र कहलाता है।

इसकी धारिता $(C) = \frac{\varepsilon_0 A}{d}$

जहाँ, ε_0 = निर्वात् की विद्युतशीलता, A = प्लेटों का क्षेत्रफल

d = प्लेटों के बीच की दूरी

यदि समान्तर प्लेट संधारित्र की दोनों प्लेटों के मध्य $K_1, K_2, K_3 \ldots$, आदि परावैद्युत पदार्थों की क्रमशः $t_1, t_2, t_3 \ldots$, आदि मोटाईयों की पट्टियाँ रखी हों, तो धारिता

$$C = \frac{\varepsilon_0 A}{d - t_1\left(1 - \frac{1}{K_1}\right) - t_2\left(1 - \frac{1}{K_2}\right) - t_3\left(1 - \frac{1}{K_3}\right)\ldots}$$

$$= \frac{\varepsilon_0 A}{d - (t_1 + t_2 + t_3 + \ldots) + \left(\frac{t_1}{K_1} + \frac{t_2}{K_2} + \frac{t_3}{K_3}\ldots\right)}$$

समान्तर प्लेट संधारित्र की प्लेटों के बीच लगने वाला बल $(F) = \frac{q^2}{2A\varepsilon_0}$

जहाँ, q = प्लेट आवेश

संधारित्र की प्लेटों के बीच विभवान्तर $(V) = Ed = \frac{qd}{A\varepsilon_0}$

गोलाकार संधारित्र की धारिता
(Capacitance of Spherical Capacitor)

एक गोलाकार संधारित्र, क्रमशः a तथा b $(b > a)$ त्रिज्या के दो संकेन्द्रीय गोलाकार चालकों से बना होता है।

स्थिति I यदि बाह्य गोला भू-सम्पर्कित है, तो

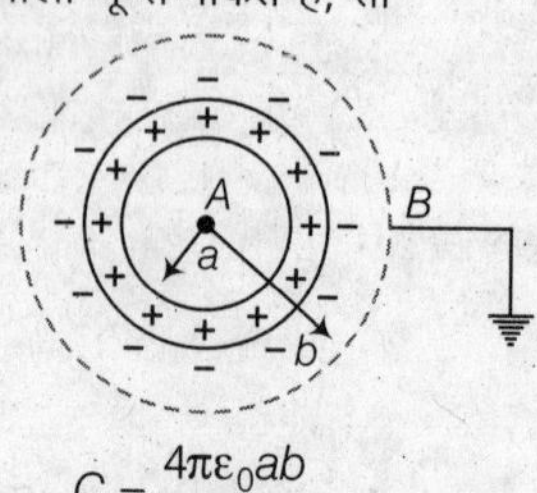

$$C = \frac{4\pi\varepsilon_0 ab}{(b - a)}$$

स्थिति II यदि आन्तरिक गोला भू-सम्पर्कित है तथा बाहरी गोला आवेश q से आवेशित किया जाए तो

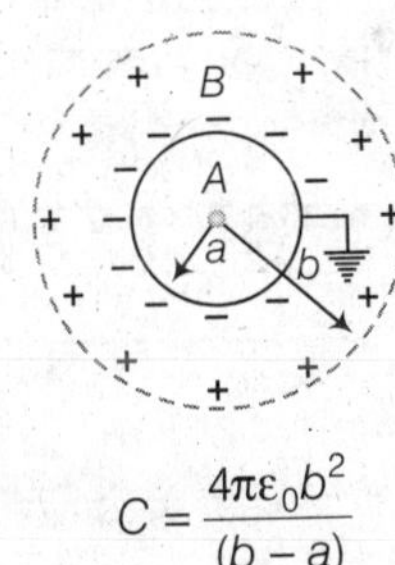

$$C = \frac{4\pi\varepsilon_0 b^2}{(b-a)}$$

बेलनाकार संधारित्र (Cylindrical Capacitor)

इस संधारित्र में एक ठोस अथवा खोखला बेलनाकार चालक A, एक समअक्षीय (coaxial) खोखले बेलनाकार चालक B से घिरा होता है। माना बेलनों की लम्बाईयाँ l तथा त्रिज्याएँ क्रमशः a तथा b हैं (जहाँ $a < b$)। माना अन्दर वाले बेलन को $+q$ तथा बाहर वाले बेलन को $-q$ आवेश दिए गए हैं।

बेलनाकार संधारित्र की धारिता $(C) = \dfrac{2\pi\varepsilon_0 l}{\ln\left(\dfrac{b}{a}\right)}$

श्रेणी क्रम तथा समान्तर क्रम संयोजन में संधारित्र की धारिता (Capacitance of Capacitors in Series and Parallel Combination)

जब $C_1, C_2, C_3, \ldots, C_n$ श्रेणी क्रम में जुड़ें हों, तब परिणामी धारिता

$$\frac{1}{C_{eq}} = \frac{1}{C_1} + \frac{1}{C_2} + \frac{1}{C_3} + \ldots \frac{1}{C_n}$$

प्रत्येक संधारित्र पर विभव, धारिता के व्युत्क्रमानुपाती होता है।

$$V_1 = \frac{C_2}{C_1 + C_2} V, \; V_2 = \frac{C_1}{C_1 + C_2} V$$

जब $C_1, C_2, C_3, \ldots, C_n$ समान्तर क्रम में जुड़ें हों, तब परिणामी धारिता

$$C_{eq} = C_1 + C_2 + C_3 + \ldots + C_n$$

समान्तर क्रम संयोजन में प्रत्येक संधारित्र पर आवेश समान रूप से वितरित रहता है।

$$q_1 = \frac{C_1}{C_1 + C_2} q, q_2 = \frac{C_2}{C_1 + C_2} q$$

ऊर्जा घनत्व (Energy Density)

एक संधारित्र की दोनों प्लेटों के बीच प्रति एकांक आयतन में ऊर्जा, संधारित्र का ऊर्जा घनत्व कहलाता है।

$$u = \frac{1}{2}\varepsilon_0 E^2$$

पराविद्युत तथा ध्रुवण (Dielectric and Polarisation)

जब किसी पराविद्युत पदार्थ की पट्टी को संधारित्र के बीच रखा जाता है तब पराविद्युत पट्टी के अणुओं के नाभिक संधारित्र की ऋण प्लेट तथा इलेक्ट्रॉन धन प्लेट की ओर विस्थापित हो जाते हैं। इस प्रकार पराविद्युत पदार्थ ध्रुवित हो जाता है। तब प्लेटों के बीच विद्युतीय गुणों में परिवर्तन होता है जो निम्न हैं

$$E = \frac{E_0}{K}, q = q_0\left(1 - \frac{1}{K}\right), C = KC_0$$

जहाँ, K पराविधुतांक आवेशों का पराविधुत की सतहों पर वितरण आवेशों का ध्रुवण कहलाता है।

अभ्यास प्रश्नावली

1. एक समान्तर प्लेट संधारित्र एक बैटरी से जुड़ा है। एक नगण्य मोटाई की धातु की चादर इसकी प्लेटों के बीच केन्द्र पर रखी जाती हैं निम्नलिखित में से कौन-सा सही है?

(a) धात्विक चादर के दोनों पृष्ठों पर बराबर तथा विपरीत प्रकृति का थोड़ा आवेश आ जाएगा
(b) धारिता समान रहेगी
(c) प्लेटों के बीच विभवान्तर बढ़ता है
(d) बैटरी अधिक आवेश देगी

2. r त्रिज्या का एक गोला V विभव द्वारा आवेशित किया गया है। इस पृष्ठ का बाहर की ओर प्रति एकांक क्षेत्रफल खिंचाव है

(a) $\dfrac{4\pi\varepsilon_0 V^2}{r^2}$ (b) $\dfrac{\varepsilon_0 V^2}{2r^2}$
(c) $\dfrac{2\pi\varepsilon_0 V^2}{r^2}$ (d) $\dfrac{\varepsilon_0 V^2}{4r^2}$

3. एक संधारित्र को 10 वोल्ट की बैटरी से जोड़ा जाता है तो यह वायु संधारित्र के रूप में $40\,\mu C$ का आवेश संचित कर लेता है तथा जब यह एक दिए गए तेलीय पराविद्युत माध्यम (dielectric medium) वाले संधारित्र के रूप में होता है, तो $100\,\mu C$ आवेश संचित करता है। तेल का पराविद्युतांक है

(a) 1.5 (b) 2 (c) 2.5 (d) 3

4. एक समान्तर प्लेट संधारित्रों की प्लेटों को एक निश्चित विभवान्तर तक आवेशित किया गया है। जब एक 3 मिमी मोटी पट्टी को प्लेटों के बीच खिसकाया जाता है तो प्लेटों के बीच वही विभवान्तर बनाये रखने के लिए प्लेटों के बीच की दूरी 2.4 मिमी बढ़ाई जाती है। पट्टी का पराविद्युतांक होगा

(a) 5 (b) 6
(c) 8 (d) 2

5. एक गोलाकार संधारित्र की धारिता $1\,\mu F$ है। यदि दो गोलों के बीच की दूरी 1 मिमी है तो बाहर वाले गोले की त्रिज्या है

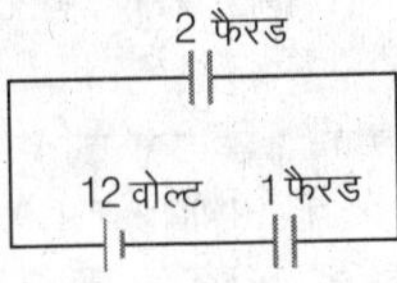

(a) 3 मी (b) 7 मी
(c) 8 मी (d) 9 मी

6. एक गोलाकार चालक की धारिता $1\,\mu F$ है। यदि दो गोलों के बीच की दूरी $100\,\mu F$ है, तो बाहर वाले गोले की त्रिज्या है

(a) 2.2 मी (b) 1.1 मी
(c) 0.45 मी (d) 5 मी

7. कोई समान्तर पट्टिका संधारित्र दो श्रेणीबद्ध पराविद्युत गुटकों से बना है। इसमें चित्र में दर्शाए अनुसार एक गुटके की मोटाई d_1 तथा पराविद्युतांक K_1 तथा दूसरे गुटके की मोटाई d_2 तथा परविद्युतांक K_2 है। इस व्यवस्था को एक ऐसा पराविद्युत गुटका माना जा सकता है जिसकी मोटाई $(d = d_1 + d_2)$ तथा प्रभावी पराविद्युतांक K है। तब K का मान है

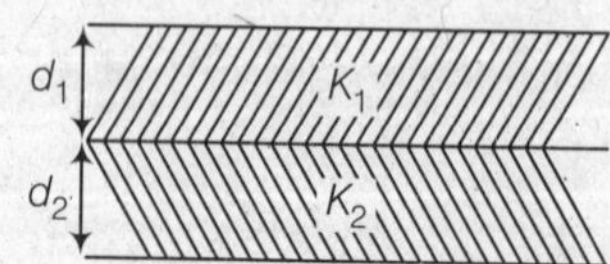

(a) $\frac{K_1 d_1 + K_2 d_2}{d_1 + d_2}$ (b) $\frac{K_1 d_1 + K_2 d_2}{K_1 + K_2}$

(c) $\frac{K_1 K_2 (d_1 + d_2)}{(K_1 d_2 + K_2 d_1)}$ (d) $\frac{2K_1 K_2}{K_1 + K_2}$

8. चित्र में A तथा B के बीच तुल्य धारिता होगी, जबकि प्रत्येक संधारित्र की धारिता $3\,\mu F$ है,

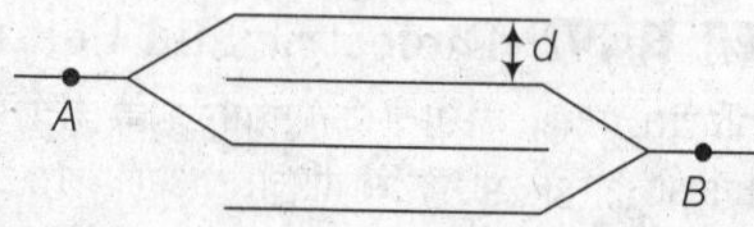

(a) $2\,\mu F$ (b) $4\,\mu F$

(c) $7\,\mu F$ (d) $9\,\mu F$

9. दो संधारित्र जिनकी धारिताएँ क्रमश: C तथा $C/2$ हैं, 9 वोल्ट की बैटरी से चित्रानुसार जुड़े हैं। दोनों संधारित्रों को आवेशित करने में बैटरी द्वारा किया गया कार्य होगा

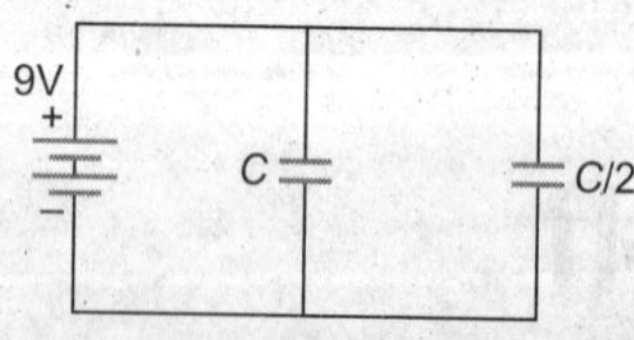

(a) $1/4CV^2$ (b) $2CV^2$

(c) $3/4CV^2$ (d) $1/2CV^2$

10. दर्शाइए की एक समान्तर पट्टिका संधारित्र की प्रत्येक पट्टिका पर बल का परिमाण $\frac{1}{2}QE$ है, जहाँ Q संधारित्र पर आवेश है और E पट्टिका के बीच विद्युत क्षेत्र का परिमाण है। घटक 1/2 के मूल को इस प्रकार समझाया जा सकता है,

(a) घूमने वाली प्लेटों पर बल $E/2$ वितरित होता है

(b) घूमने वाली प्लेटों पर बल $E/4$ वितरित होता है

(c) घूमने वाली प्लेटों पर बल E वितरित होता है

(d) उपरोक्त में से कोई नहीं

11. एक विद्युत टैक्नीशियन को 1 किलोवोल्ट विभवान्तर के परिपथ में $2\,\mu F$ की आवश्यकता है। $1\,\mu F$ का संधारित्र उसे प्रचुर मात्रा में उपलब्ध है जो 400 वोल्ट से अधिक का विभवान्तर वहन नहीं कर सकते। कोई सम्भव विन्यास सुझाइए जिसमें न्यूनतम संधारित्रों की आवश्यकता हो।

(a) छः पंक्तियों में, प्रत्येक में तीन संधारित्र हैं

(b) तीन पंक्तियों में, प्रत्येक में छः संधारित्र हैं

(c) नौ पंक्तियों में, प्रत्येक में दो संधारित्र हैं

(d) दो पंक्तियों में, प्रत्येक में नौ संधारित्र हैं

12. बहुत सारे दिए हुए समान संधारित्रों जिन पर $8\,\mu F$, 250 वोल्ट अंकित है, द्वारा एक संयुक्त संधारित्र $16\,\mu F$, 1000 वोल्ट को बनाने के लिए गिनती में कम से कम कितने संधारित्रों की आवश्यकता होगी?

(a) 40 (b) 32 (c) 8 (d) 2

13. यदि समान्तर प्लेट वायु संधारित्र की प्लेटों के बीच $d/2$ मोटाई की पराविद्युत पट्टिका रखी जाती है तो उसकी धारिता 4/3 गुनी हो जाती है (जहाँ d प्लेटों के बीच की दूरी है)। पराविद्युत पट्टिका का पराविद्युतांक ज्ञात कीजिए।

(a) 2 (b) 3 (c) 4 (d) 5

14. चित्र में प्रदर्शित संधारित्र की प्लेटों के क्षेत्रफल A_1 तथा A_2 $(A_1 < A_2)$ हैं तथा प्लेटों के बीच की दूरी d है। संधारित्र की धारिता ज्ञात कीजिए।

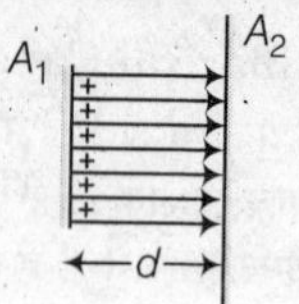

(a) $\frac{2\,\varepsilon_0 A_1}{d}$ (b) $\frac{\varepsilon_0 A_1}{d}$

(c) $\frac{1}{2}\frac{\varepsilon_0 A_1}{d}$ (d) इनमें से कोई नहीं

15. एक गोलाकार संधारित्र की धारिता $1\,\mu F$ है। यदि दोनों गोलों के बीच की दूरी 1 मिमी हो तो बाह्य गोले की त्रिज्या ज्ञात कीजिए।

(a) 8 मी (b) 2 मी (c) 3 मी (d) 6 मी

16. एक चालक को 1000 वोल्ट से आवेशित करने पर वह $2\,\mu C$ आवेश ग्रहण करता है। चालक की धारिता ज्ञात कीजिए।

(a) $0.002\,\mu F$ (b) $1\,\mu F$

(c) $0.003\,\mu F$ (d) $2\,\mu F$

17. चित्र में प्रदर्शित संयोजन में प्रत्येक प्लेट का क्षेत्रफल A एवं क्रमागत प्लेटों के बीच की दूरी d है तो संयोजन की तुल्य धारिता ज्ञात कीजिए।

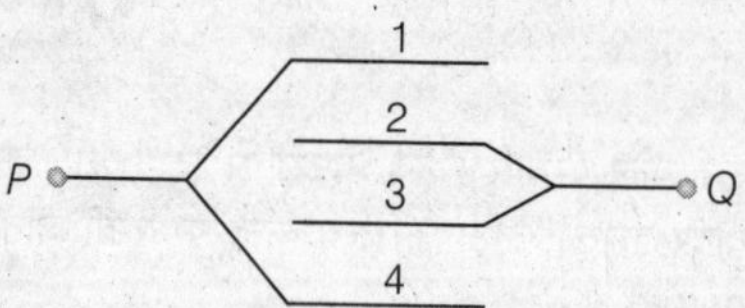

(a) शून्य (b) $\frac{3\varepsilon_0 A}{d}$

(c) $\frac{4\varepsilon_0 A}{d}$ (d) $\frac{2\,\varepsilon_0 A}{d}$

18. एक समान्तर प्लेट संधारित्र की प्लेटों के बीच K_1 व K_2 पराविद्युतांक की दो स्लैब रखी गई हैं जिसमें प्रत्येक की मोटाई $d/2$ है। संधारित्र की प्लेटों के बीच की दूरी d है। संधारित्र की धारिता है

(a) $\frac{2\,\varepsilon_0 d}{A}\left(\frac{K_1 + K_2}{K_1 K_2}\right)$

(b) $\frac{2\,\varepsilon_0 A}{d}\left(\frac{K_1 K_2}{K_1 + K_2}\right)$

(c) $\frac{2\,\varepsilon_0 d}{A}(K_1 + K_2)$

(d) $\frac{2\,\varepsilon_0 A}{d}\left(\frac{K_1 + K_2}{K_1 K_2}\right)$

19. दिए गए चित्र में x तथा y के बीच तुल्य धारिता है, $C_2 = 10\,\mu F$ तथा अन्य संधारित्रों की धारिता $4\,\mu F$ है

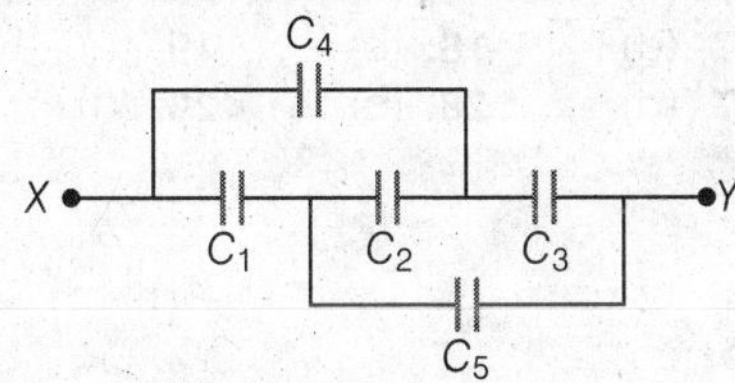

(a) $1\,\mu F$ (b) $3\,\mu F$
(c) $4\,\mu F$ (d) $5\,\mu F$

20. चार संधारित्र, जिनमें प्रत्येक की धारिता $25\,\mu F$ है, चित्रानुसार जोड़े गए हैं। यदि DC वोल्टमीटर 200 वोल्ट मापता है तो संधारित्र की प्रत्येक प्लेट का आवेश है

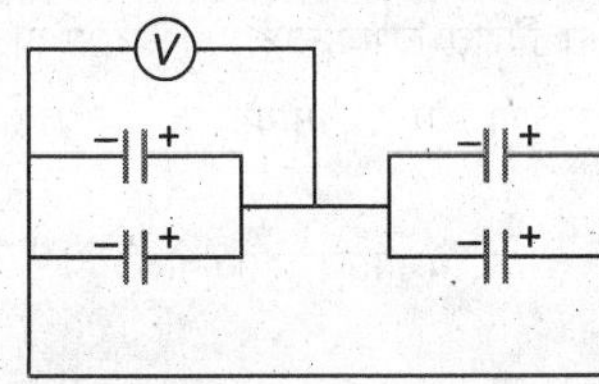

(a) $\pm 2 \times 10^{-3}$ कूलॉम
(b) $\pm 5 \times 10^{-3}$ कूलॉम
(c) $\pm 2 \times 10^{-2}$ कूलॉम
(d) $\pm 5 \times 10^{-2}$ कूलॉम

21. एक समान्तर प्लेट संधारित्र जिसकी n बराबर दूरी पर रखी एकान्तर प्लेटों के बीच धारिता x है, तब कुल धारिता है

(a) nx (b) n/x
(c) nx^2 (d) $(n-1)x$

22. छ: एकसमान संधारित्र समान्तर क्रम में जुड़े हैं तथा अलग-अलग 10 वोल्ट विभवान्तर से आवेशित किए जाते हैं। संधारित्र श्रेणी क्रम में इस प्रकार जोड़े जाते हैं कि एक की धनात्मक प्लेट दूसरे की ऋणात्मक प्लेट से सम्बन्धित है। तब मुक्त प्लेटों के बीच विभवान्तर है

(a) 10 वोल्ट (b) 30 वोल्ट
(c) 60 वोल्ट (d) $\frac{10}{6}$ वोल्ट

23. आवेश q वाला एक छोटा-सा गोला, L लम्बाई की डोरी की सहायता से दो समान्तर प्लेटों के बीच लटक रहा है, इस सरल लोलक का आवर्तकाल T_n है। प्लेटों को आवेशित करने पर आवर्तकाल T हो जाता है। T/T_0 का मान है

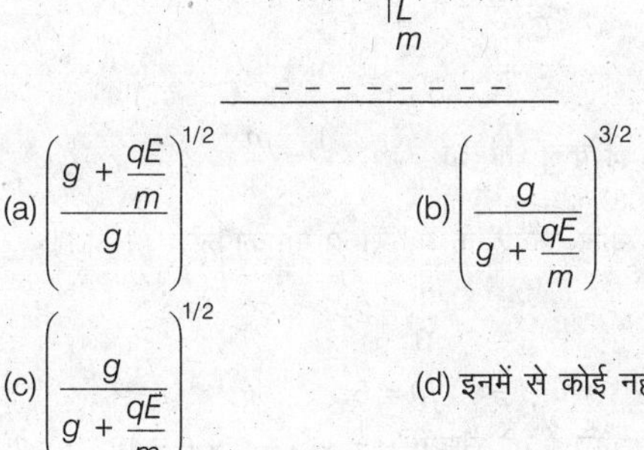

(a) $\left(\dfrac{g + \frac{qE}{m}}{g}\right)^{1/2}$ (b) $\left(\dfrac{g}{g + \frac{qE}{m}}\right)^{3/2}$

(c) $\left(\dfrac{g}{g + \frac{qE}{m}}\right)^{1/2}$ (d) इनमें से कोई नहीं

24. एक आवेश q को L लम्बाई के घन के केन्द्र O पर रखा गया है। एकसमान आवेश q केन्द्र O से L दूरी पर रखा गया है। $ABCD$ से गुजरने वाला विद्युत फ्लक्स होगा

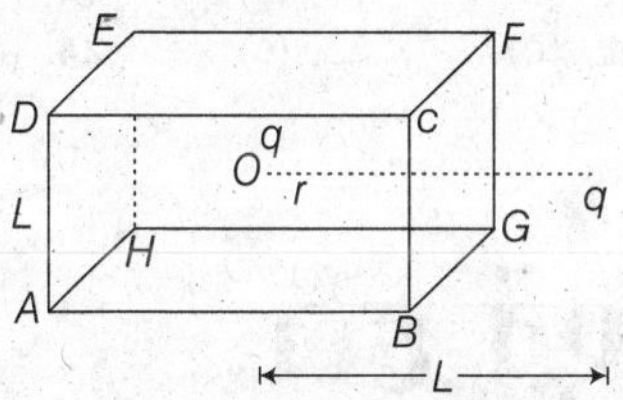

(a) $q/4\pi\varepsilon_0 L$ (b) शून्य (c) $q/2\pi\varepsilon_0 L$ (d) $q/3\pi\varepsilon_0 L$

25. $0.18\,\mu F$ धारिता का एक संधारित्र एक उच्च प्रतिरोध के द्वारा पहले आवेशित किया गया तथा फिर निरावेशित किया गया। यदि आवेश प्रारम्भिक मान का एक-चौथाई घटने में 0.5 सेकण्ड लेता है, तो प्रतिरोध का मान होगा

(a) 2 मेगा ओम (b) 2 ओम (c) 3 ओम (d) शून्य

26. एक वायु संधारित्र में प्रत्येक प्लेट का व्यास 4 सेमी है। इस प्लेट संधारित्र की धारिता 20 सेमी व्यास के गोले की धारिता के बराबर रखने के लिए प्लेटों के बीच दूरी होगी

(a) 4×10^{-3} मी (b) 1×10^{-3} मी
(c) 1 सेमी (d) 1×10^{-3} सेमी

27. एक समान्तर पट्टी संधारित्र, जिसकी प्लेटों के बीच परावैद्युतांक K का एक परावैद्युत रखा है, जिसकी धारिता C है। इसे विभव V वोल्ट तक आवेशित किया जाता है। परावैद्युत पट्टिका को प्लेटों के बीच से धीरे से निकाला जाता है तथा पुन: प्रवेशित किया जाता है। इस प्रक्रिया में निकाय द्वारा किया गया नेट कार्य है

(a) $\frac{1}{2}(K-1)CV^2$ (b) $CV^2(K-1)/K$
(c) $(K-1)CV^2$ (d) शून्य

28. एक गोलीय संधारित्र के भीतरी और बाह्य गोलों की त्रिज्याएँ क्रमशः a और b हैं, दोनों के मध्य हवा है। एक बार बाह्य गोला पृथ्वी से जोड़ें और दूसरी बार भीतरी गोला जोड़ें तो दोनों बार बने संधारित्रों की धारिताओं में अन्तर होगा

(a) शून्य (b) $4\pi\varepsilon_0 a$
(c) $4\pi\varepsilon_0 b$ (d) $4\pi\varepsilon_0 a\left(\dfrac{b}{b-a}\right)$

29. जब किसी धनावेशित चालक को पृथ्वी से सम्पर्कित किया जाता है, तो

(a) इलेक्ट्रॉन चालक से पृथ्वी की ओर प्रवाहित होते हैं
(b) आवेश का प्रवाह नहीं होता है
(c) प्रोटॉनों का प्रवाह चालक से पृथ्वी की ओर होता है
(d) इलेक्ट्रॉनों का प्रवाह पृथ्वी से चालक की ओर होता है

30. यदि समान्तर प्लेट संधारित्र की प्लेटों के बीच $t = d/2$ मोटाई की परावैद्युत पट्टी रख दी जाए तो, संधारित्र की धारिता पूर्व मान की 4/3 गुनी हो जाती है। d प्लेटों के मध्य दूरी है तो परावैद्युत पट्टी का परावैद्युतांक है

(a) 8 (b) 4 (c) 6 (d) 2

31. $6\,\mu F$ तथा $12\,\mu F$ के दो समानान्तर प्लेट वाले संधारित्रों को श्रेणी में लगाकर एक 150 वोल्टता के विभवान्तर से जोड़ा जाता है। $12\,\mu F$ के संधारित्र की प्लेटों के बीच विभवान्तर होगा

(a) 25 वोल्ट (b) 50 वोल्ट (c) 100 वोल्ट (d) 150 वोल्ट

उत्तरमाला

1. (b)	**2.** (b)	**3.** (c)	**4.** (a)	**5.** (a)	**6.** (a)	**7.** (c)	**8.** (d)	**9.** (c)	**10.** (a)
11. (a)	**12.** (b)	**13.** (a)	**14.** (b)	**15.** (c)	**16.** (a)	**17.** (d)	**18.** (b)	**19.** (c)	**20.** (b)
21. (d)	**22.** (c)	**23.** (c)	**24.** (b)	**25.** (a)	**26.** (b)	**27.** (d)	**28.** (c)	**29.** (d)	**30.** (d)
31. (b)									

संकेत एवं हल

8. सभी तीनों संधारित्रों की धन प्लेटें एक बिन्दु A पर जुड़ी हैं तथा ऋणात्मक प्लेटें बिन्दु B पर जुड़ी हैं ये समान्तर क्रम में जुड़े हैं।

$\therefore \quad C_p = 3 + 3 + 3 = 9$ माइक्रोफैरड

9. दो चालक समान्तर क्रम में जुड़ते हैं

$$C_p = C + \frac{C}{2} = \frac{3C}{2}$$

$\therefore$ दोनों चालकों को आवेशित करने में किया गया कार्य,

$$W = \frac{1}{2}C_pV^2$$

$$= \frac{1}{2} \times \frac{3C}{2}V^2$$

$$= \frac{3}{4}CV^2$$

10. माना प्लेटों के बीच की दूरी से अतिसूक्ष्म वृद्धि Δx की जाती है। प्रत्येक प्लेट पर बल F है।

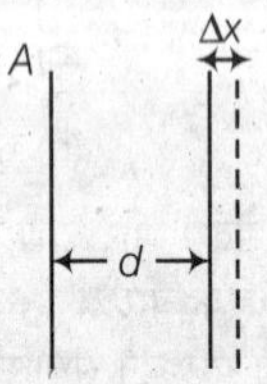

Δx दूरी बढ़ाने में कृत कार्य = बल × दूरी में वृद्धि = $F \cdot \Delta x$ ...(i)

अब, $\quad$ ऊर्जा घनत्व $(u) = \dfrac{\text{ऊर्जा}}{\text{आयतन}}$

$\Rightarrow \quad$ ऊर्जा = u × आयतन = $u \cdot A \cdot \Delta x$ ... (ii)

$\Rightarrow \quad$ ऊर्जा = कृत कार्य

$\Rightarrow \quad F \cdot \Delta x = u \cdot A \cdot \Delta x$ (समी (i) व (ii) से)

$$= u \cdot A$$

$$= \frac{1}{2}\varepsilon_0 E^2 \cdot A \quad \left(\because u = \frac{1}{2}\varepsilon_0 E^2 \text{ और } E = \frac{V}{d}\right)$$

$$= \frac{1}{2}\varepsilon_0 \cdot \frac{V^2}{d^2} \cdot A$$

$$= \left(\frac{\varepsilon_0 A}{d} \cdot V\right)\frac{V}{d} \times \frac{1}{2} \quad \left(\because C = \frac{\varepsilon_0 A}{d}, CV = q\right)$$

$$= \frac{1}{2} \cdot E \cdot C \cdot V = \frac{1}{2}qE$$

घटक 1/2 इस तथ्य द्वारा व्याख्या किया जा सकता है कि चालक के अन्दर विद्युत क्षेत्र शून्य होता है तथा बाहर विद्युत क्षेत्र E होता है। अतः औसत विद्युत क्षेत्र $E/2$ होगा जो प्लेटों की गतिशीलता के लिए उत्तरदायी है।

11. आवश्यक धारिता (C) = 2 माइक्रोफैरड

विभवान्तर (V) = 1 किलोवोल्ट = 1000 वोल्ट

प्रत्येक संधारित्र के कारण धारिता (C_1) = 1 माइक्रोफैरड

तथा इसके संगत विद्युत विभवान्तर (V_1) = 400 वोल्ट

माना n संधारित्र श्रेणी क्रम में समायोजित हैं तथा इस प्रकार के संधारित्रों की m पंक्तियाँ हैं।

चूँकि प्रत्येक पंक्ति का विभवान्तर 100 वोल्ट है।

अतः प्रत्येक संधारित्र पर विभवान्तर $= \dfrac{1000}{n}$

श्रेणी क्रम में जुड़े संधारित्रों की न्यूनतम संख्या $= \dfrac{1000}{n} = 400$

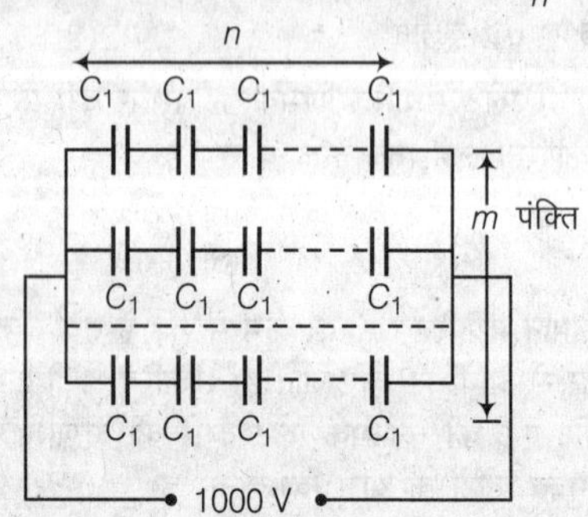

यहाँ पर संधारित्रों की संख्या n है। n एक पूर्ण संख्या होगी यदि $n = 2$ है तब प्रत्येक संधारित्र पर 500 वोल्ट का विभवान्तर होगा। प्रश्नानुसार, प्रत्येक संधारित्र का विभव 400 V है। अतः वे नष्ट हो जाएगें।

अतः $n = 3$ लेने पर,

प्रत्येक पंक्ति की धारिता (श्रेणी क्रम में)

$$\frac{1}{C'} = \frac{1}{1} + \frac{1}{1} + \frac{1}{1} = \frac{3}{1}$$

$\Rightarrow \quad C' = 1/3$

m पंक्तियों की कुल धारिता $= m \times \dfrac{1}{3} = \dfrac{m}{3}$

प्रश्नानुसार, कुल आवश्यक धारिता 2 माइक्रोफैरड है। अतः

$$\frac{m}{3} = 2$$

$$m = 6$$

अतः कुल संधारित्रों की संख्या = $m \times n = 3 \times 6 = 18$

अतः 1 माइक्रोफैरड के संधारित्रों को 6 पंक्तियों में इस प्रकार समायोजित किया गया है कि प्रत्येक पंक्ति में 3 संधारित्र हो।

13. वायु संधारित्र की धारिता $(C) = \frac{\varepsilon_0 A}{d}$

परावैद्युत पट्टिका में रखे संधारित्र की धारिता,

$$C' = \frac{\varepsilon_0 A}{d - t + \frac{t}{K}}$$

$$= \frac{\varepsilon_0 A}{d - \frac{d}{2} + \frac{d/2}{K}}$$

$$= \frac{\varepsilon_0 A}{\frac{d}{2}\left(1 + \frac{1}{K}\right)}$$

प्रश्नानुसार, $C' = \frac{4}{3}C$

$$\frac{\varepsilon_0 A}{\frac{d}{2}\left(1+\frac{1}{K}\right)} = \frac{4}{3}\frac{\varepsilon_0 A}{d}$$

या $1 + \frac{1}{K} = \frac{3}{2}$

या $K = 2$

14. प्लेटों के मध्य विद्युत क्षेत्र आवेशित प्लेट के पृष्ठ के अभिलम्बवत् होने के कारण संधारित्र की प्लेटों का प्रभावी क्षेत्रफल चित्र के अनुसार A_1 ही होगा।

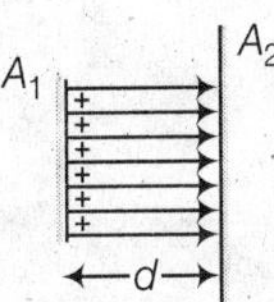

अतः संधारित्र की धारिता,

$$C = \frac{\varepsilon_0 A}{d} \quad (\because A = A_1)$$

$$C = \frac{\varepsilon_0 A_1}{d}$$

15. यदि गोलाकार संधारित्र की त्रिज्याएँ a व b हों तथा उनके बीच वायु भरी हो, तो

$$C = \frac{4\pi\varepsilon_0 ab}{b - a}$$

दिया है, $b - a = x = 1$ मिमी $= 10^{-3}$ मी

$$a = b - x$$

$C = 10^{-6}$ फैरड

$$10^{-6} = \frac{(b - x)b}{9 \times 10^9 \times 10^{-3}}$$

या $b(b - x) = 9$

अतः $b^2 = 9 \quad (\because x << b)$

$\therefore$ $b = 3$

अतः बाह्य गोले की त्रिज्या $= 3$ मी

16. $V = 1000$ वोल्ट, $q = 2 = 2 \times 10^{-6}$ कूलॉम

$$\text{धारिता } (C) = \frac{q}{V} = \frac{2 \times 10^{-6}}{1000} = 2 \times 10^{-9}\text{F}$$

$$= 2 \times 10^{-3} = 0.002\mu\text{F}$$

17. संयोजन में दो समान्तर प्लेट संधारित्र परस्पर समान्तर क्रम में जुड़े हैं, जिनमें प्रत्येक की धारिता $= \frac{\varepsilon_0 A}{d}$

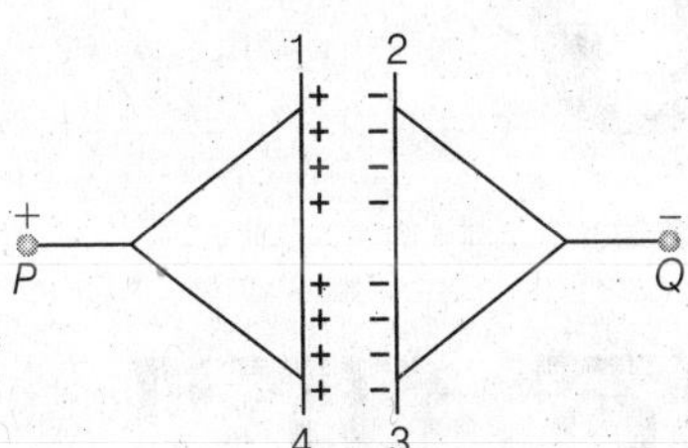

अतः $C_{PQ} = C_1 + C_2$

$$= \frac{\varepsilon_0 A}{d} + \frac{\varepsilon_0 A}{d} = \frac{2\varepsilon_0 A}{d}$$

18. $C_1 = \frac{K_1 \varepsilon_0 A}{d/2} = \frac{2K_1 \varepsilon_0 A}{d}$

$$C_2 = \frac{2K_2 \varepsilon_0 A}{d}$$

$$\frac{1}{C_s} = \frac{1}{C_1} + \frac{1}{C_2}$$

$$= \frac{d}{2K_1\varepsilon_0 A} + \frac{d}{2K_2\varepsilon_0 A} = \frac{d}{2\varepsilon_0 A}\left(\frac{K_1 + K_2}{K_1 K_2}\right)$$

$$\Rightarrow \quad C_s = \frac{2\varepsilon_0 A}{d}\left(\frac{K_1 K_2}{K_1 + K_2}\right)$$

19. प्रश्न में दी गई व्यवस्था व्हीटस्टोन सेतु को दर्शाती है।

$\frac{C_1}{C_3} = \frac{C_4}{C_5} = 1$, अतः सेतु सन्तुलित है

$$\frac{1}{C_{s_1}} = \frac{1}{4} + \frac{1}{4} = \frac{2}{4} = \frac{1}{2} \quad C_{s_1} = 2\ \mu\text{F}$$

इसी प्रकार $C_{s_2} = 2\ \mu\text{F}$

$\therefore$ तुल्य धारिता $= C_p = C_{s_1} + C_{s_2}$

$$= 2 + 2 = 4\ \mu\text{F}$$

20. यहाँ प्रत्येक संधारित्र की प्रत्येक प्लेट पर आवेश

$$Q = \pm CV$$

$= \pm 25 \times 10^{-6} \times 200 = \pm 5 \times 10^{-3}$ कूलॉम

21. $(n - 1)$ संधारित्र n प्लेटों से बनेंगे तथा सभी प्लेटें समान्तर क्रम में जुड़ी हैं, क्योंकि प्लेटें एकान्तर क्रम में जुड़ी हैं।

$\therefore$ कुल धारिता $= (n - 1)x$

22. यदि C प्रत्येक संधारित्र की धारिता है, तब प्रत्येक संधारित्र पर आवेश 10 कूलॉम है।

जब ये श्रेणी क्रम में जोड़े जाते हैं, मुक्त प्लेटों के बीच विभवान्तर

$$= \frac{\text{कुल आवेश}}{\text{कुल धारिता}} = \frac{10C}{C/6} = 60 \text{ वोल्ट}$$

20

विद्युत धारा
Current Electricity

विद्युत धारा (Electric Current)

किसी अनुप्रस्थ-काट के क्षेत्रफल से आवेश प्रवाह की दर को विद्युत धारा कहते हैं।

अर्थात् $i = Q/t$

जहाँ, i= विद्युत धारा, Q = प्रवाहित आवेश तथा t = समय

धारा घनत्व (Current Density)

किसी चालक के प्रति एकांक क्षेत्रफल की धारा को उस चालक का धारा घनत्व कहते हैं। अर्थात् $j = \frac{I}{A} = nev_d$

जहाँ, n चालक में प्रवाहित आवेश की सान्द्रता है तथा v_d अनुगमन वेग है।

प्रतिरोध तथा प्रतिरोधकता (Resistance and Resistivity)

किसी चालक द्वारा उस चालक से प्रवाहित विद्युत धारा का विरोध करने की प्रवृत्ति विद्युतीय प्रतिरोध (R) कहलाती हा।

एक l लम्बाई के विशेष चालक के लिए प्रतिरोध R इसके पदार्थ की प्रतिरोधकता ρ के साथ निम्न प्रकार सम्बन्धित है

$$R = \rho \frac{l}{A}$$

यदि, $l = A = 1$ तब $R = \rho$

अतः एकांक अनुप्रस्थ काट का क्षेत्रफल (A) तथा एकांक लम्बाई (l) वाले चालक का प्रतिरोध लिए गए पदार्थ की प्रतिरोधकता (ρ) कहलाती है।

प्रतिरोध का व्युत्क्रम (reciprocal) चालकत्व (conductance) कहलाता है तथा प्रतिरोधकता (conductivity) का व्युत्क्रम चालकता (σ) कहलाती है।

तापमान के साथ प्रतिरोध में परिवर्तन
(Changes in Resistance with Temperature)

प्रतिरोध में तापमान के साथ परिवर्तन निम्न समीकरण के अनुसार होता है

$$R_2 = R_1(1 + \alpha \Delta t)$$

जहाँ, Δt = तापमान में परिवर्तन (T_1 से T_2 तक), R_1 तथा R_2 क्रमशः T_1 तथा T_2 ताप पर प्रतिरोध हैं और α प्रतिरोध ताप गुणांक है।

विद्युत परिपथ में प्रतिरोधी को दो प्रकार से समायोजित किया जा सकता है।

$$R_{eq} = \text{तुल्य प्रतिरोध} = R_1 + R_2 + R_3 + \ldots \text{ (श्रेणी क्रम में)}$$

$$\frac{1}{R_{eq}} = \frac{1}{R_1} + \frac{1}{R_2} + \frac{1}{R_3} + \ldots \text{(समांतर क्रम में)}$$

व्हीटस्टोन ब्रिज का संतुलन
(Balanced Condition of Wheatstone Bridge)

चित्र में एक व्हीटस्टोन ब्रिज दिखाया गया है।

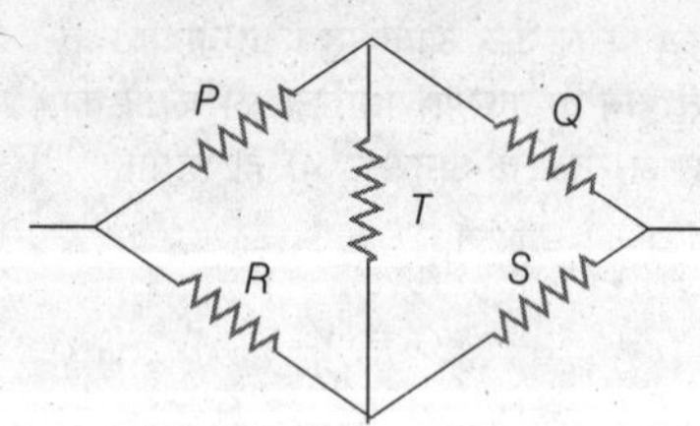

यदि $\frac{P}{Q} = \frac{R}{S}$ तब सेतु सन्तुलित कहा जाता हैं। इस स्थिति में प्रतिरोध सें धारा का प्रवाह नहीं होता है।

किरचॉफ के नियम
(Kirchhoff's Laws)

(i) **प्रथम नियम** (First Law) इसके अनुसार किसी परिपथ की किसी संधि पर मिलने वाली सभी धाराओं का बीजगणितीय योगफल शून्य होता है।

अर्थात् $$\sum_{i=1}^{n} i_i = 0$$

(ii) **द्वितीय नियम** (Second Law) इसके अनुसार किसी बन्द लूप में होने वाले विभव परिवर्तनों का साधारण बीजगणितीय योग शून्य होता है। एक बंद परिपथ में

$$\Sigma V + \Sigma IR = 0$$

अर्थात्, $$(V_1 + V_2 + \ldots) + (I_1R_1 + I_2R_2 + \ldots) = 0$$

ओम का नियम (Ohm's Law)

यदि, किसी चालक की भौतिक अवस्थायें (लम्बाई, ताप, यांत्रिक विकृति आदि) नियत रहें, तब चालक से बहने वाली धारा उस चालक के सिरों पर आरोपित विभवान्तर के समानुपाती होती है।

अर्थात्, $I \propto V$, $V = IR$

विद्युत सेल (Electric Cells)

सेल एक ऐसी युक्ति है जो रासायनिक ऊर्जा को विद्युतीय ऊर्जा में रूपांतरित करती है।

सेल के अन्दर उपस्थित विद्युत अपघट्य पदार्थ द्वारा सेल के अन्दर आवेश के प्रवाह में डाले गये विरोध अथवा रूकावट को ही सेल का आन्तरिक प्रतिरोध (r) कहते है। सेल द्वारा आवेश को दी जाने वाली ऊर्जा का कुछ भाग इस आन्तरिक प्रतिरोध के कारण स्वंय सेल के अन्दर व्यय हो जाता है जिससे धारा बहने पर सेल में उपस्थित अपघट्य पदार्थ का ताप बढ़ जाता है।

सेलों का संयोजन (Combinations of Cells)

सेल अथवा बैटरी निम्न प्रकार से जोड़े जा सकते हैं:

(i) श्रेणी क्रम में, धारा $(I) = \dfrac{nE}{R + nr}$

(ii) समांतर क्रम में, धारा $(I) = \dfrac{nE}{nR + r} = \dfrac{E}{R + r/n}$

(iii) मिश्रित क्रम में, धारा $(I) = \dfrac{mnE}{mR + nr}$

जहाँ, I = बाह्य प्रतिरोध R में प्रवाहित धारा

n = श्रेणी क्रम तथा समांतर क्रम में जुड़े सेलों की संख्या

r = प्रत्येक सेल का आंतरिक प्रतिरोध

n = सेलों का मिश्रित युग्म m पंक्तियों में जुड़ा है।

महत्त्वपूर्ण बिन्दु (Important Points)

ताप विद्युत वाहक बल को निम्न समीकरण द्वारा दर्शाया जाता है

$$\varepsilon = a\Delta\theta + \frac{1}{2} b (\Delta\theta)^2$$

जहाँ, a तथा b नियतांक हैं तथा $\Delta\theta$ दो संधियों के बीच तापान्तर है।

ताप विद्युत क्षमता, $\dfrac{d\varepsilon}{d\theta} = a + b\theta$

पेल्टियर नियतांक, $(\pi) = T \dfrac{d\varepsilon}{dT}$

थॉगरान नियतांक, $\sigma_A - \sigma_B = T \dfrac{d^2E}{dT^2}$

फैराडे के विद्युत अपघटन सम्बन्धी नियम (Faraday's Laws of Electrolysis)

विद्युत अपघटन से सम्बन्धित माइकल फैराडे के मुख्य दो नियम निम्न प्रकार हैं:

प्रथम नियम (First Law)

विद्युत अपघटन की प्रक्रिया में इलेक्ट्रोड़ों पर मुक्त हुए पदार्थ का द्रव्यमान, विद्युत अपघट्य में प्रवाहित आवेश के समानुपाती होता है अर्थात्

$$\boxed{m = zq}$$

जहाँ, z = पदार्थ का विद्युत रासायनिक तुल्यांक

$$\boxed{m = zit}$$

द्वितीय नियम (Second Law)

यदि, विद्युत धारा की समान मात्रा विभिन्न विद्युत अपघट्यों में समान समय के लिए प्रवाहित की जाए, तो इलेक्ट्रोडों पर मुक्त हुए पदार्थों का द्रव्यमान, उसके रासायनिक तुल्यांकों के समानुपाती होता है।

अर्थात्, $\dfrac{m_1}{m_2} = \dfrac{E_1}{E_2}$

जहाँ, E_1 व E_2 पदार्थों के विद्युत रासायनिक तुल्यांक हैं।

या $\dfrac{z_1}{z_2} = \dfrac{E_1}{E_2}$

विभवमापी (Potentiometer)

दो बिन्दुओं के बीच विभवान्तर मापने की एक आदर्श युक्ति विभवमापी कहलाती है

दो सेलों के विद्युत वाहक बलों (electromotive forces) की तुलना

$$\frac{E_1}{E_2} = \frac{l_1}{l_2}$$

जहाँ, l_1 व l_2 विभवमापी के तार E_1 व E_2 के अनुदिश लम्बाइयाँ हैं।

अज्ञात बैटरी का आन्तरिक प्रतिरोध

$$r = \left(\frac{l_1}{l_2} - 1\right) R$$

नौट किसी सेल का विद्युत वाहक बल सेल द्वारा इकाई धनावेश को धन सिरे से ऋण सिरे तक ले जाने में किया गया कार्य है।

अभ्यास प्रश्नावली

1. एकसमान अनुप्रस्थ-परिच्छेद वाले एक सीधे चालक में धारा i प्रवाहित हो रही है। यदि, S इलेक्ट्रॉन का विशिष्ट आवेश है, तो इलेक्ट्रॉनों के अनुगमन वेग के कारण चालक की प्रति एकांक लम्बाई में सभी मुक्त इलेक्ट्रॉनों का संवेग है

(a) iS (b) $\sqrt{i/S}$ (c) i/S (d) $(i/S)^2$

2. एक धात्विक प्रतिरोधक एक बैटरी से जुड़ा है। मुक्त इलेक्ट्रॉनों की प्रतिरोधक में धातु के धनायनों से टक्करों की संख्या कम (उदाहरण के लिए इसे ठण्डा करने पर) होती है, तो धारा

(a) नियत रहेगी (b) बढ़ेगी
(c) घटेगी (d) शून्य हो जायेगी

3. एक बन्द परिपथ में एक सेल का वि. वा. बल E तथा आन्तरिक प्रतिरोध r है। यदि परिपथ का बाह्य प्रतिरोध R है तब ओम का नियम है

(a) $I = \dfrac{E}{R + r}$ (b) $I = \dfrac{E}{R}$ (c) $I = \dfrac{E}{r}$ (d) $I = \dfrac{E}{R_r}$

4. दो चालक A व B एक ही पदार्थ से बने हैं तथा इनकी लम्बाइयाँ समान हैं। चालक A, 1 मिमी व्यास का ठोस तार है तथा चालक B खोखली नली है, जिसका बाह्य व्यास 2 मिमी तथा आन्तरिक व्यास 1 मिमी है। प्रतिरोधों R_A व R_B का अनुपात है

(a) 1 : 3 (b) 3 : 1 (c) 2 : 3 (d) 3 : 2

5. निम्नलिखित पदार्थों में से जिसका प्रतिरोध ताप बढ़ने के साथ घटता है, वह है

(a) कार्बन (b) कॉन्सटेनटन
(c) कॉपर (d) चाँदी

6. एक सेल प्रतिरोध R_1 में धारा i_1 भेजता है तथा प्रतिरोध R_2 में धारा i_2 भेजता है। सेल का आन्तरिक प्रतिरोध है

(a) $R_2 - R_1$ (b) $\frac{(i_1 + i_2)}{i_1 - i_2} R_1 R_2$
(c) $\frac{i_1 R_2 - i_2 R_1}{i_1 - i_2}$ (d) $\frac{i_2 R_2 - i_1 R_1}{i_1 - i_2}$

7. t°C पर एक प्रतिरोधक का प्रतिरोध $R_t = R_0 (1 + \alpha t + \beta t^2)$ से दिया जाता है जहाँ, R_0, 0°C पर प्रतिरोध है। t°C पर प्रतिरोध गुणांक है

(a) $\frac{(1 + \alpha t + \beta t^2)}{\alpha + 2\beta t}$ (b) $(\alpha + 2\beta t)$
(c) $\frac{\alpha + 2\beta t}{(1 + \alpha t + \beta t^2)}$ (d) $\frac{(\alpha + 2\beta t)}{2(1 + \alpha t + \beta t)}$

8. विभवमापी (potentiometer) को विभव मापने के लिए वोल्टमीटर से अच्छा माना जाता है क्योंकि

(a) वोल्टमीटर का प्रतिरोध अधिक है
(b) विभवमापी के तार का प्रतिरोध कम होता है
(c) विभवमापी में अज्ञात स्रोत का वि. वा. बल ज्ञात करने में कोई धारा नष्ट नहीं होती है
(d) विभवमापी की सुग्राहिता, वोल्टमीटर से अधिक होती है

9. दो तार एक ही धातु के हैं परन्तु इनके व्यास अलग-अलग हैं। इनमें समान धारा i प्रवाहित हो रही है। यदि इनके व्यासों का अनुपात 2 : 1 है, तब इनके अनुगमन वेगों का अनुपात होगा

(a) 4 : 1 (b) 1 : 1
(c) 1 : 2 (d) 1 : 4

10. एक वैद्युत केतली पानी की कुछ मात्रा को 16 मिनट में उबालती है। कुछ कमी के कारण ऊष्मीय कुण्डली के 10% चक्कर अनिवार्य रूप से विपरीत दिशा में घूमते हैं। अब इस पानी को गर्म करने में कितना समय लगेगा ?

(a) 17.7 मिनट (b) 14.4 मिनट
(c) 20.9 मिनट (d) 13.7 मिनट

11. छः प्रतिरोध जिनमें प्रत्येक 6 ओम का है, चित्रानुसार जुड़े हैं तथा इनमें 0.5 ऐम्पियर धारा प्रवाहित हो रही है।, विभवान्तर $V_P - V_Q$ का मान है

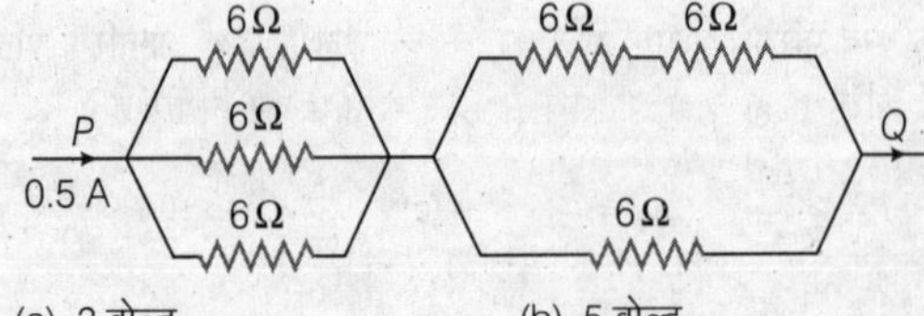

(a) 3 वोल्ट (b) 5 वोल्ट
(c) 4 वोल्ट (d) 3.9 वोल्ट

12. एक तार में प्रवाहित धारा समय पर समीकरण, $I = 3t^2 + 2t + 5$ के अनुसार निर्भर करती है। तार के अनुप्रस्थ-परिच्छेद में समय $t = 0$ से $t = 2$ सेकण्ड तक प्रवाहित आवेश है

(a) 21 कूलॉम (b) 10 कूलॉम
(c) 22 कूलॉम (d) 1 कूलॉम

13. एक कतार में m सेल जुड़े हुए हैं, ऐसी n कतारें समान्तर क्रम में जोड़ी गई हैं। इस संयोजन में 2.5 ओम के बाह्य प्रतिरोध में अधिकतम धारा प्राप्त हो रही है। यदि, इस संयोजन में सेलों की कुल संख्या 20 एवं प्रत्येक सेल का आन्तरिक प्रतिरोध 0.5 ओम है, तब

(a) $m = 2, n = 10$ (b) $m = 4, n = 5$
(c) $m = 5, n = 4$ (d) $n = 2, m = 10$

14. समान पदार्थ के दो तारों को पार्श्व क्रम में सयोजित करके बनाये गये परिपथ से कोई नियत धारा प्रवाहित की जाती है यदि तारों की लम्बाइयाँ तथा त्रिज्याए क्रमशः $\frac{4}{3}$ तथा $\frac{2}{3}$ अनुपात में हैं तब इन तारों से प्रवाहित धाराओं का अनुपात होगा

(a) 3 (b) 2
(c) $\frac{8}{9}$ (d) $\frac{1}{3}$

15. एक चाँदी के तार का 27.5° C पर प्रतिरोध 2.1 ओम है तथा 100°C पर प्रतिरोध 2.7 ओम है। चाँदी का प्रतिरोध ताप गुणांक है

(a) 0.049/°C (b) 0.0049/°C
(c) 0.0039/°C (d) 0.039/°C

16. 10^{-6} मी^{2} अनुप्रस्थ-परिच्छेद वाले कॉपर के तार में 0.21 ऐम्पियर धारा प्रवाहित हो रही है। यदि, प्रति मी^{3} में मुक्त इलेक्ट्रॉनों की संख्या 8.4×10^{28} है, तब अनुगमन वेग ज्ञात कीजिए। ($e = 1.6 \times 10^{-19}$ कूलॉम)

(a) 2×10^{-5} मी/से (b) 1.56×10^{-5} मी/से
(c) 1×10^{-5} मी/से (d) 0.64×10^{-5} मी/से

17. दो संकेन्द्रीय गोलों की त्रिज्याएँ क्रमशः a तथा b हैं। यदि, इनके बीच का स्थान ρ प्रतिरोधकता वाले माध्यम से भर दिया जाए, तब दोनों गोलों के बीच प्रतिरोध होगा

(a) $\frac{\rho}{4\pi(b + a)}$ (b) $\frac{\rho}{4\pi}\left(\frac{1}{b} - \frac{1}{a}\right)$
(c) $\frac{\rho}{4\pi}\left(\frac{1}{a^2} - \frac{1}{b^2}\right)$ (d) $\frac{\rho}{4\pi}\left(\frac{1}{a} - \frac{1}{b}\right)$

18. समान विमाओं वाले तथा ρ_1 व ρ_2 प्रतिरोधकता वाले दो तार श्रेणी क्रम में जुड़े हैं। संयोग की तुल्य प्रतिरोधकता है

(a) $\sqrt{\rho_1 \rho_2}$ (b) $(\rho_1 + \rho_2)$
(c) $\frac{\rho_1 + \rho_2}{2}$ (d) इनमें से कोई नहीं

19. विभवमापी की सुग्राहिता बढ़ सकती है,

(a) सेल का वि. वा. बल बढ़ाने पर
(b) विभवमापी के तार की लम्बाई बढ़ाने पर
(c) विभवमापी के तार की लम्बाई घटाने पर
(d) उपरोक्त में से कोई नहीं

20. चित्र में विभवान्तर V और धारा i के बीच किसी चालक के दो ताप T_1 और T_2 ग्राफ पर दिखाए गए हैं, तब T_1 और T_2 में सम्बन्ध होगा

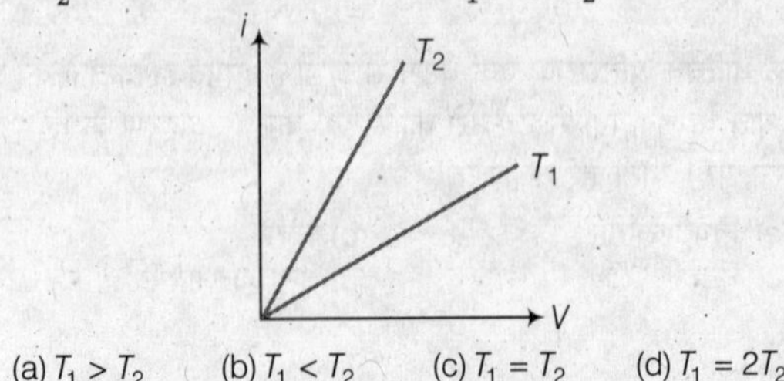

(a) $T_1 > T_2$ (b) $T_1 < T_2$ (c) $T_1 = T_2$ (d) $T_1 = 2T_2$

21. चित्र में P तथा Q के बीच प्रतिरोध है

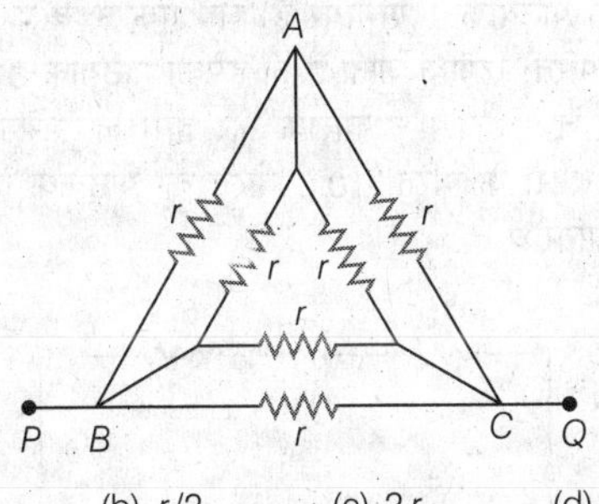

(a) $r/3$ (b) $r/2$ (c) $2r$ (d) $6r$

22. n एकसमान सेल जिनमें प्रत्येक का वि. वा. बल E तथा आन्तरिक प्रतिरोध r है श्रेणी क्रम में जुड़े हैं, तब प्रत्येक सेल के मध्य विभवान्तर होगा

(a) $\frac{2nE}{n-2}$ (b) $\frac{(n-2)E}{n}$ (c) $\frac{(n-1)E}{n}$ (d) $\frac{2E}{n}$

23. एक सेल का वि. वा. बल मापने के लिए उपयुक्त यन्त्र है

(a) वोल्टमीटर (b) अमीटर
(c) विभवमापी (d) व्हीटस्टोन सेतु

24. किसी तप्त टंगस्टन के तन्तु का प्रतिरोध उसके ठंडे प्रतिरोध का लगभग 10 गुना है। 100 वाट तथा 200 वोल्ट के किसी लैम्प का प्रतिरोध, जब वह उपयोग नहीं हो रहा है, क्या होगा?

(a) 40 ओम (b) 20 ओम (c) 400 ओम (d) 200 ओम

25. किस स्थिति के अन्तर्गत R प्रतिरोध के तार में r आन्तरिक प्रतिरोध वाले n सेलों के श्रेणी संयोजन या समान्तर संयोजन से समान धारा प्रवाहित हो रही है?

(a) $R = nr$ (b) $R = \frac{r}{n}$
(c) $R = r$ (d) $R = \infty, r = 0$

26. एक प्रतिरोध R_1 जब किसी जनित्र के साथ जोड़ा जाता है, तो यह P शक्ति व्यय करता है। यदि, दूसरा प्रतिरोध R_2 इस प्रतिरोध R_1 के श्रेणी क्रम में जोड़ दिया जाए, तो R_1 में व्यय शक्ति

(a) बढ़ जाएगी (b) घट जाएगी
(c) समान रहेगी (निगत) (d) इनमें से कोई नहीं

27. विभवमापी विभवान्तर मापने के लिए एक आदर्श यन्त्र है क्योंकि

(a) शून्य विक्षेप बिन्दु पर धारामापी के तार में कोई धारा प्रवाहित नहीं होती है
(b) शून्य विक्षेप बिन्दु पर मुख्य परिपथ में कोई धारा प्रवाहित नहीं होती है
(c) शून्य विक्षेप स्थिति में द्वितीय परिपथ में कोई धारा प्रवाहित नहीं होती है
(d) उपरोक्त में से कोई नहीं

28. निम्नलिखित परिपथ चित्र में A तथा B के बीच प्रतिरोध है

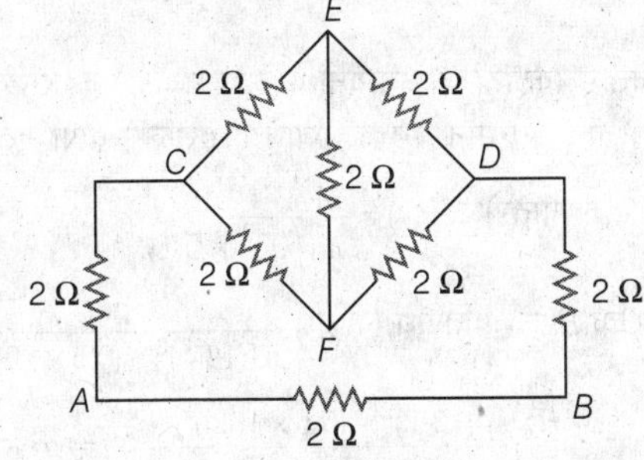

(a) (3/2) ओम (b) 2 ओम (c) 4 ओम (d) 8 ओम

29. पेल्टियर प्रभाव है

(a) उत्क्रमणीय (b) अनुउत्क्रमणीय
(c) उदासीन, ताप पर निर्भर (d) इनमें से कोई नहीं

30. 50 सेमी लम्बे कॉपर तार का प्रयोग करके 2 ओम प्रतिरोध बनाया गया है। (विशिष्ट प्रतिरोध 1.7×10^{-8} ओम-मी) तार की त्रिज्या है

(a) 0.0116 मिमी
(b) 0.367 मिमी
(c) 0.116 मिमी
(d) 0.267 मिमी

31. जब धारा किसी ऐसे तार में से प्रवाहित होती है जिसको विभिन्न तापों पर रखा गया है, तो सम्पूर्ण तार में ऊष्मा का उत्सर्जन अथवा अवशोषण होने की घटना को कहते हैं

(a) जल प्रभाव (b) सीबेक प्रभाव
(c) पेल्टियर प्रभाव (d) थॉमसन प्रभाव

32. ताप वैद्युत युग्म में तापीय वि. वा. बल के लिए सही कथन है कि यह

(a) धातुओं की प्रकृति पर निर्भर करता है
(b) केवल ठंडी संधि के ताप पर निर्भर करता है
(c) केवल गर्म संधि के ताप पर निर्भर करता है
(d) ताप वैद्युत युग्म में प्रयुक्त तार की लम्बाई पर निर्भर करता है

33. किसी ताप युग्म के लिए व्युत्क्रमण ताप वह ताप है जिस पर ताप वि. वा. बल

(a) शून्य होता है (b) अधिकतम होता है
(c) न्यूनतम होता है (d) इनमें से कोई नहीं

34. ताँबे के तीन तारों की लम्बाई एवं अनुप्रस्थ परिच्छेद क्षेत्रफल क्रमशः $(L, A), \left(2L, \frac{A}{2}\right), \left(\frac{1}{2}L, 2A\right)$ हैं किसका प्रतिरोध न्यूनतम है?

(a) $\frac{A}{2}$ अनुप्रस्थ परिच्छेद क्षेत्रफल वाले तार का
(b) A अनुप्रस्थ परिच्छेद क्षेत्रफल वाले तार का
(c) $2A$ अनुप्रस्थ परिच्छेद क्षेत्रफल वाले तार का
(d) तीनों तारों का समान

35. किसी तार को खींचकर उसकी त्रिज्या आधी करने पर तार का प्रतिरोध हो जायेगा

(a) $2R$ (b) $4R$
(c) $16R$ (d) शून्य

36. संलग्न परिपथ में धारा (i) का मान है

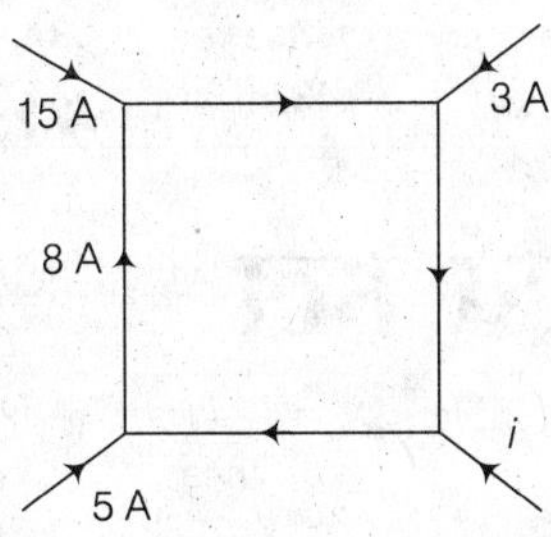

(a) 3 एम्पियर (b) 13 एम्पियर (c) 23 एम्पियर (d) −3 एम्पियर

37. दो प्रतिरोधों को (a) श्रेणीक्रम में (b) समान्तर क्रम में संयोजित किया जाता है। दोनों अवस्थाओं में प्रतिरोध क्रमशः प्रतिरोध 9 ओम और 2 ओम हैं, तो प्रतिरोधों का मान होगा

(a) 2 ओम और 7 ओम (b) 3 ओम और 6 ओम
(c) 3 ओम और 9 ओम (d) 5 ओम और 4 ओम

38. T_1 व T_2 ताप पर किसी चालक का *V-I* ग्राफ नीचे दर्शाया गया है। $(T_1 - T_2)$ के समानुपाती है

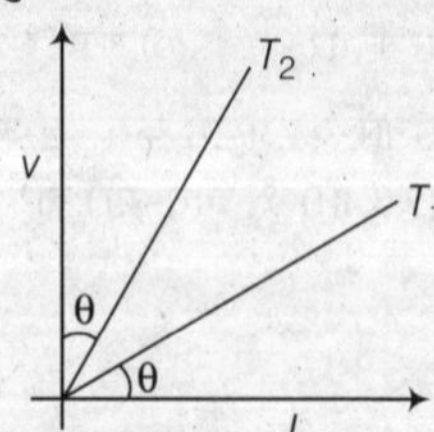

(a) $\frac{\cos 2\theta}{\sin^2\theta}$ (b) $\frac{\sin 2\theta}{\sin^2\theta}$ (c) $\frac{\cot 2\theta}{\sin^2\theta}$ (d) $\frac{\tan 2\theta}{\sin^2\theta}$

39. वि. वा. बल E का एक सेल जब प्रतिरोध R से जोड़ा जाता है, तो सेल के सिरों के बीच का विभवान्तर V हो जाता है। सेल का आन्तरिक प्रतिरोध होगा

(a) $(E-V)R$ (b) $\left(\frac{E-V}{V}\right)R$

(c) $\frac{2(E-V)R}{E}$ (d) $\frac{2(E-V)V}{R}$

40. एक चालक तार की अनुप्रस्थ-काट का क्षेत्रफल 1 सेमी है व इसके एकांक आयतन में 3×10^{23} आवेश वाहक है। यदि, तार में प्रवाहित धारा 24 मिली ऐम्पियर है, तो आवेश वाहकों का अनुगमन वेग होगा

(a) 5×10^{-3} मी से$^{-1}$ (b) 8×10^{-4} मी से$^{-1}$

(c) 3×10^{-4} मी से$^{-1}$ (d) 8×10^{-3} मी से$^{-1}$

41. एक तापक कुण्डली पर 100 वाट और 200 वोल्ट लिखा है। कुण्डली को ठीक मध्य में से काटकर दो भागों में विभाजित कर देते हैं। दोनों भागों को समान्तर क्रम में जोड़कर पहले वाले ही विद्युत स्रोत से जोड़ा जाता है। अब प्रति सेकण्ड उत्पन्न ऊर्जा होगी

(a) 50 जूल (b) 40 जूल

(c) 4000 जूल (d) 400 जूल

42. जब एक नगण्य प्रतिरोध के अमीटर को परिपथ के श्रेणी क्रम में लगाया जाता है तो इसका पाठ्यांक 1 एम्पियर है। जब एक उच्च प्रतिरोध के वोल्टमीटर को R_1 के परितः लगाया जाता है तो इसका पाठ्यांक 3 वोल्ट है परन्तु जब बिन्दुओं A व B को एक चालक तार द्वारा लघुपथित किया जाता है तो वोल्टमीटर बैटरी के परितः 10.5 वोल्ट का पाठ्यांक दर्शाता है। बैटरी का आन्तरिक प्रतिरोध है

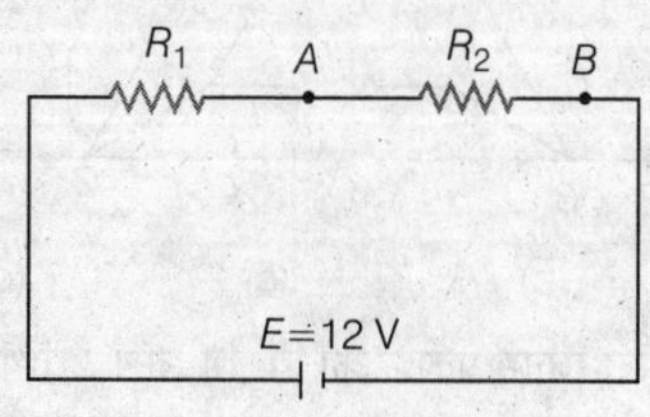

(a) $\frac{3}{7}\ \Omega$ (b) $5\ \Omega$

(c) $3\ \Omega$ (d) इनमें से कोई नहीं।

43. $2\ \Omega$ के आन्तरिक प्रतिरोध और 10 वोल्ट के वि. वा. बल के एक सेल को $2\ \Omega$ के प्रतिरोध और 500 सेमी की लम्बाई के एकसमान तार से जोड़ा गया है। तार में विभव प्रवणता होगी

(a) 30 मिलीवोल्ट सेमी$^{-1}$

(b) 12 मिलीवोल्ट सेमी$^{-1}$

(c) 20 मिलीवोल्ट सेमी$^{-1}$

(d) 4 मिलीवोल्ट सेमी$^{-1}$

44. कॉपर व जर्मेनियम के दो टुकड़े कमरे के ताप से 50 K तक ठण्डे होते है, तब

(a) दोनों का प्रतिरोध घटेगा

(b) कॉपर का प्रतिरोध घटेगा व जर्मेनियम का प्रतिरोध बढ़ेगा

(c) दोनों का प्रतिरोध बढ़ेगा

(d) कॉपर का प्रतिरोध बढ़ेगा व जर्मेनियम का प्रतिरोध घटेगा

उत्तरमाला

1. (c)	**2.** (b)	**3.** (a)	**4.** (b)	**5.** (a)	**6.** (d)	**7.** (c)	**8.** (a)	**9.** (d)	**10.** (b)
11. (a)	**12.** (c)	**13.** (a)	**14.** (d)	**15.** (c)	**16.** (b)	**17.** (c)	**18.** (a)	**19.** (c)	**20.** (a)
21. (a)	**22.** (d)	**23.** (b)	**24.** (a)	**25.** (c)	**26.** (b)	**27.** (c)	**28.** (a)	**29.** (c)	**30.** (b)
31. (d)	**32.** (a)	**33.** (a)	**34.** (c)	**35.** (c)	**36.** (c)	**37.** (b)	**38.** (a)	**39.** (b)	**40.** (a)
41. (d)	**42.** (a)	**43.** (b)	**44.** (b)						

संकेत एवं हल

1. विद्युत धारा $i = nAev_d$ या $v_d = \frac{i}{nAe}$

चालक की प्रति एकांक लम्बाई में मुक्त इलेक्ट्रॉनों की संख्या

$$N = nA \times 1$$

प्रति एकांक लम्बाई में कुल मुक्त इलेक्ट्रॉनों का रेखीय संवेग

$$= (Nm)v_d = nAm \times \frac{i}{nAe}$$

$$= \frac{i}{(e/m)} = \frac{i}{S}$$

2. यदि, मुक्त इलेक्ट्रॉनों की धनायनों के साथ टक्करों की संख्या घटती है, तो इलेक्ट्रॉनों का अनुगमन वेग बढ़ जायेगा इसलिए धारा बढ़ जायेगी।

4. चालक A का प्रतिरोध $(R_A) = \frac{\rho l'}{\pi (10^{-3} \times 0.5)^2}$

तथा चालक B का प्रतिरोध, $R_B = \frac{\rho l}{\pi [(10^{-3})^2 - (0.5 \times 10^{-3})^2]}$

$$\Rightarrow \frac{R_A}{R_B} = \frac{(10^{-3})^2 - (0.5 \times 10^{-3})^2}{(0.5 \times 10^{-3})^2} = 3 \Rightarrow R_A : R_B = 3 : 1$$

6. जैसा कि हम जानते हैं, $(E) = i_1(R_1 + r) = i_2(R_2 + r)$

हल करने पर, $r = \dfrac{i_2 R_2 - i_1 R_1}{(i_1 - i_2)}$

9. अनुगमन वेग $(v_d) = \dfrac{i}{nAe} = \dfrac{i \times 4}{n\pi D^2 e}, \Rightarrow v_d \propto \dfrac{1}{D^2}$

$$\therefore \quad \frac{v_{d_1}}{v_{d_2}} = \frac{D_2^2}{D_1^2} = \left(\frac{1}{2}\right)^2 = \frac{1}{4}$$

$$v_{d_1} : v_{d_2} = 1:4$$

10. हम जानते हैं, $\dfrac{V^2 t}{4.2 R} = Q = ms\, d\theta$

माना, R = कुण्डली का प्रतिरोध तथा N = कुण्डली में फेरों की संख्या

$$R = \rho \frac{L}{A} = \frac{\rho \times N \times 2\pi r}{A}$$

यहाँ, r = कुण्डली का प्रतिरोध

$$\frac{V^2 t\, A}{4.2 \times \rho \times N \times 2\pi r} = Q = ms\, d\theta$$

$$\frac{t}{N} = \text{नियतांक}$$

$$\therefore \quad \frac{t_1}{N_1} = \frac{t_2}{N_2}$$

$$\Rightarrow \quad t_2 = \frac{N_2}{N_1} \times t_1 = \frac{9}{10} \times 16 = 14.4 \text{ मिनट}$$

11. विभवान्तर, $V_p - V_q = \left(\dfrac{6}{3} + \dfrac{12 \times 6}{12 + 6}\right)(0.5) = (2 + 4) \times 0.5$

$$= 6 \times 0.5 \text{ वोल्ट} = 3 \text{ वोल्ट}$$

12. दिया है $(I) = \dfrac{dq}{dt} = 3t^2 + 2t + 5$

$$\Rightarrow \quad dq = (3t^2 + 2t + 5)dt$$

$$\therefore \quad q = \int_0^2 (3t^2 + 2t + 5)dt = \left[\frac{3t^3}{3} + \frac{2t^2}{2} + 5t\right]_0^2$$

$$= \left[\frac{3(2)^3}{3} + 2\frac{(2)^2}{2} + 5 \times 2\right]$$

$$= 8 + 4 + 10 = 22 \text{ कूलॉम}$$

15. दिया है, चाँदी के तार का 27.5 °C पर प्रतिरोध = $R_{27.5}$ = 2.1 ओम

चाँदी के तार का 100°C पर प्रतिरोध = R_{100} = 2.7 ओम

माना चाँदी का प्रतिरोध ताप-गुणांक α है, तब

$$\alpha = \frac{R_{t_2} - R_{t_1}}{R_{t_1}(t_2 - t_1)} = \frac{R_{100} - R_{27.5}}{R_{27.5}(100 - 27.5)}$$

$$= \frac{2.7 - 2.1}{2.1 \times 72.5} = 0.0039/°C$$

अतः चाँदी का प्रतिरोध ताप-गुणांक 0.0039/°C है।

16. अनुगमन वेग $(v_d) = i/nAe = 0.21/(8.4 \times 10^{28} \times 10^{-8} \times 1.6 \times 10^{-19})$

$$= 1.56 \times 10^{-5} \text{ मी/से}$$

20. ग्राफ का दाल प्रतिरोधों के परस्पर सम्बन्ध को दिखाता है। यहाँ, T_1 तापमान पर प्रतिरोध, T_2 तापमान पर प्रतिरोध से अधिक होता है क्योंकि धात्विक तार का प्रतिरोध उच्चतम तापमान पर न्यूनतम तापमान से अधिक होता है इसलिए $T_1 > T_2$

21. त्रिभुज की प्रत्येक दो भुजाओं के प्रतिरोध समान्तर क्रम में हैं इसलिए त्रिभुज की प्रत्येक भुजा का तुल्य प्रतिरोध $= \dfrac{r \times r}{r + r} = \dfrac{r}{2}$ होगा। दो भुजाएँ AB तथा AC श्रेणीक्रम में तथा ये एक तीसरी भुजा के समान्तर क्रम में हैं।

$$\therefore \quad R' = (r/2) + (r/2) = r$$

$\therefore$ परिपथ का कुल प्रतिरोध, $\dfrac{1}{R} = \dfrac{1}{r} + \dfrac{2}{r} = \dfrac{3}{r}$

$$\Rightarrow \quad R = \frac{r}{3}$$

22. जब सेल श्रेणी क्रम में जुड़े हैं, तब सेल का वि. वा. बल $2E$ घटता है, परन्तु सेलों के आन्तरिक प्रतिरोध सभी सेलों के लिए समान रहेंगे।

परिपथ में धारा, $i = \dfrac{(n-2)E}{nr} \times r$

प्रत्येक सेल में विभवान्तर, $V = E - ir = E - \dfrac{(n-2)E}{nr} \times r = \dfrac{2E}{n}$

24. विद्युत शक्ति, $P = \dfrac{V^2}{R}$

$\therefore$ दिए गये तापक्रम पर प्रतिरोध, $R_{\text{cold}} = \dfrac{V^2}{P} = \dfrac{200 \times 200}{100} = 400$ ओम

$\therefore$ अतः जब लैम्प उपयोग में नहीं है तब प्रतिरोध, $R_{\text{hot}} = \dfrac{400}{10} = 40$ ओम

26. द्वितीय स्थिति में तुल्य प्रतिरोध = $(R_1 + R_2)$ ओम

अतः हम जानते हैं कि $P \propto 1/R$

चूँकि, द्वितीय स्थिति में तुल्य प्रतिरोध $(R_1 + R_2)$ प्रथम स्थिति के प्रतिरोध R_1 से अधिक है, अतः द्वितीय स्थिति में शक्ति व्यय घटेगा।

28. क्योंकि भुजाओं CE, ED, CF तथा FD से जुड़े प्रतिरोध एक सन्तुलित व्हीटस्टोन सेतु के रूप में हैं इसलिए भुजा EF का प्रतिरोध अप्रभावी होगा। अब भुजा CED या CFD का प्रतिरोध = 2 + 2 = 4 ओम है। इन दो समान्तर भुजाओं का प्रभावी प्रतिरोध

$$= \frac{4 \times 4}{4 + 4} = 2 \text{ ओम}$$

अब भुजा $ACDB$ का प्रतिरोध = 2 + 2 + 2 = 6 ओम जो भुजा AB के प्रतिरोध 2 ओम के समान्तर क्रम में है अतः

$$= \frac{4 \times 4}{4 + 4} = 2 \text{ ओम}$$

अब भुजा $ACDB$ का प्रतिरोध = 2 + 2 + 2 = 6 ओम

यह भुजा AB के प्रतिरोध 2 ओम के समान्तर क्रम में है इसलिए A तथा B के बीच तुल्य प्रतिरोध

$$= \frac{6 \times 2}{6 + 2} = \frac{3}{2} \text{ ओम}$$

30. चालक के अनुप्रस्थ-काट का क्षेत्रफल, $A = \pi r^2 = \rho l/R$ या

$$r = (\rho l/\pi R)^{1/2}$$

$$r = \left(\frac{1.7 \times 10^{-5} \times 0.5}{3.14 \times 2}\right)^{1/2} = 0.367 \text{ मिमी}$$

21

धारा का चुम्बकीय प्रभाव
Magnetic Effect of Current

चुम्बकीय क्षेत्र (Magnetic Field)

एक धारावाही चालक के चारों ओर का वह क्षेत्र जिसमें चुम्बकीय प्रभाव का अनुभव होता है, चुम्बकीय क्षेत्र कहलाता है।

चुम्बकत्व (magnetism) में किसी बिन्दु पर चुम्बकीय क्षेत्र की गणना के लिए मूलभूत दो विधियाँ हैं:

इनमें से एक बायो-सावर्ट नियम तथा दूसरा ऐम्पियर का नियम है।

बायो-सावर्ट का नियम (Biot-Savart's Law)

बायो-सावर्ट का नियम विद्युत धारा के चुम्बकीय प्रभाव के सन्दर्भ में है।

इस नियम के अनुसार, धारा अवयव $i\,d\vec{l}$ के कारण चालक के परितः किसी बिन्दु P पर चुम्बकीय क्षेत्र निम्न सूत्र से दिया जाता है।

$$d\vec{B} = \frac{\mu_0}{4\pi}\frac{i\,d\vec{l} \times \vec{r}}{r^3}\hat{r}$$

जहाँ, $\hat{r}$ सदिश $\vec{r}$ के अनुदिश एकांक सदिश है, μ_0 = निर्वात् की चुम्बकशीलता $= 4\pi \times 10^{-7}$ टेस्ला-मी/ऐम्पियर

अनन्त लम्बाई के सीधे चालक के कारण चुम्बकीय क्षेत्र (Magnetic Field due to Infinitely Long Wire)

किसी अनन्त लम्बाई वाले चालक तार के परितः किसी बिन्दु पर चुम्बकीय क्षेत्र, $B = \frac{\mu_0 I}{2\pi r}$, जहाँ r चालक से उस बिन्दु की दूरी है जिस पर चुम्बकीय क्षेत्र ज्ञात करना है।

वृत्ताकार धारावाही कुण्डली के कारण चुम्बकीय क्षेत्र (Magnetic Field due to Current Carrying Circular Coil)

किसी वृत्ताकार धारावाही कुण्डली के कारण चुम्बकीय क्षेत्र निम्न प्रकार से दिया जाता है

(i) अक्षीय बिन्दु के x दूरी पर, $B = \frac{\mu_0 n I a^2}{2(a^2 + x^2)^{3/2}}$

(ii) केन्द्र पर $(B) = \frac{\mu_0 n I}{2a}$

जहाँ, n कुण्डली में फेरों की संख्या तथा a कुण्डली की त्रिज्या है।

परिनालिका के कारण चुम्बकीय क्षेत्र (Magnetic Field due to a Solenoid)

किसी परिनालिका के कारण चुम्बकीय क्षेत्र दो स्थितियों में भिन्न-भिन्न होता है।

(i) लम्बी परिनालिका के अन्दर किसी बिन्दु पर

$$(B) = \mu_0 n I$$

(ii) परिनालिका के सिरे पर $(B) = \frac{\mu_0 n I}{2}$

चुम्बकीय बल (Magnetic Field)

चुम्बकीय क्षेत्र B में चालक तार जिसमें I धारा प्रवाहित हो पर लगने वाला बल $F = IBl\sin\theta$, जहाँ l = तार की लम्बाई तथा θ = l तथा B के बीच का कोण है।

गतिमान आवेश पर चुम्बकीय क्षेत्र में लगने वाला बल

$$(F) = qvB\sin\theta$$

अनन्त लम्बाई वाले समान्तर तारों के बीच लगने वाला बल (Force between Two Parallel Infinitely Long Current Carrying Wires)

दो अनन्त लम्बाई के धारावाही समान्तर तारों के बीच प्रति एकांक लम्बाई पर लगने वाला बल,

$$F = \frac{\mu_0}{2\pi}\frac{I_1 I_2}{d}$$

जहाँ, d दोनों तारों के बीच की दूरी है।

यदि दो तारो में धारा समान दिशा में बह रही है तो उनमें आकर्षण बल उत्पन्न होगा तथा यदि धारा विपरीत दिशा में बह रही है तो तारों में प्रतिकर्षण बल उत्पन्न होगा।

ऐम्पियर का बन्द परिपथीय नियम (Ampere's Circuital Law)

किसी बन्द परिपथ के लिए चुम्बकीय क्षेत्र का रेखीय समाकलन उस बन्द परिपथ से सम्बद्ध क्षेत्रफल के परितः धाराओं के कुल बीजगणितीय योग का μ_0 गुना होता है।

$$\oint \vec{B} \cdot d\vec{l} = \mu_0 \sum I$$

चुम्बकीय क्षेत्र में आवेशित कण की गति
(Motion of a Charged Particle in a Magnetic Field)

यदि किसी आवेशित कण को चुम्बकीय क्षेत्र के लम्बवत् प्रक्षेपित किया जाए तो कण वृत्ताकार पथ में गमन करता है।

चुम्बकीय क्षेत्र B में गतिमान आवेशित कण के पथ की त्रिज्या, $(r) = mv/qB$

जहाँ, m = द्रव्यमान, v = कण का वेग तथा q = आवेश

आवर्तकाल $T = \frac{2\pi m}{qB}$

आवृत्ति $(f) = \frac{Bq}{2\pi m} = \frac{1}{T}$

तथा वृत्ताकार पथ पर गतिमान आवेश के कारण उत्पन्न धारा,

$$I = \frac{2q\omega}{2\pi} = \frac{2q}{2\pi r}$$

बल आघूर्ण (Torque)

घूर्णन अक्ष के परितः किसी बल का घूर्णन प्रभाव बल आघूर्ण कहलाता है।
चुम्बकीय क्षेत्र में एक धारावाही लूप पर बल आघूर्ण,

$$\tau = \mu \times \vec{B}$$

जहाँ, $\mu = nI\vec{A}$

एकसमान चुम्बकीय एवं विद्युत क्षेत्र में आवेशित कण की गति
(Motion of a Charged Particle in an Electric and Magnetic Field)

माना विद्युत क्षेत्र x-अक्ष एवं चुम्बकीय क्षेत्र y- अक्ष के अनुदिश है इसमें m द्रव्यमान तथा q आवेश वाले कण पर आरोपित परिणामी बल

$$F = q(\vec{E} + \vec{v} \times \vec{B})$$

अभ्यास प्रश्नावली

1. चुम्बकीय क्षेत्र कभी उत्पन्न नहीं होता है
(a) एकसमान गति कर रहे आवेश द्वारा
(b) एक स्थिर आवेश द्वारा
(c) एक त्वरित आवेश द्वारा
(d) एक मन्दित आवेश द्वारा

2. एक गतिमान विद्युत आवेश उत्पन्न करता है
(a) विद्युत तथा चुम्बकीय क्षेत्र में (b) केवल विद्युत क्षेत्र में
(c) केवल चुम्बकीय क्षेत्र में (d) दोनों क्षेत्रों में से कोई नहीं

3. एक इलेक्ट्रॉन (आवेश q कूलॉम), B वेबर/मी^{2} के चुम्बकीय क्षेत्र की ही दिशा में वेग v मी/से से प्रवेश करता है। इलेक्ट्रॉन पर लगने वाला बल है
(a) Bqv न्यूटन चुम्बकीय क्षेत्र की दिशा में
(b) Bqv डाइन चुम्बकीय क्षेत्र की दिशा में
(c) Bqv न्यूटन चुम्बकीय क्षेत्र की लम्बवत् दिशा में
(d) शून्य

4. ऊर्ध्वाधर ऊपर की ओर गतिमान धनावेश दक्षिण की ओर इंगित चुम्बकीय क्षेत्र में प्रवेश करता है, तो आवेश पर लगने वाले बल की दिशा होगी
(a) पूर्व की ओर (b) पश्चिम की ओर
(c) उत्तर की ओर (d) दक्षिण की ओर

5. एक कण जिस पर 10^{-11} कूलॉम का आवेश है तथा जिसका द्रव्यमान 10^{-7} किग्रा है, Y-अक्ष की दिशा में 10^6 मी/से के वेग से चल रहा है। X-दिशा में एकसमान स्थिर चुम्बकीय क्षेत्र, $B = 0.5$ टेस्ला (T) कार्यरत है। कण पर लगा बल होगा
(a) 5×10^{-11} न्यूटन, X- दिशा में (b) 5×10^{-11} न्यूटन, Z- दिशा में
(c) 5×10^{-11} न्यूटन, Y- दिशा में (d) 5×10^{-6} न्यूटन, Z- दिशा में

6. चुम्बकीय क्षेत्र में रखे हुए धारावाही चालक पर लगने वाला बल होता है
(a) $F = IBl\sin\theta$ (b) $F = lnBl\sin\theta$
(c) $F = lnBl$ (d) $F = IBl$

7. 1.5 मी लम्बे तार में 5 ऐम्पियर की धारा प्रवाहित हो रही है। 2 टेस्ला के एकसमान चुम्बकीय क्षेत्र में रखने पर इस पर 7.5 न्यूटन का बल लगता है। चुम्बकीय क्षेत्र और धारा की दिशा के बीच का कोण होगा
(a) 30° (b) 45° (c) 60° (d) 90°

8. एक रेखीय चालक जिसकी लम्बाई 40 सेमी है तथा जिसमें 3 ऐम्पियर धारा बह रही है, 500 गॉस तीव्रता के एक चुम्बकीय क्षेत्र में रखा जाता है। यदि, चालक चुम्बकीय क्षेत्र की दिशा से 30° का कोण बनाता है, तो उस पर लगने वाले बल का मान होगा
(a) 3×10^4 न्यूटन (b) 3×10^2 न्यूटन
(c) 3×10^{-2} न्यूटन (d) 3×10^{-4} न्यूटन

9. एक सीधे चालक में 10 ऐम्पियर की धारा बह रही है। यह 1.5 वेबर/मी^{2} तीव्रता के चुम्बकीय क्षेत्र से 30° का कोण बनाते हुए रखा है, तो चालक (लम्बाई = 1 मी) पर बल लगेगा
(a) 7.5 न्यूटन (b) 15 न्यूटन
(c) 75 न्यूटन (d) 150 न्यूटन

10. एक तार में विद्युत धारा पश्चिम से पूर्व की ओर प्रवाहित हो रही है, जोकि उत्तर की ओर दिष्ट् चुम्बकीय क्षेत्र में रखी है, तो तार पर कार्यशील बल की दिशा होगी
(a) पूर्व की ओर (b) पश्चिम की ओर
(c) ऊर्ध्वाधर नीचे की ओर (d) ऊर्ध्वाधर ऊपर की ओर

11. चित्र में l लम्बाई के वृत्ताकार तार में धारा I प्रवाहित हो रही है। इसे एकसमान चुम्बकीय क्षेत्र $\vec{B}$ (पृष्ठ के बाहर की ओर) में इस प्रकार रखा गया है कि इसका तल चुम्बकीय क्षेत्र $\vec{B}$ की दिशा में लम्बवत् है। यह तार अनुभव करेगा

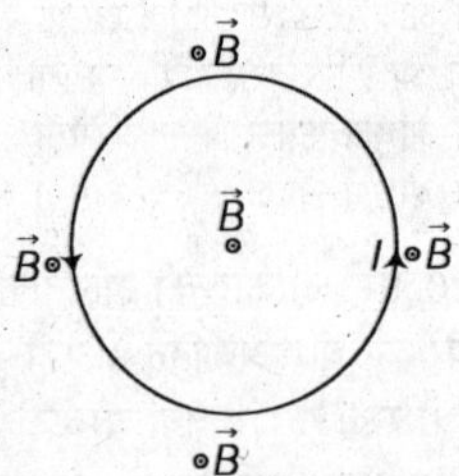

(a) कोई बल नहीं
(b) एक तनाव बल
(c) एक सम्पीडक बल
(d) एक बल आघूर्ण

12. एक आयताकार लूप में धारा (I) बह रही है। यह एक लम्बे सीधे तार के समीप इस प्रकार रखा जाता है कि तार लूप की एक भुजा के समान्तर तथा लूप के तल में है यदि तार में स्थायी धारा (I) चित्र के अनुसार बह रही हो तो लूप

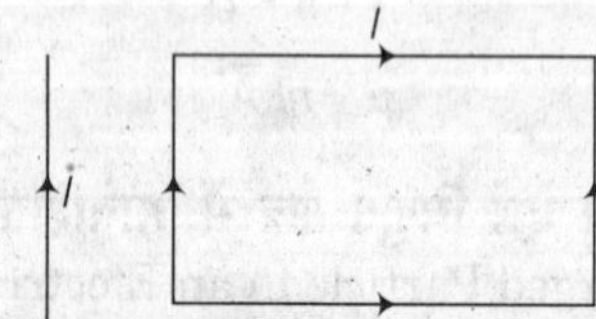

(a) तार के समान्तर अक्ष के परितः घूमेगा
(b) तार से दूर जाएगा
(c) तार के पास आएगा
(d) स्थिर रहेगा

13. एक कुण्डली जिसका अनुप्रस्थ-काट क्षेत्रफल A, फेरों की संख्या n है, B तीव्रता वाले चुम्बकीय क्षेत्र में इस प्रकार रखी है कि कुण्डली के तल का अभिलम्ब चुम्बकीय क्षेत्र से θ कोण बनाता है यदि कुण्डली में (I) विद्युत धारा बह रही हो, तो उस पर लगने वाला बल आघूर्ण होगा

(a) $nIAB\tan\theta$ (b) $nIAB\cos\theta$ (c) $nIAB\sin\theta$ (d) $nIAB$

14. चित्र में दर्शाए गए 100 फेरों की एक कुण्डली में 2 ऐम्पियर धारा प्रवाहित की जाती है। चुम्बकीय क्षेत्र की तीव्रता $B = 0.2$ वेबर/मी^{2} है। कुण्डली पर लगने वाला बल आघूर्ण होगा

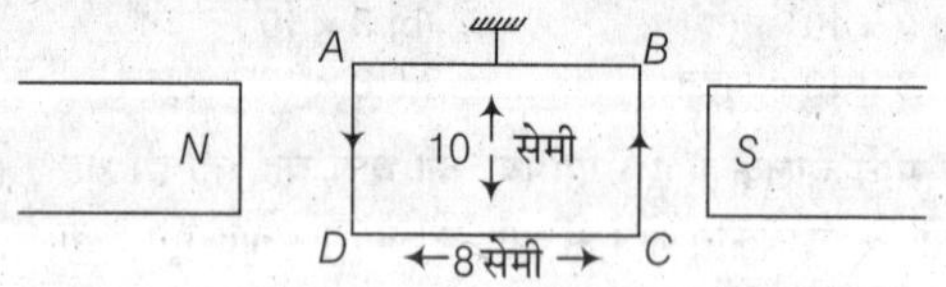

(a) 0.32 Nm भुजा AD को पृष्ठ के बाहर घुमाता हुआ
(b) 0.32 Nm भुजा AD को पृष्ठ के अन्दर घुमाता हुआ
(c) 0.0032 Nm भुजा AD को पृष्ठ के बाहर घुमाता हुआ
(d) 0.0032 Nm भुजा AD को पृष्ठ के अन्दर की ओर घुमाता हुआ

15. चार तार जिनमें प्रत्येक की लम्बाई 2.0 मी है, को चित्र की भाँति चार लूपों P, Q, R तथा S में मोड़ा जाता है और फिर ये एकसमान चुम्बकीय क्षेत्र में लटकाए जाते हैं। प्रत्येक लूप में समान विद्युत धारा प्रवाहित की जाती है। सत्य कथन है?

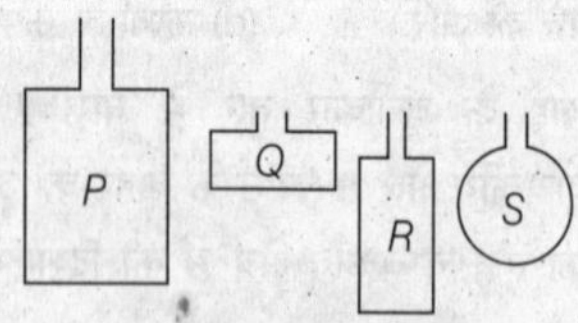

(a) लूप P पर बल आघूर्ण सबसे अधिक लगेगा
(b) लूप Q पर बल आघूर्ण सबसे अधिक लगेगा
(c) लूप R पर बल आघूर्ण सबसे अधिक लगेगा
(d) लूप S पर बल आघूर्ण सबसे अधिक लगेगा

16. किसी 20 सेमी × 20 सेमी आकार की आयताकार कुण्डली में 100 फेरे हैं और इसमें 1 ऐम्पियर की धारा प्रवाहित हो रही है। इसे एकसमान चुम्बकीय क्षेत्र $B = 0.5$ टेस्ला में रखा गया है तथा चुम्बकीय क्षेत्र की दिशा कुण्डली के तल में है। इस कुण्डली को इसी स्थिति में रखने के लिए आवश्यक बल आघूर्ण होगा

(a) शून्य (b) 200 न्यूटन-मी
(c) 2 न्यूटन-मी (d) 10 न्यूटन-मी

17. धारावाही चालक में धारा अल्पांश के लिए बायो-सावर्ट के नियम का सदिश रूप है

(a) $d\vec{B} = \dfrac{\mu_0}{4\pi}\dfrac{idl\sin\phi}{r^2}$ (b) $d\vec{B} = \dfrac{\mu_0}{4\pi}\dfrac{id\vec{l} \times \vec{r}}{r^2}$

(c) $d\vec{B} = \dfrac{\mu_0}{4\pi}\dfrac{id\vec{l} \times \vec{r}}{r^3}$ (d) $d\vec{B} = \dfrac{\mu_0}{4\pi}\dfrac{id\vec{l} \times \vec{r}}{r^2}$

18. एक 1.0 मी भुजा वाली वर्गाकार कुण्डली में 1.8 ऐम्पियर धारा बह रही है। उसके केन्द्र पर उत्पन्न चुम्बकीय क्षेत्र होगा

(a) 8×10^{-7} वेबर/मी^{2} (b) $8\sqrt{2} \times 10^{-7}$ वेबर/मी^{2}

(c) $\dfrac{8}{\sqrt{2}} \times 10^{-7}$ वेबर/मी^{2} (d) $8\sqrt{3} \times 10^{-7}$ वेबर/मी^{2}

19. किसी 2 मी लम्बे सीधे तार में 1.0 ऐम्पियर की धारा प्रवाहित की जाती है। तार के अक्ष पर तार के किसी सिरे से 3 मी दूरी पर वायु में स्थित बिन्दु पर चुम्बकीय क्षेत्र होगा

(a) $\dfrac{\mu_0}{2\pi}$ (b) $\dfrac{\mu_0}{4\pi}$ (c) $\dfrac{\mu_0}{8\pi}$ (d) शून्य

20. एक लम्बे तार A में 10 ऐम्पियर धारा प्रवाहित हो रही है। एक अन्य लम्बे तार B में जो तार A के समान्तर है और जिसकी तार A से दूरी 0.1 मी है, 5 ऐम्पियर धारा, तार A के विपरीत दिशा में प्रवाहित हो रही है। तार B के प्रति एकांक लम्बाई पर बल होगा

(a) 10^{-4} न्यूटन/मी का प्रतिकर्षण बल
(b) 10^{-4} न्यूटन/मी का आकर्षण बल
(c) $2\pi \times 10^{-6}$ न्यूटन/मी का प्रतिकर्षण बल
(d) $2\pi \times 10^{-6}$ न्यूटन/मी का आकर्षण बल

21. दो पहले समान्तर तार एक-दूसरे से r मीटर दूरी पर हैं। प्रत्येक में 1 ऐम्पियर धारा बह रही है। एक तार के कारण दूसरे तार की प्रति मीटर लम्बाई पर लगने वाला बल होगा

(a) $\dfrac{\mu_0 I}{2\pi r}$ (b) $\dfrac{\mu_0 I^2}{r^2}$ (c) $\dfrac{\mu_0 I^2}{2\pi r}$ (d) $\dfrac{\mu_0 I}{r^2}$

22. प्रोटॉन की दो किरण पुँज एक ही दिशा में समान्तर चल रही हैं। तो ये

(a) एक-दूसरे को आकर्षित करेंगी
(b) कोई बल नहीं लगाएगीं
(c) किरण पुँजों को तल के लम्बवत् विस्थापित करेंगी
(d) एक-दूसरे को प्रतिकर्षित करेंगी

23. विद्युत धारा का मात्रक एक ऐम्पियर धारा के उस मान के बराबर है जो अनन्त लम्बाई के दो समान्तर तारों में जिनके बीच की दूरी 1 मी है, प्रवाहित करने पर उनके बीच F बल उत्पन्न करेगा जिसका मान है

(a) 1 न्यूटन/मी (b) 2×10^{-7} न्यूटन/मी
(c) 1×10^{-7} न्यूटन/मी (d) $4\pi \times 10^{-7}$ न्यूटन/मी

24. चित्र में दर्शाए गए तीन लम्बे, सीधे और समान्तर तारो में धारा प्रवाहित की जाती है। तार Q की 10 सेमी लम्बाई पर लगने वाला बल होगा

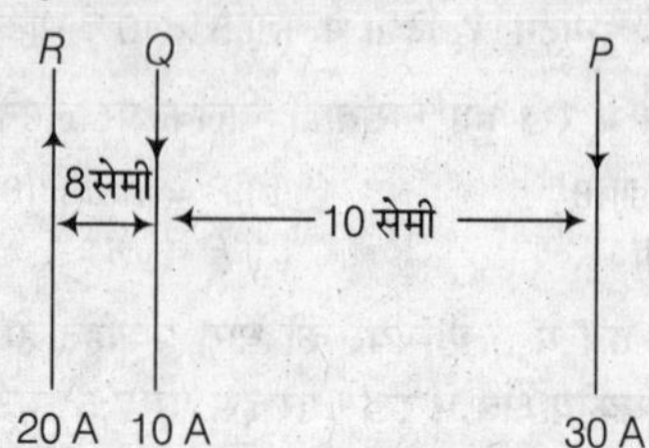

(a) 1.4×10^{-4} N दायीं ओर (b) 1.4×10^{-4} N बायीं ओर
(c) 2.6×10^{-4} N दायीं ओर (d) 2.6×10^{-4} N बायीं ओर

25. दो लम्बे तार स्वतन्त्रतापूर्वक लटके हैं, यदि इन्हें पहले समान्तर क्रम में फिर श्रेणीक्रम में जोड़कर एक बैटरी से जोड़ा जाए तो दोनों तारों के बीच बल लगेगा

(a) समान्तर क्रम में आकर्षण बल तथा श्रेणीक्रम में प्रतिकर्षण बल
(b) समान्तर क्रम में प्रतिकर्षण बल तथा श्रेणीक्रम में आकर्षण बल
(c) दोनों क्रम में प्रतिकर्षण बल
(d) दोनों क्रम में आकर्षण बल

26. धारावाही वृत्तीय कुण्डली के केन्द्र पर उत्पन्न चुम्बकीय क्षेत्र होता है

(a) कुण्डली के तल में (b) कुण्डली के तल के लम्बवत्
(c) कुण्डली के तल से 45° पर (d) कुण्डली के तल से 135° पर

27. एक वृत्तीय कुण्डली में बहने वाली धारा को दोगुना करने पर तथा इसमें फेरों की संख्या आधी करने पर इसके केन्द्र पर चुम्बकीय क्षेत्र का मान होगा

(a) दोगुना (b) आधा
(c) वही रहेगा (d) चार गुना

28. एकसमान तार को मोड़कर R त्रिज्या का एक वृत्त बनाया गया है। धारा I बिन्दु A पर प्रवेश करती है और बिन्दु C से निकल जाती है, जैसा कि चित्र में दिखाया गया है यदि लम्बाई ABC, लम्बाई ADC की आधी है तो केन्द्र O पर चुम्बकीय क्षेत्र का मान होगा

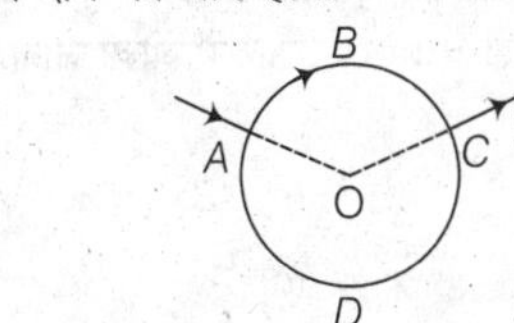

(a) शून्य (b) $\frac{\mu_0 I}{2R}$ (c) $\frac{\mu_0 I}{4R}$ (d) $\frac{\mu_0 I}{6R}$

29. चित्र में धारावाही तार के कारण बिन्दु O पर चुम्बकीय क्षेत्र की तीव्रता का मान होगा

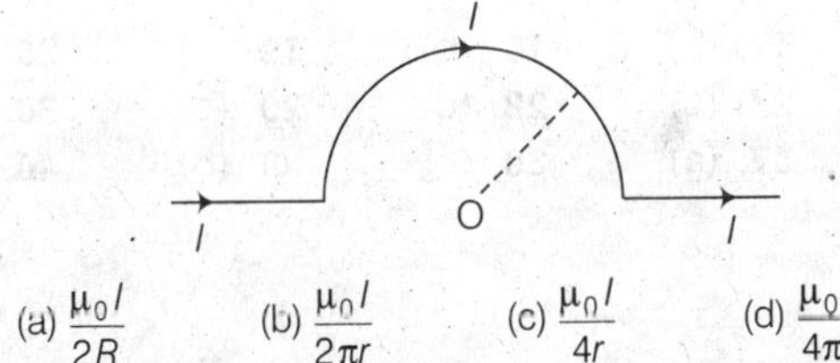

(a) $\frac{\mu_0 I}{2R}$ (b) $\frac{\mu_0 I}{2\pi r}$ (c) $\frac{\mu_0 I}{4r}$ (d) $\frac{\mu_0 I}{4\pi r}$

30. चित्र में एक सीधे तार को R त्रिज्या के वृत्ताकार लूप में मोड़ा गया है। तार में धारा I बह रही है। लूप के केन्द्र O पर चुम्बकीय क्षेत्र होगा

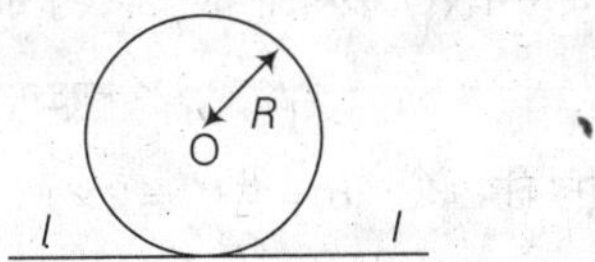

(a) $\frac{\mu_0 I}{2\pi R}$, लूप के तल के लम्बवत् बाहर की ओर
(b) $\frac{\mu_0 I}{2\pi R}(\pi - 1)$, कागज के तल के लम्बवत् अन्दर की ओर
(c) $\frac{\mu_0 I}{2\pi R}(\pi + 1)$, कागज के तल के लम्बवत् बाहर की ओर
(d) शून्य

31. परिनालिका के अन्दर चुम्बकीय क्षेत्र की तीव्रता होती है

(a) उसकी लम्बाई के अनुक्रमानुपाती
(b) इसमें प्रवाहित धारा के अनुक्रमानुपाती
(c) इसके फेरों की कुल संख्या के व्युत्क्रमानुपाती
(d) इसमें प्रवाहित धारा के व्युत्क्रमानुपाती

32. बायो-सावर्ट नियम से अल्पांश के मध्य बिन्दु के P बिन्दु पर चुम्बकीय प्रेरण अधिकतम होने के लिए अल्पांश तथा अल्पांश को P बिन्दु से जोड़ने वाली रेखा के मध्य कोण होगा

(a) 0° (b) 90° (c) 180° (d) 45°

33. यदि 0.5 मी लम्बाई के दो समान्तर तार परस्पर 1 मी दूरी पर रखे हैं तथा प्रत्येक तार में प्रवाहित धारा 1 ऐम्पियर है तो उनके मध्य बल का मान होगा

(a) 2×10^{-7} न्यूटन (b) 10^{-7} न्यूटन
(c) 0.5 न्यूटन (d) 10^7 न्यूटन

34. किसी परिनालिका में उसकी अक्ष के अनुदिश उत्पन्न चुम्बकीय क्षेत्र होता है

(a) लम्बाई के समानुपाती
(b) प्रवाहित धारा के समानुपाती
(c) प्रवाहित धारा के वर्ग के समानुपाती
(d) उसकी एकांक लम्बाई में उपस्थित फेरों की संख्या के समानुपाती

35. दो वृत्ताकार समाक्षीय व समरूपी लूपों में से प्रत्येक में I धारा समान दिशा में प्रवाहित है यदि लूप परस्पर पास लाए जाएँ तो परिवर्तन प्रदर्शित होगा

(a) प्रत्येक लूप में धारा घटेगी
(b) प्रत्येक लूप में धारा बढ़ेगी
(c) प्रत्येक में धारा समान रहेगी
(d) एक लूप में धारा बढ़ेगी व एक में घटेगी

36. समान संवेग से गतिमान α, प्रोटॉन तथा डयूट्रान समरूपी चुम्बकीय क्षेत्र में गतिशील है, उनकी चालों का अनुपात होगा

(a) 1 : 2 : 3 (b) 1 : 4 : 2
(c) 1: 2: 4 (d) 4 : 2 : 1

37. त्रिज्या a, $2a$ व $3a$ तीन वृत्ताकार संकेन्द्रीय तारों में धारा $3I, 2I$ व I एक ही तरफ को प्रभावित हो रही है, उभयनिष्ठ केन्द्र पर चुम्बकीय क्षेत्र कितना होगा?

(a) $\frac{13\mu_0 I}{6a}$ (b) $\frac{\mu_0 I}{6a}$ (c) $\frac{\mu_0 I}{a}$ (d) इनमें से कोई नहीं

38. यदि दिए गए लूप के ऊपरी अर्द्ध भाग का प्रतिरोध निचले अर्द्ध भाग के प्रतिरोध से दोगुना है, तो केन्द्र पर चुम्बकीय क्षेत्र प्रेरण का मान होगा

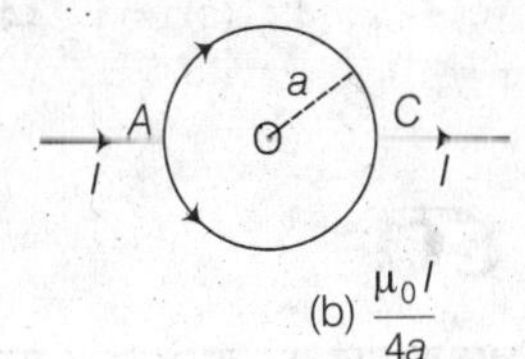

(a) शून्य (b) $\frac{\mu_0 I}{4a}$
(c) $\frac{\mu_0 I}{12a}$ (d) इनमें से कोई नहीं

39. v वेग से गतिमान आवेश c के लिए चुम्बकीय क्षेत्र व विद्युत क्षेत्र में सम्बन्ध होता है

(a) $\vec{B} = \frac{\vec{E}}{c^2}$ (b) $\vec{B} = \frac{1}{c^2}(\vec{v} \times \vec{E})$
(c) $\vec{B} = \frac{v^2}{c^2}\vec{E}$ (d) $\vec{B} = \frac{1}{c}(\vec{v} \times \vec{E})$

40. एक समरूप विद्युत क्षेत्र तथा समरूप चुम्बकीय क्षेत्र एक ही दिशा में उत्पन्न किए गए है। उसी दिशा में एक इलेक्ट्रॉन को प्रक्षेपित किया जाता है, तो

(a) इलेक्ट्रॉन अपनी दायीं ओर मुड़ जाएगा
(b) इलेक्ट्रॉन अपनी बायीं ओर मुड़ जाएगा
(c) इलेक्ट्रॉन का वेग परिमाण में बढ़ जाएगा
(d) इलेक्ट्रॉन का वेग परिमाण में घट जाएगा

41. एक प्रोटॉन 8 K गतिज ऊर्जा के साथ एकसमान चुम्बकीय क्षेत्र B में वृत्तीय पथ पर गति कर रहा है यदि चुम्बकीय क्षेत्र चार गुना कर दिया जाए तो प्रोटॉन की घूर्णन की गतिज ऊर्जा होगी

(a) 16 K (b) 8 K (c) 4 K (d) K

42. एक ठोस धात्विक छड़ में दिष्ट धारा प्रवाहित हो रही है तो निम्नलिखित में से सत्य कथन है

(a) चुम्बकीय क्षेत्र केवल बाहर उत्पन्न होता है
(b) चुम्बकीय क्षेत्र केवल छड़ के अन्दर उत्पन्न होता है
(c) चुम्बकीय क्षेत्र छड़ के अन्दर एवं बाहर उत्पन्न होता है
(d) उपरोक्त में से कोई नहीं

43. θ कोण पर झुके दो तारों (A) व (B) में धाराएँ क्रमशः i_1 व i_2 हैं। तार (B) के dl लम्बाई के अवयव पर जो तार (A) से r दूरी पर है, लगने वाला चुम्बकीय बल होगा

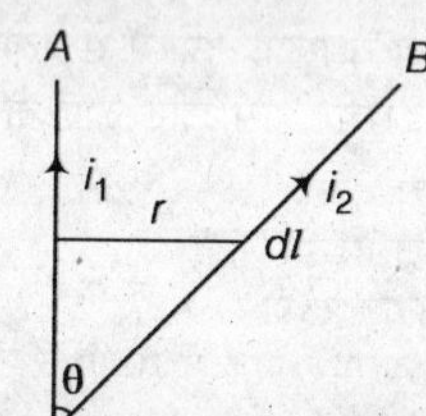

(a) $\frac{\mu_0}{4\pi r} i_1 i_2 dl \cos\theta$ (b) $\frac{\mu_0}{2\pi r} i_1 i_2 dl \sin\theta$
(c) $\frac{\mu_0}{2\pi r} i_1 i_2 dl \cos\theta$ (d) $\frac{\mu_0}{4\pi r} i_1 i_2 dl \sin\theta$

44. M द्रव्यमान का एक आवेशित कण एकसमान चुम्बकीय क्षेत्र B के लम्बवत् v वेग से प्रवेश करता है। इसकी चुम्बकीय क्षेत्र में वृत्तीय गति का कोणीय वेग होगा

(a) $q_0 BM$ (b) $\frac{q_0 M}{B}$
(c) $\frac{q_0 B}{M}$ (d) $\frac{B}{q_0 M}$

45. एक धारावाही वृत्ताकार त्रिज्या R की कुण्डली के कारण उसके अक्ष पर x दूरी $(x >> R)$ पर स्थित चुम्बकीय क्षेत्र की तीव्रता B की x पर निर्भरता होगी

(a) $B \propto \frac{1}{x^{3/2}}$
(b) $B \propto \frac{1}{x^2}$
(c) $B \propto \frac{1}{x^3}$
(d) $B \propto \frac{1}{x^{1/2}}$

46. L लम्बाई के एक निश्चित तार में धारा i बहती है। यह एक फेरे के वृत्त के आकार में मोड़ दिया जाता है। लूप के केन्द्र पर चुम्बकीय क्षेत्र B है। समान तार को अब दो फेरे वाले वृत्त के आकार में जोड़ा जाता है, तब वृत्त के केन्द्र पर चुम्बकीय क्षेत्र है

(a) $2B$ (b) $4B$
(c) $\frac{B}{2}$ (d) $\frac{B}{4}$

उत्तरमाला

1. (b)	**2.** (a)	**3.** (d)	**4.** (a)	**5.** (d)	**6.** (a)	**7.** (a)	**8.** (b)	**9.** (a)	**10.** (c)
11. (b)	**12.** (c)	**13.** (c)	**14.** (a)	**15.** (d)	**16.** (c)	**17.** (b)	**18.** (b)	**19.** (d)	**20.** (a)
21. (c)	**22.** (a)	**23.** (b)	**24.** (a)	**25.** (a)	**26.** (b)	**27.** (c)	**28.** (d)	**29.** (c)	**30.** (b)
31. (b)	**32.** (b)	**33.** (b)	**34.** (d)	**35.** (a)	**36.** (b)	**37.** (a)	**38.** (c)	**39.** (b)	**40.** (d)
41. (d)	**42.** (c)	**43.** (c)	**44.** (c)	**45.** (c)	**46.** (b)				

संकेत एवं हल

7. चुम्बकीय क्षेत्र में चालक तार पर लगने वाला बल,

$$F = iBl\sin\theta$$

$$\Rightarrow \quad \theta = 30°$$

8. चुम्बकीय क्षेत्र में चालक तार पर लगने वाला बल,

$$F = iBl\sin\theta$$

$$= 3\times10^2 \text{ न्यूटन}$$

9. चुम्बकीय क्षेत्र में चालक तार पर लगने वाला बल,

$$F = iBl\sin\theta = 7.5 \text{ न्यूटन}$$

14. चुम्बकीय क्षेत्र में रखे कुण्डली पर कार्यरत बल आघूर्ण,

$$\tau = NiBA = 2\times100\times2\times80\times10^{-4}$$

$= 0.32$ Nm भुजा AD को पृष्ठ के बाहर घुमाता हुआ

16. चुम्बकीय क्षेत्र में रखे कुण्डली पर कार्यरत बल आघूर्ण,

$$\tau = NiBA = 2 \text{ न्यूटन-मी}$$

23. अभीष्ट चुम्बकीय क्षेत्र $(B) = \frac{\mu_0 i}{2\pi r} = 2\times10^{-7}$ न्यूटन/मी

33. सम्पूर्ण तार पर प्रभावी बल,

$$F = \frac{\mu_0}{2\pi}\frac{i_1 i_2 l}{r} = \frac{2\times10^{-7}\times1\times0.5}{1} = 1\times10^{-7} \text{ न्यूटन}$$

36. वेग $v \propto \frac{1}{m}$,जहाँ m = कण का द्रव्यमान

हम जानते हैं

$$m_\alpha = 4m_p \Rightarrow m_d = 2m_p$$

अतः $\quad v_\alpha : v_p : v_d = \frac{1}{4} : 1 : \frac{1}{2} = 1 : 4 : 2$

22

चुम्बक तथा पृथ्वी का चुम्बकत्व

Magnets and Earth's Magnetism

चुम्बकीय द्विध्रुव (Magnetic Dipole)

जब एक पतली व लम्बी चुम्बक के टुकड़े को स्वतंत्रतापूर्वक लटकाया जाता है, तो वह उत्तर-दक्षिण दिशा में ठहरता है। प्रकृति में पाए जाने वाले प्राकृतिक चुम्बकीय पत्थर जिनका नाम लोडस्टोन हैं, से लौह चुम्बक बना, जिसे प्राकृतिक चुम्बक भी कहते हैं। चुम्बक दो ध्रुवों से निर्मित होते है जिसे चुम्बकीय द्विध्रुव कहा जाता है।

धारा लूप चुम्बकीय द्विध्रुव के रूप में (Current Loop as a Magnetic Dipole)

धारावाही लूप चुम्बकीय क्षेत्र उत्पन्न करता है। यदि इसे स्वतन्त्रतापूर्वक लटकाया जाए तो यह सदैव उत्तर-दक्षिण दिशा में ठहरता है। यदि दो धारावाही लूपों को परस्पर निकट लाएँ तो उनमें प्रवाहित धारा की दिशाओं के आधार पर वे एक-दूसरे को आकर्षित अथवा प्रतिकर्षित करते हैं। इस प्रकार धारावाही लूप एक चुम्बकीय द्विध्रुव की भाँति कार्य करता है।

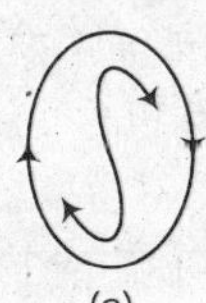
(a)

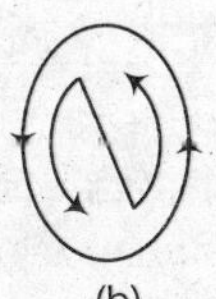
(b)

यदि प्रेक्षक द्वारा देखने पर धारावाही लूप के निकटवर्ती सिरे पर धारा प्रवाह की दिशा दक्षिणावर्त (clockwise) हो [चित्र (a)] तो यह सिरा दक्षिणी ध्रुव (South pole) की भाँति तथा लूप का दूसरा सिरा उत्तरी ध्रुव (North pole) की भाँति व्यवहार करता है।

[चित्र (b)], यदि निकटवर्ती सिरे पर धारा प्रवाह की दिशा वामावर्त (anticlockwise) हो, तो यह सिरा उत्तरी ध्रुव की भाँति तथा लूप का दूसरा सिरा दक्षिणी ध्रुव की भाँति व्यवहार करता है।

चुम्बकीय द्विध्रुव आघूर्ण (Magnetic Dipole Moment)

यदि लूप के अनुप्रस्थ-काट का क्षेत्रफल A तथा उसमें प्रवाहित धारा I हो तब उसका चुम्बकीय द्विध्रुव आघूर्ण,

$$(M) = IA$$

यदि किसी कुण्डली में फेरों की संख्या N हो तब उसका चुम्बकीय द्विध्रुव आघूर्ण,

$$(M) = NIA$$

चुम्बकत्व में कूलॉम का नियम (Coulomb's Law in Magnetism)

दो विभिन्न चुम्बकीय ध्रुवों के बीच आकर्षण या विकर्षण बल लगता है, जो निम्न प्रकार से दिए जाते है

$$(\vec{F}) = \frac{\mu_0 \mu_r}{4\pi} \frac{m_1 m_2}{r^2} \vec{r}$$

जहाँ, $\mu_0 = 4\pi \times 10^{-7}$ हेनरी/मी (निर्वात् की चुम्बकशीलता)

μ_r = निरपेक्ष चुम्बकशीलता

m_1, m_2 = ध्रुव प्रबलताएँ हैं (ऐम्पियर-मी)

दण्ड चुम्बक (Bar Magnet)

एक दण्ड चुम्बक में दो ध्रुव उत्तरी ध्रुव तथा दक्षिणी ध्रुव होते हैं जो एक-दूसरे से कुछ दूरी पर होते हैं। यह दूरी दिए गए दण्ड चुम्बक की चुम्बकीय लम्बाई (L_e) होती है। तथा दण्ड चुम्बक के सिरों के बीच की दूरी ज्यामितीय लम्बाई (L_g) कहलाती है।

$+M_P$ $-M_P$
N   S
$L_e = 2l$
L_g

यदि, m ध्रुव सामर्थ्य तथा $2l$ दण्ड चुम्बक की चुम्बकीय लम्बाई है, तब इसका चुम्बकीय आघूर्ण $M = m(2l)$ है। चुम्बकीय आघूर्ण एक सदिश है, जिसकी दिशा दक्षिणी ध्रुव से उत्तरी ध्रुव की ओर होती है।

चुम्बकीय आघूर्ण का SI मात्रक ऐम्पियर-मीटर^2 तथा चुम्बकीय सामर्थ्य का मात्रक ऐम्पियर-मीटर है।

निर्वात् में दण्ड चुम्बक से r दूरी पर अक्षीय स्थिति में किसी बिन्दु पर चुम्बकीय क्षेत्र

$$(B) = \frac{\mu_0}{4\pi} \frac{2Mr}{(r^2 - l^2)^2}$$

यदि $x >> l$, तब $$B = \frac{\mu_0}{4\pi} \frac{2M}{r^3}$$

दण्ड चुम्बक की निरक्षीय स्थिति में किसी बिन्दु पर चुम्बकीय क्षेत्र

$$(B) = \frac{\mu_0}{4\pi} \frac{M}{(r^2 + l^2)^{3/2}}$$

यदि $r >> l$, तब $B = \frac{\mu_0}{4\pi} \frac{M}{r^3}$

छोटे दण्ड चुम्बक के कारण चुम्बक की अक्ष से θ कोण की दिशा में, चुम्बक के मध्य बिन्दु से r दूरी पर निर्वात् में स्थित बिन्दु P पर उत्पन्न चुम्बकीय क्षेत्र

$$(B) = \frac{\mu_0}{4\pi} \frac{M}{r^3} \sqrt{1 + 3\cos^2 \theta}$$

दण्ड चुम्बक पर बल आघूर्ण (Torque on a Bar Magnet)

एकसमान चुम्बकीय क्षेत्र में स्थित दण्ड चुम्बक पर बल आघूर्ण

$$(\tau) = \vec{M} \times \vec{B} = MB \sin \theta$$

जहाँ, θ चुम्बक तथा चुम्बकीय क्षेत्र के बीच का कोण है।

चुम्बकीय द्विध्रुव की स्थितिज ऊर्जा (Potential Energy of Magnetic Dipole)

यदि कोई बाह्य कारक चुम्बक को धीरे से घुमाए तो कारक को क्षेत्र द्वारा आरोपित आघूर्ण के विपरीत एक बल आघूर्ण $MB \sin \theta$ आरोपित करना होगा। कारक द्वारा चुम्बक को $d\theta$ कोण घुमाने में किया गया कार्य $dW = (MB \sin \theta) d\theta$ होगा।

कोण θ_0 से θ तक घुमाने में किया गया कार्य

$$W = \int_{\theta_0}^{\theta} MB \sin \theta d\theta = MB (\cos \theta_0 - \cos \theta)$$

या $\quad W = MB (\cos \theta_0 - \cos \theta)$

यह कार्य निकाय की स्थितिज ऊर्जा के रूप में संचित हो जाता है। अतः

$$U(\theta) - U(\theta_0) = MB (\cos \theta_0 - \cos \theta)$$

यदि हम $\theta = 90°$ पर स्थितिज ऊर्जा को शून्य मानें, तब कोण θ पर स्थितिज ऊर्जा,

$$U(\theta) = U(\theta) - U(90°) = -MB \cos \theta = -\vec{M} \cdot \vec{B}$$

या $\quad U(\theta) = -\vec{M} \cdot \vec{B}$

दण्ड चुम्बकीय विभव (Bar Magnetic Potential)

चुम्बक का विभव $(V) = \frac{\mu_0}{4\pi} \frac{M \cos \theta}{r^2 - l^2 \cos^2 \theta} \approx \frac{\mu_0}{4\pi} \frac{M \cos \theta}{r^2}$ स्थिति चित्र (नीचे) में दर्शाया हुआ है।

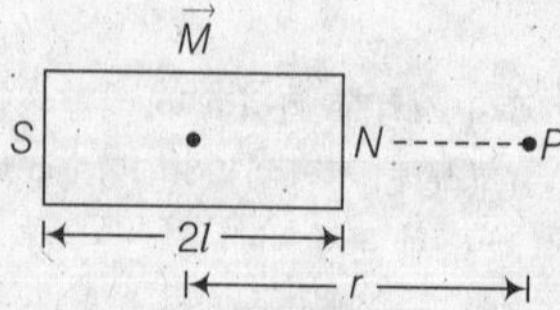

चुम्बकीय कोश (Magnetic Shell)

वृत्ताकार चुम्बकीय कोश की अक्ष पर स्थित किसी बिन्दु पर विभव

$$V = \frac{\mu_0}{4\pi} \phi (1 - \cos \theta) 2\pi = \frac{\mu_0}{4\pi} \phi \left(1 - \frac{x}{\sqrt{x^2 + r^2}}\right) 2\pi$$

$$B = \frac{\mu_0}{4\pi} \phi \frac{2\pi r^2}{(r^2 + x^2)}$$ (कोश की अक्ष के अनुदिश चुम्बकीय क्षेत्र)

चुम्बकीय तथा भौगोलिक याम्योत्तर (Magnetic and Geographical Meridian)

किसी स्थान पर अपने गुरुत्व केन्द्र से स्वतन्त्रतापूर्वक लटकी चुम्बकीय सुईं की अक्ष से गुजरने वाले ऊर्ध्वाधर तल को **चुम्बकीय याम्योत्तर** कहते हैं। जबकि पृथ्वी के भौगोलिक उत्तरी तथा दक्षिणी ध्रुवों को मिलाने वाली रेखा में से गुजरने वाले ऊर्ध्वाधर तल को **भौगोलिक याम्योत्तर** कहते हैं।

पृथ्वी का चुम्बकत्व (Earth's Magnetism)

पृथ्वी चुम्बकीय क्षेत्र का एक प्राकृतिक स्रोत है। पृथ्वी इस प्रकार व्यवहार करती है जैसे इसके गर्भ में एक बहुत शक्तिशाली चुम्बक रखी हो जिसका दक्षिणी ध्रुव पृथ्वी के उत्तरी ध्रुव की ओर तथा उत्तरी ध्रुव पृथ्वी के दक्षिणी ध्रुव की ओर हो।

पृथ्वी के चुम्बकत्व की वर्तमान धारणायें निम्न प्रकार हैं:

(i) पृथ्वी के चुम्बकत्व के सम्बन्ध में एक सिद्धान्त यह है कि पृथ्वी के भीतर उसकी केन्द्रीय कोर (central core) में अनेक चालक पदार्थ पिघली हुई अवस्था में उपस्थित हैं। इनमें पिघला लोहा तथा निकिल भी पर्याप्त मात्रा में है। पृथ्वी के अपनी अक्ष के परितः घूमने से उसकी अर्द्ध-द्रव कोर में धीमी संवहन धाराएँ उत्पन्न हो जाती हैं। इससे पृथ्वी के भीतर एक स्व-उत्तेजित डायनेमों की क्रिया होने लगती है।

अतः पृथ्वी के भीतर वैद्युत धारा तथा इस कारण चुम्बकीय क्षेत्र उत्पन्न हो जाता है। पृथ्वी के चुम्बकत्व का मुख्य अंश इसी कारण से उत्पन्न माना जाता है।

(ii) वायुमण्डल में गैसें आयनित अवस्था में होती हैं। सूर्य से आने वाली उच्च ऊर्जा की किरणें वायुमण्डल की ऊपरी सतहों में परमाणुओं से टकराकर उन्हें आयनित कर देती हैं। वायुमण्डल की रेडियोऐक्टिवता तथा कॉस्मिक किरणें भी गैसों का आयनीकरण करती रहती हैं। अतः पृथ्वी के अपनी अक्ष के परितः घूमने के कारण प्रबल विद्युत धाराएँ चलती हैं। इन्हीं धाराओं के कारण ही पृथ्वी का चुम्बकीय क्षेत्र उत्पन्न होता है।

पृथ्वी के चुम्बकत्व के अवयव (Elements of Earth Magnetism)

- **दिक्पात कोण** (Angle of declination) चुम्बकीय याम्योत्तर तथा भौगोलिक याम्योत्तर के बीच के न्यून कोण को **दिक्पात कोण** कहते हैं। **दिक्पात कोण** को α से सूचित करते है।
- **नमन कोण अथवा नति कोण** (Angle of dip) नमन कोण वह कोण है, जो पृथ्वी के चुम्बकीय क्षेत्र की दिशा तथा क्षैतिज दिशा के बीच बनता है। पृथ्वी के चुम्बकीय ध्रुवों पर पृथ्वी का चुम्बकीय क्षेत्र ऊर्ध्वाधर दिशा में तथा चुम्बकीय निरपेक्ष पर क्षैतिज दिशा में होता है।
- **पृथ्वी के चुम्बकीय क्षेत्र का क्षैतिज घटक** (Horizontal component of earth's magnetic field) पृथ्वी के चुम्बकीय क्षेत्र B_e को दो घटकों में वियोजित किया जा सकता है।

  क्षैतिज घटक, $\quad B_H = B_e \cos \theta$

  तथा ऊर्ध्वाधर घटक, $B_V = B_e \sin \theta$

  तथा $\quad \theta = \tan^{-1} \left| \frac{B_V}{B_H} \right| \Rightarrow B_e = \sqrt{B_H^2 + B_V^2}$

नौट समनतिक रेखायें वे रेखायें हैं जो समान नमन कोण वाले बिन्दुओं को जोड़ती हैं।
समदिक्पाती रेखायें वे रेखायें हैं जो समान दिक्पात कोण वाले स्थानों को जोड़ती हैं।

स्पर्शज्या धारामापी (Tangent Galvanometer)

इसकी सहायता से किसी परिपथ में बहने वाली अल्प धारा की माप/उपस्थिति ज्ञात करते हैं। यह एक चल चुम्बक धारामापी है जिसका कार्य सिद्धान्त स्पर्शज्या नियम पर आधारित है।

यदि धारामापी की कुण्डली में $n =$ फेरों की संख्या $r =$ कुण्डली की त्रिज्या $i =$ मापी जाने वाली धार $\theta =$ साम्यावस्था में चुम्बकीय सुईं एवं B_H दिशा के बीच कोण, तब

$$\frac{\mu_0 Ni}{2r} = B_H \tan\theta$$

$$\Rightarrow \quad i = k \tan\theta$$

यहाँ, $k = \frac{2rB_H}{\mu_0 N}$, धारामापी का परिवर्तन गुणांक

विक्षेप चुम्बकत्वमापी (Deflection Magnetometer)

विक्षेप चुम्बकत्वमापी की स्थितियों की दो शर्ते हैं।

Tan-*A* **स्थिति** (Tan-*A* Position)

इस स्थिति में कम्पास सुईं दण्ड चुम्बक की अक्षीय स्थिति में रहती है।

अतः $$B = \frac{\mu_0}{4\pi} \times \frac{2Md}{(d^2 - l^2)^2}$$

या $$H \tan\theta = \frac{\mu_0}{4\pi} \frac{2Md}{(d^2 - l^2)^2}$$

जहाँ, d = चुम्बक के केन्द्र से सुईं की दूरी

$2l$ = चुम्बक की लम्बाई

Tan-*B* **स्थिति** (Tan-*B* Position)

इस स्थिति में कम्पास सुईं चुम्बक की निरक्षीय स्थिति में होती है। अतः चुम्बक के कारण कम्पास सुईं पर चुम्बकीय क्षेत्र,

$$B = \frac{\mu_0}{4\pi} \times \frac{M}{(d^2 + l^2)^{3/2}} \quad \text{या} \quad H \tan\theta = \frac{\mu_0}{4\pi} \times \frac{M}{(d^2 + l^2)^{3/2}}$$

दोलन चुम्बकत्वमापी (Vibration Magnetometer)

यह एक चुम्बकीय यन्त्र है जिससे दो चुम्बकों के चुम्बकीय आघूर्णों तथा विभिन्न स्थानों के चुम्बकीय क्षेत्रों की तुलना कर सकते हैं इसके दोलनकाल के लिये व्यंजक

$$T = 2\pi \sqrt{\frac{I}{MB_H}}$$

जहाँ, I = चुम्बक का जड़त्व आघूर्ण = द्रव्यमान $\times \left(\frac{a^2 - b^2}{12}\right)$

M = चुम्बक का चुम्बकीय आघूर्ण

B_H = भू-चुम्बकीय क्षैतिज घटक

चुम्बक का चुम्बकीय आघूर्ण ज्ञात करना (Determination of Magnetic Moment of a Magnet)

दिये गये चुम्बक के दोलन चुम्बकत्वमापी में उसका आवर्तकाल ज्ञात किया जाता है।

$$T^2 = \frac{4\pi^2 I}{HM} \quad \text{या} \quad M = \frac{4\pi^2 I}{HT^2}$$

समान आकार तथा समान द्रव्यमान की दो चुम्बकों के चुम्बकीय आघूर्णों की तुलना

$$\frac{T_1^2}{T_2^2} = \frac{m_1}{m_2}$$

असमान आकार तथा द्रव्यमान की दो चुम्बकों के चुम्बकीय आघूर्णों की तुलना

(i) जब दो चुम्बकों के चुम्बकीय आघूर्ण एक रेखा में हैं, तब

$$T_1 = 2\pi \sqrt{\frac{I_1 + I_2}{(M_1 + M_2) + 1}}$$

(ii) जब दो चुम्बकों के चुम्बकीय आघूर्ण एक रेखा में नही हैं, तब

$$T_2 = 2\pi \sqrt{\frac{I_1 + I_2}{(M_1 - M_2) + 1}}$$

$$\therefore \quad \frac{M_1}{M_2} = \frac{T_2^2 + T_1^2}{T_2^2 - T_1^2}$$

अभ्यास प्रश्नावली

1. 10^4 जूल/टेस्ला चुम्बकीय आघूर्ण की एक छड़ चुम्बक क्षैतिज तल में स्वतन्त्रतापूर्वक घूम सकती है। 4×10^{-5} टेस्ला के क्षैतिज चुम्बकीय क्षेत्र में इस छड़ चुम्बक को क्षेत्र की दिशा से 60° कोण तक घुमाने के लिये किए गए कार्य का मान होगा

(a) 0.2 जूल (b) 2 जूल (c) 4.18 जूल (d) 2×10^2 जूल

2. एकसमान चुम्बकीय क्षेत्र B में चुम्बकीय याम्योत्तर में रखे M चुम्बकीय आघूर्ण के चुम्बक को 180° घुमाने में किया गया कार्य होगा

(a) शून्य (b) $\frac{1}{2}MB$
(c) MB (d) $2MB$

3. लोहे के बन्द बक्से के भीतर पृथ्वी का चुम्बकीय क्षेत्र बाहर की अपेक्षा

(a) अधिक होता है।
(b) कम होता है।
(c) उतना ही रहता है।
(d) शून्य होता है।

4. किसी M चुम्बकीय आघूर्ण वाले एक चुम्बकीय द्विध्रुव की अक्षीय रेखा पर इसके मध्य बिन्दु से r मीटर की दूरी पर चुम्बकीय क्षेत्र (न्यूटन/ऐम्पियर-मीटर में) है

(a) $10^{-7}\frac{M}{r^3}$ (b) $10^{-7}\frac{M}{r^2}$
(c) $10^{-7}\frac{2M}{r^3}$ (d) $10^{-7}\frac{2M}{r^2}$

5. एक छोटे दण्ड चुम्बक की अक्षीय तथा निरक्षीय स्थितियों में चुम्बकीय क्षेत्रों की निष्पत्ति है

(a) 1/4 (b) 1/2 (c) 4 (d) 2

6. एक 2 सेमी लम्बे छड़-चुम्बक की अक्ष के लम्बवत् तथा विपरीत ओर, इसके केन्द्र से x तथा $3x$ दूरियों (जोकि काफी बड़ी है) पर दो बिन्दु A व B स्थित हैं। A व B पर चुम्बकीय क्षेत्रों की निष्पत्ति लगभग होगी।

(a) 1 : 9 (b) 2 : 9
(c) 27 : 1 (d) 9 : 1

7. चुम्बकीय याम्योत्तर के लम्बवत् तल में (जहाँ, $H = 0$) नति सुईं (dip needle)

(a) ऊर्ध्वाधर होगी
(b) क्षैतिज होगी
(c) उस स्थान के नति कोण के बराबर कोण पर झुक जाएगी
(d) किसी भी दिशा में इंगित करेगी

8. पृथ्वी के चुम्बकीय क्षेत्र का ऊर्ध्वाधर घटक शून्य होता है

(a) चुम्बकीय ध्रुवों पर (b) भौगोलिक ध्रुवों पर
(c) प्रत्येक स्थान पर (d) चुम्बकीय निरक्ष पर

9. पृथ्वी के चुम्बकीय क्षेत्र का क्षैतिज घटक सभी स्थानों पर होता है, अतिरिक्त

(a) चुम्बकीय निरक्ष के (b) चुम्बकीय ध्रुवों के
(c) 60° अक्षांश पर (d) 60° उत्रतांश पर

10. पृथ्वी के चुम्बकीय ध्रुवों पर नति (नमन) कोण का मान है

(a) 45° (b) 30°
(c) शून्य (d) 90°

11. किसी स्थान पर पृथ्वी के चुम्बकत्व का क्षैतिज घटक $H = 0.3 \times 10^{-4}$ वेबर/मी^{2} है तथा नमन कोण 45° है। ऊर्ध्व घटक का मान होगा

(a) 0.3×10^{-5} वेबर/मी^{2} (b) 0.3×10^{-4} वेबर/मी^{2}
(c) 0.3×10^{-3} वेबर/मी^{2} (d) 0.3×10^{-2} वेबर/मी^{2}

12. पृथ्वी तल पर किसी स्थान पर पृथ्वी के चुम्बकीय क्षेत्र का क्षैतिज घटक 3×10^{-5} वेबर/मी^{2} है तथा परिणामी चुम्बकीय क्षेत्र 6×10^{-4} वेबर/मी^{2} है। उस स्थान पर नतिकोण है

(a) 60° (b) 45° (c) 30° (d) 0°

13. एक स्थान पर नति कोण 60° है। यदि पृथ्वी के चुम्बकीय क्षेत्र का क्षैतिज घटक H है, तो सम्पूर्ण चुम्बकीय क्षेत्र की तीव्रता होगी

(a) $H/2$ (b) $H/\sqrt{3}$ (c) $H\sqrt{3}/2$ (d) $2H$

14. पृथ्वी के तल पर क्षैतिज क्षेत्र वाले बिन्दुओं को मिलाने वाली रेखा को कहते हैं

(a) चुम्बकीय याम्योत्तर (b) चुम्बकीय अक्ष
(c) चुम्बकीय रेखा (d) चुम्बकीय निरक्ष

15. चुम्बकीय याम्योत्तर और भौगोलिक याम्योत्तर के बीच के कोण को कहते हैं

(a) चुम्बकीय नति कोण (b) चुम्बकीय दिक्पात कोण
(c) चुम्बकीय आघूर्ण (d) चुम्बकीय क्षेत्र की शक्ति

16. जब एक M चुम्बकीय आघूर्ण वाली छड़ चुम्बक एकसमान चुम्बकीय प्रेरक B वाले चुम्बकीय क्षेत्र में θ कोण से विक्षेपित होती है तो ऐसा करने में किया गया कार्य है

(a) MB (b) $MB\cos\theta$
(c) $MB\sin\theta$ (d) $MB(1-\cos\theta)$

17. चुम्बकीय द्विध्रुव आघूर्ण का मात्रक है

(a) Am^{-1} (b) Am^2
(c) TmA^{-1} (d) TmA^{-2}

18. निम्न में से कौन चुम्बकीय द्विध्रुव आघूर्ण का मात्रक नहीं है?

(a) Am^2 (b) TJ^{-1}
(c) JT^{-1} (d) NmT^{-1}

19. किसी 4 सेमी त्रिज्या की एक समतल वृत्ताकार कुण्डली में जिसमें तारों के 20 फेरें हैं, 3 ऐम्पियर की धारा बह रही है। इसे 0.5 टेस्ला के एकसमान चुम्बकीय क्षेत्र में रखा जाता है। इसका चुम्बकीय आघूर्ण है

(a) 3000 Am^2 (b) 75 Am^2
(c) 0.3 Am^2 (d) 300 Am^2

20. l लम्बाई के एक स्टील के तार का चुम्बकीय आघूर्ण M है। इसे एक अर्द्धवृत्ताकार चाप में मोड़ा जाता है। नया चुम्बकीय आघूर्ण है

(a) M (b) $M \times 2l$
(c) M/l (d) $2M/\pi$

21. M चुम्बकीय आघूर्ण का एक दण्ड-चुम्बक बराबर लम्बाइयों के दो भागों में काटा जाता है। किसी एक भाग का चुम्बकीय आघूर्ण है

(a) $2M$ (b) $M/2$
(c) $M/4$ (d) शून्य

22. दो कण जिनमें प्रत्येक का द्रव्यमान m तथा आवेश q है, $2R$ लम्बाई की एक हल्की दृढ़ छड़ के दोनों सिरों पर चिपके हैं। छड़ को इसके केन्द्र से गुजरने वाली लम्बवत् अक्ष के परित:नियत कोणीय चाल से घुमाया जाता है। निकाय के चुम्बकीय आघूर्ण तथा छड़ के केन्द्र के परित: कोणीय संवेग के परिमाणों का अनुपात है

(a) $q/2m$ (b) q/m (c) $2q/m$ (d) $q/\pi m$

23. जब किसी द्विध्रुव को एकसमान चुम्बकीय क्षेत्र में रखा जाता है तो यह अनुभव करता है

(a) एक बल परन्तु कोई बल-युग्म नहीं
(b) एक बल-युग्म परन्तु कोई बल नहीं
(c) एक बल तथा एक बल-युग्म भी
(d) न बल न बल-युग्म

24. एक चुम्बकीय सुईं को, जो एक क्षेत्र के समान्तर है, 60° घुमाने के लिये W मात्रक कार्य की आवश्यकता होती है। सुईं को इस स्थिति में बनाये रखने के लिये निम्न बल-आघूर्ण की आवश्यकता होगी

(a) $\sqrt{3}W$ (b) W
(c) $\frac{\sqrt{3}W}{2}$ (d) $2W$

25. चुम्बकीय क्षेत्र का डाइवर्जेंस सदैव

(a) धनात्मक होता है। (b) ऋणात्मक होता है।
(c) अधिकल्पित होता है। (d) शून्य होता है।

26. किसी लूप के चुम्बकीय द्विध्रुव आघूर्ण का सूत्र है

(a) $M = I \times$ लूप का क्षेत्रफल (b) $M = I/$ लूप का क्षेत्रफल
(c) M = लूप का क्षेत्रफल / I (d) इनमें से कोई नहीं

27. चुम्बकीय क्षेत्र $B = -\nabla V_m$ यहाँ अदिश फलन V_m को नीचे लिखे किस नाम से जाना जाता है?

(a) परिपथीय विभव (b) परिष्कृत विभव
(c) चुम्बकीय अदिश विभव (d) इनमें से कोई नहीं

28. सदिश क्षेत्र, जिसका कर्ल चुम्बकीय क्षेत्र के बराबर होता है, किस नाम से जाना जाता है?

(a) चुम्बकीय विभव (b) सदिश विभव
(c) उच्च विभव (d) निम्न विभव

29. चुम्बकीय ध्रुवों के बीच बल लगाने से क्या होता है जब उनके ध्रुव प्राबल्यों तथा इनके बीच की दूरी को दोगुना कर दिया जाये?

(a) बल का मान पहले की अपेक्षा दोगुना हो जाता है
(b) कोई परिवर्तन नहीं होता
(c) पहले की अपेक्षा बल आधा हो जाता है
(d) बल का मान प्रथम मान से चार गुना हो जाता है

30. निम्न चित्र (1) तथा (2) में क्षेत्र रेखाओं को प्रदर्शित किया गया है दिए गए विकल्पो में से कौन-सा कथन सत्य है?

चित्र (1) चित्र (2)

(a) चित्र (1) चुम्बकीय क्षेत्र की रेखाओं को प्रदर्शित करता है।
(b) चित्र (2) चुम्बकीय क्षेत्र की रेखाओं को प्रदर्शित करता है।
(c) चित्र (1) विद्युत क्षेत्र की रेखाओं को प्रदर्शित करता है।
(d) चित्र (1) तथा चित्र (2) दोनों चुम्बकीय रेखाओं को प्रदर्शित करते हैं।

31. M चुम्बकीय आघूर्ण और m ध्रुव सामर्थ्य के चुम्बक को दो समान भागों में विभाजित किया जाता है तो प्रत्येक भाग का चुम्बकीय आघूर्ण होगा।

(a) M
(b) $M/2$
(c) $M/4$
(d) $2M$

32. एक दण्ड चुम्बक की लम्बाई 10 सेमी तथा ध्रुव प्राबल्यता 10^{-3} वेबर है। उसे एक चुम्बकीय क्षेत्र जिसका चुम्बकीय प्रेरण $4\pi \times 10^{-4}$ टेसला है, की दिशा में 30° का कोण बनाते हुए रखा जाता है। चुम्बक पर लगने वाले बल आघूर्ण का मान होगा। ($\mu_0 = 4\pi \times 10^{-7}$ वेबर/ऐम्पियर-मी)

(a) $2\pi \times 10^{-7}$ न्यूटन-मी (b) $2\pi \times 10^{-5}$ न्यूटन-मी
(c) 0.5 न्यूटन-मी (d) 0.5×10^{2} न्यूटन-मी

33. निम्न में से कौन-सा ग्राफ चुम्बकीय बल रेखाओं को सही प्रदर्शित करता है?

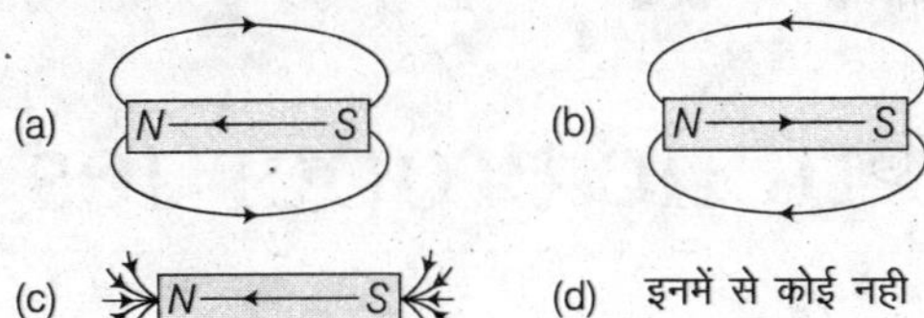

(c) N S (d) इनमें से कोई नही

34. चुम्बकीय क्षेत्र के समान्तर रखी किसी सुई को 60° के कोण से घुमाने के लिये W इकाई कार्य की आवश्यकता होती है। सुईं को इस अवस्था में रखने के लिये कितने बल-आघूर्ण की आश्यकता होगी?

(a) $\sqrt{3}\,W$ (b) W (c) $\frac{\sqrt{3}}{2}W$ (d) $2\,W$

35. एक दण्ड चुम्बक के भीतर, चुम्बकीय बल रेखाएँ

(a) चुम्बक के उत्तरी ध्रुव से दक्षिणी ध्रुव की ओर होती है
(b) उपस्थित नहीं होती है
(c) दण्ड चुम्बक के अनुप्रस्थ काट के क्षेत्रफल पर निर्भर करती है
(d) चुम्बक के दक्षिणी ध्रुव से उत्तरी ध्रुव की ओर होती है

उत्तरमाला

1. (a)	**2.** (d)	**3.** (b)	**4.** (c)	**5.** (d)	**6.** (c)	**7.** (a)	**8.** (d)	**9.** (b)	**10.** (d)
11. (b)	**12.** (a)	**13.** (d)	**14.** (d)	**15.** (b)	**16.** (d)	**17.** (b)	**18.** (b)	**19.** (c)	**20.** (d)
21. (b)	**22.** (a)	**23.** (b)	**24.** (a)	**25.** (d)	**26.** (a)	**27.** (c)	**28.** (b)	**29.** (b)	**30.** (a)
31. (b)	**32.** (a)	**33.** (a)	**34.** (a)	**35.** (d)					

23

पदार्थों के चुम्बकीय गुण

Magnetic Properties of Materials

चुम्बकन की तीव्रता (Intensity of Magnetisation)

जब किसी चुम्बकीय क्षेत्र के कारण परमाण्वीय द्विध्रुवों का आंशिक अथवा पूर्णतया संरेखन हो जाता है तो पदार्थ के प्रत्येक सूक्ष्म आयतन में एक नेट चुम्बकीय आघूर्ण उत्पन्न हो जाता है। पदार्थ के प्रति एकांक आयतन में उत्पन्न नेट चुम्बकीय आघूर्ण को उस पदार्थ के चुम्बकन की तीव्रता या केवल चुम्बकन I (intensity of magnetisation or magnetisation) कहते हैं। यह एक सदिश राशि है। इसकी दिशा पदार्थ में उत्पन्न दक्षिणी ध्रुव से उत्तरी ध्रुव की ओर होती है। अतः

$$I = \frac{\text{पदार्थ में उत्पन्न चुम्बकीय आघूर्ण } M}{\text{पदार्थ का आयतन } V} = \left(\frac{M}{V}\right) \text{ ऐम्पियर/मी}^3$$

यदि पदार्थ एक दण्ड (bar) के रूप में हो और इसका अनुप्रस्थ-काट का क्षेत्रफल A तथा लम्बाई $2l$ हो तथा इसके सिरों पर उत्पन्न ध्रुव प्राबल्यता m हो, तब

$$I = \frac{M}{V} = \frac{m \times 2l}{A \times 2l} = \frac{m}{A} \text{ मापांक में}$$

चुम्बकन क्षेत्र (Magnetising Field)

परिनालिका की प्रति मीटर लम्बाई में फेरों में बहने वाली धारा द्वारा उत्पन्न चुम्बकीय क्षेत्र, चुम्बकन क्षेत्र कहलाता है। इसे H से प्रकट करते हैं।

$$H = nI$$

जहाँ, n परिनालिका की प्रति मीटर लम्बाई में फेरों की संख्या है।

नोट चुम्बकीय प्रेरण B तथा चुम्बकन क्षेत्र H में निम्न सम्बन्ध है

$$B = \mu H$$

जहाँ, μ माध्यम की पारगम्यता (permeability) है।

चुम्बकीय सुग्राहिता (Magnetic Susceptibility)

किसी पदार्थ के चुम्बकन तथा चुम्बकन क्षेत्र के परिमाण के अनुपात को उस पदार्थ की चुम्बकीय सुग्राहिता कहते हैं।

$$\chi = \frac{I}{H}$$

χ एक शुद्ध अंक होता है तथा इसका मान I व H के मात्रकों पर निर्भर नहीं करता है। χ का तात्पर्य सामान्यतः पदार्थ की आयतन सुग्राहिता (volume susceptibility) से होता है।

पारगम्यता अथवा चुम्बकशीलता (Permeability)

किसी माध्यम में उत्पन्न चुम्बकीय प्रेरण के परिमाण (B) तथा चुम्बकन क्षेत्र के परिमाण (H) के अनुपात को उस माध्यम की पारगम्यता अथवा चुम्बकशीलता कहते हैं।

$$\mu = \frac{B}{H}$$

किसी माध्यम की चुम्बकशीलता μ उस माध्यम की विद्युतशीलता ε का चुम्बकीय समरूप (magnetic analogue) होती है।

आपेक्षिक चुम्बकशीलता (Relative Permeability)

किसी चुम्बकीय पदार्थ की आपेक्षिक चुम्बकशीलता (μ_r) पदार्थ की चुम्बकशीलता μ तथा निर्वात् की चुम्बकशीलता μ_0 के अनुपात को कहते हैं अर्थात् $\mu_r = \mu/\mu_0$

यह विमाहीन राशि है तथा निर्वात् के लिये इसका मान 1 है (परिभाषा से)।

चुम्बकीय प्रेरण (Magnetic Induction)

जब किसी चुम्बकीय पदार्थ को किसी बाह्य चुम्बकीय क्षेत्र में रखा जाता है, तो वह पदार्थ चुम्बकित हो जाता है। पदार्थ में इस प्रकार उत्पन्न चुम्बकत्व को प्रेरित चुम्बकत्व (induced magnetism) कहते हैं तथा इस घटना को चुम्बकीय प्रेरण (B) कहते हैं।

नोट आपेक्षिक चुम्बकशीलता तथा चुम्बकीय प्रवृत्ति में सम्बन्ध

$$B = \mu_0 H + \mu_0 I, \; B = \mu_0 (H + I)$$

आपेक्षिक चुम्बकशीलता तथा चुम्बकीय प्रवृत्ति में सम्बन्ध $\mu_r = 1 + \chi$

चुम्बकीय पदार्थों का वर्गीकरण (Classification of Magnetic Materials)

प्रतिचुम्बकीय पदार्थ (Diamagnetic Substance)

प्रतिचुम्बकीय पदार्थ वे पदार्थ हैं जो किसी चुम्बकीय क्षेत्र में रखें जाने पर क्षेत्र की दिशा की विपरीत दिशा में मामूली से चुम्बकित हो जाते हैं तथा किसी शक्तिशाली चुम्बक के सिरे के समीप लाए जाने पर थोड़ा-सा प्रतिकर्षित होते हैं। इन पदार्थों के इस गुण को प्रतिचुम्बकत्व (diamagnetism) कहते हैं। जो पदार्थ केवल प्रतिचुम्बकत्व गुण/प्रभाव प्रदर्शित करते हैं, उन्हें **प्रतिचुम्बकीय पदार्थ** कहते हैं।

उदाहरणार्थ Ag, Au, Sb, P, Zn, Cu, C (हीरा), NaCl, H_2O, Hg, H_2, N_2। अधिकांशतः अकार्बनिक यौगिक तथा लगभग सभी कार्बनिक यौगिक प्रतिचुम्बकीय होते हैं।

अनुचुम्बकीय पदार्थ (Paramagnetic Substance)

अनुचुम्बकीय पदार्थ वे पदार्थ हैं, जो किसी चुम्बकीय क्षेत्र में रखे जाने पर, क्षेत्र की दिशा में मामूली से चुम्बकित हो जाते हैं तथा किसी शक्तिशाली चुम्बक के सिरे के समीप लाए जाने पर थोड़ा-सा आकर्षित होते हैं। इन पदार्थों के इस गुण को **अनुचुम्बकत्व** (paramagnetism) कहते हैं।

उदाहरणार्थ Pt, Al, Cr, Ni, Mn, $CuCl_2$। निकिल व आयरन के लवणों के घोल, O_2 आदि अनुचुम्बकीय होते हैं।

लौहचुम्बकीय पदार्थ (Ferromagnetic Substance)

लौह चुम्बकीय पदार्थ वे पदार्थ हैं, जो किसी चुम्बकीय क्षेत्र में रखे जाने पर क्षेत्र की दिशा में प्रबल रूप से चुम्बकित हो जाते हैं तथा इनके सिरों पर स्वतन्त्र ध्रुव (independent poles) उत्पन्न हो जाते हैं। किसी चुम्बक के सिरे के समीप लाए जाने पर ये पदार्थ तेजी से आकर्षित होते हैं। इन पदार्थों के इस गुण को लौहचुम्बकत्व (ferromagnetism) कहते हैं।

उदाहरणार्थ लोहा (Fe), निकेल (Ni), कोबाल्ट (Co), तथा इनकी मिश्र धातुएँ जैसे, कोबाल्ट-स्टील, टंग्स्टन-स्टील, एल्निको (alnico), गेडोलिनियम (gadolinium) तथा डिसप्रोसियम (dysprosium), आदि लौहचुम्बकीय पदार्थ हैं। इन पदार्थों में इलेक्ट्रॉन के चक्रण प्राकृतिक रूप से समान्तर दिशाओं में होते हैं।

क्यूरी का नियम (Curie's Law)

इस नियमानुसार, अनुचुम्बकीय पदार्थों की चुम्बकीय प्रवृत्ति इसके परमताप के व्युत्क्रमानुपाती होती है। अर्थात्

$$\chi \propto \frac{1}{T}$$

$$\Rightarrow \quad \chi = \frac{C}{T}$$

जहाँ, C = क्यूरी नियतांक

तथा T = परमताप

किसी लौहचुम्बकीय पदार्थ का ताप बढ़ाते रहने पर इसके लिए χ का मान घटता रहता है तथा एक निश्चित ताप पर χ का मान एक से कम हो जाने पर लौहचुम्बकीय पदार्थ, अनुचुम्बकीय पदार्थ में परिवर्तित हो जाता है।

इस निश्चित ताप को **क्यूरी ताप** (Curie temperature) कहते हैं। अतः क्यूरी ताप वह ताप है जिस पर कोई लौहचुम्बकीय पदार्थ, अनुचुम्बकीय पदार्थ में बदल जाता है।

विभिन्न पदार्थों के क्यूरी ताप दी गई तालिका में अंकित हैं

पदार्थ	क्यूरी ताप (परमताप K)
निकेल	631
लोहा	1043
कोबाल्ट	1394
गेडोलिनियम	317
Fe_2O_3	893

विभिन्न चुम्बकीय पदार्थों के लिए χ-T वक्र (χ - T Curves for Different Magnetic Materials)

नीचे विभिन्न पदार्थों के लिए χ-T वक्र दिया गया है।

गुण (Property)	χ - T वक्र
प्रतिचुम्बकीय पदार्थ	
अनुचुम्बकीय पदार्थ	
लौहचुम्बकीय पदार्थ	

शैथिल्य लूप (Hysteresis Loop)

लौहचुम्बकीय पदार्थ के लिए चुम्बकन की तीव्रता या चुम्बकीय प्रेरण (B), चुम्बकन क्षेत्र (H) से पीछे रहता है, इस घटना को शैथिल्यता कहते हैं। लौह चुम्बकीय पदार्थ के लिए I-H या B-H वक्र ($abcdefgb$) को शैथिल्य लूप कहते हैं।

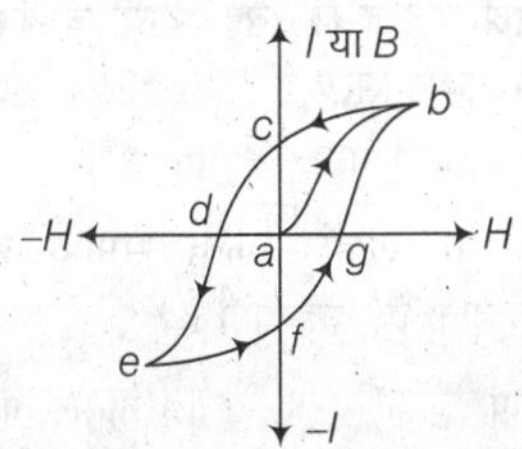

शैथिल्यता में ऊर्जा हानि (Energy loss in hysteresis) किसी लौह चुम्बकीय पदार्थ के चुम्बकन एवं विचुम्बकन के एक चक्र में पदार्थ के एकांक आयतन में होने वाली ऊर्जा हानि, शैथिल्य लूप क्षेत्रफल के बराबर होती है।

अर्थात् $$\Delta U = \oint B dH = \mu_0 \oint I dH$$

धारणशीलता तथा निग्राहिता (Retentivity and Coercivity)

चुम्बकीय क्षेत्र के शून्य हो जाने पर लौहचुम्बकीय पदार्थों में चुम्बकन शेष रह जाता है जिसे अवशेष चुम्बकत्व कहते हैं तथा चुम्बक का यह गुण पदार्थ की धारणशीलता है। पदार्थ को विचुम्बकित करने के लिए आवश्यक चुम्बकीय क्षेत्र पदार्थ की निग्राहिता कहलाती है।

विद्युतचुम्बक तथा स्थायी चुम्बक (Electromagnet and Permanent Magnet)

विद्युतचुम्बक बनाने के लिए निम्न निग्राहिता तथा निम्न धारणशीलता वाला पदार्थ उपयुक्त है जबकि स्थायी चुम्बक बनाने के लिए उच्च निग्राहिता तथा उच्च धारणशीलता वाला पदार्थ उपयुक्त है।

अभ्यास प्रश्नावली

1. वे पदार्थ कौन-से हैं जिनमें अणुओं के चुम्बकीय आघूर्ण होते हैं?

(a) अनुचुम्बकीय
(b) प्रतिचुम्बकीय
(c) लौहचुम्बकीय
(d) अनुचुम्बकीय अथवा लौहचुम्बकीय, ताप पर निर्भर

2. अनुचुम्बकीय (paramagnetic) पदार्थ की चुम्बकीय प्रवृत्ति (magnetic susceptibility) χ, परमताप T के साथ किस प्रकार बदलती है?

(a) $\chi \propto T$ (b) $\chi \propto T^{-1}$
(c) χ = नियतांक (d) $\chi \propto e^T$

3. एक पतली U-नली की एक भुजा में भरे हुए द्रव का मैनिस्कस एक विद्युत चुम्बक के ध्रुव-खण्डों के बीच में इस प्रकार रखा जाता है कि मैनिस्कस तथा क्षेत्र एक रेखा में हैं। द्रव, नली की भुजा में ऊपर उठ जाता है। यह इस बात को प्रदर्शित करता है कि द्रव

(a) लौहचुम्बकीय है (b) अनुचुम्बकीय है
(c) प्रतिचुम्बकीय है (d) अचुम्बकीय है

4. यदि एक प्रतिचुम्बकीय घोल को U-नली में डालकर, नली की एक भुजा को एक तीव्र चुम्बक के ध्रुवों के बीच में रख दें ताकि मैनिस्कस का तल चुम्बकीय क्षेत्र के समान्तर हो, तो मैनिस्कस

(a) ऊपर चढ़ेगा (b) नीचे गिरेगा
(c) धीरे-धीरे दोलन करेगा (d) समान रहेगा

5. (1) नर्म लोहा विद्युत का चालक है (2) यह एक चुम्बकीय पदार्थ है (3) यह लोहे की एक मिश्र धातु है (4) यह स्थायी चुम्बक बनाने के काम आता है। इनमें से कौन-से कथन सत्य हैं?

(a) 1 व 3 (b) 1 व 2 (c) 3 व 4 (d) 2 व 4

6. वह ताप, जिस पर लौहचुम्बकत्व समाप्त हो जाता है तथा पदार्थ अनुचुम्बकीय हो जाता है, कहलाता है?

(a) उत्क्रमण ताप (b) बॉयल ताप
(c) क्यूरी ताप (d) केल्विन ताप

7. डोमेन किस पदार्थ में बनते हैं?

(a) प्रतिचुम्बकीय (b) लौहचुम्बकीय
(c) अनुचुम्बकीय (d) इनमें से सभी में

8. अनुचुम्बकीय पदार्थों की चुम्बकशीलता का मान होता है

(a) 1 (b) कम, लेकिन 1 से अधिक
(c) 1 से कम (d) बहुत अधिक

9. लौहचुम्बकीय पदार्थों के लिये आपेक्षिक चुम्बकशीलता μ_r है

(a) < 1 (b) $= 1$ (c) > 1 (d) 0

10. निम्न में से कौन नर्म लोहे का नहीं बनाया जाता है?

(a) विद्युत चुम्बक
(b) ट्रांसफॉर्मर की क्रोड
(c) डायनेमों की क्रोड
(d) लाउडस्पीकर का चुम्बक

11. आपेक्षिक चुम्बकशीलता की इकाई है

(a) हेनरी (b) हेनरी/मी
(c) हेनरी/मी^{2} (d) यह विमाहीन है

12. किसी स्थायी चुम्बक के लिये होना चाहिए

(I) उच्च चुम्बकशीलता (II) उच्च निग्राहिता
(III) उच्च धारणशीलता

(a) I और II (b) II और III
(c) I और III (d) केवल III

13. वे पदार्थ जोकि चुम्बकत्व के शीघ्र समापन के लिए प्रयुक्त होते हैं, में होना चाहिए

(a) उच्च चुम्बकशीलता और अल्प शैथिल्य ह्रास
(b) उच्च निग्राहिता और अल्प घनत्व
(c) उच्च निग्राहिता और उच्च धारणशीलता
(d) *B-H* लूप का वृहत् क्षेत्रफल

14. फेराइट इनमें से किसका उपसमूह है

(a) अनुचुम्बकीय पदार्थों का
(b) लौहचुम्बकीय पदार्थों का
(c) प्रतिचुम्बकीय पदार्थों का
(d) उपरोक्त में से कोई नहीं

15. किसी फेराइट कोर में लौह कोर की अपेक्षा कम भँवर धारा ह्रास होता है, क्योंकि

(a) फेराइट चुम्बकीय होते हैं
(b) फेराइटों की चुम्बकशीलता अधिक होती है
(c) फेराइटों की चुम्बकशीलता कम होती है
(d) फेराइटों का प्रतिरोध उच्च होता है

16. उपस्थित क्षेत्र के समापन के पश्चात् लोहे में चुम्बकत्व का शेष बचना कहलाता है

(a) चुम्बकशीलता (b) परिशेष चुम्बकत्व
(c) धारणशीलता (d) प्रतिष्टम्भ (reluctance)

17. B, H तथा I में सम्बन्ध है

(a) $B = H + \mu_0 I$ (b) $B = I + \mu_0 H$
(c) $B = \mu_0(H + I)$ (d) $B = \frac{1}{\mu_0}(H + I)$

18. निम्न में से कौन-सा कथन लौहचुम्बकीय पदार्थ से सम्बन्ध नहीं रखता है?

(a) यह चुम्बक द्वारा दृढ़ता से आकर्षित होता है
(b) यह प्रबल चुम्बकीय क्षेत्र में कम चुम्बकीय क्षेत्र की ओर गति करता है
(c) इसका केन्द्र इलेक्ट्रॉनों का चक्रण है
(d) क्यूरी ताप से अधिक ताप पर यह अनुचुम्बकीय पदार्थ में बदल जाता है

19. किसी पदार्थ की सापेक्षिक विद्युतशीलता क्रमशः ε_r तथा μ_r है। निम्नलिखित राशियों के कौन-से मान प्रतिचुम्बकीय पदार्थ के लिये हो सकते हैं

(a) $\varepsilon_r = 0.5, \mu_r = 1.5$ (b) $\varepsilon_r = 1.5, \mu_r = 0.5$
(c) $\varepsilon_r = 0.5, \mu_r = 0.5$ (d) $\varepsilon_r = 1.5, \mu_r = 1.5$

20. यदि एक परमाणु के चुम्बकीय द्विध्रुव आघूर्ण प्रतिचुम्बकीय पदार्थ, अनुचुम्बकीय पदार्थ तथा लौहचुम्बकीय पदार्थ के लिए क्रमशः μ_d, μ_p तथा μ_f के द्वारा निरूपित हैं, तब

(a) $\mu_p = 0$ तथा $\mu_d \neq 0$
(b) $\mu_d \neq 0$ तथा $\mu_p \neq 0$
(c) $\mu_d \neq 0$ तथा $\mu_f \neq 0$
(d) $\mu_d = 0$ तथा $\mu_p \neq 0$

21. यदि प्रतिचुम्बकीय पदार्थ, दण्ड चुम्बक के उत्तरी या दक्षिणी ध्रुव के समीप लाया जाता है, तब

(a) दोनों ध्रुव एक-दूसरे को आकर्षित करते हैं
(b) दोनों ध्रुव एक-दूसरे को प्रतिकर्षित करते हैं
(c) उत्तरी ध्रुव प्रतिकर्षित करता है तथा दक्षिणी ध्रुव आकर्षित करता है
(d) उत्तरी ध्रुव आकर्षित करता है तथा दक्षिणी ध्रुव प्रतिकर्षित करता है

22. निम्नलिखित में से किसकी चुम्बकशीलता सर्वाधिक होती है?

(a) अनुचुम्बकीय पदार्थ
(b) प्रतिचुम्बकीय पदार्थ
(c) लौह चुम्बकीय पदार्थ
(d) चुम्बकशीलता एक नियत राशि है और यह सभी पदार्थों के लिए बराबर होती है

23. प्रतिचुम्बकीय पदार्थों की चुम्बकशीलता

(a) एक से अधिक होती है (b) एक से कम होती है
(c) एक के बराबर होती है (d) शून्य होती है

24. निम्न में से अनुचुम्बकीय है

(a) बिस्मथ (b) क्रोमियम (c) जल (d) पारा

25. निम्न में से प्रतिचुम्बकीय है

(a) कॉपर सल्फेट (b) जल
(c) क्रोमियम (d) वायु

26. निम्न में से लौह चुम्बकीय है

(a) एल्युमीनियम (b) क्रोमियम (c) निकेल (d) कार्ट्

27. 27°C पर अनुचुम्बकीय पदार्थ की चुम्बकीय प्रवृत्ति K है। किस ताप पर उसकी प्रवृत्ति $K/2$ होगी?

(a) 600°C (b) 287°C
(c) 54°C (d) 327°C

28. लौहचुम्बक पदार्थ के किसी नमूने का द्रव्यमान 6 किग्रा है तथा घनत्व 7.8×10^{-5} किग्रा/मी^{3} है। जब 50 हर्ट्ज आवृत्ति वाले प्रत्यावर्ती चुम्बकीय क्षेत्र के शैथिल्य लूप का क्षेत्रफल 0.722 MKS मात्रक है, तब प्रति सेकण्ड शैथिल्य हानि होगी

(a) 22.77×10^{-5} जूल (b) 2.777×10^{-5} जूल
(c) 27.7×10^{-4} जूल (d) 22.77×10^{-6} जूल

29. निम्न चित्र में किसी लौह चुम्बकीय पदार्थ के अचुम्बकित नमूने के अन्दर चुम्बकीय फ्लक्स घनत्व B का परिवर्तन, नमूने के बाहर स्थित चुम्बकीय फ्लक्स घनत्व B_0 के साथ दर्शाया गया है। स्थायी चुम्बक बनाने के लिये उपयुक्त नमूने के लिये होना चाहिए

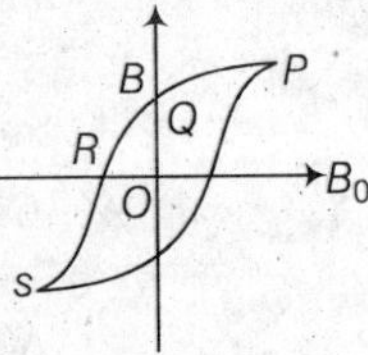

(a) OQ बड़ा तथा OR छोटा (b) OQ तथा OR दोनों बड़े
(c) OQ छोटा तथा OR बड़ा (d) OQ तथा OR दोनों छोटे

30. चुम्बकीय क्षेत्र B की क्षेत्र रेखाओं से सम्बन्धित असत्य कथन है

(a) क्षेत्र रेखाओं के लम्बवत् इकाई क्षेत्रफल से गुजरने वाली बल रेखाएँ चुम्बकीय तीव्रता की नाप नहीं करती हैं
(b) चुम्बकीय क्षेत्र रेखाएँ बन्द वक्र बनाती हैं
(c) चुम्बक के कारण चुम्बक के अन्दर क्षेत्र रेखाएँ चुम्बक के उत्तरी ध्रुव से इसके दक्षिणी ध्रुव की ओर जाती हैं
(d) एक चुम्बक के कारण चुम्बकीय क्षेत्र रेखाएँ एक-दूसरे को कभी नहीं काटती हैं

31. विद्युत चुम्बक बनाने के लिये उपयुक्त पदार्थों में क्या गुण होने चाहिये?

(a) उच्च धारणशीलता एवं उच्च निग्राहिता
(b) निम्न धारणशीलता एवं उच्च निग्राहिता
(c) उच्च धारणशीलता एवं निम्न निग्राहिता
(d) निम्न धारणशीलता एवं निम्न निग्राहिता

32. चल कुण्डल धारामापी की सुग्राहिता बढ़ाने के लिए घटाना चाहिए

(a) इसकी चुम्बक की प्रबलता
(b) इसके निलम्बन का मरोड़ी नियतांक
(c) इसकी कुण्डली में फेरों की संख्या
(d) इसकी कुण्डली का क्षेत्रफल

33. एक लघु चुम्बकीय सुईं को 1 टेस्ला के चुम्बकीय क्षेत्र में कीलकित किया गया है। जब एक $\sqrt{3}$ टेस्ला के अन्य चुम्बकीय क्षेत्र को चुम्बकीय सुईं पर, लम्बवत् दिशा में लगाया जाता है तो सुईं θ कोण से विक्षेपित हो जाती है। θ का मान है

(a) 30° (b) 45°
(c) 90° (d) 60°

34. सोने के एक गोले को एक शक्तिशाली चुम्बक के पास लाया जा रहा है। यह गोला अनुभव करेगा

(a) शून्य बल (b) एक प्रतिकर्षण बल
(c) एक आकर्षण बल (d) एक दोलायमान बल

35. दो एक जैसे छड़ चुम्बक चित्रानुसार रखे हुये हैं। बिन्दु P पर परिणामी चुम्बकीय क्षेत्र की दिशा, जिसे तीर का शीर्ष दर्शाता है, होगी (लगभग)

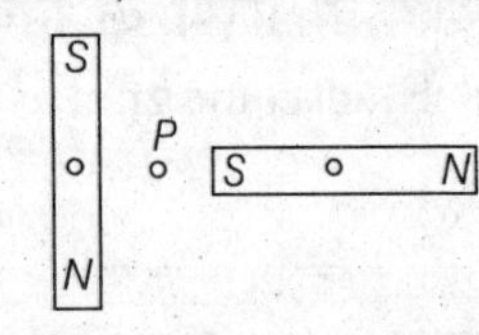

(a) → (b) ↗
(c) ↘ (d) ↑

36. यदि किसी पदार्थ की चुम्बकीय प्रवृत्ति ताप तथा चुम्बकन क्षेत्र पर निर्भर करती है तो वह पदार्थ है

(a) अनुचुम्बकीय (b) प्रतिचुम्बकीय
(c) लौहचुम्बकीय (d) अतिचालक

उत्तरमाला

1. (b)	**2.** (b)	**3.** (b)	**4.** (b)	**5.** (b)	**6.** (c)	**7.** (b)	**8.** (b)	**9.** (c)	**10.** (d)
11. (d)	**12.** (b)	**13.** (a)	**14.** (b)	**15.** (d)	**16.** (b)	**17.** (c)	**18.** (b)	**19.** (b)	**20.** (d)
21. (d)	**22.** (c)	**23.** (b)	**24.** (b)	**25.** (b)	**26.** (c)	**27.** (d)	**28.** (c)	**29.** (b)	**30.** (c)
31. (c)	**32.** (b)	**33.** (d)	**34.** (b)	**35.** (b)	**36.** (c)				

24

विद्युत चुम्बकीय प्रेरण

Electromagnetic Induction

विद्युत चुम्बकीय प्रेरण (Electromagnetic Induction)

जब कभी विद्युत धारा किसी चालक से होकर बहती है तो चालक को घेरने वाले परिवेश में एक चुम्बकीय क्षेत्र उत्पन्न हो जाता है। इसके विपरीत जब चालक को घेरने वाला चुम्बकीय क्षेत्र चालक के सापेक्ष गतिमान है तब यह चालक में इलेक्ट्रॉनों की गति उत्पन्न करता है। यह परिघटना जिसमें किसी चालक में विद्युत वाहक बल तथा धारा प्रेरित होती है, विद्युत चुम्बकीय प्रेरण कहलाती है।

चुम्बकीय फलक्स (Magnetic Flux)

एकसमान चुम्बकीय क्षेत्र में स्थित, किसी तल से लम्बवत् गुजरने वाली कुल चुम्बकीय फलक्स रेखाओं की संख्या को उस तल से बद्ध चुम्बकीय फलक्स कहते हैं अर्थात् $\phi = BA\cos\theta$

इसका मात्रक वेबर है।

फैराडे के विद्युत चुम्बकीय प्रेरण के नियम (Faraday's Law of Electromagnetic Induction)

प्रथम नियम (First Law)

जब किसी परिपथ से सम्बद्ध चुम्बकीय फ्लक्स के मान में परिवर्तन होता है तब इस परिपथ में एक प्रेरित वि. वा. बल उत्पन्न हो जाता है, परिपथ में प्रेरित वि. वा. बल का परिमाण, परिपथ से सम्बद्ध नेट चुम्बकीय फ्लक्स परिवर्तन की ऋणात्मक दर के अनुक्रमानुपाती होता है।

प्रेरित वि. वा. बल $(e) = -\dfrac{d\phi_B}{dt}$

जहाँ, $\phi_B = \int \vec{B}\cdot d\vec{S}$ = क्षेत्रफल $\vec{S}$ के अनुदिश चुम्बकीय फ्लक्स

इसका मात्रक वेबर है।

द्वितीय नियम (Second Law)

प्रेरित वि. वा. बल की दिशा सदैव इस प्रकार होती है कि यह उस परिवर्तन का विरोध करती है जिससे यह स्वयं उत्पन्न होती है। इसे लेन्ज का नियम भी कहते हैं।

R प्रतिरोध वाले परिपथ में प्रेरित आवेश,

$$q = \frac{\phi_1 - \phi_2}{R} = \frac{\Delta\phi}{R}$$

जहाँ, ϕ_1 व ϕ_2 प्रारम्भिक व अंतिम चुम्बकीय फ्लक्स है।

स्वप्रेरण तथा स्वप्रेरण गुणांक (Self-Induction and Coefficient of Self-Induction)

विद्युत चुम्बकीय प्रेरण की इस घटना को जिसमें किसी कुण्डली में प्रवाहित धारा को परिवर्तित करने से स्वयं उसी कुण्डली में प्रेरित धारा उत्पन्न होती है, स्वप्रेरण कहते हैं।

माना किसी कुण्डली में i विद्युत धारा प्रवाहित हो रही है तथा धारा के कारण, कुण्डली के प्रत्येक फेरे से बद्ध चुम्बकीय फ्लक्स ϕ है। यदि कुण्डली में तार के N फेरे हैं तो कुण्डली में फ्लक्स-ग्रन्थिताओं (flux-linkages) की संख्या $N\phi$ होगी। यह संख्या कुण्डली में प्रवाहित धारा के अनुक्रमानुपाती होती है, अर्थात्

$$N\phi \propto i \quad \text{अथवा} \quad N\phi = Li$$

यहाँ, L एक नियतांक है जिसे कुण्डली का **स्वप्रेरण गुणांक** अथवा **स्वप्रेरकत्व** कहते हैं। इसका मात्रक हेनरी होता है। उपरोक्त समीकरण से

$$\boxed{L = \frac{N\phi}{i}}$$

(i) यदि, कुण्डली में धारा के परिवर्तित करने पर उत्पन्न होने वाला प्रेरित वि. वा. बल e हो, तो

$$e = -N\frac{\Delta\phi}{\Delta t} = -\frac{\Delta(N\phi)}{\Delta t}$$

जहाँ, $\Delta(N\phi)/\Delta t$ कुण्डली में (धारा परिवर्तन के कारण) फ्लक्स-परिवर्तन की दर है, परन्तु $N\phi = Li$

$$\therefore\ e = -\frac{\Delta(Li)}{\Delta t} = -L\frac{\Delta i}{\Delta t} \Rightarrow L = -\frac{e}{\Delta i/\Delta t}$$

(ii) समतल कुण्डली का स्वप्रेरकत्व

$$L = \frac{\mu_0}{2}\pi N^2 r$$

(iii) परिनालिका का स्वप्रेरकत्व $(L) = \mu\dfrac{n^2A}{i}$, जहाँ, μ = किसी माध्यम (निर्वात् या वायु छोडकर) की चुम्बकशीलता है।

(iv) कुण्डली से बद्ध चुम्बकीय क्षेत्र में संचित ऊर्जा

$$(U) = \frac{1}{2}Li^2$$

भँवर धाराएँ (Eddy Currents)

(i) जब धातु का कोई टुकड़ा किसी चुम्बकीय क्षेत्र में इस प्रकार गति करता है कि टुकड़े से बद्ध चुम्बकीय फ्लक्स में परिवर्तन हो या धातु का टुकड़ा किसी परिवर्ती (variable) चुम्बकीय क्षेत्र में स्थित होता है तो धातु के सम्पूर्ण आयतन में भँवर के समान चक्करदार धाराएँ उत्पन्न हो जाती हैं, ये धाराएँ इसकी गति का विरोध करती हैं। इन प्रेरित धाराओं को **भँवर धाराएँ** कहते हैं।

(ii) भँवर धाराओं के कारण ऊष्मा के रूप में होने वाली ऊर्जा के ह्रास को न्यूनतम करने के लिए ही डायनेमो तथा मोटर की आर्मेचर कुण्डलियों की क्रोड़ों में तथा ट्रांसफॉर्मर के फ्रेम में नर्म लोहे की पटलित क्रोड़ का उपयोग किया जाता है।

(iii) प्रेरण भट्टी (induction furnace), विद्युत ब्रेक (electric brake), रुद्ध दोलन धारामापी (dead beat galvanometer) तथा मोटरगाड़ियों में लगे चालमापी (speedometer), भँवर धाराओं के सिद्धान्त पर ही आधारित हैं।

अन्योन्य प्रेरण तथा अन्योन्य प्रेरण गुणांक (Mutual Induction and Coefficient of Mutual Induction)

यदि हम दो कुण्डलियों को पास-पास रखकर उनमें से एक में बैटरी के द्वारा विद्युत धारा प्रवाहित करें अथवा उसमें प्रवाहित होने वाली विद्युत धारा के मान में परिवर्तन करें अथवा धारा को बन्द करें, तो दूसरी कुण्डली में एक प्रेरित विद्युत वाहक बल उत्पन्न होता है। विद्युत चुम्बकीय प्रेरण की इस घटना को **अन्योन्य प्रेरण** कहते हैं। पहली कुण्डली को **प्राथमिक कुण्डली** (primary coil) तथा दूसरी कुण्डली को **द्वितीयक कुण्डली** (secondary coil) कहते हैं।

$$e_2 = -M\frac{di}{dt},\ M = \frac{-e_2}{di/dt}$$

जहाँ, M अन्योन्य प्रेरकत्व है। दो कुण्डलियों का अन्योन्य प्रेरकत्व निम्नलिखित है

(i) $M = \frac{\mu_0 n_1 n_2 A}{l}$ (मुक्त आकाश में)

जहाँ, n_1 व n_2 प्राथमिक व द्वितीयक कुण्डलियों में फेरों की संख्या हैं।

(ii) $M = \frac{n_1 n_2}{l}(\mu_1 A_1 + \mu_2 A_2)$

(iii) $M = \mu_0 \frac{n_1 n_2 A}{l}$ (एक माध्यम में)

यदि दो कुण्डलियों का संयोजक गुणांक K हो तो इनके बीच उत्पन्न अन्योन्य प्रेरण गुणांक इस प्रकार दिया जाता है

$$M = K\sqrt{L_1 L_2}$$

जब प्रेरक श्रेणी क्रम में जुड़े हैं तथा उनके बीच अन्योन्य प्रेरकत्व हो, तब

$$L = L_1 + L_2 \pm 2M$$

जब प्रेरक समांतर क्रम में जुड़े हैं तब

$$\frac{1}{L} = \frac{1}{L_1} + \frac{1}{L_2} + \frac{1}{L_3} + \ldots$$

यदि दो प्रेरकों के बीच अन्योन्य प्रेरकत्व M हो, तब

$$L = \frac{L_1 L_2 - M^2}{L_1 + L_2 \pm 2M}$$

परिनालिका में संचित ऊर्जा घनत्व (Energy Density in a Solenoid)

जब कच्चे लोहे के कोर पर चालक लपेट दिया जाता है तो यह परिनालिका कहलाता है। चालक में धारा प्रवाहित होने से परिनालिका के मध्य चुम्बकीय क्षेत्र उत्पन्न हो जाता है, फलतः परिनालिका में संचित ऊर्जा घनत्व $\mu_B = \frac{B^2}{2\mu_0}$

जहाँ, B चुम्बकीय क्षेत्र है।

अभ्यास प्रश्नावली

1. फैराडे के नियम के अनुसार, किसी चालक में प्रेरित आवेश जोकि चुम्बकीय क्षेत्र में गति करता है

(a) प्रारम्भिक चुम्बकीय फ्लक्स पर निर्भर करता है
(b) अंतिम चुम्बकीय फ्लक्स पर निर्भर करता है
(c) चुम्बकीय फ्लक्स के परिवर्तन की दर पर निर्भर करता है
(d) चुम्बकीय फ्लक्स के परिवर्तन पर निर्भर करता है

2. किसी परिनालिका का स्वप्रेरकत्व

(a) कुण्डली में प्रवाहित होने वाली धारा के अनुक्रमानुपाती होता है
(b) इसकी लम्बाई के अनुक्रमानुपाती होता है
(c) अनुप्रस्थ-काट के क्षेत्रफल के अनुक्रमानुपाती होता है
(d) अनुप्रस्थ-काट के क्षेत्रफल के व्युत्क्रमानुपाती होता है

3. किसी कुण्डली के लिए स्वप्रेरण गुणांक का सूत्र है

(a) $\frac{I\phi}{N}$ (b) $\frac{N}{I\phi}$
(c) $\frac{N\phi}{I}$ (d) $\frac{NI}{\phi}$

4. निम्न में से कौन-सा आदर्श प्रेरक परिपथ के लिए सत्य है?

(a) परिपथ की वास्तविक सामर्थ्य शून्य होती है
(b) यदि परिपथ में कोई संधारित्र है तो वह आवेशित नहीं होगा
(c) प्रतिकारी सामर्थ्य शून्य होती है
(d) आभासी सामर्थ्य शून्य होगी

5. अन्योन्य प्रेरकत्व मापने का यंत्र है

(a) व्हीटस्टोन सेतु (b) परिनालिका
(c) प्रक्षेप धारामापी (d) इनमें से कोई नहीं

6. अन्योन्य प्रेरण के लिये व्युत्क्रम प्रमेय है

(a) $M_{12} = M_{21}$ (b) $M_{12} = \frac{1}{M_{21}}$
(c) $M_{12} = -\frac{1}{M_{21}}$ (d) इनमें से कोई नहीं

7. किसी प्रेरण कुण्डली की ऊर्जा होती है

(a) $\frac{1}{2}\frac{L^2}{I}$ (b) $\frac{1}{2}\frac{L}{I^2}$ (c) $\frac{1}{2}L^2 I$ (d) $\frac{1}{2}LI^2$

8. निम्न में से कौन-सा कथन सही है?
(a) चुम्बकीय क्षेत्र का मात्रक वेबर/मी होता है
(b) चुम्बकीय फ्लक्स का मात्रक वेबर/मी^{2} होता है
(c) चुम्बकीय फ्लक्स की विमा $[ML^2T^{-2}A^{-1}]$ होती है
(d) लेन्ज का नियम ऊर्जा संरक्षण नियम का पालन नहीं करता

9. प्रेरित धारा की दिशा ज्ञात की जाती है
(a) फ्लेमिंग के बायें हाथ के नियम से
(b) ऐम्पियर के नियम से
(c) लेन्ज के नियम से
(d) बायो-सावर्ट के नियम से

10. लेन्ज का नियम निम्न में से किसके संरक्षण पर आधारित है?
(a) ऊर्जा (b) संवेग (c) द्रव्यमान (d) आवेश

11. एक 2 मी लम्बा तार 0.5 वेबर/मी^{2} चुम्बकीय क्षेत्र के लम्बवत् 1 मी/से के वेग से गतिमान है। इसमें प्रेरित वि. वा. बल होगा
(a) 0.5 वोल्ट (b) 2 वोल्ट (c) 0.1 वोल्ट (d) 1 वोल्ट

12. प्रेरित विद्युत धारा की दिशा इस प्रकार होती है कि वह उसी कारण का विरोध करती है जिससे वह उत्पन्न होती है। यह नियम है
(a) फैराडे का (b) किरचॉफ का (c) ओम का (d) लेन्ज का

13. पृथ्वी के क्षैतिज घटक का मान 3×10^{-5} वेबर/मी^{2} है। 1 वर्ग मीटर क्षेत्र की 5 फेरों की कुण्डली जिसका तल पृथ्वी के चुम्बकीय क्षेत्र के घटक के लम्बवत् है, में से गुजरने वाला चुम्बकीय फ्लक्स होगा
(a) 15×10^{-5} वेबर (b) 1×10^{-5} वेबर
(c) 5×10^{-5} वेबर (d) 3×10^{-5} वेबर

14. एक धातु के छल्ले को मेज पर रख दिया जाता है और एक चुम्बक के किसी ध्रुव को उसके पास ऊर्ध्वाधर चलाया जाता है, छल्ले में प्रेरित धारा की दिशा निर्भर करेगी
(a) चुम्बक की लम्बाई पर (b) चुम्बक की चाल पर
(c) ध्रुव सामर्थ्य पर (d) चुम्बक की गति की दिशा पर

15. 1 मी लम्बा तार उसकी लम्बाई के लम्बवत् दिशा में 10 मी/से के वेग से चुम्बकीय क्षेत्र के लम्बवत् गतिमान है। यदि, उसके सिरों के बीच 1.0 वोल्ट का विभवान्तर उत्पन्न होता है तो चुम्बकीय क्षेत्र का परिमाण (वेबर/मी^{2} में) ज्ञात कीजिए।
(a) 0.01 (b) 0.1 (c) 0.028 (d) 0.00028

16. एक घुड़नाल चुम्बक के ध्रुवों के बीच एक कुण्डली इतने वेग से चलाई जाती है कि वह 0.1 सेकण्ड में 0.1 वेबर चुम्बकीय फ्लक्स को पार करती है। प्रेरित वि. वा. बल का मान होगा
(a) 1 वोल्ट (b) 0.001 वोल्ट
(c) शून्य (d) इनमें से कोई नहीं

17. जब कोई चालक किसी चुम्बकीय क्षेत्र के लम्बवत् तल में घुमाया जाता है, तो उसके मुक्त इलेक्ट्रॉन
(a) स्थिर रहते हैं
(b) चुम्बकीय क्षेत्र की दिशा में लम्बाई के अनुदिश गति करते हैं
(c) चुम्बकीय क्षेत्र की दिशा में गति करते हैं
(d) चुम्बकीय क्षेत्र के विपरीत दिशा में गति करते हैं

18. 32 तानों वाला साइकिल का पहिया भू-चुम्बकीय क्षेत्र के क्षैतिज घटक के लम्बवत् N चक्कर प्रति सेकण्ड की दर से घूम रहा है। इसके कारण रिम तथा धुरी के मध्य वि. वा. बल E उत्पन्न होता है। यदि, तानों की संख्या घटाकर आधी कर दी जाती है तब वि. वा. बल का मान होगा
(a) $E/2$ (b) E^2 (c) E (d) $2E$

19. एक ही नाप के दो छल्लों में, जोकि क्रमश: ताँबे एवं लकड़ी के बने हुए हैं, एकसमान दर से चुम्बकीय क्षेत्र में परिवर्तित हो रहा है। ताँबे के छल्ले में प्रेरित विद्युत विभव होगा
(a) लकड़ी के छल्ले से कम (b) शून्य
(c) लकड़ी के छल्ले के समान (d) लकड़ी के छल्ले से अधिक

20. जब प्राथमिक कुण्डली में 3 ऐम्पियर धारा होती है तब द्वितीयक कुण्डली से पार होने वाले कुल फ्लक्स का मान 600 वेबर होता है। अन्योन्य प्रेरक गुणांक का मान होगा
(a) 200 हेनरी (b) 1800 हेनरी
(c) 603 हेनरी (d) 5×10^3 वोल्ट

21. यदि 5×10^{-3} हेनरी स्वप्रेरण गुणांक वाली कुण्डली में धारा 0.1 सेकण्ड में एकसमान रूप से 1 ऐम्पियर तक बढ़ती है तो प्रेरित वि. वा. बल का परिमाण होगा
(a) 5×10^{-2} वोल्ट (b) शून्य
(c) 0.5 वोल्ट (d) 5 वोल्ट

22. एक वायुयान जिसके डैनों के बीच दूरी 10 मी है, क्षैतिज तल में 400 मी/से के वेग से उड़ रहा है जहाँ चुम्बकीय क्षेत्र का ऊर्ध्वाधर घटक 0.6×10^{-4} टेस्ला है, तब डैनो के बीच प्रेरित वि.वा. बल होगा
(a) 0.15 वोल्ट (b) शून्य (c) 0.24 वोल्ट (d) 0.3 वोल्ट

23. चुम्बकीय क्षेत्र में घूमती हुई कुण्डली द्वारा निर्मित वि. वा. बल का अधिकतम मान निम्न कारकों में से किस पर निर्भर नहीं करता?
(a) कुण्डली के प्रतिरोध पर (b) कुण्डली के क्षेत्र पर
(c) कुण्डली में फेरों की संख्या पर (d) कुण्डली के घूमने की आवृत्ति पर

24. 10 ओम प्रतिरोध वाले घेरे में किसी समय t पर चुम्बकीय फ्लक्स, $\phi = 6t^2 + 2$ वेबर है तो $t = 1$ सेकण्ड पर प्रेरित धारा का मान होगा
(a) 0.6 ऐम्पियर (b) 6 ऐम्पियर
(c) 1.2 ऐम्पियर (d) 120 ऐम्पियर

25. एकसमान चुम्बकीय क्षेत्र टेस्ला में 2 मी लम्बाई की एक चालक छड़ ω रेडियन/से के कोणीय वेग से गति कर रही है। छड़ में प्रेरित वि.वा. बल का मान होगा
(a) $2B\omega$ (b) $B\omega$ (c) $\frac{1}{2}B\omega$ (d) $\frac{1}{4}B\omega$

26. किसी डायनेमो के आर्मेचर की परिक्रमण चाल यदि दोगुनी की जाती है, तो प्रेरित वि. वा. बल
(a) अपरिवर्तित रहता है (b) आधा हो जाता है
(c) दोगुना हो जाता है (d) चार गुना हो जाता है

27. चुम्बकीय क्षेत्र में रखे एक तार के लूप में से गुजरने वाला चुम्बकीय फ्लक्स निर्भर नहीं करता
(a) लूप की आकृति पर
(b) लूप के क्षेत्रफल पर
(c) क्षेत्र की तीव्रता पर
(d) क्षेत्र के सापेक्ष लूप के अभिविन्यास पर

28. प्रेरकत्व का मात्रक है
(a) ओम-सेकण्ड (b) ओम/सेकण्ड (c) सेकण्ड/ओम (d) $\frac{1}{\text{ओम-सेकण्ड}}$

29. यदि, L तथा R क्रमश: प्रेरकत्व तथा प्रतिरोध को व्यक्त करते हैं तब L/R की विमाएँ होंगी
(a) $[M^0L^0T^{-1}]$ (b) $[M^0LT]$ (c) $[M^0L^0T]$ (d) $[AT^{-1}]$

30. दो कुण्डलियों का अन्योन्य प्रेरण गुणांक किस पर निर्भर नहीं करता है?

(a) उनके स्वप्रेरण गुणांकों पर (b) उनके बीच की दूरी पर
(c) उनके बीच भरे माध्यम पर (d) उनके प्रतिरोधों पर

31. 600 फेरों वाली एक चालक कुण्डली का स्वप्रेरकत्व 108 मिली हेनरी है। इसी प्रकार की एक दूसरी 500 फेरों वाली कुण्डली का स्वप्रेरकत्व होगा

(a) 75 मिली हेनरी (b) 90 मिली हेनरी
(c) 130 मिली हेनरी (d) 155 मिली हेनरी

32. हेनरी/मीटर मात्रक है

(a) विद्युतशीलता का (b) चुम्बकशीलता का
(c) परावैद्युतांक का (d) स्वप्रेरकत्व का

33. 20 ओम प्रतिरोध तथा 5 हेनरी प्रेरकत्व की एक कुण्डली 100 वोल्ट की बैटरी से जोड़ी गई है। कुण्डली में संचित ऊर्जा है

(a) 31.25 जूल (b) 62.5 जूल (c) 125 जूल (d) 250 जूल

34. 2 हेनरी का प्रेरक तथा 10 ओम प्रतिरोध 5 वोल्ट की बैटरी के साथ श्रेणी क्रम में जोड़े गये हैं। धारा में प्रारम्भिक परिवर्तन दर है

(a) 0.5 ऐम्पियर से $^{-1}$ (b) 2.0 ऐम्पियर से $^{-1}$
(c) 2.5 ऐम्पियर से $^{-1}$ (d) 0.25 ऐम्पियर से $^{-1}$

35. दो कुण्डलियों का अन्योन्य प्रेरकत्व 0.005 हेनरी है। प्रथम कुण्डली में धारा समीकरण, $i = i_0 \sin \omega r$ के अनुसार बदलती है। यहाँ, $i_0 = 10$ ऐम्पियर एवं $\omega = 100\pi$ रेडियन से $^{-1}$ है। द्वितीय कुण्डली में विद्युत वाहक बल का अधिकतम मान होगा

(a) 2π (b) 5π (c) π (d) 4π

36. एक बेलनाकार छड़ चुम्बक को वृत्तीय कुण्डली के अक्ष पर रखा गया है। यदि, चुम्बक को अपने अक्ष के परितः घुमाया जाता है, तो

(a) कुण्डली में धारा प्रेरित होगी
(b) कुण्डली में धारा प्रेरित नहीं होगी
(c) कुण्डली में केवल विद्युत वाहक बल प्रेरित होगा
(d) कुण्डली में विद्युत वाहक बल एवं धारा दोनों प्रेरित होंगे

37. एक धारामापी को बैटरी से संयोजित कुण्डली के निकट लाते हैं, तो उसमें विक्षेप उत्पन्न होता है क्योंकि

(a) प्रेरित धारा उत्पन्न होती है
(b) कुण्डली चुम्बक की भाँति कार्य करती है
(c) धारामापी की कुण्डली में लपेटों की संख्या परिवर्तित होती है
(d) उपरोक्त में से कोई नहीं

38. चोक कुण्डली का होता है

(a) उच्च प्रेरकत्व और कम प्रतिरोध (b) निम्न प्रेरकत्व और उच्च प्रतिरोध
(c) उच्च प्रेरकत्व और उच्च प्रतिरोध (d) निम्न प्रेरकत्व और निम्न प्रतिरोध

39. एक कुण्डली जिसका प्रेरकत्व 8.4 मिली हेनरी तथा प्रतिरोध 6 ओम है, 12 वोल्ट की बैटरी से जोड़ी जाती है। कुण्डली में धारा 1 ऐम्पियर है, लगभग

(a) 500 सेकण्ड बाद (b) 20 सेकण्ड बाद
(c) 35 मिली सेकण्ड बाद (d) 1 मिली सेकण्ड बाद

40. एक तार का l भुजा का एक छोटा वर्गाकार लूप, $L(L >> l)$ भुजा के बड़े वर्गाकार लूप के भीतर रखा गया है। दोनों लूप समतलीय हैं तथा उनके केन्द्र सम्पाती हैं। निकाय का अन्योन्य प्रेरण (mutual inductance) अनुक्रमानुपाती है

(a) $\frac{l}{L}$ के (b) $\frac{l^2}{L}$ के (c) $\frac{L}{l}$ के (d) $\frac{L^2}{l}$ के

41. किसी क्षण t पर एक कुण्डली से सम्बन्धित फ्लक्स दिया गया है $\phi = 10t^2 - 50t + 250$, $t = 3$ सेकण्ड पर प्रेरित विद्युत वाहक बल है

(a) −10 वोल्ट (b) 10 वोल्ट
(c) 190 वोल्ट (d) −190 वोल्ट

42. कुण्डली में प्रेरित विद्युत वाहक बल निर्भर करता है

(a) कुण्डली की चालकता पर
(b) फ्लक्स की मात्रा पर
(c) सम्बद्ध फ्लक्स की परिवर्तन दर पर
(d) कुण्डली के प्रतिरोध पर

उत्तरमाला

1. (d)	2. (c)	3. (c)	4. (a)	5. (c)	6. (a)	7. (d)	8. (a)	9. (c)	10. (a)
11. (d)	12. (d)	13. (a)	14. (d)	15. (b)	16. (a)	17. (b)	18. (c)	19. (c)	20. (a)
21. (a)	22. (c)	23. (a)	24. (c)	25. (a)	26. (c)	27. (b)	28. (a)	29. (a)	30. (a)
31. (b)	32. (d)	33. (b)	34. (c)	35. (b)	36. (b)	37. (a)	38. (a)	39. (d)	40. (b)

संकेत एवं हल

11. यहाँ, $L = 2$ मीटर, $B = 0.5$ वेबर/मी^{2}, $\theta = 90°$, $v = 1$ मी/से

तब $e = iBL\sin\theta = 1$ वोल्ट

13. फ्लक्स $(\phi) = NBA = 5 \times 1 \times 3 \times 10^{-5} = 15 \times 10^{-5}$ वेबर

15. हम जानते हैं, $B = \frac{e}{lv} = \frac{1}{10} = 0.1$ वेबर/मी^{2}

16. हम जानते हैं कि $(e) = -\frac{d\phi}{dt} = \frac{0.1}{1} = 1$ वोल्ट

20. अन्योन्य प्रेरकत्व $(M) = \frac{\phi}{i} = 200$ हेनरी

21. स्वप्रेरकत्व $(L) = 5 \times 10^{-3}$ हेनरी

यदि, $\Delta t = 0.1$ सेकण्ड

$\Delta i = 1$ ऐम्पियर

तब $e = -L\frac{di}{dt} = 5 \times 10^{-3} \times \frac{10}{1} = 5 \times 10^{-2}$ वोल्ट

22. यहाँ, $L = 10$ मीटर, $v = 400$ मी/से, $B = 0.6 \times 10^{-4}$ टेस्ला

$e = vLB = 0.24$ वोल्ट

25

प्रत्यावर्ती नेटवर्क
Alternating Networks

प्रत्यावर्ती धारा तथा प्रत्यावर्ती वोल्टेज (Alternating Current and Alternating Voltage)

यदि धारा की दिशा एकान्तर रूप में लगातार परिवर्तित हो रही है, तो यह **प्रत्यावर्ती धारा** (AC) कहलाती है तथा ऐसे वोल्टेज को जिसका परिमाण व दिशा समय के साथ बदले तथा एक निश्चित समय के पश्चात् उसी दिशा में उसी परिमाण के साथ उसकी पुनरावृत्ति हो, **प्रत्यावर्ती वोल्टेज** कहते हैं।

किसी समय प्रत्यावर्ती धारा तथा प्रत्यावर्ती वोल्टेज का मान निम्न प्रकार से दिया जाता है,

$$i = i_0 \sin \omega t \text{ तथा } V = V_0 \sin \omega t$$

जहाँ, i_0, धारा का शिखर मान तथा V_0 वोल्टेज का शिखर मान हैं।

i_{av} = धारा का औसत मान $= 2i_0/\pi = 0.636 i_0$

V_{av} = विभव का औसत मान $= \dfrac{2V_0}{\pi} = 0.636 V_0$

i_{rms} = धारा का वर्ग-माध्य-मूल मान $= \dfrac{i_0}{\sqrt{2}} = 0.707 i_0$

V_{rms} = प्रत्यावर्ती वोल्टेज का वर्ग-माध्य-मूल मान

$$= \frac{V_0}{\sqrt{2}} = 0.707\, V_0$$

नोट यदि N फेरों तथा A अनुप्रस्थ क्षेत्रफल वाली कुण्डली ω कोणीय वेग से एकसमान चुम्बकीय क्षेत्र B में घूर्णन कर रही हो, तब कुण्डली में प्रेरित विद्युत वाहक बल (प्रत्यावर्ती वोल्टेज)

$$(E) = NAB\omega \sin \omega t$$

$$(E) = E_0 \sin \omega t$$

जहाँ, $E_0 = NBA\omega$ प्रेरित विद्युत वाहक बल का शिखर मान है

धारा के प्रकार (Types of Current)

AC परिपथ में दो प्रकार की धाराएँ होती हैं। स्थिर धारा तथा क्षणिक धारा। किसी परिपथ में प्रवाहित धारा जिसमें समय के साथ वृद्धि नहीं होती है, **स्थिर धारा** (steady current) कहलाती है।

किसी परिपथ में प्रवाहित वह धारा जो अति अल्प समय में शून्य से महत्तम तथा महत्तम से शून्य हो जाती है, **क्षणिक धारा** (transient current) कहलाती है।

AC परिपथ में शुद्ध प्रतिरोध (Pure Resistor in an AC Circuit)

यदि एक प्रत्यावर्ती धारा परिपथ में प्रत्यावर्ती वि० वा० बल $V = V_0 \sin \omega t$ तथा प्रतिरोध R जुड़े हैं, तब सदैव धारा $(i) = \dfrac{V}{R} = \dfrac{V_0}{R} \sin \omega t = i_0 \sin \omega t$

यदि परिपथ में केवल शुद्ध प्रतिरोध है, तब वोल्टेज तथा धारा समान कला में होंगे।

AC परिपथ में शुद्ध संधारित्र (Pure Capacitor in an AC Circuit)

चित्र में एक परिपथ जिसमें एक प्रत्यावर्ती वि० वा० बल स्रोत $V = V_0 \sin \omega t$ तथा धारिता C का एक संधारित्र प्रदर्शित है। ऐसे परिपथ को शुद्ध धारितीय (pure capacitive) परिपथ कहते हैं।

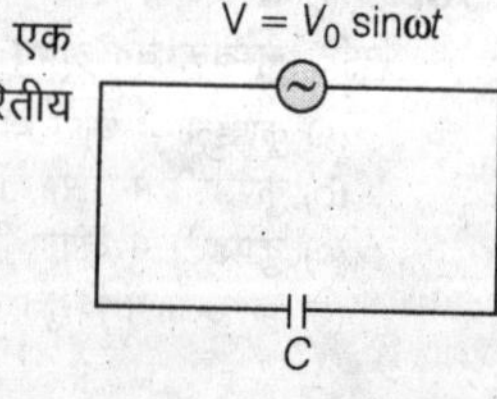

धारा $(i) = i_0 \sin\left(\omega t + \dfrac{\pi}{2}\right) = i_0 \cos \omega t$

जहाँ, $i_0 = \dfrac{V_0}{1/\omega C}$

उपरोक्त समीकरण से स्पष्ट है कि प्रभावी प्रतिरोध (effective resistance) $\dfrac{1}{\omega C} (= X_C)$ परिपथ का धारितीय प्रतिघात (capacitive reactance) है। इसका मात्रक ओम (Ω) है।

इस परिपथ में धारा वोल्टेज से $90°\left(\text{अर्थात्} \dfrac{\pi}{2}\right)$ अग्रगामी (leading) होती है।

AC परिपथ में शुद्ध प्रेरकत्व (Pure Inductor in an AC Circuit)

चित्र में एक परिपथ जिसमें एक प्रत्यावर्ती वि० वा० बल $V = V_0 \sin \omega t$ तथा स्व-प्रेरकत्व L की शुद्ध प्रेरकत्व वाली कुण्डली प्रदर्शित है।

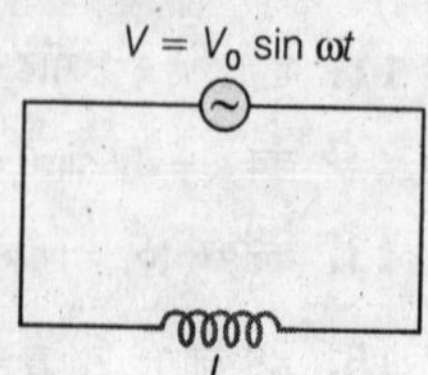

धारा $i = i_0 \sin\left(\omega t - \dfrac{\pi}{2}\right)$

जहाँ, $i_0 = \dfrac{V_0}{\omega L}$

उपरोक्त समीकरण से स्पष्ट है कि प्रभावी प्रतिरोध $\omega L (= X_L)$ परिपथ का प्रेरकीय प्रतिघात कहलाता है। इसका मात्रक भी ओम (Ω) है।

धारा वोल्टेज से $90°\left(\text{अर्थात्} \dfrac{\pi}{2}\right)$ पश्चगामी (lagging) होती है।

श्रेणी R-L परिपथ (Series R-L Circuit)

किसी AC परिपथ में प्रतिरोध के सिरों पर विभवान्तर धारा के साथ कला में होता है तथा प्रेरकत्व के सिरों पर विभवान्तर धारा से कला में 90° अग्रगामी होता है।

माना कला आरेख में धारा धनात्मक x-अक्ष के अनुदिश ली गई है। V_R को x-अक्ष के अनुदिश तथा V_L को धनात्मक y-अक्ष के अनुदिश लिया गया है।

$$V = \sqrt{V_R^2 + V_L^2} = \sqrt{(iR)^2 + (iX_L)^2}$$
$$= i\sqrt{R^2 + (\omega L)^2} \qquad (\because X_L = \omega L)$$
$$= iZ$$

यहाँ, Z परिपथ की प्रतिबाधा (impedance) है।

प्रतिबाधा का परिमाण $\quad |Z| = \sqrt{R^2 + (\omega L)^2}$

विभवान्तर धारा से कला में माना ϕ कोण से अग्रगामी है, तब

$$\phi = \tan^{-1}\left|\frac{V_L}{V_R}\right| = \tan^{-1}\left(\frac{X_L}{R}\right)$$

या
$$\phi = \tan^{-1}\left(\frac{\omega L}{R}\right)$$

श्रेणी R- C परिपथ (Series R- C Circuit)

AC परिपथ में संधारित्र के सिरों पर विभवान्तर धारा से कला में 90° पश्चगामी होता है।

माना कला आरेख में धारा को धनात्मक x-दिशा में लिया गया है तब V_R धनात्मक x-दिशा में तथा V_C ऋणात्मक y-दिशा में होगा।

$$V = \sqrt{V_R^2 + V_C^2} = \sqrt{(iR)^2 + (iX_C)^2} = i\sqrt{R^2 + X_C^2} = iZ$$

यहाँ, Z परिपथ की प्रतिबाधा है।

प्रतिबाधा का परिमाण $|Z| = \sqrt{R^2 + \left(\frac{1}{\omega C}\right)^2}$

तथा विभवान्तर धारा से कला में माना ϕ कोण से पश्चगामी है,

तब
$$\phi = \tan^{-1}\left(\frac{V_C}{V_R}\right) = \tan^{-1}\left(\frac{X_C}{R}\right)$$
$$= \tan^{-1}\left(\frac{\frac{1}{\omega C}}{R}\right) \quad \text{या} \quad \phi = \tan^{-1}\left(\frac{1}{\omega RC}\right)$$

श्रेणी L-C परिपथ (Series L-C Circuit)

AC परिपथ में प्रेरकत्व के सिरों पर विभवान्तर धारा से कला में 90° अग्रगामी होता है जबकि संधारित्र के सिरों पर विभवान्तर धारा से कला में 90° पश्चगामी होता है।

माना कला आरेख में धारा धनात्मक x-दिशा के अनुदिश ली गई है, तब V_L धनात्मक y-दिशा में तथा V_C ऋणात्मक y-दिशा में होगा।

अतः $\quad V = V_L \sim V_C = iX_L \sim iX_C = i\,(X_L \sim X_C) = iZ$

यहाँ, $\quad Z =$ प्रतिबाधा $= (X_L \sim X_C)$

$$= \left(\omega L \sim \frac{1}{\omega C}\right)$$

अतः परिस्थिति के अनुसार, परिणामी विभवान्तर धारा से 90° अग्रगामी अथवा 90° पश्चगामी होता है।

श्रेणी L-C-R परिपथ (Series L-C-R Circuit)

प्रेरकत्व के सिरों पर विभवान्तर धारा से 90° अग्रगामी होता है, जबकि संधारित्र के सिरों पर विभवान्तर धारा से 90° पश्चगामी होता है

यहाँ धारा $\quad (I) = \frac{I_0}{2}\sin(\omega t + \phi)$

तथा $\quad$ लगाया गया वि०वा० बल $(E) = E_0 \sin \omega t$

जबकि $\quad \tan\phi = \frac{X_L - X_C}{R}$

$$Z = \sqrt{R^2 + \left(\omega L - \frac{1}{\omega C}\right)^2}$$

AC परिपथ में शक्ति (Power in an AC Circuit)

किसी परिपथ में कार्य किए जाने की दर शक्ति (power) कहलाती है। AC परिपथ में धारा तथा वि० वा० बल समान कला में होना आवश्यक नहीं है।

अतः हम लिख सकते हैं

$$V = V_0 \sin \omega t,\ i = i_0 \sin(\omega t + \phi)$$

तात्क्षणिक शक्ति $\quad (P) = Vi = V_0 \sin \omega t \times i_0 \sin(\omega t + \phi)$

तथा औसत शक्ति $\quad (P_{av}) = V_{rms}\, i_{rms} \cos\phi$

$$\therefore \quad P_{av} = \frac{V_0}{\sqrt{2}} \frac{i_0}{\sqrt{2}} \cos\phi$$

यहाँ, $\cos\phi = \frac{R}{Z}$, AC परिपथ का **शक्ति गुणांक** (power factor) है।

नोट यदि $R = 0$, $\cos\phi = 0$ तथा $P_{av} = 0$ अर्थात् प्रतिरोधहीन परिपथ में कोई शक्ति हानि नहीं होती। इस प्रकार का परिपथ वाटहीन परिपथ (wattless circuit) कहलाता है तथा परिपथ में बहने वाली धारा वाटहीन धारा (wattless current) कहलाती है।

श्रेणी अनुनादी परिपथ (Series Resonance Circuit)

अनुनाद की स्थिति में प्रत्यावर्ती परिपथ के लिए प्रभावी प्रतिघात शून्य हो जाता है अर्थात् परिपथ पूर्णतया प्रतिरोधी हो जाता है। ऐसे परिपथों के लिए

(i) $X_L = X_C \Rightarrow \omega_0 L = \frac{1}{\omega_0 C} \Rightarrow \omega_0 \Rightarrow \omega_0 = \frac{1}{\sqrt{LC}}$

(ii) प्रतिबाधा $Z = R$

(iii) महत्तम धारा $I_{max} = \frac{E}{Z} = \frac{E}{R}$

(iv) शक्ति गुणांक $\cos\phi = \frac{R}{Z} = 1$

गुणता कारक (Quality Factor)

प्रत्यावर्ती धारा परिपथ के लिए गुणता कारक $= \frac{\omega_0 L}{R} = \frac{1}{\omega_0 RC}$

AC परिपथ जिसमें L तथा R समान्तर क्रम में हैं $(I) = \sqrt{I_R^2 + I_L^2}$

तथा $\quad$ शक्ति गुणांक $\cos\phi = \frac{\omega L}{\sqrt{R^2 + \omega^2 L^2}}$

AC परिपथ जिसमें C तथा R समान्तर क्रम में हैं $I = \sqrt{I_R^2 + I_C^2}$

तथा $\quad \cos\phi = \frac{1/\omega C}{\sqrt{R^2 + (1/\omega C)^2}}$

समान्तर अनुनादी परिपथ
(Parallal Resonance Circuit)

किसी समान्तर अनुनादी परिपथ के लिए,

$$(\omega_0) = \sqrt{\frac{1}{LC} - \frac{R^2}{L^2}}$$

$$\Rightarrow \text{ अनुनादी आवृत्ति } (f_0) = \frac{1}{2\pi}\sqrt{\frac{1}{LC} - \frac{R^2}{C^2}}$$

$$Q\text{-गुणांक} = \frac{R}{\omega_0 L} = \omega_0 RC$$

प्रत्यावर्ती सेतु (Alternating Bridge)

किसी प्रत्यावर्ती सेतु के लिए संतुलन की सामान्य स्थिति में $Z_1Z_4 = Z_2Z_3$ जहाँ, Z_1, Z_2, Z_3 तथा Z_4 सेतु की चार भुजाओं की प्रतिबाधाएँ हैं।

मैक्सवेल प्रेरणीय सेतु के लिए, $\frac{L_1}{R_2} = \frac{L_3}{R_4}$ (प्रेरण मापन)

शेहरिंग सेतु के लिए, $C_1R_2 = C_3R_4$ (धारिता मापन)

वीन्स सेतु के लिए, $f = \frac{1}{2\pi\sqrt{R_1R_2C_1C_2}}$ (आवृत्ति मापन)

नेटवर्क (Networks)

एक विद्युत नेटवर्क परिपथीय अवयवों (प्रतिरोधक, प्रेरक एंव संधारित्र) तथा जेनरेटर का संयोजन होता है।

वे नेटवर्क जिनमें वि०वा० बल अथवा शक्ति के स्रोत होते हैं सक्रिय नेटवर्क कहलाते हैं जिनमें इस प्रकार के स्रोत नहीं होते हैं वे निष्क्रिय नेटवर्क कहलाते हैं।

किरचॉफ नियम के प्रयोग की आव्यूह विधि
(Matrix Method of Experimental Kirchhoff's Law)

चित्रानुसार, माना इस परिपथ में तीन पाश हैं जिनमें धाराएँ I_1, I_2, व I_3 घड़ी की दिशा में प्रवाहित होती हैं।

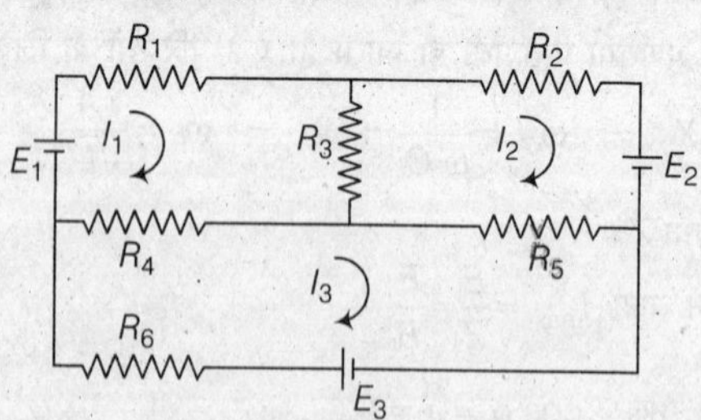

इसके लिए ओम के नियम को आव्यूह (matrix) रूप में निम्न प्रकार लिखते हैं।

$RI = V$ (ओम का नियम)

$$\begin{bmatrix} R_{11} & R_{12} & R_{13} \\ R_{21} & R_{22} & R_{23} \\ R_{31} & R_{32} & R_{33} \end{bmatrix} \begin{bmatrix} I_1 \\ I_2 \\ I_3 \end{bmatrix} = \begin{bmatrix} E_1 \\ -E_2 \\ E_3 \end{bmatrix}$$

जहाँ, R_{11} = पाश (1) में प्रतिरोध

$R_{21} = R_{12}$ = पाश (1) व (2) का उभयनिष्ठ विलोमतः प्रतिरोध

$R_{31} = R_{13}$ = पाश (1) व (3) का उभयनिष्ठ विलोमतः प्रतिरोध

R_{22} = पाश (2) का प्रतिरोध

$R_{23} = R_{32}$ पाश (2) व (3) का उभयनिष्ठ विलोमतः प्रतिरोध

R_{33} = पाश (3) का प्रतिरोध

अध्यारोपण का सिद्धान्त
(Principle of Superpositions)

अध्यारोपण का सिद्धान्त सभी रेखीय तन्त्रों पर लागू होता है।

इस सिद्धान्त के अनुसार, किसी रेखीय परिपथ के किसी शाखा में कुल धारा का मान प्रत्येक स्रोत द्वारा अकेले कार्य करते हुए उस शाखा में प्रवाहित धाराओं के बीजगणितीय योग के बराबर होता है। किसी एक स्रोत का योगदान निकालने के लिए अन्य स्रोतों को निष्क्रिय करना आवश्यक है। इसके लिए

(i) सभी अन्य वोल्टता स्रोतों को शॉर्ट करना पड़ता है ($V = 0$), तथा

(ii) सभी धारा स्रोतों को खोल देना (ओपेन करना) पड़ता है ($I = 0$)।

महत्व (Importance)

अध्यारोपण का सिद्धान्त परिपथ विश्लेषण में बहुत उपयोगी है। इसकी सहायता से किसी भी जटिल (किन्तु रेखीय) परिपथ को अत्यन्त सरल तुल्य थेवेनिन या तुल्य नॉर्टन परिपथ में बदला जा सकता है। किन्तु अरेखीय परिपथों में इसका प्रयोग नहीं किया जा सकता।

थेवेनिन की प्रमेय (Thevenin's Theorem)

थेवेनिन का प्रमेय विद्युतीय परिपथ सिद्धान्त का एक महत्त्वपूर्ण प्रमेय है। इसे फ्रांस के टेलेग्राफ इंजीनियर लियों चार्ल्स थेवेनिन [Leon Charles Thevenin (1857-1926)] ने प्रतिपादित किया था।

इसके अनुसार, वोल्टता स्रोत, धारा स्रोत एवं प्रतिरोधकों से निर्मित किसी भी रेखिक परिपथ का इसके किन्हीं दो सिरों (टर्मिनल्स) के बीच व्यवहार एक तुल्य वोल्टता स्रोत V_{th} एवं तुल्य प्रतिरोधक R_{th} श्रेणीक्रम के द्वारा निरूपित किया जा सकता है। यह किसी एक आवृत्ति वाले प्रत्यावर्ती धारा के स्रोत एवं सामान्यीकृत प्रतिबाधा से युक्त परिपथों के लिए भी लागू होता है। इस सिद्धान्त की खोज सबसे पहले जर्मनी के वैज्ञानिक हर्मन वॉन हेल्महॉल्ट्ज (Hermann von Helmholtz) ने सन् 1853 में की थी, किन्तु बाद में थेवेनिन ने सन् 1883 में इसे पुनः संशोधित तथा अनुप्रयोगित किया।

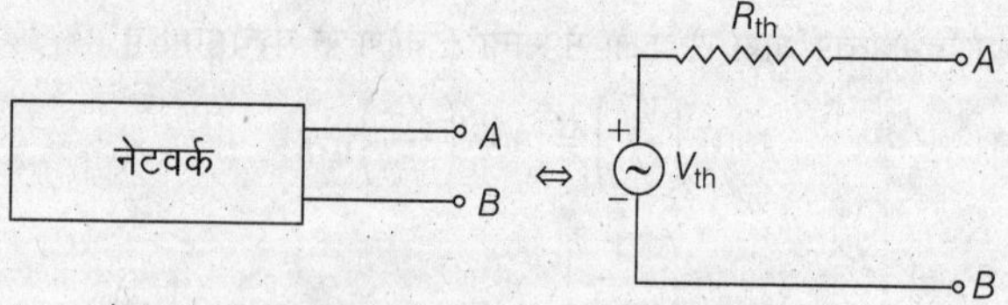

जहाँ, $V_{th} = AB$ के अनुदिश खुले परिपथ का विभव तथा

$R_{th} = AB$ से जुड़े सभी स्रोतों के आन्तरिक प्रतिरोधों का तुल्य प्रतिरोध है।

थेवेनिन की प्रमेय के अनुसार,

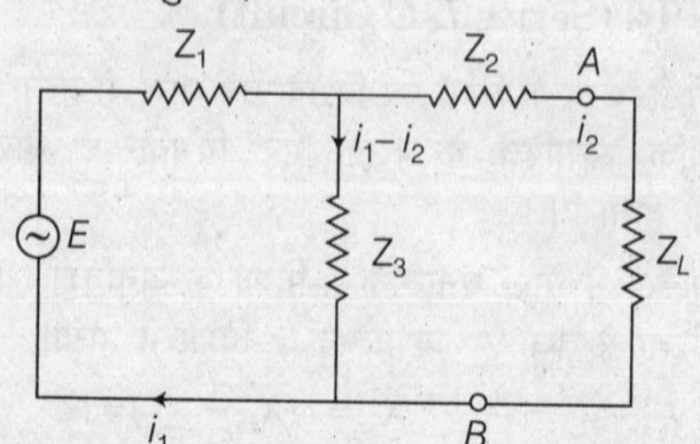

$$\text{धारा} \quad (i_1) = \frac{i_2(Z_2 + Z_3 + Z_L)}{Z_3}$$

$$\text{धारा} \quad (i_2) = \frac{E\,Z_3/(Z_1 + Z_3)}{Z_2 + \dfrac{Z_1 Z_3}{Z_1 + Z_3} + Z_L}$$

यदि Z_L को हटा लें, तब Z_1 व Z_3 में

धारा $(i_1) = \dfrac{E}{Z_1 + Z_3}$

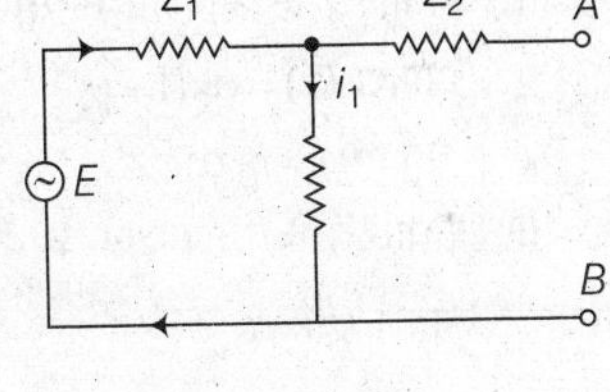

चूँकि Z_2 में धारा नहीं है, अतः A व B के बीच खुले परिपथ का वोल्टेज V भी वही होगा जो Z_3 के सिरो के बीच है

$$V = \frac{E\,Z_3}{Z_1 + Z_2}$$

यदि जनित्र E को शून्य आन्तरिक प्रतिबाधा से प्रतिस्थापित करें तो A तथा B के बीच प्रतिबाधा

$$Z_1 = Z_2 + \frac{Z_1 Z_3}{Z_1 + Z_3},\ i_2 = \frac{V}{Z_1 + Z_L}$$

नॉर्टन प्रमेय (Norton's Theorem)

नॉर्टन प्रमेय के अनुसार, विभिन्न प्रतिबाधाओं तथा स्रोतों से युक्त द्वि-टर्मिनल जटिल जाल (two-port network) को एक धारा जनित्र (I_{eq}) तथा समान्तर क्रम में जुड़े प्रतिबाधा (Z_{eq}) के तुल्य माना जा सकता है, जो नीचे चित्र में प्रदर्शित है।

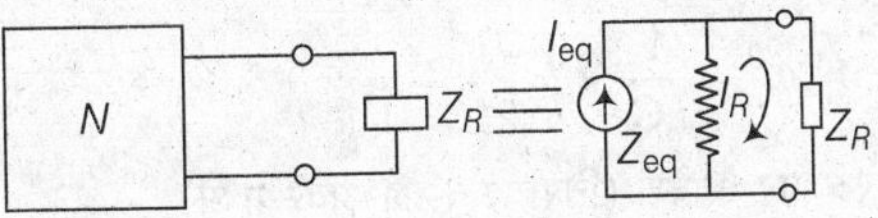

यहाँ, I_{eq} दोनों टर्मिनलों के मध्य प्रवाहित लघुपथित (short circuited) धारा तथा Z_{eq} टर्मिनल के मध्य प्रभावी प्रतिबाधा का मान है।

यदि जाल के समस्त स्रोतों को उनकी आन्तरिक प्रतिबाधाओं से प्रतिस्थापित कर दें, तब

लोड प्रतिरोध से प्रवाहित धारा

$$I'_R = \frac{E_{eq}}{Z_{eq} + Z_R} = \frac{Z_{eq} I_{eq}}{Z_{eq} + Z_R}$$

पारस्परिकता प्रमेय (Reciprocal Theorem)

पारस्परिकता की प्रमेयानुसार, द्विपार्श्विक रेखिक जाल में यदि एक लूप जिसमें वि.वा. बल E के स्रोत के द्वारा जाल के किसी दूसरे लूप में धारा I उत्पन्न होती है तो उसी स्रोत (E) को दूसरे लूप में लगाने पर प्रथम लूप में धारा I ही प्रवाहित होगी।

या लूप 1 व 2 के मध्य अन्तरित प्रतिबाधा (transfer impedance) लूप 2 व 1 के मध्य अन्तरित प्रतिबाधा ($Z_{T_{21}}$) के बराबर होती है।

$$Z_{T_{12}} = Z_{T_{21}} \quad \text{या} \quad \frac{E_1}{I_2} = \frac{E_2}{I_1}$$

$$Z_{T_{12}} = Z_{T_{21}} = \frac{Z_1 Z_2 + Z_2 Z_3 + Z_3 Z_1}{Z_3}$$

तथा ऐसा जाल जिसके लिए $Z_{Tij} = Z_{Tji} \Rightarrow$ द्विपार्श्विक (bilateral) जाल कहलाता है।

अधिकतम शक्ति संचरण प्रमेय (Maximum Power Transfer Theorem)

यदि किसी प्रत्यावर्ती परिपथ की लोड प्रतिबाधा तथा स्रोत की आन्तरिक प्रतिबाधा परस्पर संयुग्मी (conjugate) होते हैं, तो स्रोत से लोड को संचरित शक्ति का मान अधिकतम होता है।

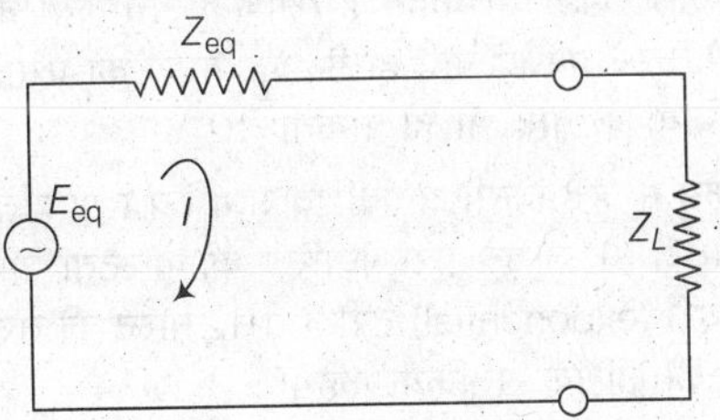

चित्रानुसार,

$$Z_{eq} = R_{eq} + jX_{eq}$$

तथा $Z_L = R_L + jX_L$

लोड में धारा

$$(I) = \frac{E}{Z_{eq} + Z_L} = \frac{E}{(R_{eq} + R_L) + j(X_{eq} + X_L)}$$

$$\therefore \quad (I) = \frac{E_{eq}}{\sqrt{(R_{eq} + R_L)^2 + (X_{eq} + X_L)^2}}$$

Z_L से संचरित शक्ति

$$P = I^2 R_L = \frac{(E_{eq})^2 R_L}{(R_{eq} + R_L)^2 + (X_{eq} + Z_L)^2}$$

P के अधिकतम मान के लिए $(X_{eq} + X_L)^2 = 0$

या $X_L = -X_{eq}$

अर्थात्, X_L, X_{eq} का मान संयुग्मी होगा अर्थात् यदि X_{eq} प्रेरकत्वीय (inductive) है तो X_L धारतीय (capacitive) होना चाहिए। अर्थात् परिपथ का कुल प्रतिघात (reactance) शून्य होना चाहिए।

या $$P_{max} = \frac{E_{eq}^2 R_L}{(R_{eq} + R_L)^2}$$

R_{eq} को नियत रखकर R_L के मान को परिवर्तित करने पर अधिकतम शक्ति संचरण के लिए,

$$\frac{dP}{dR_L} = 0$$

$$\Rightarrow \quad R_{eq} = R_L$$

तथा
$$Z_L = R_L + jX_L$$
$$= R_{eq} - jX_{eq}$$

टेलेगेन की प्रमेय (Tellegan's Theorem)

टेलेगेन के प्रमेयानुसार, किसी परिपथ में सभी शाखाओं में लगे सभी अवयवों की तात्क्षणिक क्षमताओं का योग शून्य होता है।

विभिन्न विभव स्रोतों द्वारा दी गई कुल शक्ति = विभिन्न ब्रान्चों में विभिन्न अवयवों की कुल शक्ति

अर्थात् $\sum_{k=1}^{b} V_k i_k = 0$, जहाँ b = शाखाओं की संख्या है।

क्षणिक अनुक्रिया (Transient Response)

विद्युत इंजीनियरी एवं यान्त्रिक इंजीनियरी के सन्दर्भ में किसी तन्त्र की साम्यावस्था के बाद उसमें किसी प्रकार का परिवर्तन करने के तुरन्त बाद तन्त्र की अनुक्रिया (रिस्पांस) को उसकी क्षणिक अनुक्रिया (transient response) कहते हैं। इसे अस्थाई अनुक्रिया या प्राकृतिक अनुक्रिया (natural response) भी कहते हैं। क्षणिक अनुक्रिया केवल चालू /बन्द (ON/OFF) करने पर ही नहीं होती, यह साम्य को प्रभावित करने वाली किसी भी क्रिया के बाद भी हो सकती है।

जैसे- श्रेणीक्रम में जुड़े किसी अनावेशित संधारित्र तथा प्रतिरोध को एक 12 वोल्ट की बैटरी से जोड़ने पर संधारित्र की वोल्टता शून्य से बढ़ते हुए इक्सपोनेंशियल (exponential) तरीके से 12 वोल्ट की तरफ जाती है। इसे इस परिपथ की क्षणिक अनुक्रिया कहेंगे।

प्रेरणीय परिपथ में धारा में वृद्धि
(Current Growth in an Inductive Circuit)

माना किसी परिपथ में L स्व-प्रेरकत्व वाली कुण्डली तथा एक अप्रेरणीय प्रतिरोध R जुड़े हैं, तब

$$(i) = i_0 (1 - e^{-t/\tau})$$

जहाँ, $i_0 = \frac{E}{R}$ = धारा का स्थिर अवस्था में मान

$\tau = \frac{L}{R}$ = परिपथ का समय नियतांक

प्रेरणीय परिपथ में धारा का क्षय,

$$i = i_0 e^{-e/\tau}$$

जहाँ, i_0 स्थिर अवस्था में धारा का मान है।

संधारित्र का आवेशन तथा निरावेशन
(Charging and Discharging of a Capacitor)

संधारित्रों को परिपथ में आवेशित या निरावेशित किया जा सकता है। इनके वक्र नीचे दिए गए हैं।

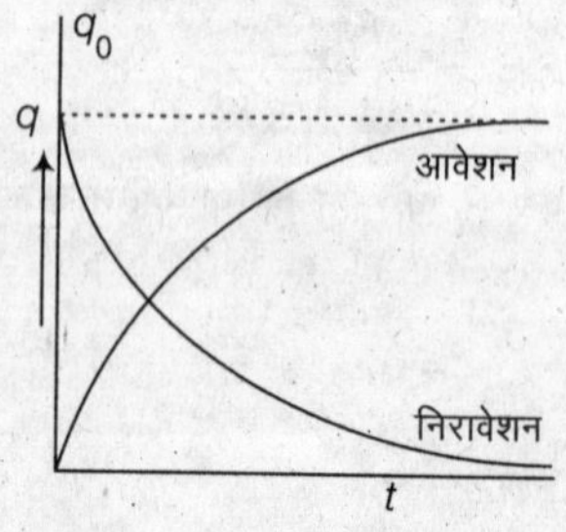

(i) संधारित्र के आवेशन के दौरान

आवेश $(q) = q_0(1 - e^{-t/CR})$

धारा $(i) = i_0\, e^{-t/CR}$

(ii) संधारित्र के निरावेशन के दौरान,

आवेश $(q) = q_0 e^{-t/CR}$

धारा $(i) = i_0\, e^{-t/CR}$

L-C परिपथ में निरावेशन की आवृत्ति, $(f) = \frac{1}{2\pi}\sqrt{\frac{1}{LC}}$

L-C-R **श्रेणी परिपथ में,**

(i) संधारित्र पर आवेश (आवेशन की अवस्था में)

$$q = q_0 - \frac{q_0}{2}\left(1 + \frac{k}{\sqrt{k^2 - \omega^2}}\right) e^{\left[-k + \sqrt{(k^2 - \omega^2)}\right]t} - \frac{q_0}{2}\left(1 - \frac{k}{\sqrt{k^2 - \omega^2}}\right) e^{\left[-k - \sqrt{k^2 - \omega^2}\right]t}$$

जहाँ, q_0 स्थिर अवस्था में आवेश है।

$$\omega^2 = \frac{1}{LC}, k = \frac{R}{2L}$$

(ii) संधारित्र पर आवेश (निरावेशन की अवस्था में)

$$q = \frac{q_0}{2}\left(1 + \frac{k}{\sqrt{k^2 - \omega^2}}\right) e^{\left[-k + \sqrt{k^2 - \omega^2}\right]t} + \frac{q_0}{2}\left(1 - \frac{k}{\sqrt{k^2 - \omega^2}}\right) e^{[-k - \sqrt{K^2 - \omega^2}]t}$$

ट्रान्सफॉर्मर (Transformer)

यह एक स्थायी (static) विद्युतीय उपकरण है जो अन्योन्य प्रेरण के सिद्धान्त पर कार्य करता है। इसके उपयोग से विद्युत शक्ति अपरिवर्तित रहती है किन्तु धारा तथा विभव का मान बदल सकता है। ये दो प्रकार के हैं उच्चायी तथा अपचायी।

ट्रान्सफॉर्मर के लिए, $E_2 I_2 = E_1 I_1 \Rightarrow \frac{I_2}{I_1} = \frac{E_1}{E_2} = \frac{N_1}{N_2}$

जहाँ, E_1 व E_2 क्रमशः प्राथमिक व द्वितीयक कुण्डली के वि० वा० बल हैं। N_1 व N_2 प्राथमिक व द्वितीयक कुण्डली में फेरों की संख्या हैं।

अभ्यास प्रश्नावली

1. संलग्न चित्र में कौन-से वोल्टमीटर का पाठ अनुनादी आवृत्ति पर शून्य होगा?

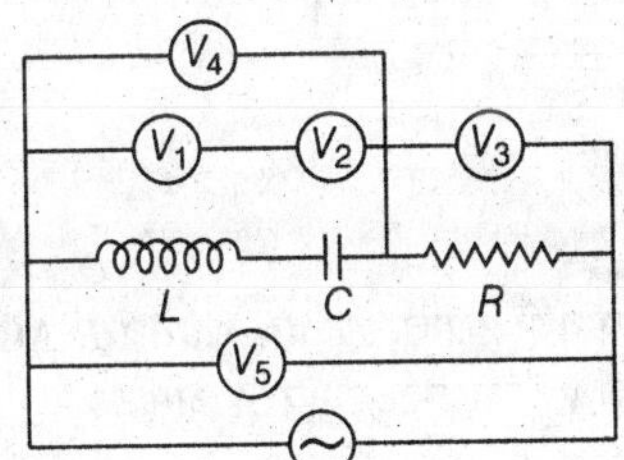

(a) V_1 (b) V_2
(c) V_3 (d) V_4

2. संलग्न चित्र में परिपथ की प्रतिबाधा होगी

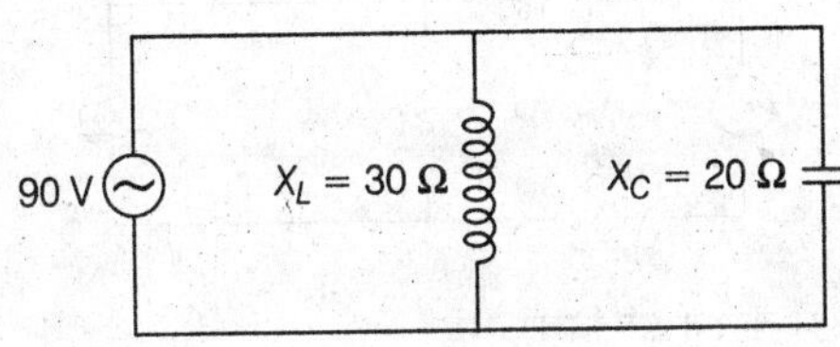

(a) 120 Ω (b) 50 Ω
(c) 60 Ω (d) 90 Ω

3. यदि $i=t^2$, $0<t<T$, तब धारा का rms मान है

(a) $\frac{T^2}{\sqrt{2}}$ (b) $\frac{T^2}{2}$
(c) $\frac{T^2}{\sqrt{5}}$ (d) इनमें से कोई नहीं

4. चित्र में दिखाया गया धारा वितरण सम्भव है

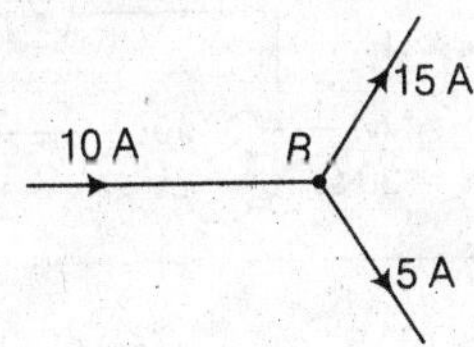

(a) हाँ
(b) नहीं
(c) कुछ नहीं कहा जा सकता
(d) जानकारी अपर्याप्त है

5. एक L-R परिपथ में प्रेरकत्व के प्रतिघात का मान परिपथ के प्रतिरोध R के बराबर है। परिपथ में वि० वा० बल $E=E_0 \cos \omega t$ प्रयुक्त किया गया है। परिपथ में शक्ति का अवशोषण होगा

(a) $\frac{E_0^2}{R}$ (b) $\frac{E_0^2}{2R}$ (c) $\frac{E_0^2}{4R}$ (d) $\frac{E_0^2}{8R}$

6. एक 10 V- 60 W के बल्ब को 100 V लाइन से जोड़ने के लिए आवश्यक प्रेरण कुण्डली का स्व-प्रेरकत्व होगा। (यहाँ, $f = 50$ Hz)

(a) 0.052 H (b) 2.42 H
(c) 16.2 mH (d) 1.62 mH

7. चित्र में दिए गए परिपथ में वोल्टमीटर का पाठयांक होगा

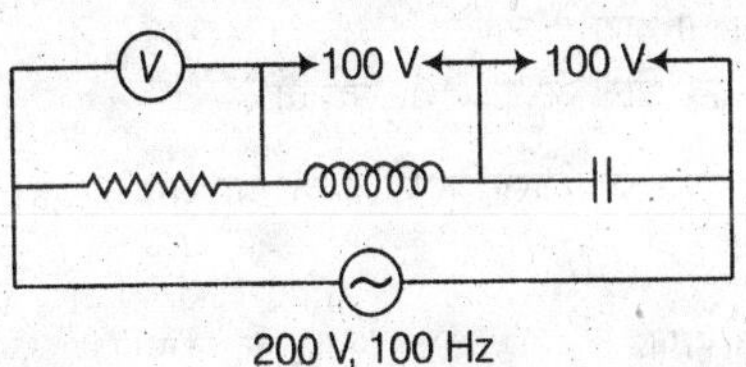

(a) 300 V (b) 900 V
(c) 200 V (d) 400 V

8. एक L-C-R श्रेणी परिपथ में $C=2\mu$F, $L=1$ mH एवं $R=10\Omega$ उस समय जब परिपथ में धारा अधिकतम है, संधारित्र में संचित ऊर्जा एवं प्रेरक में संचित ऊर्जा का अनुपात होगा

(a) 1:1 (b) 1: 2
(c) 2: 1 (d) 1: 5

9. चित्रानुसार प्रेरकीय परिपथ में कुँजी लगाने के बाद धारा बढ़ती है। जिस क्षण धारा 15 mA होती है, तब प्रेरकत्व के सिरों पर विभवान्तर होगा

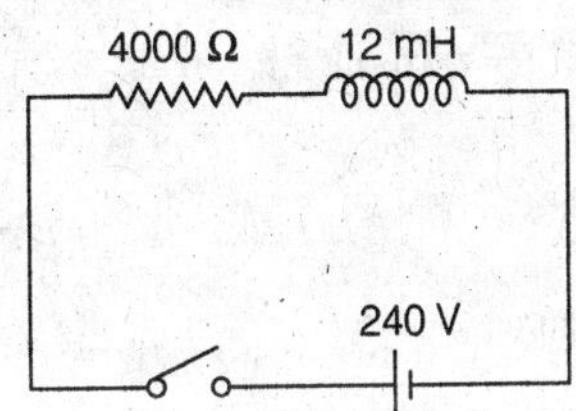

(a) शून्य (b) 240 V
(c) 180 V (d) 60 V

10. 110 V, 60 Hz के प्रत्यावर्ती स्रोत से एक परिपथ 330 W प्राप्त करता है। शक्ति गुणांक 0.6 है तथा धारा वोल्टता से पश्चगामी है। श्रेणी में संधारित्र की धारिता जो शक्ति गुणांक में इकाई परिमाण व्यक्त करती है, बराबर होगी

(a) 31 μF (b) 54μF
(c) 151 μF (d) 201 μF

11. प्रतिरोध R प्रेरकत्व L तथा संधारित्र C दोलित्र से श्रेणीबद्ध है, जिसकी आवृत्ति f है। यदि अनुनादी आवृत्ति f_r हो, तब धारा वोल्टता से पश्च होगी

(a) $f=0$ (b) $f<f_r$
(c) $f=f_r$ (d) $f>f_r$

12. f आवृत्ति के लिए AC परिपथ में किसी यन्त्र के सिरों के मध्य का विभवान्तर V तथा धारा I क्रमशः $V = 5\cos \omega t$ वोल्ट और $I = 2\sin \omega t$ ऐम्पियर है (यहाँ, $\omega = 2\pi f$), तो यन्त्र में शक्ति का अपव्यय होता है

(a) शून्य (b) 10 W
(c) 5 W (d) 2.5 W

13. AC परिपथ में V तथा I के मान दिए हैं
$V=100 \sin 100t$ वोल्ट एवं $I=100 \sin\left(100t+\frac{\pi}{3}\right)$ मिली-ऐम्पियर परिपथ में शक्ति क्षय होता है

(a) 10^4 W
(b) 10 W
(c) 2.5 W
(d) 5 W

14. दिष्ट, धारा (DC) के लिए प्रयुक्त अमीटर के द्वारा प्रत्यावर्ती धारा नहीं नाप सकते हैं, क्योंकि

(a) प्रत्यावर्ती धारा (AC), दिष्ट धारा (DC) अमीटर से प्रवाहित नहीं हो सकती है
(b) पूर्ण चक्र के लिए इसका माध्य मान शून्य होता है
(c) प्रत्यावर्ती धारा काल्पनिक है
(d) प्रत्यावर्ती धारा अपनी दिशा बदलती है

15. दिष्ट धारा के लिए किसी कुण्डली का प्रतिरोध 5Ω है। प्रत्यावर्ती धारा के लिए प्रतिरोध

(a) समान होगा (b) बढ़ जाएगा
(c) कम हो जाएगा (d) शून्य होगा

16. एक AC जेनरेटर $E = 170 \sin 377t$ वोल्ट का आउटपुट उत्पन्न करता है, t सेकण्ड में बताया है, तो AC वोल्ट की आवृत्ति का मान है

(a) 50 Hz (b) 110 Hz
(c) 60 Hz (d) 230 Hz

17. प्रत्यावर्ती धारा परिपथ में सामान्यत:

(a) धारा का औसत मान शून्य होता है।
(b) धारा के वर्ग का औसत मान शून्य होता है।
(c) औसत शक्ति क्षय शून्य होता है।
(d) वोल्टता तथा धारा में कलान्तर शून्य होता है।

18. एक परिवर्ती धारा $i = i_1 \cos \omega t + i_2 \sin \omega t$ के लिए वर्ग-माध्य-मूल धारा होगी

(a) $\frac{1}{\sqrt{2}}(i_1 + i_2)$ (b) $\frac{1}{\sqrt{2}}(i_1 + i_2)^2$
(c) $\frac{1}{\sqrt{2}}(i_1^2 + i_2^2)^{1/2}$ (d) $\frac{1}{2}(i_1^2 + i_2^2)^{1/2}$

19. एक AC परिपथ में $i = 5\sin\left(100t - \frac{\pi}{2}\right)$ ऐम्पियर और AC विभव $V = 200 \sin 100t$ वोल्ट है। इसमें विद्युत शक्ति की खपत होगी

(a) 20 W (b) 40 W (c) 1000 W (d) शून्य

20. प्रत्यावर्ती धारा का शिखर मान लगभग कितना होगा, जो 2.0 ऐम्पियर की स्थायी धारा की तुलना में प्रतिरोध में चार गुनी ऊष्मा प्रति सेकण्ड उत्पन्न करती है?

(a) 2.8 A (b) 4.0 A
(c) 5.6 A (d) 8.0 A

21. एक परिपथ में प्रत्यावर्ती धारा का मान तप्त तार ऐम्पियरमापी द्वारा 10 ऐम्पियर पढ़ा जाता है। उसका शिखर मान होगा

(a) 10 A (b) 20 A
(c) 14.14 A (d) 7.07 A

22. सुमेलित करें

	धाराएँ		वर्ग-माध्य-मूल मान
(1)	$x_0 \sin \omega t$	(i)	x_0
(2)	$x_0 \sin \omega t \cos \omega t$	(ii)	$\frac{x_0}{\sqrt{2}}$
(3)	$x_0 \sin \omega t + x_0 \cos \omega t$	(iii)	$\frac{x_0}{2\sqrt{2}}$

(a) 1. (i), 2. (ii), 3. (iii)
(b) 1. (ii), 2. (iii), 3. (i)
(c) 1. (i), 2. (iii), 3. (ii)
(d) उपरोक्त में से कोई नहीं

23. निम्न विद्युतीय परिपथ में जुड़े अमीटर का मान है

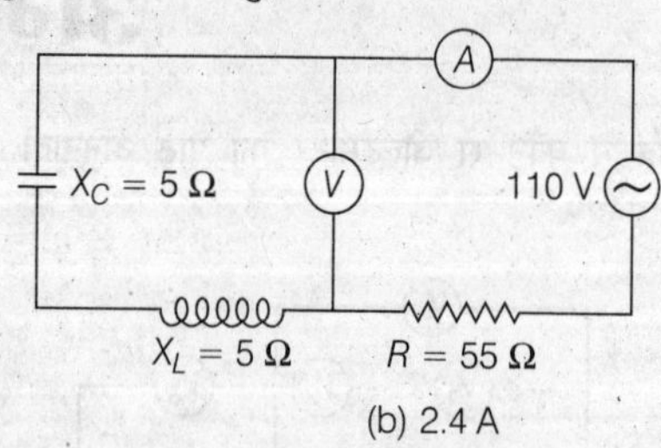

(a) 2 A (b) 2.4 A
(c) शून्य (d) 1.7A

24. दिखाए गए परिपथ में धारिता C एवं प्रतिरोध R AC स्रोत से श्रेणीक्रम में जुड़े हैं, V_1 एवं V_2 वोल्टमीटर एवं A अमीटर है जैसा कि नीचे चित्र में प्रदर्शित है

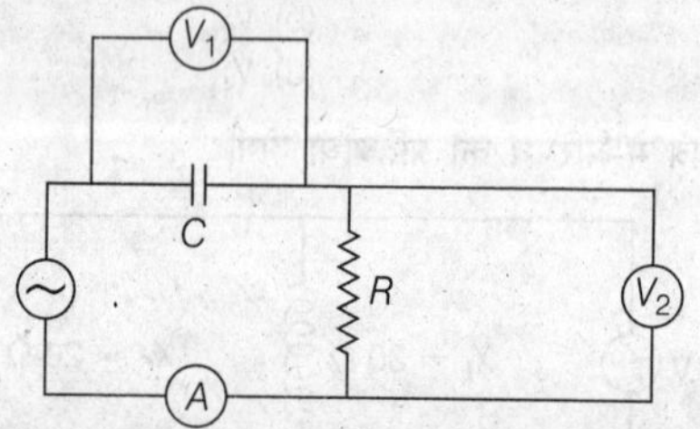

अब निम्न कथनों पर विचार करें

I. A का पाठ्यांक एवं V_2 का पाठ्यांक सदैव समान कला में है।
II. V_2 का पाठ्यांक एवं V_1 के पाठ्यांक से सदैव अग्रगामी है।
III. A का पाठ्यांक एवं V_1 का पाठ्यांक सदैव समान कला में है।

इन कथनों में से सत्य कथन है

(a) केवल I (b) केवल II (c) I और II (d) II और III

25. चित्र में दिखाए गए परिपथ में स्रोत के प्रतिरोध को नगण्य मानने पर अमीटर एवं वोल्टमीटर के पाठ्यांक क्रमशः होंगें

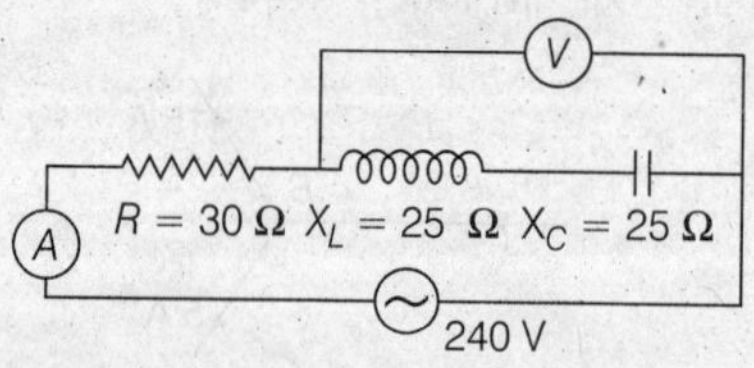

(a) 0V, 3A (b) 150 V, 3A
(c) 150 V, 6A (d) 0V, 8A

26. एक L-C-R परिपथ में प्रतिरोध का मान 100Ω है। इस परिपथ को 200 V(rms) एवं 300 rad/s कोणीय आवृत्ति वाले AC स्रोत से जोड़ा गया है। जब केवल संधारित्र को हटा लिया जाता है, तब धारा वोल्टेज से 60° कोण से पश्चगामी है। जब केवल प्रेरक को हटा लिया जाता है तब धारा वोल्टेज से 60° कोण से अग्रगामी है। परिपथ में व्यय औसत शक्ति है

(a) 50 W (b) 100 W (c) 200 W (d) 400 W

27. एक AC परिपथ में धारा $I = I_0 \sin\left(\omega t + \frac{\pi}{2}\right)$ द्वारा दी गयी है इस परिपथ में आरोपित AC वोल्टेज $E = E_0 \sin \omega t$ है, तो परिपथ में व्यय शक्ति है

(a) $\frac{E_0 I_0}{\sqrt{2}}$ (b) $\sqrt{2} E_0 I_0$
(c) $\frac{E_0 I_0}{2}$ (d) शून्य

28. एक AC परिपथ में वि० वा० बल व धारा के तात्क्षणिक मान क्रमशः $e = 200 \sin 314t$ वोल्ट तथा $i = \sin\left(314t + \frac{\pi}{3}\right)$ ऐम्पियर हैं, तो औसत व्यय शक्ति वाट में है

(a) 200 (b) 100 (c) 50 (d) 25

29. चित्र में दिखाए गए परिपथ में धारा I का मान ज्ञात कीजिए।

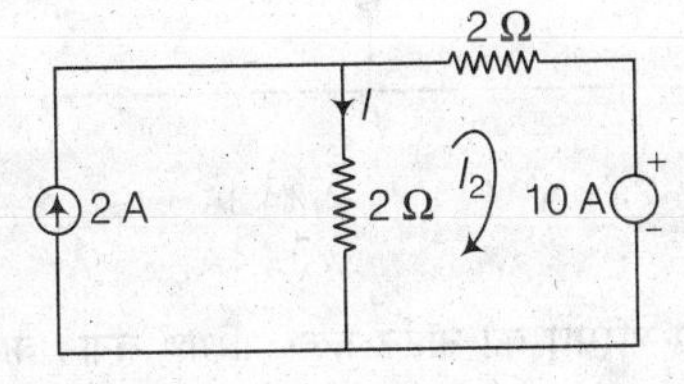

(a) 2.5 A (b) 1 A (c) 3.5 A (d) 4.5 A

30. चित्र पर ध्यान दीजिए

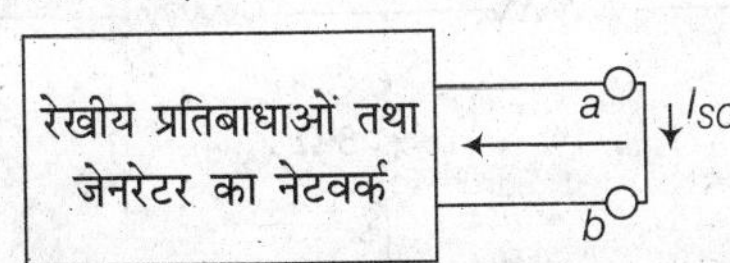

यह चित्र रूप है

(a) थेवेनिन प्रमेय का (b) नॉर्टन प्रमेय का
(c) कम्पेनसेसन प्रमेय का (d) महत्तम क्षमता प्रमेय का

31. नेटवर्क परिपथ में अवयव एकरेखीय जब कहलाएगें, यदि

(a) $e = Ri$ सत्य हो (b) $e = L\left(\frac{di}{dt}\right)$ सत्य हो
(c) $e = \frac{1}{C}\int I d f$ सत्य हो (d) ये सभी

32. चित्र में दिखाए गए परिपथ में लोड में महत्तम स्थानान्तरण शक्ति है

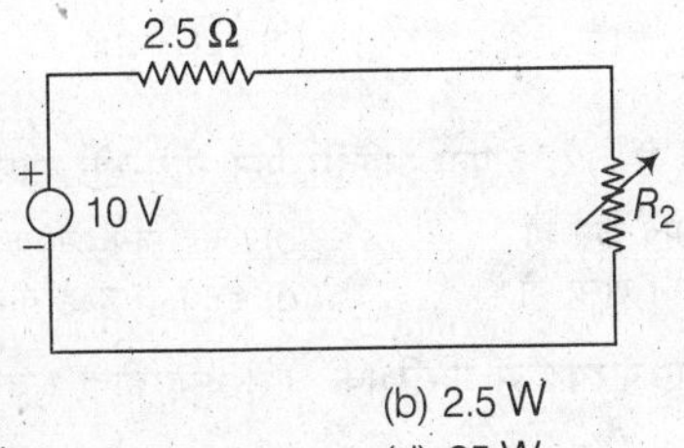

(a) 5 W (b) 2.5 W
(c) 10 W (d) 25 W

33. किरचॉफ का नियम निम्न पर आधारित किया जाता है

(a) केवल ए सी नेटवर्क
(b) केवल डी सी नेटवर्क
(c) ए सी और डी सी नेटवर्क
(d) उपरोक्त में से कोई नहीं

34. दिए गए परिपथ में नॉर्टन धारा है

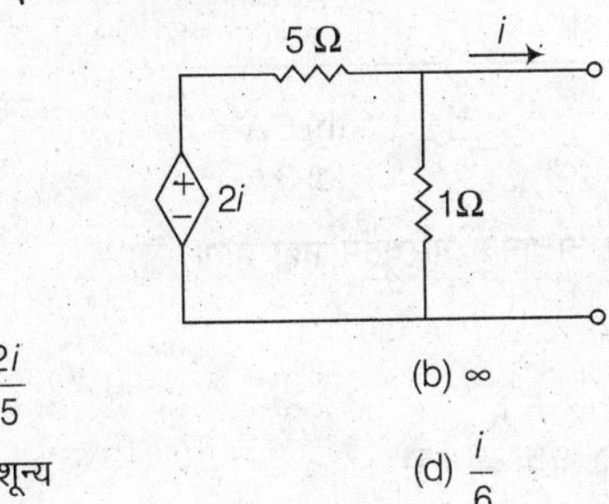

(a) $\frac{2i}{5}$ (b) ∞
(c) शून्य (d) $\frac{i}{6}$

35. दिए गए परिपथ में थेवेनिन धारा है

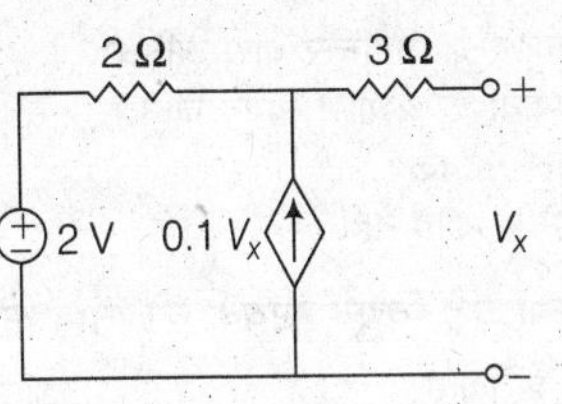

(a) 3 V (b) 2.5 V (c) 2 V (d) 0.1 V

36. कम्पनसेसन प्रमेय सम्बद्ध है

(a) केवल रेखीय नेटवर्क से (b) केवल अरेखीय नेटवर्क से
(c) रेखीय व अरेखीय नेटवर्क से (d) दोनों में से कोई नहीं

37. किसी परिपथ में अज्ञात धारा को ज्ञात करने के लिए यदि किरचॉफ का नियम लगाते हैं, तब समीकरण हैं

(a) लूप समीकरण (b) नोडल समीकरण
(c) किरचॉफ समीकरण (d) लोड समीकरण

38. अध्यारोपण प्रमेय किसी परिपथ में तब लागू होती है जब परिपथ का आधारित (धारण) वोल्टेज स्रोत हमेशा

(a) खुला हो (b) शॉर्टेड हो
(c) कार्यरत् हो (d) इनमें से कोई नहीं

39. पारस्परिकता प्रमेय में एक ब्राँच के वि· वा· बल तथा दूसरी ब्राँच की धारा का अनुपात कहलाता है

(a) ट्रांसफर प्रतिरोध (b) ट्रांसफर प्रतिबाधा
(c) ट्रांसफर (d) ट्रांसफर संधारित्र

40. एक विद्युत परिपथ में प्रतिबाधा व जेनरेटर जुड़े हैं, इसे कहते हैं

(a) मैश (b) लूप
(c) नेटवर्क (d) जटिल परिपथ

41. अध्यारोपण प्रमेय मान्य नहीं है

(a) वोल्टेज संकेतन के लिए (b) धारा संकेतन के लिए
(c) क्षमता संकेतन के लिए (d) सभी के लिए

42. अधिकतम शक्ति संचरण के लिए

कथन (i) X_L व X_{eq} संयुग्मी होने चाहिए।

कथन (ii) X_L धारितीय हो तो X_{eq} प्रेरकत्वीय होना चाहिए।

(a) केवल कथन (i) सत्य हैं
(b) केवल कथन (ii) सत्य हैं
(c) कथन (i) व कथन (ii) दोनों सत्य हैं
(d) कथन (i) व कथन (ii) दोनों असत्य हैं

43. अध्यारोपण प्रमेय उस नेटवर्क से सम्बद्ध नहीं होती जिसमें लगा होता है

(a) अरेखीय एलीमेण्ट (b) वोल्टेज आधारित (भारित) स्रोत
(c) धारा भारित स्रोत (d) ट्रांसफॉर्मर

44. एक नेटवर्क में परिपथ एलीमेण्ट बिना ऊर्जा स्रोत के जुड़े हैं, यह है

(a) क्रियाशील नेटवर्क (b) निष्क्रिय नेटवर्क
(c) ऋणात्मक नेटवर्क (d) कोई नेटवर्क नहीं

45. अधिकतम शक्ति संचरण के लिए

(a) $\frac{dP}{dX_L} = 0$ (b) $\frac{dP}{dX_{eq}} = 0$
(c) $\frac{dP}{dR_L} = 0$ (d) इनमें से कोई नहीं

46. थेवेनिन प्रमेय एक द्वि-टर्मिनल नेटवर्क को निम्न के रूप में घटा देता है
(a) किसी प्रतिबाधा के समान्तर धारा जनित्र
(b) किसी प्रतिबाधा के श्रेणी में विभव जनित्र
(c) एक टर्मिनल नेटवर्क
(d) उपरोक्त में से कोई नहीं

47. नॉर्टन प्रमेय किसी बड़े विद्युत नेटवर्क को निम्न के रूप में घटा देता है
(a) केवल एक प्रतिबाधा
(b) केवल एक जनित्र
(c) केवल एक जनित्र और एक प्रतिबाधा
(d) उपरोक्त में से कोई नहीं

48. महत्तम पावर स्थानान्तरण प्रमेय के अनुसार, महत्तम पावर स्थानान्तरण के लिए
(a) स्रोत प्रतिबाधा का मान भारण प्रतिबाधा की तुलना में बहुत अधिक होना चाहिए
(b) स्रोत प्रतिबाधा का मान भारण प्रतिबाधा की तुलना में बहुत कम होना चाहिए
(c) स्रोत प्रतिबाधा, भारण (load) प्रतिबाधा का सम्मिश्र संयुग्मी (complex conjugate) होना चाहिए
(d) उपरोक्त में से कोई नहीं

49. निम्नलिखित में से कौन-सा कथन सत्य है
(a) व्हीटस्टोन ब्रिज सबसे अधिक सुग्राही तब होता है जबकि चारों प्रतिरोध समान कोटि के होते हैं
(b) धारामापी और सेल के स्थानों की अदला-बदली करने पर ब्रिज का संतुलन प्रभावित होता है
(c) किरचॉफ का प्रथम नियम आवेश संरक्षण के नियम को प्रदर्शित करता है
(d) धारा नियंत्रक को विभव विभाजक के रूप में प्रयुक्त किया जा सकता है

50. अधिकतम शक्ति स्थानान्तरण प्रमेय के लिए प्रतिबन्ध है
(a) $P_{max} = \frac{(E_{rms})^2}{4R_2}$
(b) $P_{max} = \frac{(E_{rms})^2}{4C_1}$
(c) $P_{max} = \frac{\sqrt{E_{rms}}}{4R_2}$
(d) उपरोक्त में से कोई नहीं

51. थेवेनिन और नॉर्टन प्रमेय नेटवर्कों पर निम्न के साथ आरोपित किए जाते हैं
(a) केवल डी सी स्रोत
(b) केवल ए सी स्रोत
(c) डी सी और ए सी दोनों अथवा दोनों का संयोग
(d) उपरोक्त में से कोई नहीं

52. किसी थेवेनिन तुल्य परिपथ में, भारण (load) निम्न के द्वारा प्राप्त किया जा सकता है
(a) किरचॉफ का धारा नियम
(b) किरचॉफ का वोल्टेज नियम
(c) अध्यारोपण प्रमेय
(d) उपरोक्त में से कोई नहीं

53. थेवेनिन और नॉर्टन परिपथ तुल्य होते हैं
(a) सभी आवृत्तियों पर
(b) केवल उन आवृत्तियों पर जिन पर ये संगणक होते हैं
(c) केवल अनुनादी आवृत्ति पर
(d) किसी भी आवृत्ति पर नहीं

54. नीचे दिए गए विद्युतीय परिपथ में शाखा (branch) OP में से प्रवाहित धारा का मान होगा

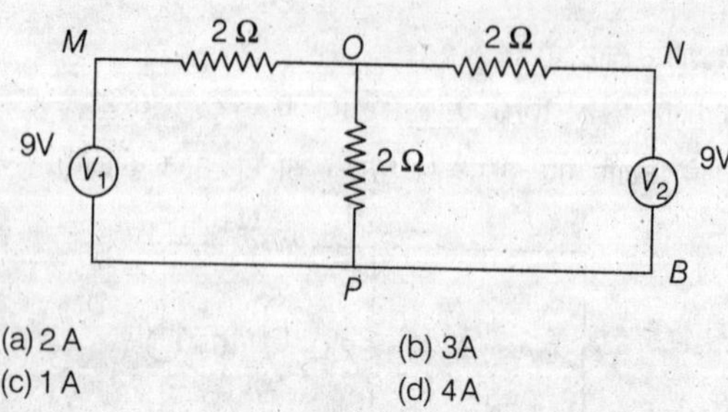

(a) 2 A (b) 3A
(c) 1 A (d) 4 A

55. नीचे दिए गए परिपथ का नॉर्टन तुल्य परिपथ बनाने के लिए Z_{eq} का मान होगा

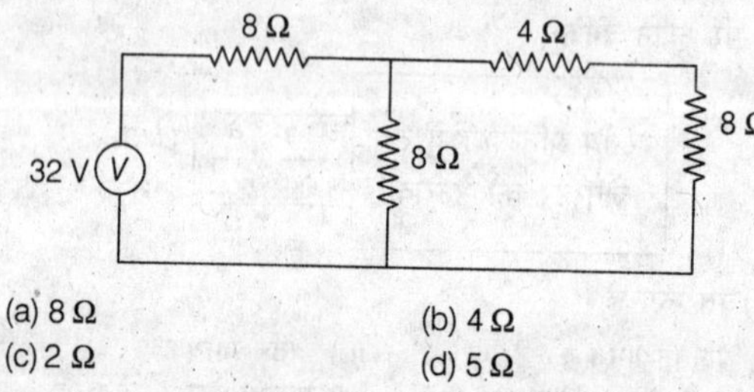

(a) 8 Ω (b) 4 Ω
(c) 2 Ω (d) 5 Ω

56. एक कुण्डली का प्रतिरोध R तथा प्रेरकत्व L है, यह V वोल्ट की बैटरी से जुड़ा है। कुण्डली में अन्तिम धारा है
(a) E/L (b) E/R
(c) $E/(L+R)$ (d) $E/(L^2+R^2)^{1/2}$

57. L-C परिपथ में वैद्युत दोलनों का आवर्तकाल है
(a) $2\pi\sqrt{LC}$ (b) $\frac{1}{2\pi}\sqrt{LC}$
(c) $\frac{1}{\sqrt{LC}}$ (d) $\sqrt{LC}/2\pi$

58. L-R परिपथ में धारा अपना अन्तिम मान धीरे-धीरे प्राप्त करती है जब
(a) L का मान कम हो (b) L का मान अधिक हो
(c) L का मान शून्य हो (d) इनमें से कोई नहीं

59. नीचे दिए गए परिपथ में प्रारम्भिक धारा क्या होगी (जब $t > 0$ पर स्विच खोलते हैं)

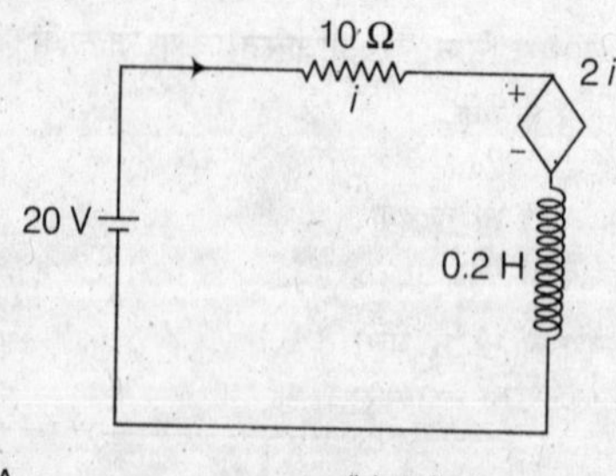

(a) 1.67 A (b) 6 A
(c) 0 A (d) 3 A

60. किसी संधारित्र में अचानक परिवर्तन नहीं होता
(a) धारा में
(b) विभव में
(c) धारा व विभव दोनों में
(d) दोनों में से किसी में भी नहीं

61. किसी प्रेरक में अचानक परिवर्तन नहीं होता

(a) धारा में (b) विभव में
(c) (a) तथा (b) दोनों में (d) दोनों में से किसी में भी नहीं

62. किसी L-R परिपथ का समय नियतांक है

(a) $\frac{L}{R}$ (b) $\frac{R}{L}$ (c) RL (d) $\sqrt{RL}$

63. नीचे दिए गए परिपथ में जब स्विच 1 से 2 में परिवर्तित किया जाता है, तब $5\,\Omega$ प्रतिरोध में धारा है

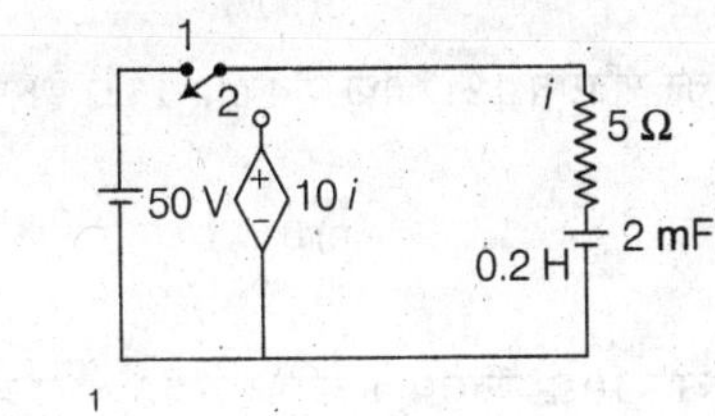

(a) $2.5\,e^{\frac{1}{2\times10^{-6}}}$ (b) 0
(c) $2.5\,e^{-10t}$ (d) $5e^{-5t}$

64. जब श्रेणी R-L परिपथ, $t = 0$ पर, V वोल्ट से सम्बद्ध है, तब $t = 0$ पर, प्रेरक L से प्रवाहित धारा है

(a) $\frac{V}{R}$ (b) अनन्त (c) शून्य (d) $\frac{V}{L}$

65. किसी परिपथ मे क्षणिकता का व्यवहार होता, जब

(a) उस पर लगाए गए विभव में अचानक परिवर्तन होता है
(b) विभव स्रोत बहुत छोटा हो
(c) परिपथ को स्रोत के साथ लगाया तथा हटाया जाता है
(d) उपरोक्त सभी सही हैं

66. क्षणिकत: अनुक्रिया होती है

(a) केवल प्रतिरोधी परिपथ में (b) केवल प्रेरणीय परिपथ में
(c) केवल धारितीय परिपथ में (d) (b) व (c) दोनों में

67. दो संधारित्र $C_1 = 1\,\mu F$ तथा $C_2 = 2\,\mu F$ एक ही बैटरी से अलग-अलग पूर्णतया आवेशित किए गए हैं। दोनों संधारित्र समय $t = 0$ पर समान प्रतिरोधों R द्वारा अलग-अलग विसर्जित किए जाते हैं। सही विकल्पों को चुनिए

(a) दोनों संधारित्रों के विसर्जनी परिपथों में समय $t = 0$ पर धारा शून्य है
(b) दोनों विसर्जनी परिपथों में समय $t = 0$ पर धाराएँ बराबर हैं, परन्तु शून्य नहीं
(c) समय $t = 0$ पर दोनों विसर्जनी परिपथों में धाराएँ असमान है
(d) संधारित्र C_1 अपने प्रारम्भिक आवेश का 25%, C_2 की अपेक्षा शीघ्र क्षय कर देता है

68. $0.1\,m\,\Omega$ के प्रतिरोधक तथा $10\mu F$ के संधारित्र का एक समान्तर संयोग 1.5 वोल्ट के नगण्य प्रतिरोध वाले स्रोत से जुड़ा है। संधारित्र द्वारा 0.75 वोल्ट तक आवेशित होने में लिया गया समय लगभग (सेकण्ड में) है

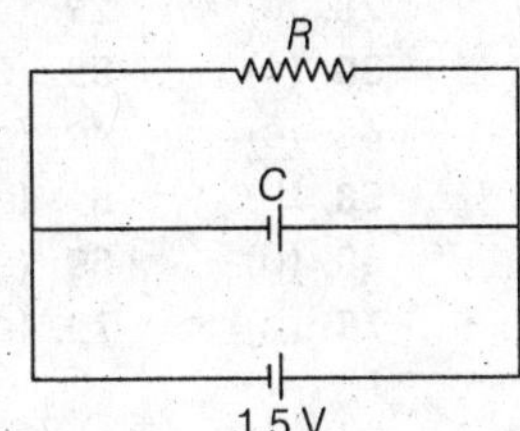

(a) अनन्त (b) $\log_e 2$ (c) $\log_{10} 2$ (d) शून्य

69. किसी परिपथ में एक संधारित्र C तथा प्रतिरोध R श्रेणीक्रम में जुड़े हैं। परिपथ का कालांक है

(a) CR (b) C/R
(c) R/C (d) $\sqrt{CR}$

70. किसी L-R परिपथ में, $t = 0$ पर स्विच ऑन किया गया है, निम्नलिखित में से कौन-सा ग्राफ इसके लिए समय के साथ धारा में परिवर्तन को दर्शाता है?

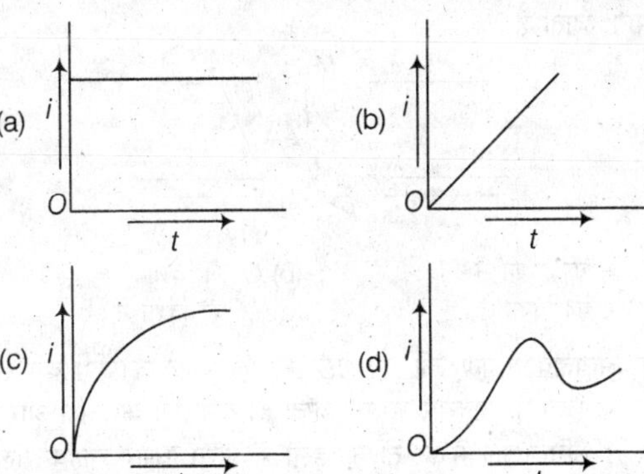

71. निम्नलिखित में से कौन-सा ग्राफ L-R परिपथ में प्रेरकत्व L में विभव V का समय के साथ परिवर्तन को दर्शाता है

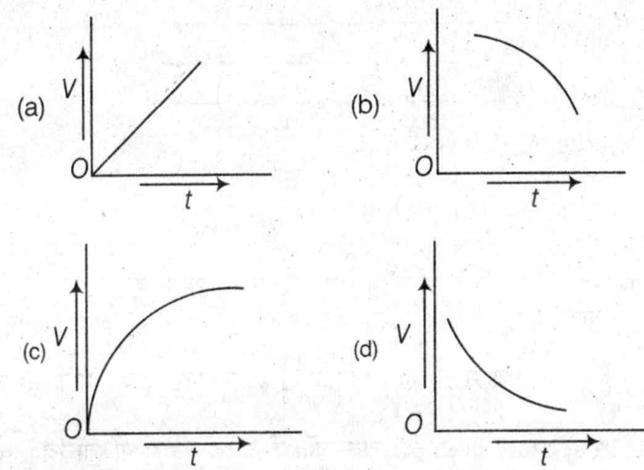

72. श्रेणी अनुनाद की स्थिति के लिए कौन-सा कथन सत्य है?

(a) धारा अधिकतम तथा V व i के बीच कलान्तर $\pi/2$
(b) धारा अधिकतम तथा V व i के बीच कलान्तर शून्य
(c) वोल्टता अधिकतम तथा V व i के बीच कलान्तर शून्य
(d) वोल्टता अधिकतम तथा V व i के बीच कलान्तर $\frac{\pi}{2}$

73. एक प्रतिरोध R, प्रेरकत्व L तथा संधारित्र C, आवृत्ति f के दोलित्र के साथ श्रेणीक्रम में जोड़े गए हैं। यदि अनुनादी आवृत्ति f_r है, तब धारा वोल्टेज से पश्चगामी होगी, जब

(a) $f = 0$ (b) $f < f_r$
(c) $f = f_r$ (d) $f > f_r$

74. एक आदर्श ट्रांसफॉर्मर की प्राथमिक तथा द्वितीयक कुण्डलियों में क्रमश: 100 तथा 250 फेरें हैं। यदि प्राथमिक कुण्डली के सिरों के बीच आरोपित विभवान्तर का शिखर मान 28 V हो, तो द्वितीयक कुण्डली के सिरों के बीच प्राप्त विभवान्तर का वर्ग-माध्य-मूल मान (लगभग) होगा

(a) 50 V
(b) 70 V
(c) 100 V
(d) 40 V

75. L-C परिपथ में

(a) L व C दोनों में संचित ऊर्जा चुम्बकीय होती है
(b) L में संचित ऊर्जा चुम्बकीय तथा C में विद्युतीय होती है
(c) L में संचित ऊर्जा विद्युतीय तथा C में चुम्बकीय होती है
(d) L व C दोनों में संचित ऊर्जा विद्युतीय होती है

76. नीचे दिए गए चित्र के चालक में प्रेरित विभवान्तर उत्पन्न होता है, जब उसे घुमाया जाता है

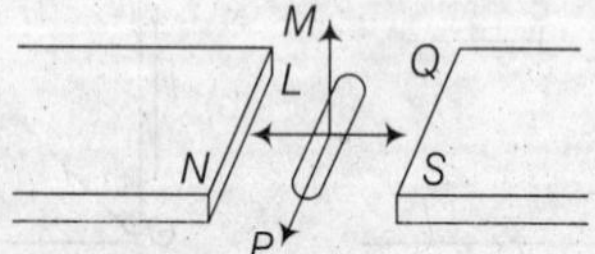

(a) P की दिशा में (b) Q की दिशा में
(c) L की दिशा में (d) M की दिशा में

77. एक आयताकार कुण्डली $ABCD$ को एकसमान कोणीय वेग से वामावर्त दिशा में चित्र के अनुसार घुमाया जाता है। कुण्डली का अक्ष और चुम्बकीय क्षेत्र B क्षैतिज तल में है, तो कुण्डली में प्रेरित विद्युत वाहक बल का मान अधिकतम होता है, जब

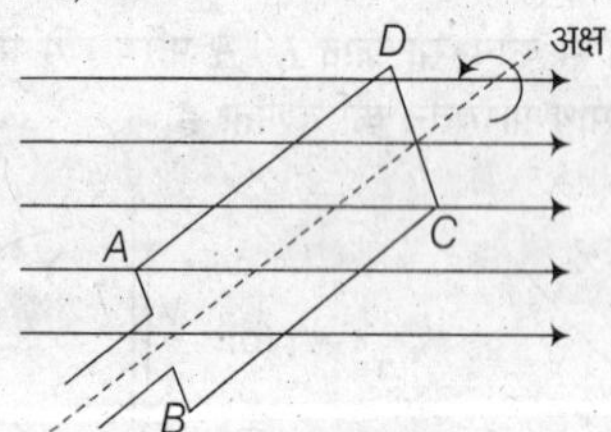

(a) कुण्डली का तल क्षैतिज हो
(b) कुण्डली का तल चुम्बकीय क्षेत्र की दिशा से 45° के कोण पर रहता है
(c) कुण्डली का तल चुम्बकीय क्षेत्र के लम्बवत् रहता है
(d) कुण्डली का तल चुम्बकीय क्षेत्र की दिशा से 30° के कोण पर रहता है

78. एक L-R परिपथ में L का मान $\left(\frac{0.4}{\pi}\right)$ हेनरी और R का मान 30 ओम है। परिपथ में 200 वोल्ट, 50 चक्र प्रति सेकण्ड का प्रत्यावर्ती वि० वा० बल लगा हो, तो परिपथ की प्रतिबाधा और धारा का मान होगा

(a) 11.4 Ω, 17.5 A (b) 30.7 Ω, 6.5 A
(c) 40.4 Ω, 5 A (d) 50 Ω, 4 A

79. एक विद्युत मोटर 60 वोल्ट DC सप्लाई पर 10 ऐम्पियर धारा लेती है। यदि मोटर की दक्षता 50% है तब इसकी वाइन्डिंग का प्रतिरोध होगा

(a) 3 Ω (b) 6 Ω
(c) 15 Ω (d) 30 Ω

80. एक ट्रांसफॉर्मर का प्रयोग 220 V से 11 V घटाने में किया जाता है। प्राथमिक कुण्डली में 5 A धारा तथा कुण्डली में 90 A धारा बहती है। ट्रांसफॉर्मर की दक्षता है

(a) 20% (b) 40%
(c) 70% (d) 90%

81. किसी परिपथ का प्रतिरोध 12 Ω तथा प्रतिबाधा 15 Ω है। परिपथ का शक्ति गुणांक होगा

(a) 0.4 (b) 0.8
(c) 0.125 (d) 1.25

82. 5 H प्रेरकत्व और 10 Ω प्रतिरोध के परिपथ में 15 वोल्ट का वि० वा० बल लगाया गया है। समय $t=\infty$ तथा $t=1$ सेकण्ड पर प्रवाहित होने वाली धाराओं का अनुपात होगा

(a) $\frac{e^{1/2}}{e^{1/2}-1}$ (b) $\frac{e^2}{e^2-1}$
(c) $1-e^{-1}$ (d) e^{-1}

83. किसी प्रत्यावर्ती श्रेणीक्रम L-C-R परिपथ में, अवयव L, C और R सिरों पर वोल्टता का मान 50 V है। L-C संयोजन के सिरो पर वोल्टता मान होगा

(a) 50 V (b) शून्य
(c) 100 V (d) $50\sqrt{2}$ V

84. एक कम्पन करते हुए L-C परिपथ में संधारित्र पर अधिकतम आवेश Q हैं। जब विद्युत व चुम्बकीय क्षेत्र में संचित ऊर्जा समान है, तब संधारित्र पर आवेश होगा

(a) $\frac{Q}{2}$
(b) $\frac{Q}{\sqrt{3}}$
(c) $\frac{Q}{\sqrt{2}}$
(d) Q

उत्तरमाला

1. (d)	**2.** (c)	**3.** (c)	**4.** (a)	**5.** (c)	**6.** (a)	**7.** (c)	**8.** (d)	**9.** (c)	**10.** (b)
11. (d)	**12.** (a)	**13.** (c)	**14.** (b)	**15.** (b)	**16.** (c)	**17.** (a)	**18.** (d)	**19.** (d)	**20.** (c)
21. (c)	**22.** (b)	**23.** (c)	**24.** (b)	**25.** (d)	**26.** (d)	**27.** (d)	**28.** (c)	**29.** (c)	**30.** (b)
31. (d)	**32.** (c)	**33.** (c)	**34.** (b)	**35.** (b)	**36.** (c)	**37.** (a)	**38.** (c)	**39.** (b)	**40.** (c)
41. (b)	**42.** (c)	**43.** (a)	**44.** (b)	**45.** (c)	**46.** (b)	**47.** (c)	**48.** (c)	**49.** (a)	**50.** (a)
51. (c)	**52.** (b)	**53.** (b)	**54.** (b)	**55.** (a)	**56.** (b)	**57.** (a)	**58.** (b)	**59.** (a)	**60.** (b)
61. (a)	**62.** (a)	**63.** (a)	**64.** (c)	**65.** (d)	**66.** (d)	**67.** (b)	**68.** (d)	**69.** (a)	**70.** (c)
71. (d)	**72.** (b)	**73.** (d)	**74.** (a)	**75.** (b)	**76.** (d)	**77.** (a)	**78.** (d)	**79.** (a)	**80.** (d)
81. (b)	**82.** (b)	**83.** (b)	**84.** (c)						

संकेत एवं हल

1. अनुनाद की स्थिति में L एवं C पर वोल्टेज शून्य है।

2. प्रेरक से विद्युत धारा, $i_L = \frac{90}{30} = 3\text{A}$, ,

संधारित्र से विद्युत धारा $i_C = \frac{90}{20} = 4.5\,\text{A}$

परिपथ में नेट धारा, $i = i_C - i_L = 1.5\,\text{A}$

$\therefore \quad Z = \frac{V}{i} = \frac{90}{1.5} = 60\,\Omega$

3. विद्युत धारा, $i_{\text{rms}} = \sqrt{\frac{1}{T}\int_0^T i^2 dt} = \frac{T^2}{\sqrt{5}}$

4. हाँ, AC में यदि शाखा AB में प्रतिरोध R, BC में संधारित्र C एवं BD में L जुड़ा है तब यह सम्भव है

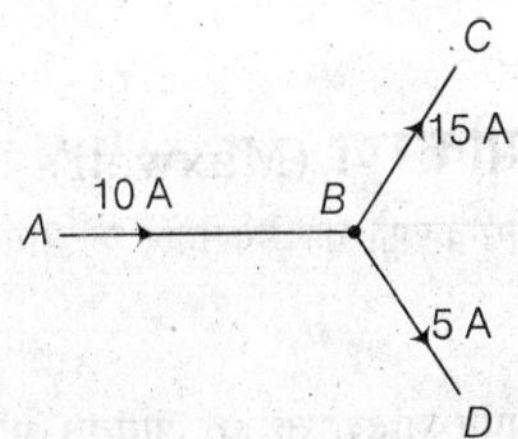

26. $\tan\phi = \frac{X_L}{R} = \frac{X_C}{R}$

$$\tan 60^\circ = \frac{X_L}{R} = \frac{X_C}{R}$$

$$X_L = X_C = \sqrt{3}R$$

$$\therefore \quad Z = \sqrt{R^2 + (X_L - X_C)^2}$$

$$Z = R$$

औसत शक्ति, $P = \frac{V^2}{R} = \frac{200 \times 200}{100}$

$$P = 400\text{ W}$$

54. V_2 को लघुपथित करने पर

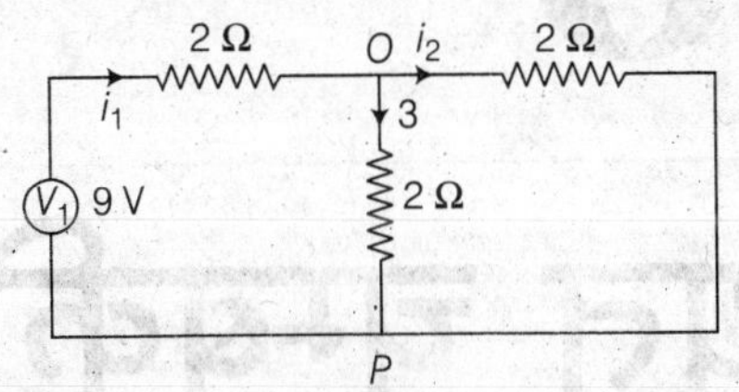

OP से प्रवाहित धारा,

कुल प्रतिरोध $\left[R = 2 + \frac{2 \cdot 2}{2+2}\right]\left[i_3' = i_1' \times \frac{2}{2+2}\right]$

तथा $\quad i_1' = \frac{V}{R} = \frac{9}{3} = 3\text{A}$

अर्थात् $\quad i_1' = 1.5\text{ A}$

इस प्रकार V_1 को लघुपथित करने पर,

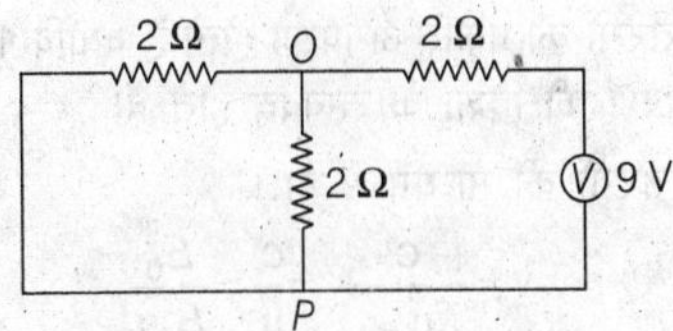

अध्यारोपण प्रमेय से OP में प्रवाहित कुल धारा $= 1.5 + 1.5 = 3\text{ A}$

55. Z_{eq} के लिए V को लघुपथित कर लोड हटाने पर AB के मध्य प्राप्त प्रतिरोध

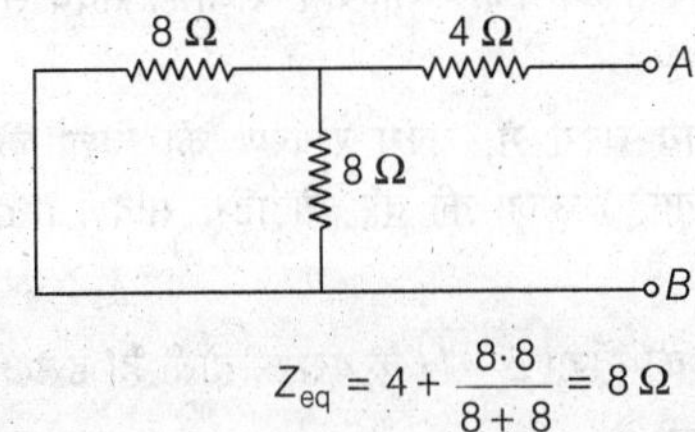

$$Z_{\text{eq}} = 4 + \frac{8 \cdot 8}{8+8} = 8\,\Omega$$

26

विद्युत चुम्बकीय तरंगें
Electromagnetic Waves

विद्युत चुम्बकीय तरंगें (Electromagnetic Waves)

विद्युत चुम्बकीय तरंगों की प्रकृति अनुप्रस्थ होती है क्योंकि विद्युत चुम्बकीय क्षेत्र वेक्टर तरंग संचरण की दिशा के लम्बवत् होते हैं।

विद्युत चुम्बकीय तरंगों की माध्यम में चाल

$$v = \frac{c}{\sqrt{\mu_r \varepsilon_r}} = \frac{c}{\mu} = \frac{E_0}{B_0 \mu}$$

महत्त्वपूर्ण बिन्दु (Important Points)

- विद्युत चुम्बकीय तरंगों में क्षेत्र सदिश $\vec{E}$ तथा $\vec{H}$ सदैव समान कला में रहते हैं।
- विद्युत चुम्बकीय तरंग में, तरंग संचरण की दिशा के अनुदिश एकांक क्षेत्रफल से प्रवाहित ऊर्जा की दर प्वॉइंटिंग सदिश (Poynting vector) द्वारा दी जाती है।
- प्वॉइंट सदिश की दिशा $\vec{E} \times \vec{H}$ के बराबर होती है। इसकी दिशा $\vec{E}$ तथा $\vec{H}$ के लम्बवत् होती है।
- विद्युत चुम्बकीय तरंगों में औसत विद्युत स्थैतिक ऊर्जा, औसत चुम्बकीय स्थैतिक ऊर्जा के बराबर होती है।

$$\frac{1}{2}\varepsilon_0 E^2 = \frac{1}{2}\mu_0 H^2$$

निर्वात् की अभिलाक्षणिक प्रतिबाधा (Impedance Characteristics of Vacuum)

निर्वात् की अभिलाक्षणिक प्रतिबाधा निरूपित करने के लिए समीकरण

$$Z_0 = \sqrt{\frac{\mu_0}{\varepsilon_0}} = 377 \text{ ओम}$$

- मूल-माध्य तरंग प्रतिबाधा के लिए,

$$Z = \left|\frac{E}{H}\right| = \sqrt{\frac{\mu}{\varepsilon}}$$

- विस्थापन धारा घनत्व

$$J_d = \frac{\varepsilon_0 \partial \vec{E}}{\partial t}$$

मैक्सवेल की समीकरणें (Maxwell's Equations)

निम्नलिखित चार समीकरणों को मैक्सवेल की समीकरणें कहा जाता है:

(i) $\nabla \cdot \vec{D} = \rho$

जहाँ, D विस्थापन सदिश तथा ρ आयतन आवेश घनत्व है।

(ii) $\nabla \cdot \vec{B} = 0$

(iii) $\nabla \times \vec{H} = J + \frac{\partial \vec{D}}{\partial t}$

जहाँ, $J = \sigma E, B = \mu H, D = \varepsilon E$

(iv) $\nabla \times \vec{E} = -\frac{\partial \vec{B}}{\partial t}$

मैक्सवेल समीकरण द्वारा हमें निम्न समीकरणें प्राप्त होती हैं:

- $\nabla^2 \vec{E} - \sigma\mu \frac{\partial \vec{E}}{\partial t} - \varepsilon\mu \frac{\partial^2 \vec{E}}{\partial t^2} = 0$
- $\nabla^2 \vec{H} - \sigma\mu \frac{\partial \vec{H}}{\partial t} - \varepsilon\mu \frac{\partial^2 \vec{H}}{\partial t^2} = 0$

निर्वात् के लिए, $\sigma = 0, \mu = \mu_0$ तथा $\varepsilon = \varepsilon_0$

विद्युत चुम्बकीय वर्णपट्ट (Electromagnetic Spectrum)

तरंगदैर्ध्य तथा आवृत्ति के आधार पर विभिन्न प्रकार की विद्युतचुम्बकीय तरंगों के वितरण को विद्युतचुम्बकीय वर्णपट्ट कहा जाता है। वर्णपट्ट के मुख्य भाग निम्नलिखित हैं :

- रेडियो तंरगें (Radio waves)
- सूक्ष्म या माइक्रोतरंगें (Micro or microwaves)
- अवरक्त या ऊष्मीय तरंगें (Infrared or Heat waves)
- दृश्य प्रकाश (Visible light)
- पराबैंगनी किरणें (Ultraviolet rays)
- X-किरणें (X-rays)
- γ-किरणें (Gamma-rays)

अभ्यास प्रश्नावली

1. स्थिर विद्युत क्षेत्र में निम्नलिखित में कौन-सा मैक्सवेल के कर्ल (curl) समीकरण को प्रदर्शित करता है?

(a) $\nabla \cdot \vec{B} = 0$
(b) $\nabla \times \vec{B} = 0$
(c) $\nabla \times \vec{B} = \mu$
(d) $\nabla \times \vec{B} = \mu J$

2. प्वॉइंटिंग वेक्टर निम्न में से किसकी दिशा बताता है?

(a) विद्युत क्षेत्र
(b) चुम्बकीय क्षेत्र
(c) सामर्थ्य प्रवाह
(d) इनमें से कोई नहीं

3. विद्युत और चुम्बकीय सदिश

(a) कला में, प्रचालन की दिशा में और एक-दूसरे के समान्तर होते हैं
(b) कला में, प्रचालन की दिशा में और एक-दूसरे के लम्बवत् होते हैं
(c) एक-दूसरे के लम्बवत्, प्रचालन की दिशा में परन्तु कला में नहीं होते
(d) एक-दूसरे के समान्तर, प्रचालन की दिशा में परन्तु कला में नहीं होते

4. विद्युत चुम्बकीय तरंगों की प्रकृति

(a) अनुप्रस्थ होती है
(b) अनुदैर्ध्य होती है
(c) केवल आकाश में अनुदैर्ध्य होती है
(d) केवल माध्यम में अनुदैर्ध्य होती है

5. किसी पृष्ठ द्वारा घेरे गए आयतन से होकर गुजरने वाले विस्थापन सदिश का कुल बहिर्गामी फ्लक्स

(a) उस आयतन में उपस्थित कुल विभव के बराबर होता है
(b) उस आयतन में उपस्थित कुल विद्युत वाहक बल के बराबर होता है
(c) उस आयतन में कुल अंतर्गामी विभव के बराबर होता है
(d) उस आयतन में स्थित कुल आवेश के बराबर होता है

6. कर्ल (curl) $E = -\frac{\partial \vec{B}}{\partial t}$

(a) स्थिर विद्युतिकी में गॉस के नियम का अवकल समीकरण है
(b) स्थिर चुम्बकीय में गॉस के नियम का अवकल समीकरण है
(c) विद्युत चुम्बकीय प्रेरण का फैराडे नियम का अवकल समीकरण है
(d) ऐम्पियर के नियम का मैक्सवेल द्वारा संशोधन है

7. किसी बन्द पृष्ठ से होकर गुजरने वाला चुम्बकीय प्रेरण का कुल बहिर्गामी फ्लक्स

(a) चुम्बकीय क्षेत्र के समानुपाती होता है
(b) चुम्बकीय क्षेत्र के व्युत्क्रमानुपाती होता है
(c) प्वाइंटिंग वेक्टर द्वारा आकलित किया जा सकता है
(d) शून्य के बराबर होता है

8. फैराडे का विद्युत चुम्बकीय प्रेरण का नियम है

(a) कर्ल (curl) $\vec{E} = \frac{1}{C}\frac{\partial \vec{B}}{\partial t}$
(b) कर्ल (curl) $\vec{E} = C\frac{\partial \vec{B}}{\partial t}$
(c) कर्ल (curl) $\vec{E} = -\frac{\partial \vec{B}}{\partial t}$
(d) कर्ल (curl) $\vec{E} = \frac{\partial \vec{B}}{\partial t}$

9. ऐम्पियर के नियम का अवकलन स्वरूप है

(a) $\vec{\nabla} \cdot \vec{B} = \mu_0 J$
(b) $\vec{\nabla} \times \vec{B} = \mu_0 J$
(c) $\vec{\nabla} \cdot \vec{B} = \mu_0 A$
(d) इनमें से कोई नहीं

10. गलत कथन है

(a) विद्युत चुम्बकीय तरंगें अनुप्रस्थ तरंगें हैं
(b) विद्युत चुम्बकीय तरंगें निर्वात् में प्रकाश की चाल से गमन करती हैं
(c) विद्युत चुम्बकीय तरंगों की चाल सभी माध्यमों में समान होती है
(d) विद्युत चुम्बकीय तरंगें त्वरित आवेश से उत्सर्जित होती हैं

11. विद्युत चुम्बकीय तरंगें हैं

(a) X-किरणें
(b) कैथोड किरणें
(c) धन किरणें
(d) β-किरणें

12. निम्नलिखित में से परिवर्ती विद्युत क्षेत्र तथा चुम्बकीय क्षेत्र का वह जोड़ा जो Z-दिशा में चलती विद्युत चुम्बकीय तरंग उत्पन्न करेगा, है

(a) E_x, B_y
(b) E_y, B_z
(c) E_x, B_z
(d) E_z, B_y

13. निर्वात् में विद्युत चुम्बकीय तरंग का वेग होता है

(a) $c = \sqrt{\mu_0 \varepsilon_0}$
(b) $c = \frac{1}{\sqrt{\mu_0 \varepsilon_0}}$
(c) $c = \sqrt{\mu_0 / \varepsilon_0}$
(d) $c = \sqrt{\varepsilon_0 / \mu_0}$

14. विद्युत चुम्बकीय तरंग में दोलन करते विद्युत क्षेत्र E तथा चुम्बकीय क्षेत्र B के आयामों में सम्बन्ध होता है

(a) $E = \vec{B}$
(b) $E = \mu_0 \varepsilon_0 \vec{E}$
(c) $E = \sqrt{\mu_0 \varepsilon_0}\,\vec{E}$
(d) $E = \sqrt{\mu_0 \varepsilon_0}\,\vec{B}$

15. विद्युत चुम्बकीय तरंग में विद्युत क्षेत्र तथा विद्युत चुम्बकीय क्षेत्र होते हैं

(a) परस्पर समान्तर
(b) परस्पर लम्बवत्
(c) परस्पर विपरीत
(d) एक-दूसरे से 45° कोण पर झुके

16. प्रकाश की एक किरण की आवृत्ति 6×10^{14} हर्ट्ज है। यदि यह 1.5 अपवर्तनांक के माध्यम में संचरण करे तो इसकी आवृत्ति होगी

(a) 6×10^{14} हर्ट्ज
(b) 4×10^{14} हर्ट्ज
(c) 9×10^{14} हर्ट्ज
(d) 1.67×10^{14} हर्ट्ज

17. निर्वात् की विद्युतशीलता तथा चुम्बकशीलता क्रमशः ε_0 तथा μ_0 हैं। यदि किसी माध्यम की संगत राशियाँ ε तथा μ हैं, तब माध्यम का अपवर्तनांक n है

(a) $\sqrt{\frac{\mu\varepsilon}{\mu_0\varepsilon_0}}$
(b) $\frac{\mu_0\varepsilon_0}{\mu\varepsilon}$
(c) $\frac{\sqrt{\mu_0\varepsilon_0}}{\mu\varepsilon}$
(d) $\sqrt{\frac{\mu_0\varepsilon_0}{\mu\varepsilon}}$

18. विद्युत चुम्बकीय तरंग में ऊर्जा प्रवाह की दिशा होती है

(a) $\vec{E}$ की दिशा में
(b) $\vec{B}$ की दिशा में
(c) $\vec{E}$ तथा $\vec{B}$ दोनों की दिशा के लम्बवत्
(d) $\vec{E}$ तथा $\vec{B}$ दोनों से झुकी दिशा में

19. मुक्त आकाश में विद्युत चुम्बकीय तरंगों का वेग होता है

(a) प्रकाश की चाल के बराबर
(b) ध्वनि की चाल के बराबर
(c) शून्य
(d) प्रकाश की चाल का $\frac{1}{10}$वाँ भाग

20. किसी माध्यम में विद्युत चुम्बकीय तरंग के लिए माध्यम की कुल प्रतिबाधा (impedance) होती है

(a) $\frac{\mu}{\omega k}$ (b) $\frac{\mu\omega}{k}$
(c) $\frac{\mu k}{\omega}$ (d) $\frac{\omega k}{\mu}$

21. विद्युत चुम्बकीय तरंग का संचरण सदिश $\vec{S}$ होता है

(a) $\vec{E}$ के लम्बवत्, परन्तु $\vec{B}$ के समान्तर
(b) $\vec{B}$ के लम्बवत्, परन्तु $\vec{E}$ के समान्तर
(c) $\vec{E}$ तथा $\vec{B}$ दोनों के लम्बवत्
(d) $\vec{E}$ तथा $\vec{B}$ दोनों के समान्तर

22. दो माध्यमों के सीमापृष्ठ पर यदि विद्युत चुम्बकीय तरंग की परावर्तकता R तथा पारगम्यता T हो तो सही कथन है

(a) $R = T$ (b) $T - R = 1$
(c) $T + R = 1$ (d) $\sqrt{T} + \sqrt{R} = 1$

23. दो परावैद्युत पदार्थों के सीमापृष्ठ पर विद्युत चुम्बकीय तरंग की सीमा शर्त नहीं है

(a) $(B_1)_{\|} = (B_2)_{\|}$ (b) $(B_1)_{\|} = \frac{\mu_1}{\mu_2}(B_2)_{\|}$
(c) $(E_1)_{\|} = (E_2)_{\|}$ (d) $(B_1)\perp = (B_2)\perp$

24. आयनमण्डल की सभी परतों में इलेक्ट्रॉन घनत्व

(a) समान होता है
(b) ऊँचाई के साथ घटता है
(c) ऊँचाई के साथ बढ़ता है
(d) कभी घटता तथा कभी बढ़ता है

25. आयनमण्डल से परावर्तित होती है

(a) 40 मेगा हर्ट्ज से अधिक आवृत्ति की रेडियो तरंगें
(b) 40 मेगा हर्ट्ज से कम आवृत्ति की रेडियो तरंगें
(c) माइक्रो तरंगें
(d) सभी आवृत्तियों की विद्युत चुम्बकीय तरंगें

26. आयनित माध्यम में

(a) कला वेग, प्रकाश के वेग के बराबर होता है
(b) कला वेग, प्रकाश के वेग से कम होता है
(c) समूह वेग, प्रकाश के वेग से अधिक होता है
(d) कला वेग, प्रकाश के वेग से अधिक होता है

27. इलेक्ट्रॉन युक्त आयनित आकाश की विद्युतशीलता मुक्त आकाश

(a) के बराबर होती है (b) से कम होती है
(c) से अधिक होती है (d) कुछ नहीं कहा जा सकता है

28. संसार में संचरण केवल उन विद्युत चुम्बकीय तरंग सिग्नल के परावर्तन द्वारा सम्भव है

(a) जिनकी लघु तरंगदैर्ध्य हो (b) जिनकी दीर्घ तरंगदैर्ध्य हो
(c) जिनकी मध्य तरंगदैर्ध्य हो (d) कोई भी तरंगदैर्ध्य हो

29. यदि वातावरण नहीं होता तो पृथ्वी की सतह पर औसत ताप होता

(a) कम (b) अधिक
(c) अपरिवर्तित (d) 0°C

30. एक वैद्युतचुम्बकीय तरंग में, वैद्युत क्षेत्र से सम्बद्ध औसत ऊर्जा घनत्व है

(a) $CV^2/2$ (b) $Q^2/2C$ (c) ε_0^2/E_0 (d) $\varepsilon_0 E^2/2$

31. निम्न में से किसकी तरंगदैर्ध्य न्यूनतम है?

(a) X-किरण की (b) γ-किरण की
(c) माइक्रोतरंग की (d) रेडियो तरंग की

32. ग्रीन हाउस प्रभाव (green house effect) का कारण है

(a) अवरक्त किरणें (b) पराबैंगनी किरणें
(c) X-किरणें (d) रेडियो तरंगें

33. प्वॉइंटिंग सदिश तरंग संचरण की दिशा के अनुदिश प्रति सेकण्ड प्रति एकांक क्षेत्रफल प्रवाहित......को प्रदर्शित करता है।

(a) ऊर्जा (b) आवेश
(c) धारा (d) ऊर्जा एवं आवेश

34. अवरक्त विकिरणों का पता निम्न में से किससे लगाया जाता है?

(a) स्पेक्ट्रोमीटर से (b) पाइरोमीटर से
(c) नैनोमीटर से (d) फोटोमीटर से

35. आवृत्ति $\nu = 3$ मेगा हर्ट्ज की विद्युतचुम्बकीय तरंग निर्वात् से परावैद्युतांक $\varepsilon = 4$ के किसी परावैद्युत माध्यम में गुजरती है, तब उसकी

(a) तरंगदैर्ध्य दोगुनी हो जाती है तथा आवृत्ति अपरिवर्तित रहती है
(b) तरंगदैर्ध्य तथा आवृत्ति दोनों अपरिवर्तित रहती हैं
(c) तरंगदैर्ध्य आधी हो जाती है तथा आवृत्ति अपरिवर्तित रहती है
(d) तरंगदैर्ध्य दोगुनी हो जाती है तथा आवृत्ति आधी रह जाती है

36. निम्न में से किस घटना से प्रदर्शित होता है कि विद्युत चुम्बकीय तरंगें अनुप्रस्थ होती हैं?

(a) ध्रुवण (b) व्यतिकरण
(c) परावर्तन (d) अपवर्तन

37. विद्युतचुम्बकीय तरंगें उत्पन्न होती हैं

(a) त्वरित आवेशित कण द्वारा
(b) मन्दित आवेशित कण द्वारा
(c) आवेशित कण द्वारा जो एकसमान गति में है
(d) उपरोक्त में से कोई नहीं

उत्तरमाला

1. (d)	**2.** (c)	**3.** (b)	**4.** (a)	**5.** (d)	**6.** (c)	**7.** (d)	**8.** (c)	**9.** (b)	**10.** (c)
11. (a)	**12.** (a)	**13.** (b)	**14.** (c)	**15.** (b)	**16.** (a)	**17.** (a)	**18.** (c)	**19.** (a)	**20.** (b)
21. (c)	**22.** (c)	**23.** (a)	**24.** (c)	**25.** (b)	**26.** (d)	**27.** (b)	**28.** (a)	**29.** (d)	**30.** (d)
31. (b)	**32.** (a)	**33.** (a)	**34.** (b)	**35.** (c)	**36.** (a)	**37.** (a)			

27

तरंग प्रकाशिकी
Wave Optics

भौतिक प्रकाशिकी या तरंग प्रकाशिकी (physical optics or wave optics) प्रकाशिकी की वह शाखा है, जो व्यतिकरण, विवर्तन, ध्रुवण तथा अन्य परिघटनाओं का अध्ययन करती है।

इनके लिए ज्यामितीय प्रकाशिकी (geometrical optics) सही परिणाम नहीं देती।

न्यूटन का कणिका सिद्धान्त (Newton's Corpuscular Theory)

(i) न्यूटन ने 1675 ई. में इस सिद्धान्त का प्रतिपादन किया था। इस सिद्धान्त के अनुसार, प्रत्येक प्रकाश स्रोत से असंख्य, अतिसूक्ष्म, द्रव्यमानहीन कण निकलते हैं जिन्हें कणिकाएँ (corpuscular) कहते हैं।

(ii) विभिन्न रंगों के प्रकाश की कणिकाएँ भिन्न-भिन्न आकार की होती हैं।

(iii) किसी समांग (homogeneous) माध्यम में ये कणिकाएँ प्रकाश के वेग से सभी सम्भव दिशाओं में सरल रेखा में चलती हैं तथा मनुष्य की आँख के रेटिना तथा फोटोग्राफिक प्लेट को प्रभावित करती हैं।

(iv) न्यूटन के इस सिद्धान्त के आधार पर प्रकाश का सरल रेखीय गमन (rectilinear propagation of light), निर्वात् में चलना, प्रकाश का परावर्तन, आदि गुणों की तो सफलतापूर्वक व्याख्या हो जाती है परन्तु अपवर्तन, विवर्तन, ध्रुवण, आदि की व्याख्या सम्भव नहीं है।

हाइगेन्स का तरंग सिद्धान्त (Wave Theory of Huygens')

हाइगेन्स के अनुसार, प्रकाश, तरंगों के रूप में चलता है। ये तरंगें प्रकाश स्रोत से निकलकर सभी दिशाओं में प्रकाश की चाल से चलती हैं। चूँकि तरंगों को चलने के लिए माध्यम की आवश्यकता होती है, अतः हाइगेन्स ने एक सर्वव्यापी माध्यम ईथर (ether) की कल्पना की जिसमें प्रकाश तरंग के संचरण के लिए आवश्यक सभी गुण होते हैं।

हाइगेन्स का द्वितीयक तरंगिकाओं का सिद्धान्त (Huygens' Principle of Secondary Wavelets)

हाइगेन्स ने किसी माध्यम में तरंगों के संचरण के सम्बन्ध में एक सिद्धान्त प्रतिपादित किया जिसे हाइगेन्स का **द्वितीयक तरंगिकाओं का सिद्धान्त** कहते हैं।

इसके लिए हाइगेन्स ने निम्न परिकल्पनाएँ दी:

(i) जब किसी माध्यम में स्थित तरंग स्रोत से तरंगें निकलती हैं, तो स्रोत के चारों ओर स्थित माध्यम के कण कम्पन करने लगते हैं। माध्यम में वह पृष्ठ जिसमें स्थित सभी कण कम्पन की समान कला में हों, **तरंगाग्र** (wavefront) कहलाता है।

यदि तरंग स्रोत बिन्दुवत् है, तो तरंगाग्र गोलीय (spherical) होता है।स्रोत से बहुत अधिक दूरी पर तरंगाग्र लगभग समतल हो जाता है।

(ii) तरंगाग्र पर स्थित माध्यम के कण एक नये तरंग स्रोत का कार्य करता है जिससे नई तरंगें सभी दिशाओं में निकलती हैं। इन तरंगों को द्वितीयक तरंगिकाएँ (secondary wavelets) कहते हैं तथा ये तरंगें भी माध्यम में प्राथमिक तरंग की चाल से आगे बढ़ती हैं।

(iii) यदि किसी क्षण आगे बढ़ती हुई इन द्वितीयक तरंगिकाओं का अन्वालोप (envelope), अर्थात् उन्हें स्पर्श करते हुए पृष्ठ खींचें, तो यह अन्वालोप उस क्षण तरंगाग्र की नई स्थिति को प्रदर्शित करेगा।

व्यतिकरण (Interference)

जब किसी माध्यम में एक ही समय में समान आवृत्ति की दो तरंगें एक ही दिशा में गतिशील हों तो विभिन्न बिन्दुओं पर तीव्रताएँ उन तरंगों की अलग-अलग तीव्रताओं के योग से भिन्न होती हैं, यह घटना व्यतिकरण कहलाती है। व्यतिकरण के दो प्रकार हैं: सम्पोषी (constructive) तथा विनाशी (destructive)।

सम्पोषी व्यतिकरण के लिए $(I_{max}) = a_1^2 + a_2^2 + 2a_1a_2$

विनाशी व्यतिकरण के लिए $(I_{min}) = a_1^2 + a_2^2 - 2a_1a_2$

जहाँ, a_1 तथा a_2 तरंगों के आयाम हैं।

यंग का द्विस्लिट प्रयोग (Young's Double Slit Experiment)

(i) द्विस्लिट व्यतिकरण प्रतिरूप में किसी बिन्दु पर तीव्रता

$$I \propto 4\pi^2 \cos^2 \frac{\delta}{2}$$

जहाँ, δ = कलान्तर $= \frac{2\pi}{\lambda} \Delta x$, यहाँ, Δx पथान्तर है

- उच्चिष्ठ के लिए, $\Delta x = n\lambda, \delta = 2n\pi$ तथा
- निम्निष्ठ के लिए, $\Delta x = \left(n + \frac{1}{2}\right)\lambda, \delta = \left(n + \frac{1}{2}\right)2\pi$

जहाँ, $n = 0, 1, 2, 3, \ldots$ तथा λ = तरंगदैर्ध्य

(ii) पर्दे पर केन्द्रीय बिन्दु से x दूरी पर पथान्तर $\Delta = x\dfrac{d}{D}$

जहाँ, D = पर्दे तथा स्रोत के बीच की दूरी

d = दो कला सम्बद्ध स्रोते के बीच की दूरी

बैण्ड चौड़ाई $\beta = \dfrac{D}{d}\lambda$

- nवीं दीप्त फ्रिन्ज की केन्द्रीय फ्रिन्ज से दूरी

$$x_n = n\beta = n\frac{D}{d}\lambda$$

- nवीं अदीप्त फ्रिन्ज की केन्द्रीय फ्रिन्ज से दूरी

$$x'_n = \left(\frac{2n-1}{2}\right)\beta = \left(\frac{2n-1}{2}\right)\frac{D}{d}\lambda$$

(iii) एक प्रकाश पुँज के मार्ग में एक पारदर्शी पन्नी रखने पर

- पथान्तर में परिवर्तन $= (\mu - 1)t$

जहाँ, μ = अपवर्तनांक

तथा t = पन्नी की मोटाई

- केन्द्रीय दीप्त फ्रिन्ज का विस्थापन

$$y_0 = \frac{D}{d}(\mu - 1)t = \beta\frac{(\mu-1)t}{\lambda} = \beta n$$

जहाँ, n केन्द्र से विस्थापित फ्रिन्जों की संख्या है।

फ्रेसनेल का द्विप्रिज्म (Fresnel Biprism)

फ्रेसनेल द्विप्रिज्म के प्रयोग में संकीर्ण रेखा छिद्र S से निकलने वाला तरंगाग्र द्विप्रिज्म द्वारा चौड़ाई में विभाजित हो जाता है। अपवर्तन के पश्चात् तरंगाग्र का एक भाग S_1 से अपसारित होता प्रतीत होता है तथा दूसरा S_2 से। दोनों कला सम्बद्ध स्रोतें S_1 से S_2 की एक निश्चित सापेक्ष स्थिति होती है। अतः उस क्षेत्र में जहाँ तक दोनों कला सम्बद्ध स्रोत दिखाई पड़ते हैं, व्यतिकरण फ्रिन्जें बन जाती हैं।

ये अस्थानीकृत (non-localised) फ्रिन्जें अच्छे विपर्यास (good contrast) की होंगी यदि रेखा-छिद्र स्रोत S संकीर्ण है। एक चौड़ा रेखा-छिद्र बहुत सारे संलग्न संकीर्ण रेखा-छिद्रों के समतुल्य होता है, जिनमें प्रत्येक अपनी-अपनी फ्रिन्जों का समुच्चय (set of fringes) बनाता है। ये समुच्चय एक-दूसरे के सापेक्ष कुछ विस्थापित होते हैं, अतः अतिव्यापन (overlapping) के कारण दीप्त व अदीप्त फ्रिन्जों के बीच विपर्यास कम हो जाता है।

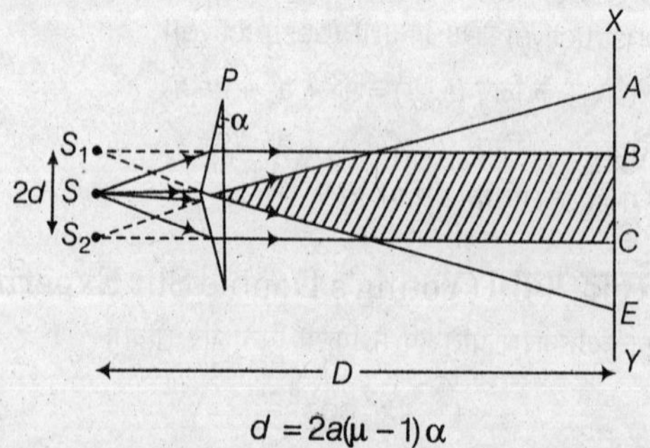

$$d = 2a(\mu - 1)\alpha$$

जहाँ, d = दो आभासी कला सम्बद्ध स्रोतों के बीच की दूरी

a = स्लिटों के बीच की दूरी

μ = अपवर्तनांक तथा α = द्विप्रिज्म के प्रत्येक भाग का रेडियन में कोण।

दो आभासी कला सम्बद्ध स्रोतों के बीच की दूरी जबकि अभिनेत्र व द्विप्रिज्म के बीच एक उत्तल लेंस रखा जाता है

$$d = \sqrt{d_1 d_2}$$

जहाँ, $d_1 = \dfrac{Y}{X}d$

तथा $d_2 = \dfrac{X}{Y}d$

जहाँ, d_1 तथा d_2 अभिनेत्र से द्विप्रिज्म द्वारा दो स्थितियाँ पर बनाए गए प्रतिबिम्बों की दूरियाँ हैं।

विचलन (Deviation)

आपतित किरण तथा निर्गत किरण के बीच का कोण विचलन कोण कहलाता है।

$$\delta = (\mu - 1)\alpha$$

जहाँ, α प्रिज्म का कोण

फ्रिन्ज चौड़ाई (fringe width) $\beta = \dfrac{D\lambda}{d}$

$$\beta = \frac{(a+b)\lambda}{2a(\mu-1)\alpha}$$

या $$\lambda = \frac{2a\beta(\mu-1)\alpha}{(a+b)}$$

फ्रेसनेल का द्विदर्पण (Fresnel's Dual Mirror)

यह एक प्रिज्म है जिसका कोण (178°) होता है। जब एकवर्णीय प्रकाश प्रिज्म से गुजरता है तो दो आभासी कला सम्बद्ध स्रोत उत्पन्न होते हैं जिनसे व्यतिकरण प्रतिरूप प्राप्त किया जा सकता है।

$$d = 2a\theta$$

यहाँ, d = दोनों स्रोतें के बीच की दूरी

θ = दोनों दर्पणों के बीच की दूरी

तथा a = दोनों दर्पणों तथा दोनों दर्पणों के प्रतिच्छेद बिन्दुओं के बीच की दूरी

नोट **लॉयड का दर्पण** इस युक्ति में एक स्लिट ए तथा इसका समतल दर्पण से परावर्तन द्वारा बना आभासी प्रतिबिम्ब ए′ कलासम्बद्ध स्रोतों का कार्य करते हैं। जब परावर्तन सघन माध्यम में होता है, तब पथान्तर $\lambda/2$ बढ़ जाता है।

पतली फिल्में (Thin Films)

जब जल की सतह अथवा काँच की प्लेट पर फैली तेल की फिल्म को प्रकाशित किया जाता है तो फिल्म से परावर्तित तरंगों के बीच (तथा अपवर्तित तरंगों के बीच) व्यतिकरण होता है।

परावर्तित प्रकाश में देखने पर फिल्म अथवा बुलबुले में चमकीले रंग दिखाई देते हैं। ये रंग फिल्म के ऊपरी तथा निचले पृष्ठों से परावर्तित प्रकाश-तरंगों के बीच व्यतिकरण होने से उत्पन्न होते हैं।

दो क्रमागत समान्तर फिल्मों के बीच परागमन (संचरण) के लिए,

$$\Delta x = 2\mu t \cos r$$

तथा परावर्तन के लिए,

$$\Delta x = 2\mu t \cos r + \lambda/2$$

जहाँ, r = फिल्म में अपवर्तन कोण

तथा $t = \mu$ अपवर्तनांक वाली फिल्म की मोटाई

कील प्रकृति की फिल्म (Wedge Nature Films)

माना θ कोण पर नत दो समतल पृष्ठों AB व CD से बन्धित μ अपवर्तनाकं की एक कील प्रकृति की फिल्म है। माना जब फिल्म को वेज की कोर के समान्तर रखी स्लिट से आने वाले सोडियम प्रकाश से प्रकाशित किया जाता है तो फिल्म के ऊपरी तथा निचले पृष्ठों पर परावर्तित प्रकाश किरणों के बीच व्यतिकरण होता है।

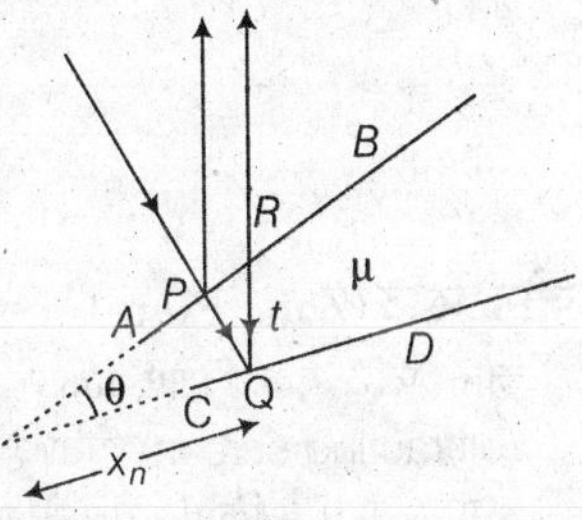

दो समतल प्लेटों के बीच कोण

$$\theta = \frac{d}{x} \text{ तथा बैण्ड चौड़ाई, } \beta = \frac{\lambda}{2\theta} = \frac{\lambda x}{2d}$$

यहाँ, d = वायु सतह से x दूरी पर स्थित तार का व्यास है

अब $\theta = d/x$

जब इसे द्रव में रखा जाता है तब बैण्ड चौड़ाई $\beta = \dfrac{\lambda}{2\mu\theta} = \dfrac{\lambda x}{2\mu d}$

न्यूटन वलय (Newton's Ring)

जब एक बड़ी वक्रता त्रिज्या के समतल-उत्तल (plano-convex) लेन्स को काँच की एक समतल प्लेट पर इस प्रकार रखा जाता है कि लेन्स का उत्तल पृष्ठ समतल प्लेट के सम्पर्क में हो तो लेन्स के निचले पृष्ठ तथा प्लेट ऊपरी पृष्ठ के बीच एक वायु फिल्म (air film) बन जाती है।

फिल्म की मोटाई स्पर्श बिन्दु से बाहर की ओर को बढ़ती जाती है। जब इस वायु फिल्म पर एकवर्णी प्रकाश अभिलम्बवत् डाला जाता है तो फ़िल्म में अनेक संकेन्द्री वलय (concentric rings) बन जाती हैं जोकि एकान्तर क्रम में दीप्त व अदीप्त (bright and dark) होती हैं। इन सकेन्द्री वलयों का केन्द्र बिन्दु अदीप्त होता है। ये न्यूटन की वलय (Newton's ring) कहलाती हैं।

यदि केन्द्रीय बिन्दु (spot) अदीप्त है तब

nवीं दीप्त वलय का व्यास $d_n' = \sqrt{\left(\dfrac{2n+1}{2}\right)4R\lambda}$ तथा

nवीं अदीप्त वलय का व्यास $d_n = \sqrt{4nR\lambda}$

यदि μ अपवर्तनांक का द्रव इसमें रखा जाता है

$$d_n' = \sqrt{\frac{n4R\lambda}{\mu}} \quad \text{तथा} \quad d_n = \sqrt{\left(\frac{2n+1}{2}\right)\frac{4R\lambda}{\mu}}$$

न्यूटन वलय से सम्बन्धित महत्त्वपूर्ण बिन्दु (Important Points Related to Newton's Ring)

न्यूटन वलय (पारगमन द्वारा) न्यूटन वलयों को परावर्तित प्रकाश तथा पारगमित (अथवा अपवर्तित) प्रकाश, दोनों में देखा जा सकता है। चित्र में 1 व 2 परावर्तित व्यतिकारी किरणें हैं जबकि 1′ व 2′ पारगमित व्यतिकारी किरणें हैं।

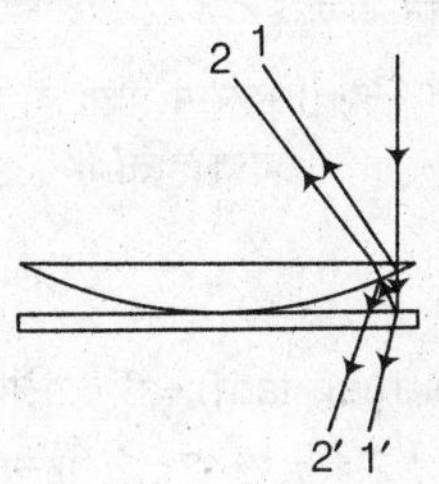

परावर्तित तथा पारगमित व्यतिकारी फ्रिन्जों में दो मुख्य अन्तर हैं

(i) परावर्तित प्रकाश में दिखने वाली वलय पारगमित प्रकाश में दिखने वाली वलयों के ठीक पूरक (exactly complementary) हैं।

(ii) पारगमित प्रकाश की वलयों में विपर्यास परावर्तित प्रकाश की वलयों की तुलना में बहुत होता है जब केन्द्रीय बिन्दु दीप्त है, तब

nवीं अदीप्त वलय का व्यास $d_n' = \sqrt{\left(\dfrac{2n+1}{2}\right)4R\lambda}$

nवीं दीप्त वलय का व्यास $d_n' = \sqrt{4nR\lambda}$

अपरावर्तित फिल्म की मोटाई $t = \dfrac{\lambda}{4\mu_0} = \dfrac{\lambda}{4\sqrt{\mu}}$

जहाँ, μ उस काँच का अपवर्तनांक है जिस पर द्रव फिल्म फैलाई जाती है।

(iii) यदि n वीं अदीप्त फ्रिन्ज का व्यास d_n तथा $(m+n)$ वीं अदीप्त फ्रिन्ज का व्यास d_{m+n} हो, तब प्रयुक्त प्रकाश की तरंगदैर्ध्य

$$\lambda = \frac{D^2_{(m+n)} - D^2_n}{4mR}$$

माइकल्सन व्यतिकरणमापी (Michelson Interferometer)

व्यतिकरण को मापने के लिए प्रयुक्त सूत्र निम्न है:

$$\lambda = \frac{2d}{N} = \frac{X_1 - X_2}{N}$$

जहाँ, N गिनी गई वलयों की संख्या,

तथा X_1 व X_2 व्यतिकरणमापी की प्रारम्भिक व अन्तिम रीडिंग (गणना) है।

दो तरंगदैर्ध्यों के बीच अन्तर $\lambda_1 - \lambda_2 = \dfrac{\lambda^2}{2d}$

जहाँ, λ औसत तरंगदैर्ध्य तथा d घूर्णित दर्पण के लगातार दो उच्चिष्ठ या निम्निष्ठ के बीच का विस्थापन है।

पतली माइका (अभ्रक) शीट की मोटाई, $t = \dfrac{d}{(\mu - 1)}$

जहाँ, d वह दूरी है जिसके द्वारा श्वेत प्रकाश की फ्रिन्जें शिफ्ट होती हैं जबकि उनकी मोटाई t व अपवर्तनांक μ हों।

प्रकाश का विवर्तन (Diffraction of Light)

जब किसी प्रकाश किरण के मार्ग में कोई अवरोध आ जाए या कोई प्रकाश की तरंगदैर्ध्य के तुल्य छिद्र आ जाता है तो प्रकाश किरण उसके किनारों पर मुड़ जाती है। प्रकाश की इस परिघटना को प्रकाश का विवर्तन कहते हैं। विवर्तन दो प्रकार के होते हैं

(i) फ्रेसनेल विवर्तन (ii) फ्रोनहॉफर विवर्तन

फ्रेसनेल विवर्तन (Fresnel Diffraction)

फ्रेसनेल विवर्तन में प्रकाश-स्रोत अथवा वह पदार्थ जिस पर विवर्तन चित्र प्राप्त किया जाता है, अथवा दोनों विवर्तक अवरोध अथवा द्वारक से परिमित दूरी पर होते हैं। इस वर्ग के विवर्तन में लेन्सों का उपयोग नहीं किया जाता है तथा आपतित तरंगाग्र गोलाकार अथवा बेलनाकार होता है। विवर्तन के संदर्भ में nवें अर्द्धावर्ती कटिबन्ध की त्रिज्या $r_n = \sqrt{nb\lambda}$

प्रत्येक अर्द्धावर्ती कटिबन्ध का क्षेत्रफल $= \pi b\lambda$

यहाँ, b = बिन्दु से पर्दे की दूरी तथा λ = प्रकाश की तरंगदैर्ध्य

एक तरंगाग्र के कारण किसी बिन्दु पर डिस्टरबैन्स का परिणामी आयाम

एक तरंगाग्र के कारण किसी बिन्दु पर डिस्टरबैन्स का परिणामी आयाम

$$R = R_1 - R_2 + R_3 - R_4 + (-1)^{n-1} R_n$$
$$= \frac{R_1}{2} + \frac{R_n}{2}, \text{ यदि } n \text{ विषम है}$$
$$= \frac{R_1}{2} - \frac{R_3}{2}, \text{ यदि } n \text{ सम है}$$
$$= \frac{R_1}{2}, \text{ यदि } n \text{ अनन्त है}$$

ऋजुकोर पर विवर्तन (Diffraction at a Straight Edge)

माना S (चित्र) कागज के तल के लम्बवत् तथा λ तरंगदैर्ध्य के प्रकाश से प्रदीप्त एक संकीर्ण स्लिट (narrow slit) है। माना AB एक अपारदर्शी अवरोध (उदाहरणार्थ, रेजर ब्लेड) की ऋजुकोर है जोकि स्लिट के समान्तर रखी है। माना XY एक पर्दा है जो AB के समान्तर है। माना रेखा SA को मिलाकर आगे बढ़ाने पर यह पर्दे के बिन्दु M पर मिलती है।

यदि ऋजुकोर पर प्रकाश का विवर्तन न हुआ होता तो हमें पर्दे पर बिन्दु M के ऊपर एकसमान प्रदीप्ति (uniform illumination) तथा इसके नीचे पूर्ण अन्धकार प्राप्त होता परन्तु वास्तव में ऐसा नहीं होता। M के ऊपर प्रदीप्त क्षेत्र (illuminated region) में स्लिट की लम्बाई के समान्तर दीप्त तथा अदीप्त बैण्ड (bright and dark bands) प्राप्त होते हैं, जिनकी चौड़ाई तथा स्पष्टता धीरे-धीरे कम होती जाती है तथा अन्त में एकसमान प्रदीपन हो जाता है। M के नीचे ज्यामितीय छाया (geometrical shadow) में प्रकाश की तीव्रता शीघ्रता से कम होती जाती है तथा M से कुछ दूरी पर पूर्ण अन्धकार हो जाता है। यह सीधी कोर का विवर्तन चित्र (diffraction figure) है।

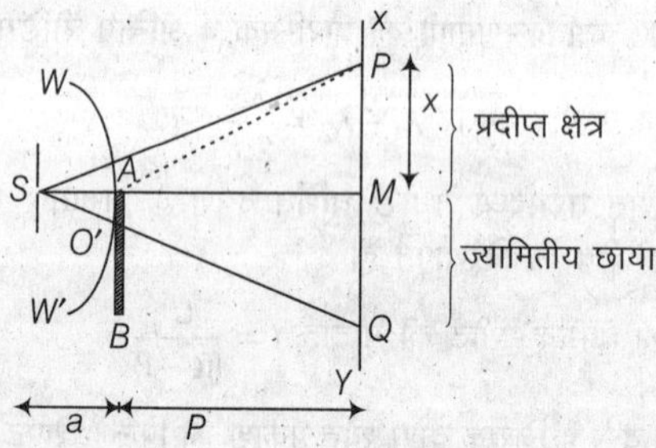

पर्दे पर तीव्रता विवर्तन का ग्राफीय निरूपण चित्र में प्रदर्शित है।

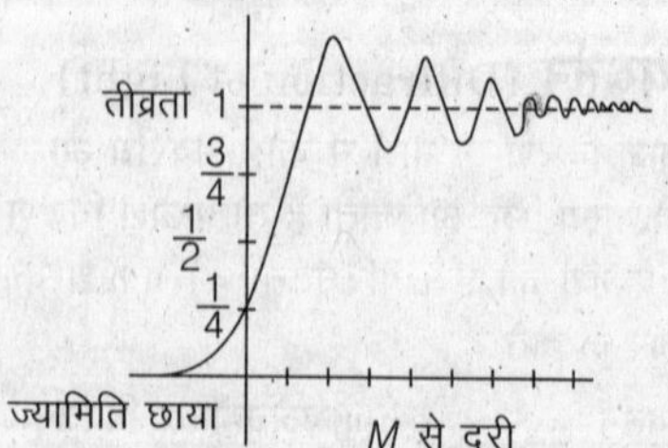

ज्यामितीय छाया (geometrical shadow) में तीव्रता तेजी से कम होती जाती है जबकि इसके बाहर दीप्त तथा अदीप्त बैंण्ड मिलते हैं, जो परस्पर समीप होते जाते हैं तथा अन्त में एकसमान प्रदीपन में विलीन हो जाते हैं।

इस स्थिति में, nवीं अदीप्त स्थिति से दूरी $= \sqrt{\frac{2b(a+b)}{a} n\lambda}$

तथा nवीं दीप्त स्थिति से दूरी $x'_n = \sqrt{\frac{b(a+b)(2n-1)\lambda}{a}}$

जहाँ, a = स्रोत से ऋजुकोर की दूरी

b = पर्दे से ऋजुकोर की दूरी तथा λ = तरंगदैर्ध्य

डिस्क के कारण विवर्तन जबकि एक स्रोत प्रतिबन्धित है

$$R \approx -\frac{R_2}{2}$$

तीव्रता $$I = \frac{R_2^2}{2}$$

जोन प्लेट (Zone Plate)

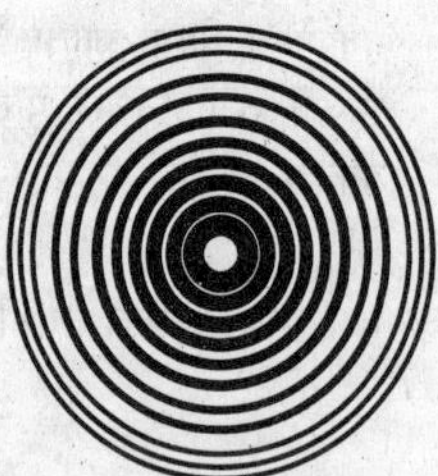

जोन प्लेट एक विशेष प्रकार का विवर्तक पर्दा (diffracting screen) होता है जिसे इस प्रकार बनाया जाता है कि फ्रेसनल के **एकान्तर अर्द्धावर्ती कटिबन्ध** प्रकाश के मार्ग में अवरोध उत्पन्न करें। इसे बनाने के लिए एक सफेद कागज पर संकेन्द्री वृत्तों की एक श्रेणी खींच लेते हैं। जिनकी त्रिज्याएँ प्राकृतिक संख्याओं (natural numbers) के वर्गमूल के अनुक्रमानुपाती होती हैं। हम जानते हैं कि किसी बिन्दु पर दो उत्तरोत्तर कटिबन्धों के आयाम विपरीत चिह्नों के होते हैं। अतः यदि एकान्तर कटिबन्धों को अप्रभावी कर दें तो बचे हुए कटिबन्धों का प्रभाव जुड़ जायेगा तथा बिन्दु पर प्रकाश की तीव्रता बढ़ जायेगी। ऐसा करने के लिए एकान्तर कटिबन्धों पर कृष्ण रजतित (black painted) कर देते हैं तथा इस ड्रॉइंग का एक समतल काँच की प्लेट पर अवकृत (reduced) फोटोग्राफ ले लेते हैं। इस प्रकार प्राप्त नेगेटिव (negative) को ही जोन प्लेट कहते हैं। यह प्लेट उत्तल लेन्स की तरह कार्य करती है। इसके लिए सूत्र निम्न प्रकार है,

$$\frac{1}{f} = \frac{1}{a} + \frac{1}{b} + \frac{n\lambda}{r_n^2}$$

जहाँ, a = जोन प्लेट से स्रोत की दूरी

b = अधिकतम तीव्रता प्रेक्षित होने की दूरी

द्वितीय फोकस दूरी (secondary focal length),

$$(f_n) = \frac{f}{(2n-1)}$$

फ्रॉनहोफर विवर्तन (Fraunhofer Diffraction)

इस वर्ग के विवर्तन में प्रकाश स्रोत तथा पर्दा दोनों ही विवर्तक अवरोध अथवा द्वारक से प्रभावी रूप से अनन्त दूरी पर होते हैं। इस स्थिति को प्राप्त करने के लिए स्रोत तथा पर्दे को दो लेन्सों के फोकस तलो में रखते हैं। इसमें आपतित तरंगाग्र समतल होता है।

एकल स्लिट विवर्तन के लिए, तीव्रता

$$I \propto \frac{\sin^2\beta}{\beta^2}$$

जहाँ, $$\beta = \frac{\pi b \sin\theta}{\lambda}$$

यहाँ, b = स्लिट चौड़ाई

तथा θ = विवर्तन कोण

विवर्तन कोण, $\theta = 0$ के लिए β महत्तम होता है। जब $\beta = \pi$, तब दोनों ओर प्रथम निम्निष्ठ (first minima) प्राप्त होता है

अर्थात् $$\sin\theta = \theta \approx \frac{\lambda}{b}$$

तब अन्य उच्चिष्ठ (maxima), $\tan\beta = \beta$ के लिए प्राप्त होता है

इसलिये, $\beta = 1.43\pi, 2.46\pi, 3.47\pi, \ldots$ इत्यादि।

वृत्तीय द्वारक पर विवर्तन (Diffraction at Circular Aperture)

माना एक संकीर्ण वृत्तीय द्वारक AB एक बिन्दु स्रोत S से चलने वाले प्रकाश के पथ में रखा है तथा विवर्तन चित्र एक पर्दे XY पर प्राप्त होता है। यह विवर्तन चित्र निम्न प्रकार का होता है:

(i) प्रदीप्त क्षेत्र (illuminated region) AB का केन्द्र C दीप्त अथवा अदीप्त होता है।

(ii) प्रदीप्त क्षेत्र में, केन्द्र C के चारों ओर एकान्तर क्रम में दीप्त व अदीप्त विवर्तन वलय (rings) होती हैं।

(iii) ज्यामितीय छाया (geometrical shadow) में अर्थात् A' के ऊपर तथा B' के नीचे, प्रकाश की तीव्रता शीघ्रता से घटकर शून्य हो जाती है।

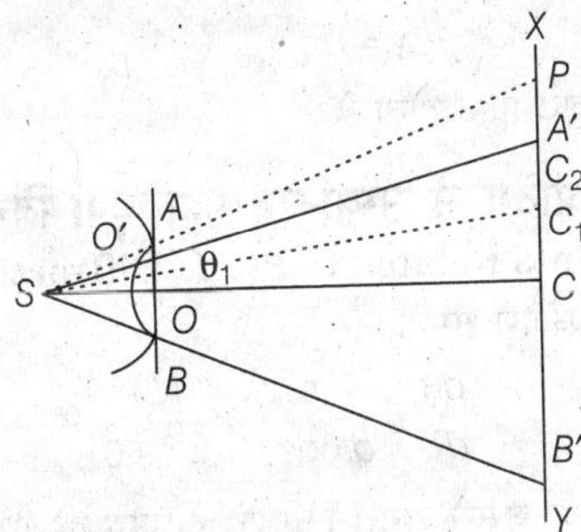

यहाँ, $\theta = 0$ पर उच्चिष्ठ प्राप्त होता है।

तथा $\sin\theta = \dfrac{1.22\,\lambda}{D}$ पर प्रथम निम्निष्ठ (minima) प्राप्त होता है

जहाँ, D द्वारक का व्यास है।

आयताकार द्वारक द्वारा विवर्तन (Diffraction by Rectangular Aperture)

माना S (चित्र), तरंगदैर्ध्य λ के एकवर्णी प्रकाश से प्रदीप्त एक संकीर्ण स्लिट है XY एक पर्दा है तथा दोनों ही कागज के तल के लम्बवत् हैं।

माना एक आयताकार द्वारक जिसकी चौड़ाई AB है, स्लिट S तथा XY के बीच रखा है तथा इसकी भुजाएँ स्लिट के समान्तर हैं।

पुनः माना कि WW', स्लिट S से चलने वाले बेलनाकार तरंगाग्र का परिच्छेद है जो द्वारक AB पर आपतित होता है। रेखाएँ SA तथा SB बढ़ाने पर पर्दे पर क्रमशः A तथा B पर मिलती हैं। प्रकाश के सरल-रेखीय संचरण के अनुसार, क्षेत्र AB में एकसमान प्रदीप्ति होनी चाहिए तथा A' से ऊपर व B' से नीचे ज्यामितीय छाया (geometrical shadow) में पूर्ण अन्धकार होना चाहिए परन्तु ऐसा नहीं होता। वास्तव में पर्दे पर एक विवर्तन-चित्र बनता है जिसका रूप द्वारक की चौड़ाई के साथ बदलता है।

तीव्रता $\quad I \propto \dfrac{\sin^2\beta}{\beta^2}\cdot\dfrac{\sin^2\gamma}{\gamma^2}$

जहाँ, $\quad \beta = \dfrac{\pi b \sin\theta}{\lambda}$

तथा $\quad \gamma = \dfrac{\pi l \sin\phi}{\lambda}$

यहाँ, b तथा l क्रमशः आयत की चौड़ाई व लम्बाई हैं।

प्रिज्म की वर्ण विक्षेपण क्षमता (Colour Dispersive Power of a Prism)

प्रिज्म से प्रकाश के वर्ण-विक्षेपण की स्थिति में कोणीय विक्षेपण तथा माध्य रंग (पीले) की प्रकाश किरण के विचलन के अनुपात को प्रिज्म की वर्ण विक्षेपण क्षमता कहते हैं। इसके लिए,

$$\frac{\lambda}{d\lambda} = t\,\frac{\mu}{d\mu}$$

जहाँ, $\quad t$ = प्रिज्म के आधार की लम्बाई

तथा $\quad \dfrac{d\mu}{d\lambda}$ = अपवर्तनांक में तरंगदैर्ध्य के साथ परिवर्तन

दूरदर्शी की विभेदन सीमा (Resolution Limit of a Telescope)

दूरदर्शी की विभेदन सीमा निम्न प्रकार से दी जाती है

$$\theta = \frac{1.22\,\lambda}{D}$$

जहाँ, θ = अनन्त पर रखे उन दो स्रोतों के बीच कोण जिन्हें विभेदित करना है।

द्विस्लिट (Double Slit)

माना तरंगदैर्ध्य λ के एकवर्णी प्रकाश का एक समान्तर पुँज दो समान्तर स्लिटों AB तथा CD पर अभिलम्बवत् आपतित होता है। प्रत्येक स्लिट की चौड़ाई e है तथा उनकी चौड़ाई d के अपारदर्शी स्थान से पृथक्कृत हैं। दोनों स्लिटों के संगत बिन्दुओं के बीच की दूरी $(e+d)$ होगी।

माना विवर्तित प्रकाश (diffracted light) को एक उत्तल लेन्स L के द्वारा लेन्स के फोकस तल में रखे पर्दे XY पर फोकस किया गया है। पर्दे पर प्राप्त चित्र एकल स्लिट द्वारा बनने वाले विवर्तन चित्र के समान है, जिस पर समान चौड़ाई की व्यतिकरण फ्रिन्जें अध्यारोपित हैं।

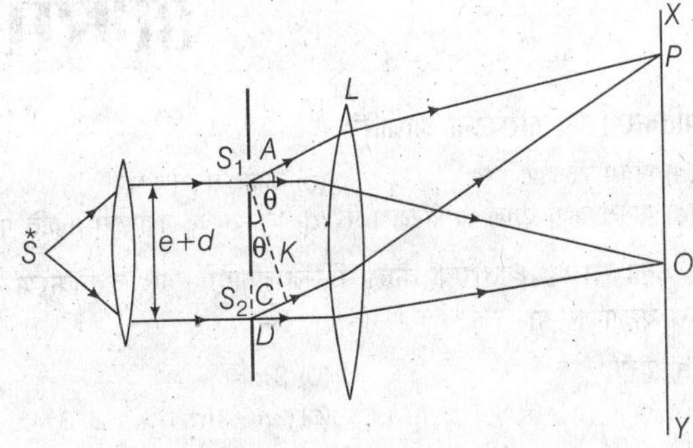

इस स्थिति में तीव्रता, $I \propto \dfrac{\sin^2\beta}{\beta^2}\cos^2\gamma$

जहाँ, $\quad \beta = \dfrac{\pi b \sin\theta}{\lambda}$ तथा $\gamma = \dfrac{nd\sin\theta}{\lambda}$

जहाँ, $\quad d = (a+b)$ दोनों स्लिटों के बीच की दूरी

निम्निष्ठ के लिए, $\quad \sin\theta = \dfrac{\lambda}{2d}, \dfrac{3\lambda}{2d}, \dfrac{5\lambda}{2}, \ldots$

उच्चिष्ठ के लिए, $\quad \sin\theta = \theta, \dfrac{\lambda}{d}, \dfrac{2\lambda}{d}, \dfrac{3\lambda}{d}, \ldots n$

केन्द्रीय दीप्त बैण्ड $(2n-1)$ बराबर बैण्डों में विभक्त होती है।

जहाँ, $\quad d = nb$

समतल विवर्तन ग्रेटिंग (Plane Diffraction Grating)

विवर्तन ग्रेटिंग एक ऐसी व्यवस्था है, जिसमें बराबर चौड़ाई की अनेक समदूरस्थ समान्तर स्लिटें होती हैं। आजकल प्रकाश समतल पारदर्शी काँच की प्लेट पर एक हीरक बिन्दु (diamond point) से अनेक समदूरस्थ व समान्तर रेखाएँ खींचकर पारगमन ग्रेटिंग बनायी जाती है। दो रेखाओं के बीच का स्थान पारदर्शी होने के कारण स्लिट की तरह कार्य करता है जबकि रेखांकित भाग (रेखा की मोटाई) अपारदर्शी होने के कारण प्रकाश को प्रकीर्णित (scatter) करता है।

इस स्थिति में तीव्रता, $I \propto \frac{\sin^2 \beta}{\beta} \cdot \frac{\sin Nr}{r}$

जहाँ, $\beta = \frac{\pi b \sin \theta}{\lambda}$ तथा $r = \frac{\pi d \sin \theta}{\lambda}$

जहाँ, $d = a + b$

N = ग्रेटिंग में कुल रेखाओं की संख्या

a = अन्धकारमय भाग की मोटाई,

b = प्रत्येक पारदर्शी भाग की मोटाई

मुख्य उच्चिष्ठ के लिए (Condition for Primary Maxima)

मुख्य उच्चिष्ठ की प्राप्ति के लिए सामान्य समीकरण निम्नलिखित हैं

$$d \sin \theta = (a+b) \sin \theta = \pm n\lambda \quad \text{या} \quad \sin \theta = \frac{n\lambda}{a+b} = N_0 n\lambda,$$

जहाँ, n एक प्राकृतिक संख्या है जो स्पैक्ट्रम की कोटि को दर्शाती है तथा $N_0 = \frac{1}{a+b}$ प्रति एकांक लम्बाई में रेखाओं की संख्या है।

निम्निष्ठ के लिए शर्त (Condition for Minima)

तीव्रता शून्य (अर्थात् निम्निष्ठ) होगी यदि

$$Nr = \frac{N\pi d \sin \theta}{\lambda}, \pi, 2\pi, 3\pi, 4\pi, \ldots$$

अर्थात् $\sin \theta = \frac{\lambda}{Nd} \cdot \frac{2\lambda}{Nd}$

द्वितीय उच्चिष्ठ के लिए शर्त (Condition for Secondary Maxima)

द्वितीय उच्चिष्ठ प्राप्ति के लिए सामान्य समीकरण निम्नवत् है

$$N \tan \gamma = \tan N\gamma$$

जब, $\gamma = n\pi$,

तब द्वितीय उच्चिष्ठ प्राप्त होता है

समतल विवर्तन ग्रेटिंग से सम्बन्धित महत्वपूर्ण बिन्दु (Important Points Related to Plane Diffraction Grating)

(i) ग्रेटिंग की विक्षेपण क्षमता,

$$\frac{d\theta}{d\lambda} = \frac{n}{d \cos \theta} = \frac{N_0 n}{\cos \theta}$$

(ii) nवें उच्चिष्ठ व उससे अगले निम्निष्ठ के बीच कोणीय दूरी

$$d\theta = \frac{\lambda}{Nd \cos \theta} = \frac{N_0 \lambda}{N \cos \theta}$$

(iii) ग्रेटिंग की विभेदन क्षमता $= \frac{\lambda}{d\lambda} = Nn$

अभ्यास प्रश्नावली

1. व्यतिकरण की परिघटना आधारित है

(a) संवेग संरक्षण पर (b) ऊर्जा संरक्षण पर
(c) संवेग तथा ऊर्जा के संरक्षण पर (d) प्रकाश की क्वाण्टम प्रकृति पर

2. दो कला सम्बद्ध स्रोत एक काली फ्रिन्ज बनाएगे, यदि व्यतिकरण तरंगों के बीच कलान्तर हो

(a) शून्य (b) 2π
(c) $n\pi$ (d) $(2n-1)\pi$, $n = 1, 2, 3, 4 \ldots$

3. किसी व्यतिकरण प्रतिमान में निम्निष्ठ तब प्राप्त होगा जबकि व्यतिकारी तरंगों के बीच कलान्तर का मान हो

(a) $\frac{\pi}{2}$ (b) 2π (c) $2n\pi$ (d) $(2n-1)\pi$

4. λ तरंगदैर्ध्य की दो एकवर्णी प्रकाश तरंगों के बीच सम्पोषी व्यतिकरण के लिए उनके बीच पथान्तर होना चाहिए

(a) $(2n-1)\frac{\lambda}{4}$ (b) $(2n-1)\frac{\lambda}{2}$
(c) $n\lambda$ (d) $(2n+1)\frac{\lambda}{2}$

5. λ तरंगदैर्ध्य की दो एकवर्णी प्रकाश तरंगों के बीच विनाशी व्यतिकरण के लिए पथान्तर होना चाहिए

(a) $\frac{(2n-1)\lambda}{4}$ (b) $\frac{(2n-1)\lambda}{2}$
(c) $n\lambda$ (d) $(2n+1)\lambda$

6. एक व्यतिकरण प्रयोग में क्रमागत उच्चिष्ठ तथा निम्निष्ठ के बीच अन्तराल होता है

(a) $\frac{\lambda d}{D}$ (b) $\frac{\lambda D}{d}$ (c) $\frac{dD}{\lambda}$ (d) $\frac{\lambda d}{4D}$

7. दो कला सम्बद्ध स्रोतों से प्राप्त व्यतिकरण में फ्रिन्ज चौड़ाई निर्भर करती है,

(a) तरंगदैर्ध्य के अनुक्रमानुपात में
(b) तरंगदैर्ध्य के व्युत्क्रमानुपात में
(c) स्लिटों के अन्तराल के अनुक्रमानुपात में
(d) स्लिटों तथा पर्दे के बीच दूरी के व्युत्क्रमानुपात में

8. जब प्रकाश में व्यतिकरण होता है, तो

(a) उच्चिष्ठों (maxima) पर ऊर्जा उत्पन्न होती है
(b) निम्निष्ठों (minima) पर ऊर्जा का विनाश होता है
(c) ऊर्जा न तो उत्पन्न होती है तथा न ही नष्ट बल्कि उसका पुनर्वितरण होता है
(d) उपरोक्त सभी सत्य हैं

9. काली तथा चमकीली व्यतिकरण फ्रिन्जें प्राप्त करने के लिए प्रकाश स्रोत होना चाहिए

(a) एकवर्णी (b) श्वेत
(c) एकवर्णी अथवा श्वेत (d) दो रंगों का मिश्रण

10. व्यतिकरण परिघटना होती है

(a) समस्त तरंगों में (b) केवल अनुप्रस्थ तरंगों में
(c) केवल अनुदैर्ध्य तरंगों में (d) केवल स्थिर तरंगों में

11. दो प्रकाश स्रोत कला सम्बद्ध कहलाते हैं यदि उन्हें प्राप्त किया जाए,

(a) एक ही तरंगदैर्ध्य का प्रकाश उत्सर्जित करने वाले दो स्वतन्त्र स्रोतों से
(b) एक एकल बिन्दु स्रोत से
(c) एक विस्तृत स्रोत से
(d) विभिन्न तरंगदैर्ध्यों का प्रकाश उत्पन्न करने वाले दो साधारण बल्बों से

12. दो एकसमान प्रकाश स्रोत S_1 तथा S_2 समान तरंगदैर्ध्य λ का प्रकाश उत्सर्जित करते हैं। ये प्रकाश किरणें व्यतिकरण करेंगी यदि

(a) उनका कलान्तर स्थिर रहे
(b) उनकी कलाएँ यादृच्छतः वितरित हों
(c) उनकी प्रकाश तीव्रताएँ स्थिर रहें
(d) उनकी प्रकाश तीव्रताएँ यादृच्छतः परिवर्तित हों

13. एक द्विस्लिट व्यतिकरण प्रयोग एकवर्णी प्रकाश से किया जाता है तथा व्यतिकरण फ्रिन्जें प्रेक्षित की जाती हैं। अब यदि एकवर्णी प्रकाश के स्थान पर श्वेत प्रकाश का उपयोग किया जाये तो व्यतिकरण प्रतिमान में क्या परिवर्तन होगा?

(a) कोई परिवर्तन नहीं
(b) प्रतिमान अदृश्य हो जाएगा
(c) पूरे प्रतिमान में श्वेत तथा काली फ्रिन्जें प्राप्त होंगी
(d) केन्द्रीय श्वेत फ्रिन्ज के दोनों ओर कुछ रंगीन फ्रिन्जें प्राप्त होंगी

14. दो कला सम्बद्ध तरंगों के कारण किसी बिन्दु पर तीव्रता का अनुपात 100 : 1 है। उनके आयामों के बीच अनुपात होगा

(a) 1 : 1 (b) 1 : 10
(c) 1 : 100 (d) 10 : 1

15. द्विस्लिट प्रयोग में, स्लिटों A तथा B को प्रकाशित करने के लिए एकवर्णी प्रकाश का उपयोग किया गया है। स्लिटों के सामने रखे पर्दे पर व्यतिकरण फ्रिन्जें प्रेक्षित की जाती हैं। अब यदि A से आने वाले पुंज के पथ में एक पतली काँच की पट्टिका रख दी जाए तो

(a) फ्रिन्जें अदृश्य हो जाएगी
(b) फ्रिन्ज की चौड़ाई बढ़ जाएगी
(c) फ्रिन्ज की चौड़ाई कम हो जाएगी
(d) फ्रिन्ज की चौड़ाई में कोई परिवर्तन नहीं होगा

16. जब फ्रेसनेल द्विप्रिज्म के विन्यास में एकवर्णी प्रकाश को श्वेत प्रकाश से बदल दिया जाए तो केन्द्रीय फ्रिन्ज होगी

(a) काली
(b) श्वेत
(c) रंगीन
(d) यह बैंगनी से लाल रंग तक बदलेगी

17. यदि द्विस्लिट प्रयोग में पीले प्रकाश के स्थान पर लाल प्रकाश प्रयुक्त किया जाए तो फ्रिन्ज चौड़ाई

(a) कम होगी
(b) अप्रभावित रहेगी
(c) बढ़ेगी
(d) पहले बढ़ेगी, बाद में कम होगी

18. तेल की अथवा साबुन के घोल की फिल्म में चमकदार रंगों का कारण होता है

(a) विक्षेपण (b) व्यतिकरण (c) विवर्तन (d) ध्रुवण

19. जल के ऊपर तैरता तेल प्रकाश के व्यतिकरण के कारण रंगहीन दिखाई देता है। इस प्रभाव के दृश्य होने के लिए तेल की परत की लगभग मोटाई होनी चाहिए

(a) 100 Å (b) 10000 Å
(c) 1 मिमी (d) 1 सेमी

20. एक उत्तल लेन्स तथा एक समतल काँच की प्लेट के बीच पतली वायु फिल्म को एकवर्णी प्रकाश के समान्तर पुंज से प्रकाशित किया गया है तथा एक माइक्रोस्कोप से प्रेक्षित किया गया है। आपको दिखाई देगा

(a) एकसमान चमक
(b) पूर्ण अन्धकार
(c) दृश्य क्षेत्र संकेन्द्री चमकीली व काली फ्रिन्जों से युक्त होगा
(d) दृश्य क्षेत्र समान्तर चमकीली व काली फ्रिन्जों से युक्त होगा

21. सूक्ष्म कोण पर नत दो समतल पृष्ठों के बीच एक फनाकार वायु फिल्म बनी है। यदि क्षेत्र को एकवर्णी प्रकाश के समान्तर पुंज से प्रकाशित किया जाए तो हमें प्राप्त होगा

(a) संकेन्द्री वृत्ताकार फ्रिन्जें
(b) एकसमान चमक
(c) समान दूरी पर स्थित काले तथा चमकीली सरल रेखीय फ्रिन्जें
(d) अलग-अलग फ्रिन्ज चौड़ाइयों की एकान्तर चमकीली तथा काली फ्रिन्जें

22. ऊपरी काँच की प्लेट तथा निचली समतल दर्पण के बीच एक अन्तरित पतली वायु फिल्म पर आपतित श्वेत प्रकाश पुँज से हमें प्राप्त होगा

(a) परावर्तित पुँज में रंगीन बैण्ड
(b) परावर्तित पुँज में काले तथा चमकीले बैण्ड
(c) परावर्तित पुँज में कोई व्यतिकरण प्रतिमान नहीं होता
(d) कुछ नहीं कहा जा सकता

23. दो काँच की प्लेटों के बीच बनी वायु फिल्म पर एक श्वेत प्रकाश पुँज आपतित है हमें प्राप्त होगा

(a) परावर्तित प्रकाश में रंगीन बैण्ड
(b) परावर्तित प्रकाश में काले तथा चमकीले बैण्ड
(c) कोई व्यतिकरण प्रतिमान नहीं
(d) कुछ नहीं कहा जा सकता

24. परावर्तित प्रकाश में न्यूटन वलय विन्यास में केन्द्र $(t = 0)$ होता है

(a) काला (b) चमकीला
(c) काला अथवा चमकीला (d) रंगीन

25. न्यूटन वलय के विन्यास में बने वलयों का व्यास समानुपाती होता है (जहाँ, λ = प्रकाश की तरंगदैर्ध्य)

(a) λ (b) λ^2
(c) $\sqrt{\lambda}$ (d) $1/\sqrt{\lambda}$

26. परावर्तित प्रकाश में वायु फिल्म के न्यूटन वलय विन्यास में nवें वलय का व्यास Δn है। यदि वायु फिल्म को μ अपवर्तनांक की द्रव फिल्म से प्रतिस्थापित कर दिया जाए तो nवीं फ्रिन्ज का व्यास हो जाएगा

(a) $\sqrt{\mu}$ गुना (b) $\frac{1}{\sqrt{\mu}}$ गुना
(c) $\frac{1}{\mu}$ गुना (d) μ गुना

27. यदि दो कला सम्बद्ध स्रोतों के बीच की दूरी d, पर्दे से स्रोत की दूरी D, तथा λ तरंगदैर्ध्य के प्रकाश के लिए फ्रिन्ज चौड़ाई (W) होगी

(a) $\frac{d\lambda}{D}$ (b) $Dd\lambda$
(c) $\frac{D\lambda}{d}$ (d) $\frac{D}{\lambda d}$

28. फ्रेसनेल द्विप्रिज्म उत्पन्न करती है

(a) तरंगाग्र के विभाजन द्वारा कला सम्बद्ध स्रोत
(b) आयाम के विभाजन द्वारा कला सम्बद्ध स्रोत
(c) कला असम्बद्ध स्रोत
(d) दृश्य प्रकाश

29. द्विस्लिट के व्यतिकरण प्रयोग में यदि स्लिटों के बीच की दूरी धीरे-धीरे बढ़ाई जाए, तो फ्रिन्ज की चौड़ाई

(a) बढ़ती है (b) घटती है
(c) अपरिवर्तित रहती है (d) पहले बढ़ती है, फिर घटती है

30. फ्रेसनेल के द्विस्लिट प्रयोग में केन्द्रीय फ्रिन्ज होती है

(a) दीप्त
(b) अदीप्त
(c) पहले दीप्त बाद में अदीप्त
(d) पहले अदीप्त, बाद में दीप्त

31. फ्रेसनेल के द्विस्लिट प्रयोग में यदि श्वेत प्रकाश प्रयुक्त किया जाए, तो फ्रिन्जें होगी

(a) श्वेत व काली
(b) पीली व काली
(c) केन्द्रीय श्वेत व इसके दोनों ओर कुछ रंगीन फ्रिन्जें
(d) फ्रिन्जें प्रतिरूप प्राप्त नहीं होगा

32. फ्रेसनेल द्विस्लिट प्रयोग में किस रंग की फ्रिन्ज चौड़ाई अधिकतम होगी

(a) बैंगनी (b) लाल
(c) पीली (d) सभी के लिए बराबर

33. a चौड़ाई की एक स्लिट श्वेत प्रकाश से प्रकाशित है। लाल प्रकाश $(\lambda = 6500\,\text{Å})$ के लिए प्रथम निम्निष्ठ $\theta = 30°$ विवर्तन कोण पर प्राप्त होगा, तो a का मान होगा

(a) 3250 Å (b) 6.5×10^{-4} मिमी
(c) 1.3 माइक्रॉन (d) 2.6×10^{-6} मी

34. किसी तरंगदैर्ध्य λ के लिए, एकल स्लिट के कारण प्रथम विवर्तन निम्निष्ठ $30°$ पर प्राप्त होता है। यदि स्लिट की चौड़ाई 10^{-6} मी हो तो तरंगदैर्ध्य λ का मान होगा

(a) 4000 Å (b) 5000 Å
(c) 1250 Å (d) 10000 Å

35. न्यूटन रिंग होती है

(a) संकेन्द्री वृत्ताकार फ्रिन्जें, जिनका बिन्दुपथ समान मोटाई वाला है
(b) संकेन्द्री वृत्ताकार फ्रिन्जें, जिनका बिन्दुपथ समान झुकाव वाला है
(c) दीर्घवृत्ताकार फ्रिन्जें
(d) अलग-अलग केन्द्रों की वृत्ताकार फ्रिन्जें

36. जल पर तैरती तेल की फिल्म व्यतिकरण के कारण रंगीन दिखाई देती है। इस प्रकार के प्रभाव के दृष्टिगोचर होने के लिए फिल्म की लगभग मोटाई होती है

(a) 100 Å (b) 10,000 Å
(c) 1 मिमी (d) 1 सेमी

37. न्यूटन वलय प्रयोग में दीप्त फ्रिन्जों का व्यास

(a) प्राकृतिक संख्याओं के वर्गमूल के अनुक्रमानुपाती होता है
(b) विषम प्राकृतिक संख्याओं के वर्गमूल के अनुक्रमानुपाती होता है
(c) प्राकृतिक संख्याओं के वर्गमूल के व्युत्क्रमानुपाती होता है
(d) विषम प्राकृतिक संख्याओं के वर्गमूल के व्युत्क्रमानुपाती होता है

38. न्यूटन वलय के प्रयोग में सोडियम प्रकाश प्रयुक्त करने पर दीप्त व अदीप्त फ्रिन्जें प्राप्त होती हैं। यदि सम्पूर्ण निकाय को शान्त जल में डुबा दिया जाए, तो

(a) वलयों का व्यास बढ़ता है
(b) वलयों का व्यास घटता है
(c) वलयों का व्यास अपरिवर्तित रहता है
(d) वलय अदृश्य हो जाते हैं

39. न्यूटन वलय निकाय में प्रयुक्त प्रकाश का स्रोत होना चाहिए

(a) चौड़ा (b) संकीर्ण
(c) उपरोक्त दोनों में से कोई भी (d) इनमें से कोई नहीं

40. दो समतल विवर्तन ग्रेटिंगों A तथा B में रेखीय पृष्ठों की चौड़ाई समान है, परन्तु A में B की तुलना में रेखाओं की संख्या अधिक है। तब फ्रिन्जों की तीव्रता होगी

(a) ग्रेटिंग B के लिए अधिक
(b) ग्रेटिंग A के लिए अधिक
(c) A तथा B के लिए बराबर
(d) कुछ नहीं कहा जा सकता

41. अभिलम्ब आपतन पर एक एकल स्लिट से उत्पन्न फ्रॉनहोफर विवर्तन प्रतिमान पर विचार कीजिए। प्रथम विवर्तन निम्निष्ठ की कोणीय स्थिति पर, स्लिट की विपरीत कोरों से प्राप्त तरंग वालियों के बीच कलान्तर (रेडियन में) होगा

(a) $\frac{\pi}{4}$ (b) $\frac{\pi}{2}$
(c) π (d) 2π

42. एकल स्लिट पर फ्रॉनहोफर विवर्तन में स्लिट की चौड़ाई b है। स्क्रीन स्लिट से D दूरी पर स्थित है। यदि स्लिट की चौड़ाई b को पुनः कम किया जाए तो केन्द्रीय उच्चिष्ठ की चौड़ाई

(a) बढ़ेगी (b) कम होगी
(c) अपरिवर्तित रहेगी (d) इनमें से कोई नहीं

43. एक एकल स्लिट से बने विवर्तन प्रतिमान में एक केन्द्रीय बैण्ड होता है जोकि

(a) चौड़ा तथा चमकीला होता है तथा इसके साथ क्रमशः क्षीण होती तीव्रता के क्रमागत काले तथा चमकीले बैण्ड होते हैं
(b) संकीर्ण तथा चमकीला होता है तथा इसके साथ बैण्ड होते हैं
(c) चौड़ा तथा चमकीला होता है तथा इसके साथ समान तीव्रता के क्रमागत काले तथा चमकीले बैण्ड होते हैं
(d) काला होता है तथा उसके साथ क्षीण होती तीव्रता के क्रमागत चमकीले तथा काले बैण्ड होते हैं

44. माइकल्सन व्यतिकरणमापी प्रयोग में एकवर्णी प्रकाश प्रयुक्त किया गया है तथा दर्पण परस्पर लम्बवत् रखे जाते हैं, तो फ्रिन्जें प्राप्त होंगी

(a) सरल रेखीय (b) वृत्ताकार
(c) दीर्घवृत्ताकार (d) परवलयाकार

45. चित्र में यंग का द्विस्लिट प्रयोग दर्शाया गया है। चित्र में O के एक ओर Q पहली दीप्त फ्रिन्ज की स्थिति है। O के दूसरी ओर P, Q के सापेक्ष ग्यारहवीं फ्रिन्ज की स्थिति है यदि प्रयुक्त प्रकाश की तरंगदैर्ध्य 6000×10^{-10} मी हो, तो S_1B होगा

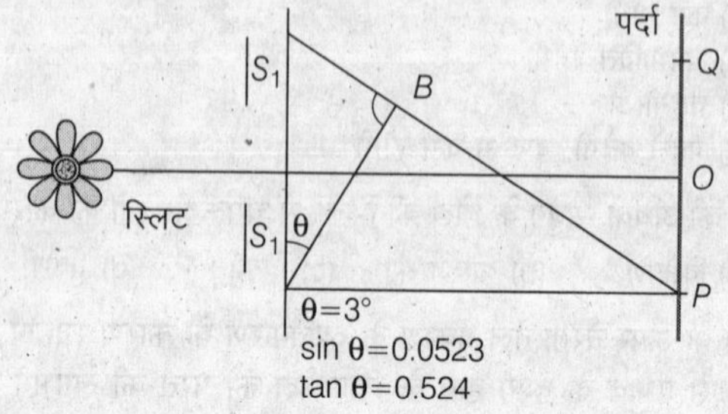

(a) 6×10^{-6} मी (b) 3.144×10^{-7} मी
(c) 6.2×10^{-5} मी (d) 3.138×10^{-7} मी

46. निम्न चित्र में, CP तरंगाग्र (wavefront) है और AO तथा BP दो संगत किरणें हैं। किरण BP तथा परावर्तित किरण OP के बीच P पर सम्पोषी व्यतिकरण के लिए θ का मान होगा

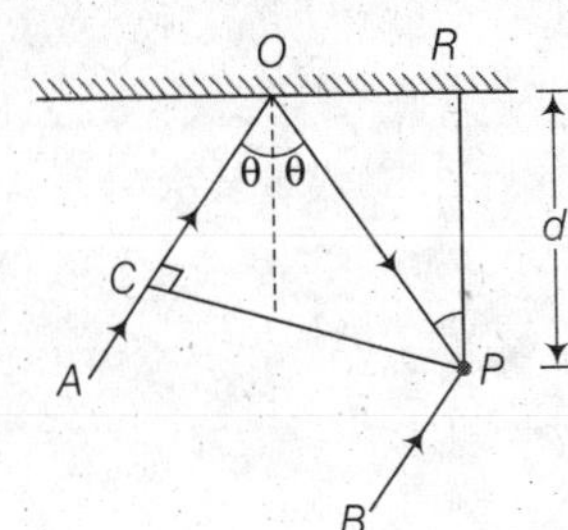

(a) $\cos\theta = \frac{3\lambda}{2d}$ (b) $\cos\theta = \frac{\lambda}{4d}$

(c) $\sec\theta - \cos\theta = \frac{\lambda}{d}$ (d) $\sec\theta - \cos\theta = \frac{4\lambda}{d}$

47. प्रकाश की एक किरण सघन माध्यम में विरल माध्यम में आपतन कोण i पर टकराती है। परावर्तित तथा अपवर्तित किरणें परस्पर 90° का कोण बनाती हैं। परावर्तन तथा अपवर्तन कोण क्रमशः r तथा r_c है क्रान्तिक कोण है

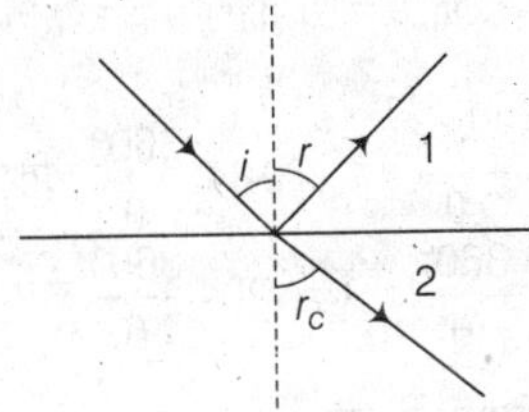

(a) $\sin^{-1}(\tan r)$ (b) $\sin^{-1}(\tan r_c)$

(c) $\sin^{-1}(\tan i)$ (d) $\tan^{-1}(\sin i)$

48. यंग द्विस्लिट प्रयोग में किसी बिन्दु पर तीव्रता अधिकतम तीव्रता की एक-चौथाई है। इस बिन्दु की कोणीय स्थिति है

(a) $\sin^{-1}\left(\frac{\lambda}{d}\right)$ (b) $\sin^{-1}\left(\frac{\lambda}{2d}\right)$

(c) $\sin^{-1}\left(\frac{\lambda}{3d}\right)$ (d) $\sin^{-1}\left(\frac{\lambda}{4d}\right)$

49. 0.1 सेमी चौड़ाई की एक पतली स्लिट, 600 नैनोमीटर तरंगदैर्ध्य वाले एकवर्णी प्रकाश से प्रकाशित होती है। 2 मी की दूरी पर स्थित पर्दे पर दोनों ओर के निम्निष्ठों के बीच की दूरी है

(a) 1.2 सेमी (b) 1.2 मिमी (c) 2.4 सेमी (d) 2.4 मिमी

50. दो ससंजक एकवर्णीय प्रकाश किरणों की तीव्रताएँ क्रमशः I और $4I$ हैं, इनके अध्यारोपण से उच्चिष्ठ और निम्निष्ठ पर सम्भव तीव्रताएँ होंगी

(a) $5I$ और I (b) $5I$ और $5I$

(c) $9I$ और I (d) $9I$ और $3I$

51. न्यूटन के कणिका का सिद्धान्त से, निम्नलिखित में से किस घटना को नहीं समझाया जा सकता

(a) परावर्तन (b) अपवर्तन

(c) विवर्तन (d) प्रकाश तरंगों की सरल रेखीय गति

52. वर्षा के दिनों में, जब तेल की बूँद सड़क पर गिरती है, तो रंगीन फ्रिन्जें प्राप्त होती हैं। इसका कारण है

(a) प्रकाश का पूर्ण आन्तरिक परावर्तन

(b) ध्रुवण

(c) विवर्तन पैटर्न

(d) तेल की फिल्म के कारण व्यतिकरण पैटर्न

53. यंग के द्वि-झिरी प्रयोग में तरंगदैर्ध्य के दोगुने के बराबर झिरी पृथक्कन के लिए सम्भावित व्यतिकरण उच्चिष्ठों की अधिक संख्या होती है

(a) अनन्त (b) शून्य (c) तीन (d) पाँच

उत्तरमाला

1. (b)	**2.** (d)	**3.** (c)	**4.** (c)	**5.** (b)	**6.** (b)	**7.** (a)	**8.** (c)	**9.** (a)	**10.** (a)
11. (a)	**12.** (a)	**13.** (a)	**14.** (d)	**15.** (d)	**16.** (b)	**17.** (c)	**18.** (b)	**19.** (b)	**20.** (c)
21. (c)	**22.** (c)	**23.** (a)	**24.** (a)	**25.** (c)	**26.** (b)	**27.** (c)	**28.** (a)	**29.** (b)	**30.** (a)
31. (c)	**32.** (b)	**33.** (c)	**34.** (b)	**35.** (a)	**36.** (b)	**37.** (b)	**38.** (b)	**39.** (a)	**40.** (b)
41. (c)	**42.** (a)	**43.** (a)	**44.** (b)	**45.** (a)	**46.** (b)	**47.** (a)	**48.** (c)	**49.** (d)	**50.** (c)
51. (c)	**52.** (d)	**53.** (d)							

28

किरण प्रकाशिकी
Ray Optics

प्रकाशिकी को दो भागों में विभाजित किया गया है: किरण प्रकाशिकी तथा तरंग प्रकाशिकी। किरण प्रकाशिकी में माना गया है कि प्रकाश एक सरल रेखा में चलता है। परावर्तन के नियम आदि का अध्ययन किरण प्रकाशिकी के अन्तर्गत किया गया है।

प्रकाश का परावर्तन (Reflection of Light)

जब प्रकाश की एक किरण पॉलिश की गई सतह पर पड़ती है, तो वह समान माध्यम में वापस लौट जाती है। यह परिघटना **परावर्तन** कहलाती है। परावर्तन में आवृत्ति, चाल तथा तरंगदैर्ध्य अपरिवर्तित रहती है, परन्तु एक कलान्तर उत्पन्न हो सकता है जोकि परावर्तक पृष्ठ की प्रकृति पर निर्भर करता है।

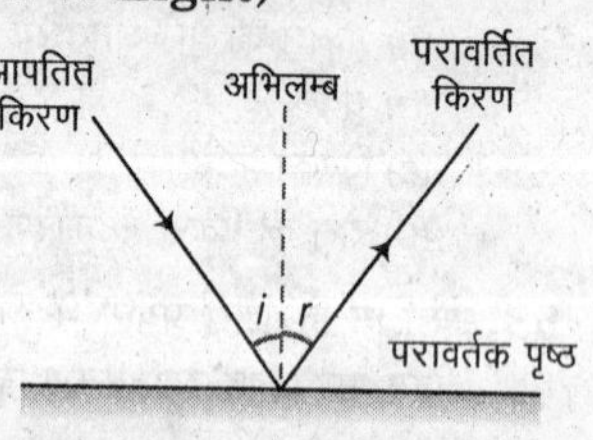

प्रायोगिक रूप से पाया गया है कि आपतित तथा परावर्तित तरंगें दो माध्यमों की उभयनिष्ठ परिसीमा (common surface) पर अभिलम्ब से समान कोण बनाती हैं। परावर्तन के दो नियम दिए जाते हैं:

(i) आपतन कोण = परावर्तन कोण, अर्थात् $\angle i = \angle r$

(ii) आपतित किरण, परावर्तित किरण तथा अभिलम्ब तीनों समान तल में होते हैं।

समतल दर्पण से परावर्तन (Reflection from a Plane Mirror)

एक बिन्दु वस्तु के समतल दर्पण द्वारा प्राप्त प्रतिबिम्ब चित्र में प्रदर्शित है।

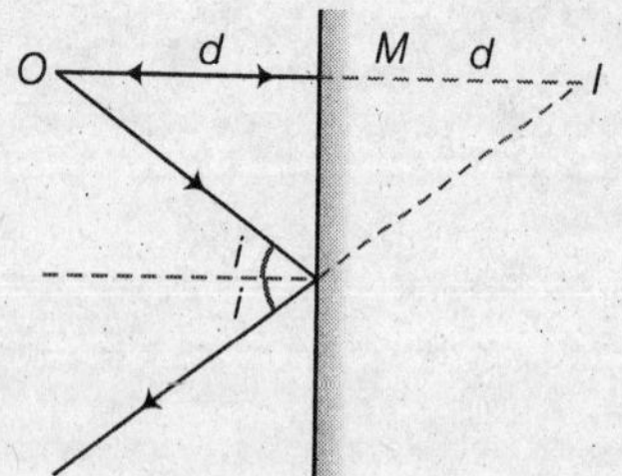

प्राप्त प्रतिबिम्ब (I) के निम्नलिखित अभिलक्षण (characteristics) हैं

(i) प्रतिबिम्ब का आकार = वस्तु का आकार

(ii) प्रतिबिम्ब की दर्पण से दूरी = वस्तु की दर्पण से दूरी अर्थात् $MO = MI$

(iii) प्रतिबिम्ब आभासी, सीधा तथा पार्श्विक रूप से व्युत्क्रमित बनता है।

समतल दर्पण से सम्बन्धित महत्त्वपूर्ण बिन्दु
(Important Points Related to Plane Mirror)

- परस्पर झुके हुए (mutually inclined) दर्पणों में प्रतिबिम्बों की संख्या माना दो समतल दर्पणों के बीच कोण θ है तथा n प्रतिबिम्बों की संख्या है, तब

$$n = \begin{cases} \dfrac{360°}{\theta}, & \text{यदि } \dfrac{360°}{\theta} \text{ विषम है} \\ \dfrac{360°}{\theta} - 1, & \text{यदि } \dfrac{360°}{\theta} \text{ सम है} \end{cases}$$

पुनः जब $\dfrac{360°}{\theta}$ विषम है, तब

$$n = \begin{cases} \dfrac{360°}{\theta} - 1, & \text{यदि वस्तु दोनों दर्पणों के कोण समद्विभाजक पर सममित रूप से रखी है।} \\ \dfrac{360°}{\theta}, & \text{यदि वस्तु असममित रूप से रखी है।} \end{cases}$$

- θ कोण पर झुके दो समतल दर्पणों द्वारा उत्पन्न विचलन (deviation)

$$\delta = 360° - 2\theta$$

- ऊँचाई h वाले व्यक्ति को अपना पूर्ण प्रतिबिम्ब देखने के लिए आवश्यक समतल दर्पण की न्यूनतम ऊँचाई $h/2$ होती है।
- जब कोई व्यक्ति समतल दर्पण की ओर v वेग से चलता है तो उसे दर्पण में अपना प्रतिबिम्ब $2v$ वेग से गति करता हुआ प्रतीत होता है।
- समतल दर्पण की फोकस दूरी तथा वक्रता त्रिज्या दोनों अनन्त होती हैं जबकि क्षमता शून्य होती है।
- समतल दर्पण के लिए आवर्धन क्षमता +1 होती है।
- समतल दर्पण से प्रकाश किरण के परावर्तन के लिए उत्पन्न विचलन कोण $180° - 2\theta$ होता है।
- जब समतल दर्पण के सम्मुख रखी वस्तु स्थिर है तथा दर्पण वस्तु की ओर x दूरी चलता है तो उसका प्रतिबिम्ब भी x विस्थापित हो जाता है।
- जब स्थिर समतल दर्पण की ओर वस्तु x दूरी चलती है तो उसका प्रतिबम्ब भी x दूरी दर्पण की ओर विस्थापित हो जाता है।
- यदि समतल दर्पण एवं वस्तु दोनों विपरीत दिशाओं में x दूरी चलती हैं तो प्रतिबिम्ब $3x$ दूरी चलता है।

दर्पणों के लिए चिह्न परिपाटी

(Sign Convention for Mirrors)

चिह्न परिपाटी के अनुसार,

(i) मूलबिन्दु ध्रुव (P) पर होना चाहिए।

(ii) सभी दूरियाँ ध्रुव (P) से मापी जानी चाहिए।

(iii) वस्तु की दूरी को u से, प्रतिबिम्ब की दूरी को v से, फोकस दूरी को f से तथा वक्रता त्रिज्या को R से प्रकट करते हैं।

(iv) वस्तु दर्पण के सदैव बायीं ओर होनी चाहिए।

(v) दर्पण के ध्रुव से बाईं ओर अर्थात् आपतित किरण की विपरीत दिशा में, मापी गई दूरियाँ ऋणात्मक एवं ध्रुव से दाईं ओर अर्थात् आपतित किरण की दिशा में, मापी गई दूरियाँ धनात्मक ली जाती हैं।

(vi) दर्पण की मुख्य अक्ष से ऊपर की ओर मापी गई लम्बाईयाँ धनात्मक एवं मुख्य अक्ष से नीचे की ओर मापी गई लम्बाईयाँ ऋणात्मक ली जाती हैं।

गोलीय दर्पण के लिए सूत्र तथा आवर्धन क्षमता

(Formula for Spherical Mirror and Magnification Power)

दर्पण का सूत्र, $\frac{1}{f} = \frac{1}{u} + \frac{1}{v}$

यहाँ, प्रतीकों के सामान्य अर्थ हैं।

पार्श्विक (lateral) आवर्धन $(m) = \frac{I}{O} = \frac{v}{u} = \frac{f}{f-u} = \frac{f-v}{f}$

जहाँ, I = मुख्य अक्ष के लम्बवत् प्रतिबिम्ब का आकार तथा

O = मुख्य अक्ष के लम्बवत् वस्तु का आकार

अक्षीय (axial) **आवर्धन**

$$(m_{ax}) = -\frac{dv}{du} = \frac{x_2}{x_1} = \frac{v^2}{u^2} = \left(\frac{f}{f-u}\right)^2 = \left(\frac{f-v}{f}\right)^2$$

यहाँ, x_2 = मुख्य अक्ष के अनुदिश प्रतिबिम्ब का आकार

तथा x_1 = मुख्य अक्ष के अनुदिश वस्तु का आकार

क्षेत्रीय (areal) **आवर्धन**

$$(m_{ar}) = \frac{A_i}{A_o} = \frac{v^2}{u^2}$$

$$= \left(\frac{f}{f-u}\right)^2 = \left(\frac{f-v}{f}\right)^2$$

यहाँ, A_i = प्रतिबिम्ब का क्षेत्रफल तथा A_o = वस्तु या प्रतिबिम्ब का क्षेत्रफल

यहाँ ध्यान देने योग्य तथ्य यह है कि आभासी प्रतिबिम्ब के लिए आवर्धन सदैव धनात्मक होता है तथा वास्तविक प्रतिबिम्ब के लिए आवर्धन सदैव ऋणात्मक होता है।

प्रकाश का अपवर्तन (Refraction of Light)

जब प्रकाश एक माध्यम, माना वायु से दूसरे माध्यम काँच में जाता है तो इसका एक भाग पहले माध्यम में वापस आ जाता है तथा शेष भाग दूसरे माध्यम में प्रवेश कर जाता है। जब यह दूसरे माध्यम से गुजरता है तो इसकी संचरण दिशा परिवर्तित हो जाती है। यह या तो अभिलम्ब की ओर झुक जाती है या अभिलम्ब से दूर हट जाती है। यह परिघटना (phenomenon) अपवर्तन कहलाती है।

अपवर्तन के नियम या स्नेल का नियम

(Law of Refraction or Snell's Laws)

अपवर्तन के दो नियम हैं:

(i) आपतित किरण, आपतन बिन्दु पर अभिलम्ब व अपवर्तित किरण तीनों एक ही तल में होते हैं।

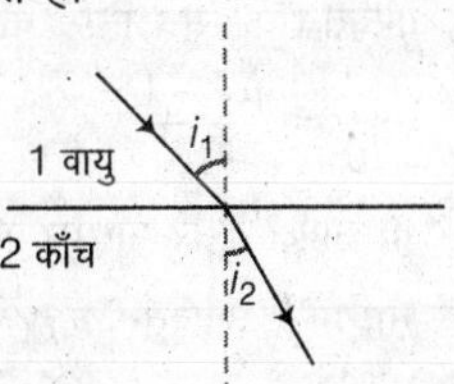

(ii) आपतन कोण की ज्या ($\sin i_1$) व अपवर्तन कोण की ज्या ($\sin i_2$) का अनुपात एक नियतांक होता है, जिसे दूसरे माध्यम का पहले माध्यम के सापेक्ष अपवर्तनांक कहते हैं।

$${}_1\mu_2 = \frac{\sin i_1}{\sin i_2}$$

इस नियम को **स्नैल का नियम** भी कहते हैं।

स्नैल का नियम निम्न प्रकार लिखा जा सकता है :

$${}_1\mu_2 = \frac{\sin i_1}{\sin i_2} = \frac{v_1}{v_2} = \frac{\lambda_1}{\lambda_2} = \frac{\mu_2}{\mu_1}$$

यहाँ, v_1 माध्यम 1 में तथा v_2 माध्यम 2 में प्रकाश की चाल है। इसी प्रकार λ_1 व λ_2 संगत तरंगदैर्ध्य हैं।

किसी माध्यम में प्रकाश की चाल, निर्वात् में प्रकाश की चाल से कम होती है। अत:

$$v_m = \frac{c}{\mu}$$

μ = माध्यम का अपवर्तनांक

तथा c = वायु या निर्वात् में प्रकाश का वेग

पूर्ण आन्तरिक परावर्तन (Total Internal Reflection)

जब प्रकाश की किरण सघन माध्यम (denser medium) से विरल माध्यम (rarer medium) में जाती है, तो आपतन कोण का मान बढ़ाने पर अपवर्तन कोण का मान भी बढ़ता है। आपतन कोण के जिस मान के लिए अपवर्तन कोण का मान 90° हो जाता है, वह **क्रान्तिक कोण** (critical angle) कहलाता है। इसे θ_C से प्रकट करते हैं।

$$\sin\theta_C = \frac{\mu_{\text{विरल}}}{\mu_{\text{सघन}}} = \frac{\mu_R}{\mu_D} \quad \text{या} \quad \theta_C = \sin^{-1}\left(\frac{\mu_R}{\mu_D}\right)$$

जब आपतन कोण का मान θ_C से बड़ा हो जाता है तो प्रकाश की किरण पहले माध्यम में ही परावर्तित हो जाती है। इस परिघटना को पूर्ण आन्तरिक परावर्तन (TIR) कहते हैं।

पूर्ण आन्तरिक परावर्तन के लिए निम्न दो प्रतिबन्ध आवश्यक होते हैं:

(i) प्रकाश सघन माध्यम से विरल माध्यम की ओर चले।

(ii) सघन माध्यम में आपतन कोण का मान क्रान्तिक कोण से बड़ा हो, $(i > i_C)$।

नोट यदि दो माध्यमों में से एक वायु माध्यम हो तब क्रान्तिक कोण की ज्या,

$$\sin\theta_C = 1/\mu$$

जहाँ, μ वायु के अतिरिक्त माध्यम का अपवर्त्तनांक है

गोलीय पृष्ठ द्वारा अपवर्तन
(Refraction from a Spherical Surface)

गोलीय सतह दो प्रकार की होती है :

(i) उत्तल (convex) (ii) अवतल (concave)

दोनों ही पृष्ठों के लिए अपवर्तन का सूत्र निम्न होता है,

$$\frac{{}_1\mu_2}{v} - \frac{1}{u} = \frac{{}_1\mu_2 - 1}{R}$$

जहाँ, ${}_1\mu_2$ पहले माध्यम के सापेक्ष दूसरे माध्यम का अपवर्तनांक है। यदि μ_1 व μ_2 क्रमशः पहले व दूसरे माध्यम के अपवर्तनांक हैं, तब $\frac{\mu_2}{v} - \frac{\mu_1}{u} = \frac{\mu_2 - \mu_1}{R}$

लेन्स (Lens)

दो गोलीय सतहों के स्पर्शीय संयोजन के फलस्वरूप लेन्स निर्मित होता है। ये दो प्रकार के होते हैं।

(i) उत्तल लेन्स (convex lens) (ii) अवतल लेन्स (concave lens)

लेन्स निर्माता का सूत्र (Lens Maker's Formula)

यदि लेन्स के दोनों अपवर्तक पृष्ठों की वक्रता त्रिज्याएँ क्रमशः R_1 व R_2 तथा लेन्स के पदार्थ का अपवर्तनांक ${}_1\mu_2$ हो तब,

$$\frac{1}{f} = ({}_1\mu_2 - 1)\left(\frac{1}{R_1} - \frac{1}{R_2}\right) \Rightarrow \frac{1}{f} = (\mu - 1)\left(\frac{1}{R_1} - \frac{1}{R_2}\right)$$

जहाँ, ${}_1\mu_2 = \mu$ = लेन्स के पदार्थ का बाहरी माध्यम के सापेक्ष अपवर्तनांक

उभयोत्तल लेन्स के लिए, $\frac{1}{f} = (\mu - 1)\left(\frac{1}{R_1} + \frac{1}{R_2}\right)$

उभयोवतल लेन्स के लिए, $\frac{1}{f} = -(\mu - 1)\left(\frac{1}{R_1} + \frac{1}{R_2}\right)$

लेन्स सूत्र (Lens Formula)

यदि लेन्स से u दूरी पर स्थित वस्तु का प्रतिबिम्ब v दूरी पर प्राप्त हो तब लेन्स की फोकस दूरी f के लिए,

$$\frac{1}{f} = \frac{1}{v} - \frac{1}{u}$$

इसे लेन्स की समीकरण कहते हैं।

लेन्स की क्षमता (Power of Lens)

किसी लेन्स की मीटर में मापी गई फोकस दूरी के व्युत्क्रम को लेन्स की क्षमता कहते हैं। इसे P से प्रदर्शित करते हैं।

लेन्स की क्षमता, $P = \frac{1}{f(\text{मीटर में})} \Rightarrow P = \frac{100}{f\,(\text{सेमी})}$

उत्तल लेन्स की क्षमता धनात्मक तथा अवतल लेन्स की क्षमता ऋणात्मक होती है।

सम्पर्क में रखे दो पतले लेन्स (Two Thin Lenses in Contact)

यदि दो या अधिक लेन्स ($f_1, f_2, \ldots$) सम्पर्क में रखे हैं, तब उनकी तुल्य (equivalent) फोकस दूरी $\frac{1}{f} = \frac{1}{f_1} + \frac{1}{f_2} + \ldots = \sum_{i=1}^{n} \frac{1}{f_i}$

संयोग की क्षमता, $P = P_1 + P_2 + \ldots = \sum_{i=1}^{n} P_i$

संयोग का आवर्धन, $M = m_1 \times m_2 \times \ldots \prod_{i=1}^{n} m$

f_1, f_2 फोकस दूरी के दो लेन्सों (प्रकाशीय बिन्दु x दूरी से पृथक हैं, तो) की तुल्य फोकस दूरी $\frac{1}{F} = \frac{1}{f_1} + \frac{1}{f_2} - \frac{x}{f_1 f_2}$

संयोग की क्षमता $(P) = P_1 + P_2 - xP_1P_2$

संयोग का कुल आवर्धन अपरिवर्तित रहता है अर्थात्

$$(m) = m_1 \times m_2$$

नोट लेन्स के प्रकरणीय बिन्दु लेन्स के मध्य बिन्दु होते है।

प्रिज्म (Prism)

किसी कोण पर झुकी दो अपवर्तक सतहों के बीच घिरा पारदर्शी संमागी माध्यम प्रिज्म कहलाता है।

प्रिज्म द्वारा अपवर्तन (Refraction through a Prism)

प्रिज्म अपवर्तन सतहों से घिरा एक ठोस पारदर्शी त्रिभुजाकार माध्यम होता है। अपवर्तन सतहों के मध्य का कोण प्रिज्म कोण A कहलाता है।

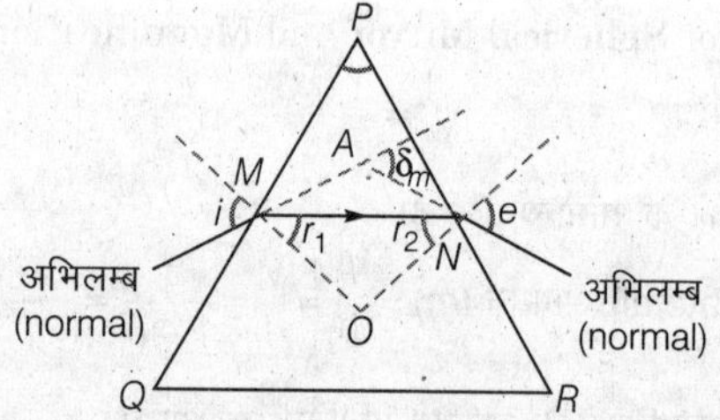

माना PQR काँच के एक प्रिज्म का मुख्य परिच्छेद है। प्रिज्म के पृष्ठ पर किरण आपतित होने पर आपतन कोण i है तथा निर्गत कोण e है।

(i) यदि μ प्रिज्म के पदार्थ का अपवर्तनांक है, तब $\mu = \frac{\sin i}{\sin r_1} = \frac{\sin e}{\sin r_2}$

(ii) आपतित किरण तथा निर्गत किरण के बीच का कोण **विचलन कोण** (angle of deviation) δ_m कहलाता है। प्रिज्म द्वारा अपवर्तन की क्रिया में,

$$i + e = A + \delta \quad \text{तथा} \quad r_1 + r_2 = A$$

प्रिज्म द्वारा न्यूनतम विचलन (Deviation through a Prism)

$\because$ $e = i$, $r_1 = r_2 = r$ और $\delta = \delta_m$

तब,
$$\mu = \frac{\sin\left(\frac{A + \delta_m}{2}\right)}{\sin\frac{A}{2}}$$

यदि प्रिज्म का अपवर्तन कोण छोटा है, तब $\delta_m = (\mu - 1)A$

वर्ण-विक्षेपण क्षमता (Colour Dispersion Power)

प्रिज्म से प्रकाश के वर्ण-विक्षेपण की स्थिति में कोणीय विक्षेपण तथा माध्य रंग (पीले) की प्रकाश किरण के विचलन के अनुपात को प्रिज्म के पदार्थ की वर्ण विक्षेपण क्षमता कहते हैं।

$$\text{वर्ण-विक्षेपण क्षमता } (\omega) = \frac{\theta}{\delta_Y} = \frac{\delta_V - \delta_R}{\delta_Y}$$

$$\omega = \frac{(\mu_V - \mu_R)}{(\mu_Y - 1)} = \frac{d\mu}{(\mu - 1)}$$

एक प्रिज्म विचलन तथा विक्षेपण दोनों एकसाथ उत्पन्न करता है परन्तु दो प्रिज्मों के उचित संयोग द्वारा प्रिज्म संयोजन केवल विचलन या केवल विक्षेपण उत्पन्न कर सकता है।

प्रकाशिक यन्त्र (Optical Instruments)

ये निम्न प्रकार के होते हैं:

सरल सूक्ष्मदर्शी (Simple Microscope)

यह एक कम फोकस दूरी का उत्तल लेन्स होता है जो अपने निकट स्थित किसी वस्तु का सीधा, बड़ा व आभासी प्रतिबिम्ब बनाता है।

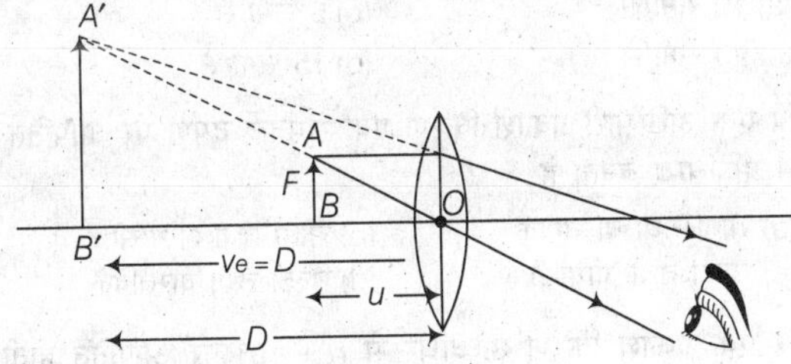

सरल सूक्ष्मदर्शी की आवर्धन क्षमता

(i) जब अन्तिम प्रतिबिम्ब स्पष्ट दूरी की न्यूनतम दूरी पर बनता है।

$$(M) = 1 + \frac{D}{f}$$

(ii) श्रांत नेत्र के लिये $(M) = \frac{D}{f}$

संयुक्त सूक्ष्मदर्शी (Compound Microscope)

यह दो उत्तल लेन्सों से निर्मित होता है जिनमें एक लेन्स (अभिदृश्यक) छोटे तथा दूसरा लेन्स (नेत्रिका) बड़े आकार का होता है।

संयुक्त सूक्ष्मदर्शी की आवर्धन क्षमता

(i) श्रांत नेत्र के लिए $(M_\infty) = -\frac{v_o}{u_o}\left(\frac{D}{f_e}\right)$

इस स्थिति में सूक्ष्मदर्शी की लम्बाई $(L_\infty) = v_o + f_e$

(ii) जब अन्तिम प्रतिबिम्ब स्पष्ट दूरी की न्यूनतम दूरी D पर बनता है

$$(M_D) = -\frac{v_o}{u_o}\left(1 + \frac{D}{f_e}\right)$$

यहाँ, D स्पष्ट दर्शन की न्यूनतम दूरी अर्थात् 25 सेमी है।

संयुक्त सूक्ष्मदर्शी की लम्बाई को निम्न रूप दिया जाता है।

$$(L_D) = v_o + \frac{Df_e}{D + f_e}$$

v_o = प्रथम प्रतिबिम्ब की अभिदृश्यक लेन्स से दूरी

u_o = वस्तु की अभिदृश्यक लेन्स से दूरी

f_e = नेत्रिका की फोकस दूरी

दूरदर्शी (Telescope)

दूरदर्शी वह यन्त्र है जिसके द्वारा अधिक दूरी पर स्थित वस्तु का बना प्रतिबिम्ब आँख पर बड़ा दर्शन कोण बनाता है तथा वस्तु आँख को बड़ी दिखायी देने लगती है। इसके मुख्य प्रकार खगोलीय तथा पार्थिक दूरदर्शी हैं।

1. खगोलीय दूरदर्शी की आवर्धन क्षमता (Magnification Power of Astronomical Telescope)

(i) श्रांत नेत्र के लिए $(M_\infty) = -\frac{f_o}{f_e}$

इस स्थिति में, दूरदर्शी की लम्बाई $(L_\infty) = f_o + f_e$

(ii) जब अन्तिम प्रतिबिम्ब स्पष्ट दृष्टि की न्यूनतम दूरी D पर बनता है,तब

आवर्धन क्षमता, $(M_D) = -\frac{f_o}{f_e}\left(1 + \frac{f_e}{D}\right)$

दूरदर्शी की लम्बाई, $(L_D) = f_o + \frac{Df_e}{D + f_e}$

जहाँ, f_o = अभिदृश्यक लेन्स की फोकस दूरी

f_e = नेत्रिका की फोकस दूरी

2. पार्थिव दूरदर्शी का आवर्धन (Magnification of Terrestrial Telescope)

(i) श्रांत नेत्र के लिए, $M_\infty = \frac{f_o}{f_e}$

इस स्थिति में, दूरदर्शी की लम्बाई

$$L_\infty = f_o + 4f + f_e$$

(ii) जब अन्तिम प्रतिबिम्ब स्पष्ट दृष्टि की न्यूनतम दूरी (अर्थात् D) पर बने, तब आवर्धन क्षमता

$$(M_D) = \frac{f_o}{f_e}\left(1 + \frac{f_e}{D}\right)$$

दूरदर्शी की लम्बाई $(L_D) = f_o + 4f + \frac{Df_e}{D + f_e}$

अभिनेत्रक (Eyepiece)

जो लेन्स नेत्र के निकट होता है, अभिनेत्रक लेन्स कहलाता है।

ये निम्न प्रकार के होते हैं:

(i) **रैम्सडेन अभिनेत्रक** (Ramsden eyepiece) फोकस दूरी f तथा $2f/3$ दूरी के बीच होता है। संयोग की फोकस दूरी $F = \frac{3f}{4}$ व मुख्य समतलों की स्थिति $\alpha = \beta = f/2$

(ii) **हाइगेन्स अभिनेत्रक** (Huygens' eyepiece) फोकस दूरी $3f$ तथा f के बीच की दूरी (दोनों के लिए समान) $2f$ होती है। संयोग की फोकस दूरी $F = \frac{3f}{2}$ तथा मुख्य समतलों की स्थिति $\alpha = 3f$ तथा $\beta = -f$

(iii) **कैलर अभिनेत्रक** (Kellner's eyepiece) फोकस दूरी f तथा f' दोनों के बीच की दूरी f ही होती है।

दृष्टि-दोष (Defects of Vision)

मानव नेत्रों के लेन्स में आए परिवर्तन के कारण उपस्थित दोष, दृष्टि-दोष कहलाते हैं। विभिन्न प्रकार के दृष्टि-दोष तथा इनके निवारण नीचे सारणी में दिये गये हैं।

दृष्टि दोष व इनके निवारण
(Defects of vision and their remedy)

आँख के दोष	निवारण
निकट-दृष्टि दोष	अवतल लेन्स का प्रयोग करके
दूर-दृष्टि दोष	उत्तल लेन्स का प्रयोग करके
अबिन्दुकता	गोलीय लेन्स का प्रयोग करके
जरा-दूर दृष्टिता	द्विफोकस लेन्स का प्रयोग करके
वर्णान्धता	कोई उपाय नहीं

अभ्यास प्रश्नावली

1. एक डेन्टिस्ट के पास 16 मिमी लम्बा एक छोटा दर्पण है। वह मरीज के दाँत के छिद्र को, छिद्र से 8 मिमी दूरी पर दर्पण रखते हुए देखता है। दर्पण की क्षमता है

(a) 1 (b) 1.5
(c) 2 (d) 3

2. दिया गया है, द्वारक की चौड़ाई = 3 मिमी तथा तरंगदैर्ध्य $\lambda = 500$ नैनोमीटर अच्छे सन्निकट के लिए प्रकाश किरण की दूरी है

(a) 18 मी (b) 18 मिमी
(c) 18 Å (d) 18 प्रकाश वर्ष

3. एक पर्दे तथा समतल दर्पण के बीच दूरी $2r$ है। एक समदैशिक बिन्दु स्रोत पर्दे तथा दर्पण के मध्य बिन्दु पर स्थित है। यदि दर्पण 100 % आपतित प्रकाश को परावर्तित करता है, तो पर्दे पर जब दर्पण रखा है तथा जब दर्पण नहीं रखा है, की प्रदीपन तीव्रता का अनुपात है

(a) 10 : 1 (b) 2 : 1
(c) 10 : 9 (d) 9 : 1

4. एक वस्तु समान रूप से एक-दूसरे के साथ 72° का कोण बनाने वाले दर्पणों के बीच रखी है। बनने वाले प्रतिबिम्बों की संख्या है

(a) 5 (b) 4 (c) 2 (d) ∞

5. एक व्यक्ति की लम्बाई 6 फिट है, वह अपना सीधा चित्र 2 फिट लम्बे दर्पण में देख सकता है। यह दर्पण है?

(a) समतल या उत्तल (b) समतल या अवतल
(c) अवश्य (निश्चित) उत्तल (d) निश्चित अवतल

6. एक बिन्दु वस्तु 30 सेमी फोकस दूरी वाले उत्तल दर्पण से 30 सेमी दूर रखी है। प्रतिबिम्ब बनेगा

(a) ∞ पर (b) ध्रुव पर
(c) दर्पण से 15 सेमी पीछे (d) प्रतिबिम्ब नहीं बनेगा

7. एक समतल दर्पण को, जो प्रकाश किरण को परावर्तित करता है। आयतन तल के लम्बवत् दर्पण के तल में आपतन बिन्दु से होकर जाने वाली अक्ष के परितः θ कोण से घुमाया जाता है, तो

(a) परावर्तित किरण 2θ कोण से घूम जाएगी
(b) परावर्तित किरण θ कोण से घूम जाएगी
(c) परावर्तित किरण नहीं घूमेगी
(d) उपरोक्त में से कोई नहीं

8. यदि एक अवतल दर्पण के फोकस से x_1 दूरी पर स्थित वस्तु का प्रतिबिम्ब फोकस से x_2 दूरी पर बनता है, तो दर्पण की फोकस दूरी होगी

(a) x_1x_2 (b) $\frac{x_1 + x_2}{2}$
(c) $\sqrt{\frac{x_1}{x_2}}$ (d) $\sqrt{x_1x_2}$

9. एक पतले समतल दर्पण के सामने एक मोमबत्ती रखी है। दर्पण में तिरछा देखने पर दर्पण के पृष्ठ पर मोमबत्ती के एक से अधिक प्रतिबिम्ब दिखते हैं। तब,

(a) पहला चित्र चमकदार होगा
(b) दूसरा चित्र चमकदार होगा
(c) तीसरा चित्र चमकदार होगा
(d) दूसरे को छोड़कर सभी चित्र चमकदार होंगे

10. एक वस्तु एक समतल दर्पण की ओर 10 सेमी/से की चाल से आ रही है। एक स्थिर प्रेक्षक प्रतिबिम्ब देखता है। प्रतिबिम्ब स्थिर प्रेक्षक की ओर किस चाल से पहुँच रहा है?

(a) 10 सेमी/से (b) 5 सेमी/से
(c) 20 सेमी/से (d) 15 सेमी/से

11. जब एक अभिसारी प्रकाश किरण एक समतल दर्पण पर आपतित होती है, तब प्रतिबिम्ब बनता है,

(a) सीधा तथा वास्तविक (b) सीधा तथा आभासी
(c) उल्टा तथा आभासी (d) उल्टा तथा वास्तविक

12. जब एक प्रकाश किरण ऊर्ध्वाधर से $\alpha = 40°$ पर आपतित होती है, इस किरण के परावर्तन से कुँए की तली प्रकाशमय हो जाती है। तब इस स्थिति में एक समतल दर्पण क्षैतिज से β कोण पर झुका है, β का मान है

(a) 70° (b) 20° (c) 50° (d) 40°

13. सूर्य जिसका व्यास d है, f फोकस दूरी वाले अवतल दर्पण के सामने अक्ष से θ रेडियन कोण नीचे है। दर्पण द्वारा बनाये गये सूर्य के प्रतिबिम्ब का व्यास है

(a) θf (b) $\frac{\theta}{2} f$ (c) $2\theta f$ (d) $\frac{\theta}{\pi} f$

14. आपको प्रकाश के चार स्रोत दिए गए हैं, जिनमें से प्रत्येक से एकल वर्ण-लाल, नीला, हरा तथा पीला प्रकाश मिलता है। मान लीजिए पीले प्रकाश के एक किरण पुँज के लिए दो माध्यमों के अन्तरापृष्ठ पर किसी विशेष आपतन कोण के लिए संगत अपवर्तन कोण 90° है। यदि आपतन कोण को परिवर्तित किए बिना पीले प्रकाश-स्रोत को दूसरे प्रकाश-स्रोतों से बदल दिया जाए तो निम्नलिखित कथनों में से कौन-सा कथन सही है?

(a) लाल प्रकाश के किरण पुँज में पूर्ण आन्तरिक परावर्तन होगा
(b) दूसरे माध्यम में अपवर्तित होने पर लाल प्रकाश का किरण पुँज अभिलम्ब की ओर मुड़ जाएगा
(c) नीले प्रकाश के किरण पुँज में पूर्ण आन्तरिक परावर्तन होगा
(d) दूसरे माध्यम में अपवर्तित होने पर हरे प्रकाश का किरण पुँज अभिलम्ब से दूर की ओर मुड़ जाएगा

15. एक उत्तल लेन्स की फोकस दूरी f है, यह वस्तु का n गुना आभासी प्रतिबिम्ब बनाता है। वस्तु की लेन्स से दूरी है

(a) $(n - 1)f$ (b) $(n + 1)f$
(c) $\left(\frac{n-1}{n}\right)f$ (d) $\left(\frac{n+1}{n}\right)f$

16. एकवर्णी प्रकाश की तरंगदैर्ध्य λ_1 है। यह n_1 अपवर्तनांक के माध्यम में चल रहा है तथा n_2 अपवर्तनांक वाले सघन माध्यम में प्रवेश करता है। दूसरे माध्यम में तरंगदैर्ध्य है

(a) $\lambda_1\left(\frac{n_1}{n_2}\right)$ (b) $\lambda_1\left(\frac{n_2}{n_1}\right)$
(c) λ_1 (d) $\lambda_1\left(\frac{n_2 - n_1}{n_1}\right)$

17. दूरदर्शी के द्वारा चन्द्रमा का प्रतिबिम्ब पृथ्वी से लिया गया है। बाद में अभिदृश्यक पर मक्खी बैठ जाती है, तब दूरदर्शी द्वारा प्राप्त प्रतिबिम्ब में

(a) तीव्रता कम हो जायेगी (b) तीव्रता बढ़ जायेगी
(c) मक्खी का प्रतिबिम्ब सूक्ष्म होगा (d) मक्खी का प्रतिबिम्ब वहाँ होगा

18. दो सूक्ष्म कणों के बीच दूरी 2000 Å तथा 3000 Å तरंगदैर्ध्यों के दो विभिन्न प्रकाश को प्रयुक्त करके क्रमशः P_A तथा P_B मापी गई, तो

(a) $P_A > P_B$ (b) $P_A < P_B$
(c) $P_A = P_B$ (d) $P_A < \frac{3}{2} P_B$

19. दो लेन्सों में एक अवतल तथा दूसरा इतनी ही क्षमता वाला उत्तल लेन्स है, ये इस प्रकार रखें हैं, कि इनके मुख्य अक्ष संपाती हैं। यदि इनके बीच की दूरी x है, तब

(a) $x = 0$ के लिए केवल वास्तविक प्रतिबिम्ब बनेगा
(b) x के सभी मानों के लिए वास्तविक प्रतिबिम्ब नहीं बनेगा
(c) $x = 0$ के लिए निकाय काँच की प्लेट के समान कार्य करेगा
(d) शून्य के अलावा x के सभी मानों के लिए प्रतिबिम्ब आभासी बनेगा

20. एक प्रकाश किरण काँच की शिला (प्लेट) जिसका अपवर्तनांक (वायु के सापेक्ष) 1.62 है, पर गिरती है। वह आपतन कोण, जिसके लिए परावर्तित तथा अपवर्तित किरणें परस्पर लम्बवत् होती हैं, है

(a) $\tan^{-1}(1.62)$ (b) $\sin^{-1}(1.62)$
(c) $\cos^{-1}(1.62)$ (d) इनमें से कोई नहीं

21. एक वस्तु का छोटा प्रतिबिम्ब वस्तु से 1 मी की दूरी पर पर्दे पर प्राप्त होता है। तो दर्पण होगा

(a) उचित फोकस दूरी का उत्तल दर्पण
(b) उचित फोकस दूरी का अवतल दर्पण
(c) 0.25 मी से कम फोकस दूरी का उत्तल लेन्स
(d) उचित फोकस दूरी का अवतल लेन्स

22. एक उत्तल लेन्स तथा एक अवतल लेन्स दोनों में प्रत्येक की फोकस दूरी 25 सेमी है, इन्हें सम्पर्क में रखकर एक लेन्स युग्म बनाया जाता है, लेन्स युग्म की क्षमता है

(a) शून्य (b) ∞
(c) 100 (d) 10

23. 20 सेमी फोकस दूरी वाले लेन्स के पदार्थ की विक्षेपण क्षमता 0.08 है। लेन्स का अनुदैर्ध्य वर्ण विपथन है

(a) 0.08 सेमी (b) 1.6 सेमी
(c) 0.8 सेमी (d) 0.16 सेमी

24. f फोकस दूरी वाला उत्तल लेन्स वस्तु तथा पर्दे के बीच में रखा जाता है। वस्तु तथा पर्दे के बीच की दूरी x है। यदि लेन्स द्वारा उत्पन्न आवर्धन का आंकिक मान m है, तो लेन्स की फोकस दूरी है

(a) $\frac{mx}{(m+1)^2}$ (b) $\frac{mx}{(m-1)^2}$
(c) $\frac{(m+1)^2}{m} x$ (d) $\frac{(m-1)^2}{m} x$

25. बैंगनी, हरे तथा लाल रंग की प्रकाश किरणों की फोकस दूरियाँ क्रमशः f_V, f_G तथा f_R हैं। निम्नलिखित में से कौन-सा सम्बन्ध ठीक है?

(a) $f_R < f_G < f_V$ (b) $f_V < f_G < f_R$
(c) $f_G < f_R < f_V$ (d) $f_G < f_V < f_R$

26. दो लेन्सों के अवर्णक अभिसारित लेन्स युग्म की क्षमता +2D है। उत्तल लेन्स की क्षमता +5D है। उत्तल लेन्स व अवतल लेन्स की विक्षेपण क्षमताओं का अनुपात है

(a) 5 : 3 (b) 3 : 5
(c) 2 : 5 (d) 5 : 2

27. एक समतल उत्तल लेन्स की त्रिज्या 20 सेमी है तथा लेन्स के पदार्थ का अपवर्तनांक 1.5 है। लेन्स की फोकस दूरी है

(a) 30 सेमी (b) 50 सेमी
(c) 20 सेमी (d) 40 सेमी

28. संलग्न किरण पथ सही होगा, यदि

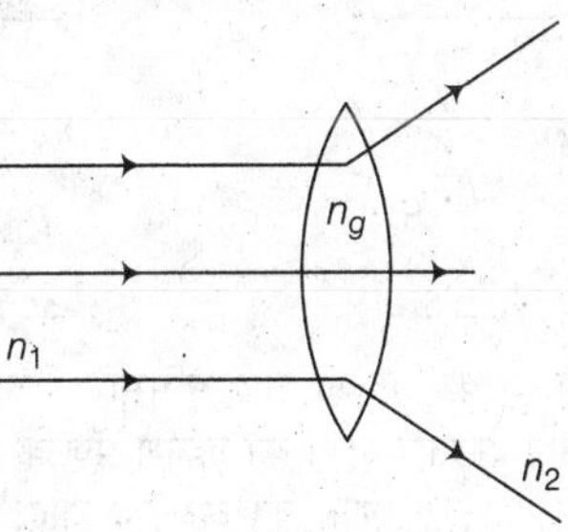

(a) $n_1 = n_2 = n_g$ (b) $n_1 = n_2$ तथा $n_1 < n_2$
(c) $n_1 = n_2$ तथा $n_1 > n_2$ (d) इनमें से कोई नहीं

29. एक उभयोत्तल लेन्स अपना मुख्य अक्ष के लम्बवत् रखी हुई किसी वस्तु का एक वास्तविक प्रतिबिम्ब बनाता है। यदि लेन्स की वक्रता त्रिज्याएँ अनन्त की ओर प्रवृत्त होती हैं तो प्रतिबिम्ब

(a) समाप्त हो जायेगा
(b) अब भी वास्तविक प्रतिबिम्ब ही बना रहेगा
(c) वस्तु के आकार का और आभासी बनेगा
(d) में विपथन दोष आ जायेगा

30. एक दीवार पर ऊर्ध्वाधर लटके d चौड़ाई के एक दर्पण के केन्द्र के सामने L दूरी पर एक बिन्दु प्रकाश स्रोत B स्थित है। चित्रानुसार एक मनुष्य, दर्पण के समान्तर $2L$ दूरी पर स्थित रेखा के अनुदिश गति करता है। वह अधिकतम दूरी जिस पर मनुष्य, प्रकाश स्रोत का प्रतिबिम्ब दर्पण में देख सकता है, होगी?

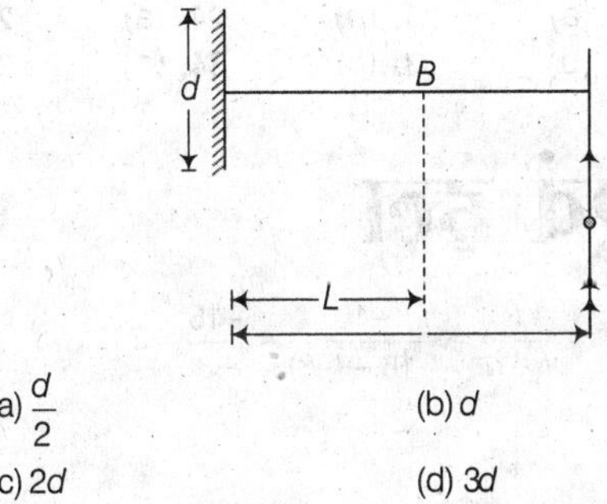

(a) $\frac{d}{2}$ (b) d
(c) $2d$ (d) $3d$

31. जब 60° अपवर्तनांक कोण वाले काँच के प्रिज्म को किसी द्रव में डुबाया जाता है तो न्यूनतम विचलन कोण 30° प्राप्त होता है। काँच का द्रव के सापेक्ष क्रांतिक कोण होगा

(a) 42° (b) 45°
(c) 50° (d) 52°

32. एक अवतल दर्पण की फोकस दूरी f है तथा मुख्य फोकस (principal focus) से वस्तु की दूरी x है। प्रतिबिम्ब के आकार तथा वस्तु के आकार में निष्पत्ति होगी

(a) $\frac{f+x}{f}$ (b) $\frac{f}{x}$
(c) $\sqrt{\frac{f}{x}}$ (d) $\frac{f^2}{x^2}$

33. निम्न में से कौन सा लेन्स विक्षेपण नही दर्शाता? लेन्सों के पृष्ठों की वक्रता त्रिज्याएँ चित्रों में प्रदर्शित है

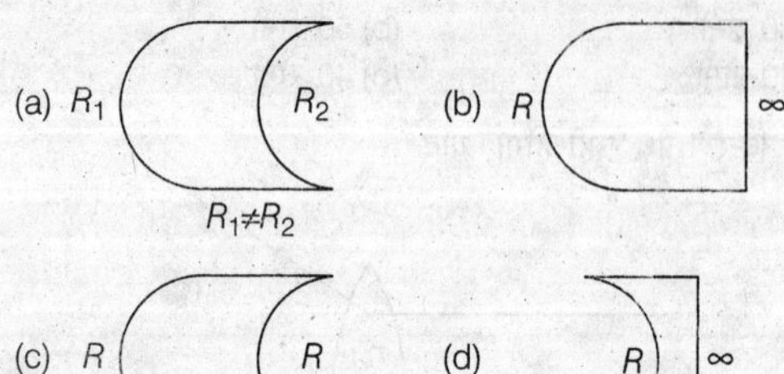

34. निम्नांकित चित्र में बिन्दु P की ओर अभिसरित प्रकाश पुंज जब 16 सेमी, फोकस दूरी वाले अवतल लेन्स को प्रकाश पुँज के बिन्दु O पर इस प्रकार रख दिया जाए कि OP लेन्स का अक्ष हो जाए, तो पुंज से x दूरी पर अभिसरित होता है इस स्थिति में x का मान है?

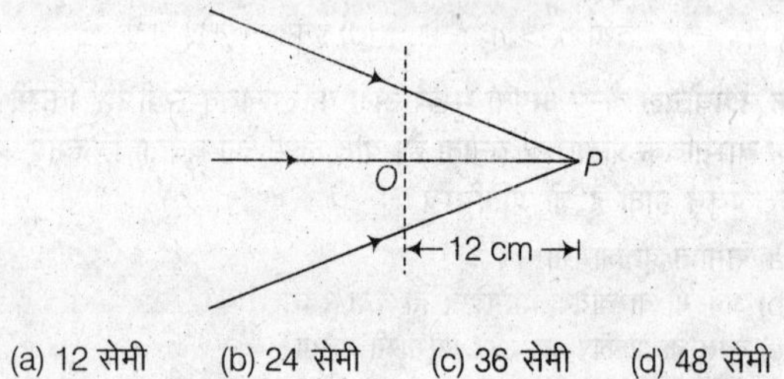

(a) 12 सेमी (b) 24 सेमी (c) 36 सेमी (d) 48 सेमी

35. धुन्ध एवं कोहरे के आर-पार नहीं देख सकते हैं क्योंकि ये प्रकाश को
(a) अपवर्तित करता है।
(b) परावर्तित करता है।
(c) प्रकीर्णित करता है।
(d) ध्रुवित करता है।

36. एक अवतल दर्पण को खाली टंकी की तली में इस प्रकार रखा है कि इसका पृष्ठ ऊपर की ओर तथा अक्ष ऊर्ध्वाधर हो। जब सूर्य का प्रकाश दर्पण पर अभिलम्बवत् आपतित होता है तो यह दर्पण से 32 सेमी दूरी पर फोकस हो जाता है। यदि टंकी को पानी $\left(\mu = \frac{4}{3}\right)$ से 20 सेमी ऊँचाई तक भर दिया जाए तो प्रकाश किरणें अब फोकस होगीं
(a) पानी के पृष्ठ से 16 सेमी ऊपर
(b) पानी के पृष्ठ से 9 सेमी ऊपर
(c) पानी के पृष्ठ से 24 सेमी नीचे
(d) पानी के पृष्ठ से 9 सेमी नीचे

37. t मोटाई व μ अपवर्तनांक वाले काँच को प्लेट से प्रकाश गुजरता है। यदि निर्वात् में प्रकाश का वेग C हो तो काँच की प्लेट पार करने में प्रकाश का समय होगा
(a) $\frac{t}{\mu C}$ (b) $\frac{C}{\mu t}$
(c) $\frac{\mu t}{C}$ (d) $\frac{tC}{\mu}$

उत्तरमाला

1. (c)	**2.** (a)	**3.** (c)	**4.** (a)	**5.** (c)	**6.** (c)	**7.** (a)	**8.** (d)	**9.** (b)	**10.** (a)
11. (a)	**12.** (a)	**13.** (a)	**14.** (c)	**15.** (c)	**16.** (a)	**17.** (b)	**18.** (a)	**19.** (c)	**20.** (a)
21. (c)	**22.** (a)	**23.** (b)	**24.** (a)	**25.** (b)	**26.** (b)	**27.** (b)	**28.** (c)	**29.** (c)	**30.** (d)
31. (b)	**32.** (b)	**33.** (c)	**34.** (d)	**35.** (c)	**36.** (b)	**37.** (c)			

संकेत एवं हल

1. हम जानते हैं, $m = \frac{f}{f-u} = \frac{-16}{-16-(-8)} = \frac{-16}{-8} = 2$

2. चूँकि, $D_f = \frac{d^2}{\lambda}$

$$D_f = \frac{3 \times 10^{-3}(3 \times 10^{-3})}{500 \times 10^{-9}} = \frac{90}{5} = 18 \text{ मी}$$

3. यहाँ, $E_1 = \frac{I}{r^2}, E_2 = \frac{I}{r^2} + \frac{I}{9r^2}$

$\therefore \quad \frac{E_1}{E_2} = \frac{I}{r^2} \times \frac{9r^2}{10I}$ या $\frac{E_2}{E_1} = \frac{10}{9}$

4. यहाँ, $n = \frac{360°}{\theta} = \frac{360°}{72°} = 5$

$\frac{360°}{\theta}$ विषम संख्या तथा वस्तु रेखा असममित है।

5. प्रतिबिम्ब सीधा व छोटा है, अतः दर्पण उत्तल है।

6. लेन्स सूत्र से, $\frac{1}{-30} + \frac{1}{v} = \frac{1}{30}$

या $\frac{1}{v} = \frac{2}{30} = \frac{1}{15}$ या $v = 15$ सेमी

8. चूँकि $u = f - x_1, u = f - x_2$

$\therefore \quad \frac{1}{f - x_1} + \frac{1}{f - x_2} = \frac{1}{f}$ या $\frac{f - x_2 + f - x_1}{(f - x_1)(f - x_2)} = \frac{1}{f}$

या $f^2 - fx_2 - fx_1 + x_1x_2 = 2f^2 - f(x_1 + x_2)$

या $f^2 = x_1x_2$ या $f = \sqrt{x_1x_2}$

यह न्यूटन का दर्पण सूत्र है।

9. पहला प्रतिबिम्ब दर्पण के बिना पॉलिश वाले सामने वाले पृष्ठ से परावर्तन के बाद बनेगा। इसलिए ऊर्जा के केवल एक छोटे से गुणांक का परावर्तन होगा। दूसरा प्रतिबिम्ब पॉलिश वाले भाग से परावर्तन होने के कारण बनता है। इसलिए प्रकाश के एक बड़े भाग का परावर्तन हो जाता है। अतः दूसरा प्रतिबिम्ब अधिक चमकीला व स्पष्ट बनेगा।

29

ध्रुवण तथा प्रकाशमिति
Polarisation and Photometry

प्रकाश का ध्रुवण (Polarisation of Light)

सामान्यतः प्रकाश तरंग में विद्युत वेक्टर के कम्पन तरंग संचरण की दिशा के लम्बवत् तल में प्रत्येक दिशा में सममित रूप से होते हैं। जब प्रकाश तरंग टूरमैलीन क्रिस्टल पर डाली जाती है, तो तरंग में केवल वे कम्पन ही बाहर निकल पाते है, जो क्रिस्टल की अक्ष के समान्तर होते हैं। इस प्रकार निर्गत तरंग में कम्पन तरंग की गति की दिशा के लम्बवत् तल में होते हैं। ऐसी तरंग को समतल ध्रुवित तरंग कहते हैं और इस घटना को प्रकाश का ध्रुवण कहते हैं।

अध्रुवित तथा ध्रुवित प्रकाश (Unpolarised and Polarised Light)

ध्रुवित प्रकाश को सामान्यतः अध्रुवित प्रकाश में निम्न प्रकार से विलगित किया जा सकता है :

(i) सामान्य प्रकाश सभी दिशाओं में कम्पन करता है तथा यह अध्रुवित प्रकाश कहलाता है। अध्रुवित प्रकाश में विद्युत वेक्टर के कम्पन प्रकाश के चलने की दिशा के लम्बवत् तल में सममित रूप से सभी दिशाओं में होते हैं।

(ii) ध्रुवित प्रकाश में विद्युत वेक्टर के कम्पन प्रकाश की किरण के चलने की दिशा के लम्बवत् तल में होते हैं, परन्तु ये सभी दिशाओं में सममित रूप से न होकर एक ही दिशा में होते हैं।

समतल ध्रुवित प्रकाश का कम्पन तल तथा ध्रुवण तल (Plane of Vibration and Plane of Polarisation of a Plane Polarised Light)

कम्पन तल (Plane of Vibration)

किसी समतल-ध्रुवित प्रकाश का कम्पन तल वह तल है, जिसमें प्रकाश के संचरण की दिशा एवं प्रकाश के कम्पन (अर्थात् विद्युत चुम्बकीय तरंग के विद्युत क्षेत्र के कम्पन) की दिशा होती है। चित्र में प्रदर्शित समतल ध्रुवित प्रकाश का कम्पन तल *ABCD* है, क्योंकि प्रकाश के संचरण की दिशा *OO′* तथा कम्पन की दिशा (तीरों के अनुदिश) दोनों इसी तल में हैं।

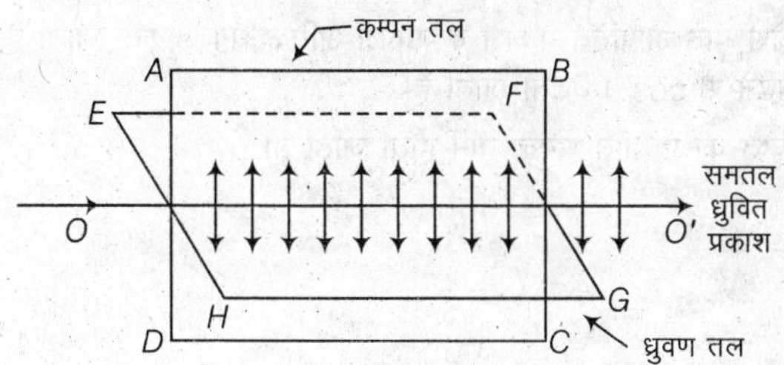

ध्रुवण तल (Plane of Polarisation)

किसी समतल ध्रुवित प्रकाश का ध्रुवण तल वह तल है, जिसमें प्रकाश के संचरण की दिशा तो होती है लेकिन कोई कम्पन नहीं होता है। ध्रुवण तल सदैव कम्पन तल के लम्बवत् होता है। चित्र में प्रदर्शित समतल-ध्रुवित प्रकाश का ध्रुवण तल *EFGH* है तथा तलों *ABCD* व *EFGH* की कटान रेखा *OO′* प्रकाश संचरण की दिशा प्रदर्शित करती है।

कला अपमन्दक पट्टिका (Retardation Plates)

ये पट्टिकाएँ इनसे होकर निर्गत प्रकाश तरंग की तीव्रता तथा कम्पन तल को प्रभावित कर सकती हैं। ये मुख्यतः दो प्रकार की होती हैं:

(i) अर्द्धतरंग पट्टिका जिसके लिए $(\mu_0 \sim \mu_E)t = \lambda/2$

(ii) चतुर्थांश तरंग पट्टिका जिसके लिए $(\mu_0 \sim \mu_E)t = \lambda/4$

महत्त्वपूर्ण बिन्दु (Important Points)

- जब अध्रुवित प्रकाश एक पारदर्शी तल पर ध्रुवण कोण i_p पर आपतित होता है तो परावर्तित प्रकाश समतल ध्रुवित होता है।
- निकोल प्रिज्म कैल्साइट क्रिस्टल का बना होता है जो एक प्रकार की अपमन्दक पट्टिका है।
- जब कोई समतल ध्रुवित प्रकाश पुँज चतुर्थांश तरंग प्लेट पर लम्बवत् आपतित होता है और उसका कम्पन तल प्रकाशिक अक्ष से 45° का कोण नहीं बनाता है तो निर्गत् प्रकाश किरण दीर्घवृत्त ध्रुवित होती है।
- यदि आपतित समतल ध्रुवित प्रकाश किरण का कम्पन तल θ-*W* प्लेट के प्रकाशिक अक्ष से 45° का कोण बनाता है तो निर्गत् प्रकाश वृत्तीय ध्रुवित होता है।
- कैल्साइट, क्वार्ट्ज तथा टूरमैलीन क्रिस्टल सभी एकल अक्षीय हैं, जबकि आर्गेनाइट, टोपाज द्विअक्षीय क्रिस्टल हैं।
- यदि क्रिस्टल में साधारण तरंग का वेग v_0 तथा असाधारण तरंग का वेग v_E है तो धन क्रिस्टल में, $v_0 > v_E$ होता है तथा ऋण क्रिस्टल में, $v_0 > v_E$ होता है। अतः धन क्रिस्टल में, $\mu_0 < \mu_E$ तथा ऋण क्रिस्टल में, $\mu_0 > \mu_E$ होता है।
- क्वार्ट्ज में, $v_S > v_E$ या $\mu_0 < \mu_E$ यह धनात्मक क्रिस्टल है, कैल्साइट पट्टिका में $v_E > v_0$, अतः कैल्साइट पट्टिका ऋणात्मक क्रिस्टल है।

मैलस का नियम (Malus Law)

यदि विश्लेषक पट्टिका पर गिरने वाले समतल ध्रुवित प्रकाश की तीव्रता I_0 हो, तब विश्लेषक से निर्गत् प्रकाश की तीव्रता, $I = I_0 \cos^2 \theta$

ब्रूस्टर का नियम (Brewster's Law)

परावर्तित प्रकाश में ध्रुवित प्रकाश की मात्रा, आपतन कोण पर निर्भर करती है। एक विशेष आपतन कोण के लिए, जिसे ध्रुवण कोण (polarising angle) i_p कहते हैं, परावर्तित प्रकाश पूर्णतया समतल ध्रुवित होता है तथा इसके कम्पन आपतन तल के लम्बवत् होते हैं।

यदि माध्यम का अपवर्तनांक n तथा ध्रुवण कोण i_p हो तब

$$n = \tan i_p$$

इसे ब्रूस्टर का नियम कहते हैं।

यदि $$n = \tan i_p$$

तब $i_p + r = 90°$ होता है।

प्रकाशमिति (Photometry)

प्रकाशिकी की वह शाखा जिसमें किसी प्रकाश स्रोत की प्रकाश ऊर्जा उत्सर्जित करने की क्षमता तथा इस ऊर्जा द्वारा किसी पृष्ठ पर उत्पन्न प्रदीप्ति की माप की जाती है, प्रकाशमिति कहलाती है।

प्रकाशमिति का सिद्धान्त (Principle of Photometry)

प्रकाशमिति के सिद्धान्त के अनुसार, यदि ज्योति तीव्रताओं I_1 व I_2 के दो प्रकाश स्रोत किसी पर्दे से क्रमशः r_1 व r_2 दूरियों पर स्थित हों, तथा दोनों प्रकाश स्रोतों से पर्दे पर प्रकाश अभिलम्बवत् गिर रहा हो तो दोनों प्रकाश स्रोतों के कारण पर्दे पर प्रदीप्ति घनत्व समान होगा, अर्थात्

$$E_1 = E_2 \text{ अथवा } \frac{I_1}{r_1^2} = \frac{I_2}{r_2^2} \text{ अथवा } \frac{I_1}{I_2} = \frac{r_1^2}{r_2^2}$$

इस समीकरण की सहायता से दो प्रकाश स्रोतों की ज्योति तीव्रताओं की तुलना कर सकते हैं।

ज्योति फ्लक्स (Luminous Flux)

किसी स्रोत द्वारा प्रति सेकण्ड में उत्सर्जित प्रकाशमितीय ऊर्जा (दृश्य प्रकाश) को ज्योति फ्लक्स अथवा प्रकाशमितीय शक्ति (photometric power) कहते हैं।

विकिरण फ्लक्स (Radiation Flux)

प्रकाश स्रोत द्वारा 1 सेकण्ड में उत्सर्जित कुल विकिरण ऊर्जा को स्रोत का विकिरण फ्लक्स अथवा विकिरणमितीय शक्ति (radiometric power) कहते हैं। इसका विमीय सूत्र $[ML^2T^{-3}]$ तथा मात्रक जूल/सेकण्ड अथवा वाट (W) है।

ज्योति तीव्रता (Luminous Intensity)

किसी प्रकाश स्रोत की किसी दिशा में ज्योति तीव्रता I वह ज्योति फ्लक्स है जो उस स्रोत द्वारा उस दिशा में एकांक घन कोण में उत्सर्जित होता है। अतः यदि किसी बिन्दु प्रकाश स्रोत S से घन कोण $\Delta\omega$ में उत्सर्जित ज्योति फ्लक्स ΔF हो, तब स्रोत की ज्योति तीव्रता

$$I = \frac{\Delta F}{\Delta \omega}$$

ज्योति तीव्रता का SI मात्रक ल्यूमेन/स्टेरेडियन है, जिसे केण्डिला (candela या cd) भी कहते हैं।

ज्योति फ्लक्स (luminous flux) **तथा ज्योति तीव्रता** (luminous intensity) **में सम्बन्ध** इस प्रकार है कि यदि हम किसी समदैशिक बिन्दु स्रोत के चारों ओर एक गोला खींचे तो गोला, स्रोत पर 4π घन कोण अन्तरित करता है।

यदि स्रोत का ज्योति फ्लक्स F हो, तब परिभाषा से, स्रोत की ज्योति तीव्रता

$$I = \frac{\text{स्रोत से उत्सर्जित ज्योति फ्लक्स}}{\text{घन कोण जिसमें ज्योति उत्सर्जित होती है}} = \frac{F}{4\pi}$$

अथवा $$F = 4\pi I$$

विद्युत लैम्पों की ज्योति दक्षता (Luminous Efficiency of Electric Lamps)

किसी लैम्प की ज्योति दक्षता लैम्प द्वारा उत्सर्जित ज्योति फ्लक्स (ल्यूमेन में) तथा उसको दी गई शक्ति (वाट में) के अनुपात को कहते हैं।

अर्थात् $$\text{ज्योति दक्षता} = \frac{\text{लैम्प द्वारा उत्सर्जित ज्योति फ्लक्स (ल्यूमेन में)}}{\text{लैम्प को दी गई विद्युत शक्ति (वाट में)}}$$

ज्योति दक्षता का मात्रक ल्यूमेन/वाट (lm/W) है।

प्रदीप्ति घनत्व अथवा प्रदीपन की तीव्रता (Intensity of Illumination)

किसी पृष्ठ का प्रदीप्ति घनत्व उस पृष्ठ के एकांक क्षेत्रफल पर गिरने वाला ज्योति फ्लक्स है। इसे E से प्रदर्शित करते हैं।

यदि किसी पृष्ठ के क्षेत्रफल ΔA पर गिरने वाला ज्योति फ्लक्स ΔF है, तो उस क्षेत्रफल पर प्रदीप्ति घनत्व

$$E = \frac{\Delta F}{\Delta A}$$

प्रदीप्ति घनत्व का मात्रक ल्यूमेन/मीटर^2 है। इसे लक्स (lux) भी कहते हैं। इस प्रकार, 1 लक्स = 1 ल्यूमेन/मीटर^2।

प्रदीप्ति घनत्व के लिए व्युत्क्रम नियम (Inverse Rule for Illumination Density)

किसी पृष्ठ का प्रदीप्ति घनत्व बिन्दु प्रकाश स्रोत तथा पृष्ठ के बीच की दूरी के वर्ग के व्युत्क्रमानुपाती होता है। यही व्युत्क्रम वर्ग का नियम है।

$$E \propto \frac{1}{r^2}$$

प्रदीप्ति घनत्व के लिए लैम्बर्ट का कोज्या नियम (Lambert's cosine Rule for Illumination Density)

पृष्ठ का प्रदीप्ति घनत्व आपतित प्रकाश के सापेक्ष पृष्ठ के झुकाव कोण की कोज्या (cosine) के अनुक्रमानुपाती (directly proportional) होता है

$$E \propto \cos\theta$$

$$\Rightarrow \quad E = \frac{I\cos\theta}{r^2}$$

जहाँ, r प्रकाश स्रोत से पृष्ठ की दूरी है।

जैसे-जैसे पृष्ठ आपतित प्रकाश के सापेक्ष अधिकाधिक झुकता जाता है, θ का मान बढ़ने से $\cos\theta$ घटता जाता है।

अतः पृष्ठ का प्रदीप्ति घनत्व कम होता जाता है।

अभ्यास प्रश्नावली

1. एक प्रकाश स्रोत अविरत रूप से प्रकाश ऊर्जा देता है जो एक दिये हुए तल पर पड़ती है। ज्योति तीव्रता की परिभाषा है

(a) स्रोत द्वारा प्रति सेकण्ड उत्सर्जित ज्योति ऊर्जा
(b) स्रोत द्वारा एकांक घन कोण में उत्सर्जित ज्योति फ्लक्स
(c) दिये हुए तल के एकांक क्षेत्रफल पर गिरने वाला ज्योति फ्लक्स
(d) प्रकाशित तल के एकांक क्षेत्रफल से आने वाला ज्योति फ्लक्स

2. किसी प्रकाश स्रोत की चमक (brightness), जैसी आँख को दिखाई देती है, निर्धारित होती है

(a) आँख में प्रति सेकण्ड प्रवेश करने वाली प्रकाश ऊर्जा द्वारा
(b) प्रकाश की तरंगदैर्ध्य द्वारा
(c) आँख में प्रवेश करने वाले विकिरण फ्लक्स द्वारा
(d) आँख में प्रवेश करने वाले ज्योति फ्लक्स द्वारा

3. सही विकल्प नही है

(a) ज्योति फ्लक्स तथा ज्योति तीव्रता की विमाएँ समान हैं
(b) ज्योति फ्लक्स तथा विकिरण फ्लक्स की विमाएँ समान हैं
(c) विकिरण फ्लक्स तथा शक्ति की विमाएँ समान हैं
(d) प्रदीप्ति घनत्व का कोई भी मात्रक नहीं है

4. प्रदीप्ति घनत्व का मात्रक है

(a) लक्स (b) केण्डिला
(c) ल्यूमेन (d) ल्यूमेन/मीटर^3

5. दो एक जैसे स्रोतों X तथा Y के मध्य में एक पर्दा रखा गया है। X की ज्योति तीव्रता प्रारम्भिक मान की चार गुना बढ़ा दी जाती है। पर्दे के दोनों ओर समान प्रदीपन उत्पन्न करने के लिए, पर्दे से Y की दूरी

(a) चार गुनी तक बढ़ानी चाहिए
(b) दोगुनी तक बढ़ानी चाहिए
(c) घटाकर एक-चौथाई करनी चाहिए
(d) घटाकर आधी करनी चाहिए

6. एक फोटोग्राफिक प्लेट को बिन्दु प्रकाश स्रोत से 5 सेमी की दूरी पर रखने पर 3 सेकण्ड का उद्‌भासन समय दिया जाता है। यदि प्लेट को स्रोत से 10 सेमी पर रखा जाये तो उद्‌भासन समय होगा

(a) 3 सेकण्ड (b) 12 सेकण्ड
(c) 24 सेकण्ड (d) 48 सेकण्ड

7. 40 केण्डिला के लैम्प से 2 मी की दूरी पर रखी फोटोफिल्म पर 20 सेकण्ड के लिये प्रकाश डालने पर उत्तम फोटो प्रिन्ट प्राप्त किया जाता है। वैसा ही प्रिन्ट प्राप्त करने के लिए, 20 केण्डिला के लैम्प को 4 मी दूर रखने पर प्रकाश डालना होगा

(a) 20 सेकण्ड तक (b) 40 सेकण्ड तक
(c) 80 सेकण्ड तक (d) 160 सेकण्ड तक

8. एक प्रोजेक्टर 35 मिमी लम्बी वस्तु का पर्दे पर 3.5 मी लम्बा प्रतिबिम्ब बनाता है। यह मान कर कि छिद्र द्वारा प्रकाश का अवशोषण नगण्य है, स्लाइड तथा पर्दे पर प्रदीप्ति घनत्वों का अनुपात होगा

(a) 100 : 1 (b) 1 : 100
(c) $10^4 : 1$ (d) $1 : 10^4$

9. प्रदीप्ति का व्युत्क्रम वर्ग नियम लागु होता है

(a) समदैशिक बिन्दु स्रोत के लिए (b) बेलनाकार स्रोत के लिए
(c) सर्चलाइट के लिए (d) उपरोक्त सभी के लिए

10. सर्चलाइट द्वारा 20 मी की दूरी पर स्थित दीवार पर 40 लक्स प्रदीप्ति उत्पन्न होती है। 40 मी की दूरी पर स्थित दीवार पर उत्पन्न प्रदीप्ति होगी

(a) 40 लक्स (b) 20 लक्स
(c) 10 लक्स (d) 5 लक्स

11. बिजली का एक बल्ब एक मेज के ऊपर 1 मी की ऊँचाई पर लटक रहा है। यह मेज पर बल्ब के ठीक नीचे 40 लक्स की प्रदीप्ति उत्पन्न करता है। इस बिन्दु से 1 मी दूर मेज पर प्रदीप्ति होगी

(a) 10 लक्स (b) 14 लक्स
(c) 20 लक्स (d) 28 लक्स

12. एक बिन्दुवत् प्रकाश स्रोत एवं एक पर्दे के बीच की दूरी दोगुनी कर दी गई है। प्रकाश की तीव्रता प्रारम्भिक मान का

(a) चार गुनी होगी (b) आधी होगी
(c) दोगुनी होगी (d) चौथाई होगी

13. 40 वाट का एक लैम्प किसी बिन्दु से 2 मी की ऊँचाई पर है। यदि ऊँचाई 0.5 मी और बढ़ा दी जाए तो तीव्रता घट जायेगी?

(a) 5 % (b) 64 %
(c) 36 % (d) 10 %

14. एक बल्ब एक मेज के केन्द्र के ठीक 2 मी ऊँचाई पर लटका है। यदि इसकी ऊँचाई 1 मी कर दी जाए तो मेज के केन्द्र पर प्रदीपन तीव्रता में वृद्धि होगी

(a) 10 % (b) 100 %
(c) 300 % (d) 400 %

15. एक प्रोजेक्ट तथा पर्दे के बीच दूरी 1% बढ़ा दी जाती है। पर्दे पर प्रदीप्ति

(a) 1% बढ़ जायेगी (b) 1% घट जायेगी
(c) लगभग 2 % बढ़ जायेगी (d) लगभग 2 % घट जायेगी

16. 100 केण्डिला का लैम्प पर्दे से 1 मी की दूरी पर रखा है। पर्दे पर उतनी ही प्रदीप्ति उत्पन्न करने के लिए 225 केण्डिला के लैम्प को कितनी दूरी पर रखना होगा?

(a) 1 मी (b) 1.5 मी (c) 2.25 मी (d) 0.50 मी

17. एक वृत्ताकार मेज की त्रिज्या r मीटर है। इसके केन्द्र से h मीटर की ऊँचाई पर एक बल्ब जल रहा है। मेज के केन्द्र तथा परिधि पर प्रदीप्ति घनत्वों का अनुपात है ?

(a) $(1+h^2/r^2)^{3/2}$ (b) $(1+r^2/h^2)^{3/2}$
(c) $(1+r^2/h^2)^{1/2}$ (d) $(1+h^2/r^2)^{1/2}$

18. एक वृत्ताकार मेज का व्यास 1 मी है। इसके केन्द्र के ठीक ऊपर 1 मी की ऊँचाई पर एक बल्ब जल रहा है। केन्द्र तथा परिधि पर प्रदीपन तीव्रताओं का अनुपात है

(a) 1/2 (b) $(5/4)^{3/2}$ (c) $(5/4)^2$ (d) 4/5

19. निम्न में से कौन-सा लूमर-गेहकी समीकरण है?

(a) $2d\sqrt{(\mu^2-\sin^2 i)}=\lambda^2 n^2$ (b) $2d\sqrt{(v^2-\sin^2\theta)}=\lambda(2n-1)$
(c) $2d\sqrt{(v-\sin^2\theta)}=\sqrt{6}$ (d) $4d^2(\mu^2-\sin^2 i)=\lambda^2 n^2$

20. घूर्णन कोण लगभग अनुक्रमानुपाती होता है,

(a) तरंगदैर्ध्य के (b) तरंगदैर्ध्य के वर्ग के
(c) तरंगदैर्ध्य की तीन घात के (d) इनमें से कोई नहीं

21. यदि श्वेत समतल ध्रुवित प्रकाश क्वार्ट्ज प्लेट पर अभिलम्बवत् आपतित हो तो प्लेट से निकलने पर विभिन्न रंग भिन्न-भिन्न कोणों से घूम जाते हैं, अत: दृष्टि क्षेत्र रंगीन दिखाई देता है यह घटना कहलाती है

(a) घूर्णी ध्रुवण (b) विशिष्ट घूर्णन
(c) ध्रुवण घूर्णनी वर्ण विक्षेपण (d) विशिष्ट वर्ण विक्षेपण

22. किसी विलयन के लिए यदि ध्रुवक कोण θ, l घोल से भरी नलिका की लम्बाई (डेसी मी) तथा सान्द्रता c (ग्राम/सेमी^{3}) हो तो विशिष्ट घूर्णन होगा

(a) $\alpha = \frac{\theta}{l \times c}$ (b) $\alpha = \frac{l}{\theta \times c}$ (c) $\alpha = \frac{c}{\theta \times l}$ (d) इनमें से कोई नहीं

23. समतल ध्रुवित श्वेत प्रकाश को प्रकाशित अक्ष के लम्बवत् काटे गये क्वार्ट्ज क्रिस्टल पर लम्बवत् डाला जाता है तो ध्रुवण तल का घूर्णन

(a) सभी रंगों के प्रकाश के लिए बराबर होगा
(b) बैंगनी रंग के प्रकाश का कम तथा लाल रंग के प्रकाश का अधिक होगा
(c) बैंगनी रंग के प्रकाश का अधिक तथा लाल रंग के प्रकाश का कम होगा
(d) उपरोक्त सभी कथन गलत हैं

24. दृश्य प्रकाश में घूर्णन कोण अनुक्रमानुपाती होता है

(a) λ^2 के (b) λ के (c) $1/\lambda$ के (d) $1/\lambda^2$ के

25. लम्बाई L एवं सान्द्रता C के ध्रुवण घूर्णन विलयन में ध्रुवण तल का घूर्णन होता है,

(a) L के अनुक्रमानुपाती तथा C के व्युत्क्रमानुपाती
(b) L एवं C दोनों के अनुक्रमानुपाती
(c) L के व्युत्क्रमानुपाती तथा C के अनुक्रमानुपाती
(d) L एवं C दोनों के व्युत्क्रमानुपाती

26. निकॉल प्रिज्म एक विशेष प्रकार का प्रिज्म है, जो उत्पन्न करता है

(a) समतल ध्रुवित प्रकाश (b) वृत्तीय ध्रुवित प्रकाश
(c) दीर्घवृत्तीय ध्रुवित प्रकाश (d) इनमें से कोई नहीं

27. जब कोई अध्रुवित प्रकाश किसी कैल्साइट क्रिस्टल पर आपतित होता है तो यह दो अपवर्तित किरणों में विभक्त हो जाता है इस घटना को कहते हैं

(a) अपवर्तन (b) परावर्तन
(c) द्विअपवर्तन (d) इनमें से कोई नहीं

28. निकोल प्रिज्म एक प्रकाशीय यन्त्र है, जो

(a) ध्रुवित प्रकाश उत्पन्न करता है
(b) ध्रुवित प्रकाश को विश्लेषित करता है
(c) ध्रुवित प्रकाश उत्पन्न करता है व विश्लेषित करता है
(d) उपरोक्त में से कोई नहीं

29. चतुर्थांश तरंग पट्टिका की मोटाई के लिये सही प्रतिबन्ध है

(a) $t = \frac{\lambda}{(\mu_E - \mu_0)}$ (b) $t = \frac{\lambda}{3(\mu_E - \mu_0)}$
(c) $t = \frac{\lambda}{2(\mu_E - \mu_0)}$ (d) $t = \frac{\lambda}{4(\mu_E - \mu_0)}$

30. अर्द्धतरंग पट्टिका की मोटाई के लिये सही प्रतिबन्ध बताइए

(a) $t = \frac{\lambda}{(\mu_E - \mu_0)}$ (b) $t = \frac{\lambda}{2(\mu_E - \mu_0)}$
(c) $t = \frac{\lambda}{3(\mu_E - \mu_0)}$ (d) $t = \frac{\lambda}{4(\mu_E - \mu_0)}$

31. एक अक्षीय द्विअपवर्तक चतुर्थांश तरंग पट्टिका जिसकी प्रकाशिक अक्ष अपवर्तन तलों के समान्तर होती है जिसकी मोटाई इतनी होती है कि O किरणों और E किरणों के बीच $\lambda/4$ पथान्तर हो तो उत्पन्न कलान्तर है

(a) $\pi/4$ (b) $\pi/2$ (c) π (d) इनमें से कोई नहीं

32. तारपीन का तेल उदाहरण है

(a) ध्रुवण घूर्ण का (b) ध्रुवण घूर्णांक का
(c) ध्रुवण घूर्णकता का (d) सान्द्रता का

33. बायोट (Biot) के अनुसार किसी दी गई तरंगदैर्ध्य के प्रकाश के लिए ध्रुवण तल (जिसमें होकर प्रकाश गुजरता है) का घूर्णन कोण (ध्रुवण-घूर्णांक) पदार्थ की लम्बाई के

(a) अनुक्रमानुपाती होता है
(b) व्युत्क्रमानुपाती होता है
(c) चरघातॉंकीय होता है
(d) वर्गमूलीय होता है

34. विश्लेषक निकोल से देखने पर दृष्टि क्षेत्र रंगीन दिखाई पड़ता है। इस घटना को कहते हैं

(a) ध्रुवण वर्ण विपथन (b) ध्रुवर्ण वर्ण विक्षेपण
(c) ध्रुवण-घूर्णनी वर्ण विक्षेपण (d) घूर्णनी विक्षेपण

35. किस सिद्धान्त के अनुसार एक सरल रेखा कम्पन समान आवृत्ति के दो विपरीत दिष्ट वृत्तीय कम्पनों के तुल्य होता है?

(a) नीतिविज्ञान का सिद्धान्त
(b) प्रकाश के ध्रुवण का सिद्धान्त
(c) प्रकाश के ध्रुवण घूर्णन का सिद्धान्त
(d) ध्रुवण-अघूर्णक सिद्धान्त

36. ध्रुवण की व्याख्या तभी की जा सकती है जब प्रकाश तरंगें

(a) अनुदैर्ध्य हो (b) अनुप्रस्थ हो
(c) अनुप्रस्थ व अनुदैर्ध्य हो (d) इनमें से कोई नहीं

37. यदि S_1 व S_2 दो समान्तर स्लिट हो, तो कम्पन का आयाम अधिकतम और न्यूनतम होगा। जब

(a) S_1 व S_2 समान्तर और लम्बवत् हो
(b) S_1 व S_2 लम्बवत् और समान्तर हो
(c) S_1 समान्तर हो व S_2 लम्बवत् हो और परस्पर उल्टा हो
(d) S_1 लम्बवत् हो व S_2 समान्तर हो और परस्पर उल्टा हो

38. किसी कम्पन का आयाम तभी बदलता है जब

(a) कम्पन अनुप्रस्थ हो
(b) कम्पन अनुदैर्ध्य हो
(c) यह अनुप्रस्थ व अनुदैर्ध्य दोनों में संभव हो
(d) उपरोक्त में से कोई नहीं

39. वृत्तीय ध्रुवित प्रकाश के लिए निम्न में से कौन-सा आरेख समय के सापेक्ष विद्युत क्षेत्र सदिश का परिवर्तन दर्शाता है?

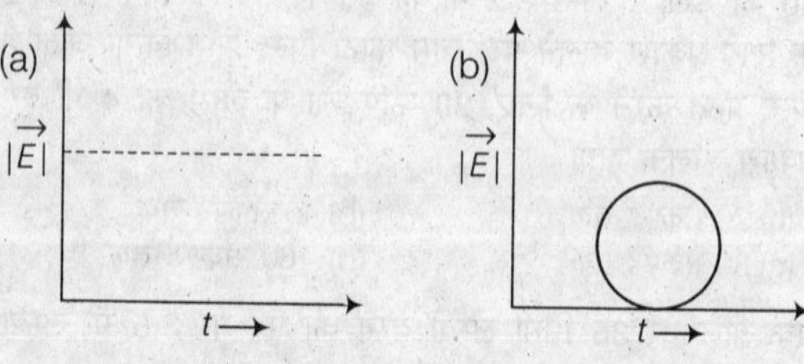

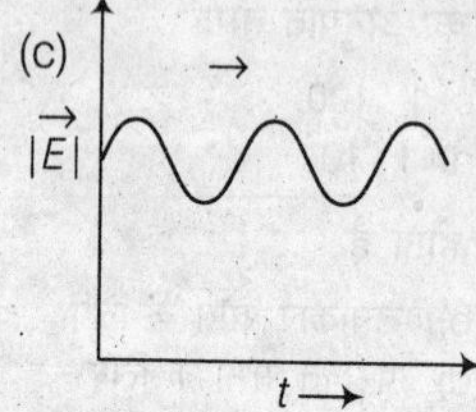

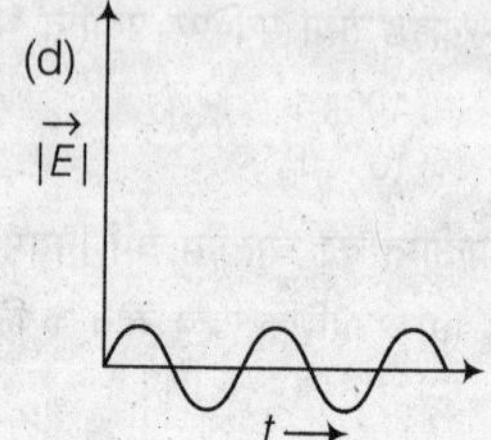

40. यदि एक प्रबल विवर्तन शीर्ष प्राप्त होता है, जब क्रिस्टल तल जिनके बीच की दूरी d है, पर इलेक्ट्रॉन अभिलम्ब से i आपतन कोण पर आपतित होते हैं। इलेक्ट्रॉनों की दे-ब्रोग्ली तरंगदैर्ध्य λ_{dB} किस सम्बन्ध से ज्ञात की जा सकती है? (n एक पूर्णांक है)

(a) $d \sin i = n\lambda_{dB}$
(b) $2d \cos i = n\lambda_{dB}$
(c) $2d \sin i = n\lambda_{dB}$
(d) $d \cos i = n\lambda_{dB}$

41. दो ध्रुवकों की ध्रुवण दिशाएँ समान्तर हैं, तब उनसे I_m तीव्रता का प्रकाश निकलता है। यदि इनकी ध्रुवण दिशाओं के मध्य कोण θ हो, तो यह तीव्रता $\frac{I_m}{2}$ हो जाती है। θ का मान होगा

(a) ± 45° तथा ± 180°
(b) ± 60°
(c) ± 105°
(d) ± 45° तथा ± 135°

42. एक पोलेरॉइड दो ऐसे समतल ध्रुवित प्रकाश पुंजों A व B की परीक्षा करता है जिनके ध्रुवण तल परस्पर अभिलम्बवत् है। पोलेरॉइड की एक दिष्ट स्थिति में, उस पर प्रकाश पुंज A व B आपतित करने पर निर्गत प्रकाश की तीव्रता शून्य पायी जाती है। पोलेरॉइड को इस स्थिति में 30° घुमाते हैं। निर्गत प्रकाश में A व B पुंजों की तीव्रताएँ बराबर पायी जाती है। प्रकाश पुंज A व B की तीव्रताओं का अनुपात $\frac{I_A}{I_B}$ है

(a) 1 : 3
(b) 3 : 1
(c) 2 : 3
(d) 3 : 2

43. ध्रुवित प्रकाश उत्पन्न कर सकते हैं

(a) NaCl क्रिस्टल
(b) निकोल प्रिज्म
(c) द्विप्रिज्म (biprism)
(d) फ्लिन्ट काँच का प्रिज्म

44. 32 वाट मी$^{-2}$ तीव्रता का अध्रुवित प्रकाश तीन ध्रुवकों में से होकर गुजरता है जिनसे अन्तिम ध्रुवक का संचरण अक्ष प्रथम ध्रुवक से क्रॉसित है। यदि निर्गत प्रकाश की तीव्रता 3 वाट मी$^{-2}$ हो, तो किस कोण पर निर्गत प्रकाश की तीव्रता महत्तम होगी?

(a) 45°
(b) 75°
(c) 15°
(d) 60°

45. ब्रूस्टर के नियम के अनुसार ध्रुवण कोण निर्भर करता है।

(a) प्रकाश की तरंगदैर्ध्य पर
(b) ध्रुवण तल के अभिविन्यास पर
(c) कम्पन तल के अभिविन्यास पर
(d) उपरोक्त में से कोई नहीं

46. प्रकाश में ध्रुवण की घटना प्रदर्शित करती है

(a) अनुप्रस्थ प्रकृति
(b) अनुदैर्ध्य प्रकृति
(c) कण प्रकृति
(d) उपरोक्त में से कोई नहीं

उत्तरमाला

1. (b)	**2.** (d)	**3.** (b)	**4.** (a)	**5.** (d)	**6.** (b)	**7.** (d)	**8.** (c)	**9.** (a)	**10.** (a)
11. (b)	**12.** (d)	**13.** (c)	**14.** (c)	**15.** (d)	**16.** (b)	**17.** (b)	**18.** (b)	**19.** (d)	**20.** (a)
21. (c)	**22.** (a)	**23.** (c)	**24.** (d)	**25.** (b)	**26.** (a)	**27.** (c)	**28.** (c)	**29.** (d)	**30.** (b)
31. (b)	**32.** (b)	**33.** (a)	**34.** (c)	**35.** (a)	**36.** (b)	**37.** (a)	**38.** (a)	**39.** (a)	**40.** (b)
41. (d)	**42.** (a)	**43.** (b)	**44.** (a)	**45.** (a)	**46.** (a)				

30

परमाणु भौतिकी
Atomic Physics

परमाणु (Atom)

प्रत्येक परमाणु में एक छोटा नाभिक होता है, जिसमें प्रोटॉन व न्यूट्रॉन होते हैं तथा इसमें इलेक्ट्रॉन कुछ निश्चित अपनी कक्षाओं में घूमते रहते हैं।

परमाणु किसी तत्व का सबसे छोटा भाग होता है जिसमें उस तत्व के सभी गुण जैसे-भौतिक, रासायनिक गुण तथा कणों के बीच आण्विक बन्ध विद्यमान होते हैं।

परमाणु मॉडल (Atomic Model)

परमाणु सम्बधी मॉडलों में प्रमुख निम्नलिखित हैं

- टॉमसन मॉडल
- रदरफोर्ड मॉडल
- बोर मॉडल
- सोमरफील्ड मॉडल
- वेक्टर परमाणु मॉडल
- तरंग यांत्रिकी मॉडल (दे-ब्रोग्ली संकल्पना पर आधारित)

α-कण प्रकीर्णन (α-particle Scattering)

α-कणों का एक तीक्ष्ण पुँज निर्वात् में स्थित फोटोग्राफिक प्लेट पर गिरता है तो प्लेट पर एक तीक्ष्ण प्रतिबिम्ब प्राप्त होता है। परन्तु यदि पुँज के पथ में किसी धातु की पतली पन्नी रख दें तो प्रतिबिम्ब विसरित हो जाता है यह पन्नी के परमाणु द्वारा α-कणों के कारण होता है।

1. α-प्रकीर्णन प्रयोग में, लक्ष्य द्वारा θ कोण पर प्रकीर्णित α-कणों की संख्या

$$N(\phi) = \frac{N_0 nt\, 2Ze^2}{4(4\pi\varepsilon_0)^2\gamma^2(mv_0{}^2)^2} \cdot \frac{1}{\sin^4\frac{\theta}{2}}$$

2. प्रकीर्णन कोण ϕ तथा संघट्ट-प्राचल p के बीच सम्बन्ध निम्न होता है

$$\cot\left(\frac{\phi}{2}\right) = \frac{2p}{b}$$

जहाँ, $b = \frac{1}{4\pi\varepsilon_0}\frac{2Ze^2}{E_k}$

कक्षीय चुम्बकीय द्विध्रुव आघूर्ण : बोर मैग्नेटॉन (Orbital Magnetic Dipole Moment : Bohr Magneton)

एक इलेक्ट्रॉन एक नाभिक के चारों ओर एक धारा लूप में घूम रहा है जो एक चुम्बकीय क्षेत्र रखता है। यह लूप एक चुम्बकीय ध्रुव की तरह व्यवहार करती है।

(i) चुम्बकीय द्विध्रुव आघूर्ण, $|\mu_l| = \frac{evA}{2\pi r}$ emu

(ii) कक्षीय कोणीय संवेग, $|l| = \sqrt{l(l+1)}\frac{h}{2\pi}$

(iii) चक्रण कोणीय संवेग $s = \sqrt{s(s+1)}\frac{h}{2\pi}$

(iv) घूर्णीय चुम्बकीय अनुपात $= \frac{|\mu_l|}{|l|} = \frac{e}{2ma}$

(v) बोर मैग्नेटॉन $\mu_B = \frac{eh}{4\pi m}$

जहाँ, e = इलेक्ट्रॉन पर आवेश, h = प्लांक नियतांक

m = इलेक्ट्रॉन का द्रव्यमान, a = बोर कक्षा की त्रिज्या

क्वाण्टम संख्या (Quantum Number)

परमाणु में इलेक्ट्रॉन की स्थिति सम्बद्धता ज्ञात करने के लिए क्वाण्टम संख्या का अध्ययन किया जाता है। ये चार प्रकार की होती है,

(i) प्रधान (principal) क्वाण्टम संख्या, n

(ii) दिगंशीय (azimuthal) क्वाण्टम संख्या, l

(iii) चुम्बकीय (magnetic) क्वाण्टम संख्या, m

(iv) चक्रण (spin) क्वाण्टम संख्या, s

n का मान 0, 1, 2, 3, ... इत्यादि n के किसी भी मान के लिए $l = 0, 1, \ldots, (n-1)$,

l के किसी मान के लिए $m = -l \ldots, o, \ldots, +l$ तथा $s = +\frac{1}{2}$ या $-\frac{1}{2}$

जीमान प्रभाव (Zeeman Effect)

जब एक परमाणु को शक्तिशाली चुम्बकीय क्षेत्र में रखा जाता है, तो उसकी एकल स्पेक्ट्रम रेखा विभिन्न रेखाओं में विभक्त हो जाती है। इस प्रभाव को जीमान प्रभाव (Zeeman effect) कहते हैं।

जब बाह्य क्षेत्र की तीव्रता बढ़ती है तो जीमान प्रभाव की अनियमितता परिवर्तित होती है। तब सामान्य जीमान प्रतिरूप परिवर्तित हो जाता है, इस परिघटना को पाश्चन-बैक प्रभाव कहते हैं।

स्टर्न-गरलैक प्रयोग (Stern-Gerlach Experiment)

यह प्रयोग दिखाता है कि कोई परमाणु किसी निश्चित क्षेत्र से गुजरता है तो निर्वात् में अलग दिशा में दिखाई देता है।

परमाणु द्वारा प्रदर्शित अनुप्रस्थ विचलन (transverse deflection)

$$Z = g_j m_j \frac{\frac{\delta B_Z}{\delta Z}\mu_B d^2}{\sigma KT}$$

जहाँ, $\frac{\delta B_Z}{\delta Z}$ = Z-दिशा में क्षेत्र परिवर्तन की दर

यह प्रयोग इलेक्ट्रॉन चक्रण की स्थिति के लिए एक प्रमाण भी है तथा जो चक्रण क्वाण्टम संख्या के मान $\left(s = \pm\frac{1}{2}\right)$ को निर्दिष्ट करता है।

पाउली का अपवर्जन नियम (Pauli's Exclusion Principle)

किसी एक ही परमाणु के दो इलेक्ट्रॉनों की चारों क्वाण्टम संख्याएँ समान नहीं होती हैं।

- यदि कणों के निकायों में बोस कण हैं, तब सामान्य तरंग फलन है,

$$\psi_{Bose}(1,2) = \frac{1}{\sqrt{2}}[\psi_a(1)\psi_b(2) + \psi_b(1)\psi_a(2)] \quad \text{(सममित)}$$

- यदि कण फर्मी कण है, तब तरंग फलन है,

$$\psi_{Fermi}(1,2) = \frac{1}{\sqrt{2}}[\psi_a(1)\psi_b(2) - \psi_b(1)\psi_a(2)] \quad \text{(असममित)}$$

- यदि कणों की क्वाण्टम स्टेट समान हैं, $a = b$
  तब $\psi_{Bose}(1,2) \neq 0$ परन्तु $\psi_{Fermi}(1,2) = 0$
  दो बोस कण एक ही क्वाण्टम स्टेट में रह सकते हैं जबकि दो फर्मी कण नहीं रह सकते।

हार्ट्री सिद्धान्त का परिणाम (Result of the Hartree Theory)

हार्ट्री के सैद्धान्तिक परिणाम निम्नवत् हैं:

- किसी कक्षा की त्रिज्या r का औसत मान

$$\bar{r} = \frac{n^2 a_0}{Z_n}\left[1 + \frac{1}{2}\left\{1 - \frac{l(l+1)}{n^2}\right\}\right]$$

तथा इलेक्ट्रॉन के लिए $\bar{r} = \frac{n^2 a_0}{Z_n}$

बहुइलेक्ट्रॉन परमाणुओं में आंतरिक कक्षाओं की त्रिज्या n बहुत छोटी होती है। उदाहरण के लिए $n = 1$ के लिए ऑर्गन की कक्षा की त्रिज्या $n = 1$ के लिए हाइड्रोजन की कक्षा की त्रिज्या से कम होती हैं, लगभग हाइड्रोजन कक्षा की 1/16 गुना।

- एक परमाणु की बाह्यतम बहुइलेक्ट्रॉन कक्षा के लिए हार्ट्री गणना $Z_n \approx n$

तथा त्रिज्या, $\bar{r} \approx \frac{n^2 a_0}{Z_n}$

$$= \frac{n^2 a_0}{n} \approx n a_0$$

अर्थात् बहुइलेक्ट्रॉन परमाणु की बाह्यतम कक्षा की त्रिज्या हाइड्रोजन की सबसे छोटी कक्षा की त्रिज्या की n गुनी होती है।

- बहुइलेक्ट्रॉन परमाणु में एक इलेक्ट्रॉन की कुल ऊर्जा को एक इलेक्ट्रॉन की ऊर्जा समीकरण में Z के स्थान पर Z_n रख कर दर्शाते हैं।

$$E \approx -\frac{2\pi^2 \mu Z_n^2 e^4}{n^2 h^2}$$

- एक परमाणु की बाह्यतम बहुइलेक्ट्रॉन कक्षा के लिए $Z_n \approx Z$ तथा ऊर्जा,

$$E = \frac{-2\pi^2 \mu e^4}{h^2}$$

हाइड्रोजन स्पेक्ट्रम की विभिन्न श्रेणियाँ (Different Series of Hydrogen Spectrum)

इलेक्ट्रॉन की nवीं कक्षा में ऊर्जा $E_n = -\left(\frac{mZ^2 e^4}{8E_o^2 h^2}\right)\frac{1}{n^2}$

जहाँ, $n = 1, 2, 3, \ldots$

स्पेक्ट्रम रेखाओं की विभिन्न श्रेणियों के तरंगदैर्ध्य निम्न सूत्र द्वारा प्रदर्शित है:

- लाइमन श्रेणी $\frac{1}{\lambda} = R\left[\frac{1}{1^2} - \frac{1}{n_2^2}\right], n_2 = 2, 3, 4 \ldots\ldots$
- बामर श्रेणी $\frac{1}{\lambda} = R\left[\frac{1}{2^2} - \frac{1}{n_2^2}\right], n_2 = 3, 4, 5 \ldots\ldots$
- पाश्चन श्रेणी $\frac{1}{\lambda} = R\left[\frac{1}{3^2} - \frac{1}{n_2^2}\right], n_2 = 4, 5, 6, \ldots\ldots$
- ब्रैकेट श्रेणी $\frac{1}{\lambda} = R\left[\frac{1}{4^2} - \frac{1}{n_2^2}\right], n_2 = 5, 6, 7 \ldots\ldots$
- फुण्ड श्रेणी $\frac{1}{\lambda} = R\left[\frac{1}{5^2} - \frac{1}{n_2^2}\right], n_2 = 6, 7, 8 \ldots\ldots$

लाइमन श्रेणी पराबैंगनी क्षेत्र में तथा पाश्चन, ब्रैकेट तथा फुण्ड श्रेणी अवरक्त क्षेत्र में बनती हैं।

प्रबल क्षेत्र में संक्रमण के लिए नियुक्ति नियम (Selection Rules for Hybridisation in Strong Field)

विभिन्न शर्तों के अन्तर्गत प्रबल क्षेत्र में संक्रमण के लिए नियुक्ति नियम निम्नलिखित हैं,

$\Delta M_L = 0$ (जब अवयवयी ध्रुवित क्षेत्र के समान्तर है)

$\Delta M_L = \pm 1$ (जब अवयवयी ध्रुवित क्षेत्र के लम्बवत् है)

$\Delta M_S = \pm 1$

स्टार्क प्रभाव (Stark Effect)

किसी विद्युत क्षेत्र में स्पेक्ट्रल रेखाओं का विभाजन स्टार्क प्रभाव कहलाता है। स्टार्क रेखाओं की संख्या तथा पैटर्न की कुल लम्बाई n के साथ बढ़ती है और यही कारण है कि π-घटक, σ-घटक से अधिक विस्थापन दर्शाता है।

प्रथम कोटि का स्टार्क प्रभाव (First Order Stark Effect)

निम्न ऊर्जा स्तर में हाइड्रोजन रेखा (H_α, H_β) केवल सममित विभाजन को दिखाती है जो क्षेत्र की तीव्रता के अनुक्रमानुपाती है।

द्वितीय कोटि का स्टार्क प्रभाव (Second Order Stark Effect)

उच्च अवस्था में उपस्थित रेखाओं (H_γ, H_δ) के लिए, स्टार्क घटक असममित विस्थापन को दिखाता है तथा यह क्षेत्र की तीव्रता के वर्ग के अनुक्रमानुपाती होता है।

मूल ऊर्जा स्तर $n = 1$ के लिए स्टार्क शिफ्ट शून्य होती है।

एक पुनः निर्वेशित (non-degenerate) अवस्था जैसे H_2 की मूल अवस्था ($n = 1, l = 0, m = 0$) जो समरूपता रखता है, के लिए प्रथम कोटि का स्टार्क प्रभाव नहीं है।

केवल पुनः निर्वेशित टर्म (term) ही प्रथम कोटि का स्टार्क प्रभाव दिखा सकता है।

इलेक्ट्रॉनिक स्पेक्ट्रा (Electronic Spectra)

इलेक्ट्रॉनिक स्पेक्ट्रा दृश्य व पराबैंगनी क्षेत्रों में उत्सर्जन व अवशोषण के फलस्वरूप प्राप्त होता है। इलेक्ट्रॉनिक स्पेक्ट्रम हेट्रो नाभिक व होमो नाभिक दोनों के लिए प्राप्त किए जाते हैं।

फ्रैंक-कॉन्डन सिद्धान्त (Franck-Condon Principle)

फ्रैंक-कॉन्डन सिद्धान्त के अनुसार

- अणु की प्रत्येक इलेक्ट्रॉनिक अवस्था का स्थितिज ऊर्जा वक्र भिन्न होता है।
- अणु में एक एकल इलेक्ट्रॉनिक संक्रमण एक बैण्ड निकाय देता है।

रमन स्पेक्ट्रा (Raman Spectra)

रमन स्पेक्ट्रा में, स्पेक्ट्रम रेखाओं के वेग में परिवर्तन, $\Delta v = v_i - v_s$

यदि $\Delta v > 0$, स्पेक्ट्रम में स्टॉक रेखाएँ हैं।

यदि $\Delta v < 0$, स्पेक्ट्रम में एण्टी स्टॉक रेखाएँ हैं।

रमन शिफ्ट $\Delta v = \pm 2B(2j + z)$ (जहाँ, $j = 0, 1, 2, \ldots\ldots$)

शुद्ध घूर्णन स्पेक्ट्रा (Pure Rotational Spectra)

यह स्पेक्ट्रम दूर अवरक्त क्षेत्र के अवशोषण स्पेक्ट्रम में प्राप्त होता है तथा केवल हेट्रो नाभिकीय द्विपरमाण्विक अणुओं के लिए प्राप्त होता है।

तरंग संख्या (wave number), $\nu = 2B(J + 1)$

जहाँ, $J = 0, 1, 2, \ldots\ldots;$

$\Rightarrow \quad \nu = 2B, 4B, 6B\ldots\ldots$

कम्पनिक घूर्णन स्पेक्ट्रा (Vibrational Rotational Spectra)

इस स्पेक्ट्रम को निकट के अवरक्त क्षेत्र ($1\mu - 10^2\mu$) में अवशोषण स्पैक्ट्रम में प्राप्त किया जाता है। यह केवल हेट्रो नाभिक अणुओं के लिए प्राप्त किया जाता है। होमो नाभिक अणु H_2, N_2, O_2 कम्पनिक-घूर्णन स्पेक्ट्रम उत्पन्न नहीं करते हैं।

कम्पनिक स्पेक्ट्रम में नाभिक, आन्तरिक नाभिकीय अणु के अनुदिश आवृत्ति कम्पन करते हैं।

अभ्यास प्रश्नावली

1. रमन संचरण के लिए, नियुक्ति नियम है

(a) $\Delta J = 0, \pm 1, \Delta m = 0, \pm 1$
(b) $\Delta J = \pm 1, \pm 2, \Delta m = \pm 1, \pm 2$
(c) $\Delta J = 0, \pm 2, \Delta m = 0, \pm 1$
(d) $\Delta J = \pm 2, \Delta m = \pm 1$

2. हाइड्रोजन परमाणु को अपनी मूल अवस्था से आयनित अवस्था में जाने के लिए आवश्यक न्यूनतम ऊर्जा है

(a) 13.6 eV (b) −13.6 eV
(c) 0.236 eV (d) 136 eV

3. बामर श्रेणी (Balmer series) की न्यूनतम तरंगदैर्ध्य है

(a) $\frac{1}{\lambda} = R_H\left(\frac{1}{4} - \frac{1}{9}\right)$ (b) $\frac{1}{\lambda} = R_H\left(\frac{1}{2} - \frac{1}{\infty}\right)$
(c) $\frac{1}{\lambda} = R_H\left(1 - \frac{1}{\infty}\right)$ (d) $\frac{1}{\lambda} = R_H\left(\frac{1}{4} - \frac{1}{\infty}\right)$

4. हाइड्रोजन परमाणु की n वीं कक्षा में इलेक्ट्रॉन की ऊर्जा है

(a) $\frac{e^2}{4\pi\varepsilon_o r_n}$ (b) $\frac{e^2}{4\pi\varepsilon_o r^2_n}$
(c) $\frac{e^2}{8\pi\varepsilon_o r_n}$ (d) $\frac{-e^2}{8\pi\varepsilon_o r_n}$

5. कम्पनिक-घूर्णन स्पेक्ट्रा के लिए है

(a) $\Delta n = 0, \Delta j = 0$ (b) $\Delta n = 0, \Delta j = \pm 1$
(c) $\Delta n = \pm 1, \Delta j = \pm 1$ (d) $\Delta n = \pm 1, \Delta j = 0$

6. रिड्बर्ग नियतांक R बराबर है

(a) $\frac{me^2}{8\varepsilon_0^2 ch^3}$ (b) $\frac{me^4}{8\varepsilon_0^2 ch^3}$
(c) $\frac{m^2e^4}{8\varepsilon_0^2 ch^3}$ (d) $\frac{m^4e^4}{8\varepsilon_0^2 ch^3}$

7. मुख्य क्वाण्टम संख्या n वाली कोश में इलेक्ट्रॉन की अधिकतम संख्या होती है

(a) $2n^2/3$ (b) $n^2/2$
(c) $2n^2$ (d) $4n^2$

8. m_s के सम्भव मान हैं

(a) −1 व +1 (b) $-\frac{1}{2}$ व $+\frac{1}{2}$
(c) $-\frac{1}{2}, 0, +\frac{1}{2}$ (d) $\frac{1}{2}$

9. उपकोश f में इलेक्ट्रॉन की अधिकतम संख्या होती है

(a) 14 (b) 10 (c) 6 (d) 2

10. $l = 1$ के लिए m_l के सम्भव मान हैं

(a) −1, 0, 1
(b) 0, 1, 2
(c) −1 तथा +1
(d) 2, 1, 1

11. किसी उदासीन परमाणु का इलेक्ट्रॉनिक विन्यास $1s^2 2s^2 2p^5 3s^1$ है। वह परमाणु

(a) अपनी निम्नतम ऊर्जा स्थिति में एल्कली परमाणु है
(b) उत्तेजित ऊर्जा स्थिति में एक हैलोजन परमाणु है
(c) उत्तेजित ऊर्जा स्थिति में एक एल्कली परमाणु है
(d) उत्तेजित ऊर्जा स्थिति में एक अक्रिय गैस का परमाणु है

12. $l=2$ व $s=1$ की ऊर्जा अवस्थाएँ हैं

(a) $^3D_3, ^3D_2, ^3D_1$
(b) $^5D_{3/2}, ^5P_{5/2}, ^5D_{3/2}, ^5D_{3/2}, ^5D_{1/2}$
(c) $^2P_1, ^2P_2$
(d) $^3D_{5/2}, ^5D_{3/2}, ^3D_{1/2}$

13. यदि दो इलेक्ट्रॉन निकाय के लिए $l_1 = 2$ तथा $l_2 = 1$ हो तो $l-s$ युग्मन के अनुसार J के मान होंगे

(a) 3, 2, 1 (b) 4, 3, 2, 1, 0 (c) 4, 3, 2, 1 (d) 4, 3, 2

14. वेक्टर परमाणु मॉडल के अनुसार

(a) कक्षीय कोणीय संवेग का परिमाण क्वाण्टीकृत होता है
(b) कक्षीय कोणीय संवेग तथा चक्रण कोणीय संवेग दोनों परिमाण व दिशा में क्वाण्टीकृत होते हैं
(c) बहुल इलेक्ट्रॉन निकाय का सम्पूर्ण चक्रण कोणीय संवेग सदैव $\frac{1}{2}h$ होता है
(d) बहुल इलेक्ट्रॉन निकाय के सम्पूर्ण कोणीय संवेग के केवल दो मान होते हैं

15. नाभिक के शेल मॉडल के अनुसार निम्न में मैजिक नम्बर है

(a) 30 (b) 46
(c) 50 (d) 60

16. हाइड्रोजन परमाणु में इलेक्ट्रॉन के चक्रण क्वाण्टम संख्या का मान होता है

(a) $-\frac{1}{2}$ (b) $+\frac{1}{2}$
(c) 1 (d) 0

17. एक नाभिक $_ZX^A$ दो खण्डों $_{Z_1}Y^{A_1}$ और $_{Z_2}Y^{A_2}$ में विभक्त हो जाता है, विभक्त होने के क्षण उनके बीच की दूरी होगी

(a) $r_0[(A_1)^{1/3} + (A_2)^{1/3}]$ (b) $r_0(A_1)^{1/3}$
(c) $r_0(A_2)^{1/3}$ (d) $r_0[(A_1)^{1/3} - (A_2)^{1/3}]$

18. एक परमाणु में नाभिक का द्रव्यमान (m) इलेक्ट्रॉन के द्रव्यमान (m) का 1840 गुना है, तो इलेक्ट्रॉन का समानीत द्रव्यमान दिया जायेगा

(a) $\frac{1840m}{1841}$ (b) $\frac{1840}{1841}$
(c) $\frac{1841m}{1840}$ (d) $\frac{1841}{1840}$

19. परमाणुओं तथा आयनों के संक्रमण $n=2 \rightarrow n=1$ से प्राप्त स्पेक्ट्रमी रेखा दी गयी है, न्यूनतम तरंगदैर्ध्य प्राप्त होगी

(a) हाइड्रोजन परमाणु द्वारा (b) ड्यूटीरियम परमाणु द्वारा
(c) एकल आयनित हीलियम द्वारा (d) द्वि-आयनित लीथियम द्वारा

20. बोर सिद्धान्त के अनुसार, वृत्तीय कक्षा में किसी इलेक्ट्रॉन का वेग (v) होता है

(a) $\frac{mr}{4\pi\varepsilon_0 Ze^2}$ (b) $\frac{Ze^2}{2\varepsilon_0 nh}$
(c) $\frac{mr^2}{Ze^2}$ (d) $m\sqrt{r/Ze}$

21. बोर की दूसरी परिकल्पना के अनुसार, क्वाण्टीकृत कक्षा की त्रिज्या होती है

(a) $\frac{n^2h^2Ze^2}{4\pi^2m}$ (b) $\frac{n^2h^2\varepsilon_0}{m\pi e^2Z}$
(c) $\frac{4\pi^2mZe^2}{n^2h^2}$ (d) $\frac{n^2h^2}{2\pi mZe}$

22. किसी हाइड्रोजन परमाणु में इलेक्ट्रॉन बाहरी कक्षा $n=3$ से भीतरी कक्षा $n=2$ में कूद जाता है, उत्सर्जित विकिरण की तरंगदैर्ध्य होगी

(a) $\lambda = R/2$ (b) $\lambda = 2/R$
(c) $\lambda = 1/5R$ (d) $\lambda = 36/5R$

23. n, l और m के दिये गये किसी सेट में इलेक्ट्रॉनों की महत्तम संख्या होती है

(a) $2n$ (b) $2n^2$
(c) $2(n+l)$ (d) $2(n+l)m$

24. हाइड्रोजन के लिए लाइमन श्रेणी की निम्नतम और उच्चतम तरंगदैर्ध्य सीमाएँ हैं

(a) 1909 Å और 2212 Å (b) 909 Å और 1212 Å
(c) 409 Å और 612 Å (d) 1409 Å और 1612 Å

25. प्रधान क्वाण्टम संख्या, $n=2$ की अवस्था में हाइड्रोजन परमाणु को आयनीकृत करने के लिए आवश्यक न्यूनतम ऊर्जा कितनी होगी?

(a) 1.7eV (b) 13.6 eV
(c) 3.4 eV (d) 113.6 eV

26. किसी बामर श्रेणी के निम्न में से किस अवस्था परिवर्तन में हाइड्रोजन परमाणु अधिकतम ऊर्जा के फोटॉन उत्सर्जित करता है?

(a) $n=1$ से सीधे $n=5$
(b) $n=2$ से सीधे $n=5$
(c) $n=5$ से सीधे $n=2$
(d) $n=5$ से सीधे $n=1$

27. किसी हाइड्रोजन परमाणु के क्रमागत ऊर्जा स्तरों में ऊर्जा अंतराल,

(a) n बढ़ने पर बढ़ता है
(b) n बढ़ने पर घटता है
(c) n के 2 से कम होने पर घटता है
(d) n के सभी मानों के लिए नियत होता है

28. किसी चक्कर काटते इलेक्ट्रॉन से ऊर्जा निम्न रूप से उत्सर्जित होती है

(a) विकिरण (b) चालन
(c) संवहन (d) ये सभी

29. परमाणु में नियत ऊर्जा की कक्षाएँ होती हैं। यह सिद्धान्त प्रतिपादित किया था

(a) रमन ने (b) बोर ने (c) न्यूटन ने (d) फर्मी ने

30. कोई हाइड्रोजन परमाणु अपनी तटस्थ अवस्था में होता है, जबकि इसका कक्षीय इलेक्ट्रॉन

(a) नाभिक के भीतर होता है
(b) परमाणु के भीतर होता है
(c) अपनी निम्नतम ऊर्जा स्तर में होता है
(d) ठीक वृत्तीय कक्षा में चक्कर लगाता है

31. यदि i वीं बोर कक्षा की ऊर्जा E_i और f वीं बोर कक्षा की ऊर्जा E_f हो, तो उनके बीच संक्रमण होने पर उत्सर्जित विकिरण की आवृत्ति (प्लांक नियतांक के पदों में) निम्नलिखित होगी

(a) $\frac{E_f + E_i}{h}$ (b) $\frac{E_f - E_i}{h}$ (c) $\frac{E_f E_i}{h}$ (d) $\frac{E_f}{E_i}h$

32. निम्न चित्र में किसी विशेष परमाणु के ऊर्जा स्तर प्रदर्शित किये गये हैं। जब निकाय $2E$ स्तर से E स्तर तक गति करता है तो λ तरंगदैर्ध्य का एक फोटॉन उत्सर्जित होता है। $\frac{4E}{3}$ स्तर से E तक संक्रमण के दौरान उत्पन्न फोटॉन की तरंगदैर्ध्य है

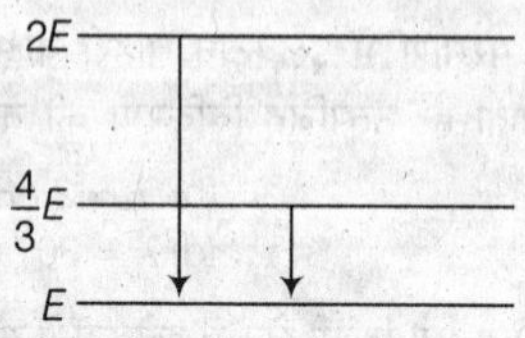

(a) $\frac{\lambda}{3}$ (b) $\frac{3\lambda}{4}$ (c) $\frac{4\lambda}{3}$ (d) 3λ

33. किसी विशेष परमाणु के ऊर्जा स्तर A, B, C बढ़ती हुई ऊर्जाओं के मानों के सापेक्ष $E_A < E_B < E_C$ है। यदि λ_1, λ_2 व λ_3 क्रमशः C से B, B से A तथा C से A के संक्रमण के सापेक्ष विकिरणों की तरंगदैर्ध्य हो, तो कौन-सा कथन सत्य है?

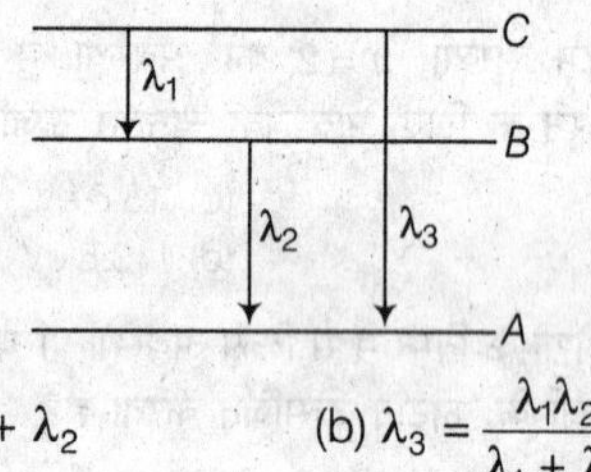

(a) $\lambda_3 = \lambda_1 + \lambda_2$ (b) $\lambda_3 = \frac{\lambda_1 \lambda_2}{\lambda_1 + \lambda_2}$

(c) $\lambda_1 + \lambda_2 + \lambda_3 = 0$ (d) $\lambda_3^2 = \lambda_1^2 + \lambda_2^2$

34. 100 eV का इलेक्ट्रॉन एक स्थिर हीलियम आयन (He^+), जोकि निम्नतम अवस्था में है, से टकराता है तथा इसे उत्तेजित अवस्था में पहुँचा देता है। टक्कर के पश्चात् He^+ आयन दो फोटॉन एक के बाद एक करके, उत्सर्जित करता है जिनकी तरंगदैर्ध्य 1085 Å तथा 304 Å हैं। उत्तेजित अवस्था की क्वाण्टम संख्या क्या होगी? ($h = 6.63 \times 10^{-34}$ जूल-सेकण्ड, $c = 3 \times 10^8$ मी से$^{-1}$)

(a) 4 (b) 5 (c) 3 (d) 6

35. रदरफोर्ड के α-कण प्रकीर्णन के प्रयोग में जिस बल के कारण α-कण प्रकीर्णित होते हैं, वह बल है

(a) गुरुत्वीय (b) नाभिकीय (c) कूलॉमीय (d) चुम्बकीय

36. हाइड्रोजन स्पेक्ट्रम की स्पेक्ट्रमी श्रेणी में जो श्रेणी पराबैंगनी क्षेत्र में प्राप्त होती है, कहलाती है

(a) बामर श्रेणी (b) फुण्ड श्रेणी
(c) पाश्चन श्रेणी (d) लाइमन श्रेणी

37. निम्नलिखित में से सत्य कथन है

(a) लाइमन श्रेणी एक अविरत स्पेक्ट्रम है
(b) पाश्चन श्रेणी अवरक्त क्षेत्र में रेखीय स्पेक्ट्रम है
(c) बामर श्रेणी पराबैंगनी क्षेत्र में रेखीय स्पेक्ट्रम है
(d) हाइड्रोजन परमाणु के रदरफोर्ड मॉडल में विभिन्न स्पेक्ट्रमी श्रेणियों की व्याख्या कर सकते हैं

38. हाइड्रोजन अणु के बोर मॉडल में न्यूनतम कक्ष की ऊर्जा है

(a) अनन्त (b) अधिकतम
(c) न्यूनतम (d) शून्य

39. आरेख में किसी निश्चित परमाणु के किसी इलेक्ट्रॉन के ऊर्जा स्तर दर्शाए गए हैं। इनमें से कौन-सा संक्रमण अधिकतम ऊर्जा से उत्सर्जित फोटॉन को निरूपित करता है?

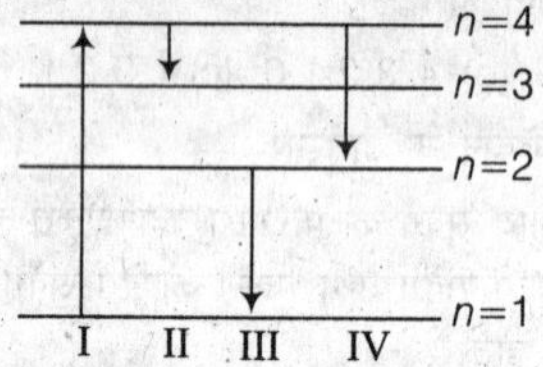

(a) IV (b) III
(c) II (d) I

40. हाइड्रोजन परमाणु में निम्नलिखित संक्रमणों में से कौन-सा संक्रमण अधिकतम आवृत्ति के फोटॉन का उत्सर्जन करता है?

(a) $n = 2 \to n = 6$ (b) $n = 6 \to n = 2$
(c) $n = 2 \to n = 1$ (d) $n = 1 \to n = 2$

41. एक हाइड्रोजन परमाणु में इलेक्ट्रॉन एक उत्तेजन स्तर से निम्नतम स्तर में संक्रमण करता है। कौन-सा कथन सत्य है?

(a) इसकी गतिज ऊर्जा बढ़ जाती है तथा स्थितिज व कुल ऊर्जा घट जाती है
(b) इसकी गतिज ऊर्जा घट जाती है, स्थितिज ऊर्जा बढ़ जाती है तथा कुल ऊर्जा समान रहती है
(c) इसकी गतिज व कुल ऊर्जा घट जाती है जबकि स्थितिज ऊर्जा बढ़ जाती है
(d) सभी ऊर्जाएँ (गतिज, स्थितिज) घट जाती हैं

42. हाइड्रोजन परमाणु के स्पेक्ट्रम में जब कक्षा 2 से 1 में संक्रमण होता है, तब 2.7×10^{15} हर्ट्ज की आवृत्ति को विद्युतचुम्बकीय तरंग उत्सर्जित होती है। यदि यह संक्रमण 3 से 1 में होता है, तब उत्सर्जित आवृत्ति होगी

(a) 3.2×10^{15} हर्ट्ज
(b) 32×10^{13} हर्ट्ज
(c) 1.6×10^{15} हर्ट्ज
(d) 16×10^{15} हर्ट्ज

→ उत्तरमाला

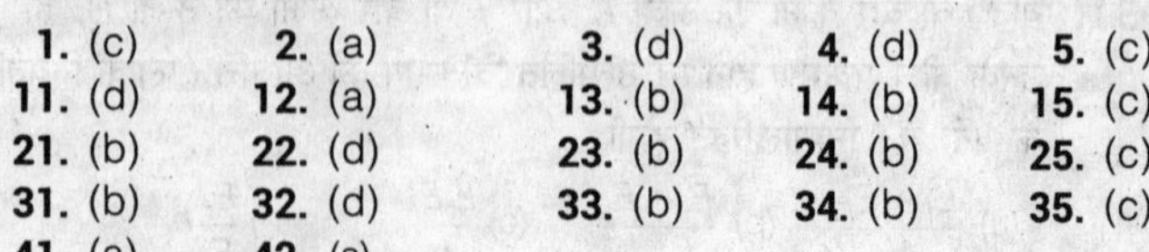

1. (c)	**2.** (a)	**3.** (d)	**4.** (d)	**5.** (c)	**6.** (b)	**7.** (c)	**8.** (b)	**9.** (a)	**10.** (a)
11. (d)	**12.** (a)	**13.** (b)	**14.** (b)	**15.** (c)	**16.** (b)	**17.** (a)	**18.** (c)	**19.** (a)	**20.** (b)
21. (b)	**22.** (d)	**23.** (b)	**24.** (b)	**25.** (c)	**26.** (c)	**27.** (b)	**28.** (a)	**29.** (d)	**30.** (c)
31. (b)	**32.** (d)	**33.** (b)	**34.** (b)	**35.** (c)	**36.** (a)	**37.** (b)	**38.** (c)	**39.** (b)	**40.** (c)
41. (a)	**42.** (a)								

31

नाभिकीय भौतिकी तथा मूल कण
Nuclear Physics and Fundamental Particles

नाभिक का संगठन तथा आकार (Composition and Size of Nucleus)

पदार्थ का वह सूक्ष्मतम कण जो स्वतंत्र अवस्था में पाया जाए तथा जिसमें पदार्थ के सभी भौतिक एवं रासायनिक गुण उपस्थित हों, परमाणु (atom) कहलाता है।

प्रत्येक पदार्थ परमाणुओं से बना होता है। परमाणु का समस्त द्रव्यमान तथा धनात्मक आवेश बहुत छोटे क्षेत्र में संघनित होता है। इस क्षेत्र को नाभिक कहते हैं। नाभिक की त्रिज्या 10^{-15} मी से 10^{-14} मी की कोटि की होती है। नाभिक में प्रोटॉन तथा न्यूट्रॉन होते हैं, जिन्हें न्यूक्लिऑन (nucleons) कहते हैं।

नाभिक की त्रिज्या R, उसकी द्रव्यमान संख्या A पर निम्न सूत्रानुसार निर्भर करती है,

$$R = R_0 A^{1/3}$$

जहाँ, R_0 एक नियतांक है, जिसका मान 1.2×10^{-15} मी होता है।

द्रव्यमान क्षति (Mass Defect)

नाभिक में उपस्थित न्यूट्रॉनों एवं प्रोटॉनों के द्रव्यमानों के योग एवं नाभिक के वास्तविक द्रव्यमान के अन्तर को द्रव्यमान क्षति कहते हैं।

नाभिक के बनने में द्रव्यमान क्षति,

$$\Delta M = [Zm_p + (A - Z)m_n] - M$$

जहाँ, Z प्रोटॉनों एवं $(A - Z)$ न्यूट्रॉनों की संख्या है, जबकि m_p, m_n एवं M क्रमशः प्रोटॉन, न्यूट्रॉन एवं नाभिक के वास्तविक द्रव्यमान हैं।

संकुचन (Packing Fraction)

किसी नाभिक में प्रति न्यूक्लिऑन द्रव्यमान क्षति को संकुचन कहते हैं।

$$f = \frac{M - A}{A} = \frac{\Delta m}{A} = \frac{\text{द्रव्यमान में क्षति}}{\text{द्रव्यमान संख्या}}$$

बन्धन ऊर्जा (Binding Energy)

किसी नाभिक की बन्धन ऊर्जा वह न्यूनतम ऊर्जा है जो नाभिक के न्यूक्लिऑनों को अनन्त दूरी तक अलग - अलग करने के लिए आवश्यक है। बन्धन ऊर्जा की संकल्पना को द्रव्यमान-ऊर्जा सम्बन्ध, $\Delta E = \Delta mc^2$ से भी समझा जा सकता है।

जहाँ, Δm विलगित न्यूक्लिऑनों के कुल द्रव्यमान तथा स्थायी नाभिक के द्रव्यमान का अन्तर है। नाभिक $_Z X^A$ की बन्धन ऊर्जा,

$$E_b = [Zm_p + (A - Z)m_n - m_x]c^2 \quad \ldots(i)$$

जहाँ, m_p = प्रोटॉन का द्रव्यमान

m_n = न्यूट्रॉन का द्रव्यमान

तथा m_x = नाभिक का द्रव्यमान

$$\Delta E = 931 \times \Delta m \text{ MeV}$$

$$\Delta E = 931[Zm_p + (A - Z)m_n - M] \text{ MeV}$$

रेडियोसक्रियता (Radioactivity)

हेनरी बेकुरल ने सन् 1896 में रेडियोसक्रियता की खोज की। कुछ तत्वों से स्वतः ही अदृश्य किरणें निकलती रहती हैं। ऐसे पदार्थों को रेडियोसक्रिय पदार्थ कहते हैं तथा इस घटना को रेडियोसक्रियता कहते हैं तथा निकलने वाली किरणों को रेडियोसक्रिय किरणें कहते हैं।

रेडियोसक्रिय किरणें तीन प्रकार की होती हैं

(i) α-किरणें

(ii) β-किरणें

(iii) γ-किरणें

रेडियोसक्रिय क्षय नियम (Radioactive Decay Law)

रेडियोसक्रिय क्षय वास्तव में प्राकृतिक रूप से चलने वाली (naturally spontaneous) प्रक्रिया है। किसी भी क्षण रेडियोसक्रिय परमाणुओं के क्षय होने की दर उस क्षण उपस्थित परमाणुओं की संख्या के अनुक्रमानुपाती होती है।

$$\left(-\frac{dN}{dt}\right) = \lambda N$$

जहाँ, λ क्षय नियतांक (decay constant) है।

पुनः $$\frac{dN}{N} = -\lambda dt$$

समाकलन करने पर, $$N = N_0 e^{-\lambda t}$$

ऐल्फा-क्षय (α-Decay)

$_{92}U^{328}$ का $_{90}Th^{234}$ में क्षय, ऐल्फा-क्षय का एक प्रचलित उदाहरण है। इस प्रक्रिया में हीलियम नाभिक $_2He^4$ उत्सर्जित होता है।

$$_{92}U^{238} \longrightarrow _{90}Th^{234} + _2He^4$$

ऐल्फा-क्षय में, उत्पादित विघटन नाभिक की द्रव्यमान संख्या क्षय होने वाले मूल नाभिक की तुलना में 4 कम होती है तथा परमाणु क्रमांक 2 कम होता है। सामान्यतः किसी मूल नाभिक $_ZX^A$ के विघटन नाभिक $_{Z-2}Y^{A-4}$ में रूपांतरण को इस प्रकार व्यक्त करते हैं,

$$_ZX^A \longrightarrow _{Z-2}Y^{A-4} + _2He^4$$

α-किरणों के गुण (Properties of α-Rays)

- α-किरणें, α-कणों से मिलकर बनी हैं जो हीलियम परमाणु का नाभिक है।
- α-किरणें वैद्युत व चुम्बकीय क्षेत्रों में विक्षेपित हो जाती हैं।
- α-किरणों की भेदन क्षमता (penetrating power) अत्यन्त कम होती है। ये 0.1 मिमी मोटी ऐल्युमीनियम की चादर द्वारा रुक जाती हैं।
- जिंक सल्फाइड के पर्दे से टकराने पर α-किरणें प्रतिदीप्ति उत्पन्न करती हैं।
- α-किरणें जिस गैस में से गुजरती हैं उसे आयनीकृत कर देती हैं।
- α-किरणों की चाल, प्रकाश की चाल का 1/10 वां भाग होती है।
- α-कणों का स्पेक्ट्रम विविक्त रेखिल स्पेक्ट्रम होता है। जिन नाभिकों से α-कण उत्सर्जित होते हैं, उन नाभिकों में भी विविक्त ऊर्जा स्तर होते हैं।
- α-कण उत्सर्जन की व्याख्या क्वाण्टम यान्त्रिकीय सुरंगन प्रभाव (quantum mechanical tunnelling effect) द्वारा की गई है।

बीटा-क्षय (β-Decay)

बीटा-क्षय में किसी नाभिक से एक इलेक्ट्रॉन (β^--क्षय) अथवा एक पॉजिट्रॉन (β^+-क्षय) का स्वतः उत्सर्जन होता है। β^--क्षय तथा β^+-क्षय के सामान्य उदाहरण निम्न हैं,

$$_{15}P^{32} \longrightarrow _{16}S^{32} + e^- + \nu$$

$$_{11}Na^{22} \longrightarrow _{10}Na^{22} + e^+ + \nu$$

β^- तथा β^+ दोनों ही क्षयों में द्रव्यमान संख्या A नहीं बदलती है। β^--क्षय में नाभिक का परमाणु क्रमांक Z, 1 अधिक हो जाता है, जबकि β^+- क्षय में 1 कम हो जाता है। β^--क्षय में मूल नाभिकीय प्रक्रिया न्यूट्रॉन का प्रोटॉन में रूपान्तरण है।

$$n \rightarrow n + e^+ + \nu$$

जबकि β^+-क्षय में प्रोटॉन का न्यूट्रॉन में रूपान्तरण होता है।

$$p \rightarrow n + e^+ + \nu$$

प्रोटॉन का द्रव्यमान, न्यूट्रॉन के द्रव्यमान से कम है, अतः प्रोटॉन का न्यूट्रॉन में क्षय केवल नाभिक के अंदर ही सम्भव है, जबकि न्यूट्रॉन का प्रोटॉन में क्षय मुक्त अवस्था में भी सम्भव है।

β-किरणों के गुण (Properties of β-Rays)

- β-किरणें अत्यन्त तीव्र गति से चलने वाले इलेक्ट्रॉन हैं।
- β-किरणों पर 1 इकाई ऋणावेश होता है।
- β-किरणें वैद्युत व चुम्बकीय क्षेत्रों में विक्षेपित हो जाती हैं।
- β-किरणों की चाल प्रकाश की चाल के लगभग बराबर होती है।
- β-किरणें जिस गैस में से होकर गुजरती हैं उसे आयनीकृत कर देती हैं, परन्तु इनकी आयनीकरण क्षमता α-किरणों की आयनीकरण क्षमता की अपेक्षा 1/100 गुनी होती है।
- β -किरणों की भेदन क्षमता, α-किरणों की भेदन क्षमता की लगभग 100 गुनी होती है।
- β-किरणें जिंक सल्फाइड तथा बेरियम-प्लेटिनोसाइड के पर्दे से टकराने पर प्रतिदीप्ति उत्पन्न करती हैं।
- β -किरणें फोटोग्राफिक फिल्म को प्रभावित करती हैं।
- β -किरणें कृत्रिम रेडियोसक्रियता उत्पन्न कर सकती हैं।
- एक ही रेडियोसक्रिय पदार्थ से उत्सर्जित β -कणों में गतिज ऊर्जा, शून्य तथा एक निश्चित उच्चतम मान के बीच अविरत रूप से वितरित (continuous distributied) होती है तथा यह उच्चतम मान भिन्न-भिन्न पदार्थों के लिये भिन्न-भिन्न होता है। अतः β-कणों की परास (range) निश्चित नहीं होती है, जबकि α-कणों की परास निश्चित होती है।

गामा-क्षय (γ-Decay)

परमाणु के समान, नाभिक में भी विभिन्न ऊर्जा स्तर होते हैं- अनुत्तेजित अवस्था तथा उत्तेजित अवस्था। यद्यपि इनके ऊर्जा के मानों में अत्यधिक विभिन्नता होती है। परमाण्विक ऊर्जा स्तरों का कोटिमान eV का होता है, जबकि नाभिकीय ऊर्जा स्तरों में ऊर्जाओं का अन्तर MeV के कोटिमान का होता है।

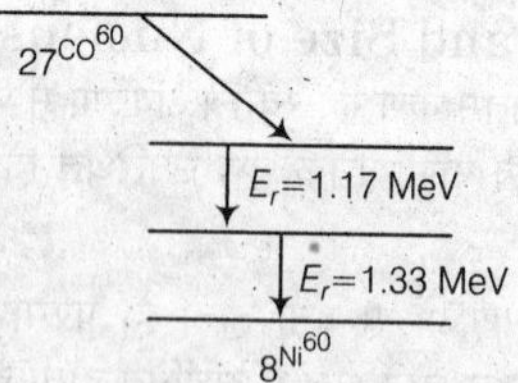

जब कोई उत्तेजित नाभिक निम्न उत्तेजित अवस्था अथवा अनुत्तेजित अवस्था में संक्रमित होता है तो नाभिक के दोनों ऊर्जा स्तरों के अन्तर के समान ऊर्जा का फोटॉन उत्सर्जित होता है। यही गामा क्षय कहलाता है। यह ऊर्जा (MeV), कठोर X-किरणों के परिसर से कम तरंगदैर्ध्य वाले विकिरणों से सम्बन्धित होती है। सामान्यतः किसी गामा किरण का उत्सर्जन, ऐल्फा अथवा बीटा क्षय में विघटन नाभिक का उत्तेजित अवस्था में रहने की अवस्था में होता है।

उत्तेजित नाभिक अनुत्तेजित अवस्था में आने की प्रक्रिया में एक फोटॉन अथवा एक से अधिक फोटॉनों (क्रमवार संक्रमण की अवस्था में) का उत्सर्जन करते हैं। 1.17 MeV तथा 1.33 MeV ऊर्जाओं की गामा किरणों के क्रमवार उत्सर्जन का सामान्य उदाहरण $_{27}Co^{60}$ नाभिक के β^--क्षय द्वारा $_{28}Ni^{60}$ नाभिक में क्षयित होने की प्रक्रिया में प्रदर्शित होता है।

γ-किरणों के गुण (Properties of γ-Rays)

- γ-किरणों का कोई द्रव्यमान नहीं होता। इनकी प्रकृति अधात्विक है।
- γ-किरणों पर कोई आवेश नहीं होता।
- γ-किरणें वैद्युत व चुम्बकीय क्षेत्रों में विक्षेपित नहीं होती हैं।
- γ-किरणों की आयनीकरण क्षमता α-किरणों व β -किरणों की अपेक्षा काफी कम होती है।
- γ-किरणों की चाल प्रकाश की चाल के बराबर होती है।
- γ-किरणों की भेदन क्षमता काफी अधिक होती है। ये 30 सेमी मोटी लोहे की चादर के पार निकल जाती हैं।
- γ-किरणें भी फोटोग्राफिक फिल्म को प्रभावित करती हैं।
- γ-किरणें जिस सतह पर गिरती हैं उसमें से इलेक्ट्रॉनों का उत्सर्जन हो जाता है।
- γ-किरणें किसी सतह से टकराने पर ऊष्मीय प्रभाव उत्पन्न करती हैं।
- γ-किरणों का स्पेक्ट्रम रेखिल, विविक्त स्पेक्ट्रम होता है। इससे नाभिकीय ऊर्जा स्तरों के बारे में जानकारी प्राप्त होती है।

समस्थानिक, समभारिक एवं समन्यूट्रॉनिक
(Isotope, Isobar and Isotone)

समान पदार्थ के परमाणु जिनके परमाणु क्रमांक समान हों, समस्थानिक (परस्पर) कहलाते हैं। उदाहरण के लिए, $_8O^{16}$, $_8O^{17}$, इत्यादि।

विभिन्न पदार्थों के परमाणु जिनके परमाणु द्रव्यमान समान किन्तु परमाणु क्रमांक असमान हों, समभारिक (परस्पर) कहलाते हैं। उदाहरण के लिए $_8O^{17}$, $_9F^{16}$ इत्यादि।

किन्तु विभिन्न पदार्थों के परमाणु जिनके नाभिक में न्यूट्रॉनों की संख्या समान परन्तु प्रोटॉनों की संख्या असमान हो, समन्यूट्रॉनिक कहलाते हैं।

अर्द्ध-आयु (Half-Life)

वह समयान्तराल जिसके अन्तर्गत किसी रेडियोसक्रिय पदार्थ की मात्रा अर्थात् उसके परमाणुओं (नाभिकों) की संख्या रेडियोसक्रिय क्षय के फलस्वरूप घटकर अपने प्रारम्भिक मान की आधी रह जाती है, रेडियोसक्रिय पदार्थ की अर्द्ध-आयु ($T_{1/2}$) कहलाती है।

$$T_{1/2} = \frac{\ln(2)}{\lambda} = \frac{0.693}{\lambda}$$

माध्य आयु अथवा औसत आयु
(Mean Life or Average Life)

किसी नाभिक के क्षय का समय शून्य से लेकर अनन्त तक कुछ भी हो सकता है। सभी नाभिकों की आयु के औसत को रेडियोसक्रिय पदार्थ की औसत आयु (average life) या माध्य आयु (mean life) कहते हैं। इसे प्रायः τ से प्रदर्शित करते हैं। किसी रेडियोसक्रिय पदार्थ की औसत आयु, क्षय नियतांक (λ) के व्युत्क्रम के बराबर होती है अर्थात्

$$\tau = 1/\lambda$$

$$\tau = 1.44t_{1/2}$$

नाभिकीय विखण्डन (Nuclear Fission)

किसी भारी नाभिक के दो या दो से अधिक छोटे-छोटे नाभिकों में टूटने की प्रक्रिया को नाभिकीय विखण्डन कहते हैं।

प्रत्येक विखण्डन प्रक्रिया में बहुत बड़े स्तर पर ऊर्जा ($\approx$ 190 MeV) मुक्त होती है।

निम्नलिखित अभिक्रिया में यूरेनियम ($Z = 92, A = 235$) के नाभिक पर तीव्रगामी न्यूट्रॉनों की बमबारी करके विखण्डन प्रक्रिया दर्शायी गयी है।

$$_{92}U^{235} + {_0n^1} \rightarrow {_{92}U^{236}} \longrightarrow {_{56}Ba^{141}} + {_{36}Kr^{92}} + 3{_0n^1} + \text{ऊर्जा}$$

नाभिकीय विखण्डन की घटना में विखण्डित नाभिकों का कुल द्रव्यमान, बड़े नाभिक के द्रव्यमान से कम होता है। द्रव्यमानों का यह अन्तर ही, नाभिकीय विखण्डन के फलस्वरूप उत्पन्न होने वाली ऊर्जा में परिवर्तित होता है।

नाभिकीय संलयन
(Nuclear Fusion)

जब दो अथवा अधिक हल्के नाभिक अति उच्च चाल से गति करते हुए परस्पर संयुक्त होकर एक भारी नाभिक बनाते हैं, तो इस प्रक्रिया को नाभिकीय संलयन कहते हैं। संलयन से प्राप्त नाभिक का द्रव्यमान, संलयन करने वाले मूल नाभिकों के द्रव्यमानों के योग से कम होता है तथा द्रव्यमान की यह क्षति, ऊर्जा के रूप में प्राप्त हो जाती है।

उदाहरण के लिए दो ड्यूट्रॉनों ($_1H^2$, भारी-हाइड्रोजन नाभिक) को संलयित करके एक ट्राइटॉन (ट्राइटियम का नाभिक) बनाया जा सकता है। इसके लिये अभिक्रिया निम्नलिखित होगी

$$_1H^2 + {_1H^2} \longrightarrow {_1H^3} + {_1H^1} + 4.0\text{ MeV (ऊर्जा)}$$

इस प्रकार बनी ट्राइटॉन ($_1H^3$) पुनः एक, तीसरे ड्यूट्रॉन से संलयित होकर एक हीलियम नाभिक बना सकती है

$$_1H^3 + {_1H^2} \longrightarrow {_2He^4} + {_0n^1}\ \ 17.6\text{ MeV (ऊर्जा)}$$

फर्मिऑन (Fermion)

सांख्यिकीय व्यवहार के आधार पर भौतिकी में कणों को दो भागों में बाँटा जाता है—बोसॉन एवं फर्मिऑन। वे कण जो फर्मी-डिराक सांख्यिकी के अनुसार व्यवहार करते हैं, जिनका प्रचक्रण विषम अर्द्ध-पूर्णांक (1/2, 3 /2, ...) होता है और जो पाउली अपवर्जन नियम (Pauli's exclusion principle) का पालन करते हैं, फर्मिऑन कहलाते हैं। मूल कण क्वॉर्क और लेप्टॉन एवं संयोजित कण प्रोटॉन और न्यूट्रॉन इसके उदाहरण हैं।

फर्मिऑन दो प्रकार के होते हैं :

(i) **लेप्टॉन** (lepton) क्वॉर्क और गेज बोसॉन की तरह मूलभूत कण का एक परिवार है। लेप्टॉन फर्मिऑन होते हैं जिनकी प्रचक्रण 1/2 होती है।

(ii) **बेरिऑन** (boryon) ये तीव्रतः आकर्षक फर्मिऑन होते हैं जिनका प्रचक्रण 1/2 तथा द्रव्यमान न्यूक्लिऑन के द्रव्यमान के बराबर या अधिक होता है।

बोसॉन (Boson)

वे कण जो बोस-आइन्सटीन सांख्यिकी का पालन करते हैं और जिनकी स्पिन (0, 1, 2, ...) होती है, बोसॉन कहलाते हैं। मूलभूत बलों को संजोकर रखने वाले सभी ऊर्जा वाहक कण (फोटॉन, ग्लुऑन, गेज बोसॉन) बोसॉन होते हैं। वे संयोजित कण जिनमें फर्मिऑन की संख्या सम होती है, बोसॉन कहलाते हैं, उदाहरण-मेसॉन। किसी भी परमाणु का नाभिक फर्मिऑन है अथवा बोसॉन, यह इस बात पर निर्भर करता है कि उसमें मौजूद प्रोटॉन व न्यूट्रॉन का योग सम है अथवा विषम।

π-मेसोन (π-Meson)

इन कणों के अस्तित्व की भविष्यवाणी सन् 1935 में युकावा ने नाभिक के भीतर न्यूक्लिऑनों के बीच विनिमय-बल के स्रोत के रूप में की थी, परन्तु इनकी वास्तविक खोज सन् 1947 में अन्तरिक्ष किरणों में हुई।

π-मेसोन तीन प्रकार के होते हैं :

(i) **धन π-मेसॉन** यह एक धनावेशित कण है जिसका आवेश इलेक्ट्रॉन के आवेश के बराबर तथा द्रव्यमान इलेक्ट्रॉन के द्रव्यमान का 274 गुना होता है। यह एक अस्थायी कण है। इसकी औसत आयु 10^{-8} सेकण्ड की कोटि की होती है। इसका प्रतीक π^+ है।

(ii) **ऋण π-मेसॉन** यह एक ऋणावेशित कण है जिसका आवेश इलेक्ट्रॉन के आवेश के बराबर तथा द्रव्यमान इलेक्ट्रॉन के द्रव्यमान का 274 गुना होता है। इसकी औसत आयु भी 10^{-8} सेकण्ड की कोटि की होती है। इसका प्रतीक π^- है।

(iii) **उदासीन π-मेसॉन** इस कण पर कोई आवेश नहीं होता। इसका द्रव्यमान इलेक्ट्रॉन के द्रव्यमान का लगभग 264 गुना होता है। इसकी औसत आयु 10^{-15} सेकण्ड की कोटि की होती है। इसका प्रतीक π^0 है। यह विघटित होकर दो γ-किरण फोटॉन बनाता है।

$$\pi^0 \longrightarrow \gamma + \gamma$$

अभ्यास प्रश्नावली

1. Li^7 और He^4 की बन्धन ऊर्जाएँ प्रति न्यूक्लिऑन क्रमशः 5.6 MeV और 7.06 MeV हैं, तो अभिक्रिया $Li^7 + p = 2[_2He^4]$ की ऊर्जा होगी

(a) 17.28 MeV (b) 39.2 MeV
(c) 28.24 MeV (d) 1.46 MeV

2. दो नाभिकों p^n और Q^{2n} की बन्धन ऊर्जाएँ क्रमशः x जूल और y जूल हैं। यदि $2x > y$, तब अभिक्रिया $p^n + p^n = Q^{2n}$ में निकलने वाली ऊर्जा होगी

(a) $2x + y$ (b) $2x - y$ (c) xy (d) $x + y$

3. एक नाभिक के विखण्डित होने पर निकलने वाली ऊर्जा 200 MeV है। भरे हुए रिएक्टर में विखण्डन की दर 5 वाट वाले शक्ति स्तर से चलाई जाती है

(a) 1.56×10^{-10} प्रति सेकण्ड (b) 1.56×10^{11} प्रति सेकण्ड
(c) 1.56×10^{-16} प्रति सेकण्ड (d) 1.56×10^{-17} प्रति सेकण्ड

4. चित्र में, निम्न में से कौन-किस नमूने A या B की अपेक्षाकृत कम माध्य आयु है?

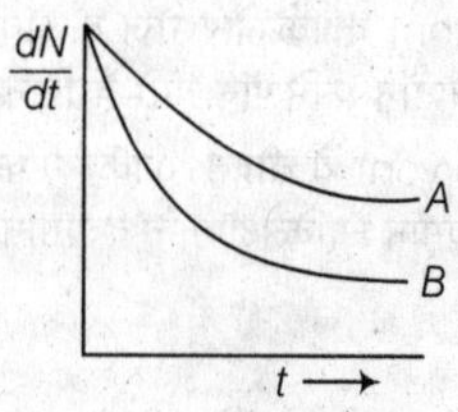

(a) B (b) A
(c) A या B (d) न तो A और न ही B

5. रेडियोऐक्टिव रेडॉन की अर्द्ध-आयु 3.8 दिन है। कितने समय पश्चात् क्षय होकर उसका बीसवाँ (1/20) भाग शेष रहेगा?
दिया है, $\log_{10} e = 0.4343$

(a) 13.8 दिन (b) 16.5 दिन
(c) 33 दिन (d) 76 दिन

6. एक रेडियोऐक्टिव समस्थानिक की अर्द्ध-आयु T वर्ष है अपनी सक्रियता को कम करने में यह कितना समय लेगा?

(a) 4.5 T वर्ष तथा 7.5 T वर्ष (b) 9.5 T वर्ष तथा 5 T वर्ष
(c) 5 T वर्ष तथा 9.5 T वर्ष (d) 5 T वर्ष तथा 6.65 T वर्ष

7. रेडियम की अर्द्ध-आयु 1600 वर्ष है। इसकी औसत आयु है

(a) 3200 वर्ष (b) 4800 वर्ष
(c) 2309 वर्ष (d) 4217 वर्ष

8. प्लूटोनियम अर्द्ध-आयु 24000 वर्ष के साथ विघटित होता है। यही प्लूटोनियम 7200 वर्षों के लिए रखने पर शेष रह जाएगा

(a) 1/8 गुना (b) 1/3 गुना
(c) 1/4 गुना (d) 1/2 गुना

9. α, β और γ विकिरणों की इनके घटते हुए क्रम में भेदन क्षमता है

(a) γ, α, β (b) γ, β, α (c) α, β, γ (d) β, γ, α

10. यदि $N_1 = N_0 e^{-\lambda t_1}$ है, तब समयान्तराल t_1 तथा $t_2 (t_2 > t_1)$ के कारण परमाणु क्षय होगा

(a) $N_{t_1} - N_{t_2} = N_0(e^{-\lambda t_1} - e^{-\lambda t_2})$
(b) $N_{t_2} - N_{t_1} = N_0(e^{-\lambda t_2} - e^{-\lambda t_1})$
(c) $N_{t_2} - N_{t_1} = N_0(e^{\lambda t_2} - e^{-\lambda t_1})$
(d) उपरोक्त में से कोई नहीं

11. विखण्डन अभिक्रिया ${}_0^1n + {}_{92}^{235}U \longrightarrow {}_{51}^{133}Sb + {}_{41}^{99}Nb +$ न्यूट्रॉन से निकलने वाले न्यूट्रॉनों की संख्या है

(a) 1 (b) 92
(c) 3 (d) 4

12. नाभिकीय रिऐक्टर में मंदन प्रयुक्त होता है

(a) न्यूट्रॉनों की चाल को धीमा करने के लिए
(b) न्यूट्रॉनों को त्वरित करने के लिए
(c) न्यूट्रॉनों की संख्या बढ़ाने के लिए
(d) न्यूट्रॉनों की संख्या घटाने के लिए

13. नाभिकीय संलयन अभिक्रिया के समय

(a) एक भारी नाभिक लगभग दो बराबर भागों में विभक्त होता है
(b) एक हल्का नाभिक ऊष्मीय न्यूट्रॉनों की बमबारी से टूटता है
(c) एक भारी नाभिक ऊष्मीय न्यूट्रॉनों की बमबारी से टूटता है
(d) दो हल्के नाभिक परस्पर संयुक्त होकर एक भारी नाभिक और अन्य सम्भव उत्पाद बनाते हैं

14. ${}_{92}U^{238}$ एक न्यूट्रॉन अवशोषित करने पर ${}_{92}U^{239}$ बनाता है। यह नाभिक इलेक्ट्रॉन उत्सर्जित करके प्लूटोनियम बनाता है। परिणामी प्लूटोनियम को व्यक्त किया जा सकता है

(a) ${}_{94}U^{239}$ (b) ${}_{92}U^{239}$
(c) ${}_{93}U^{240}$ (d) ${}_{92}U^{240}$

15. एक नाभिक एक ऊर्जित न्यूट्रॉन को अवशोषित करके एक β-कण उत्सर्जित करता है। परिणामी नाभिक है

(a) ${}_7N^{14}$ (b) ${}_5B^{13}$
(c) ${}_7N^{13}$ (d) ${}_6C^{13}$

16. निम्नलिखित विखण्डन क्रिया की अभिक्रिया को पूर्ण कीजिए
${}_{92}U^{235} + {}_0n^1 \longrightarrow \ldots {}_{38}Kr^{90} + \ldots$

(a) ${}_{50}Xe^{143} + 3\,{}_0n^1$ (b) ${}_{54}Xe^{145}$
(c) ${}_{57}Xe^{142}$ (d) ${}_{54}Xe^{142} + {}_0n^1$

17. यूरेनियम रेडियोऐक्टिव श्रेणी में प्रारम्भिक नाभिक ${}_{92}U^{238}$ है और अन्तिम नाभिक ${}_{82}Pb^{206}$ है। जब यूरेनियम नाभिक ताँबे में विघटित होता है, तो उत्सर्जित α और β-कणों की संख्या क्रमशः हैं

(a) 8, 6 (b) 6, 7
(c) 6, 8 (d) 4, 3

18. एक स्रोत दो फॉस्फोरस रेडियो समस्थानिकों के नाभिक ${}_{15}^{32}P$ $(T_{1/2} = 14.3$ दिन) तथा ${}_{15}^{33}P(T_{1/2} = 25.3$ दिन) रखते हैं। प्रारम्भ में 10% क्षय होता है। ${}_{15}^{33}P$ का क्षय 90% होने में कितना समय लगेगा?

(a) 250 दिन (b) 295 दिन
(c) 305 दिन (d) 208 दिन

19. यदि रेडियोऐक्टिव नमूने का द्रव्यमान दोगुना होता है, तो नमूने की सक्रियता और विघटन नियतांक क्रमशः

(a) बढ़ेगी, समान रहेगा (b) घटेगी, बढ़ेगा
(c) घटेगी, समान रहेगा (d) बढ़ेगी, घटेगा

20. 30 न्यूट्रॉन वाले तत्व के एक लक्ष्य पर अति उच्च ऊर्जा वाले इलेक्ट्रॉनों की बमबारी की जाती है। नाभिक की त्रिज्या और हीलियम नाभिक की त्रिज्या का अनुपात $(14)^{1/3}$ है, तो नाभिक की परमाणु संख्या होगी

(a) 25 (b) 26 (c) 56 (d) 30

21. संलयन प्रक्रियाएँ जैसे दो ड्यूट्रॉन के संलयन द्वारा एक He नाभिक बनाना, सामान्य ताप एवं दाब पर असम्भव है। इसके कारणों को निम्नलिखित तथ्यों से समझा जा सकता है

(a) नाभिकीय बल लघु परासीय होते हैं
(b) नाभिक धन-आवेशित होते हैं
(c) मूल नाभिक को संलयन से पूर्व पूर्णतः आयनित हो जाना चाहिए
(d) संलयन से पूर्व मूल नाभिक को पहले टूटना चाहिए

22. किसी पदार्थ में जीवित कार्बन के प्रत्येक ग्राम में प्रति मिनट 15 क्षय होते हैं। यह क्रिया बढ़ जाती है यदि साधारण कार्बन $_6C^{12}$ में रेडियोऐक्टिव $_6C^{14}$ की कुछ मात्रा मिली होती है। जब कोई प्राणी मर जाता है तो वह वातावरण में रहता है। (जो उपरोक्त क्रिया को सन्तुलित करता है) तथा इसकी सक्रियता कम होनी प्रारम्भ हो जाती है। $_6C^{14}$ की अर्द्ध-आयु 5730 वर्ष है तथा प्राणी की आयु उसकी सक्रियता से मापी जा सकती है। इस $_6C^{14}$ आयु-आकलन विधि का प्रयोग पुरातत्व विभाग करता है। माना मोहनजोदड़ो के लिए किसी वस्तु में प्रति ग्राम कार्बन की सक्रियता प्रति मिनट 9-क्षय है। अनुमानित आयु ज्ञात कीजिए।

(a) 5224 वर्ष (b) 4189 वर्ष
(c) 8264 वर्ष (d) 6268 वर्ष

23. रेडियम की अर्द्ध-आयु 1600 वर्ष है। रेडियम का एक नमूना 6400 वर्षों के बाद अपने प्रारम्भिक मान का कितना शेष रह जाएगा?

(a) $\frac{1}{4}$वाँ भाग (b) $\frac{1}{2}$वाँ भाग
(c) $\frac{1}{8}$वाँ भाग (d) $\frac{1}{16}$वाँ भाग

24. एक नाभिक की द्रव्यमान संख्या 216 है। परमाणु का आकार बिना रासायनिक गुण बदले हुए, है

(a) 7.2×10^{-13} सेमी (b) 7.2×10^{-11} सेमी
(c) 7.2×10^{-10} सेमी (d) 3.6×10^{-11} सेमी

25. $_{92}U^{235}$ और $_{92}U^{238}$ निम्न में से किस प्रकार भिन्न हैं?

(a) $_{92}U^{235}$ में दो प्रोटॉन कम हैं
(b) $_{92}U^{238}$ में तीन प्रोटॉन अधिक हैं
(c) $_{92}U^{238}$ में तीन न्यूट्रॉन अधिक हैं
(d) उपरोक्त में से कोई नहीं

26. $_{88}Ra^{266}$ के एक नाभिक से एक α-कण उत्सर्जित होता है। यदि α-कण की ऊर्जा 4.662 MeV हो, तो इस क्रिया में कुल ऊर्जा उत्पन्न होगी

(a) 4.746 MeV (b) 746.2 MeV
(c) 7.462 MeV (d) 4.876 MeV

27. एक रेडियोऐक्टिव पदार्थ, 1620 व 810 वर्षों के अर्द्ध-आयु वाले दो कणों में विघटित हो जाता है। कितने समय पश्चात् पदार्थ अपनी प्रारम्भिक मात्रा का एक-चौथाई रह जाएगा?

(a) 4860 वर्ष (b) 3240 वर्ष
(c) 2340 वर्ष (d) 1080 वर्ष

28. नाभिकीय संलयन अभिक्रिया

$$_1H^2 + _1H^3 \rightarrow _2He^4 + n$$

में दोनों नाभिकों के बीच प्रतिकर्षण स्थितिज ऊर्जा -7.7×10^{14} जूल है। गैसों को किस ताप पर गर्म किया जाना चाहिए कि संलयन अभिक्रिया प्रारम्भ हो जाए?

(a) 10^7 वर्ष (b) 10^5 वर्ष
(c) 10^3 वर्ष (d) 10^9 वर्ष

29. एक रेडियोसक्रिय स्रोत से उत्सर्जित β-कणों का ऊर्जा स्पेक्ट्रम ग्राफ [संख्या $N(E)$ β-ऊर्जा E के फलन के रूप में] हैं

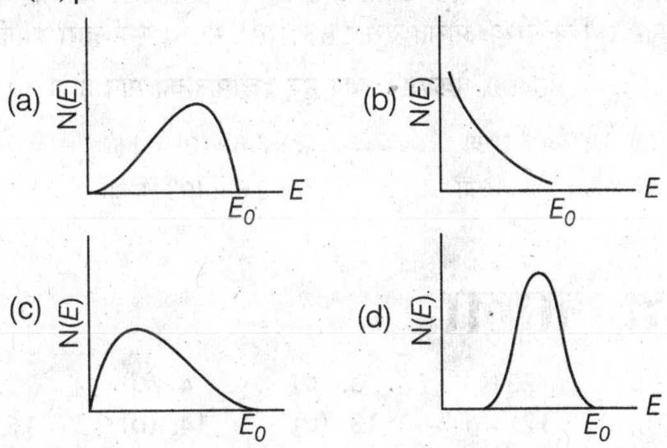

30. जब प्रोटॉनों से $_3Li^7$ नाभिक पर बमबारी की जाती है और परिणामी नाभिक $_4Be^8$ हो, तब उत्सर्जित कण होंगें

(a) बीटा-कण (b) गामा फोटॉन
(c) न्यूट्रॉन (d) ऐल्फा-कण

31. 10.2 eV ऊर्जा का एक फोटॉन हाइड्रोजन परमाणु से इसकी मूल अवस्था में अप्रत्यास्थ रूप से टकराता है। कुछ माइक्रोसेकण्ड के पश्चात् 15 eV ऊर्जा का एक, दूसरा फोटॉन उसी हाइड्रोजन परमाणु के साथ टकराता है। एक उपयुक्त ससूंचक अभिलेखित करता है

(a) 10.2 eV ऊर्जा का एक फोटॉन तथा 1.4 eV ऊर्जा का एक इलेक्ट्रॉन
(b) दो फोटॉन, प्रत्येक की ऊर्जा 10.2 eV
(c) दो फोटॉन, प्रत्येक की ऊर्जा 3.4 eV
(d) 3.4 eV ऊर्जा का एक फोटॉन तथा 1.4 eV ऊर्जा का एक इलेक्ट्रॉन

32. किसी दिए गए स्रोत से उत्सर्जित गामा विकिरणों की तीव्रता I है। 36 mm मोटी लेड की शीट से गुजरने पर यह तीव्रता घटकर $\frac{I}{8}$ रह जाती है। लेड शीट की वह मोटाई जो तीव्रता को घटाकर $\frac{I}{2}$ कर देगी, वह है

(a) 9 mm (b) 6 mm
(c) 12 mm (d) 18 mm

33. एक रिऐक्टर की परमाणु भट्ठी से 300 मेगावाट शक्ति मिल सकती है। यदि यूरेनियम के प्रत्येक परमाणु U^{238} के विखण्डन से 170 MeV ऊर्जा उत्सर्जित होती है तो प्रति घण्टे विखण्डित हुए यूरेनियम की मात्रा होगी

(a) 15.7 ग्राम (b) 16.6 ग्राम
(c) 17.0 ग्राम (d) 238 ग्राम

34. बन्धन ऊर्जा प्रति न्यूक्लिऑन तथा नाभिक के द्रव्यमान के बीच के वक्र को चित्र में दिखाया गया है। W, X, Y और Z चार नाभिक इस वक्र पर इंगित हैं। नाभिकीय अभिक्रिया जिसमें ऊर्जा पैदा होगी, वह है

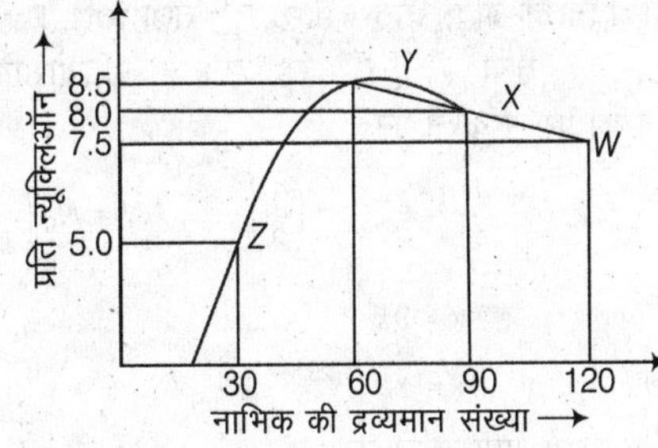

(a) $Y \rightarrow 2Z$ (b) $W \rightarrow X + Z$
(c) $W \rightarrow 2Y$ (d) $X \rightarrow Y + Z$

35. सूर्य सभी दिशाओं में विकिरण द्वारा ऊर्जा देता रहता है। पृथ्वी पर प्रति सेकण्ड प्राप्त होने वाली औसत ऊर्जा का मान 1.4 किलोवाट मी$^{-2}$ है। पृथ्वी और सूर्य के मध्य औसत दूरी 1.5×10^{11} मी है। सूर्य द्वारा प्रतिदिन (1 दिन = 86400 सेकण्ड) खोए हुए द्रव्यमान का मान होगा

(a) 4.4×10^{9} किग्रा (b) 7.6×10^{14} किग्रा
(c) 3.8×10^{12} किग्रा (d) 3.8×10^{14} किग्रा

36. $_6C^{12}$ नाभिक की प्रति न्यूक्लिऑन बन्धन ऊर्जा है [दिया है: C^{12} का द्रव्यमान $(m_C) = 12.00$ u प्रोटॉन का द्रव्यमान $(m_p) = 1.0078$ u न्यूट्रॉन का द्रव्यमान $(m_n) = 1.0087$ u]

(a) 5.26 MeV
(b) 10.11 MeV
(c) 15.65 MeV
(d) 7.68 MeV

उत्तरमाला

1. (a)	**2.** (b)	**3.** (b)	**4.** (d)	**5.** (a)	**6.** (c)	**7.** (b)	**8.** (a)	**9.** (a)	**10.** (a)
11. (b)	**12.** (a)	**13.** (d)	**14.** (b)	**15.** (a)	**16.** (c)	**17.** (a)	**18.** (d)	**19.** (a)	**20.** (b)
21. (c)	**22.** (b)	**23.** (b)	**24.** (c)	**25.** (c)	**26.** (a)	**27.** (d)	**28.** (d)	**29.** (c)	**30.** (b)
31. (a)	**32.** (c)	**33.** (a)	**34.** (c)	**35.** (d)	**36.** (d)				

संकेत एवं हल

1. समीकरण $_3Li^7 + {_1p^1} \longrightarrow 2\,(_2He^4)$

$$\therefore \quad E_p = 2E_{(_2He^4)} - E_{(Li)}$$
$$= 2\,(4 \times 7.06) - 7 \times 5.6 = 56.48 - 39.2 = 17.28 \text{ MeV}$$

2. मुक्त ऊर्जा = प्रारम्भिक बन्धन ऊर्जा – अन्तिम बन्धन ऊर्जा $= 2x - y$

3. विखण्डन दर $= \dfrac{\text{कुल शक्ति}}{\text{ऊर्जा/विखण्डन}} = \dfrac{5}{200 \times 1.6 \times 10^{-13}}$

$$= 1.56 \times 10^{11} \text{ सेकण्ड}^{-1}$$

10. जैसा कि, $N_{t_1} = N_0 e^{-\lambda t_1}$

तथा $N_{t_2} = N_0\, e^{-\lambda t_2}$

$$\therefore \quad N_{t_1} - N_{t_2} = N_0\,(e^{-\lambda t_1} - e^{-\lambda t_2})$$

17. माना उत्सर्जित α-कणों की संख्या x और β-कणों की संख्या y है।

द्रव्यमान संख्या में अन्तर $(4x) = 238 - 206 = 32$

$$x = 8$$

आवेश संख्या में अन्तर $(2x - 1y) = 92 - 82 = 10$

$$16 - y = 10, \; y = 6$$

18. स्रोत में प्रारम्भ में 90%, $_{15}P^{32}$ तथा 10%, $_{15}P^{33}$ है। माना x, $g\,P^{32}$ के नाभिकों की प्रारम्भिक संख्या है तथा $9x, g\,P^{33}$ के नाभिकों की प्रारम्भिक संख्या है। t दिनों के बाद, स्रोत में 90%, P^{33} तथा 10%, P^{32} रह जाता है, अर्थात् $y, g\,P^{33}$ तथा $9y, g\,P^{32}$ रह जाता है। रेडियोसक्रियता सम्बन्धी समीकरण का प्रयोग करने पर,

$$\frac{N}{N_0} = e^{-\lambda t} = \left(\frac{1}{2}\right)^{t/T_{1/2}}, \quad N = N_0\left(\frac{1}{2}\right)^{t/T_{1/2}}$$

P^{33} के लिए, $y = 9x \cdot 2^{-t/14.3}$ ...(i)

P^{32} के लिए, $9y = x 2^{-t/25.3}$ ...(ii)

समी (i) को (ii) से भाग करने पर,

$$\frac{y}{9y} = \frac{9x}{x} \cdot \frac{2^{-t/14.3}}{2^{-t/25.3}}$$

या $\dfrac{1}{9} = 9 \times 2^{(t/25.3 - t/14.3)}$ या $\dfrac{1}{81} = 2^{-11t/25.3 \times 14.3}$

दोनों ओर log लेने पर, $\log 1 - \log 81 = -\dfrac{11t}{25.3 \times 14.3} \log 2$

$$\Rightarrow \quad -1.9085 = \frac{-11 \times t}{25.3 \times 14.3} \times 0.3010$$

$$t = \frac{25.3 \times 14.3 \times 1.9085}{11 \times 0.3010}$$

$$= 208.5 \text{ दिन}$$

20. चूँकि, $R = R_0 A^{1/3}$

$$\Rightarrow \quad \frac{R_1}{R_2} = \left(\frac{A_1}{A_2}\right)^{1/3} \Rightarrow \frac{R}{R_{He}} = \left(\frac{A}{4}\right)^{1/3}$$

$$\Rightarrow \quad (14)^{1/3} = \left(\frac{A}{4}\right)^{1/3}$$

$$\Rightarrow \quad A = 56, \quad Z = A - N$$

$$\therefore \quad Z = 56 - 30 = 26$$

22. दिया है, सामान्य तीव्रता $(A_0) = 15$ क्षय/मिनट

वर्तमान तीव्रता $(A) = 9$ क्षय/मिनट

$$T_{1/2} = 5730 \text{ वर्ष}$$

सूत्र प्रयुक्त करने पर, $\dfrac{A}{A_0} = e^{-\lambda t}, \; \dfrac{9}{15} = e^{-\lambda t}$

$$\frac{3}{5} = e^{-\lambda t} \quad \text{या} \quad e^{\lambda t} = \frac{5}{3}$$

दोनों ओर log लेने पर, $\lambda t \log_e e = \log_e 5 - \log_e 3$

$$\lambda t = 2.303\,(0.69 - 0.47)$$

$$\lambda t = 0.5066 \qquad \left(\because \lambda = \frac{0.693}{T_{1/2}}\right)$$

$$t = \frac{0.5066 \times T_{1/2}}{0.693} = \frac{0.5066 \times 5730}{0.693} = 4188.77 \text{ वर्ष}$$

अतः अनुमानित आयु लगभग 4189 वर्ष होगी।

32

प्रकाश विद्युत प्रभाव

Photoelectric Effect

पदार्थ का तरंग कण द्वैतिकी

(Wave Particle Duality of Matter)

पदार्थ के कणों का तरंग की तरह व्यवहार करना अर्थात् कण तथा तरंग के गुण का साथ-साथ प्रदर्शन द्वैतिकी कहलाता है जैसे इलेक्ट्रॉन, फोटॉन इत्यादि।

पदार्थ तरंग (Matter Wave)

पदार्थ कण की गति के साथ उत्पन्न तरंग पदार्थ तरंग कहलाती है।

दे-ब्रोग्ली समीकरण (de-Broglie Equation)

पदार्थ तरंग तथा द्वैतिकी के संदर्भ में दे-ब्रोग्ली समीकरण है,

$$\lambda = \frac{h}{p} = \frac{h}{mv}$$

जहाँ, λ दे-ब्रोग्ली तरंगदैर्ध्य, m, p, v क्रमशः कण के द्रव्यमान, संवेग और वेग हैं।

प्रकाश विद्युत प्रभाव (Photoelectric Effect)

जब एक निश्चित न्यूनतम आवृत्ति (या अधिकतम तरंगदैर्ध्य) का प्रकाश किसी धातु पृष्ठ पर गिरता है तो धातु पृष्ठ से इलेक्ट्रॉन उत्सर्जित होते हैं। इलेक्ट्रॉनों के उत्सर्जन की इस घटना को प्रकाश विद्युत प्रभाव कहते हैं। प्रकाश विद्युत प्रभाव को सर्वप्रथम 1887 ई० में हर्ट्ज ने प्राप्त किया।

वह न्यूनतम ऊर्जा जो इलेक्ट्रॉन को धातु की सतह से मुक्त कराने के लिए आवश्यक हो उसे धातु का कार्य फलन (W) या देहली ऊर्जा कहते हैं। प्रकाश विद्युत उत्सर्जन के लिए उन फोटॉनों को लेते हैं, जिनकी ऊर्जा धातु के कार्य फलन (work function) से अधिक होती है।

या $\quad E \geq W \quad$ ...(i)

$\therefore \quad h\nu = W$

या $\quad \nu \geq \frac{W}{h}$

जहाँ, W/h इलेक्ट्रॉन उत्सर्जन के लिए आवश्यक न्यूनतम आवृत्ति है। इसे देहली आवृत्ति (threshold frequency) कहते हैं। इसे ν_0 से दर्शाते हैं।

इसलिए, $\quad \nu_0 = \frac{W}{h}$ (देहली आवृत्ति) $\quad$ ...(ii)

अब समी (i) से, $\quad \frac{hc}{\lambda} \geq W$

या $\quad \lambda \leq \frac{hc}{W}$

जहाँ, hc/W प्रकाश विद्युत उत्सर्जन के लिए आवश्यक महत्तम तरंगदैर्ध्य है। इसे देहली तरंगदैर्ध्य (threshold wavelength) कहते हैं। इसे λ_0 से दर्शाते हैं।

इसलिए, $\quad \lambda_0 = \frac{hc}{W}$ (देहली तरंगदैर्ध्य) $\quad$ ...(iii)

अतः प्रकाश उत्सर्जन के लिए निम्नलिखित स्थितियाँ संतुष्ट होनी चाहिए।

$$E \geq W$$

या $\quad \nu \geq \nu_0$

या $\quad \lambda \leq \lambda_0 \quad$ ...(iv)

प्रकाश विद्युत उत्सर्जन के नियम

(Laws of Photoelectric Emission)

लेनार्ड (Lenard) तथा मिलिकन (Millikan) ने प्रकाश विद्युत उत्सर्जन पर किये गये प्रयोगों के आधार पर निम्नलिखित नियम दिए :

- किसी धातु के पृष्ठ से प्रकाश इलेक्ट्रॉनों के उत्सर्जन की दर धातु के पृष्ठ पर आपतित प्रकाश की तीव्रता के अनुक्रमानुपाती होती है।
- उत्सर्जित प्रकाश इलेक्ट्रॉनों की अधिकतम गतिज ऊर्जा आपतित प्रकाश की तीव्रता पर निर्भर नहीं करती।
- प्रकाश इलेक्ट्रॉनों की अधिकतम गतिज ऊर्जा आपतित प्रकाश की आवृत्ति के बढ़ने पर बढ़ती है।
- यदि आपतित प्रकाश की आवृत्ति एक न्यूनतम मान से कम है तो धातु से कोई भी प्रकाश इलेक्ट्रॉन नहीं निकलता। यह न्यूनतम आवृत्ति भिन्न-भिन्न धातुओं के लिए भिन्न-भिन्न होती है।

प्रकाश विद्युत नियमों की व्याख्या

(Explanation of Photoelectric Laws)

प्रकाश विद्युत प्रभाव के नियम की व्याख्या प्रकाश के तरंग सिद्धान्त द्वारा नहीं की जा सकी। बाद में आइन्सटीन की प्रकाश विद्युत समीकरण द्वारा इसकी सफलतापूर्वक व्याख्या की गई।

विद्युत चुम्बकीय विकिरण की ऊर्जा तरंग्राग पर $h\nu$ ऊर्जा के तरंग पैकेटों के रूप में चलती है, जहाँ ν विकिरण की आवृत्ति तथा h प्लांक नियतांक है। ऊर्जा का प्रत्येक पैकेट प्रकाश की चाल से चलता है।

आइन्सटीन की फोटॉन संकल्पना की धारणाएँ निम्न प्रकार हैं :

(i) प्रकाश विद्युत प्रभाव दो कणों के संघट्ट का परिणाम है जिसमें एक आपतित प्रकाश का फोटॉन तथा दूसरा प्रकाशीय धातु का इलेक्ट्रॉन है।

(ii) प्रकाशीय धातु का इलेक्ट्रॉन नाभिक से कूलॉमीय आकर्षण बलों द्वारा बँधा रहता है। इलेक्ट्रॉन को इसके बंधन से मुक्त करने में आवश्यक न्यूनतम ऊर्जा धातु का कार्य फलन ($W = h\nu_0$) कहलाता है।

(iii) आपतित फोटॉन अकेले इलेक्ट्रॉन से क्रिया करता है तथा अपनी ऊर्जा दो भागों में खो देता है।

(a) इलेक्ट्रॉन को नाभिक से मुक्त करने में

(b) उत्सर्जित इलेक्ट्रॉन को गतिज ऊर्जा देने में

(iv) प्रकाश विद्युत प्रभाव की दक्षता 1% से कम होती है अर्थात् 1% से कम फोटॉन फोटो इलेक्ट्रॉन उत्सर्जित कर पाते हैं।

अतः फोटॉन द्वारा दी गई ऊर्जा

= उत्सर्जित इलेक्ट्रॉन की अधिकतम गतिज ऊर्जा + कार्य-फलन

$$h\nu = \frac{1}{2}mv_{max}^2 + W$$

या
$$\frac{1}{2}mv_{max}^2 = h\nu - h\nu_0$$

फोटोमल्टिप्लायर नलिका लब्धि (Photomultiplier Tube Gain)

किसी फोटोमल्टिप्लायर नलिका की लब्धि को n^k से दर्शाया जाता है।

जहाँ, n = एकल इलेक्ट्रॉनों की टक्कर से उत्पन्न द्वितीय इलेक्ट्रॉनों की संख्या

तथा,

k = फोटोमल्टिप्लायर ट्यूब में स्थितियों की संख्या

सेरेन्कोव विकिरण (Cerenkov Radiation)

सेरेन्कोव विकिरण अथवा वाविलोव-सेरेन्कोव विकिरण उस विद्युतचुम्बकीय विकिरण को कहते हैं, जो किसी आवेशित कण (मुख्यतः इलेक्ट्रॉन) के परावैद्युत माध्यम (dielectric medium) में प्रकाश के वेग से अधिक वेग से गति करे।

इस माध्यम के लिए आपतित इलेक्ट्रॉन का वेग $(v) = \dfrac{e}{\mu \cos\theta}$

जहाँ, μ = माध्यम का अपवर्तनांक

θ = आपतित इलेक्ट्रॉन के साथ महत्तम तीव्रता के विकिरण द्वारा बनाया गया कोण

एक्स-किरणें (X-rays)

जब उच्च परमाणु क्रमांक वाली धातु पर तीव्र इलेक्ट्रॉन टकराते हैं, तो X-किरणें उत्सर्जित होती हैं।

X-किरण नलिका (X-ray tube) से प्राप्त X-किरणों का स्पेक्ट्रम दो प्रकार का होता है :

1. सतत् X-किरण स्पेक्ट्रम (Continuous X-ray Spectrum)

उच्च ऊर्जा वाले इलेक्ट्रॉन लक्ष्य के किसी परमाणु के नाभिक के समीप से गुजरते हुए दूर जाते हैं तो नाभिक के कूलॉमीय आकर्षण (Coulomb's attraction) के कारण मन्दित (retarted) होते हैं जिसके कारण X-किरणें उत्पन्न होती हैं। यह घटना ब्रेमस्ट्रॉलंग (Bremsstrahlung) कहलाती है। जिसका अर्थ होता है आवेशित कणों के मन्द होने से विकिरण उत्सर्जित होना।

इस प्रकार की X-किरणों में सभी सम्भव तरंगदैर्ध्य उपस्थित होने के कारण ही इन्हें सतत् X-किरणें कहते हैं तथा इनका स्पेक्ट्रम सतत् या श्वेत (continuous or white) कहलाता है। यह स्पेक्ट्रम लक्ष्य के पदार्थ पर निर्भर नहीं करता है। यदि कोई गतिमान इलेक्ट्रॉन पूर्णतया रुक जाए, तो उत्पन्न X-किरणों की तरंगदैर्ध्य न्यूनतम (λ_{min}) होती है अर्थात्

$$eV = \frac{hc}{\lambda_{min}}$$

$$\lambda_{min} = \frac{12375}{V} \text{ Å}$$

यह समीकरण डाने एवं हण्ट (Daune and Hunt) नियम कहलाती है।

2. अभिलाक्षणिक X-किरण स्पेक्ट्रम (Characteristics X-ray Spectrum)

जब उच्च ऊर्जा वाले इलेक्ट्रॉन लक्ष्य के परमाणु से गुजरते हैं तो वे परमाणु की आन्तरिक कक्षाओं से इलेक्ट्रॉनों को बाहर निकाल देते हैं तथा इस कक्षा में रिक्त स्थान को भरने के लिए उच्च ऊर्जा वाली कक्षा से एक इलेक्ट्रॉन इस कक्षा में आ जाता है। इस संक्रमण में अभिलाक्षणिक X-किरणें उत्पन्न होती हैं जिनकी ऊर्जा दोनों कक्षाओं की ऊर्जा के अन्तर के बराबर होती है। इन X-किरणों की तरंगदैर्ध्य लक्ष्य के पदार्थ पर निर्भर करती है।

मोसले का नियम (Moseley's Law)

मोसले ने ब्रैग स्पेक्ट्रोमीटर की सहायता से कईं भारी तत्वों से प्राप्त अभिलाक्षणिक X-किरणों के लिए स्पेक्ट्रम का अध्ययन किया तथा पाया कि निहित तत्वों से प्राप्त स्पेक्ट्रम लगभग एकसमान प्राप्त होते हैं एवं स्पेक्ट्रम से प्राप्त श्रेणियों की आवृत्तियाँ परमाणु क्रमांक Z के साथ परिवर्ती हैं। X-किरण नलिका से प्राप्त अभिलाक्षणिक X-किरणों की विभिन्न श्रेणियों (K श्रेणी, L श्रेणी...) प्राप्त होती हैं जिनमें अनेक रेखाएँ जैसे K श्रेणी में $K_\alpha, K_\beta, K_\gamma, \ldots$ आदि प्राप्त होती हैं।

अभिलाक्षणिक X-किरणों की आवृत्ति $(\nu), (Z-b)^2$ के अनुक्रमानुपाती (inversely proportional) होती है।

अर्थात्
$$\nu = k(Z-b)^2$$

जहाँ, Z लक्ष्य के पदार्थ का परमाणु क्रमांक, k एवं b अन्य नियतांक हैं जो विभिन्न श्रेणियों पर निर्भर करते हैं।

K_α रेखा के लिए, $\dfrac{1}{\lambda} = R(Z-1)^2\left(\dfrac{1}{1^2} - \dfrac{1}{Z^2}\right)$

L_α रेखा के लिए, $1 = R(Z-7A)^2\left(\dfrac{1}{2^2} - \dfrac{1}{3^2}\right)$

X-किरणों का अवशोषण नियम $(I) = I_0 e^{-\mu x}$

जहाँ, μ अवशोषण गुणांक (absorption constant) है।

कॉम्पटन प्रकीर्णन (Compton Scattering)

कॉम्पटन प्रकीर्णन से परिवर्तनशील तरंगदैर्ध्य को निम्न समीकरण द्वारा प्राप्त किया जा सकता है।

$$\Delta\lambda = \lambda' - \lambda = \frac{h}{m_0 c}(1 - \cos\phi)$$

जहाँ, $\Delta\lambda$ = कॉम्पटन विस्थापन

λ = आपतित प्रकाश की तरंगदैर्ध्य

λ' = प्रकीर्णित X-किरणों की तरंगदैर्ध्य

ϕ = प्रकीर्णन कोण

m_0 = इलेक्ट्रॉन का विराम द्रव्यमान

ब्रैग का नियम (Bragg's Law)

इस नियम से क्रिस्टल (जाटव) प्राचाल का निर्धारण किया जाता है। जब तरंगदैर्ध्य λ की X-किरणों को किसी d क्रिस्टल नियतांक वाले क्रिस्टल की सतह पर आपतित किया जाता है तो परावर्तित प्रकाश की तीव्रता अधिकतम तब होती है जब $2d \sin\theta = n\lambda$ होता है।

जहाँ n पूर्णांक है तथा θ आपतन कोण का पूरक कोण है। यह सम्बनध ही ब्रैग समीकरण कहलाता है।

पथान्तर, $2d \sin\theta = n\lambda$,

जहाँ, λ = क्रमांगत क्रिस्टलों के बीच की दूरी

θ = ग्लान्सिंग आपतन कोण $n = 1, 2, 3, \ldots$

(i) सरल घनीय क्रिस्टल में, $(d) = \left(\frac{M}{2N\rho}\right)^{1/3}$

(ii) अन्य क्रिस्टल में, $(d) = \left[\frac{M}{2N\rho\phi(\beta)}\right]^{1/3}$

उपरोक्त दोनों प्रकार के क्रिस्टलीय समीकरण में,

जहाँ, M = एक मोल का द्रव्यमान

N = आवोगाद्रो संख्या

ρ = घनत्व

$\phi(\beta)$ = क्रिस्टल का कोणीय फलन

अभ्यास प्रश्नावली

1. फोटो उत्सर्जन के कारण, दी गयी तीव्रता तथा आवृत्ति के प्रकाश द्वारा एक धातु की सतह को प्रकाशित किया जाता है। यदि तीव्रता को कम करके एक-चौथाई कर दिया जाये, तब उत्सर्जित फोटो इलेक्ट्रॉन की अधिकतम गतिज ऊर्जा हो जाएगी

(a) एक-चौथाई (b) दोगुनी
(c) 1/6 गुना (d) अपरिवर्तित रहेगी

2. धातु का कार्य फलन 1 eV है। 3000 Å का प्रकाश इस धातु पर आपतित किया जाता है, उत्सर्जित फोटो इलेक्ट्रॉन का वेग होगा

(a) 10 मी/से (b) 10^3 मी/से
(c) 10^4 मी/से (d) 10^6 मी/से

3. प्रकाश विद्युत प्रभाव में, उत्सर्जित इलेक्ट्रॉन का वेग लक्ष्य प्रकृति पर निर्भर करता है तथा

(a) आपतित प्रकाश की आवृत्ति पर
(b) आपतित प्रकाश के ध्रुवण पर
(c) समय जिस पर प्रकाश आपतित होता है
(d) आपतित प्रकाश की तीव्रता पर

4. टंगस्टन की देहली तरंगदैर्ध्य 2300 Å है। तब 1800 Å तरंगदैर्ध्य की पराबैंगनी तरंगों के द्वारा, सतह से उत्सर्जित इलेक्ट्रॉन की ऊर्जा है ($h = 6.6 \times 10^{-34}$ जूल-सेकण्ड)

(a) 0.15 eV (b) 1.5 eV
(c) 15 eV (d) 150 eV

5. समान तीव्रता के दो एकवर्णीय प्रकाश पुँज A तथा B पर्दे पर टकराते हैं। A पुँज द्वारा पर्दे से टकराने वाले फोटॉन की संख्या, B पुँज की तुलना में दोगुनी है, तब आप इनकी आवृत्तियों के बारे में क्या अनुमान लगाएँगे?

(a) पुँज B की आवृत्ति, A की दोगुनी है
(b) पुँज B की आवृत्ति, A की आधी है
(c) पुँज A की आवृत्ति, B की दोगुनी है
(d) उपरोक्त में से कोई नहीं

6. एक प्रोटॉन, न्यूट्रॉन, इलेक्ट्रॉन तथा α-कण की ऊर्जाएँ समान हैं, तब इनकी दे-ब्रोग्ली तरंगदैर्ध्यों की तुलना करने पर, हम पाते हैं कि

(a) $\lambda_p = \lambda_n > \lambda_e > \lambda_\alpha$
(b) $\lambda_\alpha = \lambda_p > \lambda_n > \lambda_e$
(c) $\lambda_e = \lambda_p > \lambda_n > \lambda_\alpha$
(d) $\lambda_e = \lambda_p > \lambda_n > \lambda_\alpha$

7. माना इलेक्ट्रॉन का पुँज जो धातु की सतह पर आपतित होता है, निर्वातित चैम्बर में रखा गया है। तब

(a) कोई इलेक्ट्रॉन उत्सर्जित नहीं होगा, केवल फोटॉन इलेक्ट्रॉन उत्सर्जित कर सकते हैं
(b) इलेक्ट्रॉन उत्सर्जित हो सकते हैं लेकिन सभी की ऊर्जा E_0 होगी
(c) इलेक्ट्रॉन किसी भी ऊर्जा के साथ उत्सर्जित हो सकते हैं, जबकि अधिकतम ऊर्जा $E_0 - \phi$ होगी (जहाँ, ϕ कार्य फलन है)
(d) इलेक्ट्रॉन किसी भी ऊर्जा के साथ उत्सर्जित हो सकते हैं, जबकि अधिकतम ऊर्जा E_0 होगी

8. फोटो उत्सर्जन के सम्बन्ध में कौन-सा कथन सही है?

(a) आपतित प्रकाश के साथ इलेक्ट्रॉन की गतिज ऊर्जा बढ़ जाती है
(b) जब आपतित प्रकाश की आवृत्ति देहली आवृत्ति से अधिक हो जाती है, तब इलेक्ट्रॉन निकलते हैं
(c) आपतित प्रकाश के साथ प्रकाश विद्युत उत्सर्जन क्षणिक होता है
(d) जब गैसें पराबैंगनी प्रकाश से प्रकाशित होती हैं, तब फोटो इलेक्ट्रॉन उत्सर्जित होते हैं

9. m संहति का एक इलेक्ट्रॉन, जब V विभवान्तर से त्वरित होता है, दे-ब्रोग्ली तरंगदैर्ध्य λ रखता है, समान विभवान्तर से त्वरित m संहति के प्रोटॉन की दे-ब्रोग्ली तरंगदैर्ध्य होगी

(a) $\lambda \frac{m}{M}$ (b) $\lambda \sqrt{\frac{m}{M}}$
(c) $\lambda \frac{M}{m}$ (d) $\lambda \sqrt{\frac{M}{m}}$

10. एक पदार्थ का कार्य फलन 4 eV है। प्रकाश की दीर्घतम तरंगदैर्ध्य जो पदार्थ से प्रकाश इलेक्ट्रॉन उत्सर्जित कर सकती है, लगभग है ($h = 6.63 \times 10^{-34}$ जूल-सेकण्ड, $c = 3 \times 10^8$ मी/से)

(a) 540 nm (b) 400 nm
(c) 310 nm (d) 220 nm

11. यदि प्रकाश विद्युत प्रभाव के प्रयोग में प्रकाश की तरंगदैर्ध्य दोगुनी कर दी जाये तो

(a) प्रकाश विद्युत उत्सर्जन नहीं होगा
(b) प्रकाश विद्युत उत्सर्जन हो भी सकता है और नहीं भी
(c) निरोधी विभव बढ़ जायेगा
(d) निरोधी विभव घट जायेगा

12. प्रकाश विद्युत प्रभाव के प्रयोग में आपतित किरण की तरंगदैर्ध्य 6000 Å से घटाकर 4000 Å कर दी जाती है, जबकि विकिरण की तीव्रता वही रहती है, तब

(a) निरोधी विभव घटेगा
(b) निरोधी विभव बढ़ेगा
(c) प्रकाश विद्युत धारा बढ़ेगी
(d) उत्सर्जित इलेक्ट्रॉनों की गतिज ऊर्जा घटेगी

13. 4000 Å तरंगदैर्ध्य का प्रकाश जब प्रकाश संवेदी धातु पर गिरता है तो उत्सर्जित प्रकाश इलेक्ट्रॉनों को रोकने के लिये −2 V विभव लगाना पड़ता है। धातु का कार्य फलन लगभग है

(a) 1.1 eV (b) 2 eV
(c) 2.2 eV (d) 3.1 eV

14. एक धातु की सतह पर जब 6 eV ऊर्जा के फोटॉन गिरते हैं तो प्रकाश इलेक्ट्रॉनों की अधिकतम गतिज ऊर्जा 4 eV है। निरोधी विभव होगा

(a) 2 वोल्ट (b) 4 वोल्ट
(c) 6 वोल्ट (d) 10 वोल्ट

15. प्रकाश विद्युत प्रभाव में, किसी धातु का कार्य फलन 3.5 eV है। उत्सर्जित प्रकाश इलेक्ट्रॉनों को −1.2 V का विभव लगाकर रोका जा सकता है। तब

(a) आपतित फोटॉनों की ऊर्जा 4.7 eV है
(b) आपतित फोटॉनों की ऊर्जा 2.3 eV है
(c) यदि ऊँची आवृत्ति के फोटॉन प्रयुक्त किये जाए तो प्रकाश विद्युत धारा बढ़ेगी
(d) जब फोटॉनों की ऊर्जा 3.5 eV है, तब प्रकाश विद्युत धारा अधिकतम होगी

16. जब एकवर्णी प्रकाश का बिन्दु स्रोत एक प्रकाश विद्युत सेल से 0.2 मी की दूरी पर है तो निरोधी विभव तथा संतृप्त धारा क्रमश: 0.6 वोल्ट तथा 18 मिली ऐम्पियर हैं। यदि वही स्रोत प्रकाश विद्युत सेल से 0.6 मी दूर रखा जाए, तब

(a) निरोधी विभव 0.3 वोल्ट होगा
(b) निरोधी विभव 0.6 वोल्ट होगा
(c) संतृप्त धारा 6 मिली ऐम्पियर होगी
(d) संतृप्त धारा 2 मिली ऐम्पियर होगी

17. प्रकाश विद्युत सेल में धारा,

(a) आपतित प्रकाश की तीव्रता बढ़ाने से उतनी ही रहती है
(b) आपतित प्रकाश की तीव्रता बढ़ाने से बढ़ती है
(c) आपतित प्रकाश की आवृत्ति बढ़ाने से बढ़ती है
(d) आपतित प्रकाश की आवृत्ति बढ़ाने से घटती है

18. एक फोटो सेल 1 मी दूर रखकर तीव्र स्रोत से प्रकाशित है। जब वही प्रकाश स्रोत 2 मी दूर रखा जाता है तो फोटो कैथोड से निकले हुए इलेक्ट्रॉन

(a) प्रत्येक अपनी पूर्व ऊर्जा का एक-चौथाई ले जाते हैं
(b) प्रत्येक अपने पूर्व संवेग का एक-चौथाई ले जाते हैं
(c) संख्या में आधे हैं
(d) संख्या में एक-चौथाई हैं

19. प्रकाश के प्रभाव द्वारा धातुओं से उत्सर्जित इलेक्ट्रॉनों को कहते हैं

(a) प्राथमिक इलेक्ट्रॉन
(b) द्वितीयक इलेक्ट्रॉन
(c) प्रकाश इलेक्ट्रॉन
(d) तापायन

20. प्रकाश विद्युत प्रभाव की खोज सर्वप्रथम की थी

(a) आइन्सटीन ने (b) लेनार्ड ने
(c) हालवैश ने (d) हर्ट्ज ने

21. जब $h\nu$ ऊर्जा के फोटॉन किसी फोटो-सुग्राही धातु के पृष्ठ (कार्य फलन $h\nu_0$) पर गिरते हैं तो

(a) सभी उत्सर्जित इलेक्ट्रॉनों की गतिज ऊर्जा $h\nu - h\nu_0$ होती है
(b) तीव्रतम वेग से निकलने वाले इलेक्ट्रॉनों की गतिज ऊर्जा $h\nu - h\nu_0$ होती है
(c) सभी उत्सर्जित इलेक्ट्रॉनों की गतिज ऊर्जा $h\nu$ होती है
(d) सभी उत्सर्जित इलेक्ट्रॉनों की गतिज ऊर्जा $h\nu_0$ होती है

22. धात्विक पृष्ठ से इलेक्ट्रॉन तब उत्सर्जित होते हैं, जबकि पृष्ठ पर आपतित प्रकाश की आवृत्ति

(a) देहली आवृत्ति से कम हो
(b) देहली आवृत्ति की आधी हो
(c) देहली आवृत्ति से अधिक हो
(d) पर देहली आवृत्ति का कोई प्रभाव नहीं है

23. प्रकाश विद्युत प्रभाव के एक प्रयोग में धातु के उत्सर्जक पृष्ठ पर 0.62 μ की तरंगदैर्ध्य के प्रकाश के आपतित होने पर निरोधी विभव 1V है। धातु का कार्य फलन (लगभग) है

(a) 1 eV (b) 2 eV
(c) 1.5 eV (d) 0.5 eV

24. प्रकाश इलेक्ट्रॉनों के लिये निरोधी विभव निर्भर करता है

(a) केवल आपतित प्रकाश की आवृत्ति पर
(b) केवल कैथोड के पदार्थ पर
(c) आपतित प्रकाश की आवृत्ति व कैथोड के पदार्थ दोनों पर
(d) आपतित प्रकाश की तीव्रता पर

25. यदि प्रकाश विद्युत प्रभाव के प्रयोग में आपतित प्रकाश की आवृत्ति को दोगुना कर दें तो निरोधी विभव हो जायेगा

(a) दोगुना (b) आधा
(c) दोगुने से अधिक (d) दोगुने से कम

26. एक प्रकाश विद्युत प्रयोग में 4000 Å के आपतित प्रकाश के लिए निरोधी विभव 2 वोल्ट है। यदि आपतित प्रकाश बदलकर 3000 Å कर दिया जाये तो निरोधी विभव होगा

(a) 2 वोल्ट (b) 2 वोल्ट से कम
(c) शून्य (d) 2 वोल्ट से अधिक

27. प्रकाश विद्युत सेल

(a) विद्युत को प्रकाश में बदलता है (b) प्रकाश को विद्युत में बदलता है
(c) प्रकाश का संचय करता है (d) विद्युत का संचय करता है

28. यदि X-किरणों की न्यूनतम तरंगदैर्ध्य V वोल्ट पर λ_{min} हो, तो $\log \lambda_{min}$ व $\log V$ में वक्र होगा

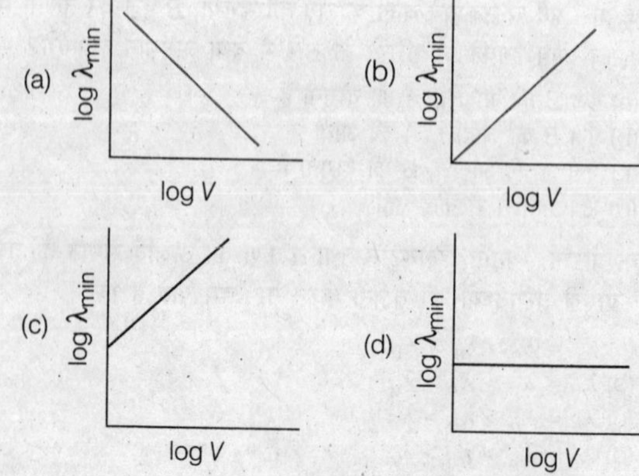

29. कूलिज नलिका में कैथोड तथा प्रति कैथोड के मध्य आरोपित विभवान्तर 12kV है, उत्सर्जित X-किरणों की अधिकतम ऊर्जा होगी

(a) 1.2×10^5eV (b) 10^{10}eV
(c) 10^{15}eV (d) 10^{20}eV

30. एक X-किरण नली 20 kV पर कार्यशील है। प्रति कैथोड पर टकरा रहे इलेक्ट्रॉनों की अधिकतम चाल होगी

(a) 8.4 मी/से
(b) 8.4×10^7 मी/से
(c) 4.4×10^7 मी/से
(d) शून्य

31. ब्रेमस्ट्रॉलंग है

(a) कैन्सर के लिए औषधि
(b) आलुओं का प्रमुख रोग
(c) सतत् X-किरण स्पेक्ट्रम उत्पत्ति की घटना
(d) अभिलाक्षणिक X-किरण स्पेक्ट्रम की घटना

32. एक X-किरण नलिका में उत्सर्जित X-किरण पुँज की तीव्रता बढ़ती है

(a) तन्तु धारा बढ़ाने से
(b) तन्तु धारा घटाने से
(c) नलिका के सिरे पर लगाये विभवान्तर को बढ़ाने से
(d) नलिका के सिरे पर लगाये विभवान्तर को घटाने से

33. X-किरण नलिका से आने वाली X-किरणें होंगी

(a) एकवर्णी
(b) एक अधिकतम तरंगदैर्ध्य से कम सभी सम्भव तरंगदैर्ध्यों वाली
(c) एक न्यूनतम तरंगदैर्ध्य से अधिक सभी सम्भव तरंगदैर्ध्यों वाली
(d) एक न्यूनतम तथा अधिकतम तरंगदैर्ध्य के बीच सभी तरंगदैर्ध्यों वाली

34. एक दिये हुए त्वरित वोल्टेज पर कार्यरत X-किरण नलिका में X-किरणें उत्पन्न की जाती हैं। सतत् X-किरणों की तरंगदैर्ध्य है

(a) 0 से ∞ तक
(b) λ_{min} से ∞ तक, जहाँ $\lambda_{min} > 0$
(c) 0 से λ_{max} तक, जहाँ $\lambda_{max} < \infty$
(d) λ_{min} से λ_{max} तक, जहाँ $0 < \lambda_{min} < \lambda_{max} < \infty$

35. X-किरण नलिका पर लगाया गया विभवान्तर बढ़ाने पर उत्सर्जित विकिरण में

(a) तीव्रता बढ़ती है
(b) न्यूनतम तरंगदैर्ध्य बढ़ती है
(c) तीव्रता अपरिवर्तित रहती है
(d) उपरोक्त में से कोई नहीं

36. X-किरण नलिका से उत्सर्जित X-किरणों की न्यूनतम तरंगदैर्ध्य घटती है, जब

(a) उनको उत्पन्न करने वाले इलेक्ट्रॉनों की गतिज ऊर्जा बढ़ती है
(b) उनको उत्पन्न करने वाले इलेक्ट्रॉनों की गतिज ऊर्जा घटती है
(c) इलेक्ट्रॉन पुँज की तीव्रता बढ़ती है
(d) लक्ष्य का ताप बढ़ता है

37. X-किरण नलिका में जब V वोल्ट से त्वरित इलेक्ट्रॉन लक्ष्य से टकराते हैं तो उत्सर्जित X-किरणों की तरंगदैर्ध्य,

(a) hc/eV से छोटी नहीं होती
(b) hc/eV से बड़ी नहीं होती
(c) hc/eV होती है
(d) सभी तरंगदैर्ध्य होती हैं परन्तु इनमें कुछ की तीव्रता अधिक व कुछ की कम होती है।

38. प्रकाश विद्युत प्रभाव के एक प्रयोग में तीन धातुओं (जिनके कार्य फलन ϕ_1, ϕ_2, ϕ_3 हैं) के लिए $\frac{1}{\lambda}$ तथा निरोधी विभव (V) के बीच ग्राफ खींचे गये चित्रानुसार हैं। कौन-सा/से कथन सही है/हैं?

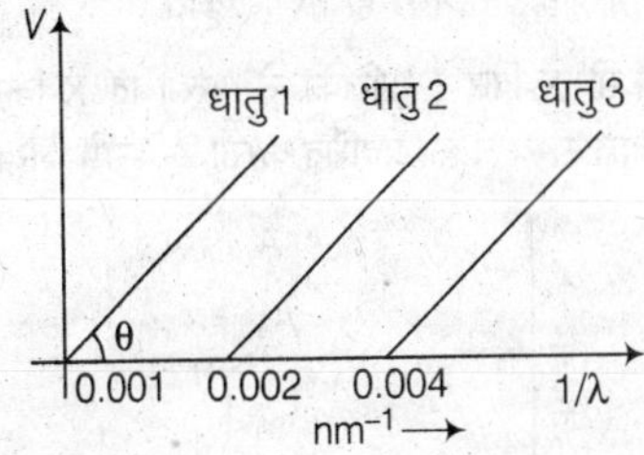

(a) कार्य फलनों के अनुपात $\phi_1 : \phi_2 : \phi_3 = 1:2:4$ हैं
(b) कार्य फलनों के अनुपात $\phi_1 : \phi_2 : \phi_3 = 4:2:1$ हैं
(c) $\tan\theta \propto \frac{hc}{2e}$ जहाँ h प्लांक नियतांक तथा c प्रकाश की चाल है
(d) बैंगनी रंग का प्रकाश धातुओं 2 व 3 से प्रकाश इलेक्ट्रॉन निकाल सकता है

39. एक M द्रव्यमान का कण विरामावस्था में है। यह कण m_1 व m_2 द्रव्यमान के ऐसे दो कणों में क्षयित हो जाता है जिनमें वेग अशून्य हैं। इन कणों की दे-ब्रोग्ली तरंगदैर्ध्यों $\frac{\lambda_1}{\lambda_2}$ का अनुपात है

(a) $\frac{m_1}{m_2}$ (b) $\frac{m_2}{m_1}$ (c) 1 (d) $\sqrt{\frac{m_2}{m_1}}$

40. कूलिज नलिका में उत्पन्न X-किरणों की तीव्रता का, तरंगदैर्ध्य λ के साथ आलेखन चित्रानुसार है उत्सर्जित X-किरणों की न्यूनतम तरंगदैर्ध्य λ है तथा K_α रेखा की तरंगदैर्ध्य λ_K है जब त्वरक विभव बढ़ाया जाता है तो

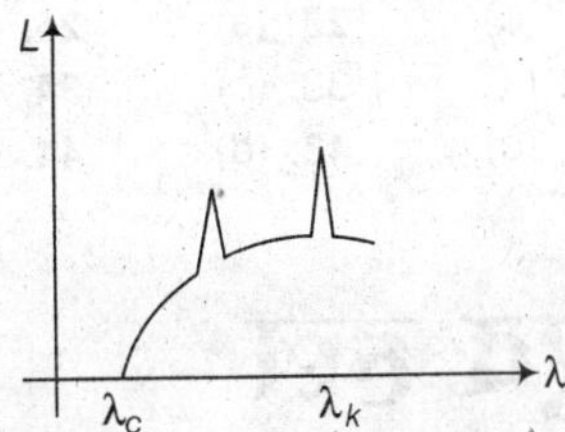

(a) $\lambda_K - \lambda_c$ बढ़ता है (b) $\lambda_K - \lambda_c$ घटता है
(c) λ_K बढ़ता है (d) λ_K घटता है

41. कूलिज-रे नलिका में लक्ष्य के रूप में दो अलग-अलग पदार्थ A तथा B जिनके परमाणु क्रमाक क्रमंश: Z_1 व Z_2 हैं, को क्रमश: V_1 व V_2 विभवान्तर पर प्रयुक्त करने पर उनके स्पेक्ट्रम निम्नानुसार प्राप्त होते हैं

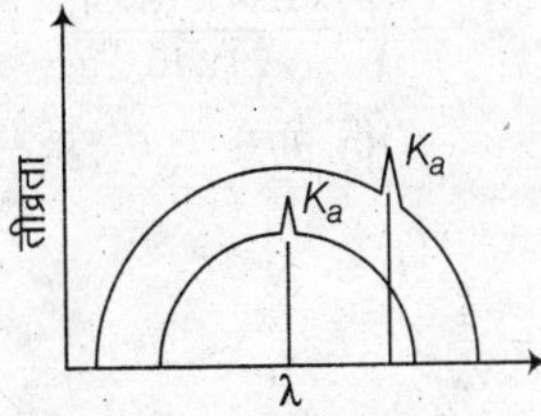

इसके लिए सही सम्बन्ध है

(a) $V_1 > V_2$ और $Z_1 > Z_2$ (b) $V_1 < V_2$ और $Z_1 < Z_2$
(c) $V_1 < V_2$ और $Z_1 > Z_2$ (d) $V_1 > V_2$ और $Z_1 < Z_2$

42. आधुनिक मतानुसार प्रकाश की प्रकृति है

(a) केवल तरंग प्रकृति
(b) केवल कण प्रकृति
(c) दोनों कण तथा तरंग प्रकृति
(d) न ही कण प्रकृति तथा न ही तरंग प्रकृति

43. निम्न चित्र किसी X-किरण नालिका से उत्सर्जित X-किरणों की तीव्रता और तरंगदैर्ध्य के बीच सम्बन्ध को प्रदर्शित करता है, इसमें शिखर A व B दर्शाते हैं

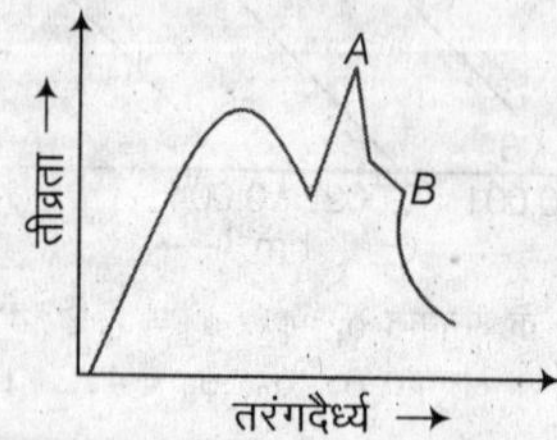

(a) बैण्ड स्पेक्ट्रम (b) सतत् स्पेक्ट्रम
(c) श्वेत स्पेक्ट्रम (d) अभिलाक्षणिक विकिरण

44. अभिलाक्षणिक K_β, X-किरणें उत्पन्न करने के लिए इलेक्ट्रॉनों का संक्रमण होता है

(a) $n=2$ से $n=1$ (b) $n=3$ से $n=2$
(c) $n=3$ से $n=1$ (d) $n=4$ से $n=2$

45. एक इलेक्ट्रॉन का वेग क्या होगा, यदि इसका संवेग 5200 Å तरंगदैर्ध्य के फोटॉन के समान हो?

(a) 700 मी से$^{-1}$ (b) 1000 मी से$^{-1}$
(c) 1400 मी से$^{-1}$ (d) 2800 मी से$^{-1}$

46. X-किरणों के लिए ब्रैग का नियम है

(a) $n\sin\theta = 2\lambda d$ (b) $d\sin\theta = 2n\lambda$
(c) $2d\sin\theta = n\lambda$ (d) इनमें से कोई नहीं

47. 100 eV गतिज ऊर्जा वाले इलेक्ट्रॉन की धारा की तरंग लम्बाई क्या होगी? ($h = 6.6\times10^{-34}$ जूल-सेकण्ड, $1\text{eV} = 1.6\times10^{-19}$ जूल, $m_e = 9.1\times10^{31}$ किग्रा)

(a) 700 मी से$^{-1}$
(b) 1000 मी से$^{-1}$
(c) 1400 मी से$^{-1}$
(d) 2800 मी से$^{-1}$

48. एक फोटॉन, एक इलेक्ट्रॉन और एक यूरेनियम नाभिक सभी की समान तरंगदैर्ध्य है, इनमें से सबसे अधिक ऊर्जा होगी

(a) फोटॉन की
(b) इलेक्ट्रॉन की
(c) यूरेनियम नाभिक की
(d) तरंगदैर्ध्य और कणों के गुण पर निर्भर

➜ उत्तरमाला

1. (d)	**2.** (d)	**3.** (a)	**4.** (b)	**5.** (a)	**6.** (b)	**7.** (d)	**8.** (c)	**9.** (d)	**10.** (c)
11. (b)	**12.** (b)	**13.** (a)	**14.** (b)	**15.** (a)	**16.** (d)	**17.** (b)	**18.** (d)	**19.** (c)	**20.** (d)
21. (b)	**22.** (c)	**23.** (a)	**24.** (c)	**25.** (c)	**26.** (d)	**27.** (b)	**28.** (a)	**29.** (a)	**30.** (b)
31. (c)	**32.** (a)	**33.** (c)	**34.** (b)	**35.** (c)	**36.** (a)	**37.** (a)	**38.** (a)	**39.** (c)	**40.** (a)
41. (d)	**42.** (c)	**43.** (d)	**44.** (c)	**45.** (c)	**46.** (c)	**47.** (c)	**48.** (a)		

संकेत एवं हल

2. हम जानते हैं, $\frac{1}{2}mv^2 = \frac{hc}{\lambda}\phi_0$

$$= \frac{6.63\times10^{-34}\times10^8}{(3\times10^{-7})\times1.6\times10^{-19}} - 1$$

$$= 3.14 \text{ eV}$$

या $$v = \sqrt{\frac{2\times3.14\times1.6\times10^{-19}}{9.1\times10^{-31}}}$$

$$= 10^6 \text{ मी/से}$$

5. चूँकि, $E = n_A v_n = n_B v_B$

$$\Rightarrow \quad \frac{n_A}{n_B} = 2 = \frac{v_B}{v_A}$$

पुँज B की आवृत्ति, पुँज A की आवृत्ति की दोगुनी है।

9. जैसा कि हम जानते हैं, $\lambda = \frac{h}{\sqrt{2m_0E}} = \frac{h}{\sqrt{2m_0qv}}$

$$\Rightarrow \quad \lambda \propto \frac{1}{\sqrt{m_0}}$$

जहाँ, m_0 = आवेश का द्रव्यमान

$$\Rightarrow \quad \frac{\lambda_1}{\lambda_2} = \sqrt{\frac{m_2}{m_1}} \Rightarrow \lambda_2 = \lambda_1\sqrt{\frac{m_2}{m_1}}$$

या $\lambda_2 = \lambda\sqrt{\frac{M}{m}}$ जहाँ, $m_2 = M$ तथा $m_1 = m$ $(\because \lambda_1 = \lambda)$

10. तरंगदैर्ध्य, $\lambda = \frac{12375}{E} = \frac{12375}{4} = 310 \text{ nm}$

15. दिया गया है, $W = 3.5$ eV, $V = -1.2$ V

आपतित फोटानों की ऊर्जा $= (3.5 + 1.2)$ eV $= 4.7$ eV

33

लैग्रेन्जियन रूपान्तर तथा कैनोनिकल यांत्रिकी

Lagrangian Formulation and Canonical Mechanics

सामान्य निर्देशांक तथा स्वतंत्रता की कोटि
(General Coordinates and Degree of Freedom)

वे स्वतंत्र चर जो किसी निकाय के पूर्ण विन्यास की जानकारी करने में प्रयुक्त होते हैं, सामान्य निर्देशांक कहलाते हैं। किसी निकाय के विन्यास को व्यक्त करने के लिए प्रयुक्त सामान्य निर्देशांकों की संख्या स्वतंत्रता कोटियाँ कहलाती हैं।

(i) एक मुक्त कण के लिए स्वतन्त्रता की कोटि = 3

(ii) एक द्विविमीय मुक्त कण के लिए स्वतन्त्रता की कोटि = $3N$

(iii) एक डमरू (dumb-bell) की स्वतन्त्रता की कोटि = 5

(iv) एक दृढ़ पिण्ड के लिए स्वतन्त्रता की कोटि = 6

कुछ परिभाषाएँ तथा परिणाम
(Some Basic Definitions and Results)

- किसी कण की गति में प्रयुक्त प्रतिबन्ध **कॉस्ट्रेन्ट्स** (constraints) कहलाते हैं।
- कॉस्ट्रेन्ट्स के लिए बल को कॉस्ट्रेन्ट्स का बल कहते हैं।
- यदि किसी क्षण निकाय की स्थिति $f(r_1, r_2, \ldots r_3, t) = 0$ से निरूपित की जा सके तो कॉस्ट्रेन्ट्स होलोनोमिक कहलाते हैं।
- $f(r_1, r_2, \ldots r_n, t) \geq$ या ≤ 0 द्वारा निरूपित कॉस्ट्रेन्ट्स नॉन-होलोनोमिक कहलाते हैं।
- **प्रसामान्य-निर्देशांक** प्रसामान्य निर्देशांकों का सेट निर्देशांकों का ऐसा सेट है जो विन्यास का वर्णन करता है।
- **प्रसामान्य गणना** (अंकन) प्रसामान्य विस्थापन $\delta \vec{r}_i = \sum_{j=1}^{3N} \frac{\partial r_i}{\partial q_i} dq_j$
- यदि प्रसामान्य निर्देशांक संवेग की विमा है तब प्रसामान्य वेग, बल की विमा होगा।

  प्रसामान्य बल $\phi_j = \sum_{i=1}^{N} \vec{F}_i \cdot \frac{\partial r_i}{\partial q_j}$

- एक फलन $f(y)$ के लिए स्थिर मान होता है, $\delta I = 0$

  यह निम्न समीकरण को संतुष्ट करता है

$$\frac{df}{dy} - \frac{d}{dx}\left(\frac{\partial f}{\partial y}\right) = 0 \quad \text{जहाँ, } y = \frac{dy}{dt}$$

स्क्लेरोनोमिक तथा रियोनोमिक निकाय
(Scleronomic and Rheonomic Systems)

यदि कॉस्ट्रेन्ट समय पर निर्भर नहीं है तो स्केलेरोनोमिक (scleronomic) कहलाता है। यदि कॉस्ट्रेन्ट समय पर निर्भर है तो रियोनोमिक (rheonomic) कहलाता है।

एक स्केलेरोनोमिक (scleronomic) निकाय केवल ऐसा निकाय है जिसमें निश्चित कॉस्ट्रेन्ट्स होते हैं।

यदि किसी निकाय में गतिमान कॉस्ट्रेन्ट्स हैं तो वह रियोनोमिक (rheonomic) निकाय कहलाता है।

आभासी विस्थापन तथा कार्य
(Virtual Displacement and Virtual Work)

यदि किसी निकाय का विस्थापन स्वैच्छ, तात्कालिक, अति अल्प तथा समय अनिर्भर हो और किसी कॉस्ट्रेन्ट का पालन भी करता हो तो विस्थापन आभासी (virtual) कहलाता है। वहीं दूसरी ओर आभासी विस्थापन द्वारा कृत कार्य आभासी कार्य (virtual work) कहलाता है।

आभासी कार्य के सिद्धान्त के अनुसार, $\Sigma \vec{F}_i^{(a)} \delta \vec{r}_i = 0$

डी-अलेम्बर्ट्स सिद्धान्त के अनुसार $\Sigma (\vec{F}_i - \vec{p}_i) \cdot \delta \vec{r}_i = 0$

नोट डी-अलेम्बर्ट्स (D' Alembert's) सिद्धान्त के अनुसार किसी पिण्ड या निकाय की गतिकी (dynamics) को स्थैतिकी (statistics) में रूपान्तरित किया जा सकता है।

लैग्रन्जियन समीकरणें (Lagrangian Equations)

दो प्रकार के निकायों अर्थात् संरक्षित (conservative) तथा असंरक्षित (non-conservative) निकायों के लिए लैग्रेन्जियन समीकरणें निम्नवत् हैं:

(i) संरक्षित निकाय के लिए लैग्रेन्ज समीकरण

$$\frac{d}{dt}\left(\frac{\partial l}{\partial \dot{q}_j}\right)-\frac{\partial l}{\partial q_j}=0$$

(ii) असंरक्षित निकाय के लिए लैग्रेन्ज समीकरण,

$$\frac{d}{dt}\left(\frac{\partial l}{\partial \dot{q}_j}\right)-\frac{\partial l}{\partial q_j}=Q_i$$

जहाँ, Q_i = बल

नोट विद्युत चुम्बकीय क्षेत्र में एक आवेशित कण के लिए लैग्रेन्जियन सूत्र,

$$L=\frac{1}{2}mv^2+\frac{q}{c}\vec{v}\cdot\vec{A}-2\phi$$

लैग्रेन्जियन गति के समीकरणों के अनुप्रयोग (Applications of Lagrangian Equations of Motion)

लैग्रेन्जियन गति के समीकरणों के कुछ सामान्य अनुप्रयोग क्रमबद्ध निम्नवत् हैं:

- रेखीय आवर्ती दोलित्र $(L)=\frac{1}{2}m\dot{x}^2-\frac{1}{2}kx^2$

  गति की समीकरण, $m\ddot{x}+kx=0$

  $\Rightarrow \quad \ddot{x}+\frac{k}{m}x=0$

- सरल लोलक के लिए, $L=\frac{1}{2}ml^2\dot{\theta}^2-mgl(1-\cos\theta)$

  गति की समीकरण, $\ddot{\theta}+\frac{g}{l}\theta=0$

- गोलीय लोलक के लिए, $L=\frac{1}{2}mr^2(\dot{\theta}^2+\sin^2\theta\dot{\phi}^2)-mgr\cos\theta$
- सदैशिक दोलित्र (त्रिविमीय) के लिए

$$L=\frac{1}{2}m(\dot{r}^2+r^2\dot{\theta}^2+r^2\sin^2\theta\dot{\phi}^2)-\frac{1}{2}kr^2$$

- रेखीय प्रसामान्य संवेग $(pr)=\frac{\partial T}{\partial \dot{r}}=m\dot{r}$
- कोणीय प्रसामान्य संवेग $(p\theta)=\frac{\partial T}{\partial \dot{\theta}}=mr^2\dot{\theta}$
- हैमिल्टोनियन फलन,

$$H(q,p,t)=\sum_{i=1}^{k}p_i\dot{q}_i-L$$

कैनोनिकल परिवर्तन (Canonical Transformations)

किसी फलन के कैनोनिकल रूपांतरण के लिए चार निम्न जनक फलन (generating function) निम्नवत् हैं:

$$F_1(q,Q,t);F_2(q,P,t);\ F_3(p,Q,t)\text{ तथा }F_4(p,P,t)$$

प्रथम स्थिति (first state) के लिए,

$$p_i=\frac{\partial F_1}{\partial q_i}$$

$$\Rightarrow \quad p_i=-\frac{\partial F_1}{\partial Q_i}$$

द्वितीय स्थिति (second state) के लिए,

$$p_i=\frac{\partial F_2}{\partial q_i}$$

$$\Rightarrow \quad Q_i=\frac{\partial F_2}{\partial P_i}$$

तृतीय स्थिति (third state) के लिए,

$$q_i=-\frac{\partial F_3}{\partial p_i}\Rightarrow p_i=-\frac{\partial F_3}{\partial Q_i}$$

चतुर्थ स्थिति (fourth state) के लिए,

$$q_i=-\frac{\partial F_4}{\partial p_i}\Rightarrow Q_i=\frac{\partial F_4}{\partial p_i}$$

एक रूपान्तरण के कैनोनिकल होने के लिए शर्त (Condition for a Transformation to be Canonical)

- एक यथार्थ अवकलन स्थिति (शर्त)

$$\sum_i(p_i\,dq_i-P_i\,dQ_i)=dF$$

- द्विरेखी (bilinear) अपरिवर्तन स्थिति

$$\sum_i(\delta p_i\,dq_i-\delta q_i\,dp_i)=\sum_i(\delta p_i\,dQ_i-\delta Q_i\,dP_i)$$

- पॉयसन ब्रैकेट्स के अपरिवर्तन

  तथा $\quad [Q,Q]=[P,P]=0$

  $\Rightarrow \quad [Q,P]=1$

- लैग्रेन्जियन ब्रैकेट्स की अपरिवर्तनीयता

  पॉयसन ब्रैकेट $[X\,Y]_{q,p}=\sum_i\left(\frac{\partial X}{\partial q_i}\frac{\partial Y}{\partial p_i}-\frac{\partial X}{\partial p_i}\frac{\partial Y}{\partial q_i}\right)$

  लैग्रेन्ज ब्रैकेट

$$(u,v)_{q,p}=\sum_i\left(\frac{\partial X}{\partial u}\frac{\partial Y}{\partial v}-\frac{\partial p_i}{\partial u}\frac{\partial q_i}{\partial v}\right)$$

- पॉयसन तथा लैग्रेन्जियन ब्रैकेट्स के बीच संबंध

$$\sum_{l=1}^{2n}\{u_l,u_i\}[u_l,u_j]=\delta_{ij}$$

- पॉयसन ब्रैकेट में गति का समीकरण

$$\dot{q}_i=[q_i\,H];\ \dot{p}_i=[p_i,H]$$

अभ्यास प्रश्नावली

1. कैनोनिकल परिवर्तन वस्तुतः निम्न का परिवर्तन है

(a) कला अन्तराकाश (b) संवेग अन्तराकाश
(c) स्थिति अन्तराकाश (d) इनमें से कोई नहीं

2. कैनोनिकल परिवर्तन में प्रसामान्य निर्देशांक हैं

(a) स्थिति तथा संवेग निर्देशांक (b) स्थिति तथा वेग निर्देशांक
(c) संवेग तथा वेग निर्देशांक (d) इनमें से कोई नहीं

3. कैनोनिकल परिवर्तन के बाद गति की हैमिल्टोनियन समीकरणें

(a) अपरिवर्तनीय रहती हैं (b) परिवर्तित हो सकती हैं
(c) दोनों कथन सत्य हैं (d) इनमें से कोई नहीं

4. कॉस्ट्रेन्ट सम्बन्ध जो समय पर निर्भर नहीं होते हैं, कहलाते हैं

(a) स्क्लेअरोनोमिक (b) रियोनोमिक
(c) होलोनोमिक (d) नॉन-होलोनोमिक

5. यदि कॉस्ट्रेन्ट सम्बन्ध समय पर निर्भर है तो कॉस्ट्रेन्ट कहलाती है

(a) स्क्लेरोनोमिक (b) रियोनोमिक
(c) होलोनोमिक (d) नॉन-होलोनोमिक

6. यदि कॉस्ट्रेन्ट संबन्ध वेग पर निर्भर नहीं है तो यह कहलाएगा

(a) स्क्लेरोनोमिक (b) रियोनोमिक
(c) होलोनोमिक (d) नान-होलोनोमिक

7. यदि कॉस्ट्रेन्ट (प्रतिबन्धक) सम्बन्ध होलोनोमिक नहीं है तो यह कहलाता है

(a) स्क्लेरोनोमिक (b) रियोनोमिक
(c) होलोनोमिक (d) नॉन-होलोनोमिक

8. हैमिल्टन की कैनोनिकल समीकरणें हैं

(a) $\dot{q}_k = \frac{\partial H}{\partial p_k}, -\dot{P}_k = \frac{\partial H}{\partial q_k}$ (b) $H = \frac{\partial q_k}{\partial p_k}, -\dot{p}_k = \frac{\partial H}{\partial q_k}$
(c) $H = -\frac{\partial q_k}{\partial p_k}, \dot{p}_k = \frac{\partial H}{\partial q_k}$ (d) $\dot{q}_k = \frac{\partial H}{\partial p_k}, \dot{p}_k = \frac{\partial H}{\partial q_k}$

9. $F = (q_k, p_k, t)$ प्रकार के जनक फलन (generating function) के लिए

(a) $p_k = \frac{\partial F}{\partial q_k}, Q_k = \frac{\partial F}{\partial p_k}$ (b) $p_k = \frac{\partial^2 F}{\partial q_k}, Q_k = \frac{\partial F}{\partial p_k}$
(c) $F = \frac{\partial p_k}{\partial q_k}, Q_k = \frac{\partial F}{\partial p_k}$ (d) $F = \frac{\partial p_k}{\partial q_k}, Q_k = \frac{\partial^2 F}{\partial^2 p_k}$

10. अण्डाकार आकृति पर गुरुत्व के अन्तर्गत सरकते हुए कण के लिए कॉस्ट्रेन्ट है

(a) होलोनोमिक (b) नॉन-होलोनोमिक
(c) रियोनोमिक (d) इनमें से कोई नहीं

11. खुरदरे नत समतल पर लुढ़कते हुए गोले के लिए कॉस्ट्रेन्ट है

(a) होलोनोमिक (b) नॉन-होलोनोमिक
(c) रियोनोमिक (d) इनमें से कोई नहीं

12. किसी बर्तन में भरी गैस में गतिमान गैसीय अणु के लिए कॉस्ट्रेन्ट है

(a) होलोनोमिक (b) नॉन-होलोनोमिक
(c) रियोनोमिक (d) इनमें से कोई नहीं

13. नत समतल पर गुरुत्व के अन्तर्गत सरकते कण के लिए कॉस्ट्रेन्ट है

(a) होलोनोमिक (b) नॉन-होलोनोमिक
(c) रियोनोमिक (d) इनमें से कोई नहीं

14. लीजेण्डर परिवर्तन है

(a) $x = -\frac{\partial g}{\partial u}, v = \frac{\partial g}{\partial y}$ (b) $x = -\frac{\partial g}{\partial y}, v = \frac{\partial g}{\partial u}$
(c) $x = -\frac{\partial g}{\partial u}, v = \frac{\partial g}{\partial y}$ (d) $x = -\frac{\partial g}{\partial u}, v = -\frac{\partial g}{\partial y}$

15. एक पूर्ण अवकलन है

(a) कैनोनिकल परिवर्तन (b) लीजेण्डर परिवर्तन
(c) दोनों सत्य हैं (d) इनमें से कोई नहीं

16. डी-अलेम्बर्ट्स (D' Alembert's) सिद्धान्त में अनुसार

(a) $\Sigma(\vec{F}_i^a - \vec{P}_i) \cdot \delta \vec{r}_i = 0$

(b) $\Sigma(\vec{P}_i + \vec{F}_i^n) \cdot \delta \vec{r}_i = 0$

(c) $\Sigma(\vec{P} + \vec{F}_i^a) \cdot \delta \vec{r}_i = 0$

(d) $\Sigma(\vec{P} - \vec{F}_i^a) \cdot \delta \vec{r}_i = 0$

17. किसी सरल लोलक के बिन्दु द्रव्यमान की गति में प्रयुक्त कॉस्ट्रेन्ट होती है

(a) होलोनोमिक (b) रियोनोमिक
(c) नॉन-होलोनोमिक (d) इनमें से कोई नहीं

18. डी-अलेम्बर्ट्स सिद्धान्त आधारित है

(a) वास्तविक कार्य के सिद्धान्त पर
(b) ब्लैकहोल के सिद्धान्त पर
(c) हैमिल्टोनियम के सिद्धान्त पर
(d) न्यूनतम ऐक्शन के सिद्धान्त पर

19. यदि कोई कण किसी गोले में उच्चतम बिन्दु के निकटतम बिन्दु से गुरुत्वीय प्रभाव के कारण सरकना प्रारम्भ करता है, तो

(a) कॉस्ट्रेन्ट होलोनोमिक होगा
(b) कॉस्ट्रेन्ट नॉन-होलोनोमिक होगा
(c) कॉस्ट्रेन्ट रियोनोमिक होगा
(d) उपरोक्त में से कोई नहीं

20. वृत्ताकार तार में चलते हुए कण के लिए कॉस्ट्रेन्ट है

(a) होलोनोमिक
(b) नॉन-होलोनोमिक
(c) रियोनोमिक
(d) उपरोक्त में से कोई नहीं

➜ उत्तरमाला

1. (a) **2.** (a) **3.** (a) **4.** (a) **5.** (b) **6.** (c) **7.** (d) **8.** (a) **9.** (a) **10.** (b)
11. (b) **12.** (b) **13.** (a) **14.** (a) **15.** (a) **16.** (a) **17.** (a) **18.** (a) **19.** (b) **20.** (b)

34

क्वाण्टम यांत्रिकी तथा श्रोडिंगर समीकरण

Quantum Mechanics and Schrödinger Equation

क्वांटम यांत्रिकी के अन्तर्गत अति सूक्ष्म कण, पदार्थ कण आदि की गति तथा गुणों का विस्तृत अध्ययन किया जाता है।

दे-ब्रोग्ली सम्बन्ध (de-Broglie Relation)

पदार्थ की तरंग प्रकृति की व्याख्या सबसे पहले दे-ब्रोग्ली ने की थी।

गतिमान पदार्थ के कण से बद्ध दे-ब्रोग्ली तरंगदैर्ध्य,

$$\lambda = \frac{h}{mv} = \frac{h}{\sqrt{2mqV}}$$

पदार्थिक कण का तापमान T पर तरंगदैर्ध्य, $\lambda = \frac{h}{\sqrt{2mkT}}$

जहाँ, k बोल्ट्जमान नियतांक (Boltzmann's constant) है।

हीलियम परमाणु की दे-ब्रोग्ली तरंगदैर्ध्य, $\lambda_{He} = \frac{h}{\sqrt{3mkT}}$

एक उच्च विभवान्तर द्वारा त्वरित इलेक्ट्रॉन की दे-ब्रोग्ली तरंगदैर्ध्य के लिए आपेक्षिक वर्णन,

$$\lambda = \frac{\lambda}{\sqrt{2m_0eV}}\left(1+\frac{eV}{2m_0c^2}\right)^{-1/2}$$

जहाँ, e = इलेक्ट्रॉन का आवेश

हाइजेनबर्ग का अनिश्चितता सिद्धान्त (Heisenberg's Uncertainty Principle)

हाइजेनबर्ग के अनिश्चितता सिद्धान्त को निम्न प्रकार से वर्गीकृत कर अध्ययन किया जा सकता है:

स्थिति संवेग अनिश्चितता सिद्धान्त (Position Momentum Uncertainty Principle)

इस सिद्धान्त के अनुसार, किसी भी क्षण कण की स्थिति तथा संवेग का एक साथ एक ही दिशा में पूर्ण रूप से यथार्थता पूर्वक निर्धारण नहीं किया जा सकता है। यह स्थिति संवेग अनिश्चितता का सिद्धान्त है।

यदि स्थिति में अनिश्चितता = Δx

संवेग में अनिश्चितता = Δp हो तो $\Delta x \Delta p \geq \hbar/2$

इसी प्रकार, $\Delta y \Delta p_y \geq \hbar/2$ तथा $\Delta z \geq \Delta p_z \geq \hbar/2$

चिरसम्मत् भौतिकी में $h \to 0$ होने पर स्थिति व संवेग को परिशुद्धता से ज्ञात कर सकते हैं परन्तु क्वाण्टम यांत्रिकी में, $h \neq 0$

$\therefore \quad \Delta x \Delta p_x \neq 0$

माना स्थिति की परिशुद्धता से मापन कर सकते हैं अर्थात्

$\Delta x = 0$ हो तो $\Delta pr - \omega$

अतः क्वाण्टम यांत्रिकी में यदि स्थिति या संवेग में किसी एक की अनिश्चितता शून्य कर दें तो दूसरे की अनन्त हो जाती है। या एक भौतिक राशि का ज्ञान यथार्थता से हो तो विहित संयुग्मी चर राशि का ज्ञान प्राप्त नहीं हो सकता है।

ऊर्जा-समय अनिश्चितता सिद्धान्त (Energy-Time Uncertainty Principle)

इस सिद्धान्त के अनुसार, किसी कण की ऊर्जा व समय का एकसाथ परिशुद्धता से मापन नहीं किया जा सकता है।

$$\Delta E \Delta t \geq \frac{\hbar}{2}$$

जहाँ, ΔE = ऊर्जा के मापन में अनिश्चितता

Δt = समय के मापन में अनिश्चितता

कोणीय विस्थापन और कोणीय संवेग अनिश्चितता सिद्धान्त (Angular Position and Angular Momentum Uncertainty Principle)

यदि कोणीय संवेग का z घटक L_z और उसके संगत कोणीय विस्थापन θ_z हो तो

$$\Delta L_z \Delta\theta_z \geq \hbar/2 \text{ या } \Delta J \Delta\theta \geq \hbar/2$$

नौट विहित संयुग्मी चर (जैसे x, p_x, y और p_y, z और p_z) का यथार्थता से समकालिक मापन सम्भव नहीं है लेकिन x तथा p_y या x तथा p_z, आदि का समकालिक मापन सम्भव है। स्थूल कणों का द्रव्यमान अधिक होता है और संवेग में अनिश्चितता शून्य हो जाती है इसलिए स्थूल कणों पर अनिश्चितता का सिद्धान्त प्रेक्षित (applicable) नहीं होता है।

कला वेग (Phase Velocity)

कला वेग वह वेग है, जो तरंग्राग की नियत कला के साथ माध्यम से गुजरता है।

कला वेग $(v)=\omega/k$

समूह वेग (Group Velocity)

समूह वेग वह वेग है, जिसमें ऊर्जा, समूह के रूप में संचरित होती है।

$$\text{समूह वेग } (v_g)=\frac{d\omega}{dv}$$

v_p तथा v_g में सम्बन्ध $v_g=v_p-\lambda\dfrac{dv_p}{d\lambda}$

श्रोडिंगर के तरंग समीकरण (Schrödinger's Wave Equation)

श्रोडिंगर की तरंग समीकरण दो प्रकार की हैं:

(i) कालाश्रित (time dependent) $\left(-\dfrac{\hbar}{2m}\nabla^2+v\right)\psi=i\hbar\dfrac{\partial\psi}{\partial t}$

(ii) काल अनाश्रित (time independent)

$$\nabla^2\psi+\frac{2m}{\hbar^2}(E-U)\psi=0$$

- श्रोडिंगर समीकरण के प्रयोग से कण को तरंग पैकेट में स्थापित किया जाता है।
- श्रोडिंगर समीकरण में तरंग फलन ऐसा फलन है जो आवर्त परिवर्तन के अन्तर्गत कार्यरत् है।

  $\psi\psi^*$ = प्रायिकता घनत्व (probability density)

  ऑर्थोगोनल (orthogonal) तरंग फलनों ψ_i व ψ_j के लिए

$$\int \psi^*_i\,\psi_j dz=0$$

- श्रोडिंगर तरंग समीकरण का स्थायी अवस्था हल

$$\psi_n=\phi_n(x,y,z)e^{iExt/\hbar}$$

बॉक्स अर्थात् त्रिविम में कण से सम्बन्धित कुछ बिन्दु (Some Points Related to Particle in Box or 3D)

- **तरंग फलन** (wave function)

$$\psi_{n_x,n_y,n_z}=\frac{2\sqrt{2}}{\sqrt{abc}}$$

$$\sin\frac{n_x\pi_x}{a}\sin\frac{n_y\pi_y}{b}\sin\frac{n_z\pi_z}{c}$$

- यदि कण घनीय बॉक्स जिसकी विमाएँ $a=b=c$ हैं, में रहते हैं तब प्रसामान्य तरंग फलन

$$\psi_{n_x,n_y,n_z}=\left(\sqrt{\frac{8}{a^2}}\right)\Rightarrow\sin\frac{n_x\pi_x}{a}\sin\frac{n_y\pi_y}{a}\sin\frac{n_z\pi_z}{a}$$

- **ऊर्जा स्तर** (energy level)

$$E_{n_x,n_y,n_z}=\frac{h^2}{8m}\left(\frac{n_x^2}{a^2}+\frac{n_y^2}{b^2}+\frac{n_z^2}{c^2}\right)$$

- E तथा $(E+dE)$ के बीच ऊर्जा अवस्था

$$=2\pi V\left(\frac{2m}{h^2}\right)^{3/2}E^{1/2},\qquad (\text{जहाँ } V=\text{आयतन})$$

ऊर्जा का आइगेन मान (Eigen Value of Energy)

- ऊर्जा के आइगेन मान को निम्न प्रकार से व्यक्त करते हैं

$$E_{n_x,n_y,n_z}=\frac{h^2}{8ma^2}(n_x^2+n_y^2+n_z^2)$$

- तीन पूर्णांक n_x,n_y,n_z जो क्वाण्टम संख्या कहलाते हैं, किसी ऊर्जा स्तर को पूर्णतः दर्शाने के लिए आवश्यक हैं।
- कोई क्वाण्टम संख्या शून्य नहीं होती है, क्योंकि यदि इनमें से एक भी शून्य हुई, तब $\psi(x,y,z)=0$ शून्य होगा। इसका अर्थ है कि एक भी कण बॉक्स से बाहर नहीं निकलेगा।
- तीन प्राकृतिक संख्याओं के पृथक युग्म अलग-अलग स्थिति या तरंग फलनों को दर्शाते हैं परन्तु इनकी ऊर्जाएँ समान होती हैं।

महत्त्वपूर्ण बिन्दु (Important Points)

- ऑर्थोगोनल तरंग फलनों ψ_i तथा ψ_j के लिए,

$$\int \psi^*_j\,\psi_j d\tau=\delta_{ij}\begin{cases}=0, & i\neq j \text{ के लिए}\\ =1 & \text{यदि } i=j\end{cases}$$

- अभिलम्बीय तरंग फलनों के लिए, $\int\psi_i^*\,\psi\,d\tau=1$
- ऊर्जा संकारक (energy operator), $E=i\hbar\dfrac{\partial}{\partial t}$
- वेग संकारक (velocity operator), $v=-\dfrac{i\hbar}{m}\nabla$
- संवेग संकारक (momentum operator), $p=-i\hbar\dfrac{d}{dx}$

  तथा एक समतल तरंग जो एक निश्चित संवेग p को दर्शाती है,

$$\psi=\frac{1}{\sqrt{2\pi\hbar}}e^{(i/\hbar)p_x}$$

- यदि ऑपरेन्ड u, एकसाथ दो ऑपरेटर्स α व β का फलन है

  तब $\hat{\alpha}u=\lambda u$ तथा $\hat{\beta}=\mu u$

  जहाँ, μ तथा λ आंकिक नियतांक हैं। यहाँ u, ऑपरेटर $(\hat{\alpha}\hat{\beta}-\hat{\beta}\hat{\alpha})$ का आइगेन फलन है तथा इसका आइगेन मान (eigen value) शून्य होता है।

आवर्ती दोलित्र (Harmonic Oscillator)

आवर्ती दोलित्र के लिए प्रयुक्त समीकरण त्रिविमीय (3D) है।

समदैशिक दोलित्र के लिए, ऊर्जा $E=\left(n+\dfrac{3}{2}\right)\hbar\omega$

- अपभ्रष्टता (degeneracy) कोटि $=\dfrac{1}{2}(n+1)(n+2)$

कोणीय संवेग (Angular Momentum)

त्रिविमीय कोणीय संवेग संकारकों का संकेतन L_x, L_y तथा L_z है

तथा $L^2=L_x^2+L_y^2+L_z^2$

जहाँ, $L_x=\dfrac{\hbar}{i}\left(y\dfrac{\partial}{\partial z}-z\dfrac{\partial}{\partial y}\right)$

$$L_y=\frac{\hbar}{i}\left(z\frac{\partial}{\partial x}-x\frac{\partial}{\partial z}\right)$$

तथा $L_z=\dfrac{\hbar}{i}\left(x\dfrac{\partial}{\partial y}-y\dfrac{\partial}{\partial x}\right)$

चक्रण कोणीय संवेग (Spin Angular Momentum)

- एक कण का चक्रण कोणीय संवेग S है, जो इसकी कक्षीय गति से सम्बन्धित नहीं है। यद्यपि $[S, L] = 0$
- $S = \frac{1}{2}$ के लिए, $M_S = \frac{1}{2}, -\frac{1}{2}$

हर्मिशियन संकारक (Hermitian Operator)

किन्हीं दो समान स्वभाव वाले फलनों $f(x)$ तथा $g(x)$ पर शीर्षस्थ होने के लिए एक संकारक $\hat{O}$ निम्न समीकरण को संतुष्ट करता है।

$$\int_{-\infty}^{\infty} g^*(x)[\hat{O}f(x)]dx = \int_{-\infty}^{\infty} [\hat{O}g(x)]^* f(x)dx$$

यह फलन हर्मिशियन तथा प्रयुक्त संकारक हर्मिटी संकारक कहलाते हैं।

- समता संकारक (parity operator) π को निम्न प्रकार परिभाषित करते हैं,

$$\pi\psi(x) = \psi(-x)$$

आइगेन मान $= \pm 1$

यहाँ, $+1 \rightarrow$ सम (every) आइगेन फलन के समरूप है

$-1 \rightarrow$ विषम (odd) आइगेन फलन के समरूप है

- सममित विभव क्षेत्र में गति कर रहे कण के लिए हैमिल्टोनियन संकारक $\hat{H}$ तथा समता संकारक π क्रमविनिमेय (commutative) होते हैं।

आपेक्षिक क्वाण्टम यांत्रिकी (Relative Quantum Mechanics)

- **क्लाइन-गॉर्डन समीकरण** (Klein-Gordon Equation)

$$\left(\nabla^2 - \frac{1}{c^2}\frac{\partial^2}{\partial t^2}\right)\psi = \frac{m_0^2c^2}{\hbar^2}\psi$$

$$(\Box)^2\psi = \frac{m_0^2c^2}{\hbar^2}\psi$$

जहाँ, $$(\Box)^2 = \nabla^2 - \frac{1}{c^2}\frac{\partial^2}{\partial t^2}$$

- **क्लाइन-गॉर्डन समीकरण की कठिनता** (Difficulty of Klein-Gordon Equation)

धारा घनत्व $$J = \frac{\hbar}{2im}[\psi^*(\nabla\psi) - (\nabla\psi^*)\psi]$$

तथा प्रायिकता घनत्व,

$$\bar{P} = \frac{\hbar}{2imc^2}\left\{\frac{\partial\psi^*}{\partial t}\psi - \psi^*\frac{\partial\psi}{\partial t}\right\}$$

जहाँ, $$P = \frac{E}{mc^2}(\psi^*\psi)$$

अभ्यास प्रश्नावली

1. दो तरंग फलनों $\psi_m(x)$ तथा $\psi_n(x)$ को ऑर्थोगोनल कहा जाएगा यदि

(a) $\int \psi_m(n)\psi_n(n)dx = 0$
(b) $\psi_m(n)\psi_n(x)\,dx = 0$
(c) $\int \psi_m(x)\psi_n(x)dx = 1$
(d) $\int \psi_m(x)\psi_n(x)\,dx = 1$

2. कोई इलेक्ट्रॉन जिसकी चाल प्रकाश की चाल की आधी है, का दे-ब्रोग्ली तरंगदैर्ध्य होगा

(a) 1.7×10^{-12} मी (b) 4.2×10^{-12} मी
(c) 8.4×10^{-12} मी (d) 2.1×10^{-12} मी

3. वास्तविक तरंग फलन से सम्बद्ध प्रायिकता धारा घनत्व का मान होता है

(a) $S = pV^2$ (b) $S = \frac{\hbar k}{m}|A|$
(c) $S = 0$ (d) इनमें से कोई नहीं

4. पदार्थों की द्वैत प्रकृति होती है अर्थात् इसमें कण और तरंग के गुण होते हैं फिर भी विशाल और भारी पिण्डों की तरंग प्रकृति प्रेक्षित नहीं होती, क्योंकि

(a) उनकी चाल अत्यधिक कम होती है
(b) द्वैत प्रकृति केवल परमाण्विक स्तर पर लागू होती है
(c) यह प्रकृति दो पिण्डों के गुरुत्वाकर्षण के कारण लुप्त हो जाती है
(d) उनका संवेग अधिक होता है

5. किसी तरंग पैकेट में होते हैं

(a) बराबर वेग और तरंगदैर्ध्य के तरंगों का समूह
(b) थोड़ी सी भिन्न वेग और तरंगदैर्ध्य के तरंगों का समूह
(c) परस्पर व्यतिकरित न करने वाली तरंगों का समूह
(d) उपरोक्त में से कोई नहीं

6. कालाश्रित श्रोडिंगर समीकरण में पद $\left(\frac{-\hbar^2}{2m}\nabla^2 + v\right)$ निम्नलिखित नाम से जाना जाता है

(a) हैमिल्टोनियन ऑपरेटर (b) हर्मिशियन ऑपरेटर
(c) पैरिटी ऑपरेटर (d) इनमें से कोई नहीं

7. श्रोडिंगर समीकरण $-\frac{\hbar^2}{2m}\frac{\partial^2\psi}{\partial x^2} = i\hbar\frac{\partial\psi}{dt}$ प्रदर्शित करता है

(a) मुक्त कण की वक्ररेखीय गति (b) मुक्त कण की ऋजुरेखीय गति
(c) मुक्त कण की तात्कालिक गति (d) मुक्त कण की यादृच्छ गति

8. यदि कोई ऑपरेटर B किसी अन्य ऑपरेटर A का प्रतिलोम ऑपरेटर है, तो उसका अर्थ यह है कि

(a) ऑपरेटर B, ऑपरेटर A की क्रिया को पलट नहीं सकता
(b) ऑपरेटर B, ऑपरेटर A की क्रिया को पलट सकता है
(c) ऑपरेटर A, ऑपरेटर B की क्रिया को पलट सकता है
(d) दोनों ही ऑपरेटर एक-दूसरे की क्रिया को पलट सकते हैं

9. वह ऑपरेटर जिसका व्युत्क्रम उपस्थित नहीं होता

(a) व्युत्क्रमणीय ऑपरेटर कहलाता है
(b) अव्युत्क्रमणीय ऑपरेटर कहलाता है
(c) शून्य ऑपरेटर कहलाता है
(d) तत्समक ऑपरेटर कहलाता है

10. यदि दो हर्मिशियन ऑपरेटर क्रम विनिमय करते हैं तो उनके गुणनफल होंगे

(a) हर्मिशियन ऑपरेटर (b) हैमिल्टोनियन ऑपरेटर
(c) तत्समक ऑपरेटर (d) अव्युत्क्रमणीय ऑपरेटर

11. निम्नलिखित में से कौन-सा रेखीय ऑपरेटर नहीं है?

(a) $(p^2x - xp^2)$ (b) $\frac{d}{dx}$
(c) x (d) इनमें से प्रत्येक रेखीय ऑपरेटर है

12. संवेग ऑपरेटर

(a) एक हर्मिशियन ऑपरेटर है (b) एक हैमिल्टोनियन ऑपरेटर है
(c) (a) तथा (b) दोनों (d) इनमें से कोई नहीं

13. रेखीय आवर्त दोलित्र को इसकी भूतल अवस्था में पाये जाने की प्रायिकता चिरसम्मत् सीमा के बाहर लगभग

(a) 84% होगी (b) 100% होगी
(c) 0% होगी (d) 16% होगी

14. L भुजा के एकविमीय दृढ़ बॉक्स में किसी कण की ऊर्जा निम्नलिखित होती है

(a) $\frac{n^2\hbar}{2L^2}$ (b) $\frac{n^2L^2}{2\hbar^2}$
(c) $\frac{n^2\pi^2\hbar}{2ML^2}$ (d) $\frac{n\hbar^2}{2mL}$

15. हाइड्रोजन परमाणु का विभव निरूपण है

(a) $V(r) = -\frac{A}{r}$ (b) $V(r) = 0$
(c) $V(r) = Ae^{-r/a_0}$ (d) $V(r) = \frac{A}{r^2}$

16. हाइड्रोजन परमाणु की स्थितिज ऊर्जा का प्रत्याशी मान होता है

(a) शून्य (b) 13.6 इलेक्ट्रॉन वोल्ट
(c) − 13.6 इलेक्ट्रॉन वोल्ट (d) −27.2 इलेक्ट्रॉन वोल्ट

17. स्थिर तल में दृढ़ घूर्णक का आइगेन मान होता है

(a) $\frac{l(l+1)\hbar^2}{2mm}$ (b) $\frac{m^2\hbar^2}{2I}$
(c) $\left(n+\frac{1}{2}\right)\hbar\omega$ (d) $\frac{1}{2}\hbar\omega$

18. हाइड्रोजन परमाणु के लिए आयनन ऊर्जा होती है

(a) 1eV (b) अनन्त (c) 13.6eV (d) शून्य

19. बोहर मैग्नेटोन को निम्न प्रकार से प्रदर्शित किया जाता है

(a) $\frac{\mu l}{L}$ (b) $\frac{evr}{2}$
(c) $\frac{eL}{2m}$ (d) $\frac{eh}{4\pi m}$

20. तरंग फलन $\psi(x)$ के लिए प्रसामान्यीकरण की शर्त है

(a) $\psi^*\psi = 1$ (b) $\int \psi^*\psi dx = 1$
(c) $\int \psi^*\psi dt = 1$ (d) $\frac{d\psi^*}{dx} = \frac{d\psi}{dx}$

21. दे-ब्रोग्ली तरंग समूह v_g तथा कण के वेग v में सम्बन्ध होता है

(a) $v_g > v$ (b) $v_g = v$
(c) $v_g < v$ (d) $v_g \geq v$

22. किसी बिन्दु x के परित: dx दूरी में कण के पाए जाने की प्रायिकता दी जाती है

(a) ψ^* (b) $\psi\psi^* dx$ (c) $\psi\psi^*$ (d) ψ

23. विभवकूप में सीमित किसी कण की ऊर्जा होती है

(a) सतत् (b) असतत्
(c) अक्वाण्टीकृत (d) इनमें से कोई नहीं

24. प्रथम उत्तेजित अवस्था के लिए (अर्थात् $n = 1$), किसी अपरिमित गहराई के विभवकूप में कण की ऊर्जा होती है

(a) $\frac{2\pi^2\hbar^2}{ma^2}$ (b) $\frac{\pi^2\hbar^2}{2ma^2}$
(c) $\frac{m\hbar^2}{2a^2}$ (d) $\frac{ma^2\hbar^2}{2\pi^2}$

25. सुरंगन प्रभाव (tunnel effect) सम्बन्धित है

(a) इलेक्ट्रॉनों के रिस्राव से (b) प्रोटॉनों या न्यूट्रॉनों के पलायन से
(c) एल्फा कणों के रिस्राव से (d) बीटा क्षय से

26. यदि इलेक्ट्रॉन के स्थिति में अनिश्चितता $2nm$ हो तो वेग में अनिश्चितता होगी

(a) 2.9×10^5 मी/से (b) 2.9×10^4 मी/से
(c) 3.9×10^5 मी/से (d) 3.9×10^4 मी/से

27. किसी हाइड्रोजन परमाणु की तटस्थ अवस्था परिधि में इलेक्ट्रॉन कक्षा निम्न में से किसके बराबर होती है?

(a) दे-ब्रोग्ली तरंगदैर्ध्य के वर्ग के (b) दे-ब्रोग्ली तरंगदैर्ध्य के
(c) दे-ब्रोग्ली तरंगदैर्ध्य के दोगुने के (d) अर्द्ध दे-ब्रोग्ली तरंगदैर्ध्य के

28. अनिश्चितता के सिद्धान्त के अनुसार किसी कण की स्थिति और संवेग ज्ञात करने में अनिश्चितताओं का गुणनफल का मान कभी भी ... की कोटि की संख्या से कम नहीं हो सकता।

(a) $\hbar$ (b) $\frac{1}{2}\hbar$
(c) $2\hbar$ (d) $3\hbar$

29. किसी रेखीय आवर्ती दोलित्र के लिए शून्य बिन्दु ऊर्जा निम्न में से किसका परिणाम है?

(a) दे-ब्रोग्ली तरंग (b) पाउली का अपवर्जन नियम
(c) अनिश्चितता का सिद्धान्त (d) श्रोडिंगर का नियम

30. $\frac{4}{5c}$ वेग से गतिशील प्रोटॉन से सम्बद्ध दे-ब्रोग्ली तरंगदैर्ध्य का मान कितना होगा?

(a) 1.65×10^{-5} Å (b) 4.5×10^{-5} Å
(c) 6.0×10^{-5} Å (d) 4.8×10^{-5} Å

31. संवेग मापन में अनिश्चितता का प्रतिशत होगा

(a) $\frac{\Delta x \Delta p_x}{p_x} \times 100$ (b) $\frac{p_x}{\Delta x \Delta p_x} \times 100$
(c) $\frac{\Delta p_x}{p_x} \times 100$ (d) $\Delta p_x \times 100$

32. अनिश्चितता सिद्धान्त के अनुसार,

(a) इलेक्ट्रॉन नाभिक में उपस्थित होते हैं
(b) इलेक्ट्रॉन नाभिक में उपस्थित नहीं होते हैं
(c) किसी परमाणु में किसी इलेक्ट्रॉन की अधिकतम ऊर्जा 4 MeV से अधिक नहीं हो सकती
(d) किसी परमाणु में किसी इलेक्ट्रॉन की अधिकतम ऊर्जा 97 MeV से अधिक नहीं हो सकती

33. समीकरण $-\frac{\hbar^2}{2m}\nabla^2\psi + v\psi = i\hbar\frac{\partial\psi}{\partial t}$ निम्न को किस नाम से जाना जाता है?

(a) अनिश्चितता के सिद्धान्त का समीकरणीय रूप
(b) ऐरेनफेस्ट सूत्र
(c) कालाश्रित श्रोडिंगर समीकरण
(d) उपरोक्त में से कोई नहीं

34. श्रोडिंगर समीकरण $-\frac{\hbar^2}{2m}\frac{\partial^2\psi}{\partial x^2} = i\hbar\frac{\partial\psi}{\partial t}$ प्रदर्शित करता है,

(a) मुक्त कण की वक्ररेखीय गति
(b) मुक्त कण की ऋजुरेखीय गति
(c) मुक्त कण की तात्कालिक गति
(d) मुक्त कण की यादृच्छ गति

35. श्रोडिंगर समीकरण प्रदर्शित करता है,

(a) केवल आपेक्षिक निकाय
(b) केवल अनापेक्षिक निकाय
(c) (a) व (b) दोनों
(d) उपरोक्त में से कोई नहीं

36. अनापेक्षिक मुक्त कण के लिये प्रावस्था वेग होता है,

(a) समूह वेग के बराबर (b) समूह वेग का आधा
(c) समूह वेग का दोगुना (d) समूह वेग का तीन गुना

37. ऐरेनफेस्ट प्रमेय के अनुसार, तरंग पिट्टक की औसत गति,

(a) संगत चिरसम्मत् कण की गति से सहमत नहीं होती
(b) संगत चिरसम्मत् कण की गति से सहमत होती है
(c) कभी-कभी ही संगत चिरसम्मत् कण की गति से सहमत होती है
(d) उपरोक्त में से कोई नहीं

38. श्रोडिंगर समीकरण प्रदर्शित करता है,

(a) केवल आपेक्षिक निकाय
(b) केवल अनापेक्षिक निकाय
(c) (a) व (b) दोनों
(d) उपरोक्त में से कोई नहीं

39. समीकरण $\nabla^2\psi + \frac{8\pi^2 m}{h^2}(E-U)\psi = 0$,

(a) समय अनाश्रित श्रोडिंगर समीकरण कहलाता है
(b) कालाश्रित श्रोडिंगर समीकरण कहलाता है
(c) ऐरेनफेस्ट सूत्र कहलाता है
(d) अनिश्चितता के सिद्धान्त का समीकरणीय रूप कहलाता है

40. संकारक $\hat{A}$ का प्रत्यक्ष मान होगा, यदि ψ एक सुव्यवहारित तरंग फलन हो तो

(a) $\langle \vec{A} \rangle = \frac{\int \psi^*(\vec{r},t)\hat{A}(\vec{r},t)dv}{\int \psi^*(\vec{r},t)\psi(\vec{r},t)dv}$
(b) $\langle \vec{A} \rangle = \int \psi^*(\vec{r},t)\hat{A}\psi(\vec{r},t)dv$
(c) (a) व (b) दोनों।
(d) उपरोक्त में से कोई नहीं

41. यदि $\psi_m(x)$ व $\psi_n(x)$ एकविमीय बॉक्स में गतिशील कण के दो ऊर्जा आइगेन फलन हो तो

(a) $\int_{-\infty}^{\infty}\psi_n^*\psi_m dx = 0$ (b) $\int_{-\infty}^{\infty}\psi_n^*\psi_n dx = 0$
(c) $\int_{-\infty}^{\infty}\psi_m^*\psi_m dx = 0$ (d) इनमें से कोई नहीं

42. मुक्त कण के लिए श्रोडिंगर समीकरण है

(a) $\nabla^2\psi + 2mE\frac{\psi}{h^2} = 0$ (b) $\nabla^2\psi + 2m(E-v)\frac{\psi}{h^2} = 0$
(c) $\nabla^2\psi + 2m(E+v)\frac{\psi}{h^2} = 0$ (d) $\nabla^2\psi - 2mE\frac{\psi}{h^2} = 0$

43. तरंग फलन $\psi(x)$ के लिए प्रसामान्यीकरण की शर्त है

(a) $\psi^*\psi = 1$ (b) $\int \psi^*\psi dx = 1$
(c) $\int \psi^*\psi dt = 1$ (d) $\frac{d\psi^*}{dx} = \frac{d\psi}{dx}$

44. एक प्रसामान्यीकृत (normalized) फलन के लिए $\int_{-\infty}^{\infty}\psi_m^*\psi_n\,d\tau$ का मान है

(a) 0 (b) 1
(c) −1 (d) ∞

45. यदि $\psi(n) = \frac{1}{\sqrt{2a}}e^{1/\hbar(p_x - Et)}[0 \le x2a]$ कण के $0 < x < a/2$ में पाए जाने की प्रायिकता होगी

(a) 1/2 (b) 1/4
(c) 1/8 (d) 1

46. रेखीय आवर्ती दोलित्र के ऊर्जा आइगेन मान दिए जाते हैं

(a) $\left(n+\frac{1}{2}\right)\hbar\omega$ (b) $\left(n-\frac{1}{2}\right)\hbar\omega$
(c) $\left(2n+\frac{1}{2}\right)\hbar\omega$ (d) $\left(2n-\frac{1}{2}\right)\hbar\omega$

47. श्रोडिंगर समीकरण $\frac{d^2\psi}{dx^2} + \frac{2m}{\hbar^2}(E-V)\psi = 0$ के रेखीय आवर्ती दोलित्र में प्रतिस्थापन करने पर हमें प्राप्त होता है कि फलन $\psi = xe^{-\omega x^2/2\hbar}$ का संबंध है

(a) प्रथम उत्तेजित अवस्था से (b) द्वितीय उत्तेजित अवस्था से
(c) तृतीय उत्तेजित अवस्था से (d) चतुर्थ उत्तेजित अवस्था से

48. बद्ध तल दृढ़ घूर्णक का श्रोडिंगर समीकरण निम्न प्रकार से लिखा जा सकता है

(a) $\frac{\partial^2\psi}{\partial\phi^2} + \frac{2IE}{\hbar^2}\psi = 0$
(b) $\frac{\partial^2\psi}{\partial\phi^2} + 2I\frac{\partial\psi}{\partial\phi} + \frac{E}{\hbar^2}\psi = 0$
(c) $\frac{\partial^2\psi}{\partial\phi^2} + \frac{E}{\hbar^2}\frac{\partial\psi}{\partial\phi} + 2I\psi = 0$
(d) $\frac{\partial^2\psi}{\partial\phi^2} + \frac{I}{\hbar^2}\frac{\partial\psi}{\partial\phi} + 2E\psi = 0$

49. कोणीय संवेग के x घटक के लिए संकारक होगा

(a) $\hat{L}_x = -i\hbar\left(y\frac{\partial}{\partial z} + z\frac{\partial}{\partial y}\right)$
(b) $\hat{L}_x = +i\hbar\left(z\frac{\partial}{\partial y} + y\frac{\partial}{\partial z}\right)$
(c) $\hat{L}_x = -i\hbar\left(y\frac{\partial}{\partial z} - z\frac{\partial}{\partial y}\right)$
(d) $\hat{L}_x = i\hbar\left(y\frac{\partial}{\partial z} - z\frac{\partial}{\partial y}\right)$

50. एक प्रयोग में, दे-ब्रोग्ली तरंगदैर्ध्य के तुलनात्मक चौड़ाई d की एक पतली स्लिट से इलेक्ट्रॉनों को गुजारा जाता है। स्लिट से D दूरी पर स्थित एक पर्दे पर इनका अध्ययन किया जाता है।

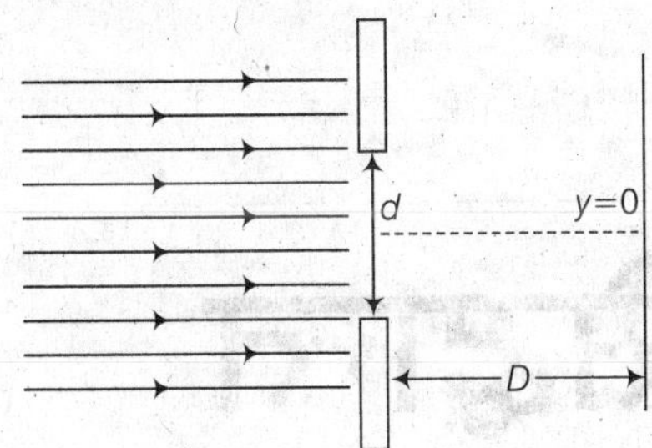

निम्नलिखित में से कौन-सा ग्राफ प्राप्त होने की सम्भावना की जा सकती है जो संसूचक की स्थिति y के पदों में इलेक्ट्रॉनों की प्राप्त संख्या N को प्रदर्शित करता है। स्लिट के मध्य पर $(y = 0)$

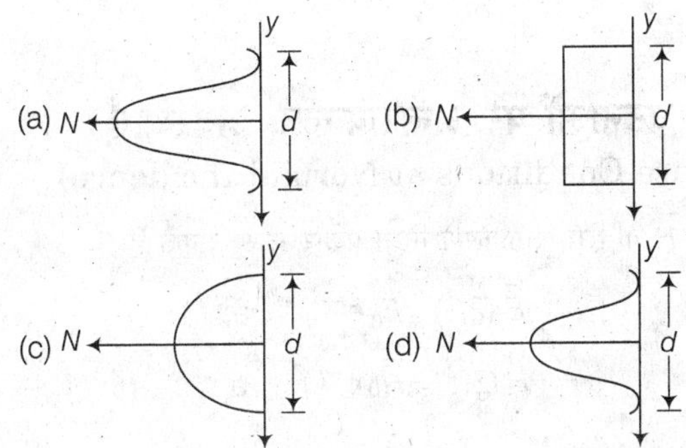

51. थॉमसन के प्रयोग में एकल आयनित Ne^{20} के लिए परवलय की समीकरण $x = 10y^2$ है, तो Ne^{22} के लिए परवलय की समीकरण होगी

(a) $y^2 = \frac{x}{22}$ (b) $y^2 = \frac{x}{11}$
(c) $y^2 = \frac{x}{20}$ (d) $y^2 = \frac{x}{10}$

52. दो कणों P व Q के आवेश क्रमशः $+q$ व $+4q$ है, तथा द्रव्यमान क्रमशः m व $2m$ हैं। जब इन्हें विरामावस्था से समान विभवान्तर में त्वरित किया जाता है तो इनकी चालों का अनुपात होगा

(a) 1 : 2 (b) 2 : 1
(c) $1 : \sqrt{2}$ (d) $\sqrt{2} : 1$

53. इलेक्ट्रॉन की दे-ब्रोग्ली तरंगदैर्ध्य 10^{-10} मी से 0.5×10^{-10} मी तक घटाने के लिए इसे दी गई ऊर्जा होगी

(a) प्रारम्भिक ऊर्जा की चार गुनी
(b) प्रारम्भिक ऊर्जा की तीन गुनी
(c) प्रारम्भिक ऊर्जा के बराबर
(d) प्रारम्भिक ऊर्जा की दोगुनी

54. 4400 Å तरंगदैर्ध्य का फोटॉन निर्वात् से गुजरता है फोटॉन के प्रभावी द्रव्यमान तथा संवेग क्रमशः होंगे

(a) 5×10^{-36} किग्रा, 1.5×10^{-27} किग्रा-मी से$^{-1}$
(b) 5×10^{-35} किग्रा, 1.5×10^{-26} किग्रा-मी से$^{-1}$
(c) शून्य, 1.5×10^{-26} किग्रा-मी से$^{-1}$
(d) 5×10^{-36} किग्रा, 1.5×10^{-43} किग्रा-मी से$^{-1}$

उत्तरमाला

1. (b)	2. (b)	3. (c)	4. (a)	5. (b)	6. (a)	7. (b)	8. (b)	9. (b)	10. (a)
11. (d)	12. (a)	13. (d)	14. (c)	15. (a)	16. (c)	17. (b)	18. (c)	19. (d)	20. (c)
21. (b)	22. (b)	23. (b)	24. (a)	25. (c)	26. (a)	27. (b)	28. (b)	29. (c)	30. (a)
31. (a)	32. (b)	33. (b)	34. (b)	35. (a)	36. (b)	37. (c)	38. (b)	39. (a)	40. (c)
41. (a)	42. (b)	43. (b)	44. (b)	45. (b)	46. (a)	47. (a)	48. (a)	49. (c)	50. (d)
51. (b)	52. (c)	53. (a)	54. (a)						

संकेत एवं हल

3. जैसा कि, $S = \frac{i\hbar}{2m}\left[\psi^* \frac{\partial \psi}{\partial t} - \psi \frac{\partial \psi^*}{\partial t}\right]$

जहाँ, ψ वास्तविक तरंग फलन है।

$\therefore$ $\psi^* = \psi$

अर्थात् $S = 0$

40. यहाँ, ψ सुव्यवहारित तरंग फलन है।

$\therefore$ $\int \psi^* \psi dV = 1$ (सामान्य स्थिति)

41. एकविमीय बॉक्स में गतिशील कण के ऊर्जा आइगेन फलन लाम्बिक होते हैं।

अतः $\int_{-\infty}^{\infty} \psi_n^* \psi_m dx = 0$

45. हमें ज्ञात है कि, $p = \int_0^{a/2} \psi^* \psi dx = \frac{1}{2a}\int_0^{a/2} dx$

$= \frac{1}{4}$

49. $L_x = yp_z - zp_y$ और $p_z = -i\hbar \frac{\partial}{\partial z}$

तथा $p_y = -i\hbar \frac{\partial}{\partial y}$

$\therefore L_x = -i\hbar \frac{\partial}{\partial^2} y - \left(-i\hbar \frac{\partial}{\partial y} z\right)$

$= -i\hbar \left(y \frac{\partial}{\partial z} - z \frac{\partial}{\partial y}\right)$

35

विद्युतचुम्बकीय क्षेत्र सिद्धान्त

Electromagnetic Field Theory

विद्युतचुम्बकीय क्षेत्र सिद्धान्त (EMFT) को निर्वात् तथा वेवगाइड्स (waveguides) में तरंग संचरण की परिघटना द्वारा परिचित कराया जाता है।

संचरण नियतांक (Propagation Constant)

किसी विद्युतचुम्बकीय तरंग का संचरण नियतांक किसी माध्यम से तरंग संचरण के दौरान, इसके आयाम का क्षीणन और प्रावस्था परिवर्तन को दर्शाने वाला गुणांक है।

$$k = \alpha + j\beta$$

यहाँ,
$$\alpha = \omega\sqrt{\frac{\mu\varepsilon}{2}\left[\sqrt{1+\left(\frac{\sigma}{\omega\varepsilon}\right)^2}+1\right]}$$

तथा
$$\beta = \omega\sqrt{\frac{\mu\varepsilon}{2}\left[\sqrt{1+\left(\frac{\sigma}{\omega\varepsilon}\right)^2}-1\right]}$$

नैजं प्रतिबाधा (Intrinsic Impedance)

किसी विद्युतचुम्बकीय तारंगिक नैज की तरंग प्रतिबाधा विद्युत और चुम्बकीय क्षेत्रों के अनुप्रस्थ अवयवों का अनुपात होता है।

(+Z दिशा में तरंग संचरण के लिए)

$$\boxed{\eta = \frac{E_x}{H_g}}$$

जहाँ, $\eta = \sqrt{\dfrac{j\omega\mu}{\sigma + j\omega\varepsilon}}$

यदि, Z-दिशा में तरंग संचरण होता है,

$$E_x / E_y = -\eta$$

त्वचा गहराई अथवा भेदन गहराई (Skin Depth or Depth of Penetration)

मुख्यतः चालक की त्वचा में, बाह्य पृष्ठ तथा एक स्तर के बीच बहने वाली विद्युत धारा त्वचा गहराई कहलाती है।

$$\delta = \sqrt{\frac{2}{f\mu\sigma}}$$

सामान्य घटनाओं पर अन्तराफलक अवस्थाएँ (Interface Conditions at Normal Incidence)

$\vec{E}$ तथा $\vec{H}$ के लिए समीकरणें निम्न प्रकार लिख सकते हैं:

$$\vec{E}_i(Z,t) = \vec{E}_0^i e^{-\gamma_1 Z e^{j\omega t}}\,\hat{a}_x$$
$$\vec{H}_i(Z,t) = \vec{H}_0^i e^{-\gamma_1 Z e^{j\omega t}}\,\hat{a}_y$$
$$\vec{E}_r(Z,t) = \vec{E}_0^r e^{-\gamma_1 Z e^{j\omega t}}\,\hat{a}_x$$
$$\vec{H}_r(Z,t) = \vec{H}_0^r e^{-\gamma_1 Z e^{j\omega t}}\,\hat{a}_y$$
$$\vec{E}_t(Z,t) = \vec{E}_0^t e^{-\gamma_2 Z e^{j\omega t}}\,\hat{a}_x$$
$$\vec{H}_t(Z,t) = \vec{H}_0^t e^{-\gamma_2 Z e^{j\omega t}}\,\hat{a}_y$$

सामान्य घटनाओं में $\vec{E}$ तथा $\vec{H}$ अन्तराफलक के साथ स्पर्शरेखीय होते हैं तथा ये लगातार इसके साथ स्पर्शरेखीय बने रहते हैं।

$Z = 0$ पर
$$E_0^i + E_0^r = E_0^t$$
$$H_0^i + H_0^r = H_0^t$$

आन्तरिक प्रतिबाधा (Internal Impedance)

किसी भी क्षेत्र में आन्तरिक प्रतिबाधा $= \pm\dfrac{E_x}{H_y}$

$$\Rightarrow \quad \frac{E_0^i}{H_0^i} = \eta_1, \frac{E_0^r}{H_0^r} = -\eta_1, \frac{E_0^t}{H_0^t} = \eta_2$$

(ऋणात्मक चिह्न यह दर्शाता है कि परावर्तित तरंग आपतित तरंग की विपरीत दिशा में संचरित होती है।)

इस प्रकार से,
$$\frac{E_0^r}{E_0^i} = \frac{\eta_2 - \eta_1}{\eta_1 + \eta_2}, \frac{H_0^r}{H_0^i} = \frac{\eta_1 - \eta_2}{\eta_1 + \eta_2}$$
$$\frac{E_0^t}{E_0^i} = \frac{2\eta_2}{\eta_1 + \eta_2},$$
$$\frac{H_0^t}{H_0^i} = \frac{2\eta_1}{\eta_1 + \eta_2}$$

परोक्ष घटना तथा स्नैल का नियम (Invisible Event and Snell's Law)

अपवर्तन सम्बन्धी स्नैल का नियम विद्युतचुम्बकीय तरंग अथवा प्रकाश की चाल तथा अपवर्तनांक के साथ आपतन कोण (θ_i) तथा परावर्तन कोण (θ_r) के बीच सम्बन्ध बताता है। इसके अनुसार,

$$\frac{\sin\theta_i}{\sin\theta_r} = \sqrt{\frac{\mu_2\varepsilon_2}{\mu_1\varepsilon_1}} = \frac{v_1}{v_2}$$

क्रान्तिक कोण यह वह न्यूनतम क्रान्तिक आपतन कोण सघन माध्यम में है जिसके कारण पूर्ण आन्तरिक परावर्तन होता है।

$$\theta_c = \sin^{-1}\sqrt{\varepsilon r_2 / \varepsilon r_1}$$

ध्रुवण (Polarisation)

वह प्रक्रिया जिसमें प्रकाश के कम्पन्न को विशेष तल में सीमित किया जाता है। ध्रुवण या प्रकाश का ध्रुवण कहलाती है। ध्रुवण के मुख्य प्रकार निम्नवत् हैं:

(i) **लम्बवत् ध्रुवण** (Perpendicular polarisation) लम्बवत् ध्रुवण E, आपतित तल के लम्बवत् होता है तथा यह प्लेनर (planar) अन्तराफलक के समान्तर होता है।

$$\frac{E_0^r}{E_0^i} = \frac{\eta_2\cos\theta_i - \eta_1\cos\theta_t}{\eta_2\cos\theta_i + \eta_1\cos\theta_i}$$

$$\frac{E_0^t}{E_0^i} = \frac{2\eta_2\cos\theta_i}{\eta_2\cos\theta_i - \eta_1\cos\theta_t}$$

(ii) **समान्तर ध्रुवण** (Parallel polarisation) समान्तर ध्रुवण के लिए विद्युत क्षेत्र सदिश $\vec{E}$ का अस्तित्व पूरी तरह आपतन तल में होता है।

$$\frac{E_0^r}{E_0^i} = \frac{\eta_2\cos\theta_i - \eta_1\cos\theta_i}{\eta_1\cos\theta_i - \eta_2\cos\theta_t}$$

$$\frac{E_0^t}{E_0^i} = \frac{2\eta_2\cos\theta_i}{\eta_1\cos\theta_i - \eta_2\cos\theta_t}$$

यदि $\mu_1 = \mu_2$, एक निश्चित आपतन कोण के लिए यहाँ कोई परावर्तित तरंग नहीं होगी।

ब्रूस्टर का नियम (Brewster's Law)

इस नियम के अनुसार, परावर्तित प्रकाश में ध्रुवण प्रकाश की मात्रा, आपतन कोण पर निर्भर करती है। एक विशेष आपतन कोण के लिए, जिसे ध्रुवण कोण (polarisation angle) i_p कहते हैं। परावर्तित प्रकाश पूर्णतयाः समतल ध्रुवित हो जाता है तथा इसके कम्पन आपतन तल के लम्बवत् हो जाते हैं।

ब्रूस्टर कोण $\sqrt{\frac{\varepsilon_2}{\varepsilon_1}} = \tan i_p$ या $i_p = \tan^{-1}\sqrt{\frac{\varepsilon_2}{\varepsilon_1}}$

संचरण रेखाएँ (Propagation Lines)

संचरण रेखायें एक रेडिएटर के लिए विद्युतचुम्बकीय ऊर्जा ले जाती हैं। सामान्यतः इनमें दो तार होते हैं तथा ये इस स्थिति में सन्तुलित होती हैं। यदि इनमें एक तार है, तब इसका वापसी पथ (return path) पृथ्वी होती है, तब यह असन्तुलित संचरण है।

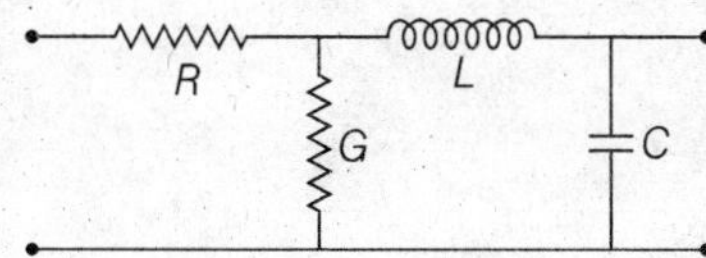

प्रति एकांक लम्बाई की कुल श्रेणी प्रतिबाधा

$$Z = R + j\omega L \text{ (ओम-मी)}$$

तथा प्रति एकांक लम्बाई का शंट प्रवेश्यता

$$Y = G + j\omega C \text{ (म्हो-मी)}$$

अभिलाक्षणिक प्रतिबाधा संचरण रेखाओं के लिए अभिलाक्षणिक प्रतिबाधा निम्न प्रकार से दी जाती है

$$Z_0 = \sqrt{\frac{R + j\omega L}{G + j\omega C}}$$

$$= \sqrt{\frac{Z}{Y}}\ \Omega$$

संचरण नियतांक संचरण रेखाओं के लिए एक नियतांक प्रयुक्त होता है जो निम्नवत् दिया जाता है।

$$\gamma = \sqrt{(R + j\omega L)(G + j\omega C)}$$

अतः
$$Z_0 = \sqrt{\frac{j\omega L(1 + R/j\omega L)}{j\omega C(1 + G/j\omega C)}}$$

$$= \sqrt{\frac{L(1 + R/j\omega L)}{C(1 + G/j\omega C)}}$$

कुछ मुख्य शर्तो पर अभिलाक्षणिक प्रतिबाधा निम्न रूप से दिये जाते हैं:

(i) **निम्न आवृत्ति पर,** $R >> \omega L$ तथा $G >> \omega C$

$$Z_0 = \sqrt{\frac{R}{G}}$$

(ii) **उच्च आवृत्ति पर,** $R << \omega L$ तथा $G << \omega C$

$$Z_0 = \sqrt{\frac{L}{C}}$$

लोड से दूरी x के फलन के रूप में लाइन प्रतिबाधा

$$Z_x = Z_0\frac{Z_R + Z_0\tan h\,\gamma x}{Z_0 + Z_R\tan h\,\gamma x}$$

लघु पथन (short circuit) व बन्द परिपथ लाइन के लिए, Z_x

(i) यदि लाइन खुला परिपथ है, $Z_R = \infty$

$$Z_{OC} = Z_0\cot h\gamma\,x$$

(ii) यदि लाइन लघुपथित (short circuited) है, $Z_R = 0$

$$Z_{SC} = Z_0\tan h\gamma\,x$$

$$Z_0 = \sqrt{Z_{OC}\cdot Z_{SC}}$$

हानिरहित (lossless) **लाइन के लिए**

प्रतिबाधा,
$$Z_x = Z_0\frac{Z_R + jZ_0\tan\beta x}{Z_0 + jZ_R\tan\beta x}$$

यदि हानिरहित लाइन खुला परिपथ है अर्थात् $Z_R = \infty$

$$Z_x = \frac{Z_0}{j\tan\beta x}$$

$$= -jZ_0\cot\beta x = Z_{OC}$$

यदि हानिरहित लाइन शॉर्टसर्किट है अर्थात् $Z_R = 0$

$$Z_x = jZ_0\tan\beta x = Z_{SC}$$

वोल्टेज स्टैंडिंग तरंग अनुपात
(Voltage Standing Wave Ration-VSWR)

यह लाइन के अनुदिश महत्तम व न्यूनतम धारा या वोल्टेज आयामों का अनुपात है।

$$VSWR = \frac{1+|\rho_V|}{1-|\rho_V|}, |\rho_V| = \frac{VSWR-1}{VSWR+1}$$

VSWR को हानिरहित लाइन के लिए परिभाषित नहीं किया जा सकता है।

यदि $VSWR = 1 \Rightarrow |\rho| = 0 \Rightarrow$ पूर्णतः match

यदि $VSWR = \infty \Rightarrow |\rho| = 0 \Rightarrow$ पूर्णतः mismatch

वेवगाइड्स (Waveguides)

एक आयताकार वेवगाइड एक खोखली धात्विक ट्यूब है जिसमें एक आयताकार अनुप्रस्थ-परिच्छेद होता है।

आयताकार वेवगाइड में अनुप्रस्थ विद्युतीय मोड
[Transverse Electric (TE) Modes in Rectangular Waveguide]

आयताकार वेवगाइड में TE_{MN} क्षेत्र समीकरण

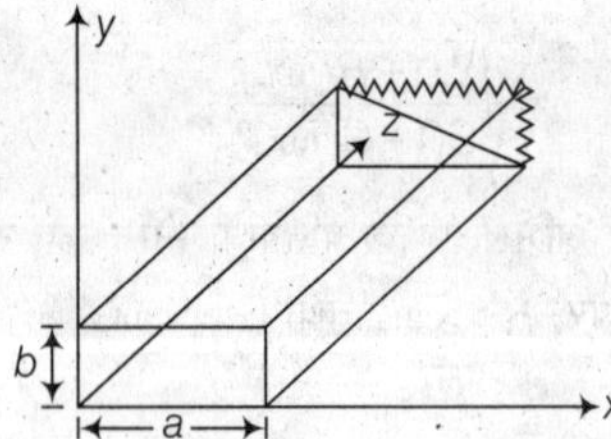

$$\vec{E}_x = \vec{E}_{0x}\cos\left(\frac{m\pi x}{a}\right)\sin\left(\frac{n\pi y}{b}\right)e^{-j\beta_g Z}$$

$$\vec{E}_y = \vec{E}_{0y}\sin\left(\frac{m\pi x}{a}\right)\cos\left(\frac{n\pi y}{b}\right)e^{-j\beta_g Z}$$

$$\vec{E}_x = 0$$

$$\vec{H}_x = \vec{H}_{0x}\sin\left(\frac{m\pi x}{a}\right)\cos\left(\frac{n\pi y}{b}\right)e^{-j\beta_g Z}$$

$$\vec{H}_y = \vec{H}_{0y}\cos\left(\frac{m\pi x}{a}\right)\sin\left(\frac{n\pi y}{b}\right)e^{-j\beta_g Z}$$

$$\vec{H}_z = \vec{H}_{0z}\cos\left(\frac{m\pi x}{a}\right)\cos\left(\frac{n\pi y}{b}\right)e^{-j\beta_g Z}$$

जहाँ, $m = 0, 1, 2, \ldots,\ n = 0, 1, 2, \ldots,\ m = n = 0$ अतिरिक्त

TE_{MN} मोड के लिए,

(i) कट-ऑफ तरंग संख्या,

$$K_c = \sqrt{\left(\frac{m\pi}{a}\right)^2 + \left(\frac{n\pi}{b}\right)^2}$$

$$= \omega_c\sqrt{\mu\varepsilon}$$

जहाँ, a तथा b मीटर में हैं।

(ii) कट-ऑफ आवृत्ति, $f_c = \frac{1}{2\sqrt{\mu\varepsilon}}\sqrt{\frac{m^2}{a^2} + \frac{n^2}{b^2}}$

(iii) संचरण नियतांक, $\beta_g = \omega\sqrt{\mu\varepsilon}\sqrt{1-\left(\frac{f_c}{f}\right)^2}$

कला वेग TE_{MN} मोड्स के लिए धनात्मक Z-दिशा में,

संचरण के लिए कला वेग, $v_g = \frac{\omega}{\beta_g}$

$$= \frac{v_p}{\sqrt{1-\left(\frac{f_c}{f}\right)^2}}$$

जहाँ, $v_p = \frac{1}{\sqrt{\mu\varepsilon}}$ मुक्त पराविद्युत में कला वेग

अभिलाक्षणिक तरंग प्रतिबाधा
(Characteristic Wave Impedance)

वेवगाइड्स की उपस्थिति में अभिलाक्षणिक तारंगिक प्रतिबाधा निम्न प्रकार से दी जाती है।

$$Z_g = \frac{E_x}{H_y} = -\frac{E_y}{H_x}$$

$$= \frac{\omega\mu}{\beta_g} = \frac{\eta}{\sqrt{1-\left(\frac{f_c}{f}\right)^2}}$$

जहाँ, $\eta = \sqrt{\frac{\mu}{\varepsilon}}$ मुक्त पराविद्युत में आन्तरिक प्रतिबाधा (internal impedance in dielectric medium) है

तथा तरंगदैर्ध्य, $\lambda_g = \frac{\lambda}{\sqrt{1-\left(\frac{f_c}{f}\right)^2}}$

अभ्यास प्रश्नावली

1. चित्र में एक हानिरहित संचरण लाइन दिखाई गई है, SWR है

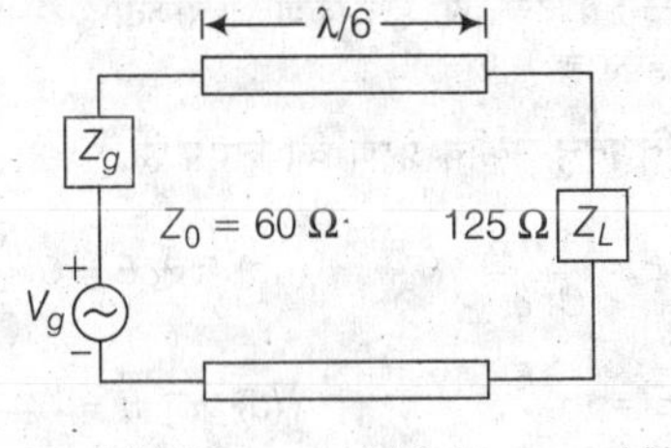

(a) 2.08 (b) 1.63 (c) 2.44 (d) 1.93

2. चित्रानुसार एक हानिरहित लाइन्स जुड़ी हैं। A पर इनपुट प्रतिबाधा Z_{in} है।

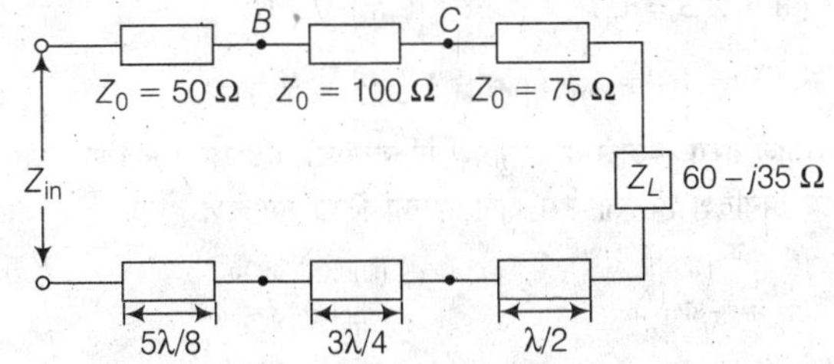

(a) $46 - j69\ \Omega$
(b) $39 - j\ 57\ \Omega$
(c) $67 + j\ 48\ \Omega$
(d) $61 + j52\ \Omega$

3. अच्छे चालक के लिए

(a) $\frac{\sigma}{\omega\varepsilon} >> 1$
(b) $\frac{\sigma}{\omega\varepsilon} << 1$
(c) $\frac{\sigma}{\omega\varepsilon} >> C$
(d) इनमें से कोई नहीं

4. CGS गॉसियन प्रणाली में पॉयसन समीकरण है

(a) $\nabla^2 V = -\frac{\rho}{\varepsilon_0}$
(b) $\nabla^2 V = -4\pi\rho$
(c) $\nabla^2 V = -4\pi\sigma$
(d) $\nabla^2 V = 0$

5. एक लाइन का परावर्तन गुणांक $0.2 - 4.5$ है। इस लाइन का SWR है

(a) 0.8 (b) 1.1 (c) 1.2 (d) 1.5

6. निम्नलिखित स्थितियों में से कौन-सी बिना गारन्टी की संचरण लाइन है?

(a) $R = G = 0$
(b) $RG = GL$
(c) बहुत निम्न आवृत्ति परिसर ($R >> \omega L, G >> \omega C$)
(d) बहुत उच्च आवृत्ति परिसर ($R << \omega L, G << \omega C$)

7. एक संचरण लाइन में प्राथमिक नियतांक R, L, G तथा C हैं तथा द्वितीय नियतांक Z_0 तथा $\gamma = a + j\beta$ है। यदि लाइन हानिरहित है, तब

(a) $R = 0, G \neq 0$ तथा $\alpha = 0$
(b) $R = 0, G = 0$ तथा $\beta = |\gamma|$
(c) $G = 0$ तथा $\alpha = \beta$
(d) $R = 0, G = 0, \alpha = 0$ तथा $\beta = |\gamma|$

8. विद्युतचुम्बकीय तरंग अपवर्तन के लिए, ब्रूस्टर का नियम है (माना $n_2 > n_1$)

(a) $\phi = \sin^{-1}\left(\frac{n_2}{n_1}\right)$
(b) $\phi_p = \cos^{-1}\left(\frac{n_2}{n_1}\right)$
(c) $\phi_p = \tan^{-1}\left(\frac{n_2}{n_1}\right)$
(d) $\phi_p = \sin^{-1}\left(\frac{n_1}{n_2}\right)$

9. प्रति एकांक लम्बाई की धारिता तथा हानिरहित (lossless) लाइन की प्रतिबाधा क्रमश: C तथा Z_0 हैं। संचरण लाइन में चलने वाली तरंग का वेग है

(a) $Z_0 C$
(b) $\frac{1}{Z_0 C}$
(c) $\frac{Z_0}{C}$
(d) $\frac{C}{Z_0}$

10. दो रेखीय परावैद्युतों (परावैद्युतांक ε_1 व ε_2) के बीच अन्तराफलक विद्युत क्षेत्र रेखा बैण्ड द्वारा चित्र में दिखाया गया है। अन्तराफलक पर यहाँ कोई मुक्त आवेश नहीं है। अनुपात $\frac{\varepsilon_2}{\varepsilon_1}$ है

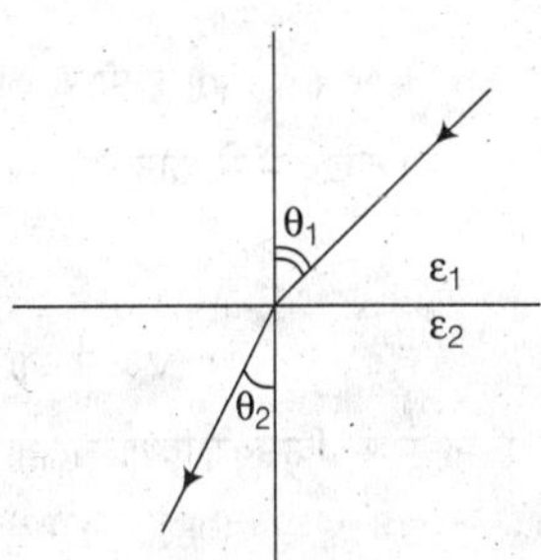

(a) $\frac{\tan\theta_1}{\tan\theta_2}$
(b) $\frac{\cos\theta_1}{\cos\theta_2}$
(c) $\frac{\sin\theta_1}{\sin\theta_2}$
(d) $\frac{\cot\theta_1}{\cot\theta_2}$

11. निम्न में किसका मात्रक कूलॉम है?

(a) $\oint H.dl$ (b) $\oint E.dl$ (c) $\iint D.ds$ (d) $\iint E.ds$

12. $\frac{\partial \vec{B}}{\partial \vec{t}}$ पद वाला मैक्सवेल समीकरण प्राप्त होता है

(a) ऐम्पियर के नियम से
(b) गॉस के नियम से
(c) बायो-सावर्ट के नियम से
(d) फैराडे के नियम से

13. माध्यम में विद्युतचुम्बकीय तरंगों के प्रक्षेपण के क्रम गें

(a) विद्युत ऊर्जा घनत्व, चुम्बकीय ऊर्जा घनत्व का दोगुना होता है
(b) विद्युत ऊर्जा घनत्व, चुम्बकीय ऊर्जा घनत्व का आधा होता है
(c) विद्युत ऊर्जा घनत्व व चुम्बकीय ऊर्जा घनत्व दोनों ही बराबर होते हैं
(d) विद्युत ऊर्जा घनत्व व चुम्बकीय ऊर्जा घनत्व दोनों ही शून्य होते हैं

14. निर्वात् में समतल विद्युतचुम्बकीय तरंगों की चाल है

(a) $c = \frac{1}{\sqrt{\mu_0\varepsilon_0}}$
(b) $c = \sqrt{\mu_0\varepsilon_0}$
(c) $c = \left(\frac{\varepsilon_0}{\mu_0}\right)^{1/2}$
(d) $c = \left(\frac{\mu_0}{\varepsilon_0}\right)^{1/2}$

15. प्वॉइन्टिंग वेक्टर का SI मात्रक है

(a) $W\text{-}m^2$ (b) W-m (c) Wm^{-1} (d) $Js^{-1}m^{-2}$

16. किसी चालक के लिए विद्युतचुम्बकीय तरंगों के सन्दर्भ में त्वचा गहराई

(a) आवृत्ति के वर्गमूल के व्युत्क्रमानुपाती होती है
(b) आवृत्ति के व्युत्क्रमानुपाती होती है
(c) आवृत्ति के अनुक्रमानुपाती होती है
(d) आवृत्ति के वर्ग के अनुक्रमानुपाती होती है

17. विद्युतचुम्बकीय तरंग का चालक माध्यम में प्रतिबाधा (impedance) का परिमाण है

(a) $Z_0\sqrt{\frac{\sigma}{\omega\mu}}$ (b) $Z_0 = \sqrt{\frac{\mu\sigma}{\omega}}$

(c) $Z_0 = \sqrt{\frac{\omega\sigma}{\mu}}$ (d) $Z_0 = \sqrt{\frac{\mu\omega}{\sigma}}$

18. चालक में विद्युत तथा चुम्बकीय क्षेत्र वेक्टरों के बीच का कोण है

(a) π रेडियन (b) $\frac{\pi}{2}$ रेडियन

(c) $\frac{\pi}{4}$ रेडियन (d) शून्य

19. पूर्ण चालक में विद्युतचुम्बकीय तरंगों के लिए अभिलाक्षणिक प्रतिबाधा होती है

(a) शून्य (b) 1

(c) ∞ (d) इनमें से कोई नहीं

20. स्थिर विद्युत क्षेत्र में निम्नलिखित में से कौन-सा मैक्सवेल के कर्ल समीकरण को प्रदर्शित करता है?

(a) $\nabla . B = 0$ (b) $\nabla \times B = 0$

(c) $\nabla \times B = \mu$ (d) $\nabla \times B = \mu J$

21. प्वॉइन्टिंग वेक्टर निम्न में से किसकी दिशा बताता है?

(a) विद्युत क्षेत्र (b) चुम्बकीय क्षेत्र

(c) सामर्थ्य प्रवाह (d) इनमें से किसी का नहीं

22. विद्युत और चुम्बकीय सदिश

(a) कला में, प्रचालन की दिशा में और एक-दूसरे के समान्तर होते हैं

(b) कला में, प्रचालन की दिशा में और एक-दूसरे के लम्बवत् होते हैं

(c) एक-दूसरे के लम्बवत्, प्रचालन की दिशा में परन्तु कला में नहीं होते

(d) एक-दूसरे के समान्तर, प्रचालन की दिशा में परन्तु कला में नहीं होते

23. विद्युतचुम्बकीय तरंगों की प्रकृति

(a) अनुप्रस्थ होती है

(b) अनुदैर्ध्य होती है

(c) केवल आकाश में अनुदैर्ध्य होती है

(d) केवल माध्यम में अनुदैर्ध्य होती है

24. किसी पृष्ठ द्वारा घेरे गये आयतन से होकर विस्थापन सदिश का कुल बहिर्गामी फ्लक्स

(a) उस आयतन में उपस्थित कुल विभव के बराबर होता है

(b) उस आयतन में उपस्थित कुल विद्युत वाहक बल के बराबर होता है

(c) उस आयतन में कुल अन्तर्गामी फ्लक्स के बराबर होता है

(d) उस आयतन में स्थित कुल आवेश के बराबर होता है

25. कर्ल $\vec{E} = -\frac{\partial \vec{B}}{\partial t}$

(a) स्थिर विद्युतिकी में गॉस के नियम का अवकल समीकरण है

(b) स्थिर चुम्बकीय में गॉस के नियम का अवकल समीकरण है

(c) विद्युतचुम्बकीय प्रेरण का फैराडे नियम का अवकल समीकरण है

(d) ऐम्पियर के नियम का मैक्सवेल द्वारा संशोधन है

26. किसी बन्द पृष्ठ से होकर गुजरने वाला चुम्बकीय प्रेरण का कुल बहिर्गामी फ्लक्स

(a) चुम्बकीय क्षेत्र के समानुपाती होता है

(b) चुम्बकीय क्षेत्र के व्युत्क्रमानुपाती होता है

(c) प्वॉइन्टिंग वेक्टर द्वारा हल किया जा सकता है

(d) शून्य होता है

27. फैराडे के विद्युतचुम्बकीय प्रेरण का नियम है

(a) कर्ल $\vec{E} = \frac{1}{C}\frac{\partial \vec{B}}{\partial t}$ (b) कर्ल $\vec{E} = C\frac{\partial \vec{B}}{\partial t}$

(c) कर्ल $\vec{E} = -\frac{\partial \vec{B}}{\partial t}$ (d) कर्ल $\vec{E} = \frac{\partial \vec{B}}{\partial t}$

28. ऐम्पियर के नियम का अवकलन स्वरूप है

(a) $\nabla \times \vec{B} = \mu_0 J$ (b) $\nabla \times \vec{B} = \mu_0 \hat{j}$

(c) $\nabla \cdot \vec{B} = \mu_0 J$ (d) $\nabla \cdot \vec{B} = \mu_0 \hat{j}$

29. प्रकाश तरंग y-अक्ष के अनुदिश गतिमान है। यदि संगत $\vec{E}$ किसी क्षण x-अक्ष के अनुदिश हो, तो उस क्षण $\vec{B}$ की दिशा अनुदिश होगी

(a) y-अक्ष के (b) x-अक्ष के

(c) $+z$-अक्ष के (d) $-z$-अक्ष के

30. निम्नलिखित में से किसकी ऊर्जा अधिकतम है?

(a) रेडियो तरंगे (b) गामा किरणें

(c) दृश्य प्रकाश (d) X-किरणें

31. निम्नलिखित में से कौन-सी विद्युतचुम्बकीय किरणें हैं?

(a) X-किरणें (b) β-किरणें

(c) कैथोड किरणें (d) धन किरणें

32. निम्नलिखित में से कौन-सी विद्युतचुम्बकीय तरंगें नहीं है?

(a) गामा किरणें (b) X-किरणें

(c) ध्वनि तरंगें (d) रेडियो तरंगें

33. मुक्त आकाश में विद्युतचुम्बकीय तरंग का वेग 3×10^8 मी/से$^{-1}$ है, 150 मी तरंगदैर्ध्य की रेडियो तरंग की आवृत्ति होगी

(a) 2 किलो हर्ट्ज (b) 20 किलो हर्ट्ज

(c) 2 मेगा हर्ट्ज (d) 45 मेगा हर्ट्ज

34. प्रकाश का वेग होता है

(a) $\sqrt{\frac{1}{\mu_0\varepsilon_0}}$ (b) $\sqrt{\frac{\varepsilon_0}{\mu_0}}$ (c) $\frac{\varepsilon_0}{\mu_0}$ (d) $\varepsilon_0\mu_0$

35. विद्युत क्षेत्र में परिवर्तन, चुम्बकीय क्षेत्र उत्पन्न करता है, यह नियम है

(a) फैराडे का (b) बायो-सावर्ट का

(c) आधुनिक ऐम्पियर का नियम (d) लेन्ज का नियम

36. विद्युतचुम्बकीय तरंगों में विद्युत व चुम्बकीय क्षेत्र सदिश $\vec{E}$ व $\vec{B}$ के बीच कलान्तर होता है

(a) शून्य (b) 90° (c) 180° (d) 360°

उत्तरमाला

1. (a)	**2.** (b)	**3.** (a)	**4.** (b)	**5.** (d)	**6.** (c)	**7.** (c)	**8.** (c)	**9.** (b)	**10.** (a)
11. (c)	**12.** (d)	**13.** (c)	**14.** (a)	**15.** (d)	**16.** (a)	**17.** (d)	**18.** (c)	**19.** (a)	**20.** (d)
21. (c)	**22.** (b)	**23.** (a)	**24.** (d)	**25.** (c)	**26.** (d)	**27.** (c)	**28.** (b)	**29.** (c)	**30.** (b)
31. (a)	**32.** (c)	**33.** (c)	**34.** (a)	**35.** (a)	**36.** (b)				

36

इलेक्ट्रॉनिक युक्तियाँ
Electronic Devices

विद्युतीय गुणों के आधार पर प्रकृति में तीन प्रकार के पदार्थ पाए जाते है- चालक, कुचालक या अचालक तथा अर्द्धचालक।

अर्द्धचालक (Semiconductor)

वे ठोस जिनकी चालकताएँ चालकों से कम तथा अचालकों से अधिक होती हैं, अर्द्धचालक कहलाते है :

अर्द्धचालक दो प्रकार के होते हैं :

1. नैज अर्द्धचालक (Intrinsic Semiconductor)

प्रकृति में पाए जाने वाले शुद्ध (pure) अर्द्धचालक नैज अर्द्धचालक कहलाते हैं। उदाहरण के लिए सिलिकन, जर्मेनियम, इत्यादि।

किसी **अर्द्धचालक की चालकता** कोटरों तथा इलेक्ट्रॉनों के कारण चालकताओं का योग होता है।

$$\sigma = qn\mu_e + qp\mu_h$$

जहाँ, h = चालन बैण्ड में इलेक्ट्रॉनों की सान्द्रता

p = संयोजन बैण्ड में कोटरों की सान्द्रता

μ_e = इलेक्ट्रॉनों की गतिशीलता

μ_n = कोटरों की गतिशीलता

शुद्ध अर्द्धचालकों की चालकता, $\sigma = qn_i(\mu_n + \mu_p)$

जहाँ, n_i = आन्तरिक सान्द्रता

नैज अर्द्धचालक के लिए, धारा घनत्व

$$J = \sigma E = ne\,(\mu_e + \mu_h)\,E$$

जहाँ, μ_e व μ_h क्रमशः इलेक्ट्रॉनों व कोटरों के अनुगमन वेग हैं।

2. बाह्य अर्द्धचालक (Extrinsic Semiconductor)

नैज अर्द्धचालकों में अशुद्धियाँ मिलने पर बाह्य अर्द्धचालक निर्मित होते हैं। ये दो प्रकार के होते हैं:

(i) p-प्रकार अर्द्धचालक (ii) n-प्रकार अर्द्धचालक

p-प्रकार के अर्द्धचालक के लिए, $n_e << n_h$

$$\sigma = n_e e\,\mu_e + n_h\,e\,\mu_h$$

तथा n-प्रकार के अर्द्धचालक के लिए, $n_e >> n_h$

दोनों ही प्रकार के अर्द्धचालकों के लिए, $n_e n_h = n_i^3$

सन्धि डायोड (Junction Diode)

सन्धि डायोड p तथा n प्रकार के अर्द्धचालक पदार्थो से मिलकर बनता है। इलेक्ट्रॉनिक परिपथ में सन्धि डायोड को दो प्रकार से समायोजित किया जा सकता है:

(i) **अग्रदिशिक अभिनति** (Forward bias) जब बैटरी का धन तथा ऋण ध्रुव क्रमशः डायोड के धन तथा ऋण ध्रुव से जुड़ा हो।

(ii) **पश्चदिशिक अभिनति** (Reverse bias) जब बैटरी का धन तथा ऋण ध्रुव क्रमशः डायोड के ऋण तथा धन ध्रुव से जुड़ा हो।

(i) अग्रदिशिक अभिनति में प्रतिरोध, $R_s = \dfrac{E_f}{I_f}$

E_f के साथ घटता है।

पश्चदिशिक अभिनति में प्रतिरोध; $R_s = \dfrac{E_r}{I_r}$

जहाँ, E_r तथा I_r क्रमशः पश्चदिशिक अभिनति में वोल्टेज तथा धारा हैं।

(ii) धारा, $I_f = I_s[e^{qV/kT}]$

जहाँ, I_f तथा I_s क्रमशः अग्र तथा संतृप्त धाराएँ हैं।

आवेश वाहकों की गतिशीलता (Mobility of Charge Carriers)

यह प्रति एकांक विद्युत क्षेत्र का अनुगमन वेग है। यह परिभाषित करता है कि आवेश एक स्थान से दूसरे स्थान को कैसे तीव्र गति से जाता है।

$$\mu = \frac{v_d}{E}$$

जहाँ, v_d = अनुगमन वेग

E = विद्युत क्षेत्र (आरोपित)

जर्मेनियम (Ge) **तथा सिलिकॉन** (Si) **के लिए**

	Ge	Si
इलेक्ट्रॉन गतिशीलता	3800 cm^2/V-s	1300 cm^2/V-s
कोटर गतिशीलता	1800 cm^2/V-s	500 cm^2/V-s

सम्पूर्ण धारा घनत्व (Total Current Density)

$$J_n(x) = q\mu_n E(x)n(x) + qd_n \frac{dn(x)}{dx}$$

तथा $$J_p(x) = q\mu_p p(x)E(x) - qd_p \frac{dp(x)}{dx}$$

$$J(x) = J_n(x)J_p(x)$$

जहाँ, $J(x)$ = सम्पूर्ण धारा घनत्व

$J_n(x)$ = इलेक्ट्रॉनों के कारण धारा घनत्व

$J_p(x)$ = कोटरों के कारण धारा घनत्व

तथा $E(x)$ = आरोपित (applied) विद्युत क्षेत्र

आइन्सटीन सम्बन्ध (Einstein Relation)

यह विसरण गुणांक μ_n, अनुगमन वेग (D_n तथा D_p) तथा तापमान T के बीच सम्बन्ध दर्शाता है,

$$\frac{D_n}{\mu_n} = \frac{D_p}{\mu_p} = \frac{kT}{q}$$

जहाँ, $kT/q = V_T$ = ऊष्मीय विभव (thermal voltage)

सांतत्य समीकरण (Equation of Continuity)

आवेश वाहकों के प्रवाह की दर को सांतत्य समीकरण से उनकी सान्द्रताओं के रूप में प्रदर्शित करते हैं।

यह समीकरण निम्न प्रकार दी जाती है,

$$\frac{d\delta p}{\partial t} = -\frac{1}{q}\frac{\partial J_p}{\partial x} - \frac{\delta_p}{\tau_p} \Rightarrow \frac{\partial \delta n}{\partial t} = \frac{1}{q}\frac{\partial J_n}{\partial x} - \frac{\delta_n}{\tau_n}$$

जहाँ, δ_p, δ_n = बहुसंख्यक वाहक सान्द्रता (majority carrier density)

τ_n, τ_p = क्रमशः इलेक्ट्रॉनों तथा कोटरों के आयुकाल

इस समीकरण का अन्य रूप है,

$$\frac{\partial \delta_n}{\partial t} = D_n \frac{\partial^2 \delta_n}{\partial x^2} - \frac{\delta_n}{\tau_n},$$ p-प्रकार अर्द्धचालक के लिए

$$\frac{\partial \delta_p}{\partial t} = D_p \frac{\partial^2 \delta_p}{\partial x^2} - \frac{\delta_p}{\tau_p},$$ n-प्रकार अर्द्धचालक के लिए

विसरित लम्बाई (Diffusion Length)

सान्द्रण प्रवणता के कारण अवक्षय विसरण होता है। सान्द्रण प्रवणता के भागों के बीच की दूरी विसरण लम्बाई कहलाती है।

इलेक्ट्रॉनों के लिए विसरित लम्बाई,

$$L_n = \sqrt{D_n \tau_n}$$ (n-प्रकार अर्द्धचालक के लिए)

जहाँ, L_n = इलेक्ट्रॉन के लिए

D_n = इलेक्ट्रॉन के लिए विसरण गुणांक

τ_n = इलेक्ट्रॉन के लिए वाहक आयुकाल

कोटरों के लिए विसरित लम्बाई,

$$L_p = \sqrt{D_p \tau_p}$$ (p-प्रकार अर्द्धचालक के लिए)

जहाँ, L_p = कोटरों के लिए विसरित लम्बाई

D_p = कोटर विसरण गुणांक

τ_p = कोटर के लिए वाहक आयुकाल

लेसर (Laser)

इसका अर्थ है विकिरण के उद्दीपित उत्सर्जन द्वारा प्रकाश का प्रवर्धन, (light amplification by stimulated emission) यह कला सम्बद्ध प्रकाश का स्रोत है।

यदि किसी परमाणु से, जब यह उत्तेजित अवस्था E_q में हो, उसी आवृत्ति का प्रकाश फोटॉन टकराए, जोकि उस परमाणु द्वारा उत्सर्जित होने वाला है तो वह परमाणु तुरन्त अपनी सामान्य ऊर्जा अवस्था में आ जाता है तथा ठीक उसी आवृत्ति का प्रकाश फोटॉन उत्सर्जित करके अपने ऊपर गिरने वाले प्रकाश्न को उद्दीपित कर देता है। इस प्रकार के उत्सर्जन को उद्दीपित उत्सर्जन कहते हैं। यह आपतित प्रकाश के साथ कला सम्बद्ध होता है। इस प्रकार उद्दीपित व आपतित प्रकाश मिलकर लेसर पुँज का निर्माण करते हैं।

होलोग्राफी (Holography)

यह त्रिआयामी फोटोग्राफी की एक शाखा है। होलोग्राम वह फोटोग्राफिक अंकन है, जिसमें सूचनाएँ संग्रहित होती हैं। इसमें त्रिआयामी (three dimensional या 3D) प्रतिबिम्ब बनाया जा सकता है।

दिष्टकारी (Rectifier)

वह युक्ति जो प्रत्यावर्ती धारा (AC) को दिष्ट धारा (DC) में परिवर्तित करें, दिष्टकारी कहलाती है। इसके मुख्य दो प्रकार निम्न हैं:

1. अर्द्ध-तरंग दिष्टकारी (Half Wave Rectifier)

इसमें निविष्ट प्रत्यावर्ती वोल्टता या धारा का आधा चक्र या अर्द्ध-तरंग उपयोग में आती है। इसके लिए

- $I_b = \dfrac{E_m \sin \omega t}{R_d + R}$ ($\omega t = 0$ से $\omega t = \pi$ के बीच)

  तथा $I_b = 0$ ($\omega t = \pi$ से $\omega t = 2\pi$ के बीच)
- $I_{rms} = \dfrac{E_m}{2(R + R_d)}$
- $I_{DC} = \dfrac{E_m}{\pi(R + R_d)}$
- DC शक्ति, $P_{DC} = \dfrac{E_m^2 R}{\pi^2 (R + R_d)^2}$
- इनपुट शक्ति, $P_{in} = \dfrac{E_m^2}{4(R + R_d)}$
- दिष्टकारी की क्षमता, $\eta = \dfrac{4R}{\pi^2 (R + R_d)}$
- शीर्ष लोड वोल्टेज, $E_m = I_m R = \dfrac{E_m R}{(R + R_d)}$
- औसत लोड वोल्टेज, $E_{DC} = \dfrac{RE_m}{\pi(R + R_d)}$
- $E_{rms} = \dfrac{E_m R}{2(R + R_d)}$
- रिपल गुणांक $= \dfrac{\pi}{2\sqrt{2}} = 1{\cdot}21$

2. पूर्ण तरंग दिष्टकारी (Full Wave Rectifier)

इसमें निविष्ट प्रत्यावर्ती वोल्टता या धारा का पूर्ण चक्र या तरंग उपयोग में आती है।

इसके उपयोग से सतत् दिष्ट धारा प्राप्त की जाती है।

पूर्ण तरंग दिष्टकारी के लिये

$$I_{rms} = \frac{E_m}{\sqrt{2}\,(R + R_d)}$$

$$I_{DC} = \frac{2\,E_m}{\pi\,(R + R_d)}$$

रिपल गुणांक $= 0 \cdot 48$

पूर्ण दिष्टकारी की क्षमता $(n) = \frac{8\,R}{\pi^2\,(R + R_d)}$

शीर्ष लोड वोल्टेज $= \frac{2\,E_m R}{(R + R_d)}$

संख्यात्मक द्वारक (Numerical Aperture or NA)

प्रकाशीय तन्तु के अन्तर्गत संख्यात्मक द्वारक का अध्ययन किया जाता है।

संख्यात्मक द्वारक के लिए व्यंजक निम्न प्रकार से दिया जाता है,

$$n_0 \sin\theta_a = n_1 \sin(90° - \phi_c)$$

या $n_0 \sin\theta_a = n_1\sqrt{1 - \sin^2\phi_c}$

या $n_0 \sin\theta_a = n_1\sqrt{1 - (n_2/n_1)^2}$

या $\text{NA} = n_0 \sin\theta_a = (n_1^2 - n_2^2)^{1/2}$

यदि तन्तु के लिए आपतन कोण का मान θ_a से अधिक है, तो प्रकाशिक तन्तु में पूर्ण आन्तरिक परावर्तन नहीं होगा तथा कोई सूचना प्राप्त नहीं होगी।

आन्तरिक व बाह्य अर्द्धचालक में फर्मी स्तर (Fermi Level in Intrinsic and Extrinsic Semiconductor : E_F)

फर्मी स्तर वह ऊर्जा स्तर है जिस पर अधिकतम गतिज ऊर्जा वाले इलेक्ट्रॉन होते हैं। इसके लिए समीकरण निम्नवत् है,

$$E_F = \frac{E_C + E_V}{2} - kT \ln\left(\frac{N_C}{N_V}\right)$$

जहाँ, E_C = चालन बैण्ड निम्न ऊर्जा स्तर

E_V = संयोजी बैण्ड का उच्च ऊर्जा स्तर

N_C = चालन बैण्ड का स्थिति घनत्व

N_V = संयोजी बैण्ड का स्थिति घनत्व, k = बोल्ट्जमान नियतांक

यदि $N_V \approx N_C$, तब फर्मी स्तर ऊर्जा गैस के मध्य में होता है।

0 K पर फर्मी स्तर ऊर्जा गैस के मध्य में होता है

शुद्ध अर्द्धचालक में फर्मी स्तर तापमान पर निर्भर करता है।

जब तापमान बढ़ता है, तो फर्मी स्तर बैण्ड गैप के मध्य से दूर की ओर चलने लगता है।

n-प्रकार के अर्द्धचालक में ऊर्जा स्तर, $E_F = E_C - kT \ln\left(\frac{N_C}{N_D}\right)$

जहाँ, N_C = चालन बैण्ड में स्थिति घनत्व

N_D = दाता सान्द्रता (donar concentration)

अभ्यास प्रश्नावली

1. उद्दीपित उत्सर्जन की दर,

(a) उत्तेजित अवस्था में उपस्थित परमाणुओं की संख्या पर निर्भर नहीं करती है
(b) उत्तेजित अवस्था में उपस्थित परमाणुओं की संख्या पर निर्भर करती है
(c) निम्न ऊर्जा अवस्था में परमाणुओं की संख्या पर निर्भर होती है
(d) आपतित बाह्य विकिरण की तीव्रता पर निर्भर नहीं होती है

2. लेसर विकिरण की तीव्रता

(a) ऊर्जा घनत्व तथा विकिरण के वेग के अनुपात के बराबर होती है
(b) ऊर्जा घनत्व तथा विकिरण के वेग के गुणनफल के बराबर होती है
(c) ऊर्जा घनत्व तथा विकिरण के वेग के योगफल के बराबर होती है
(d) विकिरण के वेग के व्युत्क्रमानुपाती होती है

3. चिरसम्मत् (Classical) कण होते हैं

(a) विभेद्य (b) अविभेद्य
(c) (a) व (b) दोनों (d) इनमें से काई नहीं

4. आइन्सटीन के गुणक A_{21}/B_{12} का अनुपात है

(a) $8\pi h v^3/c^3$ (b) $8\pi h \lambda^3/c^3$ (c) $8\pi h v^2/c^3$ (d) $8\pi h v/c^3$

5. सही कथन चुनिये

(a) उद्दीपित उत्सर्जन और उद्दीपित अवशोषण के गुणांक बराबर होते हैं
(b) उद्दीपित उत्सर्जन का गुणांक उद्दीपित अवशोषण के गुणांक से अधिक होता है
(c) उद्दीपित उत्सर्जन का गुणांक उद्दीपित अवशोषण के गुणांक से कम होता है
(d) उद्दीपित उत्सर्जन का गुणांक उद्दीपित अवशोषण के गुणांक से अधिक अथवा कम हो सकता है

6. आइन्सटीन के गुणांकों का अनुपात होता है

(a) v^3 के व्युत्क्रमानुपाती (b) v^3 के समानुपाती
(c) h^3 के समानुपाती (d) c^3 के समानुपाती

7. वह माध्यम जिसमें समष्टि प्रतिलोमन प्राप्त किया जा सकता है और जिसमें स्वयं के भीतर गुजरते प्रकाश फ्लक्स को प्रवर्धित करने की क्षमता होती है, कहलाता है

(a) सक्रिय माध्यम (b) पम्प
(c) अनुनादक (d) प्रवर्धक

8. लेसर में, दर्पणों की ऐसी व्यवस्था जिनके बीच सक्रिय माध्यम स्थित रहता है, कहलाता है

(a) पम्प (b) अनुनादक (c) फिल्टर (d) विभाजक

9. किसी एकक बिन्दु स्रोत द्वारा उत्पन्न प्रकाश होता है

(a) स्थानिक कलासम्बद्ध नहीं (b) आंशिक स्थानिक कलासम्बद्ध
(c) पूर्णतः स्थानिक कलासम्बद्ध (d) इनमें से कोई नहीं

10. रूबी लेसर के सक्रिय माध्यम एल्युमीनियम ऑक्साइड (Al_2O_3) के एकल क्रिस्टल में अपद्रव्य के रूप में मिला होता है

(a) Cr_2O_3 (b) SiO_2
(c) Fe_2O_3 (d) CuO

11. निम्नलिखित में से कौन-सी रूबी लेसर की एक कमी है?

(a) इसमें रूबी क्रिस्टल प्रयुक्त होता है
(b) रूबी लेसर एक स्पन्दन (pulsed) लेसर है
(c) रूबी लेसर से उत्सर्जित विकिरण रेखीय ध्रुवित होता है
(d) रूबी लेसर का पम्प उच्च ताप पर कार्य करता है

12. निम्न में से कौन-सा विकल्प लब्धि-गुणांक का व्यंजक है?

(a) $\frac{Ac^2}{8\pi v^2}(N_2 - N_1)$ (b) $\frac{Ac^2}{8\pi v}(N_2 - N_1)$

(c) $\frac{A}{8\pi v^2}(N_2 - N_1)$ (d) $\frac{Ac^2}{2v^2}(N_2 - N_1)$

13. स्वत: प्रवर्तित तथा उद्दीपित उत्सर्जन प्रायिकताओं में सम्बन्ध है

(a) $\frac{A_{21}}{B_{21}} = \frac{8\pi h\nu}{c^3}$ (b) $\frac{A_{21}}{B_{21}} = \frac{8\pi h\nu^2}{c^2}$

(c) $\frac{A_{21}}{B_{21}} = \frac{8\pi h\nu^3}{c}$ (d) $\frac{A_{21}}{B_{21}} = \frac{8\pi h\nu^3}{c^3}$

14. यदि एक जेनर डायोड ($V_Z = 5$ वोल्ट तथा $I_Z = 10\,\text{mA}$) एक प्रतिरोध के साथ श्रेणी क्रम में जुड़ा है तथा इस संयोग पर 20 वोल्ट का वोल्टेज लगाया गया है। तब, महत्तम प्रतिरोध जो जेनर बिना खर्च किए प्रयोग करता है

(a) 20 kΩ (b) 15 kΩ

(c) 10 kΩ (d) 1.5 kΩ

15. p-प्रकार के अर्द्धचालक में चालन होता है

(a) बहुसंख्यक कोटरों व अल्पसंख्यक इलेक्ट्रॉनों द्वारा

(b) केवल इलेक्ट्रॉनों द्वारा

(c) केवल कोटरों द्वारा

(d) बहुसंख्यक इलेक्ट्रॉनों तथा अल्पसंख्यक कोटरों द्वारा

16. एक पूर्ण तरंग दिष्टकारी परिपथ चित्र में निवेशी व निर्गत सिगनलों सहित दिखाया गया है, डायोड I से प्राप्त है/हैं

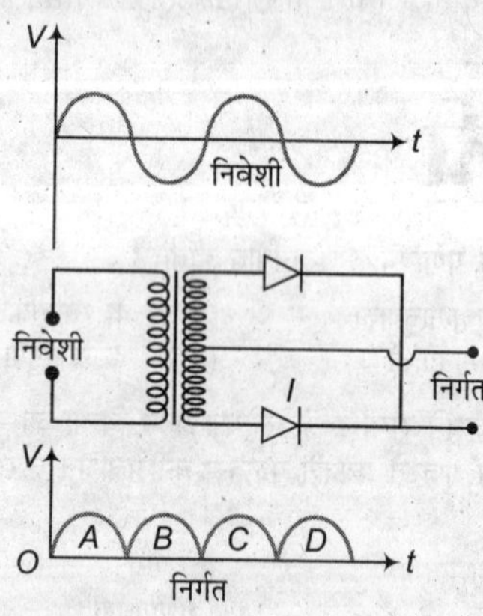

(a) C (b) A, C (c) B, D (d) A, B, C, D

17. एक नैज अर्द्धचालक में फर्मी स्तर है

(a) चालन बैण्ड की तुलना में संयोजी बैण्ड के अधिक निकट

(b) चालन बैण्ड तथा संयोजी बैण्ड से समान दूरी पर

(c) संयोजी बैण्ड की तुलना में चालन बैण्ड के अधिक निकट

(d) चालन बैण्ड को द्विभाजित करता है

18. दिखाए गए परिपथ में A व C निवेश सिरे हैं, जबकि B तथा D निर्गत सिरे हैं, तब निर्गत (output) है

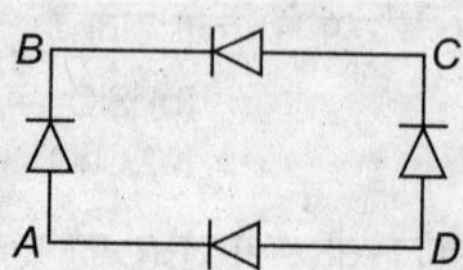

(a) शून्य (b) निवेश के तुल्य

(c) अर्द्ध-तरंग दिष्टकारी (d) पूर्ण तरंग दिष्टकारी

19. एक अर्द्धचालक की डोपिंग से उसकी प्रतिरोधकता सामान्यत:

(a) अपरिवर्तित रहेगी

(b) बढ़ती है

(c) घटती है

(d) बढ़ सकती या घट सकती है यह डोपिंग में प्रयोग किए गए पदार्थ पर निर्भर करता है

20. एक अर्द्धचालक युक्ति श्रेणी क्रम में एक बैटरी और एक प्रतिरोध के साथ जोड़ दी जाती है। परिपथ में होकर एक विद्युत धारा प्रवाहित है। यदि बैटरी के सिरे उलट दिए जाए तो धारा लगभग शून्य हो जाती है। युक्ति हो सकती है

(a) एक p-प्रकार का अर्द्धचालक

(b) एक n-प्रकार का अर्द्धचालक

(c) एक p-n सन्धि

(d) एक शुद्ध अर्द्धचालक

21. अर्द्धचालक की चालकता ताप बढ़ने पर बढ़ती है, क्योंकि

(a) मुक्त धारा वाहकों की संख्या घनत्व बढ़ जाता है

(b) श्रान्तिकाल बढ़ जाता है

(c) धारा वाहकों का संख्या घनत्व तथा श्रान्तिकाल दोनों बढ़ जाते हैं

(d) धारा वाहकों का संख्या घनत्व बढ़ जाता है, श्रान्तिकाल घट जाता है, परन्तु श्रान्तिकाल के घटने का प्रभाव संख्या घनत्व के बढ़ने के प्रभाव से बहुत कम होता है

22. चालक, अर्द्धचालक और कुचालक में वर्जित बैण्ड क्रमश: EG_1, EG_2 तथा EG_3 हैं। इनमें सम्बन्ध होता है

(a) $EG_1 < EG_2 < EG_3$ (b) $EG_1 > EG_2 > EG_3$

(c) $EG_2 > EG_1 < EG_3$ (d) $EG_3 > EG_1 > EG_2$

23. P तथा Q तारों का सामान्य (कक्ष) तापमान पर समान प्रतिरोध है। गर्म करने पर P का प्रतिरोध बढ़ता है और Q का घटता है। इससे हम यह निष्कर्ष निकालते हैं, कि

(a) P अर्द्धचालक तथा Q चालक है

(b) P चालक तथा Q अर्द्धचालक है

(c) P, n-प्रकार का अर्द्धचालक है तथा Q, p-प्रकार का अर्द्धचालक है

(d) उपरोक्त में से कोई नहीं

24. होलोग्राम बनाने में प्रयुक्त होता है

(a) साधारण प्रकाश

(b) सोडियम प्रकाश

(c) लेसर प्रकार

(d) सूर्य का ध्रुवित प्रकाश

25. सत्य कथन बताइए

(a) होलोग्राफी में दो कला सम्बद्ध तरंगों के व्यतिकरण का सिद्धान्त लागू होता है

(b) होलोग्राफी में दो कला सम्बद्ध तरंगों के प्रकीर्णन का सिद्धान्त लागू होता है

(c) होलोग्राफी में दो कला असम्बद्ध तरंगों के व्यतिकरण का सिद्धान्त लागू होता है

(d) होलोग्राफी में दो कला असम्बद्ध तरंगों के प्रकीर्णन का सिद्धान्त लागू होता है

26. असत्य कथन बताइये

(a) होलोग्राम के अभिलेखन के लिये उच्चकोटि के कालिक एवं स्थानिक कला सम्बद्ध प्रकाश स्रोत की आवश्यकता होती है

(b) होलोग्राम से प्रतिबिम्ब तरंग के पुन:निर्माण में भी एक दिष्टकारी एवं कला सम्बद्ध प्रकाश स्रोत की आवश्यकता होती है

(c) पुन:निर्माण तरंग भी उसी आवृत्ति की होनी चाहिए जो बिम्ब तथा निर्देश तरंगों की होती है

(d) होलोग्राम बनाने के लिए वस्तु का अस्तित्व आवश्यक है

27. होलोग्राफ में,

(a) किसी फोटोग्राफिक प्लेट पर आपतित होने वाली तरंगों के आयाम के विषय में सूचना संग्रहीत होती है
(b) किसी फोटोग्राफिक प्लेट पर आपतित होने वाली तरंगों की कला (phase) के विषय में सूचना संग्रहीत होती है
(c) किसी फोटोग्राफिक प्लेट पर आपतित होने वाली तरंगों के आयाम के साथ-साथ कला के विषय में सूचना संग्रहीत होती है
(d) किसी फोटोग्राफिक प्लेट पर आपतित होने वाली तरंगों की न तो आयाम न ही कला के विषय में सूचना संग्रहीत होती है

28. सही कथन चुनिए

(a) होलोग्राफी में, फोटोग्राफिक प्लेट पर बिम्ब तरंग पहले, उसके उपरान्त निर्देश तरंग आपतित होती है
(b) होलोग्राफी में, फोटोग्राफिक प्लेट पर निर्देश तरंग पहले, उसके उपरान्त बिम्ब तरंग आपतित होती है
(c) होलोग्राफी में, फोटोग्राफिक प्लेट पर बिम्ब और निर्देश तरंग एक साथ आपतित होती है
(d) होलोग्राफी में, फोटोग्राफिक प्लेट पर बिम्ब और निर्देश तरंग में कोई भी पहले आपतित हो सकती है

29. होलोग्राम के अभिलेखन के बाद इसे प्रकाशित करने वाली बाह्य कला सम्बद्ध प्रकाश को कहते हैं

(a) बिम्ब तरंग (b) निर्देश तरंग
(c) पुन:निर्माण तरंग (d) प्रतिबिम्ब तरंग

30. निम्नलिखित में कौन-से तत्समक हैं?

(a) बिम्ब तरंग और निर्देश तरंग
(b) ज्यावक्रीय तरंग और बिम्ब तरंग
(c) पुन:निर्माण तरंग और बिम्ब तरंग
(d) ज्यावक्रीय तरंग और पुन:निर्माण तरंग

31. वह होलोग्राम, जोकि वृत्तीय फ्रिन्जों के साथ एक जोन प्लेट जैसा दिखाई देता है, कहलाता है

(a) गैबर-जोन प्लेट
(b) वृत्तीय जोन प्लेट
(c) फ्रेनेल जोन प्लेट
(d) केन्द्रीकृत जोन प्लेट

32. एक 60 V शीर्ष पूर्ण तरंग दिष्टकारित वोल्टेज को एक संधारित्र के इनपुट फिल्टर पर आरोपित किया जाता है। यदि F = 120 Hz, R_L = 10 kΩ तथा C = 10μF, रिपल वोल्टेज हैं?

(a) 0.6V (b) 6 mV
(c) 5.0 V (d) 2.88 V

33. समकेन्द्रीय (coaxial) तार की लाइनों के लिए विशिष्ट प्रतिबाधा का प्रसार है

(a) 40 Ω से 150 Ω (b) 400 Ω से 1500 Ω
(c) 4 Ω से 15 Ω (d) 4 kΩ से 15 kΩ

34. प्रकाशिक तन्तु का व्यास है

(a) 10^{-5} मी (b) 10^{-4} मी
(c) 10^{-3} मी (d) 10^{-2} मी

35. प्रकाशीय तन्तु संचार समान्यत: सामान्य संचार माध्यम से अधिक चुना जाता है, क्योंकि

(a) यह अधिक दक्ष है
(b) इसका सिग्नल सुरक्षित रहता है
(c) यह आसानी से रेडियो तरंगों की तरह इकट्ठा नहीं हो सकता है
(d) उपरोक्त सभी

36. लेसर एक कला सम्बद्ध स्रोत है, क्योंकि यह रखता है,

(a) कई तरंगदैर्ध्यो की अनिर्देशित तरंगें
(b) विशेष तरंगदैर्ध्यो की अनिर्देशित तरंगें
(c) कई तरंगदैर्ध्यो की निर्देशित तरंगें
(d) विशेष तरंगदैर्ध्य की निर्देशित तरंगें

37. यदि, m_1 व m_2 एक प्रकाशिक तन्तु के क्रोड तथा क्लैड के पदार्थों के अपवर्तनांक हैं, तब इसके रिसने के कारण प्रकाश की कमी है

(a) $\mu_1 > \mu_2$ (b) $\mu_1 < \mu_2$
(c) $\mu_1 = \mu_2$ (d) इनमें से कोई नहीं

38. प्रकाशिक तन्तु के द्वारक का आंकिक मान बतलाता है

(a) इसकी विभेदन क्षमता
(b) प्रकाश अवशोषण करने की क्षमता
(c) स्पन्द विक्षेपण
(d) इससे उत्सर्जित प्रकाश, को दुर्बल करने का कार्य

39. एक अर्द्धचालक में दाता तथा संग्राहक दोनों प्रकार की अशुद्धियाँ समान हैं, तब यह है

(a) क्षतिपूरक (b) नैज अर्द्धचालक
(c) उभयधर्मी (d) इनमें से कोई नहीं

40. यदि E_F, 0 K पर धातु की फर्मी ऊर्जा है तथा E_f, TK पर फर्मी ऊर्जा है, तब

(a) $E_F = E_f\left[1+\left(\frac{\pi^2}{12}\right)\left(\frac{k_BT}{E_F}\right)^2\right]$ (b) $E_F = E_f\left[1-\left(\frac{\pi^2}{12}\right)\left(\frac{k_BT}{E_F}\right)^2\right]$

(c) $E_f = E_F\left[1+\left(\frac{\pi^2}{12}\right)\left(\frac{k_BT}{E_F}\right)^2\right]$ (d) $E_f = E_F\left[1-\left(\frac{\pi^2}{12}\right)\left(\frac{k_BT}{E_F}\right)^2\right]$

41. किसी पूर्ण तरंग दिष्टकारी परिपथ में, जोकि 50 H आवृत्ति की मेंस द्वारा प्रचालित है, उर्मिकाओं की मूल आवृत्ति होगी

(a) 25 Hz (b) 50 Hz
(c) 70.7 Hz (d) 100 Hz

42.

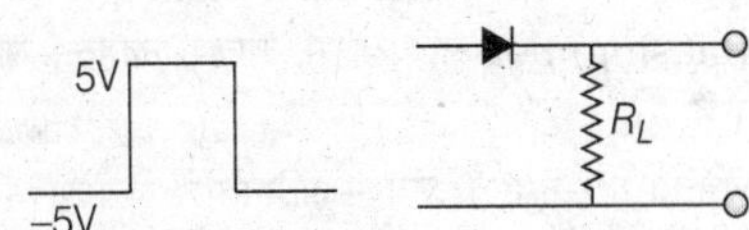

यदि एक *p-n* सन्धि डायोड को वर्गाकार निवेशी 10 वोल्ट संकेत लगाया जाए, तो R_L पर निर्गम संकेत होगा

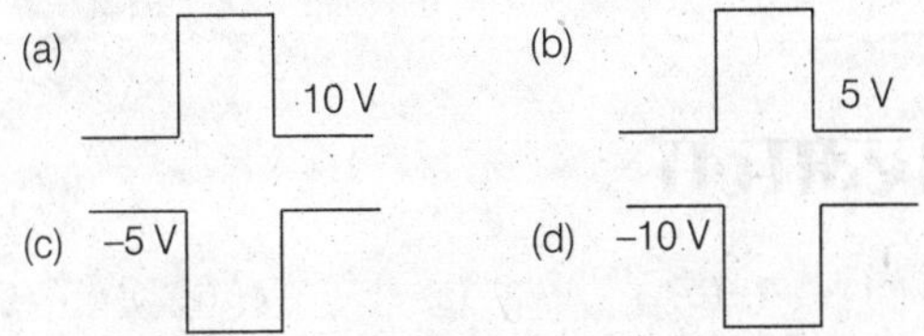

43. उत्सर्जक धारा में, 8.0 mA के परिवर्तन से संग्राहक धारा में 7.9 mA का परिवर्तन होता है, α तथा β के मान क्या होंगे?

(a) 0.99,90 (b) 0.96, 79 (c) 0.97,99 (d) 0.99, 79

44. किसी p प्रकार के अर्द्धचालक में आवेश वाहक होते हैं

(a) केवल इलेक्ट्रॉन
(b) केवल कोटर
(c) अधिक संख्या में कोटर, कम संख्या में इलेक्ट्रॉन
(d) समान संख्या में कोटर तथा इलेक्ट्रॉन

45. घनाकार क्रिस्टलीय संरचना के लिये निम्नलिखित सेल विशेषता सूचक सम्बन्धों में से कौन-सा सही है?

(a) $a \neq b \neq c$ और $\alpha \neq \beta$ और $\gamma \neq 90°$
(b) $a \neq b \neq c$ और $\alpha = \beta = \gamma = 90°$
(c) $a = b = c$ और $\alpha \neq \beta \neq \gamma = 90°$
(d) $a = b = c$ और $\alpha = \beta = \gamma = 90°$

46. 200 वोल्ट वर्ग-माध्य-मूल के ज्यावक्रीय सिग्नल को डायोड तथा संधारित्र C के साथ चित्रानुसार जोड़ा गया है ताकि अर्द्ध-तरंग दिष्टकरण उत्पन्न हो सके। C के आर-पार अन्तिम विभवान्तर है

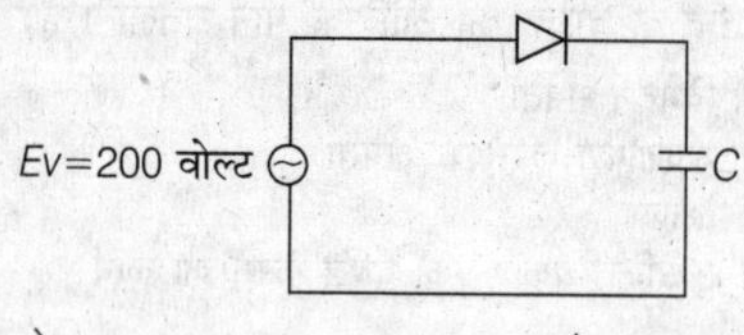

(a) 500 वोल्ट (b) 200 वोल्ट
(c) 283 वोल्ट (d) 141 वोल्ट

47. *p-n* सन्धि के अग्र अभिनत बायस में निम्न में से कौन-से चित्र में वाहनों के चालन का सही प्रदर्शन है?

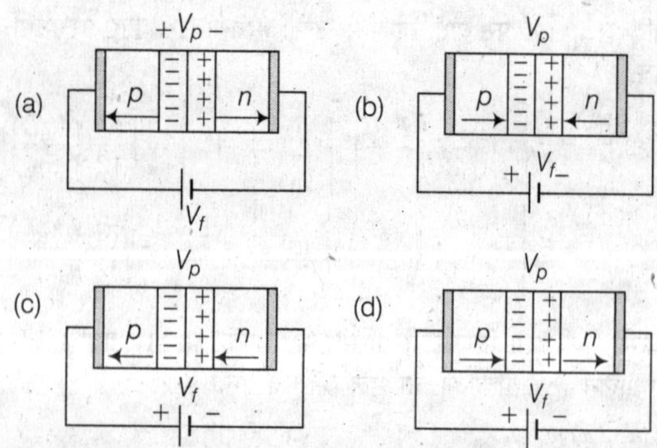

48. सिलिकॉन का अग्र अभिनत (forward biasing) तथा उत्क्रम अभिनत (reverse biasing) *p-n* सन्धियों में आवेश वाहकों की गति की प्रमुख क्रिया विधि हैं

(a) अग्र अभिनत में अनुगमन, उत्क्रम अभिनत मे विसरण
(b) अग्र अभिनत में विसरण, उत्क्रम अभिनत में अनुगमन
(c) दोनों अग्र तथा उत्क्रम अभिनत में विसरण
(d) दोनों अग्र तथा उत्क्रम अभिनत में अनुगमन

49. जब एक अर्द्धचालक पर 2480 नैनोमीटर से कम तरंगदैर्ध्य का विद्युतचुम्बकीय विकिरण आपतित होता है तो उसका वैद्युत चालकता बढ़ जाती है। अर्द्धचालक के लिए बैण्ड अन्तराल (eV) है

(a) 0.9 (b) 0.7
(c) 0.5 (d) 1.1

50. दो समरूप $p-n$ सन्धियाँ एक बैटरी के साथ श्रेणी में तीन प्रकार से जोड़ी जा सकती हैं, इन सन्धियों के बीच विभव पतन बराबर है

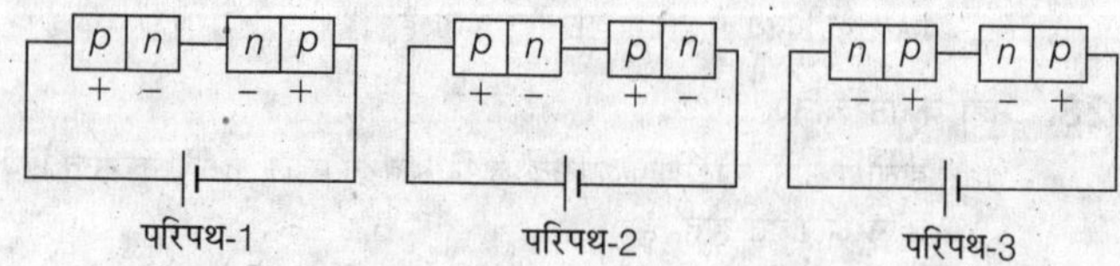

(a) परिपथ 1 व 2 में
(b) परिपथ 2 व 3 में
(c) परिपथ 3 व 1 में
(d) केवल परिपथ 1 में

51. दिये गये परिपथ में, डायोड़ आदर्श हैं, बिन्दु A व B के बची तुल्य प्रतिरोध होगा

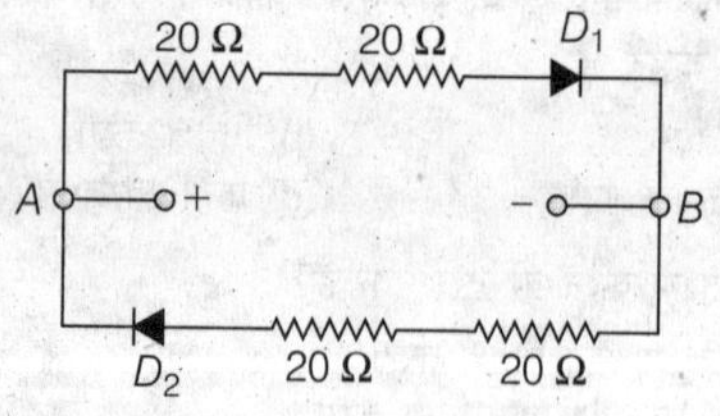

(a) 20 Ω (b) 10 Ω
(c) अनन्त (d) 40 Ω

52. ट्रांजिस्टर का अवयव जो बड़ी संख्या में बहुसंख्यक वाहकों की सप्लाई के लिये घना अपमिश्रित किया जाता है, वह है

(a) उत्सर्जक (b) आधर
(c) संग्राहक (d) कोई भी

53. दी गई उत्सर्जक धारा के लिये, संग्राहक-धारा अधिक होगी, यदि

(a) आधार अधिक चीड़ा होगा
(b) उत्सर्जक, आधार की तुलना में, कम अपमिश्रित (doped) होगा
(c) आधार में पुनःसंयोजन की दर कम होगी
(d) उपरोक्त में से कोई नहीं

➜ उत्तरमाला

1. (b)	**2.** (b)	**3.** (a)	**4.** (a)	**5.** (a)	**6.** (b)	**7.** (a)	**8.** (b)	**9.** (c)	**10.** (a)
11. (b)	**12.** (a)	**13.** (d)	**14.** (d)	**15.** (a)	**16.** (c)	**17.** (b)	**18.** (d)	**19.** (c)	**20.** (c)
21. (d)	**22.** (a)	**23.** (b)	**24.** (c)	**25.** (a)	**26.** (d)	**27.** (c)	**28.** (c)	**29.** (c)	**30.** (c)
31. (a)	**32.** (c)	**33.** (a)	**34.** (b)	**35.** (d)	**36.** (c)	**37.** (a)	**38.** (b)	**39.** (a)	**40.** (d)
41. (d)	**42.** (b)	**43.** (d)	**44.** (c)	**45.** (d)	**46.** (d)	**47.** (b)	**48.** (b)	**49.** (c)	**50** (b)
51. (d)	**52.** (a)	**53.** (c)							

37

एनालॉग इलेक्ट्रॉनिकी

Analog Electronics

द्विध्रुवी सन्धि ट्रांजिस्टर
(Bipolar Junction Transistor-BJT)

द्विध्रुवी सन्धि ट्रांजिस्टर विलियम शोक्ले, बरटेन तथा बरडीन ने बनाया था। इसमें धारा प्रवाह दोनों बहुसख्यक तथा अल्पसंख्यक आवेश वाहकों के कारण होता है, अतः यह द्विध्रुवीय युक्ति कहलाती है। यह एक धारा नियन्त्रक युक्ति (control device) है। ट्रांजिस्टर में क्रिया आधार क्षेत्र में होती है। यदि दोनों सन्धि (JE तथा JC) अग्र अभिनत हैं, तब ट्रांजिस्टर संतृप्त क्षेत्र में होता है।

यदि JE अग्र अभिनत तथा JC पश्च अभिनत है, तब ट्रांजिस्टर अग्र क्रिया क्षेत्र में होता है।

यदि JE पश्च अभिनत तथा JC अग्र अभिनत है, तब ट्रांजिस्टर पश्च क्रिया क्षेत्र में होता है।

ट्रांजिस्टर प्रवर्धक की भाँति
(Transistor as an Amplifier)

क्रिया क्षेत्र में ट्रांजिस्टर प्रवर्धक की भाँति कार्य कर सकता है तथा संतृप्त क्षेत्र में स्विच की भाँति कार्य कर सकता है।

ट्रांजिस्टर में संग्राहक धारा, $I_C = \beta I_B + (\beta + 1) I_{C_0}$

यह समीकरण कार्य क्षेत्र में मान्य है।

ट्रांजिस्टर संक्रिया (Transistor Working)

ट्रांजिस्टर संक्रिया के लिए ट्रांजिस्टर डायोडों का संयोजन होता है। इसमें निम्न बिन्दु होते हैं,

$$I_E = I_C + I_B$$

जहाँ, I_E = उत्सर्जक धारा, I_C = संग्राहक धारा तथा I_B = आधार धारा

(i) उभयनिष्ठ उत्सर्जक (common emitter) विन्यास के लिए धारा लाभ,

धारा प्रवर्धन गुणाक $\beta = \left(\frac{\Delta I_C}{\Delta I_B}\right)_{V_{CE} = \text{नियत}}$

जहाँ, V_{CE} = नियत तथा ΔI_E = आधार धारा में परिवर्तन

वोल्टेज लाभ, $A_V = \frac{\Delta I_C}{\Delta I_B} \times \frac{R_{out}}{R_{in}} = \beta \times$ प्रतिरोध लाभ

शक्ति लाभ, $A_P = \beta^2 \times$ प्रतिरोध लाभ

(ii) उभयनिष्ठ आधार (common base) विन्यास के लिए धारा लाभ,

$$\alpha = \left(\frac{\Delta I_C}{\Delta I_E}\right)_{V_{CE} = \text{नियत}}$$

जहाँ, V_{CE} = नियत, ΔI_C = संग्राहक धारा में परिवर्तन

ΔI_E = उत्सर्जक धारा में परिवर्तन

α तथा β का सम्बन्ध निम्नवत् है,

$$\alpha = \left|\frac{I_C}{I_E}\right| = \frac{\beta}{\beta + 1}$$

जहाँ β = उभयनिष्ठ संग्राहक का धारा लाभ तथा $\beta = \frac{\alpha}{1 - \alpha}$

वोल्टेज लाभ, $A_V = \frac{\Delta I_C}{\Delta I_E} \times \frac{R_{out}}{R_{in}} = \alpha \times$ प्रतिरोध लाभ

शक्ति लाभ, $A_P = \alpha \times A_V = \alpha^2 \times$ प्रतिरोध लाभ

ट्रांजिस्टर अभिनति की विधियाँ
(Methods of Transistor Biasing)

1. आधार रजिस्टर अभिनति
(Base Bias Resistor or Fixed Bias)

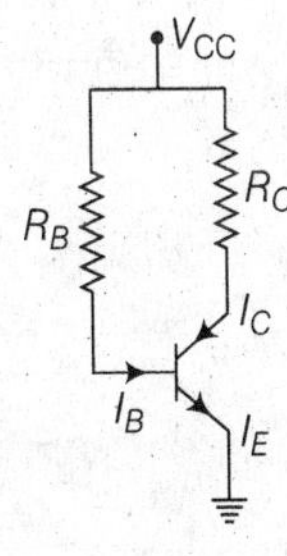

परिपथ आरेख दाई ओर दर्शाया गया है,

आधार रजिस्टर अभिनति के लिए,

संग्राहक धारा, $I_C = \frac{V_{CC} - V_{CE}}{R_C}$

आधार धारा, $I_B = \frac{V_{CC} - V_{CB}}{R_B}$

2. संग्राहक पुनर्निवेश अभिनति या स्वतः अभिनति
(Bias Collector Feedback or Self Bias)

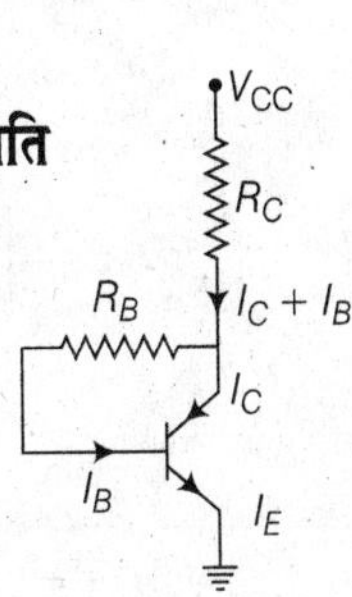

परिपथ आरेख दाई ओर दर्शाया गया है,

आधार धारा, $I_B = \frac{V_{CC} - V_{BE} - I_C R_C}{R_B}$

संग्राहक धारा, $I_C = \beta I_B$

जहाँ, β धारा प्रवर्धन है।

3. वोल्टेज विभाजक अभिनति

(Voltage Divider Bias with Emitter Bias)

वोल्टेज विभाजक अभिनति का प्रयोग वृहत् रूप में रेखीय परिपथों में होता है तथा इसका तुल्य परिपथ निम्न प्रकार होगा

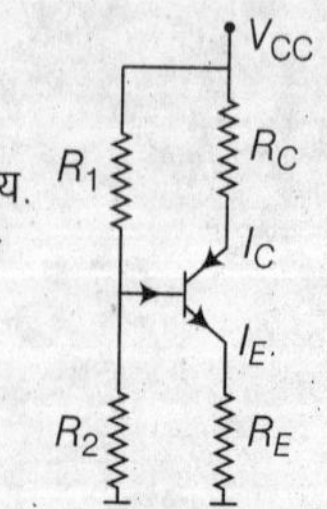

संग्राहक धारा, $I_C = \dfrac{\left(\dfrac{V_{CC}}{R_1+R_2}\right)R_2 - V_{BE}}{R_E}$

स्थिरीकरण (Stabilisation)

यदि I_{CO}, V_{BE} तथा β एकसाथ परिवर्तित होते हैं, तब I_C में नेट परिवर्तन,

$\Delta I_C = f(I_{CO}, V_{BE}, \beta)$

या, $$\Delta I_C = \frac{\partial I_C}{\partial I_{CO}}\Delta I_{CO} + \frac{\partial I_C}{\partial V_{BE}} \times \Delta V_{BE} + \frac{\partial I_C}{\partial \beta}\Delta\beta$$

जहाँ, $\dfrac{\partial I_C}{\partial I_{CO}} = S =$ धारा स्थिरीकरण गुणांक

$\dfrac{\partial I_C}{\partial V_{BE}} = S' =$ वोल्टेज स्थिरीकरण गुणांक

$\dfrac{\partial I_C}{\partial \beta} = S_\beta$ या $S'' =$ प्रवर्धक स्थिरीकरण गुणांक

क्षेत्र प्रभाव ट्रांजिस्टर (Field Effect Transistor)

क्षेत्र प्रभाव ट्रांजिस्टर एक वोल्टता नियन्त्रित (voltage controlled) युक्ति है जिसमें आरोपित विद्युत क्षेत्र द्वारा निर्गम धारा को नियन्त्रित किया जाता है। इसमें एक प्रकार के बहुसंख्यक आवेश वाहक (कोटर या इलेक्ट्रॉन) होते हैं। ये दो प्रकार का है, जो निम्न प्रकार है।

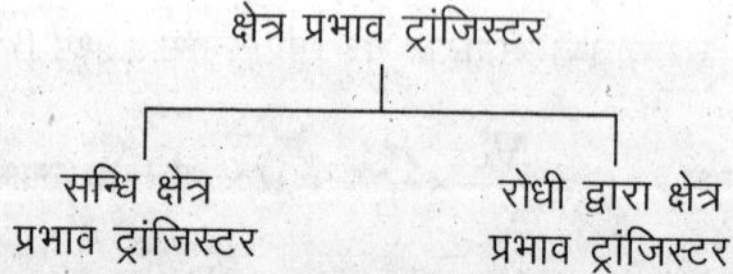

सन्धि क्षेत्र प्रभाव ट्रांजिस्टर (Junction Field Effect Transistor)

दो प्रकार के सन्धि क्षेत्र प्रभाव हैं:

(i) N-चैनल FET

(ii) p-चैनल FET इनके सांकेतिक परिपथ नीचे दिए गए है

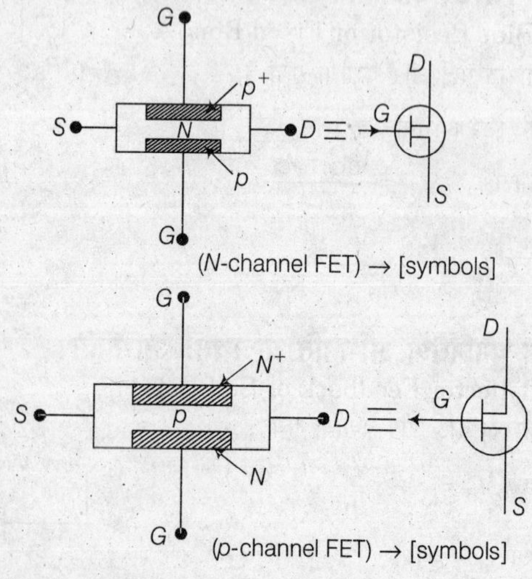

जहाँ, $G =$ द्वार (Gate), $D =$ निर्गम (Drain), $S =$ स्रोत (Source)

संक्रिया (Working)

N-चैनल FET में बहुसंख्यक आवेश वाहक इलेक्ट्रॉन होते हैं। अतः D को S के सापेक्ष धनात्मक वोल्टता पर रखा जाता है।

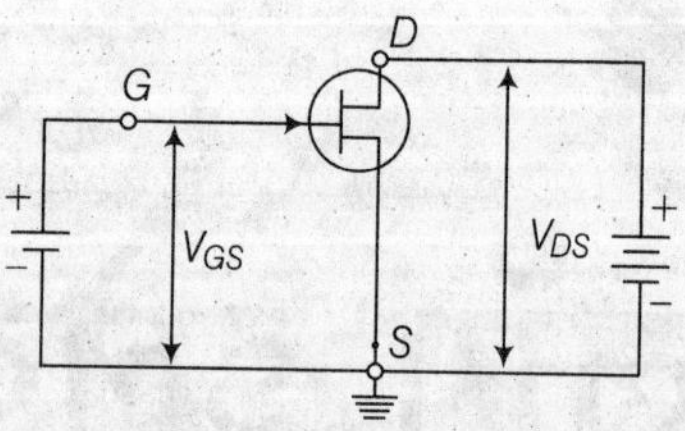

अर्थात् $V_{DS} =$ धनात्मक

G व S के मध्य वोल्टता इस प्रकार लेते हैं कि सन्धि पश्चदिशिक बायसित (reverse biased) रहे अर्थात् N-चैनल FET में, $V_{GS} =$ ऋणात्मक तथा p-चैनल FET में, $V_{DS} =$ ऋणात्मक तथा $V_{GS} =$ धनात्मक होता है। इस प्रकार, S-G के मध्य उत्क्रमित बायस होने के कारण द्वार में धारा अतिअल्प होती है। इस कारण JFET का निवेश प्रतिरोध अत्यधिक होता है।

संतृप्त क्षेत्र में FET में धारा, $I_{DS} = I_{DSS}\left(1 - \dfrac{V_{GS}}{V_p}\right)^2$

जहाँ, $I_{DSS} = V_{SS} = 0$ पर संतृप्त धारा

$V_p =$ प्लेट वोल्टेज

$V_{DS} =$ किसी V_{GS} पर संतृप्त धारा

यहाँ I_{DS}, V_{SS} के साथ परवलयिक रूप से बढ़ती है।

प्रवर्धन गुणाक, $\mu = \gamma_d \cdot g_m$

जहाँ, $\gamma_d =$ ड्रेन प्रतिरोध

$g_m =$ अन्योन्य चालकता गुणांक (mutual coefficient of conductivity)

अन्योन्य चालकता गुणांक,

$$g_m = -\frac{2I_{DSS}}{V_p}\left(1 - \frac{V_{GS}}{V_p}\right) \text{ या } g_m = \frac{2}{|V_p|}\sqrt{I_{DS}, I_{DSS}}$$

ट्रांजिस्टर के नियतांक (Constants of Transistor)

विभिन्न प्रकार के बिन्दुओं में ट्रांजिस्टर के नियतांक निम्नवत् दिए गए हैं:

1. उभयनिष्ठ आधार विन्यास

(Common Base Configuration)

निवेशी प्रतिबाधा, $h_{ib} = \left(\dfrac{\Delta V_{EB}}{\Delta I_E}\right), V_{CB} =$ नियतांक

निर्गत चालकता, h_{ob}

या $h_{22} = \left(\dfrac{\Delta I_C}{\Delta V_{CB}}\right), I_E =$ नियतांक

व्युत्क्रम वोल्टेज स्थानान्तरण अनुपात,

$h_{rb} = \left(\dfrac{\Delta V_{EB}}{\Delta V_{EC}}\right), I_b =$ नियतांक

अग्र अभिनत धारा स्थानान्तरण अनुपात,

$h_{fb} = h_{21} = (\alpha) = \left(\dfrac{\Delta I_C}{\Delta I_E}\right), V_{CB} =$ नियतांक

2. **उभयनिष्ठ उत्सर्जक विन्यास**
(Common Emitter Configuration)

निर्गत चालकता, $h_{oe} = \left(\frac{\Delta I_C}{\Delta V_{CE}}\right)$ जहाँ, I_B = नियतांक

अग्र अभिनत धारा स्थानान्तरण अनुपात,

$$h_{fe} = \beta = \left(\frac{\Delta I_C}{\Delta I_B}\right) \text{ जहाँ, } V_{CE} = \text{नियतांक}$$

निवेशी प्रतिबाधा,

$$h_{ie} = \left(\frac{\Delta V_{BE}}{\Delta I_B}\right) \text{ जहाँ, } V_{CE} = \text{नियतांक}$$

व्युत्क्रमित वोल्टेज स्थानान्तरण अनुपात,

$$h_{re} = \left(\frac{\Delta V_{BE}}{\Delta V_{CE}}\right) \text{ जहाँ, } I_B = \text{ नियतांक}$$

3. **उभयनिष्ठ संग्राहक विन्यास**
(Common Collector Configuration)

अग्र धारा स्थानान्तरण अनुपात, $h_{fc} = \left(\frac{\Delta I_E}{\Delta I_B}\right)$ जहाँ, V_C = नियतांक

निवेशी प्रतिबाधा, $h_{ic} = \left(\frac{V_{BC}}{I_B}\right)$

व्युत्क्रमित वोल्टेज स्थानान्तरण अनुपात, $h_{rc} = \left(\frac{V_{BC}}{V_{EC}}\right)$

निर्गत चालकता, $h_{oc} = \left(\frac{I_E}{V_{EC}}\right)$

संक्रिया प्रवर्धक (Operational Amplifier)

एक OP-AMP के लिए आदर्श गुण है कि संक्रिया के लिए यह प्रवर्धक है, जबकि प्रतिरोध अनन्त है।

इसके दो प्रकार हैं– व्युत्क्रमणीय प्रवर्धक तथा अव्युत्क्रमणीय प्रवर्धक।

व्युत्क्रमणीय प्रवर्धक (Inverting Amplifier)

इनवर्टिंग प्रवर्धक में इलेक्ट्रॉनिक परिपथ नीचे दिया गया है,

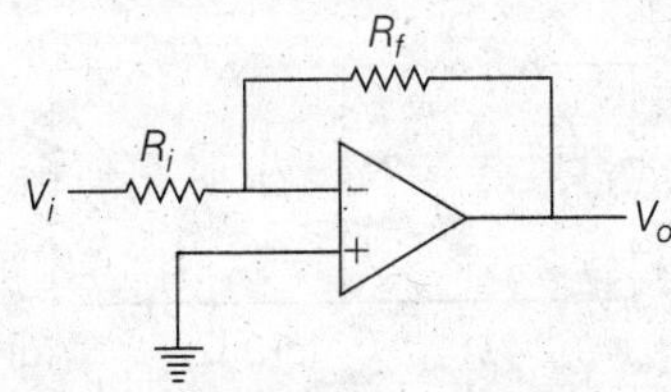

परिपथ के लिए, A_{OL} = OP-AMP का खुला लूप लाभ

परन्तु आदर्शत: $A_{OL} = \infty$

इसलिए $A_V = -R_f / R_i$

$A_{OL} = \infty, R_i = \infty, R_O = 0$

बैण्ड चौड़ाई = ∞

जहाँ, A_{OL} = OP-AMP का खुला लूप लाभ

R_i = OP-AMP की निवेशी प्रतिबाधा

R_0 = OP-AMP की निर्गत प्रतिबाधा

$$\text{CMRR} = \left(\frac{A_d}{A_c}\right)$$

जहाँ, A_d = निवेशी $(V_1 - V_2)$ के लिए OP-AMP लाभ

V_o = धनात्मक टर्मिनल पर आउटपुट

V_i = ऋणात्मक टर्मिनल पर इनपुट

A_C = उभयनिष्ठ मोड (mod) लाभ

अव्युत्क्रमणीय प्रवर्धक (Non-inverting Amplifier)

नॉन-इनवर्टिंग प्रवर्धक के लिए इलेक्ट्रॉनिक परिपथ नीचे दिया है,

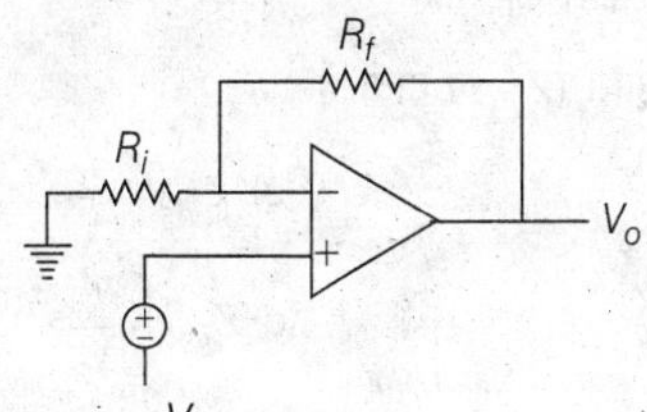

वोल्टेज लाभ, $A_V = \frac{V_o}{V_i}$

जहाँ, A_{OL} = OP-AMP का खुला लाभ

जब $A_{OL} = \infty$,

तब $A_V = \left(1 + \frac{R_f}{R_i}\right)$

बहुआयामी प्रवर्धक (Multistage Amplifier)

दिए गए विन्यास में आदर्श प्रवर्धक के लिए उच्च कट-ऑफ आवृत्ति,

$$f_H^* = f_H\sqrt{2^{1/n} - 1}$$

जहाँ, n = सोपान में प्रवर्धकों की संख्या

f_H = एक प्रवर्धक में उच्च कट-ऑफ आवृत्ति

विन्यास की निम्न कट-ऑफ आवृत्ति $f_l^* = \frac{f_l}{\sqrt{2^{1/n} - 1}}$

अभ्यास प्रश्नावली

1. चार टर्मिनल जाल के लिए Y प्राचल होते हैं,

(a) खुले परिपथ के प्राचल (b) लघुपथित परिपथ के प्राचल
(c) संकर प्राचल (d) इनमें से कोई नहीं

2. चार टर्मिनल जाल के खुले परिपथ की निर्गम प्रवेश्यता होती है

(a) $h_0 = \frac{I_2}{V_2}$ (b) $Y_0 = \frac{I_1}{V_2}$ (c) $h_0 = \frac{V_2}{I_2}$ (d) $Y_0 = \frac{I_2}{V_2}$

3. लघुपथित परिपथ का तात्पर्य है

(a) $I = 0$ (b) $V = 0$
(c) $I = V = 0$ (d) $I = V \neq 0$

4. चार टर्मिनल जाल के प्रतिबाधा व संकर प्राचलों में सम्बन्ध है

(a) $h \equiv \begin{bmatrix} h_{11} & h_{12} \\ h_{21} & h_{22} \end{bmatrix} = \begin{bmatrix} \Delta_Z / Z_{22} & Z_{12}/Z_{22} \\ -Z_{21}/Z_{22} & 1/Z_{22} \end{bmatrix}$

(b) $Z \equiv \begin{bmatrix} Z_{11} & Z_{12} \\ Z_{21} & Z_{22} \end{bmatrix} = \begin{bmatrix} \Delta_h / h_{22} & h_{12}/h_{22} \\ -h_{21}/h_{22} & 1/h_{22} \end{bmatrix}$

(c) (a) व (b) दोनों
(d) उपरोक्त में से कोई नहीं

5. अन्तरित प्रतिबाधा (Z_{T12}) होती है

(a) $Z_{T12} = \frac{V_1}{I_2}$ (b) $Z_{T12} = \frac{I_2}{V_1}$
(c) $Z_{T12} = \frac{V_2}{I_1}$ (d) $Z_{T12} = \frac{I_1}{V_2}$

6. चार टर्मिनल नेटवर्क की निवेशी प्रतिबाधा होती है

(a) $Z_i = Z_{11} - \frac{Z_{12}Z_{21}}{Z_{22} + Z_L}$ (b) $Z_i = \frac{Z_{12}Z_{21}}{Z_{22} + Z_L} - Z_{11}$
(c) $Z_i = Z_{22} - \frac{Z_{12}Z_{21}}{Z_{11} + Z_L}$ (d) $Z_i = \frac{Z_{12}Z_{21}}{Z_{11} + Z_L} - Z_{22}$

7. लघुपथित परिपथ की निर्गम प्रवेश्यता होगी

(a) $h_0 = I_2 / V_2$ (b) $Y_0 = I_1 / V_2$
(c) $h_0 = V_2 / I_2$ (d) $Y_0 = I_2 / V_2$

8. h-प्राचलों को संकर प्राचल कहते हैं, क्योंकि इन्हें परिभाषित करने में

(a) खुले परिपथ का उपयोग करते हैं
(b) लघुपथित परिपथों का उपयोग करते हैं
(c) (a) व (b) दोनों प्रयुक्त किये जाते हैं
(d) उपरोक्त में से कोई नहीं

9. Δh का मान होता है

(a) $h_{11}h_{12} - h_{22}h_{21}$ (b) $h_{11}h_{22} - h_{21}h_{12}$
(c) $h_{21}h_{12} - h_{11}h_{22}$ (d) $h_{22}h_{21} - h_{11}h_{12}$

10. चार टर्मिनल जाल की निर्गम प्रतिबाधा होती है

(a) $Z_0 = Z_{11} - \frac{Z_{12}Z_{21}}{Z_{22} + Z_S}$ (b) $Z_0 = Z_{22} - \frac{Z_{12}Z_{21}}{Z_{11} + Z_S}$
(c) $Z_0 = \frac{Z_{12}Z_{21}}{Z_{11} + Z_S} - Z_{22}$ (d) $Z_0 = \frac{Z_{12}Z_{21}}{Z_{22} + Z_s} - Z_{11}$

11. चार टर्मिनल जाल की अन्तरित प्रतिबाधा का मान होता है

(a) $Z_{T12} = Z_{12} - \frac{Z_{22}(Z_{11} + Z_L)}{Z_{21}}$

(b) $Z_{T12} = \frac{Z_{22}(Z_{11} + Z_L)}{Z_{21}} - Z_{12}$

(c) $Z_{T12} = Z_{12} - \frac{Z_{11}(Z_{22} + Z_L)}{Z_{21}}$

(d) $Z_{T12} = \frac{Z_{11}(Z_{22} + Z_L)}{Z_{21}} - Z_{12}$

12. दिये गए परिपथ के लिए, शाखा (branch) OP में से प्रवाहित धारा का मान होगा

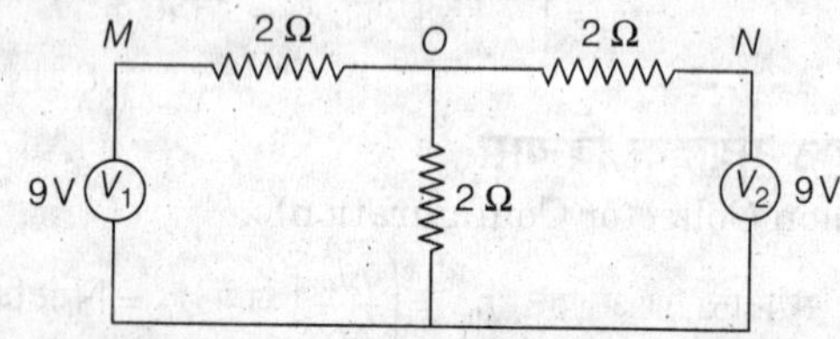

(a) 2 A (b) 3 A (c) 1 A (d) 4 A

13. नॉर्टन प्रमेय में प्राप्त तुल्य परिपथ के लिए लोड धारा का मान,

(a) $I_R = \frac{I_{eq}Z_{eq}}{Z_{eq} + Z_R}$ (b) $I_R = I_{eq}\left[\frac{Y_R}{Y_{eq} + Y_{eq}}\right]$
(c) (a) व (b) दोनों (d) इनमें से कोई नहीं

14. पारस्परिकता प्रमेय (reciprocity theorem) के अनुसार,

(a) $Z_{Tij} = Z_{Tji}$ (b) $Z_{Tij} \neq Z_{Tji}$
(c) $Z_{Tij} = Z_{Tji} = 0$ (d) इनमें से कोई नहीं

15. द्विपार्श्विक (bilateral) जाल के लिए

(a) $Z_{Tij} \neq Z_{Tji}$ (b) $Z_{Tij} = Z_{Tji}$
(c) $Z_{Tij} = Z_{Tji} = 0$ (d) इनमें से कोई नहीं

16. दिये गये परिपथ का नॉर्टन तुल्य परिपथ बनाने के लिए Z_{eq} का मान होगा

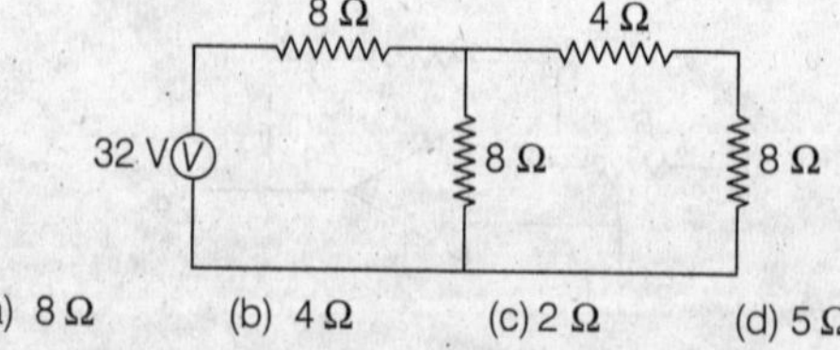

(a) 8 Ω (b) 4 Ω (c) 2 Ω (d) 5 Ω

17. थेवेनिन प्रमेय से प्राप्त तुल्य परिपथ में लोड प्रतिरोध से प्रवाहित धारा (I_R) होती है ?

(a) $I_R = \frac{E_{eq}}{Z_{eq} + Z_R}$ (b) $I_R = \frac{Z_{eq} + Z_R}{E_{eq}}$
(c) $I_R = \frac{E_{eq}}{Z_{eq}}$ (d) $I_R = \frac{E_{eq}}{Z_R}$

18. दिए गए परिपथ से R_2 को हटाने के लिए प्रयुक्त वोल्टता स्रोत (जिसका आन्तरिक प्रतिरोध शून्य हो) का विभवान्तर होगा

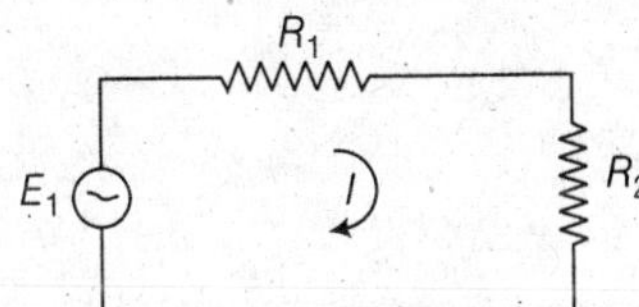

(a) $V = E_2 = \dfrac{E_1R_1}{R_1 + R_2}$
(b) $V = E_2 = \dfrac{E_1R_1}{R_1 + R_2}$
(c) $V = E_2 = \dfrac{IR_1}{R_1 + R_2}$
(d) $V = E_2 = \dfrac{IR_2}{R_1 + R_2}$

19. अधिकतम शक्ति संचरण के लिए,

कथन (i) X_L व X_{eq} संयुग्मी होने चाहिए।

कथन (ii) X_L धारतीय हो तो X_{eq} प्रेरकत्वीय होना चाहिए।

(a) सिर्फ कथन (i) सत्य है
(b) सिर्फ कथन (ii) सत्य है
(c) कथन (i) व कथन (ii) दोनों सत्य हैं
(d) कथन (i) व कथन (ii) दोनों असत्य हैं

20. अन्तराचालकता अनुपात (g_m) होता है ?

(a) $g_m = \dfrac{h_{fe}}{h_{oe}}$
(b) $g_m = \dfrac{h_{fe}}{h_{ie}}$
(c) $g_m = \dfrac{h_{oe}}{h_{fe}}$
(d) $g_m = \dfrac{h_{ie}}{h_{fe}}$

21. उभयनिष्ठ उत्सर्जक विन्यास में शक्ति प्रवर्धन होता है

(a) $A_{Pe} = \dfrac{h_{fe}^2 R_L}{h_{ie}}$
(b) $A_{Pe} = -g_m h_{fe} R_L$
(c) (a) व (b) दोनों
(d) इनमें से कोई नहीं

22. उभयनिष्ठ संग्राहक विन्यास (CC) के लिए धारा लाभ होता है,

(a) अधिक (b) कम (c) मध्यम (d) शून्य

23. CE विन्यास के लिए निवेशी व निर्गम प्रतिबाधा की कोटि क्रमशः होती है

(a) अधिक,कम
(b) कम, अधिक
(c) मध्यम, मध्यम
(d) अधिक, अधिक

24. उच्च प्रतिबाधा स्रोत तथा कम प्रतिबाधा लोड के बीच बफर के रूप में लिया जाता है

(a) उभयनिष्ठ उत्सर्जक विन्यास
(b) उभयनिष्ठ आधार विन्यास
(c) उभयनिष्ठ संग्राहक विन्यास
(d) ये सभी

25. निम्न में से कौन-सा उत्क्रम अभिनत है?

(a) 15 V, 10 V
(b) –5 V, –10 V
(c) –10 V
(d) 10 V, –5 V

26. एक सिलिकॉन ट्रांजिस्टर का निवेशी प्रतिरोध 665 Ω है इसकी आधार धारा में 15 μA के परिवर्तन से संग्राहक धारा में 2 mA का परिवर्तन हो जाता है इसे 5 kΩ लोड के साथ उभयनिष्ठ उत्सर्जक प्रवर्धक की तरह प्रयोग करने पर वोल्टेज लाभ होगा

(a) 1000
(b) 100
(c) 133.3
(d) 900

27. उभयनिष्ठ आधार विन्यास में ट्रांजिस्टर की उत्सर्जक धारा 5.6 mA के लिए संग्राहक धारा 5.488 mA है, तब आधार धारा प्रवर्धन गुणांक (β) का मान होगा

(a) 50
(b) 51
(c) 48
(d) 49

28. किसी ट्रांजिस्टर में, संग्राहक धारा हमेशा उत्सर्जक धारा से कम होती है क्योंकि

(a) संग्राहक पश्च अभिनति में तथा उत्सर्जक अग्र अभिनति में होता है
(b) आधार मे कुछ इलेक्ट्रॉन निहित हो जाते है, केवल बचे हुये इलेक्ट्रॉन ही संग्राहक तक पहुचते हैं
(c) संग्राहक पश्च अभिनति में होने के कारण इलेक्ट्रॉनों को अपनी ओर आकर्षित करता है
(d) संग्राहक अग्र अभिनति में एवं उत्सर्जक पश्च अभिनति में होता है।

29. जब एक ट्रांजिस्टर में संग्राहक एवं उत्सर्जक के बीच वोल्टेज नियत रहता है, तब संग्राहक धारा में परिवर्तन 8.2 mA एवं उत्सर्जक धारा में परिवर्तन 8.3 mA है। अग्र धारा का अनुपात h_{fe} का मान है

(a) 82
(b) 83
(c) 8.2
(d) 8.3

30. निम्नलिखित में से किसका उपयोग नियत आयाम की रेडियो तरंगें उत्पन्न करने में किया जाता है

(a) दोलित्र
(b) FET
(c) दिष्टकारी
(d) प्रवर्धक

उत्तरमाला

1. (b)	**2.** (a)	**3.** (b)	**4.** (c)	**5.** (a)	**6.** (a)	**7.** (b)	**8.** (c)	**9.** (b)	**10.** (b)
11. (c)	**12.** (b)	**13.** (c)	**14.** (a)	**15.** (b)	**16.** (a)	**17.** (a)	**18.** (b)	**19.** (c)	**20.** (b)
21. (c)	**22.** (a)	**23.** (c)	**24.** (c)	**25.** (a)	**26.** (a)	**27.** (d)	**28.** (b)	**29.** (a)	**30.** (a)

38

आंकिक इलेक्ट्रॉनिकी

Digital Electronics

लॉजिक गेट (Logic Gates)

इलेक्ट्रॉनिक परिपथों में अर्द्धचालक युक्तियाँ जैसे रिले (relay), डायोड (diode), ट्रांजिस्टर (transistor), एकीकृत परिपथ (integrated circuit या IC) को ON तथा OFF करने अर्थात् कुँजी (switch) के रूप में प्रयुक्त होती हैं। इस प्रकार के परिपथ लॉजिक गेट या लॉजिक परिपथ कहलाते हैं। इनका प्रचालन (operation) गणितज्ञ **जार्ज बूले** (George Boole) द्वारा विकसित किया गया जो तार्किक बीजगणित (logical algebra) पर आधारित हैं।

संख्या पद्धति (Number System)

डिजिटल पद्धति में प्रयुक्त कुछ पद्धतियाँ निम्न प्रकार हैं

आधार	संख्या पद्धति	आधार संख्याएँ
2	बाइनरी	0, 1
3	टेरीटैरी	0, 1, 2
8	ऑक्टल (अष्टक)	0, 1, 2, 3, 4, 5, 6, 7
10	डेसीमल (दशमलव)	0, 1, 2, 3, 4, 5, 6, 7, 8, 9
16	हेक्सागोनल	0, 1, 2, 3, 4, 5, 6, 7, 8, 9, *A*, *B*, *C*, *D*, *E*, *F*

लॉजिक गेट के प्रकार (Types of Logic Gate)

लॉजिक गेट विभिन्न प्रकार के होते हैं जिनके संक्षिप्त परिचय नीचे दिए गए हैं

OR गेट (OR Gate)

ऐसा लॉजिक गेट जिसमें एक भी निवेशी सिग्नल (input signal) उपस्थित होने पर निर्गत सिग्नल (output signal) प्राप्त होता है OR गेट कहलाता है। इसका बूलियन व्यंजक $A + B = Y$ होता है जिसे *A* OR *B* बराबर *Y* पढ़ते हैं।

(निवेशी) *A*, *B* → *Y* (निर्गत)

OR-गेट

OR गेट की सत्यता सारणी

निवेशी		निर्गत
A	*B*	$A + B = Y$
0	0	0
0	1	1
1	0	1
1	1	1

AND गेट (AND Gate)

ऐसा लॉजिक गेट जिसमें सभी निवेशी सिग्नल उपस्थित होने पर ही निर्गत सिग्नल प्राप्त होता है AND गेट कहलाता है। इसे सम्पाती गेट (coincidence gate) भी कहते हैं। इसका बूलियन व्यंजक $A \cdot B = Y$ होता है जिसे *A* AND *B* बराबर *Y* पढ़ते हैं।

A, *B* → *Y*

AND-गेट

AND गेट की सत्यता सारणी

निवेशी		निर्गत
A	*B*	$A \cdot B = Y$
0	0	0
0	1	0
1	0	0
1	1	1

NOT गेट (NOT Gate)

ऐसा लॉजिक गेट जिसमें निवेशी सिग्नल अनुपस्थित होने पर निर्गत सिग्नल प्राप्त होता है एवं निवेशी सिग्नल उपस्थित होने पर निर्गत सिग्नल प्राप्त नहीं होता है NOT गेट कहलाता है। इसे इन्वर्टर (inverter) भी कहते हैं क्योंकि यह निवेशी सिग्नल का उत्क्रमण (inversion) करता है। इसका बूलियन व्यंजक $\overline{A} = Y$ होता है जिसे NOT *A* बराबर *Y* पढ़ते हैं।

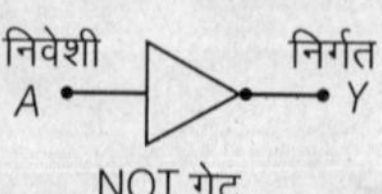

NOT गेट

NOT गेट की सत्यता सारणी

निवेशी		निर्गत
	A	$\overline{A} = Y$
स्विच	बूलियन चर	
ON	1	0
OFF	0	1

NAND-गेट (NAND-Gate)

यदि AND गेट के निर्गत में एक NOT गेट लगा दिया जाए, तो संयुक्त परिपथ NOT AND गेट या NAND गेट कहलाता है। यह एक सार्वत्रिक (universal) लॉजिक गेट है, क्योंकि इससे सभी मूल लॉजिक गेट प्राप्त कर सकते हैं। इसका बूलियन व्यंजक $\overline{A \cdot B} = Y$ या $\overline{A} + \overline{B} = Y$ होता है।

NAND गेट

NAND गेट की सत्यता सारणी

निवेशी		निर्गत
A	B	$Y = \overline{A \cdot B}$
0	0	1
0	1	1
1	0	1
1	1	0

NOR गेट (NOR-Gate)

यदि OR गेट के निर्गत (output) में एक NOT गेट लगा दिया जाए, तो संयुक्त परिपथ NOT-OR या NOR गेट कहलाता है। यह एक सार्वत्रिक गेट होता है। इसका बूलियन व्यंजक $\overline{A + B} = Y$ या $\overline{A} \cdot \overline{B} = Y$ होता है।

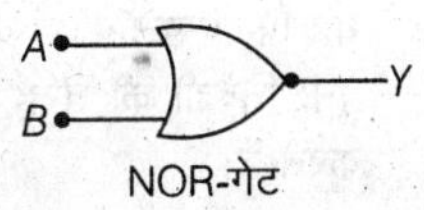

NOR-गेट

NOR-गेट की सत्यता सारणी

निवेशी		निर्गत
A	B	$Y = \overline{A + B}$
0	0	1
0	1	0
1	0	0
1	1	0

नोट NAND तथा NOR गेट सार्वत्रिक (universal) लॉजिक गेट के रूप में जाने जाते हैं। डायोड तथा ट्रांजिस्टर की मदद से NAND गेट प्राप्त किया जा सकता है।

XOR गेट (XOR Gate)

यह गेट NOT गेट, AND गेट तथा OR गेट का संयोजन है। इसे एक्सक्लूसिव OR गेट के नाम से जानते हैं। वह गेट जो निवेशी A या B के उच्च मान (1) के लिए उच्च निर्गम (1) देता है। परन्तु दोनों निवेशी के उच्च मान के लिए नहीं, एक्सक्लूसिव गेट (XOR) कहलाता है।

ध्यान दें कि यदि XOR गेट में दोनों निवेशी उच्च हैं, तो निर्गत निम्न (अर्थात् 0) प्राप्त होता है।

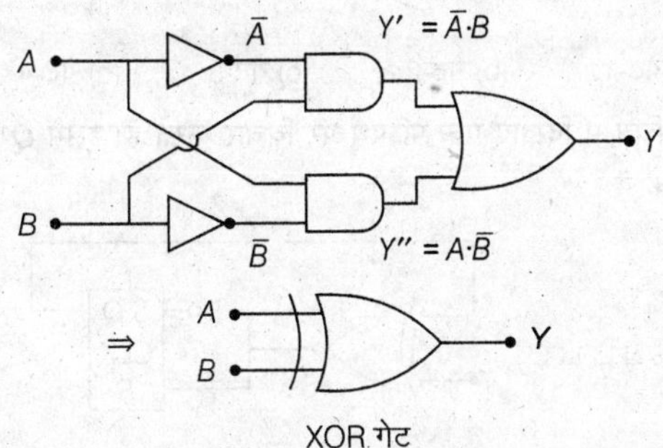

XOR गेट

XOR गेट का बूलियन व्यंजक $Y = A \oplus B = \overline{A}B + A\overline{B}$ होता है।

XOR गेट की सत्यता सारणी

A	B	Y
0	0	0
0	1	1
1	0	1
1	1	0

लॉजिक गेट-सम्बन्धी कुछ महत्त्वपूर्ण बिन्दु (Some Important Points Related to Logic Gate)

(i) क्रमविनिमय नियम (Commutative law)

(a) $A + B = B + A$ (b) $A \cdot B = B \cdot A$

(ii) सहचार्य नियम (Associative law)

(a) $A + (B + C) = (A + B) + C$ (b) $A \cdot (B \cdot C) = (A \cdot B) \cdot C$

(iii) वितरण नियम (Distributive law)

(a) $A \cdot (B + C) = A \cdot B + A \cdot C$ (b) $(A + B) \cdot (A + C) = A + B \cdot C$

(iv) द्विपूरक फलन $\overline{\overline{A}} = A$, $\overline{\overline{A + B}} = A + B$, $\overline{\overline{A \cdot B}} = A \cdot B$

(v) बूलियन सर्वसमिकाएँ

(a) $A \cdot (\overline{A} + B) = A \cdot B$

(b) $A + \overline{A} \cdot B = A + B$

(c) $A + B \cdot C = (A + B) \cdot (A + C)$

(d) $(\overline{A} + B) \cdot (A + C) = \overline{A} \cdot C + A \cdot B$

(vi) **डी-मॉर्गन प्रमेय** (D-Morgan Theorem)

(a) दो चरों A व B के योगफलों का पूरक उन दोनों चरों के अलग-अलग पूरकों के गुणनफल के बराबर होता है।

$$\overline{A + B} = \overline{A} \cdot \overline{B}$$

(b) दो चरों A व B के गुणनफलों का पूरक उनके अलग-अलग पूरकों के योग के बराबर होता है।

$$\overline{A \cdot B} = \overline{A} + \overline{B}$$

(vii) **अर्द्ध योजक** (Half adder)

एक ऐसा तार्किक परिपथ जिसमें दो, एक बिटों के अंकों को जोड़ा जाता है

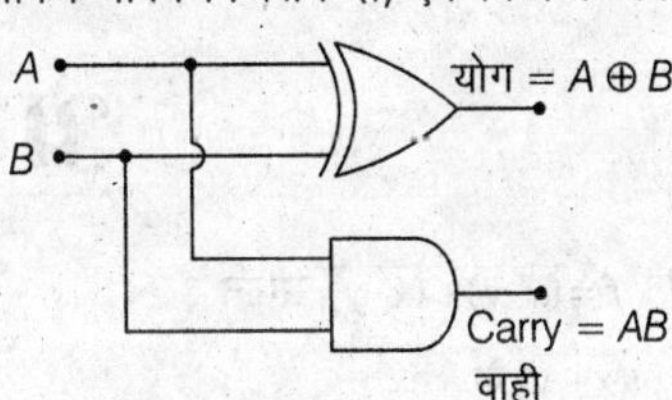

निवेशी		निर्गत	
A	B	S	C
0	0	0	0
0	1	1	0
1	0	1	0
1	1	0	1

योग $S = \overline{A}B + A\overline{B} = A \oplus B$

वाही (carry) $C = AB$

(viii) **पूर्ण योजक** (Full adder)

यह तीन निवेशी बिटों का अंकगणितीय योग होता है अर्थात् addant bit, augend bit तथा carry bit

योग $S = A \oplus B \oplus C$

वाही (Carry) $C = AB + BC + CA = AB + C(A \oplus B)$

(ix) **अर्द्ध घटाव**

अन्तर $D = \bar{A}B + A\bar{B} = A \oplus B$

Borrow $B = \bar{A}B$

(x) **पूर्ण घटाव**

अन्तर $D = A \oplus B \oplus C$

Borrow $B = \bar{A}B + \bar{A}C + BC$

$= \bar{A}B + \overline{(A \oplus B)} \cdot C$

SR-FF का अभिलक्षणिक समीकरण (Characteristics Equation for SR-FF)

किसी फिलप-फ्लॉप (flip-flop या FF) के लिए अभिलक्षणिक समीकरण निम्न प्रकार से दी जाती है।

$$Q_{n+1} = S + \bar{R}Q_n$$

यह समीकरण J-K फिलप-फ्लॉप के लिए है, जहाँ Q_n पिछली अवस्था तथा Q_{n+1} अगली अवस्था है। यह J तथा K के पूरक पर निर्भर करता है अतः

$$Q_{n+1} = J\overline{Q_n} + \bar{K}Q_n$$

D-फिलप-फ्लॉप के लिए यह अगले स्तर पर निर्भर करती है।

अतः $Q_{n+1} = D$

T- फिलप-फ्लॉप के लिए T फिलप-फ्लॉप में, अगला स्तर Q_{n+1}, T तथा Q_n (पिछले स्तर) ऑपरेटर पर निर्भर है।

$$Q_{n+1} = T \oplus Q_n$$

मूल OR तथा AND गेट में सम्बन्ध

(Relation between Fundamental OR and AND gate)

	OR गेट	AND गेट
(i)	$A + 0 = A$	$A \cdot 0 = 0$
(ii)	$A + 1 = 1$	$A \cdot 1 = A$
(iii)	$A + A = A$	$A \cdot A = A$
(iv)	$A + \bar{A} = 1$	$A \cdot \bar{A} = 0$

संयोजन परिपथ (Additive Circuit)

इनका आउटपुट केवल उनके वर्तमान इनपुटों पर ही निर्भर करता है उनकी पूर्व अवस्थाओं पर नहीं। इसमें मैमोरी की आवश्यकता नहीं होती है तथा इसका उदाहरण लॉजिक गेट है जिसमें निवेशी व निर्गत चर होते हैं।

अनुक्रमिक परिपथ (Inversion Circuit)

इनका आउटपुट केवल वर्तमान इनपुटों पर ही निर्भर नहीं करता बल्कि इनपुट की पूर्व अवस्थाओं पर भी निर्भर करता है। इसमें मैमोरी की आवश्यकता होती है। फिलप-फ्लॉप इसका उदाहरण है।

रजिस्टर (Register)

ये फिलप-फ्लॉप से मिलकर बने होते हैं। ये डाटा या सूचना को अपने अन्दर इलेक्ट्रॉनिकली बाइनरी रूप में संग्रहीत करके रखते हैं।

शिफ्ट रजिस्टर (Shift Register)

यह फिलप-फ्लॉप का क्रमागत संयोजन है। काउण्टर शिफ्ट रजिस्टर में निर्गत पुनः निवेशी की तरह कार्य करता है। अतः इसे काउंटर के रूप में भी प्रयोग करते हैं।

कम्प्यूटर (Computer)

कम्प्यूटर एक इलेक्ट्रॉनिक उपकरण है जो भविष्य में डाटा सुरक्षित रखने के काम आता है। यह बड़ी-बड़ी गणनाएँ करने के काम आता है। डिजिटल कम्प्यूटर मुख्यतः तीन भागों से मिलकर बना होता है।

(i) सेन्ट्रल प्रोसेसिंग यूनिट (CPU)

(ii) मैमोरी

(iii) इनपुट- आउटपुट डिवाइस

कम्प्यूटर का वह भाग जो डाटा स्टोर करने में प्रयोग किया जाता है, मैमोरी कहलाता है।

अभ्यास प्रश्नावली

1. लॉजिक फलन $f = \overline{(x \cdot \bar{y}) + (\bar{x} \cdot y)}$ समान है

(a) $f = (x + y)(\bar{x} + \bar{y})$ के

(b) $f = \overline{(\bar{x} + \bar{y})} + \overline{(x + y)}$ के

(c) $f = \overline{(x \cdot y)} \cdot \overline{(\bar{x} \cdot \bar{y})}$ के

(d) उपरोक्त में से कोई नहीं

2. चित्र में दिखाए गए परिपथ का आउटपुट है

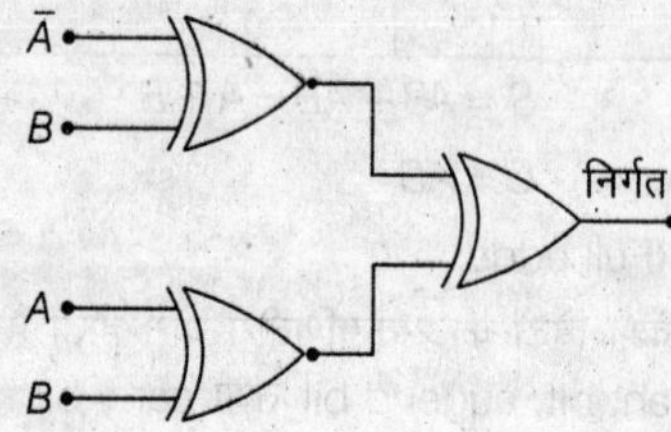

(a) 0 (b) 1

(c) $\bar{A}B + A\bar{B}$ (d) $\overline{(A * B)} * \overline{(A * B)}$

3. दिए गए परिपथ में कौन-सा गेट अनावश्यक है?

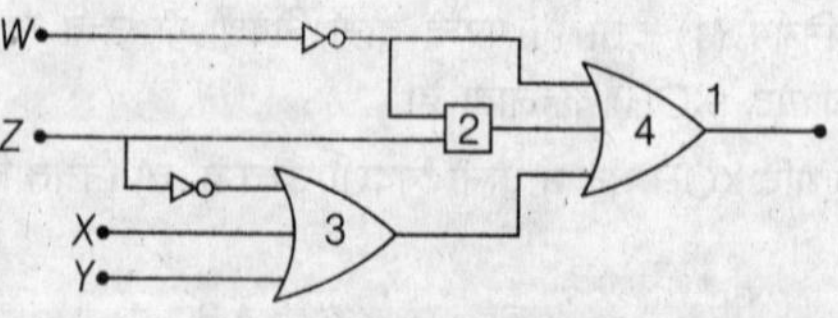

(a) गेट-1 (b) गेट-2 (c) गेट-3 (d) गेट-4

4. निचे चित्र में दिखाए एक परिपथ पर विचार करते हैं। इसमें Q^+ का अगला व्यंजक है

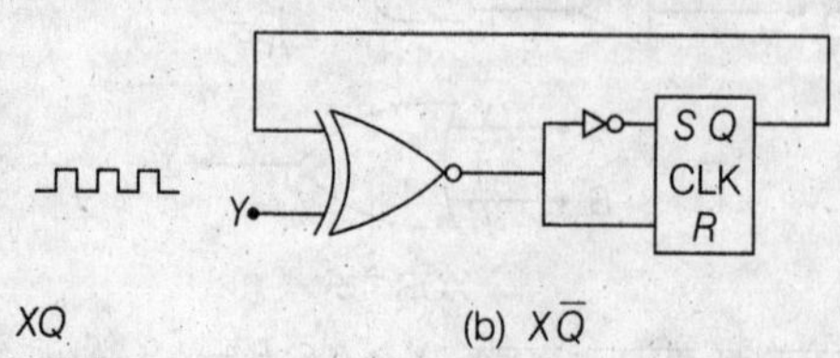

(a) XQ (b) $X\bar{Q}$

(c) $X \oplus Q$ (d) $X \cdot Q$

5. चित्र में दिखाया गया परिपथ दर्शाता है

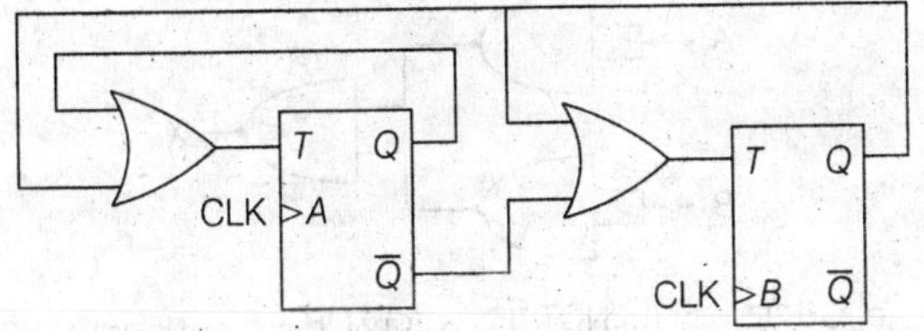

(a) A MOD-2 काउण्टर
(b) A MOD-3 काउण्टर
(c) उत्पन्न क्रम 00, 10, 01, 00....
(d) उत्पन्न क्रम 00, 10, 00, 10, 00....

6. एक AND गेट, एक NOT गेट के द्वारा अनुसरित होता है जब इसमें दो इनपुट *A* व *B* हैं, तब आउटपुट का बूलियन व्यंजक होगा

(a) $A+B$ (b) $A\cdot B$
(c) $\overline{A+B}$ (d) $\overline{A\cdot B}$

7. नीचे दिए गए परिपथ के लिए आउटपुट है

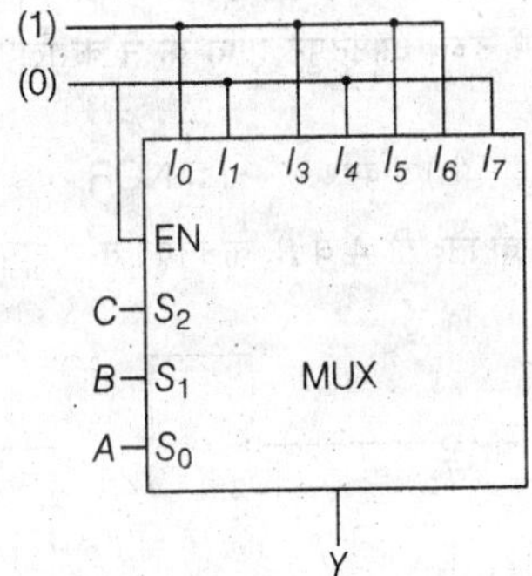

(a) $A\oplus B$ (b) $\overline{A\oplus B}$
(c) $A\oplus B\oplus C$ (d) इनमें से कोई नहीं

8. चित्र में दिखाया गया परिपथ दर्शाता है

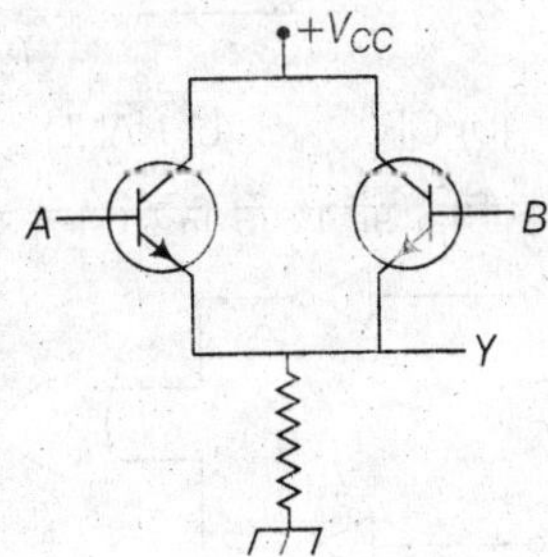

(a) OR गेट (b) AND गेट
(c) NOR गेट (d) NAND गेट

9. बूलियन व्यंजक $Y=\overline{A}\overline{B}\overline{C}D+\overline{A}\overline{B}CD+\overline{A}B\overline{C}D+\overline{A}BCD$ से हमें प्राप्त हो जाएगा

(a) $y=\overline{A}B$ (b) $y=D$
(c) $y=\overline{A}$ (d) $y=\overline{A}D$

10. व्यंजक $\overline{A}BCD+A\overline{B}CD+AB\overline{C}\overline{D}$ के लिए एक OR गेट तथा

(a) एक AND गेट आवश्यक है
(b) तीन AND गेट आवश्यक हैं
(c) तीन AND गेट व चार इन्वर्टर आवश्यक हैं
(d) पाँच AND गेट आवश्यक हैं

11. डी-मॉर्गन प्रमेय है

(a) $\overline{\overline{A}+\overline{B}}=\overline{A}+\overline{B}$ (b) $\overline{A\cdot B}=\overline{A}+\overline{B}$
(c) $\overline{A}-\overline{B}=\overline{A}\cdot\overline{B}$ (d) $\overline{B}\cdot\overline{A}=\overline{A}+\overline{B}$

12. दिए गए लॉजिक परिपथ की सत्यता सारणी है

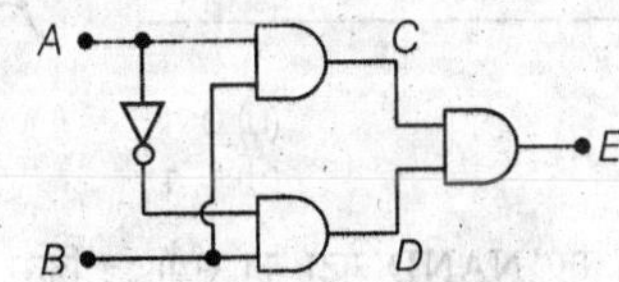

(a)

A	B	E
0	0	1
0	1	0
1	0	1
1	1	0

(b)

A	B	E
0	0	1
0	1	0
1	0	0
1	1	1

(c)

A	B	E
0	0	0
0	1	1
1	0	0
1	1	1

(d)

A	B	E
0	0	0
0	1	1
1	0	1
1	1	0

13. चित्र में दिखाए गए गेट परिपथ का निर्गत *Y* का मान क्या है?

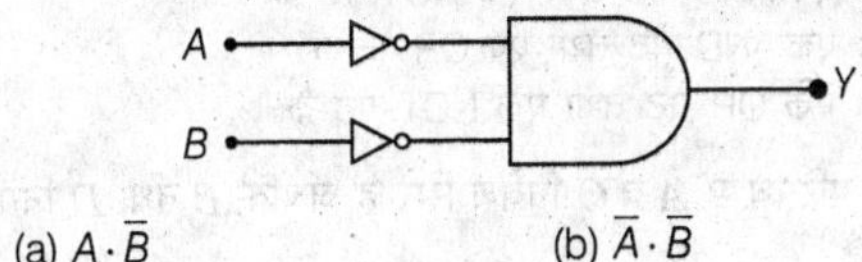

(a) $A\cdot\overline{B}$ (b) $\overline{A}\cdot\overline{B}$
(c) $A\cdot B$ (d) $\overline{A\cdot B}$

14. दिया गया संकेत चित्र किस गेट का है?

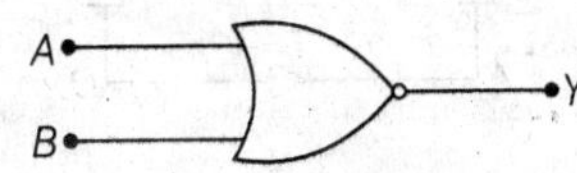

(a) AND गेट (b) NAND गेट
(c) OR गेट (d) NOR गेट

15. दिया गया संयोग निम्न में से किस गेट को प्रदर्शित करता है?

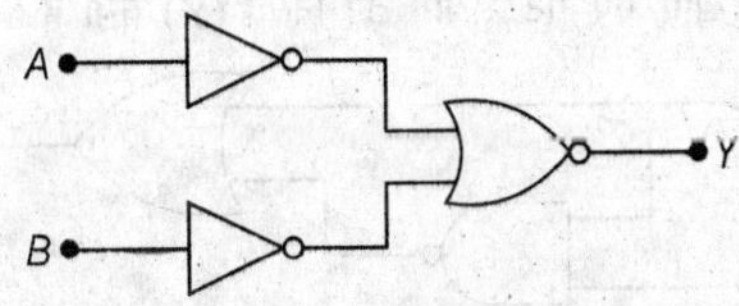

(a) NAND गेट (b) NOR गेट
(c) AND गेट (d) OR गेट

16. नीचे गेटों की दर्शाई गई व्यवस्था निम्न में से किसके तुल्य है?

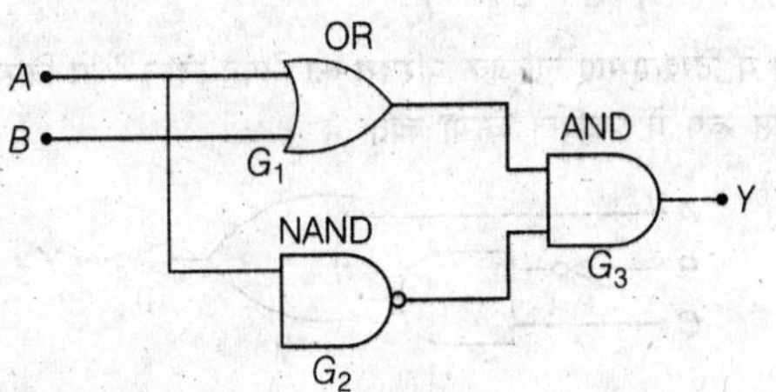

(a) NAND गेट
(b) XOR गेट
(c) OR गेट
(d) उपरोक्त में से कोई नहीं

17. दिए गए गेट संयोग के लिए, यदि लॉजिक गेट निवेश $A = B = C = 0$ तथा $A = B = 1, C = 0$, है, तब निर्गत D की लॉजिक (तार्किक) अवस्था है

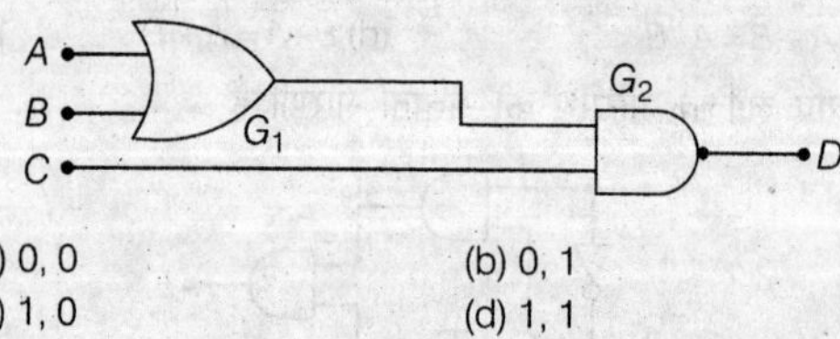

(a) 0, 0 (b) 0, 1
(c) 1, 0 (d) 1, 1

18. चित्र में दिखाए गए NAND गेटों का संयोजन किस गेट के समतुल्य है?

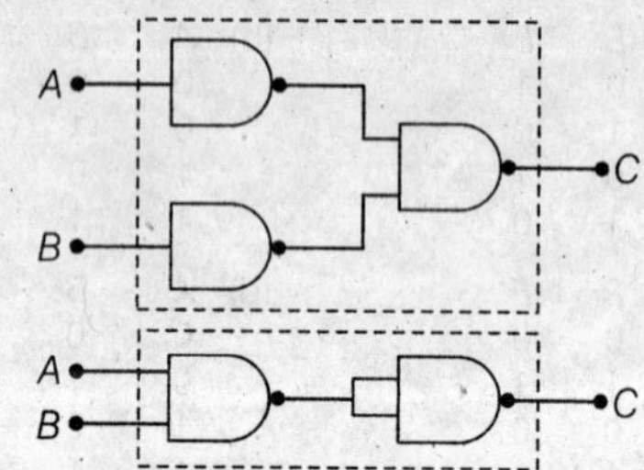

(a) क्रमशः एक OR गेट तथा एक AND गेट के
(b) क्रमशः एक AND गेट तथा एक NOT गेट के
(c) क्रमशः एक AND गेट तथा एक OR गेट के
(d) क्रमशः एक OR गेट तथा एक NOT गेट के

19. दिखाए गए परिपथ में A व C निवेश सिरे हैं जबकि B तथा D निर्गत सिरे हैं तब निर्गत है

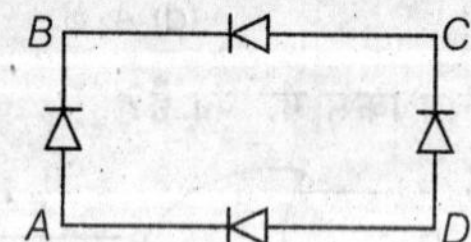

(a) शून्य
(b) निवेश के तुल्य
(c) अर्द्ध-तरंग दिष्टकारी
(d) पूर्ण तरंग दिष्टकारी

20. चित्र में दिखाए गए गेट संयोग का निर्गत (Y) क्या है?

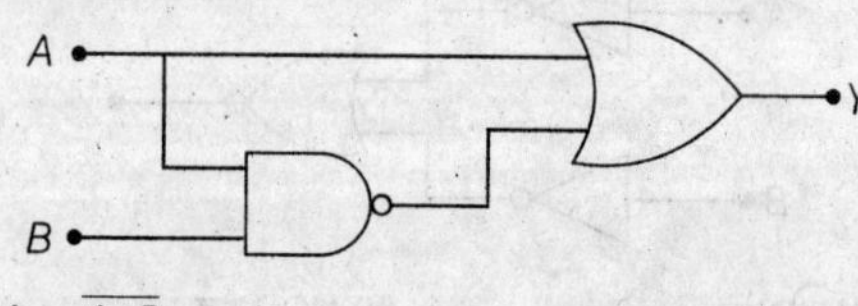

(a) $A + \overline{A \cdot B}$
(b) $(A + B) + (\overline{A} \cdot \overline{B})$
(c) $(A + B) \cdot (\overline{A \cdot B})$
(d) $(A + B) \cdot (\overline{A} + \overline{B})$

21. चित्र में दिखाए गए लॉजिक परिपथ का निर्गत निम्न में से किसके द्वारा सबसे उचित रूप में प्रदर्शित किया जाता है

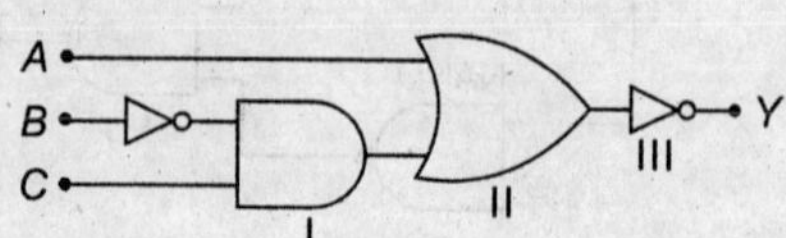

(a) $\overline{A} + \overline{A \cdot C}$
(b) $A + \overline{B} \cdot C$
(c) $\overline{A + B \cdot C}$
(d) $\overline{A + (\overline{B} \cdot C)}$

22. दिखाए गए गेटों का संयोग किसे प्रदर्शित करता है?

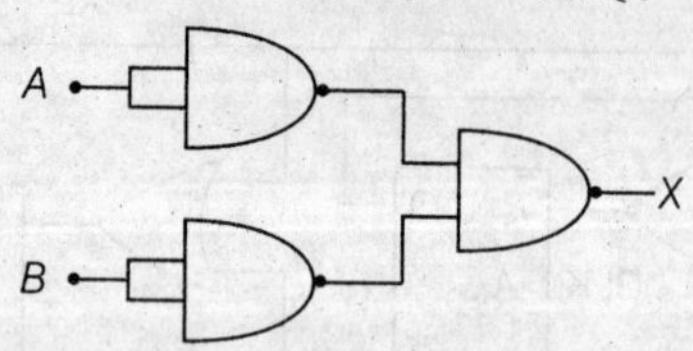

(a) OR गेट (b) NOT गेट (c) XOR गेट (d) NAND गेट

23. चित्र में प्रदर्शित किन परिपथों में निर्गत (output) 1 प्राप्त होगा

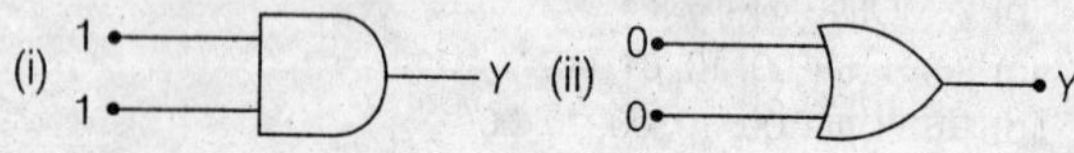

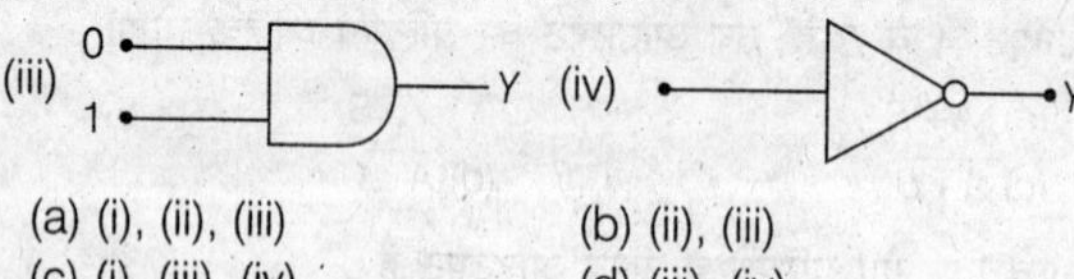

(a) (i), (ii), (iii) (b) (ii), (iii)
(c) (i), (iii), (iv) (d) (iii), (iv)

24. ऐसा गेट जिसमें उच्च आउटपुट प्राप्त करने के लिए सभी इनपुट कम होने चाहिए हैं

(a) NAND (b) इन्वर्टर (c) NOR (d) AND

25. दिया गया चित्र दो निवेशों A व B के निर्गत तरंग रूपों को दर्शाता है। गेट है

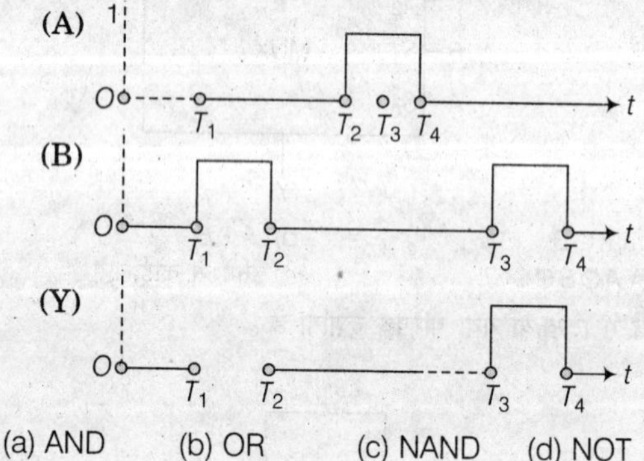

(a) AND (b) OR (c) NAND (d) NOT

26. नीचे दिर्शाए गए लॉजिक परिपथ के निवेश तरंग रूप A एवं B निम्न हैं

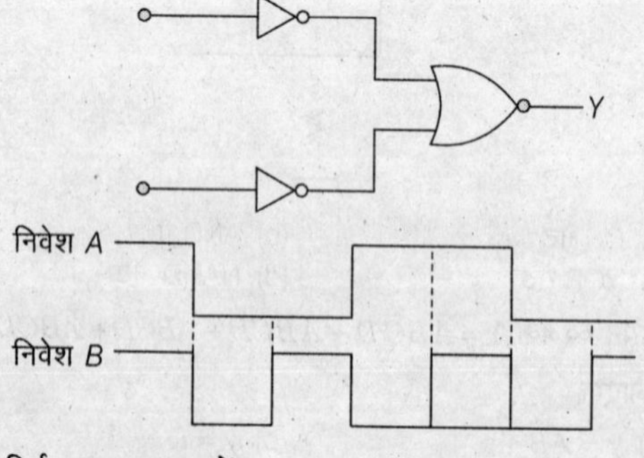

सही निर्गम का चयन करें

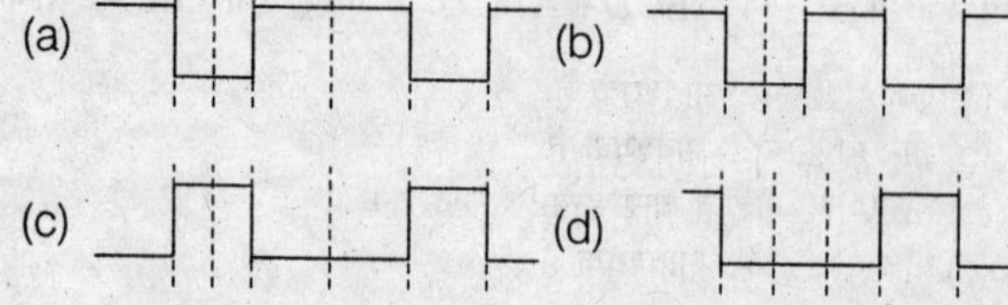

27. निम्न चित्र किस लॉजिक फलन का कार्य करता है?

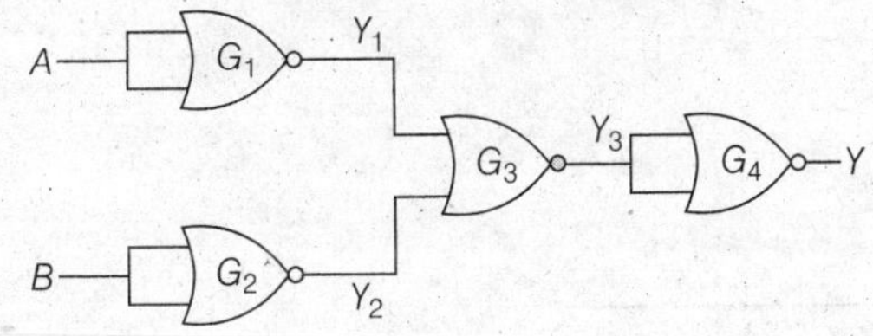

(a) AND गेट (b) XOR गेट
(c) NOR गेट (d) NAND गेट

28. बूलियन व्यंजक $(\overline{A+B})\cdot\overline{A\cdot B}=1$ की निर्गत अवस्था में निवेशी A व B क्या होंगे?

(a) 0, 0
(b) 0, 1
(c) 1, 0
(d) 1, 1

29. एक OR गेट में कितने NAND गेट प्रयुक्त होते हैं?

(a) चार (b) दो
(c) तीन (d) पाँच

उत्तरमाला

1. (b)	**2.** (a)	**3.** (b)	**4.** (c)	**5.** (b)	**6.** (d)	**7.** (d)	**8.** (c)	**9.** (d)	**10.** (c)
11. (b)	**12.** (c)	**13.** (b)	**14.** (d)	**15.** (c)	**16.** (b)	**17.** (c)	**18.** (a)	**19.** (d)	**20.** (a)
21. (d)	**22.** (a)	**23.** (c)	**24.** (b)	**25.** (a)	**26.** (d)	**27.** (b)	**28.** (b)	**29.** (c)	

संकेत एवं हल

12. परिपथ में, $C=A\cdot B$ तथा $D=\overline{A}\cdot B$

$$E=C+D=(A\cdot B)+(\overline{A}\cdot B)$$

दिए गए गेट व्यवस्था की सत्यता सारणी

A	B	$\overline{A}$	$C=A\cdot B$	$D=\overline{A}\cdot B$	$E=(C+D)$
0	0	1	0	0	0
0	1	1	0	1	1
1	0	0	0	0	0
1	1	0	1	0	1

13. AND गेट के निवेशी (input) $\overline{A}$ तथा $\overline{B}$ हैं, इसलिए निर्गत $Y=\overline{A}\cdot\overline{B}$ है।

14. यह NOR गेट का परिपथ है।

15. NOR गेट में, $Y=\overline{A+B}$

$\therefore$ $\overline{0+0}=\overline{0}=1, \overline{1+0}=\overline{1}=0$

$\overline{0+1}=\overline{1}=0$ तथा $\overline{1+1}=\overline{1}=0$

A
B
Y

$$Y=\overline{\overline{A}+\overline{B}}$$

डी-मॉर्गन प्रमेय के अनुसार,

$$Y=\overline{\overline{A}+\overline{B}}=\overline{\overline{A}}\cdot\overline{\overline{B}}=AB$$

यह AND गेट की निर्गत (output) समीकरण है।

16. G_1 का निर्गत $=(A+B)$

G_2 का निर्गत $=\overline{A\cdot B}$

तथा G_3 का निर्गत $=(A+B)\cdot\overline{A\cdot B}$

जो XOR गेट का निर्गत है।

17. यहाँ, बूलियन व्यंजक $D=\overline{(A+B)\cdot C}$ है, अब दिए गए निवेशों के लिए निर्गत निर्धारित किए जा सकते हैं।

18. प्रथम अवस्था के लिए बूलियन व्यंजक, $Y=\overline{\overline{A}\cdot\overline{B}}=A+B$

अतः यह OR गेट के लिए है।

द्वितीय अवस्था के लिए बूलियन व्यंजक, $Y=\overline{\overline{A}}\cdot\overline{\overline{B}}=A\cdot B$ तथा यह AND गेट के लिए है।

20. OR गेट का निवेशी A तथा $\overline{(A\cdot B)}$ है। अतः $Y=A+\overline{(A\cdot B)}$

21. लॉजिक गेट I के लिए बूलियन व्यंजक, $\overline{B}\cdot C=Y'$

लॉजिक गेट II के लिए बूलियन व्यंजक, $A+(\overline{B}\cdot C)=Y''$

लॉजिक गेट III के लिए बूलियन व्यंजक, $\overline{A+(\overline{B}\cdot C)}=Y$

39

आपेक्षिकता का सिद्धान्त
Theory of Relativity

निर्देश फ्रेम (Frame of Reference)

निर्देश फ्रेम वह निर्देशांक निकाय है जिसमें किसी वस्तु की स्थिति व गति प्रेक्षित की जा सकती है।

ये दो प्रकार के होते हैं :

1. जड़त्वीय फ्रेम (Inertial Frame)

वे फ्रेम जिनका अपना कोई त्वरण नहीं होता अर्थात् विराम में रहें अथवा निश्चित रेखीय वेग से गतिशील रहें, जड़त्वीय फ्रेम कहलाते हैं।

2. अजड़त्वीय फ्रेम (Non-Inertial Frame)

वे फ्रेम जिनका अपना त्वरण होता है, अजड़त्वीय फ्रेम कहलाते हैं।

आपेक्षिकता का सिद्धान्त (Theory of Relativity)

आपेक्षिकता के सिद्धान्त के अनुसार, किसी जड़त्वीय निर्देश तंत्र (inertial frame of reference) के सापेक्ष गति कर रहे सभी पर्यवेक्षकों (observers) के लिए सभी भौतिक नियम समान होंगे।

समष्टि में सभी पर्यवेक्षकों के लिए प्रकाश का वेग समान रहता है, चाहे प्रकाश स्रोत उनके सापेक्ष गतिशील हो अथवा नहीं।

निम्न वेग $v << c$ के लिए गैलीलियन रूपान्तरण

$$x' = x - vt, y' = y, z' = z, t' = t$$

लॉरेन्ट्ज रूपान्तरण,

$$x' = \frac{x - vt}{\sqrt{\left(1 - \frac{v^2}{c^2}\right)}}, y' = y, z' = z$$

$$t' = \frac{t - \frac{vx}{c^2}}{\sqrt{\left(1 - \frac{v^2}{c^2}\right)}}$$

लम्बाई में संकुचन या लॉरेन्ट्ज-फिटगेराल संकुचन,

$$l' = l\sqrt{\left(1 - \frac{v^2}{c^2}\right)} \quad \text{(गति की दिशा में)}$$

काल वृद्धि, $\Delta t' = \frac{\Delta t}{\sqrt{\left(1 - \frac{v^2}{c^2}\right)}}$

आपेक्षिक संवेग, $p = mu = \frac{m_0 u}{\sqrt{1 - u^2/c^2}}$

आपेक्षिक द्रव्यमान, $m_{rel} = \frac{m}{\sqrt{1 - u^2/c^2}}$

द्रव्यमान में ह्रास तथा ऊर्जा सम्बद्धता, $E = \Delta mc^2$

आपेक्षिक ऊर्जा, $E = \frac{m_0 c^2}{\sqrt{1 - u^2/c^2}}$

आपेक्षिक संवेग, $p = E/c$

विराम ऊर्जा $(E_{rest}) = m_0 c^2$ (अवशेष गतिज ऊर्जा है)

$$(E_K) = E - m_0 c^2 = m_0 c^2 \left(\frac{1}{\sqrt{1 - u^2/c^2}} - 1\right)$$

- अन- आपेक्षिक प्रचलित पद्धति में $(u << c)$ वर्गमूल को u^2/c^2 के रूप में निम्न प्रकार से प्रसारित कर सकते हैं।

$$E_K = \frac{1}{2} mu^2 + \frac{3}{8} \frac{mu^4}{c^2} + \ldots$$

उपरोक्त सूत्र में मुख्य पद दिए गये हैं।

- प्रत्येक बद्ध निकाय में, कुल आपेक्षिक ऊर्जा तथा संवेग संरक्षित रहते हैं। आपेक्षिक ऊर्जा के रूप में

$$E^2 - p^2 c^2 = m^2 c^4$$

एक द्रव्यमानहीन कण की ऊर्जा तथा संवेग बदलते रहते हैं, जबकि यह सदैव प्रकाश की चाल (अर्थात् $c = 3 \times 10^8$ मी/से) से गतिमान होता है।

E तथा p निम्न प्रकार सम्बंधित हैं $E = pc$

फोटॉन द्रव्यमानविहीन कण है, $E = h\nu$

एक नीले फोटॉन की ऊर्जा एक लाल फोटॉन से अधिक होती है।

आपेक्षिक डॉप्लर प्रभाव (Relative Doppler's Effect)

ध्वनि की तरह सापेक्षता सिद्धान्त में डॉप्लर प्रभाव (अनुदैर्ध्य) प्रदर्शित होता है, जो निम्नलिखित हैं:

(i) अनुदैर्ध्य डॉप्लर प्रभाव आवृत्ति के रूप में $\nu' = \nu\sqrt{\left\{\frac{1+\frac{v}{c}}{1-\frac{v}{c}}\right\}}$ (समीप जाने की स्थिति में), $\nu' = \nu\sqrt{\left\{\frac{1-\frac{v}{c}}{1+\frac{v}{c}}\right\}}$ (दूर जाने की स्थिति में)

(ii) अनुदैर्ध्य डॉप्लर प्रभाव तरंगदैर्ध्य के रूप में $\lambda' = \lambda\sqrt{\left\{\frac{1+\frac{v}{c}}{1-\frac{v}{c}}\right\}}$ (समीप जाने की स्थिति में), $\lambda' = \lambda\sqrt{\left\{\frac{1+\frac{v}{c}}{1-\frac{v}{c}}\right\}}$ (दूर जाने की स्थिति में)

अभ्यास प्रश्नावली

1. एक π^+-मेसॉन की सामान्य औसत आयु 2.5×10^{-8} सेकण्ड है। जब π^+-मेसॉन 2.5×10^{-8} सेकण्ड के वेग से यात्रा करता है तब इसकी औसत आयु होगी

(a) 2.5×10^{-8} सेकण्ड (b) 1.2×10^{-8} सेकण्ड
(c) 4.17×10^{-8} सेकण्ड (d) 0.5×10^{-8} सेकण्ड

2. किसी कण का वेग तब क्या होगा, जब उसका द्रव्यमान उसके विराम द्रव्यमान का 4 गुना हो जाएगा

(a) 2.2×10^8 मी/से (b) 2.4×10^8 मी/से
(c) 1.5×10^8 मी/से (d) 2.9×10^8 मी/से

3. एक इलेक्ट्रॉन का विराम द्रव्यमान m_0 है। अब यह $v = 0.6c$ वेग से गतिमान है तब इसकी गतिज ऊर्जा होगी

(a) $\frac{1}{2}\left(\frac{5}{4}m_0\right)(0.6c)^2$ (b) $\frac{5}{4}m_0c^2 - mc^2$
(c) m_0c^2 (d) $\frac{5}{4}m_0c^2$

4. दो प्रेक्षक, जोकि 0.8 c त 0.7 c वेगों से एक ही रेखा पर एक ही दिशा में गतिमान हैं, का पृथ्वी से प्रेक्षण किया जाता है। यदि प्रेक्षक A से देखें, तो B का वेग कितना होगा?

(a) 0.1 c (b) −0.1 c (c) − 1.5 c (d) − 0.23 c

5. जब किसी इलेक्ट्रॉन की कुल आपेक्षिक ऊर्जा उसकी विराम ऊर्जा की 1.25 गुनी हो जाएगी तब उसका वेग होगा

(a) 0.8 c (b) 0.6 c
(c) c (d) 0.3 c

6. यदि 4.4 ग्राम द्रव्यमान को पूर्णतः ऊर्जा में परिवर्तित किया जाता है, तब प्राप्त ऊर्जा लगभग है

(a) 10^6 kWh (b) 10^8 kWh
(c) 10^4 kWh (d) 10^5 kWh

7. माइकेल्सन-मोर्ले प्रयोग में प्रत्येक पथ की प्रभावी लम्बाई 7 मी है तथा प्रयोग में प्रयुक्त प्रकाश की तरंगदैर्ध्य 7000 Å है। पृथ्वी का वेग 3×10^4 मी/से है। इस सिद्धान्त के अनुसार फ्रिंज शिफ्ट है

(a) 0.8 (b) 0.2
(c) 0.1 (d) 0.4

8. इलेक्ट्रॉन का विराम द्रव्यमान m_0 है, जब इसका वेग $v = 0.6c$ होगा, तब इसका द्रव्यमान हो जाएगा

(a) m_0 (b) $2m_0$
(c) $\frac{5}{4}m_0$ (d) $3m_0$

9. धरातल पर एक व्यक्ति का द्रव्यमान 100 किग्रा है। जब यह 4.2×10^7 मी/से से गतिमान रॉकेट में बैठा है, व्यक्ति का द्रव्यमान है

(a) 100 kg (b) 101 kg
(c) 202 kg (d) 51 kg

10. प्रयोगशाला में प्रेक्षण के दौरान दो कण 2.8×10^{10} सेमी/से के वेग से एक-दूसरे की विपरीत दिशा में गतिमान हैं। कणों का आपेक्षिक वेग है

(a) 2×10^{10} सेमी/से (b) 2.8×10^{10} सेमी/से
(c) 5.6×10^{10} सेमी/से (d) 2.99×10^{10} सेमी/से

11. q आवेश वाला एक आवेशित पिण्ड विराम से चलना प्रारम्भ करता है तथा $v = 0.6c$ वेग प्राप्त कर लेता है, तब इस पर नया आवेश होगा

(a) q (b) $q\sqrt{1-(0.6)^2}$
(c) $\frac{q}{\sqrt{1-(0.6)^2}}$ (d) $q\sqrt{1-0.6}$

12. काल वृद्धि का प्रायौगिक सत्यापन होता है,

(a) π^+-मेसान के क्षय से
(b) रदरफोर्ड प्रकीर्णन सिद्धान्त से
(c) दो कणों की प्रत्यास्थ टक्कर से
(d) उपरोक्त में से किसी से नहीं

13. जब एक इलेक्ट्रॉन को 1×10^6 V विभवान्तर द्वारा त्वरित किया जाता है तब उसकी चाल है

(a) 0.6c (b) 0.94c (c) 0.8c (d) 0.4c

14. यदि एक इलेक्ट्रॉन की गतिज ऊर्जा उसकी विराम ऊर्जा के बराबर है तब उसकी चाल है

(a) $\frac{\sqrt{3}}{2}c$ (b) $\sqrt{2}c$
(c) $\frac{c}{2}$ (d) c

15. एक वायुयान 50 मी लम्बा है यह पृथ्वी से 2.8×10^8 मी/से की चाल से गुजरता है। इसकी अभासी लम्बाई है

(a) 10 मी (b) 100 मी
(c) 25 मी (d) 18 मी

16. जब एक कण की कुल ऊर्जा उसकी विराम ऊर्जा की दोगुनी है तब इसकी चाल होगी

(a) $v = \frac{c}{2}$ (b) $v = \frac{c}{\sqrt{2}}$
(c) $v = \sqrt{2}c$ (d) $v = \frac{\sqrt{3}}{2}c$

17. धरातल पर एक रॉकेट यान की लम्बाई 100 मीटर है। उड़ान के दौरान धरातल से एक प्रेक्षक इसकी लम्बाई 99 मीटर मापता है। इसकी चाल है

(a) 0.99c (b) 0.141c (c) 0.56c (d) 0.36c

18. एक फोटॉन (द्रव्यमानहीन) की ऊर्जा E है यह विराम में स्थित m_p द्रव्यमान के प्रोटॉन से टकराता है। टक्कर के बाद फोटॉन e^+, e^- युग्म में परिवर्तित हो जाता है। इलेक्ट्रॉन व पॉजीट्रॉन दोनों का विराम द्रव्यमान m_e मानते हुए बताइये कि प्रतिक्षेपित संवेग का महत्तम मान कितना है?

(a) $\frac{A}{2} + \left[\left(\frac{A}{2}\right)^2 - B\right]^{\frac{1}{2}}$ (b) $-\frac{A}{2} + \left[\left(\frac{A}{2}\right)^2 - B\right]^{\frac{1}{2}}$

(c) $\frac{A}{2} + \left[\left(\frac{A}{2}\right) - B^2\right]^{\frac{1}{2}}$ (d) $\frac{A}{2} + \left[\left(\frac{A}{2}\right) + B^2\right]^{\frac{1}{2}}$

19. यदि एक कण की चाल एवं आपेक्षिक चाल से गतिमान कण की चाल से दोगुनी है तब इसका रेखीय संवेग होगा

(a) दोगुना
(b) दोगुना से अधिक
(c) समान
(d) दोगुना से कम

20. एक π-मेसॉन की सामान्य औसत आयु 2.5×10^{-8} सेकण्ड है। इसकी प्रेक्षित माध्य आयु 2.5×10^{-2} है, जबकि यह गतिमान है

(a) 0.66c वेग से (b) 0.88c वेग से
(c) 0.36c वेग से (d) 0.995c वेग से

21. एक $2m$ द्रव्यमान व $8mc^2$ गतिज ऊर्जा वाला कण एक m द्रव्यमान वाले कण जो प्रयोगशाला में विराम में स्थित है, से टकराता है तथा संघट्ट से एक $3m$ द्रव्यमान तथा m द्रव्यमान के दो कण उत्पन्न होते हैं। m का महत्तम संभव मान है

(a) m (b) $m/2$ (c) $2m$ (d) $3m$

22. एक कण जिसका विराम द्रव्यमान $1\ \text{MeV}/c^2$ तथा गतिज ऊर्जा 2 MeV है, विराम में स्थित एक $2\ \text{MeV}/c^2$ विराम द्रव्यमान वाले कण से टकराता है। संघट्ट के बाद दोनों कण एकसाथ मिल जाते हैं। कण की ऊर्जा, वेग तथा संवेग क्रमशः हैं

(a) 3MeV, 0.9428c, 1.828 MeV/c
(b) 3MeV, 0.9428c, 2.828 MeV/c
(c) 2MeV, 0.8428c, 0.828 MeV/c
(d) 2MeV, 0.6428c, 1.828 MeV/c

23. एक कण जिसका विराम द्रव्यमान m है। जो एक m_1 विराम द्रव्यमान व एक m_2 विराम द्रव्यमान वाले कणों तथा एक उच्च ऊर्जा वाले फोटॉन (γ-किरण) में विभक्त हो जाता है। m विराम वाले प्रारम्भिक कण के सापेक्ष में γ-किरण की महत्तम ऊर्जा है

(a) शून्य (b) $\frac{1}{2}mc^2$ (c) $2mc^2$ (d) $\frac{1}{4}mc^2$

24. एक म्योन की औसत आयु उसके निर्देश फ्रेम में 2 माइक्रोसेकण्ड है। यदि एक कॉस्मिक किरण म्योनों के बीम की पृथ्वी के सापेक्ष चाल 0.98c है तब औसत आयु होगी

(a) 4 माइक्रोसेकण्ड (b) 8 माइक्रोसेकण्ड
(c) 10 माइक्रोसेकण्ड (d) 1 माइक्रोसेकण्ड

उत्तरमाला

1. (c)	**2.** (d)	**3.** (b)	**4.** (d)	**5.** (b)	**6.** (b)	**7.** (d)	**8.** (c)	**9.** (b)	**10.** (d)
11. (a)	**12.** (a)	**13.** (b)	**14.** (a)	**15.** (d)	**16.** (d)	**17.** (b)	**18.** (b)	**19.** (b)	**20.** (d)
21. (c)	**22.** (b)	**23.** (a)	**24.** (c)						

40

संचार प्रणालियाँ
Communication Systems

संचार (Communication)

संचार का अर्थ सूचना के प्रेषण से होता है। रेडियो तरंग की सहायता से संचार में प्रेषी ऐन्टेना विद्युत चुम्बकीय तरंगें उत्सर्जित करता है। ये तरंगें अन्तरिक्ष (space) में चलकर ग्राही ऐन्टेना द्वारा ग्रहण होती हैं, जहाँ प्रेषित सूचनाओं का उपयोग होता है।

संचार व्यवस्था की मूल इकाइयाँ
(Basic Units of Communication System)

एक संचार व्यवस्था मुख्य रूप से एक सूचना स्रोत, एक प्रेषक, एक चैनल एवं एक संग्राहक से मिलकर बनी होती है।

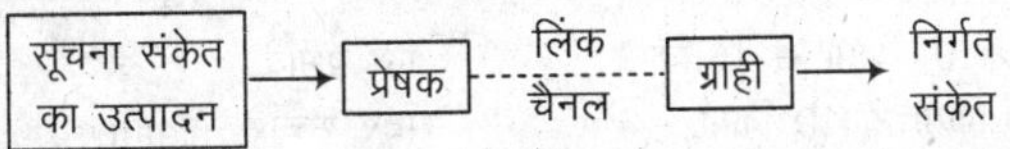

(i) **सूचना** (Information) वह विचार/संदेश जिसे एक स्थान से दूसरे स्थान तक भेजा जाना है, सूचना कहलाती है। संदेश एकल या कईं संदेशों से मिलकर बना हो सकता है।

(ii) **संप्रेषक** (Transmitter) रेडियो संचार में, प्रेषक एक ट्रांसड्यूसर, मॉडुलेटर, एम्प्लीफायर एवं प्रेषक ऐन्टेना से मिलकर बना होता है।

ट्रांसड्यूसर (Transducer) यह ध्वनि संकेतों को विद्युत संकेतों में परिवर्तित करता है।

मॉडुलेटर (Modulator) यह विद्युत संकेतों को उच्च आवृत्ति की वाहक तरंगों पर अध्यारोपित करता है।

एम्प्लीफायर (Amplifier) यह मॉडुलेटेड संकेत की शक्ति को बढ़ाता है।

ऐन्टेना (Antenna) इसकी सहायता से मॉडुलित संकेत को आकाश में उत्सर्जित किया जाता है।

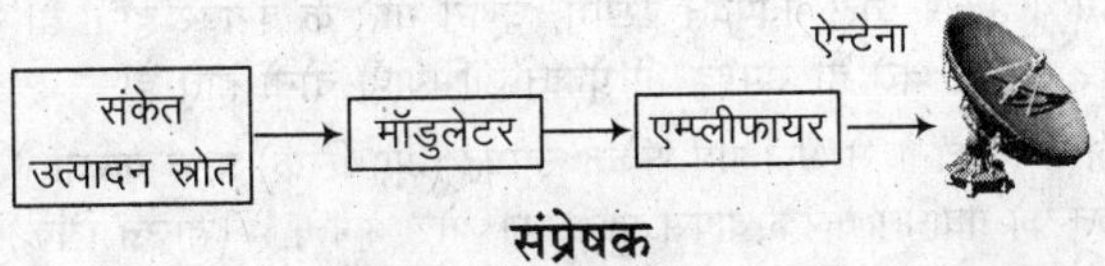

संप्रेषक

(iii) **संचार चैनल** (Communication channel) संचार चैनल का कार्य मॉडुलित संकेत को संप्रेषक से ग्राही तक ले जाना है। संचार चैनल को संचरण माध्यम या लिंक भी कहते हैं।

विशिष्ट संचरण के लिए प्रदत्त आवृत्ति परास चैनल को व्यक्त करती है।

विभिन्न चैनल (Various channel)

संचार के प्रकार	चैनल या लिंक
रेडियो संचार	मुक्त आकाश
टेलीफोन एवं टेलीग्राफी संचार	संचरण लाइन
प्रकाशीय संचरण	प्रकाशीय तन्तु

(iv) **ग्राही** (Receiver) ग्राही के मुख्य भाग निम्न हैं :

ग्राही ऐन्टेना संकेत ग्रहण करता है।

डिमॉडुलेटर मॉडुलित संकेत से ध्वनि संकेत को अलग-अलग करता है।

एम्प्लीफायर दुर्बल ध्वनि संकेत (विद्युत संकेत के रूप में) को शक्ति प्रदान करता है।

ट्रांसड्यूसर पुनः ध्वनि संकेत को विद्युत सकेत रूप से ध्वनि तरंगों में रूपान्तरित करता है।

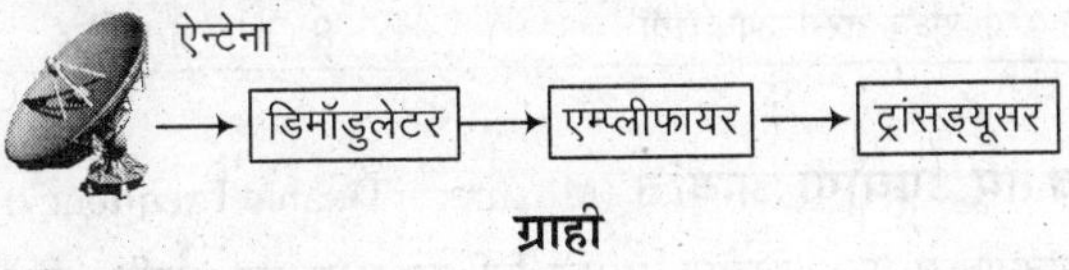

ग्राही

तरंग संचरण (Wave Propagation)

तरंग संचरण के कारण सूचनाओं का एक स्थान से दूसरे स्थान तक प्रेषण होता है। इनकी तीन विधियाँ हैं:

(i) भू-पृष्ठीय तरंगें (Ground waves)

(ii) अन्तरिक्ष तरंगें (Space waves)

(iii) आकाशीय तरंगें (Sky waves)

भू-पृष्ठीय तरंग संचरण
(Ground or Surface Wave Propagation)

रेडियो तरंगों के संचरण की इस विधि में रेडियो तरंगें ट्रांसमीटर से अभिग्राही (receiver) तक पृथ्वी के वक्रपृष्ठ के अनुदिश संचरित होती हैं। इस विधि में ऊर्जा ह्रास अधिक (high attenuation) होता है। इसी कारण यह विधि (mode) स्थानीय प्रसारण (local broadcast) के लिए ही उपयुक्त है। चूँकि इन तरंगों का ऊर्जा ह्रास आवृत्ति के बढ़ने पर तेजी से बढ़ता (rapidly increases) है। अत: इस विधि से 10 किलोहर्ट्ज से 30 किलोहर्ट्ज तक की निम्न आवृत्तियों (low frequencies) का ही संचरण (transmission) किया जाता है।

अन्तरिक्ष तरंग या क्षोभमण्डल तरंग संचरण
(Space Wave or Tropospheric Wave Propagation)

रेडियो तरंगों के संचरण की इस विधि में रेडियो तरंगें पृथ्वी के क्षोभमण्डल में पृथ्वी के पृष्ठ से 12 किमी की ऊँचाई पर ट्रांसमीटर ऐन्टेना से अभिग्राही ऐन्टेना तक पहुँचती हैं। इस विधि से 30 मेगाहर्ट्ज से अधिक आवृत्ति वाली रेडियो तरंगें संचरित होती हैं।

(i) टेलीविजन प्रसारण, राडार तथा उपग्रहीय दूरसंचार (satellite communication) अन्तरिक्ष तरंगों के कारण ही सम्भव हैं।

(ii) यदि कोई ट्रांसमीटर ऐन्टेना h ऊँचाई से विद्युत चुम्बकीय तरंगें विकरित (radiate) करता है, तो इन तरंगों की परास (range) $d = \sqrt{2hR}$, होती है जहाँ R पृथ्वी की त्रिज्या है।

आकाशीय तरंग संचरण (Sky Wave Propagation)

रेडियो तरंगों के संचरण की इस विधि में रेडियो तरंगें पृथ्वी तल से 80 किमी ऊँचाई पर स्थित आयनित क्षेत्र जिसे आयनमण्डल (ionosphere) कहते हैं, से परावर्तित होकर अभिग्राही ऐन्टेना तक पहुँचती हैं। यह आयनित क्षेत्र वहाँ अल्प दाब तथा सूर्य के तीव्र पराबैंगनी विकिरण (high ultraviolet radiation) के कारण वायु के आयनन के कारण उत्पन्न होता है। इस विधि से 3 मेगाहर्ट्ज तक की HF(high frequency) रेडियो तरंगें ही संचरित होती हैं।

क्रान्तिक आवृत्ति (Critical Frequency)

आयनमण्डल पर अभिलम्बवत् आपतित होने पर आयनमण्डल से परावर्तित होकर पृथ्वी पर लौटने वाली रेडियो तरंगों की अधिकतम आवृत्ति क्रान्तिक आवृत्ति (ν_c) कहलाती है। यदि आयनमण्डल का अधिकतम इलेक्ट्रॉन घनत्व N_{max} प्रति घनमीटर है, तब क्रान्तिक आवृत्ति $f_c \approx 9(N_{max})^{1/2}$। यह आवृत्ति या इससे कुछ अधिक आवृत्ति की तरंग आयनमण्डल को पार कर जाएगी अर्थात् यह परावर्तित नहीं होती है।

बैण्ड चौड़ाई साइड बैण्ड आवृत्तियाँ वाहक आवृत्ति के दोनों ओर आवृत्ति अन्तराल f_m पर स्थित होती हैं। **छोड़ी गई दूरी** (skip distance) पृथ्वी तल पर ट्रांसमीटर से किसी बिन्दु की वह न्यूनतम दूरी जिस पर एक निश्चित आवृत्ति की रेडियो तरंगें आयनमण्डल से परावर्तित होकर पृथ्वी पर लौट आती हैं, छोड़ी गई दूरी (skip distance) कहलाती है।

$$D = 2h\left[\left(\frac{\nu_{max}}{\nu}\right)^2 - 1\right]$$

जहाँ, h परावर्तक तल की पृथ्वी तल से ऊँचाई है।

विभिन्न आवृत्ति परिसर तथा उनके अनुप्रयोग (Different frequency ranges and their applications)

क्र.सं.	आवृत्ति	आवृत्ति परिसर	तरंगदैर्ध्य परिसर	अनुप्रयोग
1.	श्रव्य आवृत्तियाँ	20 Hz से 20 kHz	30×10^3 किमी से 15 किमी	श्रव्य प्रभाव
2.	अति निम्न आवृत्तियाँ	3 kHz से 30 kHz	100 किमी से 10 किमी	सुदूर संचार, नौवहन
3.	निम्न आवृत्तियाँ	30 kHz से 300 kHz	10 किमी से 1 किमी	सुदूर संचार
4.	मध्यम आवृत्तियाँ	300 kHz से 3000 kHz	1000 मी से 100 मी	प्रसारण, नौवहन, दूरभाष
5.	उच्च आवृत्तियाँ तथा रेडियो आवृत्तियाँ	3 MHz से 30 MHz	100 मी से 10 मी	सभी प्रकार के सुदूर संचार
6.	बहुत उच्च आवृत्तियाँ	30 MHz से 300 MHz	10 मी से 1 मी	राडार, TV प्रसारण अल्प दूरी संचार
7.	परा उच्च आवृत्तियाँ	300 MHz से 3000 MHz	1000 मिमी से 100 मिमी	अल्प दूरी संचार, राडार
8.	अति उच्च आवृत्तियाँ	3 GHz से 30 GHz	100 मिमी से 10 मिमी	राडार, रेडियो प्रसारण, नौवहन
9.	अत्यधिक उच्च आवृत्तियाँ	30 GHz से 300 GHz	10 मिमी से 1 मिमी	
10.	सूक्ष्म तरंग आवृत्तियाँ	2 GHz से अधिक	15 सेमी से कम	सूक्ष्म तरंग सम्पर्क

अधिकतम उपयोगी आवृत्ति (Maximum Usable Frequency)

आयनमण्डल पर अभिलम्ब से एक निश्चित कोण पर आपतित होने पर आयनमण्डल से परावर्तित होकर पृथ्वी पर लौटने वाली रेडियो तरंगों की अधिकतम उपयोगी आवृत्ति (Maximum Usable Frequency–MUF) कहलाती है।

$$\text{MUF} = \nu_c \sec\theta$$

आयनमण्डल की किसी परत का अपवर्तनांक

$$\mu = \mu_0\sqrt{\frac{1 - 81.45\,N}{\nu^2}}$$

जहाँ, N प्रति घन मी इलेक्ट्रॉन घनत्व तथा ν विद्युतचुम्बकीय तरंगों की आवृत्ति है।

उपग्रह संचार (Satellite Communication)

30 मेगाहर्ट्ज से अधिक आवृत्ति की तरंगों के अधिक दूरी तक प्रसारण हेतु उपग्रह संचार विधि काम में लेते हैं। इस विधि में भू-स्थिर उपग्रह (geostationary satellite) काम में लेते हैं जिनकी ऊँचाई पृथ्वी तल से 36000 किमी होती है। तथा घूर्णन वृत्ताकार, तल -विषुवत रेखीय, घूर्णन गति के बराबर होती है। ये पृथ्वी से स्थिर दिखाई देते हैं। उपग्रह भी प्रेषित अभिग्राही दोनों होते हैं।

पृथ्वी के स्टेशनों से भेजे गए संकेत उपग्रह (अप लिंक) प्राप्त करता है तथा प्राप्त संकेत को प्रवर्धित करके वापस पृथ्वी की ओर भेजता है (डाउन लिंक)। इन दोनों लिंक की आवृत्ति में अन्तर रखा जाता है ताकि भ्रम न हो। तीन भू-स्थिर उपग्रहों को समबाहु त्रिभुजों के शीर्षों की तरह स्थापित कर सम्पूर्ण पृथ्वी पर प्रसारण प्राप्त किया जा सकता है। इस स्थिति में प्रत्येक उपग्रह पृथ्वी के 1/3 भागों में प्रसारण करता है।

मॉडुलन (Modulation)

जब किसी उच्च आवृत्ति वाली रेडियो तरंग के कुछ अभिलक्षणों (characteristics) जैसे आयाम आवृत्ति अथवा कला इत्यादि में श्रव्य संकेतों (audible signal) के तत्कालिक मान के अनुसार परिवर्तन कराया जाता है, तो इसे मॉडुलन कहा जाता है।

आयाम मॉडुलन (Amplitude Modulation)

जब वाहक तरंग का आयाम, मॉडुलक सिग्नल (modulating signal) के तात्कालिक मान के अनुसार परिवर्तित होता है, जबकि वाहक तरंग की आवृत्ति तथा कला स्थिर रहते हैं तो इस प्रकार के मॉडुलन को आयाम मॉडुलन कहते हैं।

यदि वाहक तरंग का आयाम तथा कोणीय आवृत्ति क्रमशः E_c तथा ω_c हों, तो इसका तात्कालिक मान

$$e_c = E_c \sin \omega_c t \quad \ldots\text{(i)}$$

यदि मॉडुलक सिग्नल का आयाम E_m तथा कोणीय आवृत्ति ω_m हो, तो इसका तात्कालिक मान

$$e_m = E_m \sin \omega_m t \quad \ldots\text{(ii)}$$

मॉडुलित तरंग का तात्कालिक मान

$$e = (E_c + K_a E_m \sin \omega_m t) \sin \omega_c t$$

$$e = E_c \left(1 + \frac{K_a E_m \sin \omega_m t}{E_c}\right) \sin \omega_c t$$

$$e = E_c (1 + m_a \sin \omega_m t) \sin \omega_c t \quad \ldots\text{(iii)}$$

जहाँ, $m_a = \frac{K_a E_m}{E_c}$ को मॉडुलन सूचकांक (modulation index) कहते हैं।

आयाम मॉडुलित तरंग का निरूपण

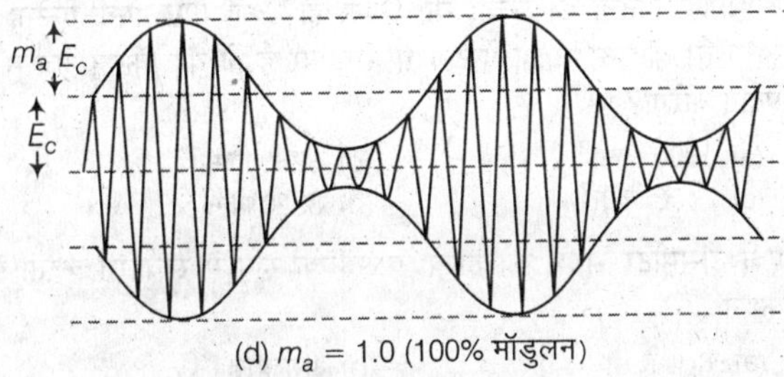

(d) $m_a = 1.0$ (100% मॉडुलन)

आयाम मॉडुलित तरंग का आवृत्ति स्पेक्ट्रम

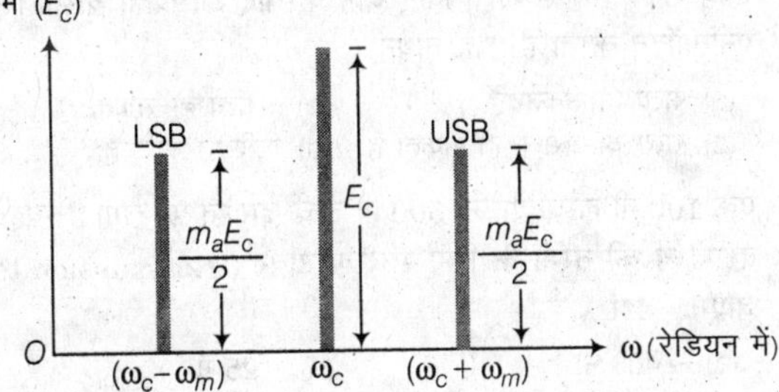

बैण्ड चौड़ाई (Bandwidth) $= (f_c + f_m) - (f_c - f_m) = 2f_m$

जहाँ, USB आवृत्ति $= f_c + f_m$ तथा LSB आवृत्ति $= f_c - f_m$

वाहक क्षमता, $P_c = \frac{A_c^2}{2R} = \frac{V_c^2}{2R}$

मॉडुलन सूचकांक (modulation index)

$$m_a = \frac{E_{max} - E_{min}}{E_{max} + E_{min}}$$

AM तरंग में शक्ति सम्बन्ध (Power Relation in AM Wave)

किसी परिपथ में व्यय शक्ति $P = \frac{V_{rms}^2}{R}$

अतः

(i) वाहक तरंग की शक्ति $(P_c) = \frac{\left(\frac{E_c}{\sqrt{2}}\right)^2}{R} = \frac{E_c^2}{2R}$

(ii) साइड बैण्डों की शक्ति $(P_{sb}) = \frac{\left(\frac{m_a E_c}{2\sqrt{2}}\right)^2}{R} + \frac{\left(\frac{m_a E_c}{2\sqrt{2}}\right)^2}{R}$

$$= \frac{m_a^2 E_c^2}{4R}$$

(iii) AM तरंग की कुल शक्ति $P_{total} = P_c + P_{sb} = \frac{E_c^2}{2R}\left(1 + \frac{m_a^2}{2}\right)$

(iv) $\frac{P_t}{P_c} = \left(1 + \frac{m_a^2}{2}\right)$ तथा $\frac{P_{sb}}{P_t} = \frac{m_a^2/2}{\left(1 + \frac{m_a^2}{2}\right)}$

यदि I_c = अनमॉडुलित धारा एवं

I_t = कुल या मॉडुलित धारा

तब $\frac{P_t}{P_c} = \frac{I_t^2}{I_c^2} \Rightarrow \frac{I_t}{I_c} = \sqrt{\left(1 + \frac{m_a^2}{2}\right)}$

आयाम मॉडुलेशन की व्युत्पत्ति

(Derivation of Amplitude Modulation)

जो युक्ति आयाम मॉडुलेशन को उत्पन्न करने के लिए प्रयुक्त की जाती है वह आयाम मॉडुलेटर कहलाती है।

AM व्युत्पत्ति के प्रकार निम्नलिखित हैं

(*i*) **निम्न स्तर आयाम मॉडुलन** (Low level AM modulation) यहाँ मॉडुलन निम्न शक्ति स्तर पर होता है:

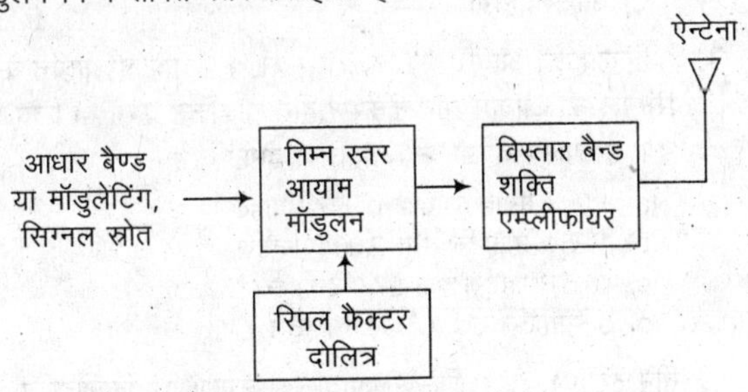

(*ii*) **उच्च स्तर आयाम मॉडुलन** (High level AM modulation) यहाँ मॉडुलन निम्न प्रकार से होता है:

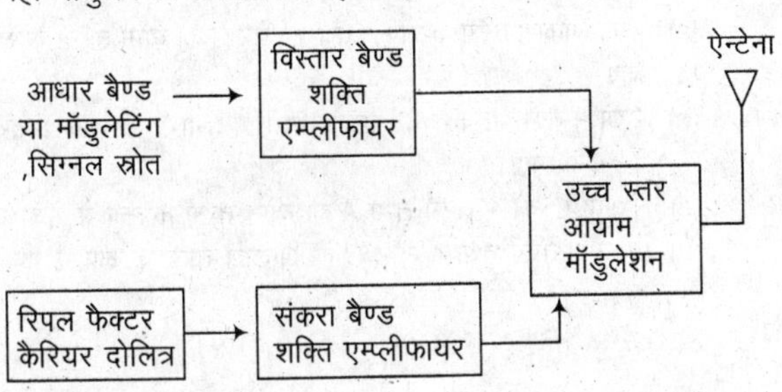

आवृत्ति मॉडुलेशन (Frequency Modulation)

जब वाहक तरंग की आवृत्ति संकेत की आवृत्ति के अनुसार परिवर्तित होती है, तो यह आवृत्ति मॉडुलेशन कहलाती है।

आवृत्ति मॉडुलेशन में तरंग का सम्पूर्ण आयाम व कला नियत रहती है।

आवृत्ति मॉडुलेशन में कुल संचरित शक्ति नियत रहती है।

आवृत्ति विचलन (frequency deviation)

$$\Delta f = k_f \cdot \frac{E_m}{2\pi}$$

आवृत्ति मॉडुलेशन गुणांक (modulation index)

$$m_f = \frac{\Delta f}{fm}$$

$$= \frac{k_f \, E_m}{\omega_m}$$

डिमॉडुलन (Demodulation)

मॉडुलित संकेतों से मूल संकेत को वापस प्राप्त करने की क्रिया को डिमॉडुलन कहते हैं। यह मॉडुलेशन की विपरीत प्रक्रिया है। यह प्रक्रिया ग्राही सिरे पर सम्पन्न होती है। बेतार संकेत, श्रव्य आवृत्ति के अनुरूप मॉडुलित रेडियो आवृत्ति (उच्च आवृत्ति) की वाहक तरंग होती है। टेलीफोन रिसीवर का डायफ्राम या लाउडस्पीकर उच्च आवृत्ति से दोलन नहीं कर सकता है। इसलिए यह आवश्यक है कि रेडियो आवृत्ति वाहक तरंगों से श्रव्य आवृत्ति तरंग को अलग किया जाए।

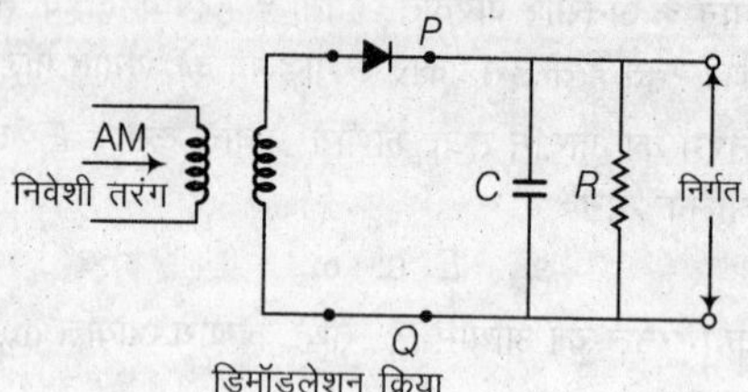

डिमॉडुलेशन क्रिया

अभ्यास प्रश्नावली

1. किसी मॉडुलित तरंग का अधिकतम आयाम 10 वोल्ट तथा न्यूनतम आयाम 2 वोल्ट पाया जाता है। मॉडुलन सूचकांक μ का मान ज्ञात कीजिए। यदि न्यूनतम आयाम शून्य वोल्ट हो, तो मॉडुलन सूचकांक क्या होगा?

(a) $\frac{2}{3}, 1$ (b) $1, \frac{2}{3}$
(c) $\frac{4}{5}, 1$ (d) $1, \frac{4}{5}$

2. अंकीय संकेत को अनुरूप संकेत में रूपान्तरित करने के लिए मॉडुलेशन तकनीक प्रयुक्त होती है

(a) केवल आयाम विस्थापन कुँजीकरण
(b) केवल आवृत्ति विस्थापन कुँजीकरण
(c) केवल कला विस्थापन कुँजीकरण
(d) उपरोक्त सभी

3. 3 किलोहर्ट्ज आवृत्ति का वाक् सिग्नल, 1 मेगाहर्ट्ज आवृत्ति के एक वाहक सिग्नल को आयाम मॉडुलीकरण द्वारा मॉडुलित करने के लिए प्रयुक्त किया गया है। पार्श्व बैण्डों की आवृत्तियाँ होंगी

(a) 1.003 मेगाहर्ट्ज तथा 0.997 मेगाहर्ट्ज
(b) 1.954 मेगाहर्ट्ज तथा 2.00 मेगाहर्ट्ज
(c) 40.5 मेगाहर्ट्ज तथा 27.6 मेगाहर्ट्ज
(d) 5 मेगाहर्ट्ज तथा 0.997 मेगाहर्ट्ज

4. तीन तरंगें A, B, C जिनकी आवृत्तियाँ क्रमश: 16 किलोहर्ट्ज, 5 मेगाहर्ट्ज और 60 मेगाहर्ट्ज हैं, एक स्थान से दूसरे स्थान पर भेजी जानी हैं। निम्न में से कौन-सा संचार की सर्वोपयुक्त प्रणाली है?

(a) A को आकाश तरंग के रूप में तथा B और C को व्योम तरंगों के रूप में भेजा जाए
(b) A को भू-तरंग, B को व्योम तरंग के रूप में तथा C को आकाश तरंग के रूप में भेजा जाए
(c) B और C को भू-तरंग तथा A को व्योम तरंग के रूप में भेजा जाए
(d) B को भू-तरंग तथा A और C को आकाश तरंग के रूप में भेजा जाए

5. वाणिज्यिक UHF को TV प्रसारण के लिए वितरित किया गया है। आवृत्ति प्रसार है

(a) 470-960 किलोहर्ट्ज (b) 47-960 मेगाहर्ट्ज
(c) 470-960 मेगाहर्ट्ज (d) 47-960 हर्ट्ज

6. दृष्टिरेखीय संचार के लिए क्या यह आवश्यक है कि प्रेषक ऐन्टेना की ऊँचाई अभिग्राही ऐन्टेना की ऊँचाई के बराबर हो? कोई TV प्रेषक ऐन्टेना 81 मी ऊँचा है। यदि अभिग्राही ऐन्टेना भू-स्तर पर है तो यह कितने क्षेत्र में सेवाएँ प्रदान करेगा?

(a) 3800 किमी^{2} (b) 3260 किमी^{2}
(c) 7400 किमी^{2} (d) 3320 किमी^{2}

7. एक ट्रांसमीटर संदेश को उसके वास्तविक रूप में संचारित करता है। यह कथन

(a) सत्य है (b) असत्य है
(c) कभी सत्य कभी असत्य है (d) कभी सत्य नहीं है

8. एक चैनल द्वारा संचारित किए जाने के बाद अभिग्राही वास्तविक संदेश को पुर्नोत्पादित करता है। यह कथन

(a) सत्य हो सकता है (b) असत्य हो सकता है
(c) सत्य या असत्य हो सकता है (d) निश्चित सत्य है

9. एक 100 मी लम्बा ऐन्टेना 500 मी ऊँची इमारत पर लगा है। यह संयोजन λ तरंगदैर्ध्य की तरंगों के लिए संचरण टावर (transmission tower) बन जाएगा, जहाँ λ है

(a) ~ 400 मी (b) ~ 25 मी
(c) ~ 150 मी (d) ~ 2400 मी

10. आयाम मॉडुलेशन में वाहक तरंग की आवृत्ति होती है

(a) आवृत्ति मॉडुलेशन से कम
(b) आवृत्ति मॉडुलेशन से अधिक
(c) आवृत्ति मॉडुलेशन के समान
(d) आवृत्ति मॉडुलेशन से कभी अधिक तथा कभी कम

11. अंकीय सिग्नल

(i) मानों का सतत् समुच्चय प्रदान नहीं करते
(ii) मानों को विविक्त चरणों के रूप में निरूपित करते हैं
(iii) द्विआधारी पद्धति का उपयोग करते हैं
(iv) दशमलव के साथ-साथ द्विआधारी पद्धति का भी उपयोग करते हैं

उपरोक्त प्रक्कथनों में कौन-से सत्य हैं?

(a) केवल (i) तथा (ii) (b) केवल (ii) तथा (iii)
(c) (i), (ii) तथा (iii) (d) सभी सत्य हैं

12. एनालॉग सिग्नल (संकेत) के स्पन्द मॉडुलेशन में, उभयनिष्ठ स्पन्द किस रूप में कार्यरत् हैं?

(a) स्पन्द आयाम मॉडुलेशन (PAM)
(b) स्पन्द स्थिति तथा स्पन्द स्थिरता मॉडुलेशन (PPM तथा PDM)
(c) स्पन्द कोड मॉडुलेशन (PCM)
(d) उपरोक्त सभी

13. एक 1 किलोवाट सिग्नल को एक संचार चैनल का उपयोग करके प्रेषित किया जाता है। इस चैनल में सिग्नलों का 2 dB प्रति किलोमीटर की दर से क्षीणन हो जाता है। यदि संचार चैनल की कुल लम्बाई 5 किमी हो, तो प्राप्त सिग्नल की शक्ति होगी [dB में व्यक्त लब्धि $10\log\left(\frac{P_0}{P_1}\right)$]

(a) 900 वाट (b) 100 वाट
(c) 990 वाट (d) 1010 वाट

14. किसी ट्रांजिस्टर प्रवर्धक के लिए वोल्टता लब्धि

(a) सभी आवृत्तियों के लिए समान रहती है
(b) उच्च और निम्न आवृत्तियों पर उच्च होती है तथा मध्य आवृत्ति परिसर में अचर रहती है
(c) उच्च और निम्न आवृत्तियों पर कम होती है और मध्य आवृत्तियों पर अचर रहती है
(d) उपरोक्त में से कोई नहीं

15. अन्तरिक्ष तरंग संचरण का उपयोग होता है

(a) केवल टेलीविजन संचार में
(b) केवल राडार संचार में
(c) केवल सूक्ष्म तरंग संचार में
(d) उपरोक्त तीनों प्रकार की संचार प्रणाली में

16. एक निश्चित बिन्दु से एक ऐन्टेना द्वारा एक स्पन्द उत्सर्जित किया जाता है। पृष्ठ के किसी अन्य बिन्दु पर यह किस रूप में ग्रहण किया जा सकता है?

(a) आकाशीय तरंग (b) धरातलीय तरंग
(c) समुद्री तरंग (d) (a) तथा (b) दोनों

17. पृथ्वी के वायुमण्डल के ऊपर ओजोन परत होती है, जो

(a) सूर्य से पृथ्वी पर आने वाली प्रकाश किरणों से सुरक्षा प्रदान करती है
(b) अवरक्त विकिरण का पृथ्वी के वायुमण्डल से पलायन करके सुरक्षा प्रदान करती है
(c) सूर्य से आने वाली पराबैंगनी किरण से सुरक्षा करती है
(d) यह रेडियो तरंगों को परावर्तित करती है

18. भू-तुल्यकालिक उपग्रह

(a) ग्लोबल आवृत क्षेत्र से 34860 किमी ऊँचाई पर स्थित है
(b) पृथ्वी के चुम्बकीय ध्रुवों पर एक स्थान पर प्रतीत होता है
(c) यह वास्तव में स्थिर नहीं है, परन्तु पृथ्वी की कक्षा में 24 घण्टे रहता है
(d) यह हमेशा एक स्थिर स्थान में रहता है तथा स्वयं अपनी अक्ष पर चक्रण करता है

19. ω_m आवृत्ति के एक संदेश सिग्नल को, आयाम मॉडुलित (AM) तरंग प्राप्त करने के लिए, ω_c आवृत्ति की एक वाहक तरंग पर आरोपित (superposed) किया गया है। AM तरंग की आवृत्ति होगी

(a) ω_m (b) ω_c
(c) $\frac{\omega_c+\omega_m}{2}$ (d) $\frac{\omega_c-\omega_m}{2}$

20. निम्नलिखित में से कौन-सा एक सत्य है?

(a) एक अकेला तुल्यकाली उपग्रह सूक्ष्म तरंग संचार के लिए पृथ्वी के महत्तम भाग तक पहुँच सकता है
(b) पृथ्वी के चारों ओर समान कक्षा में तीन छोटे तुल्यकाली उपग्रह सूक्ष्म तरंग संचरण के लिए पृथ्वी के महत्तम भाग को ढ़कते (cover) हैं
(c) भारत का पहला संचार उपग्रह एप्पल है
(d) उपग्रह संचार, दृष्टिपथ सूक्ष्म तरंग संचार की रेखा पर निर्भर नहीं करता है

21. जब विद्युतचुम्बकीय तरंग आयनमण्डल की आयनित परत में प्रवेश करती है, तब सापेक्ष विद्युतशीलता, आयनित परत का परावैद्युत नियतांक

(a) परिवर्तित नहीं होता है
(b) बढ़ने लगता है
(c) घटने लगता है
(d) कुछ समय तक बढ़ता हुआ लगता है तथा कुछ समय तक घटता हुआ लगता है

22. ध्वनि का मन्दित होना संग्राही पर सिग्नल की शक्ति में परिवर्तन है, यह जिसके कारण होता है, वह है

(a) तरंगों का व्यतिकरण (b) तरंगों का विवर्तन
(c) तरंगों का ध्रुवण (d) इनमें से कोई नहीं

23. लेसर एक कला सम्बद्ध स्रोत है, क्योंकि यह रखता है

(a) कई तरंगदैर्ध्यों की अनिर्देशित तरंगें
(b) विशेष तरंगदैर्ध्य की अनिर्देशित तरंगें
(c) कई तरंगदैर्ध्यों की निर्देशित तरंगें
(d) विशेष तरंगदैर्ध्य की निर्देशित तरंगें

24. यदि m_1 व m_2 एक प्रकाशिक तन्तु के क्रोड तथा क्लैड के पदार्थों के अपवर्तनांक हैं, तब इसके रिसने के कारण प्रकाश में कमी है, क्योंकि

(a) $\mu_1>\mu_2$ (b) $\mu_1<\mu_2$
(c) $\mu_1=\mu_2$ (d) इनमें से कोई नहीं

25. हीलियम-निऑन लेसर में जनसांख्यिकीय उथल-पुथल उत्पन्न होती है

(a) फोटॉनों के उत्तेजन से (b) इलेक्ट्रॉनों के उत्सर्जन से
(c) अप्रत्यास्थ परमाण्विक संघट्ट से (d) रासायनिक असंतुलन से

26. टेलीफोन के सन्देशों की संख्या जो एक क्षण पर, (जबकि कुछ तीव्रता घटती है), तन्तु द्वारा ले जाए जाते हैं

(a) 2400 (b) 2200 (c) 2000 (d) 1800

27. बिन्दु से बिन्दु संचार उपयोग के लिए आवश्यक है

(a) केवल एक निर्देशित माध्यम (b) केवल एक अनिर्देशित माध्यम
(c) कोई भी माध्यम (d) इनमें से कोई नहीं

28. समान्तर तार लाइन की अभिलक्षणिक प्रतिबाधा (Z_0) है

(a) $Z_0=\frac{276}{\sqrt{k}}\log\frac{2s}{d}$ (b) $Z_0=\frac{376}{\sqrt{k}}\log\frac{2s}{d}$
(c) $Z_0=\frac{276}{k}\log\frac{2s}{d}$ (d) $Z_0=\frac{276}{\sqrt{k}}\log\frac{d}{2s}$

29. संचरण की गुणता निर्भर करती है

(a) केवल माध्यम के व्यवहार पर
(b) केवल स्पन्द (signal) के व्यवहार पर
(c) (a) व (b) दोनों पर
(d) न ही (a) पर न ही (b) पर

30. संचरण लाइनों में हानि होती है

(a) केवल विकिरण में कमी से (b) केवल चालक के गर्म होने से
(c) केवल परावैद्युत के गर्म होने से (d) इन सभी से

31. एक स्थिर आधार स्टेशन तथा पृथक मोबाइल (चलने वाली) इकाइयों के बीच संचार, जहाज या वायुयान पर रेडियो संचार में दो मार्ग VHF तथा UHF स्थापित करता है। जिनका आवृत्ति बैण्ड है

(a) 3 से 30 मेगाहर्ट्ज (b) 30 से 300 मेगाहर्ट्ज
(c) 30 से 470 मेगाहर्ट्ज (d) 30 से 600 मेगाहर्ट्ज

32. पृथ्वी के वायुमण्डल में E-परत के लिए आभासी ऊँचाई तथा क्रान्तिक आवृत्ति हैं

(a) 80 किमी तथा 3 मेगाहर्ट्ज
(b) 90 किमी तथा 3.5 मेगाहर्ट्ज
(c) 120 किमी तथा 4.5 मेगाहर्ट्ज
(d) 110 किमी तथा 4 मेगाहर्ट्ज

33. एक पुरुष की वाणी, मॉडुलीकरण व प्रेषण के पश्चात् ग्राही को महिला की वाणी की भाँति सुनाई देती (प्रतीत होती) है, इसका कारण है

(a) अनुपयुक्त मॉडुलन सूचकांक का चुनाव ($0 > m > 1$ चुना गया)
(b) आवर्धकों के लिए अनुपयुक्त बैण्ड चौड़ाई का चुनाव
(c) वाहक तरंगों की आवृत्ति का अनुपयुक्त चुनाव
(d) संचरण में ऊर्जा-ह्रास

34. संचरण लाइन के प्रारम्भिक नियतांक हैं

(a) प्रतिरोध तथा प्रेरकत्व (b) धारिता तथा चालकता
(c) दोनों (a) तथा (b) (d) इनमें से कोई नहीं

35. एक मूल संचार प्रक्रम होता है

(A) प्रेषक (B) सूचना स्रोत
(C) सूचना का उपयोग करने वाला (D) चैनल
(E) ग्राही

निम्नलिखित में कौन वह सही क्रम प्रदान करता है जिसमें ये एक मूल संचार प्रणाली में व्यवस्थित होते हैं?

(a) ABCDE (b) BADEC (c) BDACE (d) BEADC

36. मोडेम (Modem) का कार्य होता है

(a) मॉडुलन तथा संसूचन दोनों (b) केवल मॉडुलन
(c) केवल संसूचन (d) इनमें से कोई नहीं

37. श्रव्य तरंगों को वैद्युत सिग्नल में बदलकर सीधे ही प्रेषित नहीं किया जाता है क्योंकि

(a) इनकी चाल कम होती है
(b) ये वायुमण्डल में बहुत अधिक मात्रा में अवशोषित हो जाती हैं
(c) ऐन्टेना की ऊँचाई बहुत अधिक बढ़ानी होती है
(d) उपरोक्त में से कोई नहीं

38. अन्तरिक्ष संचार में पृथ्वी के वायुमण्डल की कौन-सी परत की महत्त्वपूर्ण भूमिका होती है?

(a) क्षोभमण्डल (b) आयनमण्डल
(c) समतापमण्डल (d) मध्यमण्डल

39. निर्वात् में रेडियो तरंगों की चाल होती है

(a) 3×10^8 मी से$^{-1}$ (b) 3×10^8 किमी से$^{-1}$
(c) 3×10^8 सेमी से$^{-1}$ (d) 330 मी से$^{-1}$

40. एक तरंग की समीकरण निम्नलिखित है

$e = 15 \sin (10^6 t + 5 \sin 1200t)$

तरंग का मॉडुलन सूचकांक कितना है?

(a) 8 (b) 5
(c) 9 (d) 4

41. संसूचन (demodulation) के लिए आवश्यक शर्तें हैं

(a) $f_e << RC$ (b) $\frac{1}{f_c} << RC$
(c) $\frac{1}{f_c} >> RC$ (d) $f_c >> RC$

42. एक प्रकाश किरण प्रकाशीय तन्तु में चलती है

(a) अपवर्तन के कारण
(b) पूर्ण आन्तरिक परावर्तन के कारण
(c) परावर्तन के कारण
(d) ध्रुवण के कारण

43. यदि μ_1 व μ_2 प्रकाश तन्तु के क्रोड (core) तथा परिनिधान अधिपट्टन (cladding) के अपवर्तनांक हैं तो क्षरण (leakage) के कारण प्रकाश की हानि को न्यूनतम किया जा सकता है जबकि

(a) $n_1 > n_2$ (b) $n_1 = n_2$
(c) $n_1 < n_2$ (d) इनमें से कोई नहीं

44. अत्याधिक उच्च आवृत्ति (EHF) की रेडियो तरंगों की आवृत्ति परिसर होती है

(a) 30 GHz से 300 GHz
(b) 300 MHz से 3000 MHz
(c) 3 MHz से 30 MHz
(d) 3000 MHz से 30,000 MHz

45. AM के लिए मॉडुलन सूचकांक होता है

(a) $\frac{E_{max} - E_{min}}{E_{max} + E_{min}}$ (b) $\frac{E_{max} + E_{min}}{E_{max} - E_{min}}$
(c) $E_{max} - E_{min}$ (d) इनमें से कोई नहीं

46. यदि ट्रांसमीटर 20 kW तथा 50% मॉडुलन पर प्रेषण करता है, तो वाहक तरंग की सामर्थ्य होगी

(a) 17.78 kW (b) 40 kW
(c) 18.78 kW (d) 27.78 kW

उत्तरमाला

1. (a)	**2.** (d)	**3.** (a)	**4.** (b)	**5.** (d)	**6.** (b)	**7.** (b)	**8.** (d)	**9.** (a)	**10.** (a)
11. (c)	**12.** (d)	**13.** (b)	**14.** (c)	**15.** (d)	**16.** (d)	**17.** (c)	**18.** (c)	**19.** (b)	**20.** (b)
21. (c)	**22.** (a)	**23.** (c)	**24.** (a)	**25.** (b)	**26.** (c)	**27.** (a)	**28.** (a)	**29.** (c)	**30.** (d)
31. (c)	**32.** (d)	**33.** (d)	**34.** (c)	**35.** (b)	**36.** (a)	**37.** (b)	**38.** (b)	**39.** (a)	**40.** (b)
41. (b)	**42.** (b)	**43.** (a)	**44.** (a)	**45.** (a)	**46.** (a)				

संकेत एवं हल

1. अधिकतम आयाम $A_{max} = 10$ वोल्ट

न्यूनतम आयाम $A_{min} = 2$ वोल्ट

माना A_c वाहक तरंगों का आयाम तथा A_m सिग्नल तरंगों का आयाम है।

$\therefore \quad A_{max} = A_c + A_m = 10 \quad \ldots$ (i)

$\Rightarrow \quad A_{min} = A_c - A_m = 2 \quad \ldots$ (ii)

समी (i) तथा (ii) जोड़ने पर,

$2A_c = 12$

अथवा $A_c = 6V$

तथा $A_m = 10 - 6 = 4$ वोल्ट

मॉडुलेशन सूचकांक $\mu = \frac{A_m}{A_c} = \frac{4}{6} = \frac{2}{3}$

जब न्यूनतम आयाम शून्य है, तब $A_{min} = 0$

$A_c + A_m = 10 \quad \ldots$(iii)

$A_c - A_m = 0 \quad \ldots$(iv)

समी (iii) तथा (iv) जोड़ने पर,

$2A_m = 10$

अथवा $A_m = 5$ तथा $A_c = 5$

मॉडुलेशन सूचकांक $\mu = \frac{A_m}{A_c} = \frac{5}{5} = 1$

4. भू-पृष्ठीय तरंग संचरण के लिए आवृत्ति की परास 530 किलोहर्ट्ज से 1710 किलोहर्ट्ज तक होती है।
आकाशीय तरंग संचरण के लिए, आवृत्ति की परास 1710 किलोहर्ट्ज से 40 मेगाहर्ट्ज तक होती है।
अन्तरिक्ष तरंग संचरण के लिए, आवृत्ति की परास 54 मेगाहर्ट्ज से 4.2 गीगाहर्ट्ज तक होती है।

6. ऐन्टेना की ऊँचाई $h = 81$ मी

पृथ्वी की त्रिज्या, $R = 6.4 \times 10^6$ मी

अतः दृष्टि रेखीय संचार के लिए यह आवश्यक नहीं है कि ऐन्टेना की ऊँचाई अभिग्राही ऐन्टेना की ऊँचाई के बराबर हो।

अब क्षेत्रफल $= \pi d^2$

तथा परास, $d = \sqrt{2hR}$

$\therefore$ सेवा क्षेत्रफल $= \pi \cdot 2hR = \frac{22}{7} \times 2 \times 81 \times 6.4 \times 10^6$

$= 3258.5 \times 10^6$ मी^{2} $= 3258.5$ किमी^{2}

9. इमारत संयोजन के लिए

$l = 100$ मी, $\lambda = ?$

$l = \frac{\lambda}{4}$ या $\lambda = 4l = 4 \times 100 = 400$ मी

13. यहाँ, $P_1 = 1$ किलोवाट $= 1000$ वाट, पथ कि लम्बाई $= 5$ मी, $P_0 = ?$

5 किमी की दूरी में क्षय शक्ति $2 \times 5 = 10$ dB

अब dB में वृद्धि $= 101 \log \frac{P_0}{P_1}$

$\therefore \quad -10 = 10 \log \frac{P_0}{P_1} = -101 \log \frac{P_1}{P_0}$

या $\log \frac{P_1}{P_0} = -1 = \log 10$

या $\frac{P_1}{P_0} = 10$

या $P_0 = \frac{P_1}{10} = \frac{1000}{10} = 100$ वाट

28. समांतर लाइन की अभिलाक्षणिक प्रतिबाधा, $Z_0 = \frac{276}{\sqrt{k}} \log \frac{2s}{d}$

प्रैक्टिस सैट 1

1. एक फोटॉन का इलेक्ट्रॉन व पॉजीट्रॉन में क्षय होना कहलाता है

(a) β-क्षय (b) मेसॉन क्षय
(c) युग्म-उत्पादन (d) विनाशीकरण

2. प्रकाश के व्यतिकरण से ज्ञात होती है

(a) प्रकाश तरंग प्रकृति (b) प्रकाश की क्वाण्टम प्रकृति
(c) प्रकाश की अनुप्रस्थ तरंग प्रकृति (d) अनुदैर्ध्य तरंग प्रकृति

3. प्रकाश के वे स्रोत कला सम्बद्ध कहलाते हैं जो

(a) समान तरंगदैर्ध्य की तरंगें उत्पन्न करते हैं
(b) समान आयाम की तरंगें उत्पन्न करते हैं
(c) समान तरंगदैर्ध्य तथा स्थिर आरम्भिक कलान्तर की तरंगें उत्पन्न करते हैं
(d) समान आयाम तथा आवृत्ति की तरंगें उत्पन्न करते हैं

4. न्यूटन वलय के विन्यास में बने वलयों का व्यास समानुपाती होता है (λ = प्रकाश की तरंगदैर्ध्य)

(a) λ के (b) λ^2 के
(c) $\sqrt{\lambda}$ के (d) $\frac{1}{\sqrt{\lambda}}$ के

5. माइकल्सन व्यतिकरणमापी प्रयोग में एकवर्णी प्रकाश प्रयुक्त किया जाता है तथा दर्पण परस्पर लम्बवत् रखे जाते हैं, तो फ्रिन्जें प्राप्त होंगी

(a) सरल रेखीय (b) वृत्ताकार
(c) दीर्घवृत्ताकार (d) परवलयाकार

6. दो समतल विवर्तन ग्रेटिंगों A तथा B में रेखज पृष्ठों की चौड़ाई समान है, परन्तु A में B की तुलना में रेखाओं की संख्या अधिक है। तब फ्रिन्जों की तीव्रता होगी,

(a) ग्रेटिंग B के लिए अधिक (b) ग्रेटिंग A के लिए अधिक
(c) ग्रेटिंग A तथा B के लिए बराबर (d) कुछ नहीं कहा जा सकता

7. 5 मी द्वारक वाले अभिदृश्यक के टेलिस्कोप में $\lambda = 4000$ Å के प्रकाश के लिए न्यूनतम विभेदन कोण होगा

(a) 1/50° (b) 1/50 मिनट (c) 1/50 सेकण्ड (d) 1/500 सेकण्ड

8. जब अध्रुवित प्रकाश एक समान्तर काँच की प्लेट पर ब्रूस्टर कोण (ध्रुवण कोण) पर आपतित होता है, तो निम्न में कौन-सा कथन सत्य होगा?

(a) परावर्तित तथा अपवर्तित किरणें पूर्णतया ध्रुवित होंगी तथा उनके ध्रुवणतल परस्पर समान्तर होंगे
(b) अपवर्तित तथा परावर्तित किरणें पूर्णतया ध्रुवित होंगी तथा उनके ध्रुवणतल परस्पर लम्बवत् होंगे
(c) परावर्तित प्रकाश समतल ध्रुवित होगा परन्तु अपवर्तित प्रकाश आंशिकतः ध्रुवित होगा
(d) परावर्तित प्रकाश आंशिक ध्रुवित होगा परन्तु अपवर्तित प्रकाश समतल ध्रुवित होगा

9. पहाड़ की चोटी पर चावल देर से पकते हैं, क्योंकि पहाड़ की चोटी पर

(a) जल कठोर होता है
(b) ठण्ड होती है
(c) जल का क्वथनांक नीचा होता है
(d) चालक कठोर हो जाते हैं

10. संतृप्त जल-वाष्प की विशिष्ट ऊष्मा होती है

(a) शून्य (b) अनन्त
(c) धनात्मक (d) ऋणात्मक

11. ऊष्मागतिक साम्य का अर्थ है

(a) तापीय साम्य (b) रासायनिक साम्य
(c) यान्त्रिक साम्य (d) तीनों

12. जब एक निकाय को ऊष्मा की Q मात्रा दी जाती है, तो निकाय द्वारा W कार्य किया जाता है तथा इसकी आन्तरिक ऊर्जा में ΔU परिवर्तन होता है। निकाय की प्रारम्भिक व अन्तिम अवस्थाओं का अद्वितीय फलन, चाहे परिवर्तन किसी भी रीति से हो, है

(a) W (b) Q
(c) ΔU (d) इनमें से कोई नहीं

13. गैस अणु का माध्य मुक्त पथ सम्बन्धित है

(a) केवल गैस के दाब से
(b) केवल गैस के ताप से
(c) दाब व ताप दोनों से
(d) उपरोक्त किसी से नहीं

14. जूल-टॉमसन शीतलन ΔT का सूत्र है

(a) $-\dfrac{\left(\dfrac{2a}{RT} - b\right)\Delta p}{J\,C_p}$ (b) $-\dfrac{\left(\dfrac{2a}{RT} - b\right)\Delta p}{J\,C_v}$

(c) $-\dfrac{\left(\dfrac{2a}{b} - RT\right)\Delta p}{J\,C_p}$ (d) इनमें से कोई नहीं

15. निम्न में से गैस-युक्त संसूचक है/हैं

(a) आयन कोष्ठ
(b) अनुपातिक गणित्र
(c) प्रस्फुरण गणित्र
(d) उपरोक्त में से कोई नहीं

16. नाभिकीय संलयन का उदाहरण है

(a) हाइड्रोजन व ऑक्सीजन से जल बनना
(b) यूरेनियम से बेरियम व क्रिप्टन बनना
(c) हाइड्रोजन से हीलियम बनना
(d) उपरोक्त में से कोई नहीं

17. यदि R, α-कणों की परास है तथा λ क्षय-नियतांक है, तो गाइगर-नटाल नियम है

(a) $\log\lambda = a + b\log R$ (b) $\log\lambda = ae^R$
(c) $\log\lambda = a - b\log R$ (d) $\lambda = a + b\log R$

18. एक रेडियोऐक्टिव पदार्थ का क्षयांक α है। इसकी अर्द्ध-आयु व माध्य आयु क्रमशः होगी

(a) $1/\lambda$ व $(\log_e 2)/\lambda$ (b) $(\log_e 2)/\lambda$ व $1/\lambda$
(c) $\lambda(\log_e 2)$ व $1/\lambda$ (d) $\lambda/(\log_e 2)$ व $1/\lambda$

19. युकावा के अनुसार, न्यूक्लिऑनों के बीच नाभिकीय बल एक कण के विनिमय द्वारा कार्यरत् है। वह कण है

(a) μ-मेसान (b) π-मेसान (c) K-मेसान (d) पॉजिट्रॉन

20. कुछ पदार्थों में आवेश सामान्य तापों पर तो प्रवाहित हो सकता है, परन्तु अति निम्न तापों पर नहीं। ये पदार्थ कहलाते हैं

(a) चालक (b) अर्द्धचालक (c) अचालक (d) पराविद्युत

21. निम्न में कौन-सा फर्मी-डिरॉक वितरण फलन है

(a) $e^{(\varepsilon-\varepsilon_F)kT}-1$ (b) $\dfrac{1}{e^{(\varepsilon-\varepsilon_F)/kT}-1}$

(c) $e^{(\varepsilon-\varepsilon_F)kT}+1$ (d) $\dfrac{1}{e^{(\varepsilon-\varepsilon_F)/kT}+1}$

22. एकपरमाणुक रैखिक जालक कार्य करता है

(a) निम्न प्रकार के फिल्टर की तरह
(b) उच्च प्रकार के फिल्टर की तरह
(c) दोनों प्रकार के फिल्टरों की तरह
(d) फिल्टर का कार्य ही नहीं करता

23. बर्फ में बन्ध है

(a) आयनिक (b) सहसंयोजक
(c) धात्विक (d) हाइड्रोजन

24. NaCl जालक की एकांक कोष्ठिका में दो निकटस्थ समान आयनों के बीच दूरी है

(a) a (b) $a/2$ (c) $a/\sqrt{2}$ (d) $a/\sqrt{3}$

25. क्रिस्टल अन्वेषण के लिए चूर्ण विधि सुझाई थी

(a) लाउए ने (b) ब्रैग ने
(c) डिबाई व शरर ने (d) इनमें से किसी ने नहीं

26. ज्ञात प्रकाश को एक घूर्णन करते निकॉल से होकर गुजारा जाता है। यदि अपवर्तित प्रकाश की तीव्रता परिवर्तित होती है परन्तु कभी शून्य नहीं होती, तो ज्ञात प्रकाश होगा

(a) समतल ध्रुवित
(b) वृत्तीय ध्रुवित
(c) दीर्घवृत्तीय ध्रुवित
(d) समतल ध्रुवित तथा अध्रुवित प्रकाशों का मिश्रण

27. एक पोलैरीमीटर, जिसे घोलने से चीनी की प्रतिशतता ज्ञात करने के लिए सीधे आशंकित किया जाता है, कहलाता है

(a) केन मीटर (b) शुगर मीटर
(c) शैक्करी मीटर (d) केन पोलैरीमीटर

28. He-Ne लेसर है

(a) द्वि-स्तरीय लेसर (b) त्रि-स्तरीय लेसर
(c) चार-स्तरीय लेसर (d) n-स्तरीय लेसर

29. किसी जोन प्लेट के केन्द्रीय वृत्त की त्रिज्या 0.07 सेमी है। अनन्त पर स्थित किसी वस्तु से 5000 Å तरंगदैर्ध्य का प्रकाश इस पर गिरता है। मुख्य प्रतिबिम्ब की स्थिति होगी

(a) स्वयं जोन प्लेट पर (b) 98 सेमी
(c) 294 सेमी (d) अनन्त पर

30. ग्रेटिंग की वर्ण-विक्षेपण क्षमता बढ़ती है

(a) केवल स्पेक्ट्रम का क्रम बढ़ाने पर
(b) केवल ग्रेटिंग पर प्रति सेमी रेखाओं की संख्या बढ़ाने पर
(c) केवल ग्रेटिंग पर रेखाओं की कुल संख्या बढ़ाने पर
(d) स्पेक्ट्रम का क्रम तथा प्रति सेमी रेखाओं की संख्या दोनों बढ़ाने पर

31. चुम्बकीय क्षेत्र का वह अंश जो माध्यम को पार कर सकता है, कहलाता है

(a) चुम्बकीय प्रवृत्ति
(b) परम चुम्बकशीलता
(c) आपेक्षिक चुम्बकशीलता
(d) निग्राहिता

32. यदि, μ_r, μ_0 तथा μ क्रमशः आपेक्षिक चुम्बकशीलता, स्वतन्त्र आकाश की चुम्बकशीलता तथा माध्यम की चुम्बकशीलता हों, तो

(a) $\mu=\mu_r\mu_0$ (b) $\mu=\dfrac{\mu_r}{\mu_0}$

(c) $\mu=\mu_r^2\mu_0^2$ (d) $\mu=\sqrt{(\mu_r\mu_0)}$

33. दक्षिण-उत्तर दिशाओं में रेखा एक क्षैतिज सीधा चालक गुरुत्व के अधीन गिरता है, अतः

(a) एक प्रेरित धारा दक्षिण से उत्तर की दिशा में होगी
(b) एक प्रेरित धारा उत्तर से दक्षिण दिशा में होगी
(c) चालक की लम्बाई के अनुदिश एक प्रेरित वि. वा. बल उत्पन्न होगा
(d) चालक की लम्बाई के अनुदिश कोई प्रेरित वि. वा. बल नहीं होगा

34. परिनालिका का स्वप्रेरकत्व (self-inductance)

(a) परिनालिका में धारा के अनुक्रमानुपाती होता है
(b) परिनालिका की लम्बाई के अनुक्रमानुपाती होता है
(c) परिनालिका के अनुप्रस्थ-काट के क्षेत्रफल के अनुक्रमानुपाती होता है
(d) परिनालिका के अनुप्रस्थ-काट के क्षेत्रफल के व्युत्क्रमानुपाती होता है

35. एक आदर्श पराविद्युत की चालकता होती है

(a) शून्य (b) अनन्त
(c) धनात्मक (d) ऋणात्मक

36. एक अध्रुवी अणु का विद्युत आघूर्ण होता है

(a) परिमित (b) अनन्त
(c) शून्य (d) ऋणात्मक

37. अध्रुवी, समांगी पराविद्युत के अणु पर कार्यरत् विद्युत क्षेत्र के लिए समीकरण है

(a) $\vec{E}_m=\dfrac{\vec{E}}{3\varepsilon_0}+\vec{P}$ (b) $\vec{E}_m=\vec{E}+\dfrac{\vec{P}}{3\varepsilon_0}$

(c) $\vec{E}_m=\vec{E}-\dfrac{\vec{P}}{3\varepsilon_0}$ (d) $\vec{E}_m=\dfrac{\vec{E}}{3\varepsilon_0}-\vec{P}$

38. क्लोसियस-मौसिटी समीकरण है

(a) $\alpha=\dfrac{3\varepsilon_0(K+1)}{n(K-2)}$ (b) $\alpha=\dfrac{\varepsilon_0(K-1)}{n(K+2)}$

(c) $\alpha=\dfrac{n(K+2)}{3\varepsilon_0(K+1)}$ (d) $\alpha=\dfrac{3\varepsilon_0(K-1)}{n(K+2)}$

39. निर्वात् की तरंग प्रतिबाधा है

(a) शून्य (b) 376.6 ओम
(c) 33.6 ओम (d) 3.76 ओम

40. $\nabla\cdot\vec{D}=\rho$, आधारित है

(a) ऐम्पियर नियम पर (b) फैराडे के नियम पर
(c) ओम के नियम पर (d) गॉस के नियम पर

41. एक परिनालिका के भीतर चुम्बकीय क्षेत्र होता है

(a) उसकी लम्बाई के अनुक्रमानुपाती
(b) धारा के अनुक्रमानुपाती
(c) फेरों की कुल संख्या के व्युत्क्रमानुपाती
(d) धारा के व्युत्क्रमानुपाती

42. एक लम्बी परिनालिका, जिसमें I धारावाहित हो रही है, के कारण चुम्बकीय क्षेत्र अनुपाती होगा

(a) I के (b) I^2 के
(c) $\sqrt{I}$ के (d) $\frac{1}{I}$ के

43. 5 सेमी त्रिज्या के एक पतले खोखले धात्विक गोले को इस प्रकार आवेशित किया गया है कि उसके पृष्ठ पर 10 वोल्ट का विभव है। गोले के केन्द्र से 2 सेमी दूर स्थित बिन्दु पर विभव का मान होगा

(a) 10 वोल्ट (b) 5 वोल्ट
(c) 4 वोल्ट (d) शून्य

44. R त्रिज्या के गोले के आयतन में विद्युत आवेश का एकसमान वितरण है। इसके केन्द्र से x दूरी पर, जहाँ $x < R$, विद्युत क्षेत्र का मान अनुक्रमानुपाती होगा

(a) $\frac{1}{x^2}$ के (b) $\frac{1}{x}$ के
(c) x के (d) x^2 के

45. परावर्तित प्रकाश में वायु फिल्म के न्यूटन वलय विन्यास में n वें वलय का व्यास Δn है। यदि वायु फिल्म को μ अपवर्तनांक की द्रव फिल्म से प्रतिस्थापित कर दिया जाये, तो n वीं फ्रिन्ज का व्यास हो जायेगा

(a) $\sqrt{\mu}$ गुना (b) $\frac{1}{\sqrt{\mu}}$ गुना
(c) $\frac{1}{\mu}$ गुना (d) μ गुना

46. न्यूटन के शीतलन नियम का पूर्ण पालन होता है, जबकि वस्तु एवं वातावरण के बीच तापान्तर है

(a) 10°C से कम (b) 10°C से अधिक
(c) 100°C से कम (d) 100°C से अधिक

47. नीचे चित्र में R त्रिज्या का अर्द्धगोलाकार पृष्ठ एकसमान विद्युत क्षेत्र E में स्थित है, इसका अक्ष क्षेत्र के समान्तर है। इसके गुजरने वाला विद्युत फ्लक्स होगा

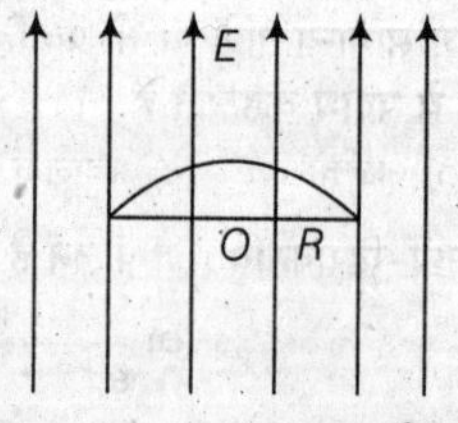

(a) $\pi R^2 E$ (b) $2\pi R^2 E$
(c) $2\pi RE$ (d) $2\pi R^3 E$

48. विद्युत क्षेत्र की तीव्रता $\vec{E}$ तथा विद्युत विभव V में सम्बन्ध है

(a) $E = -\text{grad } V$ (b) $E = -\text{div} V$
(c) $E = -\text{curl } V$ (d) $E = -\int V dr$

49. यदि Q–प्रेरक आवेश हो, तो पराविद्युतांक पदार्थों में प्रेरित आवेश होता है

(a) $-Q$ (b) $-\frac{Q}{K}$
(c) $-Q\left(1-\frac{1}{K}\right)$ (d) $-Q\left(1+\frac{1}{K}\right)$

50. H_2O है

(a) ध्रुवी अणु
(b) अध्रुवी अणु
(c) सुचालक
(d) अर्द्धचालक

→ उत्तरमाला

1. (c)	**2.** (a)	**3.** (c)	**4.** (c)	**5.** (b)	**6.** (b)	**7.** (c)	**8.** (c)	**9.** (c)	**10.** (d)
11. (d)	**12.** (c)	**13.** (c)	**14.** (a)	**15.** (a)	**16.** (c)	**17.** (a)	**18.** (b)	**19.** (b)	**20.** (b)
21. (d)	**22.** (a)	**23.** (d)	**24.** (c)	**25.** (c)	**26.** (c)	**27.** (c)	**28.** (c)	**29.** (b)	**30.** (d)
31. (c)	**32.** (b)	**33.** (d)	**34.** (c)	**35.** (a)	**36.** (c)	**37.** (b)	**38.** (d)	**39.** (b)	**40.** (a)
41. (b)	**42.** (a)	**43.** (a)	**44.** (c)	**45.** (b)	**46.** (a)	**47.** (d)	**48.** (c)	**49.** (c)	**50.** (a)

प्रैक्टिस सैट 2

1. एक तैराक किसी नदी को 45° के कोण पर बनी रेखा के सापेक्ष नदी के बहाव की दिशा में पार करता है। नदी के बहाव का वेग 5 मी/से है। 60 मी चौड़ी नदी को पार करने में तैराक को 6 सेकण्ड का समय लगता है। तैराक का पानी के सापेक्ष वेग कितना होगा?

(a) 10 मी/से (b) 12 मी/से
(c) $5\sqrt{5}$ मी/से (d) $10\sqrt{2}$ मी/से

2. यदि द्विक छिद्र प्रयोग में पीले प्रकाश स्रोत के स्थान पर समान तीव्रता वाले नीले प्रकाश स्रोत का प्रयोग किया जाता है, तो व्यतिकरण पद्धति पर क्या प्रभाव पड़ेगा?

(a) फ्रिन्ज की चौड़ाई घट जाएगी
(b) फ्रिन्ज की चौड़ाई बढ़ जाएगी
(c) फ्रिन्जें और अधिक चमकने लगेंगी
(d) फ्रिन्ज पट्टियाँ धुँधली पड़ जाएगी

3. एक आदमी दिखाए गए वर्गाकार पथ पर 6 किमी/घण्टा की चाल से चलता है। वर्ग की भुजा 18 किमी है। वह AD, के मध्य बिन्दु O से दिखाई गई दिशा में चलता है तथा CD के मध्य बिन्दु F पर पहुँचता है। आदमी का औसत वेग क्या होगा?

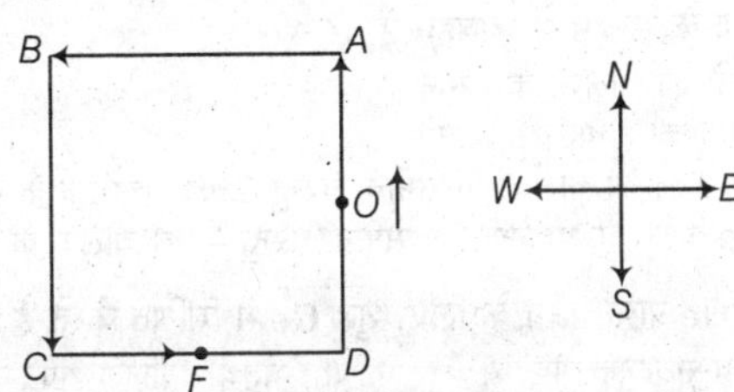

(a) 6 किमी/घण्टा, पश्चिम-दक्षिण दिशा में
(b) $6\sqrt{2}$ किमी/घण्टा, पश्चिम-दक्षिण दिशा में
(c) $\frac{3}{\sqrt{2}}$ किमी/घण्टा, पश्चिम-दक्षिण दिशा में
(d) $3\sqrt{2}$ किमी/घण्टा, पश्चिम-दक्षिण दिशा में

4. एक तार की लम्बाई L है, यह एक दृढ़ पिण्ड से लटका है। इस पर F बल लगाने पर इसकी लम्बाई में वृद्धि l होती है। कार्य है

(a) $\frac{Fl}{2}$ (b) Fl
(c) $2Fl$ (d) $\frac{3}{2}Fl$

5. ऊर्ध्वाधर दीवार से टकराने से पूर्व क्षैतिज तल पर गतिमान गोले का सदिश वेग $2\hat{i} + 2\hat{j}$ है। दीवार सदिश $\hat{j}$ के समान्तर है तथा दीवार एवं गोले के बीच का प्रत्यास्थता गुणांक $(e) = 1/2$ है। दीवार से टकराने के पश्चात् गोले का सदिश वेग होगा

(a) $\hat{i} - \hat{j}$ (b) $-\hat{i} + 2\hat{j}$
(c) $-\hat{i} - \hat{j}$ (d) $2\hat{i} - \hat{j}$

6. एक ब्लॉक को घर्षणरहित क्षैतिज मेज पर रखा जाता है। ब्लॉक का द्रव्यमान m है तथा ब्लॉक के दोनों सिरों से k_1 व k_2 बल नियतांकों वाली स्प्रिंगों को बाँधा जाता है। यदि ब्लॉक को थोड़ा-सा विस्थापित कराकर, दोलन कराये जाते हैं, तो दोलनों की आवृत्ति कितनी होगी?

(a) $\left(\frac{k_1 + k_2}{m}\right)^{1/2}$ (b) $\left(\frac{k_1 k_2}{m(k_1 + k_2)}\right)^{1/2}$
(c) $\left(\frac{k_1 + k_2}{m(k_1 + k_2)}\right)^{1/2}$ (d) $\left(\frac{k_1^2 k_2^2}{(k_1 + k_2)m}\right)^{1/2}$

7. एक सुचालक गोला A दूसरे सुचालक खोखले गोले B के भीतर रखा है। गोले A व B को क्रमशः q व Q आवेश दिए जाते हैं। अब उन्हें एक चालक तार द्वारा जोड़ दिया जाता है, तो गोले A के ऊपर क्रमशः आवेश होंगे,

(a) q, Q (b) $\frac{q+Q}{2}, \frac{q+Q}{2}$
(c) $Q + q, 0$ (d) $0, Q + q$

8. तीन विद्युत वेक्टरों $\vec{E}, \vec{P}$ तथा $\vec{D}$ के बीच सही सम्बन्ध चुनिए

(a) $\vec{P} = \vec{D} + \varepsilon_0 \vec{E}$ (b) $\vec{P} = \vec{D} - \varepsilon_0 \vec{E}$
(c) $\vec{D} = \vec{E} + \varepsilon_0 \vec{P}$ (d) $\vec{D} = \vec{E} - \varepsilon_0 \vec{P}$

9. प्रत्येक आवेश $+q$ X-अक्ष के प्रत्येक बिन्दु $x = x_0, x = 3x_0, x = 5x_0 \ldots$ अनन्त तक स्थित हैं तथा प्रत्येक आवेश $-q, x = 2x_0, x = 4x_0, x = 6x_0 \ldots$ अनन्त तक स्थित हैं, जिसमें x_0 धनात्मक नियतांक हैं। इन आवेशों के निकाय के कारण मूल बिन्दु पर विभव होगा

(a) 0 (b) $\frac{q}{8\pi\varepsilon_0 x_0 \log_e 2}$
(c) ∞ (d) $\frac{q \log_e 2}{4\pi\varepsilon_0 x_0}$

10. दो काँच की प्लेटों के बीच बनी वायु फिल्म पर एक श्वेत प्रकाश पुंज आपतित है। हमें प्राप्त होगा

(a) परावर्तित प्रकाश में रंगीन बैण्ड
(b) परावर्तित प्रकाश में काले तथा चमकीले बैण्ड
(c) कोई व्यतिकरण प्रतिमान नहीं
(d) उपरोक्त में से कोई नहीं

11. परावर्तित प्रकाश में न्यूटन वलय विन्यास का केन्द्र $(t = 0)$ होता है

(a) काला (b) चमकीला
(c) काला अथवा चमकीला (d) रंगीन

12. गॉस के प्रमेय का गणितीय रूप है

(a) $\oint \vec{E} \cdot d\vec{S} = \varepsilon_0 \Sigma q$ (b) $\oint \vec{E} \cdot d\vec{S} = \frac{\Sigma q}{\varepsilon_0}$
(c) $\oint \vec{E} \cdot d\vec{S} = \Sigma q$ (d) $\oint \vec{E} \cdot d\vec{S} = \frac{\Sigma q}{4\pi\varepsilon_0}$

13. a भुजा के एक घन के केन्द्र पर एक आवेश q रखा है, घन के केवल एक फलक से होकर विद्युत फ्लक्स का मान होगा

(a) $\frac{q}{\varepsilon_0}$ (b) $\frac{q}{3\varepsilon_0}$ (c) $\frac{q}{6\varepsilon_0}$ (d) $\frac{q}{\varepsilon_0 a^2}$

14. एक लम्बे सीधे तार, जिसमें I धारा प्रवाहित हो रही है, से r दूरी पर स्थित बिन्दु P पर चुम्बकीय क्षेत्र की सामर्थ्य का मान होगा

(a) $\frac{\mu_0 I}{2r}$ (b) $\frac{\mu_0 I}{2\pi R}$ (c) $\frac{\mu_0 I}{4\pi r}$ (d) $\frac{\mu_0 I}{\pi r}$

15. निर्वात् में विद्युतचुम्बकीय तरंग संचरित होती है

(a) प्रकाश के वेग, $c = 3 \times 10^8$ मी/से से
(b) ध्वनि के वेग, $v = 332$ मी/से से
(c) गैस अणुओं की वर्ग-माध्य-मूल चाल 10^5 मी/से से
(d) पृथ्वी की चाल से

16. एक विद्युत-चुम्बकीय तरंग Z-दिशा में से संचरित है। निम्न में से समय परिवर्ती क्षेत्रों का कौन-सा युग्म ऐसी तरंग प्रकट करता है

(a) E_x, E_y (b) E_y, B_x
(c) E_z, B_x (d) E_y, B_z

17. विद्युतचुम्बकीय तरंगें हैं

(a) अनुप्रस्थ (b) अनुदैर्ध्य
(c) यान्त्रिक (d) इनमें से कोई नहीं

18. फैराडे का विद्युतचुम्बकीय प्रेरण का नियम है

(a) $\text{curl}\,\vec{E} = -\frac{1}{c}\frac{\partial \vec{B}}{\partial t}$ (b) $\text{curl}\,\vec{E} = C - \frac{\partial \vec{B}}{\partial t}$

(c) $\text{curl}\,\vec{E} = \frac{\partial \vec{B}}{\partial t}$ (d) $\text{curl}\,\vec{E} = \frac{\partial \vec{B}}{\partial t}$

19. किसी पराविद्युत पदार्थ की विद्युतशीलता होती है

(a) $\frac{\vec{P}}{\vec{E}}$ (b) $\frac{\vec{E}}{\left(1 + \frac{\chi e}{\varepsilon_0}\right)\varepsilon_0}$

(c) $\frac{\vec{D}}{\vec{E}}$ (d) $\vec{D} \cdot \vec{E}$

20. $\text{curl}\,\vec{E} = \frac{\partial \vec{B}}{\partial t}$ निरूपित करता है

(a) ऐम्पियर का नियम (b) ओम का नियम
(c) फैराडे का नियम (d) इनमें से कोई नहीं

21. तीन चुम्बकीय सदिशों के बीच सम्बन्ध होता है

(a) $\vec{B} = \vec{N} + \vec{I}$ (b) $\vec{B} = \frac{\mu_0}{4\pi}(\vec{H} + \vec{I})$

(c) $\vec{B} = \mu_0(\vec{H} + \vec{I})$ (d) $\vec{B} = \vec{H} \times \vec{I}$

22. λ तरंगदैर्ध्य की दो एकवर्णी प्रकाश तरंगों के बीच विनाशी व्यतिकरण के लिए पथान्तर होना चाहिए

(a) $\frac{(2n+1)\lambda}{4}$ (b) $\frac{(2n-1)\lambda}{4}$ (c) $n\lambda$ (d) $(2n+1)\lambda$

23. लेसर पुंज को कला सम्बद्ध माना जाता है, क्योंकि इसमें होती हैं

(a) कई तरंगदैर्ध्यों की तरंगें
(b) विभिन्न तरंगदैर्ध्यों की असमन्वित तरंगें
(c) ठीक समान तरंगदैर्ध्यों की समन्वित तरंगें
(d) एक लेन्स द्वारा फोकसित एक अपसारी पुंज के दो वास्तविक प्रतिबिम्ब

24. यंग के द्विस्लिट प्रयोग में एक अच्छा व्यतिकरण प्रतिमान प्राप्त करने के लिए दोनों स्लिटों के बीच पृथक्करण होना चाहिए

(a) सम्बद्धता चौड़ाई के क्रम का
(b) सम्बद्धता चौड़ाई के काफी कम
(c) सम्बद्धता चौड़ाई से अधिक
(d) सम्बद्धता चौड़ाई से स्वतंत्र

25. माइकल्सन व्यतिकरणमापी प्रयोग में केन्द्रीय फ्रिन्ज की कोटि है, n का मान होना चाहिए

(a) अधिकतम (b) 0
(c) 1 (d) 2

26. किसी ग्रेटिंग में स्पेक्ट्रम बनाने वाली किरणों में न्यूनतम विचलन तब होगा, जबकि आपतन कोण (I) तथा विवर्तन कोण (θ) के बीच सम्बन्ध होगा

(a) $I = \theta$ (b) $I < \theta$
(c) $I > \theta$ (d) $I = 2\theta$

27. किसी टेलिस्कोप की विभेदन क्षमता निर्भर करती है

(a) अभिनेत्रक की फोकस दूरी पर
(b) अभिदृश्यक की फोकस दूरी पर
(c) टेलिस्कोप की लम्बाई पर
(d) अभिदृश्यक के व्यास पर

28. स्थायी नाभिक में सामान्यत:

(a) प्रोटॉन व न्यूट्रॉन दोनों सम संख्याओं में होते हैं
(b) प्रोटॉन व न्यूट्रॉन दोनों विषम संख्याओं में होते हैं
(c) प्रोटॉन विषम संख्या में व न्यूट्रॉन सम संख्या में होते हैं
(d) प्रोटॉन सम संख्या में व न्यूट्रॉन विषम संख्या में होते हैं

29. अति निम्न तापों पर (परम शून्य के समीप) Ge, Si तथा C (हीरा) का विद्युत चालकता के सन्दर्भ में व्यवहार है

(a) तीनों का चालकों के समान
(b) तीनों का अचालकों के समान
(c) Ge व Si का चालकों के समान, परन्तु C का अचालक के समान
(d) Ge व Si का अचालकों के समान, परन्तु C का चालक के समान

30. n-टाइप Ge प्राप्त करने के लिए, शुद्ध Ge में मिश्रित करते हैं

(a) पंच-संयोजक अपद्रव्य (b) चतुर्थ-संयोजक अपद्रव्य
(c) त्रि-संयोजक अपद्रव्य (d) कोई भी अपद्रव्य

31. जब वृत्त ध्रुवित प्रकाश $\frac{\lambda}{4}$ प्लेट से गुजरने के बाद घूमते निकॉल प्रिज्म में से देखा जाता है, तब

(a) प्रकाश की तीव्रता में कोई परिवर्तन नहीं देखा जाता है
(b) निकॉल प्रिज्म की दो स्थितियों में पूर्ण अन्धकार हो जाता है
(c) निकॉल प्रिज्म की सभी स्थितियों में पूर्ण अन्धकार रहता है
(d) निकॉल प्रिज्म की दो स्थितियों में तीव्रता काफी घट जाती है

32. यदि समतल ध्रुवित प्रकाश सान्द्रता C वाले ध्रुवण-घूर्णक (optically active) घोल की l लम्बाई से होकर गुजरे तथा इसका ध्रुवण तल θ डिग्री घूम जाये, तो घोल का विशिष्ट घूर्णन होगा

(a) $\theta \times l \times C$ (b) $\theta \times \frac{C}{l}$

(c) $\theta \times \frac{l}{C}$ (d) $\frac{\theta}{(l \times C)}$

33. किसी जोन प्लेट पर बने वृत्तों की त्रिज्याएँ समानुपाती होती हैं

(a) प्राकृतिक संख्याओं के
(b) प्राकृतिक संख्याओं के वर्गों के
(c) प्राकृतिक संख्याओं के वर्गमूल के
(d) प्राकृतिक संख्याओं के घनमूल के

34. एक जोन प्लेट व्यवहार करती है

(a) अवतल लेन्स की भाँति
(b) उत्तल लेन्स की भाँति
(c) समतल दर्पण की भाँति
(d) काँच की पट्टिका की भाँति

35. E-किरण तथा O-किरण के वेग किस दिशा में समान होते हैं?

(a) क्रिस्टल की अक्ष के
(b) ऑप्टिक अक्ष के
(c) क्रिस्टल की अक्ष के लम्बवत्
(d) ऑप्टिक अक्ष के लम्बवत्

36. जब बर्फ के टुकड़े पर दाब बढ़ाया जाता है, तो बर्फ का गलनांक

(a) बढ़ जाता है
(b) घट जाता है
(c) अपरिवर्तित रहता है
(d) पहले बढ़ता जाता है तथा फिर घटता जाता है

37. एक उत्क्रमणीय इंजन तथा एक अनुत्क्रमणीय इंजन उन्हीं दो तापों के बीच कार्यरत हैं। जब

(a) दोनों इंजनों की दक्षताएँ बराबर हैं
(b) उत्क्रमणीय इंजन की दक्षता कम है
(c) अनुत्क्रमणीय इंजन की दक्षता 1 है
(d) प्रत्येक इंजन की दक्षता 1 है

38. गैस अणु का माध्य मुक्त पथ निर्भर करता है

(a) केवल अणु के व्यास पर
(b) गैस में अणुओं के घनत्व पर
(c) व्यास व घनत्व दोनों पर
(d) इनमें किसी पर नहीं

39. किसी गैस के उत्क्रमण ताप T_i तथा बॉयल ताप T_B में सम्बन्ध है

(a) $T_i = 2T_B$
(b) $T_i = T_B$
(c) $T_i = \frac{1}{2}T_B$
(d) $T_i = \frac{1}{8}T_B$

40. प्रस्फुरण गणित्र में, प्रकाश इलेक्ट्रॉन संवर्धक से निर्गत स्पन्द का मान

(a) नियत रहता है
(b) प्रवेश करने वाले कण की ऊर्जा बढ़ने पर बढ़ता है
(c) प्रवेश करने वाले कण की ऊर्जा बढ़ने पर घटता है
(d) पहले बढ़ता है, फिर नियत हो जाता है

41. $_{92}U^{235}$ नाभिक के विखण्डन से

(a) विखण्डन उत्पाद सदैव Ba व Kr होते हैं
(b) Ba व Kr के अतिरिक्त अन्य युग्म उत्पाद प्राप्त हो सकते हैं
(c) Ba व एक अन्य उत्पाद प्राप्त होता है
(d) Kr व एक अन्य उत्पाद प्राप्त होता है

42. युग्म-उत्पादन के लिए आवश्यक, फोटॉन की दीर्घतम तरंगदैर्ध्य है

(a) 0.012 Å
(b) 1Å
(c) 10Å
(d) इनमें से कोई भी नहीं

43. स्थायी नाभिक में सामान्यतः

(a) प्रोटॉन व न्यूट्रॉन दोनों सम संख्याओं में होते हैं
(b) प्रोटॉन व न्यूट्रॉन दोनों विषम संख्याओं में होते हैं
(c) प्रोटॉन विषम संख्या में व न्यूट्रॉन सम संख्या में होते हैं
(d) प्रोटॉन सम संख्या में व न्यूट्रॉन विषम संख्या में होते हैं

44. किसी धातु में, अनुगमन चाल v_d तथा प्रति एकांक आयतन मुक्त इलेक्ट्रॉन सान्द्रता n के पदों में, धारा घनत्व होता है

(a) ne / v_d
(b) v_d / ne
(c) nev_d
(d) ev_d / n

45. धातुओं की प्रतिरोधकता, मुक्त इलेक्ट्रॉनों के कुछ कारकों द्वारा प्रकीर्णन के कारण है। ये कारक हैं

(a) इलेक्ट्रॉन
(b) विद्युत क्षेत्र
(c) धातु के कोनें
(d) धातु के जालक में अपूर्णताएँ

46 फोटॉन उत्पन्न अथवा आवशेषित होता है

(a) क्रिस्टल द्वारा X-किरण फोटॉन के प्रत्यास्थ प्रकीर्णन में
(b) क्रिस्टल द्वारा X-किरण फोटॉन के अप्रत्यास्थ प्रकीर्णन में
(c) दोनों प्रकार के प्रकीर्णनों में
(d) उपरोक्त में से कोई नहीं

47. फोनॉन पालन करता है

(a) मैक्सवेल-बोल्ट्जमान सांख्यिकी का
(b) फर्मी-डिरॉक सांख्यिकी का
(c) बोस-आइन्सटीन सांख्यिकी का
(d) किसी भी सांख्यिकी का नहीं

48. 0.03 मी तथा 0.05 मी की फोकस दूरियों वाले दो उत्तल लेन्सों को दूरदर्शी बनाने में प्रयुक्त किया जाता है। अनन्त दूरी पर प्रतिबिम्ब प्राप्त करने के लिए दोनों लेन्सों के बीच की दूरी कितनी होगी?

(a) 0.35 सेमी
(b) 0.25 सेमी
(c) 0.175 सेमी
(d) 0.15 सेमी

49. 4 किग्रा तथा 0.4 मी त्रिज्या वाली दो पतली चकतियों को एक-दूसरे से चित्रानुसार जोड़कर दृढ़ पिण्ड बनाया जाता है। पिण्ड का चकती B के लम्बवत् तथा B के केन्द्र से होकर जाने वाले अक्ष के परितः जड़त्व आघूर्ण कितना होगा?

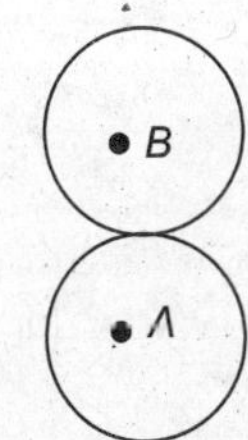

(a) 3.2 किग्रा-मी^{2}
(b) 1.8 किग्रा-मी^{2}
(c) 4.1 किग्रा-मी^{2}
(d) 5.6 किग्रा-मी^{2}

50. निम्न में से किसका दृष्टि-क्षेत्र (area of vision) अधिकतम होता है?

(a) समतल दर्पण
(b) अवतल दर्पण
(c) उत्तल दर्पण
(d) बेलनाकार दर्पण

उत्तरमाला

1. (c)	**2.** (a)	**3.** (b)	**4.** (a)	**5.** (b)	**6.** (a)	**7.** (d)	**8.** (b)	**9.** (a)	**10.** (a)
11. (a)	**12.** (b)	**13.** (c)	**14.** (b)	**15.** (a)	**16.** (a)	**17.** (a)	**18.** (c)	**19.** (c)	**20.** (c)
21. (b)	**22.** (b)	**23.** (c)	**24.** (b)	**25.** (a)	**26.** (a)	**27.** (d)	**28.** (a)	**29.** (b)	**30.** (a)
31. (b)	**32.** (d)	**33.** (c)	**34.** (b)	**35.** (b)	**36.** (b)	**37.** (c)	**38.** (c)	**39.** (a)	**40.** (b)
41. (b)	**42.** (a)	**43.** (a)	**44.** (c)	**45.** (d)	**46.** (b)	**47.** (c)	**48.** (a)	**49.** (a)	**50.** (c)

प्रैक्टिस सैट 3

1. किसी धातु की देहली आवृत्ति 3.3×10^{14} हर्ट्ज है। यदि 8.2×10^{14} हर्ट्ज आवृत्ति का प्रकाश धातु पर आपतित होता है, तो इस प्रकाश विद्युत प्रभाव का निरोधी विभव कितना होगा?

(a) 2.03 वोल्ट (b) 1.25 वोल्ट
(c) 4.35 वोल्ट (d) 6.01 वोल्ट

2. एक कण 8 सेकण्ड के आवर्तकाल से सरल आवर्त गति करता है। प्रारम्भ में कण अपनी माध्यावस्था में है। कण द्वारा पहले तथा दूसरे सेकण्ड में चली गयी दूरियों का अनुपात कितना होगा?

(a) $\sqrt{2}:1$ (b) $1:(\sqrt{2}-1)$
(c) $(\sqrt{2}+1):\sqrt{2}$ (d) $(\sqrt{2}-1):1$

3. लाल तथा हरे रंग की किरणों से बनी एक प्रकाश किरण, आयताकार काँच के टुकड़े के एक पृष्ठ पर आपतित होती है। यदि यह प्रकाश किरण टुकड़े के दूसरे पृष्ठ से बाहर निकलती है, तो लाल तथा हरे रंग की प्रकाश किरणें

(a) दो अलग-अलग बिन्दुओं से निकलकर असमान्तर दिशाओं में आगे बढ़ती हैं
(b) दो अलग-अलग बिन्दुओं से निकलकर समान्तर दिशाओं में आगे बढ़ती हैं
(c) एक ही बिन्दु से निकलकर अलग-अलग दिशाओं में आगे बढ़ती हैं
(d) एक ही बिन्दु से निकलकर समान दिशा में आगे बढ़ती हैं

4. निम्न में से कौन-सा आरेख गतिमान वस्तु की गति की वास्तविक अवस्था को दर्शाता है?

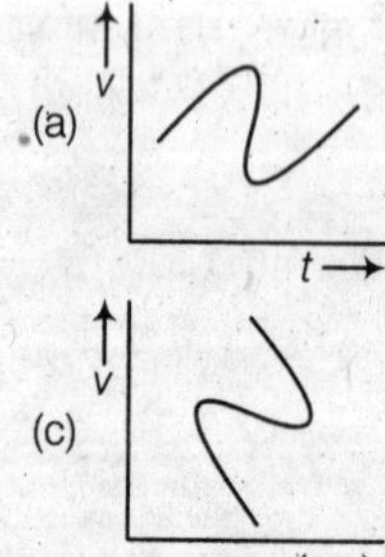

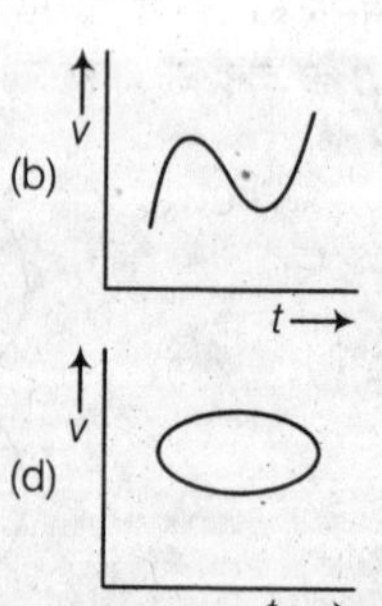

5. एक कार 40 मी त्रिज्या वाले वृत्ताकार पथ पर विराम रूप से खड़ी है। कार 1 रेडियन/सेकण्ड^2 के नियत मान के कोणीय त्वरण से वृत्ताकार पथ पर दक्षिणावर्त दिशा में चलना प्रारम्भ करती है। कार द्वारा पथ पर आधी दूरी तय करने में कितना समय लगेगा?

(a) $\sqrt{6.28}$ सेकण्ड (b) $\sqrt{2.24}$ सेकण्ड
(c) $\sqrt{3.14}$ सेकण्ड (d) $\sqrt{4\pi}$ सेकण्ड

6. $m_1=5$ किग्रा तथा $m_2=4.8$ किग्रा के दो द्रव्यमानों को एक घर्षणरहित हल्की घिरनी से चित्रानुसार लटकाया जाता है। यदि द्रव्यमानों को स्वतन्त्र रूप से गति करायी जाती है, तो द्रव्यमानों का त्वरण कितना होगा? $(g=9.8$ मी/से$^2)$

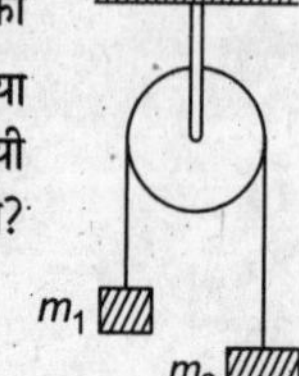

(a) 0.2 मी/से^{2} (b) 9.8 मी/से^{2}
(c) 5 मी/से^{2} (d) 4.8 मी/से^{2}

7. किसी तार पर बल लगाने पर वह 1 मिमी खिंचा जाता है। यदि समान धातु तथा समान लम्बाई के तार, जिसकी अनुप्रस्थ-काट की त्रिज्या पहले की आधी है, पर दोगुना बल लगाया जाये तो तार में कितना प्रसार (मिमी में) होगा?

(a) 8 (b) 4 (c) 2 (d) 1

8. यदि l लम्बाई तथा k_1 व k_2 बल नियतांकों की दो स्प्रिंगों को समान्तर क्रम में जोड़ा जाये तथा एक द्रव्यमान m को चित्रानुसार लटकाया जाता है, तो द्रव्यमान m के दोलनों की आवृत्ति कितनी होगी?

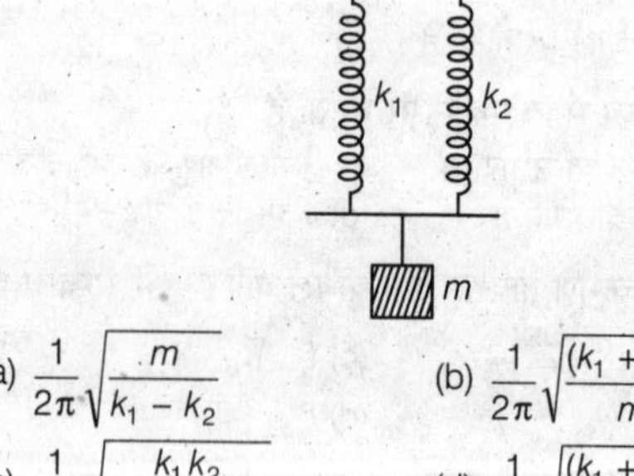

(a) $\frac{1}{2\pi}\sqrt{\frac{m}{k_1-k_2}}$ (b) $\frac{1}{2\pi}\sqrt{\frac{(k_1+k_2)}{m}}$

(c) $\frac{1}{2\pi}\sqrt{\frac{k_1k_2}{(k_1+k_2)m}}$ (d) $\frac{1}{2\pi}\sqrt{\frac{(k_1+k_2)}{k_1k_2m}}$

9. दिए गए चित्र में बिन्दु A तथा B के बीच की तुल्य धारिता कितनी होगी?

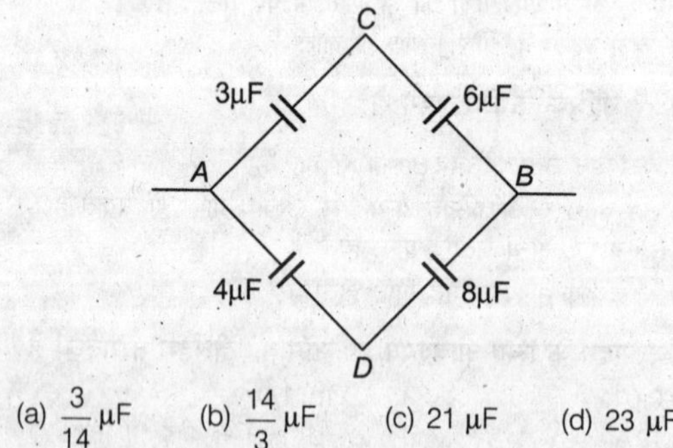

(a) $\frac{3}{14}$ μF (b) $\frac{14}{3}$ μF (c) 21 μF (d) 23 μF

10. सरल घनीय जालक में परमाणु पैकिंग भिन्न (atomic packing fraction) है

(a) π (b) $\frac{\pi}{6}$ (c) $\frac{\sqrt{3}}{8}\pi$ (d) $\frac{\sqrt{2}}{6}\pi$

11. यदि प्रति एकांक कोष्ठिका में जालक बिन्दुओं की सख्या n हो, परमाणु भार A हो, आवोगाद्रो संख्या N हो, घनत्व ρ हो, तो जालक नियतांक a दिया जाता है

(a) $\frac{nA}{N\rho}$ द्वारा (b) $\left(\frac{nA}{N\rho}\right)^2$ द्वारा

(c) $\left(\frac{nA}{N\rho}\right)^{1/3}$ द्वारा (d) $\left(\frac{nA}{N\rho}\right)^{1/2}$ द्वारा

12. निम्न में से कौन-सा कण फर्मिऑन है?

(a) फोटॉन (b) प्रोट्रॉन (c) न्यूट्रिनों (d) α-कण

13. फर्मी ऊर्जा E_F तथा फर्मी ताप T_F में सम्बन्ध है

(a) $E_F = kT_F$ (b) $E_F = kT_F^{-1}$
(c) $E_F = kT_F^{-2}$ (d) $E_F = kT_F^2$

14. 5000 Å तरंगदैर्ध्य के लिए किसी जोन प्लेट की फोकस दूरी 20 सेमी है। प्रथम जोन की त्रिज्या होगी

(a) शून्य (b) 0.0316 सेमी
(c) 0.1 सेमी (d) अनन्त

15. यदि m_x, m_y तथा m_θ क्रमशः अनुदैर्ध्य, पार्श्विक तथा कोणीय आवर्धन हों, तो सही सम्बन्ध को चुनिये

(a) $m_x \times m_y = m_\theta$ (b) $m_x \times m_\theta = m_y$
(c) $m_x / m_y^2 = m_\theta$ (d) $m_x \propto m_\theta^2$

16. फोकस दूरी f_1 का उत्तल लेन्स तथा फोकस दूरी f_2 का अवतल लेन्स एक-दूसरे से d दूरी पर रखे हैं। इस संयोग की फोकस दूरी है

(a) $\frac{f_1 f_2}{f_1 + f_2 - d}$ (b) $\frac{f_1 f_2}{f_1 + f_2 + d}$
(c) $\frac{f_1 f_2}{d + f_1 - f_2}$ (d) $\frac{f_1 f_2}{d - f_1 + f_2}$

17. जब एक प्रकाश पुँज घूमते निकॉल प्रिज्म पर अभिलम्बवत् गिरता है, तो प्रिज्म से निर्गत प्रकाश की तीव्रता में कोई परिवर्तन नहीं देखा जाता। परन्तु जब निकॉल प्रिज्म के सामने एक $\lambda/4$ प्लेट रख दी जाती है, तब प्रिज्म को घुमाने पर निर्गत प्रकाश की तीव्रता दो स्थितियों में, जिनके बीच कोणीय अन्तराल 180° है, शून्य हो जाती है। प्रिज्म पर आपतित प्रकाश पुँज है

(a) अध्रुवित (b) अंश ध्रुवित
(c) वृत्तध्रुवित (d) समतल ध्रुवित

18. जब समतल ध्रुवित प्रकाश $\frac{\lambda}{4}$ प्लेट से होकर अभिलम्बवत् गिरता है, तो हमें वृत्त ध्रुवित प्रकाश प्राप्त होता है, बशर्ते कि समतल ध्रुवित प्रकाश में कम्पनों की दिशा तथा $\frac{\lambda}{4}$ प्लेट की प्रकाशिक अक्ष के बीच कोण हों

(a) शून्य (b) 45° (c) 90° (d) 270°

19. निज अर्द्धचालक की तुलना में, बाह्य अर्द्धचालक की प्रतिरोधकता

(a) अधिक होती है
(b) कम होती है
(c) बराबर होती है
(d) प्रतिरोधकता में कोई सम्बन्ध नहीं होता

20. धातुएँ अपारदर्शी (opaque) हैं

(a) सभी तरंगदैर्ध्यों के प्रकाश के लिए (b) केवल दृश्य प्रकाश के लिए
(c) केवल पराबैंगनी विकिरण के लिए (d) केवल अवरक्त विकिरण के लिए

21. जो क्रिस्टल केवल 12345 Å से बड़ी तरंगदैर्ध्यों के प्रकाश के लिए पारदर्शी है, उसका ऊर्जा अन्तराल होता है

(a) 0.7 eV (b) 1 eV
(c) 1.1 eV (d) 7 eV

22. यदि M परमाणुक द्रव्यमान है तथा A द्रव्यमान संख्या है, तब $(M - A)/A$ है

(a) द्रव्यमान क्षति (b) बन्धन ऊर्जा
(c) फर्मी ऊर्जा (d) संकुलन गुणांक

23. नाभिकीय बलों के लिए सही कथन चुनिए

(a) ये व्युत्क्रम वर्ग नियम का पालन करते हैं
(b) ये लघु परासी हैं
(c) ये गुरुत्वाकर्षण बलों की कोटि के हैं
(d) ये आवेश आश्रित हैं

24. गलत कथन होगा : रेडियोऐक्टिव नाभिक उत्सर्जित कर सकता है

(a) केवल α व β विकिरण (b) केवल α व γ विकिरण
(c) केवल β व γ विकिरण (d) स्वतः

25. न्यूट्रिनों के लिए है

(a) शून्य विराम द्रव्यमान तथा स्पिन 1/2
(b) शून्य विराम द्रव्यमान तथा स्पिन 1
(c) इलेक्ट्रॉन के बराबर विराम द्रव्यमान तथा स्पिन 1/2
(d) शून्य आवेश तथा स्पिन 1

26. तारकीय (stellar) वातावरण में होने वाली अभिक्रियाएँ हैं

(a) विखण्डन (b) तापनाभिकीय (c) आयनिक (d) सहसंयोजक

27. GM गणित्र संसूचित करता है

(a) α-कणों को (b) न्यूट्रॉनों को
(c) प्रोटोनों को (d) तीनों को

28. एक बेलन में बन्द वायु को पिस्टन के द्वारा अचानक संपीडित करके, पिस्टन को उसी स्थिति में बनाये रखा जाता है। समय बीतने के साथ-साथ हम देखते हैं कि वायु का दाब

(a) घटता है
(b) बढ़ता है
(c) अपरिवर्तित रहता है
(d) गैस की प्रकृति के अनुसार घटता अथवा बढ़ता है

29. उपरोधी प्रक्रम, गैस की प्रारम्भिक तथा अन्तिम ऐन्थाल्पियाँ

(a) भिन्न-भिन्न होती हैं (b) बराबर होती हैं
(c) दोनों शून्य होती हैं (d) उपरोक्त में से कोई नहीं

30. जब अध्रुवित प्रकाश प्लेटों के एक पुँज पर ब्रूस्टर कोण पर आपतित होता है, तो सही कथन होगा

(a) परावर्तित तथा अपवर्तित पुँज समतल ध्रुवित होंगे तथा उनके ध्रुवण तल परस्पर लम्बवत् होंगे
(b) परावर्तित तथा अपवर्तित पुँज समतल ध्रुवित होंगे तथा उनके ध्रुवण तल परस्पर समान्तर होंगे
(c) परावर्तित प्रकाश समतल ध्रुवित होगा परन्तु अपवर्तित प्रकाश आँशिक ध्रुवित होगा
(d) परावर्तित तथा अपवर्तित प्रकाश अध्रुवित होंगे

31. किसी विशिष्ट विवर्तन कोण पर, एक समतल पारगमन ग्रेटिंग की विभेदन क्षमता होती है

(a) रेखांकित पृष्ठ की कुल चौड़ाई के वर्ग के अनुक्रमानुपाती
(b) रेखांकित पृष्ठ की कुल चौड़ाई के वर्गमूल के अनुक्रमानुपाती
(c) रेखांकित पृष्ठ की कुल चौड़ाई के अनुक्रमानुपाती
(d) रेखांकित पृष्ठ की कुल चौड़ाई के व्युत्क्रमानुपाती

32. न्यूटन वलय प्रयोग में λ तरंगदैर्ध्य के प्रकाश स्रोत को प्रयुक्त किया जाता है। वलयों का व्यास अनुक्रमानुपाती होता है

(a) λ के (b) λ^2 के (c) $\sqrt{\lambda}$ के (d) $\frac{1}{\sqrt{\lambda}}$ के

33. एक एकल स्लिट (single slit) से बने विवर्तन प्रतिमान में एक केन्द्रीय बैण्ड होता है, जोकि

(a) चौड़ा तथा चमकीला होता है तथा इसके साथ क्रमशः क्षीण होती तीव्रता के क्रमागत् काले तथा चमकीले बैण्ड होते हैं
(b) संकीर्ण व चमकीला होता है तथा इसके साथ बैण्ड होते हैं
(c) चौड़ा व चमकीला होता है तथा इसके साथ समान तीव्रता के क्रमागत् काले तथा चमकीले बैण्ड होते हैं
(d) काला होता है और उसके साथ क्षीण होती तीव्रता के क्रमागत् चमकीले तथा काले बैण्ड होते हैं

34. किसी स्पेक्ट्रमी रेखा में आवृत्ति विस्तार का क्रम होता है

(a) संबद्धता काल के व्युत्क्रम का (b) संबद्धता काल के वर्ग का
(c) संबद्धता काल के घन का (d) संबद्धता काल के वर्गमूल का

35. लेसर (LASER) पुँज की तरंगदैर्ध्य को निम्न में किसके मानक के रूप में प्रयुक्त किया जाता है?

(a) समय (b) तापक्रम (c) कोण (d) लम्बाई

36. एक द्वि–स्लिट (double slit) व्यतिकरण प्रयोग एकवर्णी प्रकाश से किया जाता है तथा व्यतिकरण फ्रिन्जें प्रेक्षित की जाती हैं। अब यदि एकवर्णी प्रकाश के स्थान पर श्वेत प्रकाश का उपयोग किया जाए, तो व्यतिकरण प्रतिमान में क्या परिवर्तन होगा?

(a) कोई परिवर्तन नहीं
(b) प्रतिमान अदृश्य हो जायेगा
(c) पूरे प्रतिमान में श्वेत तथा काली फ्रिन्जें प्राप्त होंगी
(d) केन्द्रीय श्वेत फ्रिन्ज के दोनों ओर कुछ रंगीन फ्रिन्जें प्राप्त होंगी

37. सूक्ष्म कोण पर दो नत समतल पृष्ठों के बीच एक फनाकार वायु फिल्म बनी है। जब क्षेत्र को एकवर्णी प्रकाश के समान्तर पुँज से प्रकाशित किया जाए, तो हमें प्राप्त होंगी

(a) संकेन्द्री वृत्ताकार फ्रिन्जें
(b) एकसमान चमक
(c) समान दूरी पर स्थित काली तथा चमकीली सरल रेखीय फ्रिन्जें
(d) अलग-अलग फ्रिन्ज चौड़ाइयों की एकान्तर चमकीली तथा काली फ्रिन्जें

38. जब किसी कुण्डली में विद्युत धारा प्रावाहित होती है, तो चुम्बकीय क्षेत्र के आकाशीय विचरण की दर कुण्डली के केन्द्र से एक विशिष्ट दूरी पर नियत होती है। वह विशिष्ट दूरी पर

(a) कुण्डली की त्रिज्या के बराबर (b) कुण्डली की त्रिज्या की आधी
(c) कुण्डली की त्रिज्या की दोगुनी (d) कुण्डली के केन्द्र पर

39. ऐम्पियर के संशोषित नियम के अनुसार, $\oint \vec{B} \cdot d\vec{l} =$

(a) $\mu_0 i_d$ (b) $\mu_0(i_c + i_d)$
(c) $\mu_0(u - i_d)$ (d) इनमें से कोई नहीं

40. अधिकांश परमाणुओं के लिए $\vec{P} = \alpha \vec{E}$ होती है। यहाँ α का तात्पर्य है

(a) परमाण्विक ध्रुवणता (b) विद्युत प्रवृत्ति
(c) पराविद्युतांक (d) विद्युतशीलता

41. एक बेलनाकार चुम्बक एक वृत्ताकार कुण्डली के अक्ष के अनुदिश रखा है। यदि चुम्बक अपनी कक्ष के परित: घूर्णन करे, तो

(a) कुण्डली में एक धारा प्रेरित होगी
(b) कुण्डली में कोई धारा प्रेरित नहीं होगी
(c) कुण्डली में एक विद्युत वाहक बल तथा एक धारा दोनों प्रेरित होंगे
(d) कुण्डली में केवल एक विद्युत वाहक बल ही प्रेरित होगा

42. विस्थापन धारा उत्पन्न होती हैं

(a) इलेक्ट्रॉनों के प्रवाह के कारण
(b) कोटरों के प्रवाह के कारण
(c) इलेक्ट्रॉनों तथा कोटरों के प्रवाह के कारण
(d) समय परिवर्ती विद्युत क्षेत्र के कारण

43. एक ऊर्ध्वाधरत: सीधे चालक में ऊर्ध्वाधरत: ऊपर की ओर धारा प्रवाहित हो रही है। एक बिन्दु P इसके निकट पूर्व में तथा दूसरा बिन्दु Q समान दूरी पर पश्चिम में स्थित है। पृथ्वी के क्षेत्र को नगण्य मानते हुए, P पर चुम्बकीय क्षेत्र का मान होगा

(a) Q के मान से अधिक
(b) Q के मान से बराबर
(c) Q के मान से अधिक या कम, धारा की सामर्थ्य पर निर्भर करेगा
(d) Q के पर मान से कम

44. R_1 तथा R_2 त्रिज्याओं के दो पतले खोखले, संकेन्द्री चालक गोलों पर क्रमशः Q_1 तथा Q_2 आवेश हैं। यदि $R_1 < R_2$ हो, तो केन्द्र से r दूरी पर स्थित बिन्दु पर विभव होगा

(a) $\frac{1}{4\pi\varepsilon_0}\frac{Q_1 + Q_2}{r}$ (b) $\frac{1}{4\pi\varepsilon_0}\left(\frac{Q_1}{r} + \frac{Q_2}{R_2}\right)$

(c) $\frac{1}{4\pi\varepsilon_0}\left(\frac{Q_1}{R_1} + \frac{Q_2}{R_2}\right)$ (d) $\frac{1}{4\pi\varepsilon_0}\left(\frac{Q_1}{R_1} + \frac{Q_2}{r}\right)$

45. दो समतल दर्पण एक–दूसरे से 72° पर झुके हैं। दोनों के बीच रखी बिन्दु वस्तु के प्रतिबिम्बों की संख्या होगी

(a) 2 (b) 3
(c) 4 (d) 5

46. विद्युत ध्रुव के दो आवेश $-q$ व $+q$ हैं, इनके बीच की दूरी L है, द्विध्रुव आघूर्ण होगा

(a) $qL, -q$ से $+q$ की ओर (b) $2qL, -q$ से $+q$ की ओर
(c) $qL, +q$ से $-q$ की ओर (d) $2qL, +q$ से $-q$ की ओर

47. निम्न में गलत कथन को चुनिए

(a) पराविद्युत माध्यम में स्थित दो बिन्दु-आवेशों के बीच बल, निर्वात् में स्थित उन्ही बिन्दु-आवेशों के बीच बल से अधिक होता है
(b) सममित संरचना वाले अणु अध्रुवी (non-polar) होते हैं
(c) ध्रुवी (polar) पराविद्युत का पराविद्युतांक अध्रुवी पराविद्युत के पराविद्युतांक से अधिक होता है
(d) ध्रुवी पराविद्युतों की विद्युत प्रवृत्ति परमताप के व्युत्क्रमानुपाती होती है

48. पराविद्युत पदार्थों में गॉस के प्रमेय का अवकल रूप है

(a) $\text{div}\vec{D} = 0$ (b) $\text{div}\vec{D} = \frac{\pi}{\varepsilon_0}$

(c) $\text{div}\vec{D} = \varepsilon_0\rho$ (d) $\text{div}\vec{D} = \rho$

49. एकसमान रूप से आवेशित a त्रिज्या की चकती के केन्द्र पर विद्युत विभव होता है

(a) शून्य (b) $\frac{\sigma a}{2\varepsilon_0}$

(c) $\frac{\sigma a}{\pi\varepsilon_0}$ (d) $\frac{\sigma}{4\pi\varepsilon_0 a}$

50. एक विद्युत द्विध्रुव के लिए दूरी r के साथ विद्युत क्षेत्र इस प्रकार बदलता है

(a) r^{-2} (b) r^{-3} (c) r^{-1} (d) r^{-4}

उत्तरमाला

1. (a)	**2.** (b)	**3.** (b)	**4.** (b)	**5.** (a)	**6.** (a)	**7.** (a)	**8.** (b)	**9.** (b)	**10.** (b)
11. (c)	**12.** (c)	**13.** (a)	**14.** (b)	**15.** (b)	**16.** (a)	**17.** (c)	**18.** (b)	**19.** (b)	**20.** (a)
21. (b)	**22.** (d)	**23.** (b)	**24.** (a)	**25.** (a)	**26.** (b)	**27.** (a)	**28.** (a)	**29.** (b)	**30.** (a)
31. (c)	**32.** (c)	**33.** (a)	**34.** (a)	**35.** (d)	**36.** (a)	**37.** (c)	**38.** (c)	**39.** (b)	**40.** (a)
41. (b)	**42.** (d)	**43.** (b)	**44.** (b)	**45.** (c)	**46.** (b)	**47.** (a)	**48.** (d)	**49.** (c)	**50.** (b)

प्रैक्टिस सैट 4

1. किसी गैस के बॉयल ताप व क्रान्तिक ताप में सम्बन्ध है

(a) $2T_B = \frac{8}{27} T_c$
(b) $T_B = \frac{27}{8} T_c$
(c) $T_B = \frac{3}{7} T_c$
(d) $3T_B = 3T_c$

2. रुद्धोष्म विचुम्बकन की घटना का अनुप्रयोग होता है

(a) चुम्बक को विचुम्बकित करने में
(b) विद्युत ऊत्पादन में
(c) अति निम्न ताप उत्पन्न करने में
(d) गैस के शोधन में

3. एक लघु द्विध्रुव के कारण अक्षीय रेखा पर विद्युत क्षेत्र E_1 तथा समान दूरी पर निरक्षीय रेखा के बिन्दु पर विद्युत क्षेत्र E_2 है, तो E_1 व E_2 में सम्बन्ध होगा

(a) $E_1 = E_2$
(b) $E_1 = 2\,E_2$
(c) $E_1 = 4E_2$
(d) $E_1 = \frac{E_2}{2}$

4. विद्युत विस्थापन (electric displacement) D का मात्रक है

(a) कूलॉम/मी^{2}
(b) कूलॉम/मी^{3}
(c) कूलॉम/मी
(d) वोल्ट/मी

5. ध्रुवी पराविद्युत की वैद्युत प्रवृत्ति

(a) परमताप के अनुक्रमानुपाती है
(b) परमताप के व्युत्क्रमानुपाती है
(c) परमताप के वर्गमूल के व्युत्क्रमानुपाती है
(d) परमताप से स्वतन्त्र है

6. सूक्ष्म कोण पर दो नत समतल पृष्ठों के बीच एक फनाकार वायु फिल्म बनी है। जब क्षेत्र को एकवर्णी प्रकाश के समान्तर पुँज से प्रकाशित किया जाए, तो हमें प्राप्त होगा

(a) संकेन्द्री वृत्ताकर फ्रिन्जें
(b) एकसमान चमक
(c) समान दूरी पर स्थित काली तथा चमकीली सरल रेखीय फ्रिन्जें
(d) अलग-अलग फ्रिन्ज चौड़ाइयों की एकान्तर चमकीली तथा काली फ्रिन्जें

7. q त्रिज्या के समान रूप से आवेशित गोले के कारण, गोले के बाहर r दूरी पर स्थित बिन्दु पर विद्युत विभव का मान होगा

(a) r^3 के अनुक्रमानुपाती
(b) r के अनुक्रमानुपाती
(c) r^2 के अनुक्रमानुपाती
(d) r^3 के व्युत्क्रमानुपाती

8. यदि साबुन के एक बुलबुले को ऋणात्मक आवेश दिया जाए, तो उसकी त्रिज्या

(a) घटेगी
(b) बढ़ेगी
(c) अपरिवर्तित रहेगी
(d) उपरोक्त में से कोई नहीं

9. 2 मी त्रिज्या के एक खोखले गोलीय चालक पर $500\mu C$ का आवेश है। उसके पृष्ठ पर विद्युत क्षेत्र का सामर्थ्य होगा

(a) शून्य
(b) $1.125 \times 10^6 N/C$
(c) $2.25 \times 10^6 N/C$
(d) $4.5 \times 10^6 N/C$

10. तार की किसी लम्बाई में स्थायी धारा प्रवाहित हो रही है। पहले इसे एक फेरे के वृत्तीय लूप में मोड़ा जाता है। लूप के केन्द्र पर चुम्बकीय क्षेत्र B है। अब इसी लम्बाई को कम त्रिज्या के दो लूपों में मोड़ा जाता है। समान धारा द्वारा केन्द्र पर उत्पन्न चुम्बकीय क्षेत्र का मान होगा

(a) $\frac{B}{4}$
(b) B
(c) $4B$
(d) $\frac{B}{2}$

11. विद्युत चुम्बकीय तरंग में चुम्बकीय क्षेत्र संचरण की दिशा होगी

(a) $\vec{E} \cdot \vec{B}$
(b) $\vec{E}$
(c) $\vec{B}$
(d) $\vec{E} \times \vec{B}$

12. विद्युत क्षेत्र वेक्टर $\vec{E}$ तथा तरंग वेक्टर $\vec{H}$ के परिमाण में सम्बन्ध है

(a) $\vec{E} = \vec{H}$
(b) $\vec{E} = \frac{\mu_0}{\varepsilon_0} \vec{H}$
(c) $\vec{E} = \sqrt{\frac{\mu_0}{\varepsilon_0}} \vec{H}$
(d) $\vec{E} = \sqrt{\frac{\varepsilon_0}{\mu_0}} \vec{H}$

13. यदि किसी कुण्डली से चुम्बकीय फ्लक्स y वेबर हो जबकि उसमें धारा x ऐम्पियर हो, तो कुण्डली का स्व-प्रेरकत्व होगा

(a) $(x-y)$ हेनरी
(b) $\frac{x}{y}$ हेनरी
(c) $\frac{y}{x}$ हेनरी
(d) xy हेनरी

14. यदि a_e, a_i तथा a_0 क्रमशः इलेक्ट्रॉनिक, आयनिक तथा अभिविन्यास ध्रुवण हों, तो विरूपण ध्रुवता का मान होगा

(a) $a_e + a_i$
(b) $a_i + a_0$
(c) $a_e + a_0$
(d) $a + a_i + a_0$

15. लैन्जेविन का फलन $L(x)$ होता है

(a) $\coth x + \frac{1}{x}$
(b) $\coth x - \frac{1}{x}$
(c) $x \coth x$
(d) $\coth x - x$

16. जब किसी चालक से बद्ध चुम्बकीय फ्लक्स परिवर्तित होता है तो चालक में प्रेरित कुल आवेश निर्भर करता है

(a) प्रारम्भिक फ्लक्स पर
(b) अन्तिम फ्लक्स पर
(c) फ्लक्स में परिवर्तन पर
(d) फ्लक्स-परिवर्तन की दर पर

17. निम्न में सही कथन चुनिए

(a) दो समान्तर विद्युत धाराएँ एक-दूसरे को आकर्षित करती हैं
(b) दो प्रतिसमान्तर विद्युत धाराएँ एक-दूसरे को आकर्षित करती हैं
(c) दो समान्तर विद्युत धाराएँ एक-दूसरे को प्रतिकर्षित करती हैं
(d) दो समान्तर धाराओं के बीच कोई बल नहीं होता

18. परावर्तित प्रकाश में वायु फिल्म के न्यूटन वलय विन्यास में nवें वलय का व्यास Δn है। यदि वायु फिल्म को μ अपवर्तनांक की द्रव फिल्म से प्रतिस्थापित कर दिया जाए, तो n वें फ्रिन्ज का व्यास हो जायेगा

(a) $\sqrt{\mu}$ गुना (b) $\frac{1}{\sqrt{\mu}}$ गुना

(c) $\frac{1}{\mu}$ गुना (d) μ गुना

19. 5 सेमी लम्बी वस्तु गोलीय अवतल दर्पण से 1 मी की दूरी पर रखी हैं, दर्पण की वक्रता त्रिज्या 20 सेमी है। प्रतिबिम्ब का आकार है

(a) 0.11 सेमी (b) 0.50 सेमी
(c) 0.55 सेमी (d) 0.60 सेमी

20. समष्टि व्युत्क्रमण प्राप्त करने की प्रकिया कहलाती है

(a) व्युत्क्रमण (b) कम्पन
(c) उद्दीपन (d) लेसर क्रिया

21. रूबी लेसर है

(a) द्वि-स्तरीय लेसर (b) त्रि-स्तरीय लेसर
(c) चार-स्तरीय लेसर (d) n-स्तरीय लेसर

22. यदि L सम्बद्धता लम्बाई तथा c प्रकाश का वेग हो, तो सम्बद्धता काल होगा

(a) Lc (b) $\frac{L}{c}$

(c) $\frac{c}{L}$ (d) $\frac{1}{Lc}$

23. सोडियम के पीले प्रकाश के लिए सम्बद्धता लम्बाई लगभग 3 सेमी है। सम्बद्धता काल होगा

(a) 10^{-8} सेकण्ड (b) 10^{-9} सेकण्ड
(c) 10^{-10} सेकण्ड (d) 3×10^{-10} सेकण्ड

24. a चौड़ाई का एक स्लिट श्वेत प्रकाश से प्रकाशित है। लाल प्रकाश ($\lambda = 6500$ Å) के लिए प्रथम निम्निष्ठ, $\theta = 30°$ विवर्तन कोण पर प्राप्त होता है तो a का मान होगा

(a) 3250 Å (b) 6.5×10^{-4} मिमी
(c) 1.3 माइक्रॉन (d) 2.6×10^{-6} मी

25. न्यूटन वलय प्रयोग में दीप्त फ्रिन्जों का व्यास

(a) प्राकृतिक संख्याओं के वर्गमूल के अनुक्रमानुपाती होता है
(b) विषम प्राकृतिक संख्याओं के वर्ग मूल के अनुक्रमानुपाती होता है
(c) प्राकृतिक संख्याओं के वर्गमूल के व्युक्रमानुपाती होता है
(d) विषम प्राकृतिक संख्याओं के वर्गमूल के व्युत्क्रमानुपाती होता है

26. किसी प्रकाशिक उपकरण द्वारा समान तीव्रता की स्पेक्ट्रमी रेखाएँ ठीक विभेदित होंगी जबकि

(a) एक के द्वारा बने विवर्तन प्रतिमान का मुख्य उच्चिष्ठ दूसरे विवर्तन प्रतिमान के प्रथम उच्चिष्ठ पर पड़ता है
(b) एक के द्वारा बने विवर्तन प्रतिमान का मुख्य उच्चिष्ठ दूसरे विवर्तन प्रतिमान के प्रथम निम्निष्ठ पर पड़ता है
(c) एक के द्वारा बने विवर्तन प्रतिमान का प्रथम निम्निष्ठ दूसरे के विवर्तन प्रतिमान के दूसरे उच्चिष्ठ पर पड़ता है
(d) उपरोक्त में कोई नहीं

27. निम्न में से सही कथन चुनिए

(a) ब्रूस्टर कोण प्रकाश की तंरगदैर्ध्य से स्वतन्त्र होता है
(b) ब्रूस्टर कोण, परावर्तक पृष्ठ की प्रकृति से स्वतन्त्र होता है
(c) विभिन्न तरंगदैर्ध्यों के लिए ब्रूस्टर कोण भिन्न-भिन्न होते हैं
(d) ब्रूस्टर कोण तरंगदैर्ध्य पर निर्भर करता है परन्तु परावर्तक पृष्ठ की प्रकृति पर निर्भर नहीं करता है

28. एक कैल्साइट क्रिस्टल, एक कागज के टुकड़े पर बने डॉट पर रखा है तथा उसे घुमाया जाता है। कैल्साइट से देखने पर प्राप्त होता है

(a) दो घूर्णन करते डॉट
(b) दो स्थिर डॉट
(c) केवल एक डॉट
(d) एक डॉट दूसरे के परितः घूर्णन करते हुए

29. राशि $U + pV$ कहलाती है

(a) ऐन्ट्रॉपी (b) कुल ऊर्जा
(c) मुक्त ऊर्जा (d) ऐन्थॉल्पी

30. जब ऊष्मा उच्च ताप वाली वस्तु से निम्न ताप वाली वस्तु में प्रवाहित होती है, तो निकाय की कुल ऐन्ट्रॉपी

(a) घटती है (b) बढ़ती है
(c) अपरिवर्तित रहती है (d) शून्य हो जाती है

31. यदि p वायुमण्डलीय दाब है, तो एकपरमाणुक गैस की रूद्धोष्म प्रत्यावस्था होगी

(a) 1.4 p (b) 1.3 p (c) 1.6 p (d) 2 p

32. हीलियम द्रवित की जाती है

(a) रूद्धोष्म प्रसार द्वारा
(b) जूल-टॉमसन प्रभाव द्वारा
(c) रूद्धोष्म प्रसार तथा जूल-टॉमसन प्रभाव के संयोजन द्वारा
(d) उपरोक्त में से कोई नहीं

33. एक गैस क्रमानुसार निम्नतर क्वथनांकों के द्रवों का निम्न दाब पर वाष्पीकरण करके ठण्डी की जाती है। शीतलन की यह विधि कहलाती है

(a) कैस्केड विधि (b) पुनर्योजी विधि
(c) रूद्धोष्म विधि (d) चुम्बकीय विधि

34. जूल-केल्विन प्रभाव में व्युत्क्रमण ताप होता है

(a) $2a/Rb$ (b) a/Rb (c) $2b/Ra$ (d) aRb

35. किसी गैस में अणुओं की वर्ग-माध्य-मूल चाल c_{rms} तथा गैस के अणुभार M से सही सम्बन्ध है

(a) $c_{rms} = \sqrt{\frac{M}{3RT}}$ (b) $c_{rms} = \sqrt{\frac{3RT}{M}}$

(c) $c_{rms} = \sqrt{\frac{3M}{RT}}$ (d) इनमें से कोई नहीं

36 आयनन कोष्ठ से संसूचित होते हैं

(a) केवल α-कण (b) केवल β-कण
(c) α व β-कण दोनों (d) केवल γ-किरणें

37. GM नालिका में जिसकी उपस्थिति में शमन प्राप्त किया जाता है, वह है

(a) पारे की वाष्प (b) प्रस्फुरक
(c) न्यूट्रॉन (d) ब्रोमीन गैस

38. नाभिकीय रिएक्टर में मन्दक का कार्य है

(a) विकिरण को अवशोषित करना
(b) यूरेनियम से अभिक्रिया करके ऊर्जा उत्पन्न करना
(c) तीव्र न्यूट्रॉनों को मन्दित करना ताकि नाभिकीय विखण्डन की प्रायिकता बढ़े
(d) विखण्डन प्रक्रिया के लिए न्यूटॉन उपलब्ध कराना

39. कार्यशील नाभिकीय रिएक्टर में, कैडमियम की छड़ों का उपयोग होता है

(a) न्यूट्रॉनों को त्वरित करने में
(b) न्यूट्रॉनों को मन्दित करने में
(c) कुछ न्यूट्रॉनों को अवशोषित करने में
(d) समस्त न्यूट्रॉनों को अवशोषित करने में

40. न्यूट्रिन उत्सर्जित होते हैं

(a) α-क्षय में (b) β-क्षय में
(c) γ-क्षय में (d) सभी में

41. नाभिक के भीतर α-कण अपने चारों ओर के विभव प्राचीर से एक सेकण्ड में जितनी बार टकराता है, वह संख्या है

(a) 10^{17} (b) 10^{21}
(c) 10^{38} (d) 10^{90}

42. एक रेडियोऐक्टिव पदार्थ से β-कण एक निश्चित दर से उत्सर्जित हो रहे हैं। पदार्थ को उच्च ताप तक गर्म कर देने पर उत्सर्जन-दर

(a) बढ़ जाएगी (b) घट जाएगी
(c) अपरिवर्तित रहेगी (d) इनमें से कोई नहीं

43. एक रेडियोऐक्टिव समस्थानिक, एक घण्टे में, अपने प्रारम्भिक द्रव्यमान का (1/8) वाँ भाग शेष रह जाता है। समस्थानिक की अर्द्ध-आयु है

(a) 20 मिनट (b) 30 मिनट
(c) 45 मिनट (d) 8 मिनट

44. एक समान्तर पट्ट संधारित्र को एक बैटरी से तब तक आवेशित किया जाता है जब तक दोनों प्लेटों के आर-पार विभवान्तर बैटरी के विद्युत वाहक बल के समान नहीं हो जाता। संधारित्र में संचित ऊर्जा तथा बैटरी द्वारा कृत कार्य के मध्य अनुपात होगा

(a) 1 (b) 2
(c) $\frac{1}{4}$ (d) $\frac{1}{2}$

45. धातुओं में

(a) इलैक्ट्रॉन गैस नहीं होती
(b) संयोजी बैण्ड नहीं होता
(c) चालन तथा संयोजी बैण्डों में अतिव्यापन होता है
(d) चालन बैण्ड नहीं होता

46. अर्द्धचालक में विद्युत चालन होता है

(a) केवल मुक्त इलेक्ट्रॉनों की गति से
(b) केवल कोटरों की गति से
(c) मुक्त इलेक्ट्रॉनों व कोटरों दोनों की गति से
(d) न मुक्त इलेक्ट्रॉनों की गति से और न कोटरों की गति से

47. तरंगदैर्ध्य λ तथा आवृत्ति ν का एकवर्णी प्रकाश-पुँज निर्वात् से, जहाँ इसकी चाल c है, हीरे में प्रवेश करता है जिसका अपवर्तनांक 2.5 है। निम्न में से सही कथन चुनिए

(a) प्रकाश की तरंगदैर्ध्य बढ़कर 2.5λ हो जाएगी
(b) प्रकाश की चाल $c/2.5$ हो जाएगी
(c) प्रकाश की आवृत्ति घटकर $\nu/2.5$ हो जाएगी
(d) उपरोक्त में से कोई नहीं

48. किसी बिन्दु पर एक जोन के कारण तरंग का आयाम कम होता है जबकि जोन का क्रम

(a) बढ़ता है
(b) कम होता है
(c) जोन के क्रम पर निर्भर नहीं करता
(d) कुछ भी हो सकता है

49. किसी धातु की फर्मी ऊर्जा E_F तथा परम शून्य ताप पर, धातु में इलेक्ट्रॉनों की संख्या N में सम्बन्ध है

(a) $E_F \propto N$ (b) $E_F \propto N^{1/2}$
(c) $E_F \propto N^{1/3}$ (d) $E_F \propto N^{2/3}$

50. हीरे का आकाशीय जालक है

(a) सरल घनीय
(b) अन्तः केन्द्रित
(c) फलक के केन्द्रित जिसमें प्रति एकांक कोष्ठिका (block) में 2 परमाणु हैं
(d) फलक के केन्द्रित जिसमें प्रति एकांक कोष्ठिका (block) में 4 परमाणु हैं

उत्तरमाला

1. (b)	**2.** (c)	**3.** (b)	**4.** (a)	**5.** (b)	**6.** (c)	**7.** (a)	**8.** (b)	**9.** (b)	**10.** (c)
11. (d)	**12.** (c)	**13.** (d)	**14.** (a)	**15.** (b)	**16.** (c)	**17.** (a)	**18.** (b)	**19.** (c)	**20.** (b)
21. (b)	**22.** (b)	**23.** (c)	**24.** (c)	**25.** (b)	**26.** (b)	**27.** (c)	**28.** (d)	**29.** (d)	**30.** (b)
31. (c)	**32.** (c)	**33.** (a)	**34.** (a)	**35.** (b)	**36.** (c)	**37.** (d)	**38.** (c)	**39.** (c)	**40.** (b)

प्रैक्टिस सैट 5

1. विभिन्न प्रकार की संरचनाओं में किस संरचना में उपलब्ध आयतन का अधिकतम भाग पूर्ण गोलों से भरा जा सकता है
(a) सरल घनीय (b) अन्तः केन्द्रित
(c) फलन केन्द्रित (d) डायमण्ड

2. निम्न में से किसमें पैकिंग भिन्न अधिकतम है?
(a) सरल घनीय (b) अन्तः केन्द्रित
(c) फलन केन्द्रित (d) इन सभी में समान

3. किसी धातु की प्रतिरोधकता
(a) उच्च तापों पर, परम ताप T के साथ रैखिक रूप से बढ़ती है
(b) उच्च तापों पर, T के साथ रैखिक रूप से घटती है
(c) उच्च तापों पर, T^3 के अनुक्रमानुपाती होती है
(d) उच्च तापों पर, $T^{1/3}$ के अनुक्रमानुपाती होती है

4. किसी धातु में, बाह्य विद्युत क्षेत्र E की उपस्थिति में, किसी मुक्त-इलेक्ट्रॉन की अनुगमन चाल, जिसका श्रान्तिकाल τ है, होती है
(a) $eE/2m$ (b) $e\tau E/2m$
(c) $eE/2m\tau$ (d) $2mE/e\tau$

5. किसी पेड़ से छनकर आने वाला प्रकाश कभी-कभी जमीन पर गोल पैच बनाता है, क्योंकि
(a) वह स्थान जहाँ से प्रकाश छन कर आता है,गोल है
(b) वह प्रकीर्णित होता है
(c) विवर्तन परिघटना होती है
(d) व्यतिकरण परिघटना होती है

6. विवर्तन परिघटना की व्याख्या के लिए समतल तरंगाग्र विभाजित माना जाता है
(a) अर्द्ध आवर्ती कटिबन्ध में
(b) चतुर्थ आवर्ती कटिबन्ध में
(c) समूह में
(d) उपसमूह में

7. प्रकाशिक वृत्तीय द्वारक (circular aperture) से उत्पन्न फ्रेनेल का विवर्तन चित्र एक पर्दे पर देखा जाता है। यदि पर्दे को द्वारक की ओर खिसकाएँ तो द्वारक में अर्द्धवर्ती कटिबन्धों की संख्या
(a) बढ़ती है (b) घटती है
(c) अपरिवर्तित रहती है (d) इनमें से कोई नहीं

8. किसी ग्रेटिंग पर प्रथम-क्रम स्पेक्ट्रम में 4000 Å तथा 4001 Å तरंगदैर्ध्य वाली स्पेक्ट्रमी रेखाओं को ठीक विभेदित करने के लिए आवश्यक रेखाओं की संख्या है
(a) 4000 (b) 8000 (c) 2000 (d) 400

9. ठोसों में बैण्ड सिद्धान्त के अनुसार
(a) अचालकों के अतिव्याप्त बैन्ड होते हैं
(b) अर्द्धचालकों में अतिव्याप्त बैन्ड होते हैं
(c) अर्द्धचालकों के चालन बैन्ड में परम शून्य से ऊपर तापों पर कुछ (बहुत कम) इलेक्ट्रॉन होते हैं
(d) परम शून्य से ऊपर तापों पर, अचालक अर्द्धचालक बन जाते हैं

10. अत्याधिक उच्च ताप का मापन किया जाता है
(a) बोलोमीटर द्वारा
(b) कैलोरीमीटर द्वारा
(c) पायरोमीटर द्वारा
(d) थर्मामीटर द्वारा

11. γ-किरणें हैं
(a) उच्च आवृत्ति के विद्युतचुम्बकीय विकिरण
(b) तेज-गतिमान इलेक्ट्रॉन
(c) हीलियम नाभिक
(d) निम्न आवृत्ति के विद्युत चुम्बकीय विकिरण

12. नाभिक के भीतर ऊर्जा E वाले α-कण की अपने चारों ओर बने E से अधिक ऊँचाई के विभव प्राचीर को भेदकर क्षरण हो जाने की प्रायिकता है
(a) शून्य
(b) अल्प परन्तु परिमिति
(c) काफी अधिक
(d) उस नाभिक पर निर्भर

13. जिस प्रक्रिया द्वारा सूर्य से ऊर्जा मुक्त होती है, वह है
(a) स्वतः दहन (b) नाभिकीय संलयन
(c) नाभिकीय विखण्डन (d) विद्युत तापदीप्ति

14. टॉमसन परवलय प्राप्त होते हैं जबकि
(a) विद्युत व चुम्बकीय क्षेत्र परस्पर समान्तर हों
(b) विद्युत व चुम्बकीय क्षेत्र परस्पर अभिलम्बवत् हों
(c) केवल विद्युत क्षेत्र उपस्थित हो
(d) केवल चुम्बकीय क्षेत्र उपस्थित हो

15. साइक्लोट्रॉन में कण तब आवेशित होंगे जबकि प्रत्यावर्ती विभव की आवृत्ति
(a) कण की घूर्णन आवृत्ति से कम हो
(b) कण की घूर्णन आवृत्ति से अधिक हो
(c) कण की घूर्णन आवृत्ति के बराबर हो
(d) कण की घूर्णन आवृत्ति से कम बराबर या अधिक हो, यह प्रत्यावर्ती विभव के मान पर निर्भर करेगा

16. जूल-टॉमसन प्रसार में, गैस
(a) सदैव तापित होती है
(b) सदैव शीतल होती है
(c) तापित अथवा शीतल होती है, यह गैस के प्रारम्भिक ताप पर निर्भर है
(d) न तापित होती है, न शीतल होती है

17. प्रशीतक में हिमकारी कक्ष सबसे ऊपर होता है क्योंकि इससे
(a) प्रशीतक की लागत घटती है
(b) मोटर पर कम दबाव पड़ता है
(c) ऊष्मा का क्षरण कम होता है
(d) सम्पूर्ण भीतरी स्थान अधिक शीघ्रता से ठण्डा हो जाता है

18. किसी गैस के श्यानता गुणांक η तथा ऊष्मीय चालकता गुणांक k में सम्बन्ध है
(a) $k=\eta C_V$ (b) $k=C_V/\eta$
(c) $k=\eta/C_V$ (d) $k=\eta$

19. ऊष्मागतिकी के द्वितीय नियम से यह अर्थ निकलता है कि
(a) समस्त ऊष्मा कार्य में रुपान्तरित हो सकती है
(b) कोई भी ऊष्मा इंजन 100% दक्ष नहीं हो सकता
(c) कार्नो इंजन 100% दक्ष है
(d) प्रशीतक में ताप 0K तक गिर सकता है

20. कार्नो चक्र में, चक्र के अन्त में कार्यकारी पदार्थ का ताप
(a) प्रारम्भिक ताप से कम होता है
(b) प्रारम्भिक ताप से अधिक होता है
(c) प्रारम्भिक ताप के ही बराबर होता है
(d) शून्य हो जाता है

21. एक अध्रुवित प्रकाश तरंग धन X-अक्ष के अनुदिश गति कर रही है। तरंग में विद्युत क्षेत्र सदिश जिस दिशा में कम्पन करता है, वह है
(a) निश्चिततः धन Y-अक्ष के अनुदिश
(b) निश्चिततः धन Z-अक्ष के अनुदिश
(c) धन Y-अक्ष के अनुदिश
(d) Y अथवा Z-अक्ष के अनुदिश

22. एक 100 सेमी के टैलिस्कोप की विभेदन सीमा होगी? ($\lambda = 5.5 \times 10^{-7}$ मी)
(a) 0.14" (b) 0.3" (c) 1' (d) 1"

23. यदि एक ग्रेटिंग पर रेखाओं की संख्या N हो, स्पेक्ट्रम की कोटि n हो तथा प्रयुक्त प्रकाश की तरंगदैर्ध्य λ हो तो, ग्रेटिंग की विभेदन क्षमता (power of resolution) है
(a) $Nn\lambda$ (b) Nn (c) $\frac{N\lambda}{n}$ (d) $\frac{N}{n}$

24. फ्रेसनल द्विप्रिज्म उत्पन्न करती है
(a) तरंगाग्र के विभाजन द्वारा कला सम्बद्ध स्रोत
(b) आयाम के विभाजन द्वारा कला सम्बद्ध स्रोत
(c) कला असम्बद्ध स्रोत
(d) दृश्य प्रकाश

25. न्यूटन वलय के प्रयोग में सोडियम प्रकाश प्रयुक्त करने पर दीप्त व अदीप्त फ्रिन्जें प्राप्त होती हैं। यदि सम्पूर्ण निकाय को शान्त जल में डुबा दिया जाए, तो
(a) वलयों का व्यास बढ़ता है
(b) वलयों का व्यास घटता है
(c) वलयों का व्यास अपरिवर्तित रहता है
(d) वलय अदृश्य हो जाते हैं

26. चुम्बकीय बल-रेखाओं के सम्बन्ध में निम्न कथनों में से, गलत कथन को चुनिए
(a) ये एक-दूसरे को काटती हैं
(b) उनमें, खिंचे स्प्रिंगों की तरह, लम्बाई में सिकुड़ने की प्रवृत्ति होती है
(c) ये स्वयं की लम्बाई के लम्बवत् दिशा में एक-दूसरे से दूर हटने की चेष्टा करती हैं
(d) चुम्बक के बाहर उनकी दिशा उत्तरी ध्रुव से दक्षिण ध्रुव की ओर को होती है

27. किसी तरंगदैर्ध्य λ के लिए, एकल स्लिट के कारण प्रथम विवर्तन निम्निष्ठ $30°$ पर प्राप्त होता है। यदि स्लिट की चौड़ाई 10^{-6} मी हो तो तरंगदैर्ध्य λ का मान होगा
(a) 4000 Å (b) 5000 Å
(c) 1250 Å (d) 10000 Å

28. अभिलम्ब आपतन पर एक एकल स्लिट से उत्पन्न फ्राउनहॉफर विवर्तन प्रतिमान पर विचार कीजिए। प्रथम विवर्तन निम्निष्ठ की कोणीय स्थिति पर, स्लिट की विपरीत कोरों से प्राप्त तरंगवलयों के बीच कला-अन्तर (रेडियन में) होगा
(a) $\frac{\pi}{4}$ (b) $\frac{\pi}{2}$ (c) π (d) 2π

29. स्व-प्रेरकत्व का मात्रक है
(a) वेबर/ऐम्पियर (b) वोल्ट-सेकण्ड
(c) वेबर/ऐम्पियर^2 (d) जूल/ऐम्पियर

30. क्लॉसियस-मोसौटी सम्बन्ध निम्न के लिए सत्य नहीं है
(a) गैस (b) द्रव
(c) क्रिस्टलीय ठोस (d) इनमें से कोई नहीं

31. जब किसी पराविद्युत पदार्थ को, एक आवेशित संधारित्र की प्लेटों के बीच उत्पन्न विद्युत क्षेत्र में रखा जाए, तो धारिता
(a) बढ़ जाती है (b) कम हो जाती है
(c) अप्रभावित रहती है (d) कुछ नहीं कहा जा सकता

32. ट्रांसफॉर्मर तथा अन्य विद्युत चुम्बकीय यन्त्रों में प्रयुक्त क्रोड पटलित होती है, जिससे
(a) चुम्बकीय क्षेत्र बढ़ जाता है
(b) क्रोड में चुम्बकीय संतृप्ति का स्तर बढ़ जाता है
(c) क्रोड में अविशिष्ट चुम्बकत्व कम हो जाता है
(d) क्रोड में भंवर धारा हानियाँ कम हो जाती है

33. अन्योन्य प्रेरण के लिए व्युत्क्रम प्रमेय है
(a) $M_{12} = M_{21}$ (b) $M_{12} = \frac{1}{M_{21}}$
(c) $M_{12} = 1/M_{12}$ (d) इनमें से कोई नहीं

34. दो काँच की प्लेटों के बीच बनी वायु फिल्म पर एक श्वेत प्रकाश पुंज आपतित है। हमें प्राप्त होगा
(a) परावर्तित प्रकाश मे रंगीन बैन्ड
(b) परावर्तित प्रकाश में काले तथा चमकीले बैन्ड
(c) कोई व्यतिकरण प्रतिमान नहीं
(d) कुछ नहीं कहा जा सकता

35. एक उत्तल लेन्स तथा एक समतल काँच की प्लेट के बीच पतली वायु फिल्म को एकवर्णी प्रकाश के समान्तर पुँज से प्रकाशित किया गया है तथा एक माइक्रोस्कोप से प्रेक्षित किया गया है। आपको दिखाई देगा
(a) एकसमान चमक
(b) पूर्ण अन्धकार
(c) दृश्य क्षेत्र संकेन्द्री चमकीली व काली फ्रिन्जों से युक्त होगा
(d) दृश्य क्षेत्र समान्तर चमकीली व काली फ्रिन्जों से युक्त होगा

36. द्वि-स्लिट प्रयोग में, स्लिटों A तथा B को प्रकाशित करने के लिए एकवर्णी प्रकाश का उपयोग किया गया है। स्लिटों के समान रखें पर्दे पर व्यतिकरण फ्रिन्जें प्रेक्षित की जाती हैं। अब यदि A से आने वाले पुँज के पथ में एक पतली काँच की पट्टिका रख दी जाए तो
(a) फ्रिन्जें अदृश्य हो जायेगी
(b) फ्रिन्ज की चौड़ाई बढ़ जायेगी
(c) फ्रिन्ज की चौड़ाई कम हो जायेगी
(d) फ्रिन्ज की चौड़ाई में कोई परिवर्तिन नहीं होगा

37. दो कलासम्बद्ध स्रोत एक काली फ्रिन्ज बनाएँगे, यदि व्यतिकरण तरंगों के बीच कलान्तर हो
(a) शून्य (b) 2π
(c) $n\pi$ (d) $(2n-1)\pi, n = 1, 2, 3, 4, \ldots$

38. एकसमान चुम्बकीय क्षेत्र में रखे सीधे धारावाही चालक पर बल आरोपित होगा यदि
(a) धारा व क्षेत्र परस्पर समान्तर हैं
(b) धारा व क्षेत्र परस्पर प्रतिसमान्तर हैं
(c) धारा व क्षेत्र एक-दूसरे से परिमित कोण बनाते हैं
(d) धारा व क्षेत्र परस्पर समान्तर हैं तथा उनके बीच चुम्बकीय पदार्थ हैं

39. विद्युत व चुम्बकीय बल-रेखाओं में अन्तर है क्योंकि

(a) विद्युत बल-रेखाएँ बन्द वक्र होती हैं जबकि चुम्बकीय बल-रेखाएँ बन्द वक्र नहीं होती

(b) चुम्बकीय बल-रेखाएँ बन्द वक्र होती हैं जबकि विद्युत बल-रेखाएँ बन्द वक्र नहीं होती

(c) किसी बिन्दु पर विद्युत बल-रेखा उस बिन्दु पर विद्युत क्षेत्र की दिशा दर्शाती है जबकि चुम्बकीय बल-रेखा ऐसा नहीं करती

(d) किसी बिन्दु पर चुम्बकीय बल-रेखा उस बिन्दु पर चुम्बकीय क्षेत्र की दिशा दर्शाती है जबकि विद्युत बल-रेखा ऐसा नहीं करती

40. सम्बन्ध $\nabla \times \vec{E} = -\frac{\partial \vec{B}}{\partial t}$ निरूपित करता है

(a) ऐम्पियर का नियम (b) गॉस का नियम
(c) ओम का नियम (d) फैराडे का नियम

41. दो लम्बे समान्तर तारों में क्रमशः I_1 तथा I_2 धारा एक ही दिशा में प्रवाहित हो रही है। तार वायु में परस्पर R दूरी से पृथक हैं। प्रत्येक तार की l लम्बाई पर बल होगा

(a) $\frac{\mu_0 I_1 I_2 l}{2R}$ (आकर्षण) (b) $\frac{\mu_0 I_1 I_2 l}{2\pi R}$ (आकर्षण)
(c) $\frac{\mu_0 I_1 I_2 l}{2R}$ (प्रतिकर्षण) (d) $\frac{\mu_0 I_1 I_2 l}{2\pi R}$ (प्रतिकर्षण)

42. एक द्वि-उत्तल लेन्स की फोकस दूरी f है। यह फोकस तल सूर्य का r त्रिज्या का तृत्तीय प्रतिबिम्ब निर्मित करता है, तब

(a) $\pi r^2 \propto f$
(b) $\pi r^2 \propto f^2$
(c) यदि f दोगुना किया जाए तब तीव्रता बढ़ेगी
(d) उपरोक्त में से कोई नहीं

43. एक ज्ञात पृष्ठ के लिए गॉस के नियम से $\oint \vec{E} \cdot d\vec{S} = 0$ है। इससे निष्कर्ष निकलता है कि

(a) E, पृष्ठ पर आवश्यक रूप से शून्य है
(b) E, पृष्ठ के प्रत्येक बिन्दु पर लम्बवत् है
(c) पृष्ठ से होकर कुल फ्लक्स शून्य है
(d) फ्लक्स केवल पृष्ठ के अन्दर अथवा बाहर जा रहा है

44. ध्रुवण आवेश Q_P तथा ध्रुवण वेक्टर $\vec{P}$ में सम्बन्ध है

(a) $Q_p = \varepsilon_0(\vec{P})$ (b) $Q_p = \text{div}\,\vec{P}$
(c) $Q_p = -\text{div}\,\vec{P}$ (d) $Q_p = \frac{|\vec{P}|}{\varepsilon_0}$

45. परावैद्युतांक K तथा विद्युत प्रवृत्ति χ_e में सम्बन्ध है

(a) $K = 1 + \chi_e$ (b) $K = 1 - (\chi)_e$
(c) $K = 1 + \chi_e^2$ (d) $K = 2 \pm \chi_e$

46. अनन्त आवेश जिनमें से प्रत्येक का परिमाण q कूलॉम है तथा क्रमागत आवेश विपरीत चिन्हों के हैं। X-अक्ष के अनुदिश क्रमशः $x = 1, x = 2, x = 4, x = 8, ...$ मीटर दूरियों पर स्थित हैं। $x = 0$ पर विद्युत विभव का मान होगा $\frac{1}{4\pi\varepsilon_0}$ गुना

(a) $\frac{q}{2}$ (b) $\frac{q}{3}$
(c) $\frac{2q}{3}$ (d) $\frac{3q}{2}$

47. m द्रव्यमान की एक गेंद को l लम्बाई की छड़ के एक सिरे से बाँधा जाता है जिसका दूसरा सिरा एक दृढ़ बिन्दु से चित्रानुसार जुड़ा है। गेंद को नीचे की दिशा में कम-से-कम कितना वेग (u) देना चाहिए जिससे कि वह वृत्ताकार पथ पर एक चक्कर पूरा कर ले?

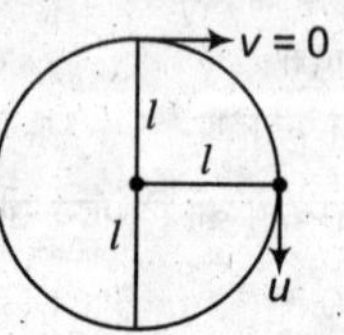

(a) $\sqrt{gl}$ (b) $\sqrt{2gl}$
(c) $\sqrt{3gl}$ (d) $\sqrt{5gl}$

48. क्षैतिज से 30° के कोण पर झुके एक खुरदरे नत समतल पर एक पिण्ड विरामावस्था में रखा है। समतल तथा पिण्ड के बीच का स्थैतिक घर्षण गुणांक 0.8 है। यदि पिण्ड पर लगने वाला घर्षण बल 10 न्यूटन है तो पिण्ड का द्रव्यमान (किग्रा में) कितना होगा? ($g = 10$ मी/से^{2})

(a) 2 (b) 4 (c) 1.6 (d) 2.5

49. यदि कोई ध्वनि तरंग जिसकी तरंगदैर्ध्य 32 सेमी है, चित्र में दिखायी गयी नली में S से प्रवेश करती है तो वह निम्नतम त्रिज्या r ज्ञात कीजिए जिस पर डिटैक्टर (detector) D निम्नतम ध्वनि को सुन सके

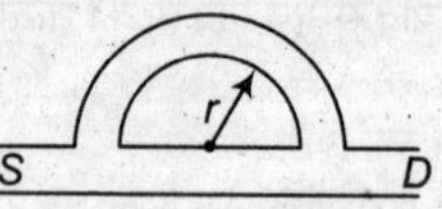

(a) 7 सेमी (b) 14 सेमी (c) 21 सेमी (d) 28 सेमी

50. L तथा $2L$ लम्बाई एवं R तथा $2R$ त्रिज्याओं की दो केशनलियों को एक-दूसरे से श्रेणी क्रम में जोड़ा जाता है। इस प्रवाहित होने वाले द्रव का प्रवाह कितना होगा? (एक केशनली से प्रवाहित द्रव का प्रवाह, $X = \pi PR^4/8\eta L$ है)

(a) $\frac{8}{9}X$ (b) $\frac{9}{8}X$
(c) $\frac{5}{7}X$ (d) $\frac{7}{5}X$

उत्तरमाला

1. (a)	**2.** (c)	**3.** (a)	**4.** (b)	**5.** (c)	**6.** (a)	**7.** (a)	**8.** (a)	**9.** (c)	**10.** (b)
11. (a)	**12.** (b)	**13.** (b)	**14.** (a)	**15.** (a)	**16.** (c)	**17.** (d)	**18.** (a)	**19.** (b)	**20.** (c)
21. (d)	**22.** (a)	**23.** (b)	**24.** (a)	**25.** (b)	**26.** (b)	**27.** (b)	**28.** (c)	**29.** (a)	**30.** (c)
31. (a)	**32.** (d)	**33.** (a)	**34.** (a)	**35.** (c)	**36.** (d)	**37.** (d)	**38.** (c)	**39.** (a)	**40.** (d)
41. (b)	**42.** (b)	**43.** (c)	**44.** (c)	**45.** (a)	**46.** (c)	**47.** (b)	**48.** (c)	**49.** (b)	**50.** (a)